四川省"十四五"职业教育省级规划教材
"十四五"卫生高等职业教育专科校院合作"双元"规划教材

供护理、助产及相关专业用

外科护理学

第 2 版

主 编
张 德   张 萍   林建兴

副主编
曾学燕   吴少林   华中昌   翁琛婷   曹文婷   吴文君

编 者（按姓名汉语拼音排序）

安雪莹（青海大学附属医院）　　　　彭海波（广东茂名健康职业学院）
曹文婷（岳阳职业技术学院）　　　　乔 花（洛阳职业技术学院）
杜晓菲（唐山职业技术学院）　　　　申梅芳（长治医学院）
贺 琰（北京大学第一医院）　　　　翁琛婷（江西医学高等专科学校）
华中昌（湖南环境生物职业技术学院）　吴少林（宜春职业技术学院）
蒋冬升（菏泽医学专科学校）　　　　吴文君（重庆三峡医药高等专科学校）
李国正（南阳医学高等专科学校）　　徐 园（中国医学科学院北京协和医院）
廖元翠（湖南环境生物职业技术学院）　曾学燕（四川护理职业学院）
林建兴（漳州卫生职业学院）　　　　张 德（四川护理职业学院）
刘 攀（宜春职业技术学院）　　　　张 萍（青海卫生职业技术学院）
栾雅淞（山东中医药高等专科学校）　朱 婷（湖南环境生物职业技术学院）

北京大学医学出版社

WAIKE HULIXUE

图书在版编目（CIP）数据

外科护理学 / 张德, 张萍, 林建兴主编. — 2 版. — 北京：北京大学医学出版社, 2025.9
ISBN 978-7-5659-3143-7

Ⅰ. ①外⋯　Ⅱ. ①张⋯ ②张⋯ ③林⋯　Ⅲ. ①外科学 – 护理学 – 高等职业教育 – 教材　Ⅳ. ① R473.6

中国国家版本馆 CIP 数据核字（2024）第 081567 号

外科护理学（第 2 版）

主　　编：张　德　张　萍　林建兴
出版发行：北京大学医学出版社
地　　址：（100191）北京市海淀区学院路 38 号　北京大学医学部院内
电　　话：发行部 010-82802230；图书邮购 010-82802495
网　　址：http://www.pumpress.com.cn
E - m a i l：booksale@bjmu.edu.cn
印　　刷：北京溢漾印刷有限公司
经　　销：新华书店
责任编辑：崔玲和　　责任校对：靳新强　　责任印制：李　啸
开　　本：850 mm×1168 mm　1/16　印张：36　字数：1039 千字
版　　次：2019 年 7 月第 1 版　2025 年 9 月第 2 版　2025 年 9 月第 1 次印刷
书　　号：ISBN 978-7-5659-3143-7
定　　价：85.00 元

版权所有，违者必究
（凡属质量问题请与本社发行部联系退换）

第 2 轮修订说明

党和国家高度重视职业教育发展，《国家职业教育改革实施方案》《职业院校教材管理办法》《高等学校课程思政建设指导纲要》《习近平新时代中国特色社会主义思想进课程教材指南》《关于推动现代职业教育高质量发展的意见》《全国护理事业发展规划（2021—2025年）》等重要文件陆续发布，对卫生健康职业教育、高职专科护理人才培养及教材建设提出了更高的要求。

本套高职专科护理专业教材第 1 轮于 2018 年启动，北京大学医学出版社组织全国具有代表性的骨干院校共同建设。在教育部、国家卫生健康委员会相关机构和职业教育教学指导委员会的指导下，共编写出版教材 28 种，其中入选教育部"十三五"职业教育国家规划教材 11 种（教职成厅函〔2020〕20 号文）、"十四五"职业教育国家规划教材 15 种（教职成厅函〔2023〕19 号文）。

高质量的教材是实施教育改革、提升人才培养质量的重要支撑。为全面贯彻党的教育方针，深入贯彻党的二十大精神，落实立德树人的根本任务，更好地支持新时代卫生健康职业教育事业发展、服务于我国高职专科护理专业人才培养，北京大学医学出版社启动了高职专科护理专业教材第 2 轮修订编写工作。本轮教材共包含 27 种。全套教材均为北京大学医学出版社"十四五"规划教材。

第 2 轮教材修订编写工作"以学生为中心"，对标教育部高职专科护理专业教学标准、护士执业资格考试大纲，以技术技能教育为根本，满足 3 个需要（学科需要、教学需要、行业需要），注重基本理论、基本知识和基本技能，内容以"必需、够用"为度，遵循学生认知规律，注重教学适用性，优化编写体例，深化产教融合，优化数字融合，强化思政融合，围绕"岗课赛证"综合育人机制建设，力争打造一套既满足多数院校教学实际，又适度引领教学，培根铸魂、启智增慧，适应新时代要求的精品高职专科护理专业教材。

本轮教材的修订编写得到了多方面的大力支持，参编院校教学管理部门提出了宝贵建议，职教专家精心指导、把关，临床护理学专家认真编写、审稿。他们为锤炼精品教材、服务教学改革、提高人才培养质量做出了贡献，在此一并表示感谢！

最后，希望广大师生多提宝贵意见，反馈使用信息，以使教材内容日臻完善。让我们共同为新时代高职专科护理教育发展和人才培养做出贡献！

前 言

外科护理学课程是护理及助产专业学生必修的专业、主干、核心课程。

为了深入贯彻党的二十大精神，更好地促进新时代卫生健康职业教育事业发展、服务于我国高职专科护理专业人才培养，适应护理学快速发展的需要，《外科护理学》第2版根据"十四五"高职专科护理专业规划教材第二轮修订主编会议精神，由专职外科护理教师和临床外科护理专家，在《外科护理学》第1版的基础上，结合当前国内外护理学教育和外科护理学临床发展的趋势，对教材结构、内容与形式进行了更新、充实和优化。

本教材的修订是在现代护理观的指导下，结合我国护理岗位需求和专科层次护理教育实践的现状，遵循"三基"（基础理论、基本知识、基本技能）、"五性"（思想性、科学性、先进性、启发性和适用性）和"三特定"（特定目标、特定对象、特定限制）的原则，充分体现整体护理理念和护理程序的工作要求，紧紧围绕高职专科护理人才培养目标，紧扣最新国家护士执业资格考试大纲，以专业核心能力的培养为根本，认真把握内容的选择及深浅度，同时注重深化产教融合、优化数字融合、强化思政融合，围绕"岗课赛证"综合育人机制，遵循学生的认知规律，满足了"必需、够用"的要求。注重学生创新精神、创新意识和基本技能的培养，融知识传授、能力培养、技能提高、综合素质提升为一体。

我们严格按照北京大学医学出版社教材编写的基本要求组织编写，力求编写体例一致。每一章节的学习目标参照布卢姆教育目标分类学理论，按"识记、理解、运用"三个层次进行分解，并增加课程思政学习目标。章节内容以人的健康为中心，以整体护理为导向，以护理程序为框架，按疾病概述、护理评估、常见护理诊断/问题、护理目标、护理措施和护理评价6个方面进行编写，重点叙述护理措施，突出护理学专业的特色，同时融入课程思政的内容。为避免重复，有关章节做了部分内容删减。本教材包括34章，前10章为外科护理学概论，主要介绍外科护理学的共性知识和常规操作技术；后24章为各论部分，具体介绍外科护理学各系统常见病、多发病患者的护理，另配有实训指导。每章设置思维导图、学习目标、案例、知识链接、考点提示、思政园地、自测题等内容，以激发学生的创新思维能力，增强学生的学习兴趣，拓展知识面，提高分析问题、解决问题的能力，并配套有教学课件，为教师教学及学生学习提供方便。

本教材的编写得到了北京大学医学出版社及各编者所在单位的大力支持和帮助，使得编写工作得以顺利完成，在此表示衷心感谢！

由于编者能力和水平有限，教材中难免有不足之处，在此恳请广大师生及护理同仁予以批评、指正。

张 德 张 萍 林建兴

目 录

第一章 绪论 ... 1
第一节 外科护理学的概念与发展 ... 1
一、外科护理学的概念与范畴 ... 1
二、外科护理学的发展 ... 1
第二节 学习外科护理学的方法 ... 3
一、明确学习目的，树立正确而崇高的职业理想 ... 3
二、用现代护理观指导学习 ... 3
三、注重理论联系实际 ... 4
四、不断更新知识和技术 ... 4
第三节 外科护士应具备的素质 ... 4
一、具备崇高的职业道德素质 ... 4
二、具备扎实的业务素质 ... 4
三、具备良好的人文素质 ... 5
四、具备良好的身心素质 ... 5
五、其他 ... 5

第二章 水、电解质代谢紊乱和酸碱平衡失调患者的护理 ... 7
第一节 体液平衡 ... 8
一、体液的组成及分布 ... 8
二、水、电解质代谢及调节 ... 8
三、酸碱平衡及调节 ... 9
第二节 水和钠代谢紊乱患者的护理 ... 10
一、脱水与缺钠患者的护理 ... 10
二、水中毒患者的护理 ... 15
第三节 钾代谢异常患者的护理 ... 17
一、低钾血症患者的护理 ... 17
二、高钾血症患者的护理 ... 19
第四节 其他电解质代谢紊乱患者的护理 ... 20
一、钙代谢紊乱患者的护理 ... 20
二、镁代谢紊乱患者的护理 ... 22
第五节 酸碱平衡失调患者的护理 ... 23
一、代谢性酸中毒患者的护理 ... 24
二、代谢性碱中毒患者的护理 ... 26
三、呼吸性酸中毒患者的护理 ... 27

四、呼吸性碱中毒患者的护理 ……………………………………………………………… 28

第三章　外科营养支持患者的护理 … 32
　第一节　概述 …………………………………………………………………………………… 32
　第二节　肠内营养支持患者的护理 …………………………………………………………… 35
　第三节　肠外营养支持患者的护理 …………………………………………………………… 37

第四章　外科休克患者的护理 … 42
　第一节　概述 …………………………………………………………………………………… 42
　第二节　失血性休克患者的护理 ……………………………………………………………… 52
　第三节　感染性休克患者的护理 ……………………………………………………………… 52

第五章　麻醉患者的护理 … 57
　第一节　概述 …………………………………………………………………………………… 57
　第二节　麻醉前患者的护理 …………………………………………………………………… 58
　第三节　局部麻醉患者的护理 ………………………………………………………………… 60
　第四节　椎管内麻醉患者的护理 ……………………………………………………………… 63
　　一、蛛网膜下腔阻滞 ………………………………………………………………………… 63
　　二、硬脊膜外阻滞 …………………………………………………………………………… 65
　第五节　全身麻醉患者的护理 ………………………………………………………………… 67

第六章　手术前后患者的护理 … 74
　第一节　概述 …………………………………………………………………………………… 74
　第二节　手术前患者的护理 …………………………………………………………………… 75
　第三节　手术后患者的护理 …………………………………………………………………… 83

第七章　手术室护理工作 … 95
　第一节　手术室的环境与管理 ………………………………………………………………… 95
　　一、手术室的环境布局与设施 ……………………………………………………………… 95
　　二、手术室的管理 …………………………………………………………………………… 98
　第二节　手术室护士职责 ……………………………………………………………………… 100
　　一、器械护士的工作职责 …………………………………………………………………… 101
　　二、巡回护士的工作职责 …………………………………………………………………… 101
　第三节　常用手术器械和物品 ………………………………………………………………… 102
　　一、布单类 …………………………………………………………………………………… 102
　　二、敷料类 …………………………………………………………………………………… 102
　　三、器械类 …………………………………………………………………………………… 102
　　四、缝线 ……………………………………………………………………………………… 106
　　五、引流物 …………………………………………………………………………………… 107
　　六、高频电刀 ………………………………………………………………………………… 107
　第四节　手术人员的准备 ……………………………………………………………………… 108
　　一、术前一般准备 …………………………………………………………………………… 108

二、外科手消毒 109
　　三、穿无菌手术衣 110
　　四、戴无菌手套 110
　　五、脱手术衣及手套 112
　第五节　手术患者的准备 113
　　一、一般准备 113
　　二、手术体位安置 113
　　三、手术区皮肤消毒 113
　　四、手术区铺无菌手术单 114
　第六节　手术室无菌操作技术 116
　　一、手术室的无菌操作原则 116
　　二、无菌器械台的准备 117

第八章　外科感染患者的护理 121
　第一节　概述 121
　第二节　浅部软组织化脓性感染患者的护理 127
　　一、疖患者的护理 127
　　二、痈患者的护理 128
　　三、急性蜂窝织炎患者的护理 128
　　四、丹毒患者的护理 129
　　五、急性淋巴管炎和淋巴结炎患者的护理 130
　　六、脓肿患者的护理 130
　第三节　手部急性化脓性感染患者的护理 131
　第四节　全身性感染患者的护理 132
　第五节　特异性感染患者的护理 134
　　一、破伤风患者的护理 134
　　二、气性坏疽患者的护理 138

第九章　损伤患者的护理 143
　第一节　创伤患者的护理 143
　第二节　清创术及换药术 149
　　一、清创术 149
　　二、换药术 150
　第三节　烧伤患者的护理 152
　第四节　咬伤患者的护理 161
　　一、毒蛇咬伤患者的护理 161
　　二、犬咬伤患者的护理 163

第十章　肿瘤患者的护理 167
　第一节　概述 167
　第二节　肿瘤患者的护理 169

第十一章　颅脑疾病患者的护理 179

第一节　颅内压增高患者的护理 179
第二节　颅脑损伤患者的护理 187
　一、头皮损伤患者的护理 187
　二、颅骨骨折患者的护理 189
　三、脑损伤患者的护理 191
第三节　颅内肿瘤患者的护理 197

第十二章　颈部疾病患者的护理 202

第一节　单纯性甲状腺肿患者的护理 202
第二节　甲状腺功能亢进患者的护理 204
第三节　甲状腺肿瘤患者的护理 209
第四节　常见颈部肿块患者的护理 211

第十三章　乳房疾病患者的护理 215

第一节　急性乳腺炎患者的护理 215
第二节　乳房良性疾病患者的护理 218
　一、乳腺囊性增生病患者的护理 218
　二、乳腺纤维腺瘤患者的护理 219
　三、导管内乳头状瘤患者的护理 220
第三节　乳腺癌患者的护理 221

第十四章　胸部疾病患者的护理 231

第一节　胸部损伤患者的护理 231
　一、肋骨骨折患者的护理 232
　二、损伤性气胸患者的护理 235
　三、损伤性血胸患者的护理 238
　四、心脏损伤患者的护理 241
第二节　脓胸患者的护理 242
第三节　肺癌患者的护理 246
第四节　食管癌患者的护理 252
第五节　胸腔闭式引流患者的护理 257

第十五章　急性化脓性腹膜炎患者的护理 262

第一节　急性化脓性腹膜炎患者的护理 262
第二节　腹腔脓肿患者的护理 268

第十六章　腹部损伤患者的护理 272

第一节　概述 272
第二节　常见腹内脏器损伤患者的护理 276
　一、脾破裂患者的护理 276

二、肝破裂患者的护理 ………………………………………………………… 277
三、小肠损伤患者的护理 ………………………………………………………… 278
四、结肠损伤患者的护理 ………………………………………………………… 278

第十七章 腹外疝患者的护理 ………………………………………………………… 281
第一节 概述 ……………………………………………………………………… 281
第二节 腹股沟疝患者的护理 …………………………………………………… 283
第三节 其他腹外疝患者的护理 ………………………………………………… 287

第十八章 胃、十二指肠疾病患者的护理 …………………………………………… 291
第一节 胃、十二指肠溃疡患者的护理 ………………………………………… 291
第二节 胃癌患者的护理 ………………………………………………………… 299

第十九章 急性阑尾炎患者的护理 …………………………………………………… 305
第一节 急性阑尾炎患者的护理 ………………………………………………… 305
第二节 特殊类型急性阑尾炎患者的护理 ……………………………………… 310
一、新生儿急性阑尾炎患者的护理 ……………………………………………… 310
二、小儿急性阑尾炎患者的护理 ………………………………………………… 310
三、妊娠期急性阑尾炎患者的护理 ……………………………………………… 310
四、老年人急性阑尾炎患者的护理 ……………………………………………… 310

第二十章 肠梗阻患者的护理 ………………………………………………………… 313

第二十一章 结肠、直肠和肛管疾病患者的护理 …………………………………… 321
第一节 直肠和肛管良性疾病患者的护理 ……………………………………… 321
一、痔患者的护理 ………………………………………………………………… 321
二、肛裂患者的护理 ……………………………………………………………… 325
三、直肠肛管周围脓肿患者的护理 ……………………………………………… 327
四、肛瘘患者的护理 ……………………………………………………………… 329
第二节 结直肠癌患者的护理 …………………………………………………… 331

第二十二章 门静脉高压症患者的护理 ……………………………………………… 343

第二十三章 肝病患者的护理 ………………………………………………………… 351
第一节 原发性肝癌患者的护理 ………………………………………………… 351
第二节 肝脓肿患者的护理 ……………………………………………………… 356
一、细菌性肝脓肿患者的护理 …………………………………………………… 356
二、阿米巴性肝脓肿患者的护理 ………………………………………………… 358

第二十四章 胆道疾病患者的护理 …………………………………………………… 363
第一节 胆石症患者的护理 ……………………………………………………… 363
一、胆囊结石患者的护理 ………………………………………………………… 364

二、胆管结石患者的护理 ………………………………………………………………… 366
　第二节　胆道感染患者的护理 ………………………………………………………………… 370
　　一、胆囊炎患者的护理 …………………………………………………………………… 370
　　二、急性梗阻性化脓性胆管炎患者的护理 ……………………………………………… 371
　第三节　胆道蛔虫病患者的护理 ……………………………………………………………… 374

第二十五章　胰腺疾病患者的护理 ……………………………………………………… 379
　第一节　急性胰腺炎患者的护理 ……………………………………………………………… 379
　第二节　胰腺癌患者的护理 …………………………………………………………………… 384

第二十六章　急腹症患者的护理 ………………………………………………………… 391

第二十七章　周围血管疾病患者的护理 ………………………………………………… 399
　第一节　下肢静脉曲张患者的护理 …………………………………………………………… 399
　第二节　血栓闭塞性脉管炎患者的护理 ……………………………………………………… 403

第二十八章　泌尿及男性生殖系统疾病患者的护理 …………………………………… 409
　第一节　泌尿及男性生殖系统疾病的主要症状 ……………………………………………… 409
　　一、排尿异常 ……………………………………………………………………………… 409
　　二、尿液异常 ……………………………………………………………………………… 410
　　三、尿道分泌物 …………………………………………………………………………… 410
　　四、疼痛 …………………………………………………………………………………… 410
　　五、肿块 …………………………………………………………………………………… 411
　　六、男性性功能障碍症状 ………………………………………………………………… 411
　第二节　泌尿及男性生殖系统疾病患者的常用检查护理 …………………………………… 411
　　一、实验室检查患者的护理 ……………………………………………………………… 411
　　二、器械检查患者的护理 ………………………………………………………………… 412
　　三、影像学检查患者的护理 ……………………………………………………………… 413
　第三节　泌尿系统损伤患者的护理 …………………………………………………………… 414
　　一、肾损伤患者的护理 …………………………………………………………………… 415
　　二、膀胱损伤患者的护理 ………………………………………………………………… 418
　　三、尿道损伤患者的护理 ………………………………………………………………… 421
　第四节　尿石症患者的护理 …………………………………………………………………… 424
　　一、上尿路结石患者的护理 ……………………………………………………………… 425
　　二、下尿路结石患者的护理 ……………………………………………………………… 429
　第五节　良性前列腺增生患者的护理 ………………………………………………………… 431
　第六节　泌尿系统肿瘤患者的护理 …………………………………………………………… 436
　　一、肾癌患者的护理 ……………………………………………………………………… 436
　　二、膀胱癌患者的护理 …………………………………………………………………… 439
　　三、前列腺癌患者的护理 ………………………………………………………………… 444
　第七节　泌尿及男性生殖系统结核患者的护理 ……………………………………………… 447

第二十九章　骨折患者的护理 456

第一节　骨折患者的一般护理 456
第二节　常见四肢骨折患者的护理 470
一、锁骨骨折患者的护理 470
二、肱骨干骨折患者的护理 471
三、肱骨髁上骨折患者的护理 472
四、桡骨下端骨折患者的护理 473
五、股骨颈骨折患者的护理 474
六、股骨干骨折患者的护理 476
七、胫、腓骨干骨折患者的护理 477
第三节　脊柱骨折及脊髓损伤患者的护理 480
一、脊柱骨折患者的护理 480
二、脊髓损伤患者的护理 484

第三十章　关节脱位患者的护理 491

第一节　概述 491
第二节　常见关节脱位患者的护理 494
一、肩关节脱位患者的护理 494
二、肘关节脱位患者的护理 495
三、髋关节脱位患者的护理 496

第三十一章　骨与关节感染患者的护理 500

第一节　急性血源性骨髓炎患者的护理 500
第二节　化脓性关节炎患者的护理 504
第三节　骨与关节结核患者的护理 506

第三十二章　颈肩痛与腰腿痛患者的护理 513

第一节　颈椎病患者的护理 513
第二节　腰椎间盘突出症患者的护理 518

第三十三章　常见骨肿瘤患者的护理 526

第一节　概述 526
第二节　骨软骨瘤患者的护理 529
第三节　骨巨细胞瘤患者的护理 530
第四节　骨肉瘤患者的护理 531

第三十四章　断肢（指）再植患者的护理 534

外科护理学实训指导 540

实训一　水、电解质代谢紊乱及酸碱平衡失调患者的护理 540
实训二　休克患者的护理 541

实训三	外科手术器械及用品的识别	541
实训四	外科手消毒	542
实训五	穿全遮盖式无菌手术衣、无接触式戴手套	543
实训六	常用手术体位的安置	544
实训七	患者手术区皮肤准备（备皮）	545
实训八	患者手术区域消毒铺巾	546
实训九	手术器械台的管理	547
实训十	更换敷料（换药）	548
实训十一	清创缝合	549
实训十二	胸腔闭式引流瓶的更换（单瓶）	550
实训十三	胃肠减压患者的护理	551
实训十四	腹股沟疝患者的护理	552
实训十五	肠梗阻患者的护理	553
实训十六	结肠造口患者的护理	554
实训十七	肝病患者的护理	555
实训十八	胆道疾病患者的护理	555
实训十九	周围血管疾病患者的护理	556
实训二十	泌尿及男性生殖系统疾病患者的护理	557
实训二十一	小夹板固定患者的护理	558
实训二十二	石膏固定患者的护理	559

主要参考文献 ······ 560

中英文专业词汇索引 ······ 561

第一章 绪 论

> **学习目标**
> 1. 解释外科护理学的概念。
> 2. 简述外科护理学的发展。
> 3. 归纳外科护士应具备的素质。
> 4. 具有救死扶伤、全心全意为外科疾病患者服务的高尚品德。
> 5. 热爱外科护理工作,愿意献身于祖国的外科护理事业。

第一节 外科护理学的概念与发展

一、外科护理学的概念与范畴

近年来,外科学在广度和深度方面迅速发展,新理论、新技术不断建立和应用,外科护理学的理论和技术也随之不断发展和提升。外科学在不断进行细化:按人体各系统,可分为神经外科、血管外科、泌尿外科、内分泌外科和骨科等;按人体部位,可分为头颅外科、胸心外科和腹部外科;按患者年龄特点,可分为成人外科和小儿外科;按手术方式,可分为整复外科、显微外科和移植外科等。为了提高外科护理工作的质量和水平,外科护理学也必然细化和专业化。

外科护理学是阐述和研究如何对外科疾病患者实施整体护理的一门临床护理学科,与外科学和现代护理学的发展紧密相关。外科护理学包含医学基础理论、外科学基础知识、专科护理学基础理论和技术以及护理心理学、护理伦理学和社会学等人文科学知识。

外科护理学是护理学的重要分支,以创伤、感染、肿瘤、畸形、功能障碍等外科疾病患者为研究对象,在现代医学模式和护理观的指导下,以人的健康为中心,根据患者的身心健康和社会、家庭、文化等需求,运用护理程序对外科疾病患者提供整体护理,以达到去除疾病、预防残障、促进外科疾病患者康复的目的。外科疾病是以手术或手法处理为主要治疗手段的疾病的总称。外科手术是治疗外科疾病的重要方法和手段,而各种外科疾病的围手术期护理(手术前、手术中、手术后的护理)是外科护理中最重要的内容。外科护士为外科疾病患者提供的整体护理内容包括:向外科疾病患者提供有关外科疾病的预防保健、治疗、护理和营养康复的咨询及指导;协助外科疾病患者接受各种诊断性检查、各项手术和非手术治疗;评估和满足外科疾病患者的基本需要;协助外科疾病患者预防并发症、康复锻炼和预防残障。另外,外科护理学还担负着外科护理科学研究、促进护理理论和实践发展的重任。

二、外科护理学的发展

早在旧石器时代,我们的祖先就已开始用人工器具砭石治疗伤病,此为古代外科的萌芽时期。根据甲骨文记载,夏商时代已有外科病症名及单列专科,有疾目、疾耳、疾齿、疾身、疾足的区分。《周礼·天官》有疾医、疡医、食医、兽医的划分。《周礼》分科的记载是我国和世界医学史上医学分科的最早记载。春秋战国时期的巨著《黄帝内经》奠定了外科学的理论基础。《灵枢·痈疽》中载有几乎遍及身体各部位的痈、疽、疮、疖，并最早提出用截趾术治疗脱疽。汉代出现了我国历史上最著名的外科学家华佗，他以麻沸散麻醉患者后对患者进行死骨剔除术及剖腹术。张仲景的《金匮要略》中有肠痈、寒疝、浸淫疮、狐惑病的治疗方药，如大黄牡丹皮汤、薏苡附子败酱散、乌梅丸，至今仍是外科急腹症的常用方。现代外科学奠基于19世纪中叶，先后解决了手术疼痛、切口感染、止血和输血等妨碍外科学发展的主要问题，使外科水平得到跨时代的大发展。1846年，美国莫顿（Morton）首先采用乙醚作为全身麻醉药，解决了止痛问题。1846年，匈牙利塞麦尔维斯（Semmelweis）要求医师在接产前用漂白粉水洗手消毒，使产妇死亡率从10%降到1%，这是抗感染技术的开端。

1867年，英国利斯特（Lister）报道，采用苯酚（石炭酸）冲洗手术器械，并用苯酚浸湿的纱布覆盖切口，使患者因截肢病死率从46%降至15%。1877年，德国贝格曼（Bergmann）采用蒸汽灭菌。1872年，英国韦尔斯（Wells）改进止血钳。1873年，德国埃斯马赫（Esmarch）提倡在截肢时使用止血带控制出血。1902年，美国兰茨泰纳（Landsteiner）发现血型，使输血安全得以保证。1929年，英国弗莱明（Fleming）发现了青霉素。1935年，德国多马克（Domagk）提倡使用磺胺类药，使预防和治疗术后感染提高到了一个新的水平。现代护理学创始人弗罗伦斯·南丁格尔（Florence·Nightingale）带领38名护理人员在克里米亚前线医院看护伤病员时，应用清洁、消毒、换药、包扎切口、改善营养和改善休养环境等护理手段，使伤病员的病死率从50%降至2.2%，充分证明了护理工作在外科疾病患者治疗过程中的重要作用和意义，由此创建了护理学，并延伸出外科护理学及其他护理学科。

21世纪的外科在肿瘤的基因诊断与治疗、器官克隆与移植、修复外科与微创外科等方面飞速发展。各种内镜和导管技术将深入人体各个脏器和部位，获得精确诊断。利用高清晰的图像系统及微型器械，部分传统手术操作将被微创、准确、细致的机械操作所取代，使创伤减少到最低限度。

我国外科护理学的发展与外科学的发展相辅相成、密不可分。1958年，首例大面积烧伤患者的抢救成功，20世纪60年代开展的器官移植及1963年世界首例断肢再植在我国上海获得成功，既体现了我国外科学的发展水平，又证明了我国外科护理学的发展水平。

外科护理学的发展与现代护理学和外科学的发展密切相关。现代护理学和外科学的研究、实践成果不断地引导外科护理学进入新的领域，促进了外科护理学的发展。现代护理学的发展经历了以疾病护理为中心、以患者护理为中心以及以人的健康护理为中心的3个发展阶段。在不同的发展阶段，护士对人、健康、环境和护理的概念及其相互联系的认识不断深入，使护理实践和理论不断向前发展。

目前，我国外科学逐渐建立了比较完整的外科体系，发展迅速，外科护理学也随之不断发展。随着现代科学技术的迅猛发展，生命科学技术不断引入、计算机技术广泛应用、医学分子生物学及基因技术不断深入，各种新材料（各种组织材料、纳米生物材料、人工关节、人工心脏瓣膜等）、新技术（腹腔镜外科技术、内镜外科技术以及放射介入和B型超声介入等微创外科技术）、新理论、新方法不断涌现，均为外科学的快速发展提供了条件，使手术操作的创伤程度更小。目前，手术机器人和机器人护士的临床运用，为临床一线医护人员提供了极大的帮助，其手术的精确性、稳定性和可操控性不断提高，并大大地节省了人力资源，降低了手术感染风险。随着现代外科学的发展，外科护理学也随之迅猛发展起来，它是基于医学科学的整体发展而形成的。外科护理学正在朝着更专业、更深层次、更细致、更完美的方向发展，以满足临床外科疾病患者的更高需求。

考点提示

外科护理学的概念和范畴。

第二节 学习外科护理学的方法

一、明确学习目的，树立正确而崇高的职业理想

学习外科护理学的目的是掌握外科护理学的基本理论知识与外科护理技能，并将其应用于临床外科护理实践，努力提高自身为外科疾病患者服务的本领，更好地为人类健康服务。作为外科护士，不仅要学习和掌握本学科的基本知识和技能，还必须树立崇高的职业理想。职业理想是护士社会价值和理想价值的具体体现，与护士的职业劳动紧密结合。为人类健康服务需要有正确的思想指导和实质性内容，即在全心全意为患者服务的思想指导下，在实践中运用知识、奉献爱心。只有学习目的明确、有学习欲望和乐于为护理事业无私奉献者，才能心甘情愿地付出精力并学好外科护理学。只有当一个人所学的知识为人所需、为人所用时，才能真正体现知识的价值。

二、用现代护理观指导学习

现代护理学理论包括人、环境、健康、护理4个基本要素。人是生理、心理、社会、精神、文化等多方面因素构成的统一体。世界卫生组织（World Health Organization，WHO）将健康定义为："健康不仅是没有身体上的疾病和缺陷，还要有完整的心理状态和良好的社会适应能力"，使人们对健康的认识发生了根本性改变。1980年美国护理学会将护理定义为："护理是诊断和处理人类对现存的或潜在的健康问题的反应。"从这一定义引申出：现代护理学是研究如何诊断和处理人类对存在的或潜在的健康问题反应的一门科学。强调"人的行为反应"，表现在人们对一件事从生理、心理、社会、文化和精神诸方面的行为反应。护理的宗旨就是帮助患者适应和改善内、外环境的压力，达到最佳的健康状态。

随着现代医学由单纯的生物医学模式向生物-心理-社会医学模式转变，丰富了护理的内涵，拓宽了护士的职能，护士不仅要帮助和护理患者，还要向患者及其家属提供健康教育和指导服务。护理工作将集治疗、康复、预防、保健于一身，护士的角色已由照顾者扩大到管理者、决策者、沟通者、健康教育者和研究者；护理服务对象由患者扩大到健康人群；护理服务场所由医院扩大至家庭、社区和社会；护理的服务期限涵盖了生命的全过程。护理是护士与患者共同参与的互动过程。护理的目的就是增强患者的应对和适应能力，提高其参与能力，满足患者对健康的各种需要，使之达到最佳的健康状态。

在新的医学模式和护理模式下，要求外科护士要有爱心、诚心、同情心，有积极奉献的价值观，有灵活的沟通技巧，能建立良好的护患关系，同时要运用所学的外科护理学知识和护理学理论，随时对外科疾病患者实施健康教育，鼓励外科疾病患者从被动地接受治疗和护理，到主动地参与治疗和护理。

总之，外科护士在护理实践中，应始终以人为本，坚持以现代护理观为指导，依据护理程序为框架的整体护理模式，收集和分析资料，明确患者现有的和潜在的护理问题，采取有效的护理措施并评价其效果，最终达到帮助患者解决健康问题的目的。

三、注重理论联系实际

外科护理学是一门实践性很强的应用性学科，外科护理发展本身就体现了理论与实践相结合的成果，因此外科护士必须遵循理论联系实际的原则，既要掌握外科护理学的理论知识，又要掌握外科护理学的技能操作。在学习过程中，要做到多学习、多实践、多观察、多思考、多总结，将外科护理理论知识与临床外科护理实践有机结合，并实现三贴近，即贴近患者、贴近临床、贴近社会，为外科疾病患者提供细致入微、关怀备至的护理服务，缩短与外科临床护理的实际距离。在外科护理理论学习和实践过程中，要结合外科临床护理实际病例，进一步强化理论知识。外科急、危、重症患者多，病情复杂多变，同时伴有身体的整体反应，微小的病情变化也不能忽视。因此，护士必须掌握外科护理理论知识，能透过细微之处看到疾病的本质，用心观察，早发现，早处理。

考点提示

学习外科护理学的方法。

四、不断更新知识和技术

外科护理学仍处在不断创新、提升的阶段。随着外科护理学的快速发展和新技术、新诊疗手段的不断引入，对护士的要求也越来越高。外科护士除了重视基础知识、基础理论和基础技能外，还必须不断更新知识，才能跟上时代发展的步伐和满足现代外科护理学发展的需要。外科护理学的发展除了要求护士不断学习先进理论、先进技术外，还必须具有一定的教学和科研能力，积极促进外科护理学的发展。

第三节　外科护士应具备的素质

外科的急、危、重症患者多，抢救任务重，工作强度大，外科疾病复杂多变，麻醉和手术均存在潜在并发症的危险，且具有突发性，需紧急或快速处理。这些特点对外科护士的综合素质提出了更高的要求。

一、具备崇高的职业道德素质

护士的职责是治病救人，呵护生命，促进健康。这就要求外科护士不仅要具备崇高的职业道德素质和无私的奉献精神，还要具有高尚的护理职业风范、爱岗敬业精神，充分认识护理工作的重要性，热爱生命，关爱健康；同时要有爱心、耐心、同情心，尊重患者，对患者认真负责的工作态度和严谨慎独的工作作风，全心全意为人的健康服务。

二、具备扎实的业务素质

外科护士必须具备护理工作所必需的基础理论、基本知识和基本技能。同时还须掌握外科护理专业知识，如外科常见病和多发病的病因、临床表现、治疗要点和护理措施，以及外科急、危、重症患者的救护知识，并能熟练地运用护理程序对外科疾病患者实施整体护理。外科护士还要具有娴熟的技术操作能力，除掌握基本护理技术外，还应精通外科专科护理技术，能稳、快、准、好地完成外科护理各项工作；具有自我完善能力，扩充和更新知识，掌握新技术；有良好的沟通交流能力，善于运用语言及非语言表达方式，与外科疾病患者及其家属进行有效沟通；具有细致的观察能力和敏锐的判断能力，及时发现患者现存的、潜在的生理或心理问题，并协助医师进行有效处理，为患者解决身心方面的健康问题。

三、具备良好的人文素质

现代护理的主题是"以人为本、人文关怀"。要想全面提高护理质量，就要求在护理工作中坚持"以人为本"的核心理念。在外科护理工作中，外科护士要尊重患者、关心患者、体贴患者、理解患者，并用爱心、耐心、细心、诚心、责任心和同情心为外科疾病患者服务，要让外科疾病患者感受到医护人员的人文关怀和全心全意为患者服务的诚意。同时外科护士仪表应文雅大方，举止端庄稳重，服装整洁美观，待人彬彬有礼。在护理工作中关注患者在生理、心理、社会等各方面对健康问题的反应和对护理的需求，真正做到"以人为本"，使护士成为患者心目中名副其实的白衣天使。

四、具备良好的身心素质

外科护理工作具有急诊和抢救任务多、工作节奏快、工作量大，患者病情急、重而多变，突发事件应变多等特点，要保证及时、有效地参与抢救和实施外科护理工作，就要求外科护士必须具有健康的体质、开朗的性格、饱满的精神状态、良好的心理素质和应急能力，才能胜任紧张而繁重的外科护理工作。另外，外科疾病患者有着复杂的心理活动，他们除了承受身体上的痛苦外，精神负担也很重，往往担心麻醉意外、手术意外、肢体残疾等，常处于焦虑、恐惧状态，有时不能控制自己的情绪，因此，外科护士要有乐观、开朗的性格，能体谅患者的心情，善于向患者及其家属做好解释工作，善于自我调节，通过自己积极向上、乐观自信、镇静、安详和关切的态度使患者产生安全感，减轻其思想负担，增强其战胜疾病和恢复健康的信心。

五、其他

外科护士除了需具备以上素质外，还需具有一定的法律防范意识和自我保护意识。随着我国医疗制度的不断改进和完善，以及患者及其家属法律意识及维权意识的不断增强，对外科护理工作要求越来越高。外科护士要不断地学习国家的各种法律、法规，增强自我防范意识和自我保护意识，以维护患者和自身的合法权利。

 考点提示

外科护士应具备的素质。

思政园地

"提灯女神"——南丁格尔

1854—1856年，南丁格尔率领38名妇女奔赴克里米亚战场，在脏、乱、差的战地医院里，她积极改革，改造医院环境，为伤兵员清洁、消毒、包扎、换药；关心和改善伤兵员的营养和环境，并开展战地救护等措施，在她们的努力下，英国伤兵员在前线的死亡率从50%下降至2.2%。这项成就使英国朝野大为振奋，南丁格尔的名字在前线被广为传颂。在前线医院里，南丁格尔每日无视风雨寒冷，必然手提一盏油灯，沿着崎岖的小路，在4英里之遥的营区里一间病房一间病房地探视伤病员，给予伤病员全心全意的安慰与关爱,"提灯女神"也就成了她的代名词。战争结束后,她仍致力于医院护理管理工作,创办了护士学校,培养专业护士,著书立说,她的许多著作都被当作教科书,培养了一大批护理人才,南丁格尔也被公认为是现代护理事业的鼻祖。

如今,100多年过去了,全世界一代又一代的护理工作者接过南丁格尔手中的"小油灯",继续这份伟大而富于奉献精神的事业。

(张 德)

第二章 水、电解质代谢紊乱和酸碱平衡失调患者的护理

第二章数字资源

学习目标

1. 复述常见水、电解质代谢紊乱和酸碱平衡失调的概念。
2. 识别常见水、电解质代谢紊乱和酸碱平衡失调的病因、病理生理。
3. 比较等渗性脱水、低渗性脱水、高渗性脱水、水中毒的身体状况、治疗原则和护理措施。
4. 归纳代谢性酸中毒、代谢性碱中毒、呼吸性酸中毒、呼吸性碱中毒的身体状况、治疗原则和护理措施。
5. 能观察水、电解质代谢紊乱和酸碱平衡失调患者的病情变化,及时配合医师正确诊治及护理。
6. 护理水、电解质代谢紊乱和酸碱平衡失调的患者时,表现出认真、仔细观察、精心护理的态度。

案例 2-1

赵先生,55岁,体重60 kg,因腹痛、呕吐3天入院。患者自诉口渴,尿少而黄,全身软弱无力。体格检查:T 38.4℃,P 87次/分,BP 92/60 mmHg。精神萎靡,眼窝轻度下陷,口唇干燥,呼吸深快。腹胀,脐右侧可见手术瘢痕,有轻压痛,肠鸣音减弱,膝反射减弱。实验室检查:血钠145 mmol/L,血钾3.0 mmol/L,HCO_3^- 28 mmol/L,尿呈酸性。

问题与思考:

1. 该患者有何种体液平衡失调?
2. 请分析发生的原因。
3. 患者目前存在的常见护理诊断/问题有哪些?
4. 如何护理该患者?护理时,应该注意哪些问题?

体液是人体的重要组成部分,在神经内分泌系统的调节作用下,人体的体液维持了一定的容量、分布、电解质浓度及酸碱度,称为体液平衡。这种平衡稳定了人体的内环境,保证人体新陈代谢等生命活动的正常进行。体液平衡可因感染、手术、损伤、麻醉及许多外科疾病等因素而导致平衡失调。体液平衡失调不但影响组织细胞代谢,而且还会造成重要器官功能障碍,严重时可危及生命,故应维持外科疾病患者的水、电解质及酸碱平衡,对其予以足够的重视。

第一节 体液平衡

一、体液的组成及分布

体液由水、电解质、低分子有机化合物及蛋白质等组成,广泛分布于组织和细胞内外。人体的体液总量因年龄、性别和胖瘦而异。成年男性的体液量约占体重的60%;女性因脂肪组织较多,体液量约占体重的55%;老年人的体液量占体重的45%～55%;小儿脂肪较少,故体液占体重的比例较高,婴幼儿可高达70%～80%。随着年龄增长和体内脂肪组织的增多,体液量有所下降,14岁以后少年的体液量占体重的比例已近似于成年人。小儿和老年人对体液变化比较敏感,小儿是因为体重的大部分是体液,而老年人则因为体液储备少。体液总量随脂肪的增加而减少,故消瘦者体液占体重的比例比肥胖者高,对脱水耐受性更大。

体液分为细胞内液和细胞外液两部分。细胞内液大部分位于骨骼肌内,成年男性因肌肉较女性发达,细胞内液可达体重的40%;而女性细胞内液约占体重的35%。细胞外液主要由血浆(血管内液)和组织间液两部分组成,组织间液约占体重的15%,血浆约占体重的5%,组织间液除不含红细胞和仅含少量蛋白质外,基本上和血浆相同,并与血浆和细胞内液经常进行物质交换而达到平衡,在维持机体水、电解质和酸碱平衡方面起着重要的作用,称为功能性细胞外液。另有一小部分组织间液仅有缓慢地交换和取得平衡的能力,虽然有各自的生理功能,但在维持机体水、电解质和酸碱平衡方面所起的作用甚小,占体重的1%～2%,故又称为无功能性细胞外液(如消化液、脑脊液、关节液、滑膜液及前房水)。但是有些无功能性细胞外液在产生量和丢失量显著增多时,也可发生明显的水、电解质代谢紊乱和酸碱平衡失调。例如在外科疾病患者中很常见的大量消化液的丢失,可造成体液量及体液成分的明显变化。

体液的主要成分是水和电解质。细胞外液中的主要阳离子为Na^+,主要阴离子为Cl^-、HCO_3^-和蛋白质。细胞内液中的主要阳离子为K^+和Mg^{2+},主要阴离子为HPO_4^{2-}和蛋白质。细胞内、外液的渗透压基本相等,正常为290～310 mmol/L。渗透压的稳定对维持细胞内、外液平衡具有非常重要的意义。

二、水、电解质代谢及调节

(一)水平衡

人体每日水的摄入与排出保持动态平衡(表2-1),人体内环境的稳定有赖于体内水分的恒定,人体每日摄入一定量的水,同时也排出相应量的水,达到每日出入水量的相对恒定。

表2-1 正常成年人每日水出入量的平衡(ml)

摄入量		排出量	
饮水	1000～1500	尿	1000～1500
食物含水	700	粪便	200
内生水	200～300	皮肤蒸发	500
(代谢水)		呼吸蒸发	300
合计	2000～2500	合计	2000～2500

1. **无形失水** 又称不显性失水,是指从皮肤和呼吸蒸发的水分,是在人体不知不觉中丢失的水分,其中每日从皮肤蒸发水分约500 ml,呼吸蒸发约300 ml。正常情况下无形失水比较恒

定，在异常情况下失水量增多。

2. 尿液　肾每日排泄体内固体代谢物 30～40 g，每溶解 1 g 溶质需 15 ml 水，因此每日尿量应不少于 500～600 ml，才能基本排出体内的代谢废物。每日尿量为 500～600 ml 时尿比重（相对密度）高达 1.035，为减轻对肾的损害，机体通过自身调节，使 24 小时尿量维持在 1000～1500 ml，尿比重约为 1.012。

3. 粪便　正常成人消化道每日分泌的消化液总量约为 8200 ml，但只有 150 ml 左右由粪便排出，其余均被消化道重新吸收。在病理情况下，如频繁呕吐、严重腹泻、肠瘘，可引起水、电解质代谢紊乱和酸碱平衡失调。

4. 代谢氧化生水　又称内生水，是指机体在新陈代谢过程中物质氧化最终生成的水，每日约为 200 ml。在急性肾衰竭时，必须将内生水计入出入量。

（二）电解质平衡及调节

1. 钠（Na^+）的平衡　Na^+ 为细胞外液的主要阳离子，主要来自食盐，正常成年人每日需氯化钠 4～6 g。Na^+ 主要经尿液排出，小部分可经汗液排出。正常血清钠浓度为 135～145 mmol/L，平均为 142 mmol/L。钠的主要生理功能是维持细胞外液的渗透压及神经、肌肉兴奋性。肾对钠的调节是多进多排、少进少排、不进几乎不排。

2. 钾（K^+）的平衡　K^+ 是细胞内液的主要阳离子，体内钾总量的 98% 在细胞内，2% 在细胞外液。钾的主要生理功能是参与维持细胞的正常代谢、维持细胞内液的渗透压和酸碱平衡、增加神经肌肉应激性、抑制心肌收缩力等。正常血钾的浓度为 3.5～5.5 mmol/L。正常成年人对钾盐的需要量为 2～3 g/d，相当于 10% 氯化钾 20～30 ml/d。钾主要来自含钾食物，经消化道吸收，80% 经肾排出。肾保钾能力较差，肾对钾的调节是多进多排、少进少排、不进也排。禁食 2 天以上不补钾者，即可发生低钾血症。

（三）体液平衡的调节

人体内的体液主要通过神经内分泌系统和肾进行调节。当人体内的水发生变化时，细胞外液渗透压也发生变化，刺激下丘脑-垂体后叶-抗利尿激素系统调节抗利尿激素（antidiuretic hormone，ADH）的分泌。当细胞外液渗透压增加、细胞外液量减少时，肾入球小动脉压力下降，ADH 分泌增加，使肾对水的重吸收增加；当细胞外液渗透压下降时，ADH 分泌减少，使较多的水分排出体外。ADH 对体内水分的变化及渗透压的变化十分敏感，当血浆渗透压较正常值增减约 2% 时，就可导致 ADH 分泌的变化，这对维持人体水分的动态平衡十分有利。

此外，肾素和醛固酮也参与体液平衡的调节。当细胞外液减少，特别是血容量减少时，引起肾小球旁细胞分泌肾素增加；同时肾小球滤过率相应下降，使流经肾远曲小管的 Na^+ 量减少，刺激位于远曲小管致密斑的钠感受器，引起肾素分泌增加。肾素能催化血浆中的血管紧张素原，使其转变为血管紧张素 Ⅰ 和血管紧张素 Ⅱ，后者刺激肾上腺皮质分泌醛固酮，促进肾远曲小管和集合管对 Na^+ 的重吸收和 K^+、H^+ 的排泌，使肾小管对水的重吸收增加，引起尿量减少，细胞外液量增加；血容量回升和血压逐步回升后，反过来可抑制肾素的释放，醛固酮分泌减少，Na^+ 重吸收减少，结果使细胞外液量不再增加，保持内环境的稳定。

三、酸碱平衡及调节

人体在代谢过程中不断产生酸性物质和少量碱性物质，机体能通过血液的缓冲系统、肺的呼吸和肾的调节作用使血液的 pH 保持在 7.35～7.45。

1. 血液的缓冲系统　以 HCO_3^-/H_2CO_3 最为重要。血液中 HCO_3^- 的正常值平均为 24 mmol/L，H_2CO_3 的正常值为 1.2 mmol/L，两者比值 $HCO_3^-/H_2CO_3=24/1.2=20:1$，只要 HCO_3^-/H_2CO_3 的比

值保持为 20:1，血浆的 pH 就能保持在正常范围。血液的缓冲系统作用快，但 HCO_3^- 和 H_2CO_3 的相应增减还需依靠肺和肾来调节。

2. **肺的调节**　肺是排出体内挥发性酸的主要器官，通过呼吸排出 CO_2，降低血液中二氧化碳分压（$PaCO_2$），从而调节血中的 H_2CO_3 浓度。

3. **肾的调节**　肾是调节酸碱平衡最重要的器官，主要通过排出体内非挥发性酸（固定酸）及保留碱性物质，以维持正常的血浆 HCO_3^- 浓度，保持血浆 pH 不变。

此外，细胞内、外离子交换在酸碱平衡调节中也起一定的缓冲作用。细胞内每进入 1 个 H^+ 和 2 个 Na^+，可替换出 3 个 K^+。当细胞外液 H^+ 增多（酸中毒）时，H^+ 进入细胞内，使 K^+ 移出，故酸中毒时可伴有高钾血症；相反，当细胞外液 H^+ 减少（碱中毒）时，细胞内 H^+ 移出，与细胞外 K^+ 进行交换，故碱中毒时可伴有低钾血症。

第二节　水和钠代谢紊乱患者的护理

一、脱水与缺钠患者的护理

在细胞外液中，水和钠的关系非常密切，故脱水和失钠常同时存在。水与钠丢失的比例不同，引起的病理生理变化以及临床表现也不同。临床上按水和钠丧失的比例不同，将脱水（也称缺水）分为等渗性脱水、高渗性脱水和低渗性脱水 3 种类型。体内水过多时称为水中毒。

【病因及病理生理】

（一）**高渗性脱水**

高渗性脱水（hypertonic dehydration）又称原发性脱水。水和钠同时丢失，但失水多于失钠，血清钠浓度高于 150 mmol/L，细胞外液呈高渗状态。

1. **病因**　①水分摄入不足：如长期禁食、食管癌导致吞咽困难、危重或昏迷患者补水不足、经胃管或空肠造口管给予高浓度肠内营养液或静脉输注大量高渗液体。②水分排出过多：如高热患者大量出汗，大面积烧伤暴露疗法、大面积开放性损伤创面蒸发大量水分、大剂量使用渗透性利尿药、糖尿病患者血糖未控制导致大量尿液排出。

2. **病理生理**　由于细胞外液的渗透压高于细胞内液，水分由细胞内向细胞外转移，导致细胞内液、细胞外液都减少，但以细胞内液减少更明显。患者出现口渴，因抗利尿激素分泌增加，导致尿量减少和尿比重升高。

（二）**低渗性脱水**

低渗性脱水（hypotonic dehydration）也称慢性脱水或继发性脱水。水、钠同时丢失，但失钠多于失水，血清钠低于 135 mmol/L，细胞外液呈低渗状态。

1. **病因**　①胃肠道消化液持续丢失：如反复呕吐、长期胃肠减压或慢性肠梗阻。②大创面的慢性渗液。③应用排钠利尿药，如氯噻酮、依他尼酸（利尿酸）时，未补充适当的钠盐。④等渗性脱水治疗时只注意补充水分，未及时补充钠盐等。

2. **病理生理**　由于细胞外液低渗，导致细胞外液水分进入细胞内，细胞外液明显减少。早期机体抗利尿激素分泌减少，肾小管重吸收水分减少，故早期尿量正常或稍多，尿比重低；而晚期血容量减少，醛固酮和抗利尿激素分泌增多，钠和水重吸收增加，故后期尿量减少。

（三）**等渗性脱水**

等渗性脱水（isotonic dehydration）也称急性脱水或混合性脱水，是外科临床中最常见的脱水类型，水和钠成比例丢失，血清钠 135～150 mmol/L，细胞外液渗透压维持在正常范围。

1. 病因 ①消化液的急性丧失：如大量呕吐、急性肠梗阻、剧烈腹泻。②体液的急性丧失：如严重腹腔感染、大面积烧伤早期。丧失体液的成分与细胞外液基本相同。

2. 病理生理 由于细胞外液迅速减少导致血容量不足，肾远曲小管对钠和水的重吸收增加，以弥补血容量的不足。由于丧失的是等渗液体，细胞外液渗透压基本保持正常。但若此种体液失衡持续时间较长，细胞内液可外移，随同细胞外液一起丧失。

【护理评估】

1. 健康史 评估水、钠丢失的原因，了解患者是否存在水、钠摄入不足或排出过多的病史，以及失水、失钠后处理措施是否合理。了解患者目前的胃肠功能，能否正常摄水、摄钠。评估患者心脏、肺等重要器官有无功能障碍，能否承受常规的补液治疗。

2. 身体状况

（1）高渗性脱水：早期突出临床表现为口渴。高渗性脱水随着脱水程度的不同，患者临床表现各异（表2-2）。

表2-2 高渗性脱水的评估

脱水程度	身体状况	失水量（占体重%）
轻度脱水	口渴，尿少	2%～4%
中度脱水	除烦渴外，出现唇舌干燥、皮肤弹性差、眼窝凹陷，常有精神萎靡或烦躁，尿少、尿比重增高	4%～6%
重度脱水	除以上表现加重外，还出现中枢神经功能障碍：躁狂、幻觉、谵妄，甚至昏迷；或循环功能障碍：血压下降、休克	＞6%

（2）低渗性脱水：临床表现以较早出现周围循环衰竭为特点，口渴不明显。根据缺钠程度，低渗性脱水分为轻度、中度和重度（表2-3）。

表2-3 低渗性脱水的评估

缺钠程度	身体状况	血清钠浓度（mmol/L）	缺NaCl（g/kg）
轻度	疲乏、头晕、手足麻木、直立性晕倒，尿量正常或增多，尿钠及尿氯下降	130～135	0.5
中度	除上述症状外，还出现恶心、呕吐、脉搏细速、血压不稳、脉压小、皮肤弹性减退、尿量减少、尿比重低	120～130	0.5～0.75
重度	除以上表现加重外，还出现神志不清、肌痉挛性抽痛、木僵，甚至昏迷，常发生休克等	＜120	0.75～1.25

（3）等渗性脱水：既有脱水症状，又有缺钠症状。患者可出现恶心、呕吐、厌食、乏力、口唇干燥、眼窝凹陷、皮肤弹性降低及少尿等症状，口渴不明显。若在短期内体液丧失量达到体重的5%，患者有心搏加快、脉搏细速、肢端湿冷、血压不稳定或降低等血容量不足的表现。当体液继续丧失达体重的6%～7%时，患者有明显的休克表现。休克的微循环障碍必然导致酸性代谢产物的大量产生和积聚，因此，常伴发代谢性酸中毒。如果患者丧失的体液主要为胃液，因有H^+的大量丧失，可伴发代谢性碱中毒。

3. 心理-社会状况 体液失衡大多起病急骤，容易引起患者及其家属的焦虑、恐惧。体液失衡常以疾病的并发症出现，因此常有原发病所致的心理与社会反应等。

4. 辅助检查 不同脱水类型，血液、尿液检查结果各有特点（表2-4）。

表 2-4　三种类型脱水血液、尿液检查

检查内容	高渗性脱水	低渗性脱水	等渗性脱水	临床意义
红细胞计数、血红蛋白量、血细胞比容	增高	增高	增高	提示血液浓缩
血清钠	>150 mmol/L	<135 mmol/L	135～150 mmol/L	判断脱水性质
血尿素氮	可升高	可升高	可升高	见于肾不能排出维持排泄废物所需要的尿量时
尿钠、尿氯含量	增高	明显减少	正常或稍增高	反映肾有效调节
尿比重	增高	<1.010	增高	反映尿液浓缩和尿钠、尿氯排出情况

5. 治疗原则　对于任何类型脱水，应积极治疗原发病，解除病因，并实施合理补液。

（1）高渗性脱水：轻度脱水患者口服补液即可，不能口服或中度以上脱水患者应首先静脉输注 5% 葡萄糖溶液或低渗 0.45% 氯化钠溶液。高渗性脱水者实际上也存在缺钠，为防止继发低钠血症，高渗状态缓解后应及时、适量补充生理盐水。补液量可根据表 2-2 中脱水的程度来估算。估算出来的补液量应分 2 日补充，第 1 日只补估算量的一半，其余量在第 2 日酌情补给。一般在血容量补足，尿量达到 40 ml/h 后，应酌情补钾。

（2）低渗性脱水：轻、中度缺钠者，一般补充 5% 葡萄糖氯化钠溶液。重度缺钠者，一般补充 3%～5% 氯化钠溶液，以恢复细胞外液渗透压。若伴有休克，应先补足血容量，以改善微循环和组织器官的灌注。先输晶体溶液，如平衡盐溶液、等渗盐溶液；后输胶体溶液，如羟乙基淀粉、右旋糖酐溶液和血浆，以补充血容量，纠正休克，然后再滴注 3%～5% 高渗盐溶液 200～300 ml，尽快纠正血钠过低，以进一步恢复细胞外液量和渗透压。当输注高渗盐溶液时，应严格控制滴速，不应超过 100～150 ml/h，以后根据病情及血钠浓度再调整治疗方案。低渗性脱水的补钠量可根据表 2-3 中缺钠的程度来估算或按下列公式计算：

需补充的钠量（mmol）=［正常血钠浓度（mmol/L）−测得血钠浓度（mmol/L）］× 体重（kg）× 0.6（女性为 0.5）

此公式仅作为补钠安全剂量的估计，以 17 mmol Na^+ 相当于 1 g 钠盐计算。一般当日先补 1/2 量，其余 1/2 量第 2 日补给。一般在血容量补足使尿量达 40 ml/h 后，应酌情补钾。

（3）等渗性脱水：主要是针对性地纠正其细胞外液的减少。轻、中度等渗性脱水，一般可静脉补充生理盐水或 5% 葡萄糖氯化钠溶液；重度等渗性脱水，则应选用平衡盐溶液，不能选用等渗盐溶液，以免引起高氯性酸中毒。伴有休克者，应先抗休克治疗。补液量可按脱水程度估算（详见表 2-2），如体重 60 kg 的中度脱水患者，其补液量约为 60 kg × 5%=3 kg（约 3000 ml）；第 1 日只补估算量的一半，其余量在第 2 日酌情补给。一般在血容量补足，尿量达 40 ml/h 后，应酌情补钾。

 考点提示

三种脱水的治疗原则。

【常见护理诊断 / 问题】

1. 体液不足　与水分摄入不足或丢失过多有关。
2. 焦虑　与担心体液失衡的预后有关。

3. 潜在并发症：低血容量性休克等。

【护理目标】

1. 患者体液维持平衡。
2. 患者能说出产生焦虑的原因，患者焦虑减轻或消失，情绪稳定。
3. 患者不发生并发症或并发症能够及时被发现和处理。

【护理措施】

1. **一般护理** 根据患者的原发病情况，指导患者休息和活动，嘱患者出汗时应及时更换清洁、干净的衣服，避免意外受伤；对禁食者，应加强口腔护理；能进食者，应鼓励患者多饮水，并加强营养支持等。

2. **去除病因** 配合医疗措施，积极处理原发病，这是防治体液失衡的根本措施。

3. **实施液体疗法** 对已发生脱水和缺钠的患者，必须及时、正确地补充液体。补液方案应根据病史、临床表现及必要的实验室检查结果，综合分析水和电解质代谢紊乱的程度、性质而定。补液过程中应据病情变化边治疗、边观察、边调整。静脉补液时一般应注意4个方面的问题：补多少（定量，即补液总量），补什么（定性，即液体种类），怎样补（补液原则，即输液方法），补得如何（病情观察，即疗效观察）。

（1）补液总量：包括3个部分，即生理需要量、已经损失量和继续损失量。

1）生理需要量：指每日需要量，简称日需量。一般成年人每日生理需要量为2000～2500 ml。

2）已经损失量：也称累积损失量，即从发病到制订补液计划时已经累积损失的液体量。其量的多少应根据患者脱水严重程度（轻度、中度、重度）进行估算。

> **知识拓展**
>
> **已经损失量的计算**
>
> 已经损失量可按患者脱水程度或缺钠程度进行估算。如体重60 kg的患者，中度高渗性脱水，患者的已经损失量约为60 kg×5%=3 kg（约3000 ml水）；体重60 kg的患者，中度低渗性脱水，患者的已经损失量（失钠量）约为60 kg×0.6 g/kg=36 g氯化钠（相当于0.9%氯化钠等渗盐溶液4000 ml）；体重60 kg的患者，中度等渗性脱水，患者的已经损失量约为60 kg×5%=3 kg（约3000 ml等渗液）。已经损失量的估算只是临床上粗略的估计。

3）继续损失量：或称额外损失量，是指在治疗过程中又继续丢失的体液量，如在实施补液计划过程中，患者发生了高热、出汗、呕吐、腹泻、胃肠减压、创面渗出等体液丢失的情况。这部分损失量的补充原则是"丢多少，补多少"，即按实际损失量补充，故对呕吐、腹泻、体液引流、消化道瘘等患者要严格记录其详细的排出量。发热的患者，体温每升高1℃，每日每千克体重将增加补充水分3～5 ml；如明显出汗，失水更多，大汗湿透一身衬衣裤时约多补1000 ml水分；气管切开患者的呼吸失水是正常人的2～3倍，故对成年人气管切开者每日要增加水分补充800～1200 ml。临床上一般将当日的继续损失量安排在次日补给。

纠正体液代谢紊乱的关键在于第1日补液，即第1日补液总量=生理需要量+1/2已经损失量；第2日补液总量=生理需要量+1/2已经损失量（酌情调整）+前1日继续损失量。第3日补液总量=生理需要量+前1日继续损失量。因机体有一定的代偿调节能力和个体差异，因此在补液过程中，不可机械地执行计算量，应根据病情变化边输液、边观察、边调整。

（2）液体种类：原则是"缺什么、补什么，宁少勿多"。充分发挥机体的调节代偿作用而达到正常体液平衡，避免矫枉过正导致严重的体液平衡紊乱。

1）生理需要量配制：按机体每日基础需要量配制，一般给5%葡萄糖氯化钠溶液500~1000 ml，5%~10%葡萄糖溶液1500 ml，酌情加入10%氯化钾溶液20~30 ml。

2）已经损失量配制：补液的液体种类取决于水、电解质及酸碱失衡的类型。高渗性脱水以补5%葡萄糖溶液为主，待基本脱水症状改善后补充适量生理盐水。轻、中度低渗性脱水一般补充以5%葡萄糖氯化钠溶液为主，重度缺钠者应补给3%~5%高渗盐溶液。轻、中度等渗性脱水，一般可静脉补充生理盐水或5%葡萄糖氯化钠溶液，重度等渗性脱水或已发生休克者，则应选用以平衡盐溶液为主进行扩容。平衡盐溶液的电解质含量与血浆内含量相仿，用于治疗等渗性脱水比较理想。目前常用的平衡盐溶液有乳酸钠林格溶液和碳酸氢钠等渗盐溶液两种。大量补液时，如果单用等渗盐溶液，因其溶液中的氯含量比血浆中氯含量高50 mmol/L（等渗盐溶液中氯的含量为154 mmol/L，而血浆中氯的含量为103 mmol/L），大量输入等渗盐溶液后会导致血氯浓度过高，引起高氯性酸中毒。

3）继续损失量配制：遵循"同质原则"，按实际丢失液体的成分配制。消化液丢失一般补乳酸钠林格溶液或平衡盐溶液；发热、气管切开者，主要补充以5%葡萄糖溶液为主，酌情补给10%氯化钾溶液20~30 ml。大量出汗者一般以低渗盐溶液补给。

（3）补液方法及原则：口服补液最安全。当不能实施口服补液时，应考虑静脉补液。静脉补液时应遵循以下补液原则。

1）先盐后糖：除高渗性脱水患者应先输入5%葡萄糖溶液外，一般应先输入无机盐等渗液，后给葡萄糖溶液。因先补盐有利于稳定细胞外液渗透压和恢复细胞外液容量，而糖进入体内迅速被细胞利用，对维持体液渗透压的作用不大。

2）先晶后胶：一般先输入一定量的晶体溶液（常首选平衡盐溶液）以迅速扩容，改善血液浓缩状态，促进微循环血液灌注，然后输入适量胶体溶液以维持血浆胶体渗透压，恢复和稳定血容量。但对大失血所致的低血容量性休克，在抢救时应尽早补给胶体溶液（全血、血浆、右旋糖酐等）。

3）先快后慢：对明显脱水的患者，早期输液速度要快，即相当于补充已经损失量，以迅速改善脱水、缺钠状态；对休克患者，常需两路静脉同时输入，必要时加压输液或作静脉切开插管输液。当患者一般情况好转后，应减慢补液速度，以免加重心肺负担。

但是，对心脏、肺等重要脏器功能障碍者，静脉滴注高渗盐溶液或经静脉特殊用药（钾盐、普萘洛尔、血管活性药物等），都要严格控制滴注速度，不可过快。成年人静脉滴注10%葡萄糖溶液不宜超过250 ml/h，大约为60滴/分，因为机体利用葡萄糖的速率是0.5 g/(kg·h)，超过此值就会形成渗透性利尿。

4）液种交替：为避免在较长时间内单纯输注一种液体而造成体液平衡失调，盐类、糖类、酸类、碱类、胶体类各种液体要交替输入。但是，低渗性脱水及高渗性脱水患者初期宜分别持续补充含盐溶液及葡萄糖溶液。

5）尿畅补钾：脱水、缺钠常伴缺钾；脱水和酸中毒纠正后钾随尿排出增多，也可使血钾下降，故应及时补钾。需要注意的是，尿量必须在40 ml/h以上才可补钾，以免发生高血钾症。但是，严重创伤、大型手术后因组织细胞破坏，大量K^+自细胞内释放出来，虽然尿量正常，在2~3日内也不需要补钾。

考点提示

外科补液的原则。

（4）疗效观察

1）记录液体出入量：准确、详细地记录24小时液体出入量，供调整输液方案时参考。

2）保持输液通畅：注意观察输液管道是否通畅，输液速度是否正常，穿刺局部有无液体外漏、肿胀和疼痛，并按要求控制滴速。

3）观察治疗反应：在补液过程中，必须严密观察治疗效果，注意不良反应。主要观察指标有：①精神状态，如乏力、萎靡、烦躁、嗜睡症状的改善情况；②脱水征象，如口渴、皮肤弹性下降、眼窝内陷表现的恢复程度；③生命体征，如血压、脉搏、呼吸、体温的改善情况；④辅助检查，如尿量和尿比重等常规检查、血液常规检查、血清电解质测定、肝肾功能检查、心电图、中心静脉压（central venous pressure，CVP）监测是否接近或恢复正常。

4）观察并及时处理输液不良反应：①补液过多：当快速或大量输液时，要特别注意心肺功能监测，如患者出现心率增快、颈静脉怒张、呼吸短促、咳血性泡沫痰、两肺有湿啰音，提示有心力衰竭与肺水肿的可能，应立即减慢或停止输液。②输液反应：在开始输液或输液过程中突然出现寒战、高热、恶心等，可能为输液反应，应减慢输液速度或停止输液，并遵医嘱肌内注射苯巴比妥钠0.1 g或异丙嗪25 mg，静脉注射地塞米松5 mg，必要时可送检现用液体及输液器具。

4. 心理护理　由于病情重，加之输液，以及应用导尿管、胃肠减压管、引流管等，使患者活动和生活不便，容易产生紧张、烦躁的情绪，护士应表示理解，并给予鼓励、支持，让患者说出内心的忧虑；各种操作力求准确、迅速，以最大限度地减轻患者的不适，增强患者对护士的信赖和治愈的信心。

5. 健康教育

（1）对高温环境作业者、进行高强度体力活动者，告知出汗较多时，要及时饮用含盐饮料。对矿井下、野外、航海工作者，告知其应主动接受水源断绝环境下的生存知识教育。

（2）凡能经口服途径补液者，尽量不使用静脉输液；当病情无须静脉输液时，更不要随意使用静脉输液。

【护理评价】

1. 患者是否恢复正常体液容量，尿量是否恢复正常。

2. 患者焦虑是否减轻，是否对预后有信心。

3. 患者是否出现并发症，若出现，有无被及时发现和处理。

二、水中毒患者的护理

水中毒又称稀释性低血钠，是指机体的摄入水总量超过了排出水量，导致水分在体内潴留，引起血浆渗透压下降和循环血量增多。水中毒较少发生。

【病因及病理】

1. 病因　①各种原因所致的抗利尿激素（ADH）分泌过多；②肾功能不全，排尿能力下降；③机体摄入水分过多或静脉补充不含电解质的液体过多。

2. 病理　因水分摄入过多或排出过少，细胞外液量骤增，血清钠浓度降低，渗透压下降，水分由细胞外转移到细胞内，使细胞内液、细胞外液量都增加，渗透压降低。循环血量增多致使醛固酮分泌，使远曲小管和肾小球对Na^+和水重吸收减少，尿量增加，进一步降低血清钠浓度，血清钠和细胞外液渗透压进一步降低。

【护理评估】

1. 健康史　评估患者是否存在排尿能力下降、ADH分泌过多、摄入水分过多等导致水中毒的危险因素，如肾功能不全、休克、心功能不全。

2. 身体状况

（1）急性水中毒：发病急，以脑细胞水肿症状最为突出，表现为头痛、嗜睡、躁动、谵妄甚至昏迷，严重者发生脑疝等。

（2）慢性水中毒：多被原发症状所掩盖。患者可出现软弱无力、恶心、呕吐、嗜睡、体重增加、皮肤苍白等症状，一般无凹陷性水肿。

（3）心理-社会状况：体内水的增加，特别是由于肺水肿造成的呼吸困难，可使患者出现精神紧张，产生焦虑情绪。眼睑水肿、体重增加可使人感觉自我形象受损。另外，患者及其家属可因缺乏对疾病的认知，不能有效配合水摄入的控制等。

（4）辅助检查：红细胞计数、血红蛋白、血细胞比容和血浆蛋白质及血浆渗透压均降低，红细胞平均容积增加，红细胞平均血红蛋白浓度降低；尿比重低；血清钠低于110 mmol/L。

（5）治疗原则：应立即停止水分摄入。程度较轻者，在机体排出多余的水分后，水中毒即可解除。程度严重者，还需使用利尿药以促进水分排出。一般可用渗透性利尿药，如20%甘露醇或25%山梨醇200 ml，快速静脉滴注（20分钟内滴完），可减轻脑细胞水肿和增加水分排出。也可静脉注射袢利尿药，如呋塞米（速尿）和依他尼酸。

【常见护理诊断/问题】

1. 体液过多　与水分摄入过多、排出不足或脏器功能不全有关。
2. 有受伤的危险　与意识障碍有关。
3. 活动无耐力　与循环负荷过重导致疲倦有关。
4. 潜在并发症：肺水肿、颅内压增高、脑疝。

【护理目标】

1. 患者体液恢复平衡。
2. 患者无意外损伤发生。
3. 患者疲倦消失，活动耐力恢复正常。
4. 患者未发生并发症或并发症发生后被及时发现和处理。

【护理措施】

1. 纠正体液量过多

（1）去除病因和诱因：①一经诊断，应立即停止水分摄入和可能继续增加体液量的各种治疗，如应用大量低渗液或清水洗胃、灌肠；②对容易引起抗利尿激素分泌过多的高危患者，如疼痛、失血、休克、创伤及大型手术等患者的输液治疗，应注意避免过量和过速；③急性肾功能不全和慢性心功能不全者，更应严格限制入水量。

（2）相应治疗的护理：①严格控制水分的摄入量，每日限制水分在700～1000 ml或以下；②对严重水中毒患者，除严禁水摄入外，还应静脉输注5%氯化钠溶液等，以迅速改善体液的低渗状态和减轻脑细胞肿胀，并酌情使用渗透性利尿药（如20%甘露醇），以促进水分排出；同时注意观察病情的动态变化和尿量。

2. 减少受伤的危险　参见脱水与缺钠患者的护理。

3. 观察病情　严密观察患者的病情变化，及时评估脑水肿和肺水肿的程度。

4. 健康教育　高温环境作业者和高温状态下进行体育活动者出汗较多时，应及时补充水分且饮用含盐饮料。

第三节 钾代谢异常患者的护理

体内钾总量的 98% 存在于细胞内，是细胞内最主要的电解质。细胞外液中钾含量仅是总量的 2%。钾的代谢失衡包括低钾血症和高钾血症，临床上以前者多见。

一、低钾血症患者的护理

正常血钾浓度为 3.5～5.5 mmol/L。当血钾浓度低于 3.5 mmol/L 时，称为低钾血症，临床上比较多见。

【病因】

1. 钾摄入不足　如长期禁食、进食不足或静脉补充钾盐不足。
2. 钾排出过多　如胃肠减压、呕吐、腹泻、小肠瘘；应用呋塞米、依他尼酸等利尿药，肾小管性酸中毒，急性肾衰竭的多尿期，以及盐皮质激素（醛固酮）过多，使钾排出过多。
3. 钾体内分布异常　①大量输注葡萄糖溶液，尤其与胰岛素合用时，可促使钾向细胞内转移。②代谢性碱中毒时，可促使钾向细胞内转移等。

【护理评估】

1. 健康史　评估患者的年龄、性别、体重等，询问和了解患者有无禁食、呕吐、腹泻、胃肠减压、使用利尿药、碱中毒等引起低钾血症的诱因和病因。
2. 身体状况

（1）肌无力：为最早的表现，一般先表现为四肢肌软弱无力，以后延及躯干和呼吸肌。一旦呼吸肌受累，可导致呼吸困难或窒息；严重者可导致软瘫、腱反射减弱或消失等。

（2）消化系统症状：患者可有厌食、恶心、呕吐、腹胀、肠鸣音减弱或消失等表现，严重时可出现麻痹性肠梗阻等。

（3）心功能异常：心悸、心动过速、心律失常和血压下降，严重时可出现心室颤动等。

（4）中枢神经系统症状：表情淡漠、反应迟钝、定向力丧失，严重者可出现神志不清或昏迷等。

（5）代谢性碱中毒：当血钾过低时，一方面，K^+ 从细胞内移出，与 Na^+ 和 H^+ 的交换增加（每移出 3 个 K^+，即有 2 个 Na^+ 和 1 个 H^+ 移入细胞内），使细胞外液的 H^+ 浓度降低；另一方面，肾远曲小管 Na^+、K^+ 交换减少，Na^+、H^+ 交换增加，使排 H^+ 增多，故尿液呈酸性（反常性酸性尿）。这两个方面的作用即可使患者发生低钾性碱中毒，可出现头晕、躁动、昏迷、面部和四肢抽动、手足搐搦、口周及手足麻木等碱中毒症状。

> **考点提示**
>
> 低钾血症的表现。

3. 心理-社会状况　因软弱无力、翻身困难，甚至软瘫，低钾血症患者及其家属常产生担忧、恐惧心理。静脉补钾每日总量和滴速的限制，可引起患者烦躁，往往需要患者及其家属较长时间的配合。

4. 辅助检查

（1）实验室检查：血钾浓度低于 3.5 mmol/L。

（2）心电图检查：典型的心电图改变为早期出现 T 波降低、变平或倒置，随后出现 ST 段降低、QT 间期延长和 U 波。并非每个患者都出现心电图改变，故心电图检查仅作为辅助性诊断手段。

5. 治疗原则

（1）病因治疗：积极寻找和处理引起低钾血症的原因，减少或防止钾的继续丢失。

（2）纠正低钾血症：口服补钾最安全，凡能口服者，应尽量口服补钾，常用的口服药物是10%氯化钾。不能口服者，应静脉补钾并加强监测。分次补钾，边治疗、边观察，临床常用10%氯化钾经静脉补给。

【常见护理诊断/问题】

1. 有受伤的危险　与软弱无力和意识障碍有关。
2. 活动无耐力　与四肢肌肉软弱无力有关。
3. 潜在并发症：心律失常、心脏停搏。

【护理目标】

1. 患者无意外损伤发生。
2. 患者四肢肌力恢复正常，能正常活动。
3. 患者未发生并发症或并发症发生后被及时发现和处理。

【护理措施】

1. 控制病因　如止吐、止泻，防止钾继续丢失。在病情允许的情况下，尽早恢复患者的饮食。鼓励患者多进食含钾丰富的饮食，如新鲜水果、蔬菜、蛋、奶、肉类。

2. 防止并发症　患者应卧床休息，加强陪护，避免意外损伤。严密观察患者生命体征的变化，及时做心电图检查和血钾测定，尤其注意循环功能衰竭或心室颤动的发生。

3. 及时补钾　以口服钾盐最安全，常选用10%氯化钾、枸橼酸钾等，指导患者将药物稀释后服用，以减轻对消化道的刺激。不能口服者，可经静脉补钾，常用药物为10%氯化钾溶液。为预防高钾血症发生，静脉补钾必须遵循以下原则。

（1）尿畅补钾：每小时尿量超过40 ml或每日尿量超过500 ml方可补钾。

（2）浓度不宜过高：静脉补液中，氯化钾的浓度不宜超过0.3%（钾浓度40 mmol/L），即每1000 ml液体中氯化钾不超过3 g。

（3）滴速不宜过快：成人静脉补钾的滴注速度不超过60滴/分，输入钾量应控制在20 mmol/h以下，否则将有致命的危险。绝对禁止直接静脉注射氯化钾溶液，以免血钾突然升高，导致心搏骤停等。

（4）补钾不宜过量：定时监测血钾浓度，及时调整每日补钾总量。一般每日补氯化钾3～6 g。对于一般禁食而没有额外丢失者，每日补钾2～3 g；严重缺钾的患者每日补钾总量不宜超过6～8 g。

 考点提示

静脉补钾的注意事项。

4. 病情观察　静脉补钾时，若患者输液部位有疼痛感，常提示液体中钾的浓度过高，应减慢输液速度或降低其浓度。严密观察患者的呼吸、脉搏、血压、尿量，特别注意有无呼吸困难、心室颤动的发生等。

5. 心理护理　护士应理解患者焦虑和恐惧的情绪，给予鼓励、支持，让患者说出内心的感受，增强对疾病治愈的信心。

6. 健康教育

（1）长时间禁食或控制饮食、胃肠减压引流，或近期有呕吐、腹泻者，应及时补钾，以防发生低钾血症。

（2）长期使用排钾利尿药者应监测血钾浓度。

（3）平衡膳食，保障钾的正常摄入。

（4）静脉补钾时告知患者及其家属不能自行调快滴速。

二、高钾血症患者的护理

当血钾浓度高于 5.5 mmol/L 时，称为高钾血症。

【病因】

1. 钾摄入过多　常见于静脉补钾过量、过快或浓度过高，使用含钾药物或大量输入库存较久的血液等情况。

2. 钾排出减少　常见于急、慢性肾衰竭的少尿或无尿期，或应用保钾利尿药（如螺内酯、氨苯蝶啶），以及盐皮质激素分泌不足等。

3. 钾体内转移　见于重症溶血、严重组织损伤（如严重挤压伤、大面积烧伤）等，大量红细胞、肌细胞等被破坏，钾自细胞内逸出；严重酸中毒时也可继发高钾血症等。

【护理评估】

1. 健康史　了解患者的治疗史和用药史，如输库存血、输入含钾溶液、应用保钾利尿药；有无外伤史，如烧伤、挤压伤；了解有无肾功能不全、胰岛素分泌不足、盐皮质激素分泌不足等伴发疾病。

2. 身体状况　高钾血症患者可有如下临床表现。

（1）神经、肌肉功能异常：患者可有感觉异常、肢体软弱无力，严重者出现软瘫、吞咽和呼吸困难、腱反射消失。中枢神经系统可表现为烦躁不安、神志淡漠、晕厥及昏迷等。

（2）循环功能障碍表现：严重者可出现循环功能障碍的表现，如皮肤苍白、发冷、青紫、低血压。

（3）心功能抑制表现：血钾对心肌有抑制作用，可出现心动过缓、心律失常。最严重、最危险的表现是心搏骤停，多发生于舒张期。

（4）继发酸中毒：高钾血症患者细胞外 K^+ 内移，细胞内 H^+ 外移，导致代谢性酸中毒。

3. 心理-社会状况　高钾血症常起病快，威胁患者的生命，容易引起患者及其家属的焦虑或恐惧等情绪反应。

4. 辅助检查

（1）实验室检查：血钾＞5.5 mmol/L。

（2）心电图检查：具有辅助诊断价值。典型的心电图改变为早期 T 波高尖，QT 间期延长，P 波波幅下降，随后出现 QRS 波群变宽，PR 间期延长。

5. 治疗原则　积极治疗原发病，停用一切含钾的食物和药物，降低血钾浓度，保护肾功能和心功能。

【常见护理诊断/问题】

1. 活动无耐力　与骨骼肌无力有关。

2. 腹泻　与平滑肌活动过度及肠蠕动增加有关。

3. 潜在并发症：心律失常、心搏骤停。

【护理目标】

1. 患者肌力恢复正常，能正常活动。

2. 患者腹泻症状得到控制和缓解，体液保持平衡。

3. 患者未发生并发症或并发症发生后被及时发现和处理。

【护理措施】

1. 病情观察　重点观察患者的精神状态、生命体征、原发病病情变化、尿量，监测血钾水平及心电图的改变等。

2. 病因治疗　配合医师积极治疗原发病，改善和保护肾功能。保证患者足够的热量摄入，避免蛋白质和糖原的大量分解而释放钾离子。避免输入过多的库存血，遵守静脉补钾的原则，停用含钾的药物与食物等。

3. 纠正高钾血症　遵医嘱做好以下措施。

（1）禁钾：高钾血症有导致患者心搏骤停的危险，因此一经诊断明确，应立即停用一切含钾的药物或溶液，避免进食含钾量高的食物等。

（2）转钾：将钾转入细胞内，常用的方法如下。①碱化细胞外液：先静脉注射5%碳酸氢钠溶液60～100 ml，再继续静脉滴注碳酸氢钠溶液100～200 ml。高渗性碱性溶液输入后可使血容量增加，不仅可使血钾得到稀释，降低血钾浓度，又能使K^+移入细胞内或随尿液排出。同时，还有助于酸中毒的治疗。②促使糖原合成，使K^+随糖原转入细胞内。常用25%葡萄糖溶液100～200 ml，以每5 g糖加入胰岛素1 U静脉滴注。可使K^+转入细胞内，从而暂时降低血钾浓度。必要时，可以每3～4小时重复用药。③对于肾功能不全，不能输液过多者，可用10%葡萄糖酸钙溶液100 ml，11.2%乳酸钠溶液50 ml，25%葡萄糖溶液400 ml，加入胰岛素20 U，24小时缓慢静脉滴入。④给予高糖、富含维生素、高植物油饮食，促使蛋白质合成，也可肌内注射苯丙酸诺龙或丙酸睾酮。

（3）排钾：①可给呋塞米40 mg静脉注射。②口服阳离子交换树脂，每次15 g，每日4次，可从消化道带走K^+。如发生便秘，可口服山梨醇或甘露醇以导泻。③透析疗法是排钾最有效的方法，有腹膜透析和血液透析两种，常用于上述治疗仍无法降低血钾浓度时。

4. 抗心律失常　因Ca^{2+}与K^+有对抗作用，常用10%葡萄糖酸钙溶液20 ml加等量5%葡萄糖溶液稀释后缓慢静脉注射，能缓解K^+对心肌的抑制作用，以对抗心律失常。必要时可重复使用。

考点提示

高钾血症的护理措施。

5. 健康教育　告知肾功能减退及长期使用保钾利尿药的患者，应限制含钾食物和药物的摄入，并定期复诊，监测血钾浓度，以防发生高钾血症。

第四节　其他电解质代谢紊乱患者的护理

一、钙代谢紊乱患者的护理

人体内钙大部分（99%）以磷酸钙和碳酸钙的形式储存于骨骼中，细胞外液中钙含量很少，仅为总钙量的0.1%。血钙浓度为2.25～2.75 mmol/L。发挥血钙生理作用的部分是离子钙，约占血浆总钙的45%，对维持神经、肌肉兴奋性和凝血过程有重要的作用，但结合钙与离子钙之间可以互相转化。成年人钙每日最低需要量为0.8 g，婴幼儿钙每日需要量为0.17～1.4 g，妊娠期及哺乳期妇女钙每日需要量为1.3～1.5 g。常见的钙代谢紊乱可分为低钙血症和高钙血症，以低钙血症多见。外科疾病患者一般较少发生钙代谢紊乱。

第二章 水、电解质代谢紊乱和酸碱平衡失调患者的护理

【病因】

1. 低钙血症常见原因 有急性重症胰腺炎、坏死性筋膜炎、肾衰竭、消化道瘘、甲状旁腺功能受损、降钙素分泌亢进、高磷酸血症及维生素 D 缺乏等。

2. 高钙血症原因 主要见于甲状旁腺功能亢进症,如甲状旁腺增生或腺瘤形成;其次是骨转移性癌;其他原因有肾上腺皮质功能不全、肢端肥大症、嗜铬细胞瘤、急性肾衰竭、使用噻嗪类利尿药、多发性骨髓瘤及服用过量维生素 D 等。

【护理评估】

1. 健康史 询问及了解患者有无原发性或继发性甲状旁腺功能减退;有无颈部手术史、大量输血、化学治疗、急性胰腺炎、胃肠道病变等;是否伴有维生素 D 缺乏、是否合并其他内分泌异常等。了解患者有无提示原发性甲状旁腺功能亢进症的病史,如肾结石导致的反复发作肾绞痛、血尿、全身骨痛和病理性骨折,有无高钙血症家族史,有无肾功能障碍;反复发作的胰腺炎有无胰胆管钙化,恶性肿瘤患者要注意有无高钙血症的存在等。

2. 身体状况

(1)低钙血症:临床表现与血清钙浓度降低后神经肌肉兴奋性增强有关。患者表现为易激动,有口周和指(趾)尖麻木及针刺感、手足抽搐、腱反射亢进以及 Chvostek 征(低钙击面征)和 Trousseau 征(低钙束臂征)阳性。

(2)高钙血症:主要表现为便秘和多尿。早期症状无特异性,患者可有持续疲倦、乏力、食欲减退、恶心、呕吐、体重下降等;当血钙浓度进一步增高时,患者可出现严重头痛、背部和四肢疼痛、口渴、多尿等,甚至出现室性期前收缩和自发性室性节律。在甲状旁腺功能亢进症的病程后期,可导致全身性骨质脱钙,发生多发性病理性骨折。

3. 辅助检查

(1)低钙血症:血钙浓度低于 2.25 mmol/L 有诊断价值;部分患者可伴血清甲状旁腺素低于正常。

(2)高钙血症:血钙浓度高于 2.75 mmol/L;血清甲状旁腺素明显升高;部分患者可伴尿钙增加。

4. 治疗原则

(1)低钙血症

1)处理原发病,补充钙剂。可给予 10% 葡萄糖酸钙溶液 10~20 ml 或 5% 氯化钙溶液 10 ml 静脉注射,必要时 8~12 小时后重复注射。需要长期治疗者可口服钙剂和维生素 D,以逐步减少静脉补钙量。

2)纠正同时存在的碱中毒有利于提高血清钙离子浓度。

(2)高钙血症

1)处理原发病,促进钙排泄。通过给予低钙饮食、补液、应用乙二胺四乙酸(EDTA)、类固醇和硫酸钠等措施降低血清钙浓度。

2)对甲状旁腺功能亢进症者,切除腺瘤或增生的腺组织即可治愈。

【常见护理诊断/问题】

1. 低钙血症的常见护理诊断/问题

(1)有受伤的危险:与低钙血症所致的手足抽搐及骨质疏松有关。

(2)知识缺乏:患者缺乏与补钙有关的知识。

2. 高钙血症的常见护理诊断/问题

(1)便秘:与高钙血症有关。

(2)营养失调:低于机体需要量:与恶心、呕吐、食欲缺乏有关。

（3）体液不足：与尿量增加有关。

1. 低钙血症的护理目标

（1）患者未发生意外损伤。

（2）患者已掌握了相关补钙知识。

2. 高钙血症的护理目标

（1）患者排便通畅。

（2）患者营养状况得到改善，能满足机体代谢需要。

（3）患者体液维持正常。

【护理措施】

钙代谢紊乱护理的主要目标是预防因神经肌肉的应激性改变而导致的意外伤害，促进舒适，提高患者有关钙和维生素 D 的正确摄取方面的知识。

1. 纠正低钙血症的注意事项

（1）低钙血症如经补钙和维生素 D 效果不佳，应考虑是否合并低镁血症。

（2）静脉输注钙剂速度要慢，以免引起血压过低或心律失常；避免局部渗漏，以防造成组织坏死。

（3）慢性低钙血症常需要终身补充钙剂，为了达到最佳补钙效果，应该注意小剂量餐中服用，同时补充维生素 D；酌情口服小剂量氢氯噻嗪，以减少尿钙排泄。

（4）使用洋地黄的患者应慎用静脉补钙，否则容易导致洋地黄中毒。

2. 高钙血症患者的护理注意事项

（1）监测血清钙的动态变化，指导患者低钙饮食、多饮水，以降低血清钙水平。

（2）鼓励患者多进食粗纤维食物，以利于排便；对于便秘严重者，给予导泻或灌肠。

（3）鼓励患者下床活动，以防骨质脱钙。

3. 健康教育　对于低钙血症和高钙血症患者，忽略或盲目补充钙和维生素 D 都会对健康造成不利影响。健康教育的重点是正确补充钙剂和维生素 D。

二、镁代谢紊乱患者的护理

约半数的镁离子（Mg^{2+}）存在于骨骼内，其余几乎都在细胞内，细胞外液中仅有1%。正常血镁浓度为 0.75～1.25 mmol/L，成年人每日需要 200～300 mg。镁对神经活动的控制、神经肌肉兴奋性的传递、肌肉收缩的维持及心脏激动性等方面均具有重要作用。镁代谢异常主要指细胞外液中镁浓度发生变化，包括低镁血症和高镁血症。

【病因】

1. 低镁血症　长期禁食、摄入不足、吸收障碍、慢性腹泻、长时期的胃肠道消化液丧失（如肠瘘）、使用利尿药或长期营养疗法未能补充镁制剂。

2. 高镁血症　主要发生在肾功能不全时，偶可见于应用硫酸镁治疗子痫的过程中。烧伤早期、广泛性外伤或外科应激反应、严重细胞外液量不足和严重酸中毒等也可引起血清镁增高。

【护理评估】

1. 健康史　询问及了解患者有无长期禁食、慢性腹泻等病史；有无使用利尿药和长期输液未补镁的用药史。了解患者有无肾功能不全的病史等。

2. 身体状况

（1）低镁血症：与低钙血症表现相似，主要表现为神经系统及肌肉功能亢进。患者精神紧张、易激动、烦躁不安、肌震颤、手足抽搐及 Chvostek 征阳性，可伴高血压、心动过速、记忆力减退、精神错乱和定向障碍等。血清镁浓度与机体镁缺乏不一定相平行，即镁缺乏时血清镁浓度不一定降低，因此凡有诱因且有症状者，就应怀疑有镁缺乏。

（2）高镁血症：主要表现为中枢和周围神经传导障碍。患者有乏力、疲倦、肌肉软弱无力、腱反射消失和血压下降等表现。严重者可发生呼吸抑制、嗜睡和昏迷，甚至心搏骤停。

3. 辅助检查

（1）低镁血症：实验室检查血清镁低于 0.75 mmol/L。心电图示 QT 间期延长。镁负荷试验具有诊断价值。正常人在静脉输注氯化镁或硫酸镁 0.25 mmol/kg 后，注入量的 90% 很快随尿液排出；而镁缺乏者则尿镁很少，注入量的 40%～80% 被保留在体内。

（2）高镁血症：实验室检查血清镁高于 1.25 mmol/L，常伴血钾升高。心电图改变与高钾血症相似，可显示 PR 间期延长，QRS 波群增宽和 T 波增高。

4. 治疗原则

（1）低镁血症：症状较轻者口服镁剂。静脉补充镁剂时，应避免过量和过速，以防急性镁中毒和心搏骤停。可按 0.25 mmol/（kg·d）的剂量静脉补充镁盐，重症者可按 1 mmol/（kg·d）补充镁盐，常用氯化镁或硫酸镁。完全纠正镁缺乏需较长的时间，因此在解除症状后仍应每日补硫酸镁 5～10 ml，持续 1～3 周。

（2）高镁血症：立即停用镁剂。缓慢静脉注射 10% 葡萄糖酸钙（或氯化钙）溶液 10～20 ml，以对抗镁对心脏和肌肉的抑制作用。同时积极纠正酸中毒和脱水。若疗效不佳，可行透析治疗。

【常见护理诊断/问题】

1. 有活动无耐力的危险　与高镁血症所致的肌肉软弱无力、腱反射消失和血压下降有关。
2. 定向力障碍　与神经系统功能亢进有关。
3. 记忆力障碍　与神经系统功能亢进有关。

【护理目标】

1. 患者未发生活动无耐力或活动无耐力被及时发现和处理，能正常活动。
2. 患者定向力逐渐恢复或恢复正常。
3. 患者记忆力逐渐恢复或恢复正常。

【护理措施】

1. 加强监测　了解血清镁的动态变化趋势，一旦发现血清镁异常，及时通知医师。
2. 低镁血症

（1）遵医嘱静脉滴注或肌内注射镁剂。肌内注射时应作深部注射，并经常更换注射部位，以防局部形成硬结而影响疗效。补镁过程中密切观察有无呼吸抑制、血压下降、腱反射减弱等镁中毒征象。

（2）由于完全纠正镁缺乏需较长时间，加之低镁血症所致的神经系统和肌肉功能亢进，患者易出现精神紧张、激动，故应鼓励和安慰患者，帮助其调节情绪、正确对待疾病。

3. 高镁血症

（1）遵医嘱缓慢静脉注射钙剂，以对抗镁对心脏和肌肉的抑制作用。必要时行透析疗法，其护理参见内科护理学相关章节。

（2）告知肾功能减退的患者定期监测血镁浓度，以防发生高镁血症。

第五节　酸碱平衡失调患者的护理

正常情况下，人体在新陈代谢中不断产生酸性物质和碱性物质，可通过体内的缓冲系统、肺的调节和肾的调节使体液的pH始终保持在7.35～7.45。但在某种疾病因素的影响下，体内产生的酸性、碱性物质过多，超过机体的代偿调节能力或者调节功能障碍，体液的pH发生改变，将出现各种不同类型的酸碱平衡失调，可分为代谢性酸中毒、代谢性碱中毒、呼吸性酸中毒和呼吸性碱中毒4种基本类型。若pH<7.35称为酸中毒，pH>7.45称为碱中毒。凡是[HCO_3^-]为原发性改变者则属于代谢性酸碱失衡；反之，如果$PaCO_2$或[H_2CO_3]为原发性改变者则属于呼吸性酸碱失衡。临床上如果两种或两种以上的原发性酸碱平衡失调同时存在，称为混合性酸碱平衡失调。

一、代谢性酸中毒患者的护理

代谢性酸中毒是临床上最常见的酸碱平衡失调类型，是由于体内酸性物质的积聚或产生过多，或HCO_3^-丢失过多所致。

【病因及病理生理】

1. 病因

（1）酸性物质产生过多：任何原因引起的缺氧或组织低灌注使细胞内无氧糖酵解增加，都能使乳酸增多，产生乳酸性酸中毒，如严重损伤、腹膜炎、休克、高热。此外，酸性物质产生过多也见于糖尿病或长期不能进食者，体内脂肪分解过多引起酮症酸中毒。

（2）碱性物质丢失过多：如严重腹泻、肠瘘、胆瘘、胰瘘引起消化液丢失，造成HCO_3^-丢失过多。

（3）肾功能不全：由于肾小管功能障碍或应用肾毒性药物（如碳酸酐酶抑制剂）等，使内生性H^+不能排出体外或HCO_3^-重吸收减少，均可导致酸中毒。

（4）其他：高钾血症时，细胞内、外H^+与K^+交换，细胞内液中H^+向细胞外转移，以致酸中毒。过多地输入酸性药物也可引起酸中毒。

2. 病理生理　代谢性酸中毒时，体内HCO_3^-减少，血浆中H_2CO_3相应增多，H^+升高，刺激呼吸中枢，产生呼吸代偿反应，表现出呼吸加深、加快，使CO_2排出加速，$PaCO_2$下降，HCO_3^-/H_2CO_3的比值重新接近20/1，从而保持血pH在正常范围。同时，肾小管上皮细胞中的碳酸酐酶和谷氨酰胺酶活性增高，H^+和NH_3的生成增加，H^+与NH_3形成NH_4^+，使H^+的排出增加，H^+与Na^+交换，$NaHCO_3$的再吸收增加。代偿是有限的，当超过了机体的代偿能力时，则发展成为失代偿性代谢性酸中毒。

【护理评估】

1. 健康史　询问及了解患者有无机体酸性物质产生过多的因素，是否存在碱性物质丢失过多的情况，有无肾功能不全导致排酸能力障碍等。

2. 身体状况　轻症时常被原发病所掩盖而无症状，重症患者可出现如下表现。

（1）呼吸代偿的表现：呼吸加深、加快（库斯莫尔呼吸）是代谢性酸中毒患者最突出的表现，目的是加速排出CO_2，从而引起H_2CO_3浓度继发性下降；呼气中有时带有酮味（烂苹果气味）。

（2）心血管功能抑制的表现：表现为心率快、心音弱、血压偏低、颜面潮红、口唇呈樱桃红色，但休克患者发生代谢性酸中毒者，皮肤可因缺氧而发绀。

（3）中枢神经系统功能抑制：酸中毒时，血液中H^+增高，可抑制脑细胞代谢活动，患者可出现疲乏、头痛、头晕、嗜睡等表现，严重者可出现神志不清或昏迷，并伴有对称性肌张力减弱，腱反射减弱或消失等。

（4）其他：因酸中毒时H^+浓度增高，且常伴血K^+浓度增高，可降低心肌收缩力和周围血管对儿茶酚胺的敏感性，故患者易发生心律失常、急性肾功能不全和休克，一旦发生，很难纠正。

3. 心理-社会状况 由于疾病影响心肺功能，呼吸频率增加，可使患者产生焦虑和恐惧的情绪。另外，乏力和眩晕可加重患者的不适感觉。

4. 辅助检查

（1）动脉血气分析：失代偿期血pH低于7.35，代偿期pH可在正常范围内，血HCO_3^-值下降；CO_2CP、BE值也低于正常；因呼吸的代偿作用，$PaCO_2$略下降或正常。

（2）其他：可伴有血钾增高，尿呈强酸性。

5. 治疗原则

（1）积极处理原发病：消除诱因，边治疗、边观察，逐步纠正代谢性酸中毒。

（2）补液纠酸：轻度代谢性酸中毒患者（血浆HCO_3^-为16~18 mmol/L）经消除病因和补液纠正脱水后，即可自行纠正，不必应用碱性药物。

（3）补碱纠酸：对血HCO_3^-低于15 mmol/L的重症代谢性酸中毒患者，应在补液的同时应用碱性药物治疗。常用的碱性药物是5%碳酸氢钠溶液。临床上根据酸中毒的严重程度，首次可补给5%碳酸氢钠溶液100~250 ml，用后2~4小时复查动脉血气分析及血清电解质，根据测定结果再决定后续治疗方案。

（4）补钙、补钾：由于代谢性酸中毒时血液中游离钙（离子化钙）增多，即使患者有低钙血症，也不出现手足抽搐情况；但在酸中毒被纠正之后，血液中的游离钙减少，便会引起手足抽搐，应及时静脉注射10%葡萄糖酸钙溶液以缓解症状。过快纠正酸中毒还可引起大量K^+转移至细胞内，引起低钾血症，故应注意观察病情并给予补钾。

【常见护理诊断/问题】

1. 有受伤的危险 与代谢性酸中毒所致意识障碍有关。
2. 活动无耐力 与代谢性酸中毒所致肌张力减弱有关。
3. 潜在并发症：高钾血症、代谢性碱中毒。

【护理目标】

1. 患者无意外损伤发生。
2. 患者肌力恢复正常，能正常活动。
3. 患者未发生并发症或并发症发生后被及时发现和处理。

【护理措施】

1. 观察病情 注意水、电解质代谢紊乱及酸碱平衡的动态变化，注意心血管功能及脑功能的改变，及时遵医嘱作血气分析。

2. 消除或控制导致代谢性酸中毒危险的因素 如纠正高热、腹泻、脱水、休克，积极改善肾功能；保证足够热量供应，减少脂肪分解而生成过多酮体。

3. 及时补液 代谢性酸中毒患者常有脱水表现。轻度代谢性酸中毒患者经补液纠正脱水后，酸中毒多可好转。

4. 使用碱性溶液 对病情较重者，应遵医嘱及时补给适量碱性溶液。静脉滴注5%碳酸氢钠溶液时应注意以下几点：

（1）5%碳酸氢钠溶液不必稀释，可直接静脉滴注，但滴速应缓慢。

（2）碱性溶液宜单独滴入，其中不加入其他药物。

（3）补给5%碳酸氢钠溶液时，应从患者补液总量中扣除等量等渗盐溶液，以免补钠过多。

（4）酸中毒时血离子钙（Ca^{2+}）增多，血K^+也增多，故常掩盖低钙血症或低钾血症，在补充碳酸氢钠后应注意观察有无缺钙、缺钾症状的发生，必要时遵医嘱及时予以纠正。

二、代谢性碱中毒患者的护理

代谢性碱中毒主要由体内 H^+ 丢失或 HCO_3^- 增多所致。

【病因】

1. 胃液丧失过多　是外科疾病患者发生代谢性碱中毒的最常见原因，如幽门梗阻引起的严重呕吐、长期胃肠减压。

2. 碱性物质摄入过多　如长期大量使用碱性药物或大量输注库存血。库存血含抗凝剂，入血后可转化为 HCO_3^-。

3. 低钾血症　钾缺乏时，细胞内的 K^+ 向细胞外转移，每 3 个 K^+ 从细胞内释出，就有 2 个 Na^+ 和 1 个 H^+ 进入细胞内，引起细胞内的酸中毒和细胞外的碱中毒。同时，在血容量不足的情况下，机体为了保存 Na^+，经远曲小管排出的 H^+ 及 K^+ 增多，HCO_3^- 重吸收也增加，加重了细胞外液的碱中毒及低钾血症，同时出现反常性酸性尿。

4. 利尿药的作用　使用呋塞米、依他尼酸等利尿药可抑制肾近曲小管对 Na^+ 和 Cl^- 的重吸收，并不影响远曲小管内 Na^+ 和 H^+ 的交换，因此，排出的 Cl^- 比 Na^+ 多，重吸收的 Na^+ 和 HCO_3^- 增多，发生低氯性碱中毒。

【护理评估】

1. 健康史　询问及了解患者有无幽门梗阻、长期胃肠减压等病史，是否长期大量服用碱性药物、利尿药等。

2. 身体状况　轻者一般无明显表现，有时可有呼吸变浅、变慢或精神方面的异常，如谵妄、精神错乱或嗜睡；可有低钾血症和脱水的表现；严重者可因脑或其他器官代谢障碍而发生昏迷。

3. 心理-社会状况　患者易激动、烦躁不安，注意预防沟通障碍。

4. 辅助检查

（1）动脉血气分析：①失代偿期血液 pH 和 HCO_3^- 明显增高，$PaCO_2$ 正常。②代偿期血液 pH 可基本正常，但 HCO_3^- 和 BE（碱剩余）均有一定程度的增高。

（2）血清电解质：可伴有低氯血症和低钾血症。

5. 治疗原则　纠正碱中毒不宜过于迅速，一般也不要求完全纠正。关键是积极治疗原发病，解除病因。

（1）对丧失胃液所致的代谢性碱中毒，可输注等渗盐溶液或葡萄糖氯化钠溶液，既恢复了细胞外液量，又补充了 Cl^-，用于纠正轻症低氯性碱中毒。

（2）代谢性碱中毒者多同时存在低钾血症，应在尿量超过 40 ml/h 后，给予补充氯化钾，可起到纠正细胞内、外离子的异常交换，终止尿中继续排 H^+ 的作用，有利于加速碱中毒的纠正。

（3）严重碱中毒时（血浆 HCO_3^- 为 45～50 mmol/L，pH＞7.65），可应用稀释的盐酸溶液或盐酸精氨酸溶液，以尽快排出过多的 HCO_3^-。每 4～6 小时监测血气分析及血电解质，根据监测结果调整治疗方案。盐酸溶液禁止经周围静脉输入，因为一旦溶液渗漏，会导致软组织坏死。

【常见护理诊断/问题】

1. 有受伤的危险　与代谢性碱中毒导致意识障碍有关。
2. 低效性呼吸型态　与代谢性碱中毒导致呼吸变浅、变慢有关。
3. 潜在并发症：低钾血症、低钙血症、低氯血症。

第二章 水、电解质代谢紊乱和酸碱平衡失调患者的护理

【护理目标】
1. 患者无意外损伤发生。
2. 患者呼吸功能恢复正常。
3. 患者未发生并发症或并发症发生后被及时发现和处理。

【护理措施】
1. 病情观察　定期监测患者的生命体征、意识状态、动脉血气分析及血清电解质等。
2. 纠正碱中毒　盐酸溶液经中心静脉输入，应注意缓慢滴入（25～50 ml/h），以免造成溶血等反应。
3. 关注血钾变化　盐酸精氨酸溶液可导致高钾血症，故使用时需密切观察心电图和血钾变化。
4. 健康指导　遵医嘱正确应用含钙、含钾药物。

三、呼吸性酸中毒患者的护理

呼吸性酸中毒是指肺泡通气及换气功能减弱，不能充分排出体内生成的 CO_2，导致血液中 $PaCO_2$ 增高引起的高碳酸血症。

【病因】
凡能引起肺泡通气不足的疾病均可导致呼吸性酸中毒，常见原因如下：
1. 呼吸中枢抑制　全身麻醉过深、镇静药使用过量、颅内压升高、延髓损伤等。
2. 胸部活动受限　严重胸壁损伤、胸腔积液、严重气胸等。
3. 呼吸道阻塞及肺部疾病　如支气管异物、支气管或喉痉挛、肺炎、慢性阻塞性肺疾病及肺水肿。
4. 呼吸机使用不当。

【护理评估】
1. 健康史　主要询问及了解患者有无影响呼吸功能的病史及是否使用呼吸机，是否有呼吸道阻塞及肺部疾病的情况等。
2. 身体状况　主要表现为心肺功能的变化，患者出现胸闷、气促、呼吸困难、发绀、头痛及躁动不安等。严重者可伴有血压下降、谵妄、昏迷等。脑缺氧可导致脑水肿、脑疝，甚至呼吸骤停。
3. 心理-社会状况　由于疾病影响心肺功能，造成呼吸困难和乏力，易引起患者焦虑和不安。
4. 辅助检查　动脉血气分析显示血液 pH 明显降低，$PaCO_2$ 增高，血浆 HCO_3^- 可正常。慢性呼吸性酸中毒时，血 pH 下降不明显，$PaCO_2$ 增高，血 HCO_3^- 也有增高。
5. 治疗原则　机体对呼吸性酸中毒的代偿能力较差，且常合并缺氧，对机体的危害性极大，因此除需尽快治疗原发病外，还须采取积极措施改善患者的通气功能。作气管插管或气管切开术并使用呼吸机，能有效地改善机体的通气及换气功能，应注意调整呼吸机的潮气量及呼吸频率，保证足够的有效通气量，既可将潴留体内的 CO_2 迅速排出，又可纠正缺氧状态。一般将吸入气氧浓度调节为 60%～70%。酸中毒严重者适当使用氨丁三醇，既可增加 HCO_3^- 浓度，又可降低 $PaCO_2$。

【常见护理诊断/问题】
1. 有受伤的危险　与中枢神经系统受抑制有关。
2. 低效性呼吸型态　与呼吸中枢抑制、呼吸道梗阻、呼吸机管理不当有关。

【护理目标】
1. 患者无意外损伤发生。
2. 患者呼吸功能正常。

【护理措施】
1. 加强观察　持续监测呼吸频率、深度及呼吸肌运动情况，评估呼吸困难的程度，以便及时处理；定时监测生命体征、动脉血气分析及血清电解质；使用氨丁三醇治疗时，应加强肾功能的观察。
2. 改善患者通气状况　解除呼吸道梗阻、调节呼吸机参数、协助医师行气管插管或气管切开等；给予低流量吸氧。
3. 增进舒适　提供舒适环境，调整体位，以利于呼吸，协助患者满足生活自理需求。

四、呼吸性碱中毒患者的护理

呼吸性碱中毒是指肺泡通气过度，体内 CO_2 排出过多，导致 $PaCO_2$ 降低而引起的低碳酸血症。

【病因】

凡是引起过度通气的因素均可导致呼吸性碱中毒。常见原因有癔症、高热、中枢神经系统疾病、疼痛、严重创伤或感染、肝衰竭及呼吸机辅助通气过度等。

【护理评估】
1. 健康史　询问及了解患者是否有癔症、精神过度紧张、发热、创伤、感染、中枢神经系统疾病、轻度肺水肿、肺栓塞、低氧血症、肝功能衰竭和呼吸机使用不当等。
2. 身体状况　多数患者有呼吸急促的表现，可有眩晕、手足和口周麻木及针刺感、肌肉震颤、手足搐搦，常伴心率加快。
3. 心理-社会状况　焦虑、恐惧、过度紧张可导致呼吸性碱中毒，神经肌肉的应激性增加的症状又可加重患者精神紧张，如控制无效，可形成恶性循环。
4. 辅助检查　动脉血气分析显示血液 pH 增高、$PaCO_2$ 和血浆 HCO_3^- 降低。
5. 治疗原则　积极治疗原发病，同时对症治疗。可用纸袋罩住口鼻，增加呼吸道无效腔，减少 CO_2 的呼出和丧失；或让患者吸入含 5% CO_2 的混合性气体，从而增加血液 $PaCO_2$。如系呼吸机使用不当所造成的通气过度，应调整呼吸频率及潮气量。对精神性通气过度者，可用镇静药。

【常见护理诊断/问题】
1. 焦虑　与感觉异常、肌肉震颤有关。
2. 低效性呼吸型态　与呼吸过快、过深有关。
3. 有受伤的可能　与中枢神经系统功能异常及神经肌肉应激性增加有关。

【护理目标】
1. 患者焦虑减轻或消失，情绪稳定。
2. 患者呼吸功能恢复正常。
3. 患者未发生意外损伤。

【护理措施】
1. 控制原发病遵医嘱积极控制原发病，以消除导致呼吸性碱中毒的危险因素。
2. 病情观察　定时监测并记录患者的生命体征、出入量、意识状态、动脉血气分析结果等。
3. 心理护理　解释感觉异常的原因，说明配合治疗的意义；指导患者放慢呼吸速度、加大呼吸深度，告诉患者使用纸袋呼吸的意义和方法。

自 测 题

一、选择题

1. 对于高渗性脱水患者，在执行输液治疗时，应首先输入
   A. 等渗盐溶液　　　　　B. 平衡盐溶液　　　　　C. 5% 葡萄糖溶液
   D. 右旋糖酐溶液　　　　E. 乳酸钠林格溶液

2. 呼吸深快是以下哪种酸碱失衡的特征
   A. 代谢性酸中毒　　　　B. 代谢性碱中毒　　　　C. 呼吸性酸中毒
   D. 呼吸性碱中毒　　　　E. 混合性碱中毒

3. 将 10% 氯化钾溶液 30 ml 稀释于 5% 葡萄糖溶液中，下列最合适的稀释液量是
   A. 200 ml　　　　　　　B. 400 ml　　　　　　　C. 600 ml
   D. 800 ml　　　　　　　E. 1000 ml

4. 等渗性脱水患者，若输入大量生理盐水，可出现
   A. 血钠过高　　　　　　B. 氯化钠过剩　　　　　C. 水中毒
   D. 高氯性酸中毒　　　　E. 低氯性酸中毒

5. 高钾血症患者出现心律失常时，首先应给予
   A. 5% 碳酸氢钠溶液　　　　B. 5% 葡萄糖溶液加胰岛素
   C. 10% 葡萄糖酸钙溶液　　 D. 高渗盐溶液
   E. 透析疗法

6. 某患者因高热 2 天未进食，自述口渴，尿少色黄，尿比重 1.028，血清钠为 156 mmol/L，应首先给予
   A. 5% 葡萄糖溶液　　　　B. 5% 葡萄糖生理盐水　　C. 平衡盐溶液
   D. 5% 碳酸氢钠溶液　　　E. 3% 氯化钠溶液

7. 患者，男性，53 岁，体重 65 kg。平素身体健康，因反复呕吐 3 天入院。测血钠 126 mmol/L，血钾 3.2 mmol/L。该患者体液失衡类型是
   A. 低钾血症、高渗性脱水　　B. 高钾血症、重度缺钠
   C. 低钾血症、轻度缺钠　　　D. 低钾血症、中度缺钠
   E. 低钾血症、高度缺钠

8. 患者，女性，体重 50 kg，等渗性脱水伴低钾血症，BP 90/70 mmHg，CVP 5 cmH$_2$O，尿量 18 ml/h，拟静脉输液并补充钾盐，下列做法恰当的是
   A. 缓慢滴入 0.3% 氯化钾溶液
   B. 先静脉注射少量 10% 氯化钾溶液，再快速输液
   C. 先快速输液，待尿量增加后再滴入 0.3% 氯化钾溶液
   D. 加速输液，暂不补钾
   E. 将氯化钾加入右旋糖酐滴注

（9～14 题共用题干）

患者，男性，43 岁，体重 60 kg，因食道癌进食困难半个月余。主诉：乏力、极度口渴，尿少而色深。检查：血压、体温均正常，眼窝凹陷、唇舌干燥、皮肤弹性差，血清 K$^+$ 浓度基本正常。

9. 该患者的体液失衡诊断为
   A. 轻度高渗性脱水　　　　B. 中度高渗性脱水　　　　C. 重度高渗性脱水
   D. 轻度等渗性脱水　　　　E. 中度低渗性脱水
10. 给该患者实施液体疗法时，应首先输入的液体是
    A. 5% 葡萄糖溶液　　　　B. 5% 葡萄糖氯化钠溶液　　C. 0.9% 氯化钠溶液
    D. 5% 碳酸氢钠溶液　　　E. 0.3% 氯化钾溶液
11. 在给患者补足了液体，尿量恢复后，可能出现的电解质代谢紊乱是
    A. 高钠血症　　　　　　　B. 高钾血症　　　　　　　C. 高钙血症
    D. 低钾血症　　　　　　　E. 高氯血症
12. 该患者当日的补液总量为
    A. 2000～2500 ml　　　　B. 2500～3000 ml　　　　C. 3500～4000 ml
    D. 4500～5000 ml　　　　E. 5500～6000 ml
13. 如要为该患者补钾，尿量应达到下列哪项指标方可补给
    A. 20 ml/h　　　　　　　B. 25 ml/h　　　　　　　C. 30 ml/h
    D. 35 ml/h　　　　　　　E. 40 ml/h
14. 下列不符合该患者治疗原则的是
    A. 先盐后糖　　　　　　　B. 先晶后胶　　　　　　　C. 先快后慢
    D. 液体交替　　　　　　　E. 尿畅补钾

（15～18题共用题干）

陈先生，40岁，体重60 kg，因急性肠梗阻入院。主诉：口渴、软弱无力、尿少，昨日呕吐7次，总量约2000 ml。体格检查：P 94次/分，BP 98/60 mmHg，皮肤弹性差，眼窝凹陷。尿液检查呈酸性，血钾 3.6 mmol/L，血 HCO_3^- 14 mmol/L。

15. 该患者的水钠代谢失衡类型及程度为
    A. 轻度高渗性脱水　　　　B. 中度高渗性脱水　　　　C. 中度低渗性脱水
    D. 轻度等渗性脱水　　　　E. 中度等渗性脱水
16. 该患者的酸碱失衡为
    A. 代谢性酸中毒　　　　　B. 呼吸性酸中毒　　　　　C. 呼吸性碱中毒
    D. 代谢性碱中毒　　　　　E. 代谢性碱中毒合并代谢性酸中毒
17. 该患者的血浆 pH 应该为
    A. 大于 7.35　　　　　　B. 小于 7.35　　　　　　C. 大于 7.45
    D. 大于 7.40　　　　　　E. 7.35～7.45
18. 该患者当日应补液的最大量约为
    A. 4000 ml　　　　　　　B. 4500 ml　　　　　　　C. 5000 ml
    D. 5500 ml　　　　　　　E. 6000 ml

二、简答题

1. 外科体液失衡患者可能存在哪些护理诊断？
2. 简述低血钾的临床判断，补钾的注意事项。

三、案例分析

患者，男性，55岁，体重60 kg，因急性粘连性肠梗阻住院。患者口渴、尿少、眼球下陷、

脉搏细速、血压偏低。实验室检查：K⁺ 3.5 mmol/L，Na⁺ 138 mmol/L，pH 7.32，HCO_3^- 12 mmol/L。由于患有粘连性肠梗阻，故决定先进行非手术治疗。医嘱中有静脉滴注 50% 葡萄糖氯化钠溶液 1500 ml，10% 葡萄糖溶液 3000 ml，5% 碳酸氢钠溶液 250 ml，10% 氯化钾溶液 30 ml。

请回答：

（1）该患者属于何种脱水？程度如何？

（2）有无其他电解质代谢紊乱和酸碱平衡失调？

（3）应首先输入何种液体？

（4）该患者血钾浓度在正常范围，为什么还要补钾？

（翁琛婷　张　德　曾学燕）

第三章 外科营养支持患者的护理

第三章数字资源

学习目标

1. 描述肠内营养和肠外营养的适应证和禁忌证。
2. 阐述营养状况的评定指标、营养不良的分类及能量需要的计算方法。
3. 阐述肠内营养和肠外营养的营养制剂、给予途径和方法。
4. 能运用护理程序对肠内营养和肠外营养患者实施整体护理。
5. 在对患者实施外科营养支持疗法时,要体现出关心和爱护的工作态度和作风。

案例 3-1

王先生,61 岁,因胆囊炎行胆囊穿刺引流治疗。体格检查:T 36.6℃,P 72 次 / 分,R 19 次 / 分,BP 120/69 mmHg。神志清楚,精神差,右肺呼吸音粗,左肺呼吸音低,未闻及明显干、湿啰音,心率 74 次 / 分,心音听诊尚可,各瓣膜听诊区未闻及杂音,腹平软,右上腹压痛、反跳痛。红细胞计数 3.88×10^9/L,血红蛋白 116 g/L,白细胞计数、中性粒细胞比例均正常;D- 二聚体 7.57 mg/L;直接胆红素 8.2 μmol/L,总蛋白 50.6 g/L,白蛋白 24.3 g/L,前白蛋白 73 mg/L,视黄醇结合蛋白 11.6 mg/L。既往有冠心病史 11 年。

问题与思考:
1. 请评价该患者的营养状况。
2. 如何计算该患者的营养需求?

第一节 概 述

维护生命活动的基本保证是机体的正常代谢及良好的营养状态。在外科领域中,疾病、创伤或手术等引起进食不足及代谢变化,都能影响患者的营养状况。而营养不良又会降低机体抵抗力,增加手术的危险性,因此应根据患者的营养状况进行必要的营养支持。目前营养支持已成为外科疾病患者有效的治疗手段之一。营养支持(nutritional support,NS)是指在患者通过饮食不能获取足够营养或营养摄入不足的情况下,医护人员通过肠内途径、肠外途径补充或提供维持人体必需的营养素。营养支持方式包括肠内营养(enteral nutrition,EN)、肠外营养(parenteral nutrition,PN)或两种共用。

护士在营养支持治疗实施中扮演着重要角色。护士首先应充分了解机体的正常代谢和外科疾病患者的代谢变化。正确评估患者的营养状况,判断其营养不良的程度,对有营养支持治疗适应证的患者,配合医师选择合适的营养支持方法,合理实施相关护理措施,从而改善患者的营养状况,减少并发症,促进其康复。

【外科疾病患者的代谢特点】

临床常见的外科疾病(如创伤、感染)常可导致患者出现不同程度的代谢改变,根据代谢特征基本可以区分为饥饿时的代谢改变和应激时的代谢改变。

1. 饥饿时的代谢改变　外科疾病患者因食欲下降、消化吸收障碍或由于治疗需要禁食等原因而使机体的营养摄入不足，即处于饥饿状态，此时人体必须利用自身组织维持组织基本代谢需求和器官的功能。葡萄糖是最普遍利用的能量物质，但储备量有限，饥饿状态24小时即可被耗尽。随后机体每日葡萄糖需求则依赖于糖异生作用，主要通过体脂、肌肉蛋白分解释放游离脂肪酸及氨基酸来提供糖异生的原料。随着饥饿的持续，机体重要的适应性改变之一是脂肪动员增加，成为主要的能源物质，从而减少蛋白质的消耗。在饥饿过程中，随着机体储备能量的不断消耗，可引起机体明显的代谢及生理变化，如内分泌紊乱、免疫功能降低、消化能力下降，而这一切变化的目的是调动身体的一切潜能，使机体处于一种高度应激状态，有利于机体更好地抵御饥饿。长时间饥饿可导致机体组成的显著变化，蛋白质不可避免地被分解，使组织、器官重量减轻，功能下降。

2. 应激时的代谢改变　人体在遭受创伤、感染及手术等外界刺激后，刺激会传导至下丘脑，后者随即通过神经内分泌系统发生一系列应激反应，造成机体的应激性损害，机体内稳态失衡，处于高分解代谢状态，静息能量消耗增加，糖、蛋白质及脂肪代谢紊乱。如肝糖原异生作用加强，糖的生成成倍增加，而不被胰岛素抑制，为胰岛素阻抗现象。所谓胰岛素阻抗，是指无论血浆胰岛素水平如何，原先对胰岛素敏感的组织变为不敏感，导致细胞对葡萄糖的通透性降低，组织对葡萄糖的利用减少，导致高血糖。应激状态下脂肪动员加速，成为体内主要的能源。组织对脂肪酸的利用增强，血内游离脂肪酸和甘油水平都增高。若创伤后和术后出现感染等并发症，机体的应激状况持续存在，机体组织不断被消耗，呈负氮平衡，此时如得不到及时纠正和营养物质补充，会出现不同程度的蛋白质消耗，影响器官的结构和功能，最终将导致多器官功能衰竭，从而影响患者的预后。

【营养评估】

营养评估（nutrition assessment）是由专业人员对患者的营养代谢、机体功能等进行全面检查和评估，目的是判定患者的营养状态，既可判断有无营养不良及其营养不良的类型，又为评价营养支持治疗的效果提供客观指标。

1. 病史　患者的年龄、饮食状况，有无慢性消耗性疾病、大型手术创伤史、严重感染、肿瘤等。

2. 人体测量指标

（1）体重：反映蛋白质和能量的摄入及利用情况，可作为评估患者营养状况的重要指标。但应排除脱水或水肿等影响因素。我国常用的标准体重（standard body weight，SBW）计算公式是：

男：SBW（kg）= 身高（cm）-105

女：SBW（kg）= 身高（cm）-100

在进行营养评估时，通常计算实际体重占标准体重百分比（%）=（实际体重/标准体重）×100%。结果判定：80%～90%为轻度营养不良；70%～79%为中度营养不良；0%～69%为重度营养不良；110%～120%为超重；＞120%为肥胖。将体重改变的程度和时间结合起来分析，能更好地评估患者的营养状况。一般来说，3个月体重丢失＞5%，或6个月体重丢失＞10%，即存在营养不良。

（2）体重指数（body mass index，BMI）：是反映蛋白质-能量营养不良以及肥胖症的可靠指标，计算公式如下：BMI= 体重（kg）/ 身高^2（m^2）。正常参考值为 18.5 kg/m^2≤BMI＜24 kg/m^2，＜18.5 kg/m^{2}为消瘦，≥24 kg/m^{2}为超重。

（3）握力测定：握力是反映肌肉功能的有效指标，与机体营养状况和手术后恢复程度相关，可以在整个病程中重复测定、随访其变化情况。正常男性握力≥35 kg，女性握力≥23 kg。

（4）其他：肱三头肌皮褶厚度是测定体脂储备等的指标，上臂围用于判断骨骼肌或体内瘦体组织的量。由于中国人群正常参考值测量误差较大且与临床结局无确定关系，临床应用价值有限。人体成分分析采用生物电阻抗分析法分析机体构成和营养状况，还能反映疾病的严重程度。

3. 实验室检查

（1）血浆蛋白质：血浆蛋白质水平可以反映机体蛋白质营养状况、疾病的严重程度和预测手术的风险，是临床上常用的营养评价指标之一。常用的血浆蛋白质指标有白蛋白、前白蛋白、转铁蛋白和视黄醇结合蛋白等。白蛋白的半衰期为18天，营养支持对其浓度的影响需较长时间才能表现出来。血清前白蛋白、转铁蛋白和视黄醇结合蛋白半衰期短、血清含量少且全身代谢池小，是反映营养状况更好、更敏感、更有效的指标。

（2）氮平衡试验：氮平衡是评价机体蛋白质营养状况可靠和常用的指标。氮平衡 = 摄入氮 − 排出氮。若氮的摄入量大于排出量，为正氮平衡；若氮的摄入量小于排出量，为负氮平衡；若氮的摄入量与排出量相等，则维持氮的平衡状态。当机体处于正氮平衡时，合成代谢大于分解代谢，意味着蛋白净合成。而负氮平衡时，分解代谢大于合成代谢。

（3）周围血液总淋巴细胞计数：是评价细胞免疫功能的简易方法，测定简便、快速，适用于各年龄段，低于 1.5×10^9 g/L 常提示营养不良。$(1.2 \sim 1.5) \times 10^9$/L 为轻度营养不良；$(0.8 \sim 1.2) \times 10^9$/L 为中度营养不良；$<0.8 \times 10^9$/L 为重度营养不良。

（4）延迟型皮肤超敏试验：接种5种抗原，观察皮肤迟发超敏反应以了解免疫功能，但因其影响因素较多，特异性较差。

【营养不良的分类】

营养不良通常指能量或蛋白质摄入不足或吸收障碍造成的特异性缺乏症状，即蛋白质 - 能量营养不良，主要有以下3种类型。

1. 消瘦型营养不良　由于蛋白质和能量摄入不足，肌肉组织和皮下脂肪被消耗。表现为体重下降，人体测量值较低，但血浆蛋白质指标基本正常。

2. 低蛋白型营养不良　因疾病应激状态下分解代谢增加、营养摄入不足所致。表现为血清白蛋白、转铁蛋白测定值降低，总淋巴细胞计数及皮肤超敏试验结果异常。由于人体测量数值基本正常而易被忽视。

3. 混合型营养不良　是长期慢性营养不良发展的结果，兼有上述两种类型的表现，可导致器官功能损害、感染等并发症。

【机体营养物质需要量】

当给予患者营养支持时，首先要明确人体的正常营养需要量。机体的能量代谢是指生物体内糖类、蛋白质和脂肪代谢过程中所伴随的能量释放、转移和利用。准确测定和计算患者不同状态下的能量消耗是提供有效营养支持的前提和保障，可选择以下方式估算患者能量的消耗：

1. 基础能量消耗（basal energy expenditure，BEE）　健康成年人按 Harris-Benedict 公式（H-B 公式）计算（表3-1）。因患者代谢不同于健康人，故应用 H-B 公式时应进行相应的校正。

2. 静息能量消耗（resting energy expenditure，REE）　用代谢仪测定。

3. 实际能量消耗（actual energy expenditure，AEE）　AEE=BEE×AF×IF×TF，其中 AF 为活动因素（完全卧床1.1；卧床加活动1.2；正常活动1.3）；IF 为手术、损伤因素（中等手术1.1；脓毒血症1.3；腹膜炎1.4）；TF 为发热因素（正常体温系数1.0；体温每升高1℃，增加0.1）。

4. 简易估算　根据患者的性别、体重、应激状态估算（表3-2）。应用中仍需要根据患者的病情和个体特点予以调整,并监测代谢和器官功能,以保证治疗效果及安全性。

表 3-1　Harris-Benedict 公式

性别	H-B 公式
男性	BEE(kcal)=66.5+5H+13.8W−6.8A
女性	BEE(kcal)=655.1+1.9H+9.6W−4.7A

注:H. 身高(cm);W. 体重(kg);A. 年龄(岁)。

表 3-2　按患者体重及应激状态估算每日基本能量需要(kcal/kg)

性别	非应激状态	应激状态
男性	25～30	30～35
女性	20～25	25～30

机体所需的营养物质(如糖类、蛋白质、脂肪、无机盐、维生素)均来自食物。其中糖类、蛋白质、脂肪这三大物质在人体生长、组织修复及宿主防御等方面起着举足轻重的作用,常被称为巨营养素。其他则称为微营养素,主要用于维持生存所必需的生理代谢过程。在正常状态下,糖类(60%)与脂肪(25%)提供主要热量,蛋白质(15%)作为人体合成代谢的原料,仅提供少量热量,热氮比为 125～150 kcal:1 g。在应激状态下,蛋白质(25%)和脂肪(30%)供能增加,糖类(45%)供能减少,因此应增加蛋白质的供给来给予患者营养支持。

 考点提示

机体每日营养物质需求。

第二节　肠内营养支持患者的护理

肠内营养(enteral nutrition,EN)是指通过胃肠道途径提供营养的方式,是营养支持的首选途径。其优点是:①营养物质经肠道和门静脉吸收,能很好地被机体利用,符合生理过程;②维持肠黏膜细胞的正常结构,保护肠道屏障功能;③严重代谢并发症少,安全、经济。因此,凡具有肠道功能者应首选肠内营养。

【肠内营养支持的应用】

1. 肠内营养的适应证和禁忌证

(1)适应证

1)胃肠功能正常,但营养物质摄入不足或不能摄入者。如吞咽和咀嚼困难、意识障碍、大面积烧伤、复杂大型手术后及恶性肿瘤患者。

2)胃肠道功能不良者,但疾病处于稳定期,如消化道瘘、短肠综合征。此类疾病患者采用合理的肠内营养可减轻对消化液分泌的刺激作用,有保护肠黏膜及防止细菌移位的作用。

(2)禁忌证:胃肠道消化及吸收功能不良者,疾病处于活动期,如肠梗阻、严重肠道感染、腹泻、休克及消化道活动性出血患者。

2. 肠内营养制剂　根据其组成可分为非要素型、要素型、组件型及疾病专用型肠内营养制剂四类。

(1)非要素型肠内营养制剂:也称整蛋白型制剂。该类制剂以整蛋白或蛋白质游离物为氮源，渗透压接近等渗，口感较好，口服或管饲均可，使用方便，耐受性强。非要素型肠内营养制剂适于胃肠道功能较好的患者，是应用最广泛的肠内营养制剂。

（2）要素型肠内营养制剂：是氨基酸或多肽类、葡萄糖、脂肪、矿物质和维生素的混合物。具有成分明确、营养全面、不需要消化即可直接或接近直接吸收、含残渣少、不含乳糖等特点，但其口感较差，适合于胃肠道消化、吸收功能部分受损的患者，如短肠综合征、胰腺炎患者。

（3）组件型肠内营养制剂：是仅以某种或某类营养素为主的肠内营养制剂，是对完全型肠内营养制剂进行补充或强化，以适合患者的特殊需要。组件型肠内营养制剂主要有蛋白质组件、脂肪组件、糖类组件、维生素组件和矿物质组件等。

（4）疾病专用型肠内营养制剂：是根据不同疾病特征设计的针对特殊患者的专用制剂，主要有糖尿病、肝病、肿瘤、婴幼儿、肺病、肾病、创伤等专用制剂，以满足患者个性化营养支持的需要。

3. 肠内营养途径选择　肠内营养包括口服和管饲2种方法。多数患者因经口摄入受限或不足而采用管饲，有经鼻置管和造瘘管2种输注途径。具体输注途径的选择取决于疾病情况、喂养时间长短、患者精神状态及胃肠道功能。

（1）鼻胃管或鼻肠管：通过鼻置营养管进行肠内营养简单易行，是临床上使用最多的方法，适合于需短时间（<2～3周）营养支持的患者。

（2）胃及空肠造瘘管：经造瘘途径进行肠内营养常用于需要较长时间进行肠内营养的患者，具体可采用手术造口或经皮内镜辅助胃肠/空肠造瘘管。

4. 肠内营养的输注方式

（1）按时分次给予：适用于营养管位于胃内和胃肠功能良好者。将营养液用注射器分次缓慢注入，每次100～300 ml，在10～20分钟内完成，每次间隔2～3小时，每日6～8次。该方式患者有较多时间自由活动，但易引起胃肠道反应，如腹胀、腹泻、恶心。

（2）间歇重力滴注：将营养液置于输液瓶内，经输注管与营养管相连，借助重力作用缓慢滴注。每次250～500 ml，在2～3小时内完成，两次间隔2～3小时，每次4～6次。多数患者可耐受。

（3）连续输注：装置与间歇重力滴注相同，在12～24小时内连续输注。临床上推荐采用肠内营养输注泵连续输注，可保持恒定的速度，便于监控管理，尤其适用于病情危重、胃肠道功能和耐受性较差、经十二指肠或空肠造瘘管管饲的患者。

【护理评估】

1. 健康史　了解患者的年龄、饮食状况，有无手术创伤、严重感染和消耗性疾病等。

2. 身体状况　了解患者的体重、胃肠道功能，有无活动能力下降、水肿、休克等征象。了解血浆蛋白质、氮平衡、淋巴细胞计数和皮肤超敏试验等辅助检查结果。

3. 心理-社会状况　了解患者及其家属对营养支持重要性和必要性的认知程度，对营养支持的接受程度和对治疗费用的承受能力。

【常见护理诊断/问题】

1. 营养失调：低于机体需要量　与摄入不足和分解代谢增加有关。
2. 有误吸的危险　与患者的意识、体位、营养管移位有关。
3. 有感染的危险　与胃肠置管、长期禁食导致肠黏膜屏障受损等有关。
4. 腹泻　与营养液的浓度、输注的速度、营养管的位置和患者对营养液的耐受性等有关。

【护理措施】

1. 一般护理

（1）体位：取适当体位并妥善固定营养管，有意识障碍、胃排空迟缓者，或经鼻胃管、胃造瘘管输注营养液的患者喂养时取 30°～45°半卧位，喂养后 1 小时内尽量不搬动患者，以防反流和误吸；经十二指肠营养管或肠造瘘管滴注者可取自由体位。输注营养液之前及连续输注过程中，每隔 4 小时抽吸并评估胃内残余量，若超过 100～150 ml，应减慢或暂停输注，以防引起反流和误吸。

（2）生活护理：如病情允许，鼓励患者多饮水，以防口腔感染。对于生活不能自理者，给予口腔护理。卧床患者应加强全身皮肤护理，胃肠造瘘者注意造瘘口周围皮肤，有红肿者给予氧化锌软膏涂抹。

2. 营养液的配制和管理　选择合适的营养制剂。配制营养液时，应严格执行无菌操作，现用现配。暂不用时，将营养液置于 4℃冰箱保存，24 小时内用完，以防细菌繁殖，引起腹泻及肠道感染。

3. 提高胃肠道耐受性　营养液应由小剂量、低浓度、低速度开始输入，使患者在 3～4 日内逐渐适应。营养液用量由 800 ml/d 可渐增至 2500～3000 ml/d；浓度由 12% 渐增至 25%；速度由 40 ml/h 渐增至 120 ml/h。当分次输注时，每次输注量不超过 200 ml，于 10～20 分钟完成，两次输注间隔时间不少于 2 小时。营养液输入时温度应保持恒定（38～40℃），如温度低于 30℃，会引起腹痛与腹泻。

4. 保持管道清洁　每日更换输注管或泵管，管饲输注前、后应冲洗管道，保持通畅。加强口腔、鼻腔或胃肠造口处的护理。

5. 加强观察　做好营养监测和并发症观察，准确记录 24 小时出入量，及时评估患者全身情况，观察和判断有无并发症发生。如出现胃肠道症状，如恶心、呕吐、腹痛、腹胀、腹泻，应减慢输入速度、降低营养液浓度，严重者可暂停管饲 12～24 小时，不良反应一般可以缓解。患者如有异常情况出现，应及时与医师联系，配合处理。

第三节　肠外营养支持患者的护理

肠外营养是指通过静脉输入营养素的方法，又称为静脉营养。与一般的静脉输液不同的是，静脉输液主要输入的是水、电解质和少量葡萄糖，而肠外营养输注的是氨基酸、葡萄糖、脂肪制剂等营养物质，为机体提供维持代谢所需要的营养。当患者不能或不宜进食 5～7 天，所需营养素均经静脉途径输注时，称为全胃肠外营养（total parenteral nutrition，TPN）。

【适应证】

凡是需要营养支持但又不能或不宜接受肠内营养的患者，包括预计 1 周以上不能进食，或因胃肠道功能障碍、不能耐受肠内营养者，或通过肠内营养无法达到机体需要的目标量者。

【营养制剂种类】

1. 葡萄糖　是肠外营养的主要能源物质。来源丰富、价格低廉是其优点。用于肠外营养的葡萄糖通常都是高浓度的，输注时对静脉壁的刺激很大，不宜从外周静脉输入；外科疾病患者应激后普遍存在胰岛素抵抗，机体利用葡萄糖的能力下降，过量或过快输入可能导致高血糖、糖尿，甚至非酮症高渗性昏迷。故强调糖和脂肪双能量来源；葡萄糖代谢依赖胰岛素，对糖尿病和手术创伤所致应激性高血糖的患者须补充外源性胰岛素，并按血糖监测结果调整使用剂量。

2. 脂肪乳剂　是肠外营养的另一种重要能源。脂肪乳剂安全无毒，但需注意的是，如输注过快可导致胸闷、心悸或发热等反应，故输注速度应从 1 ml/min 开始（<0.2 g/min）。

3. 复方氨基酸溶液　是肠外营养的唯一氮源，是按合理模式（人乳或鸡蛋白）配制的结晶、左旋氨基酸溶液，其配方符合人体合成代谢的需要。复方氨基酸有平衡型及特殊型两类。平衡型符合正常机体代谢的需要，适用于大多数患者；特殊型专用于多种特殊疾病，如肝、肾功能不全患者。

4. 电解质　肠外营养时需补充钾、钠、氯、钙、镁及磷。其中不少是临床常用制剂，如10%氯化钾、10%氯化钠、10%葡萄糖酸钙及25%硫酸镁。

5. 维生素　用于肠外营养的维生素制剂均为复方制剂，每支注射液均包含了正常人每日基本需要的各种维生素。

6. 微量元素　每支复方注射液含人体每日基本需要的锌、铜、锰、铁、铬、碘等微量元素的量，短期禁食者可不予补充，全胃肠外营养超过2周时需给予补充。

【输注途径】

1. 经周围静脉输注　指经过浅表静脉，大多数是经上肢末梢静脉输注，适用于输注时间少于2周，营养液渗透压不高、剂量不大时的营养支持。其优点是应用方便、安全性高、并发症少而轻等。

2. 经中心静脉输注　临床常用的外周中心静脉导管（peripherally inserted central catheter，PICC）途径有锁骨下静脉、颈内静脉和经头静脉或贵要静脉，适用于输注时间较长（超过2周），需要营养液渗透压高（>900 mOsm/L）的患者。

【肠外营养的输注方法】

1. 全营养混合液（total nutrient admixture，TNA）输注　是将各营养素配制在3 L塑料袋中，又称全合一营养液（all-in-one solution）。其优点是：①多种营养成分搭配更合理，降低代谢并发症的发生率；②混合后降低了高浓度葡萄糖的渗透压和刺激性，可经周围静脉输注；③单位时间内脂肪乳剂输入量少于单瓶输注，可避免因脂肪乳剂输注过快引起的副作用；④使用过程中无需排气及更换输液瓶，简化了输注步骤；⑤全封闭的输注系统减少了污染和空气栓塞的机会。临床已有将全营养混合液制成两腔或三腔袋的产品，腔内分装氨基酸、葡萄糖和脂肪乳剂，有隔膜将各成分分开，临用前用手加压即可撕开隔膜，使各成分立即混合。

2. 单瓶输注　当不具备全营养混合液输注条件时，可采用单瓶输注。但由于各营养素非同步输入，不利于所供营养素的有效利用。

【护理评估】

1. 健康史　评估患者的年龄、饮食状况，有无手术创伤、严重感染和消耗性疾病等。

2. 身体状况　了解患者的营养状况及程度。评估患者周围静脉显露情况，检查穿刺部位皮肤有无破损等影响穿刺或置管的因素。

3. 心理-社会状况　了解患者及其家属对营养支持重要性和必要性的认知程度，对营养支持的接受程度和对治疗费用的承受能力。

【常见护理诊断/问题】

1. 营养失调：低于机体需要量　与摄入不足和分解代谢增加有关。

2. 有感染的危险　与中心静脉置管有关。

3. 潜在并发症：气胸、空气栓塞、血栓性浅静脉炎。

4. 舒适的改变　与长时间肠外营养输注有关。

【护理目标】

1. 患者营养状况得到改善，能满足机体代谢需要。

2. 患者未发生感染或感染被及时发现和处理。

3. 患者未发生并发症或并发症发生后被及时发现和治疗。

4. 患者舒适感改善。

【护理措施】

1. 一般护理

（1）体位：保持舒适的方便输液操作的体位，促进患者舒适。

（2）合理输液：保证输液管道通畅，合理安排输液的种类和顺序。对已有脱水者，先补充部分平衡盐溶液；已有电解质代谢紊乱者，先予以纠正；控制输液速度，输注速度不超过200 ml/h，常连续匀速输注，不可突然大幅度改变输液速度。

2. 输液导管的护理

（1）周围静脉穿刺：通常使用套管针穿刺。每次输注完毕后用肝素帽封管，可以避免反复穿刺。

（2）中心静脉置管：严格执行无菌操作技术；穿刺部位每日消毒及隔日更换敷料；禁止自导管取血标本、给药、输血以及监测CVP等操作；检查导管连接是否牢靠，防止出现空气栓塞。

3. 常见并发症的观察及护理　注意预防和治疗肠外营养可能出现的并发症是保证肠外营养顺利进行的重要环节。

（1）代谢性并发症：可由肠外营养操作本身以及补给不足、机体糖代谢异常引起。

1）低血糖：肠外营养患者每日输入大量的高浓度葡萄糖，使血内胰岛素可达35～70 μg/ml；若因故突然中止葡萄糖的输注，可因胰岛素的延迟作用而导致严重的低血糖，因此在进行肠外营养时应酌情补充胰岛素，随时监测血糖水平，一旦出现低血糖，可立即口服或静脉补充葡萄糖。

2）非酮症高渗性昏迷：是肠外营养最严重的并发症。发生的原因主要是大量的高浓度葡萄糖在短时间内输入引起血糖浓度和血浆渗透压显著升高。非酮症高渗性昏迷多见于应激状态下的年老体弱者和隐性糖尿病患者。该症关键在于预防，肠外营养的速度应严格控制，葡萄糖的输注速度应小于5 mg/（kg·min），酌情使用外源性胰岛素，密切监测血糖、尿糖水平。一旦发生，立即停止营养液输注，改用低渗或等渗盐溶液加胰岛素纠正血糖水平。

3）肝功能损害：约1/3肝功能正常的患者在接受肠外营养治疗2～3周后出现肝功能受损现象，表现为谷草转氨酶和谷丙转氨酶升高、轻度黄疸等。考虑产生的原因主要是葡萄糖用量过大。为此，肠外营养可用脂肪和葡萄糖双能源供应模式，减少糖用量，使患者的病情得以控制或逆转。

（2）技术性并发症：这类并发症主要由中心静脉置管操作引起。

1）气胸、血胸：是最常见的并发症，由穿刺损伤胸膜、血管所致。若患者出现胸痛、呼吸困难，应立即行胸部X线检查，及时处理。

2）空气栓塞：是罕见但严重的并发症，穿刺置管时，因导管接头松脱，空气逸入静脉所致。一旦发生，可因心脏空气栓塞致命。预防该症主要是保证导管的连接密闭。

3）感染性并发症：即导管性脓毒症。接受肠外营养的患者出现突发的寒战、高热，严重者可导致感染性休克等脓毒症表现，但体内无其他感染病灶，拔出导管，症状可缓解，即可诊断为导管脓毒症。其发病主要与置管技术、导管护理密切相关。预防该症需要严格无菌置管、加强导管护理。肠外营养液的配置要求严格执行无菌技术。一般在层流室的净化台上现配现用，暂不用者置于4℃冰箱保存，并在24小时内用完。一旦发生，暂停肠外营养，拔出导管，做导管头细菌学培养，并酌情用药。

 考点提示

静脉营养并发症及护理。

4. 肠外营养的监测

（1）临床指标：每日准确记录液体出入量、患者体重。

（2）生化指标：电解质、血糖及血气分析，肠外营养开始时每日测定1次，3日后情况稳定可每周测1~2次。每周1~2次测定肝功能、肾功能、血浆白蛋白、淋巴细胞计数等指标。

（3）穿刺部位：观察穿刺部位有无红、肿、压痛、渗出，留置导管者每周1次进行细菌培养。

5. 心理护理　护士应耐心地向患者及其家属解释肠外营养支持的重要性和注意事项，告知配合治疗的具体方法。

自　测　题

一、选择题

1. 消瘦型营养不良患者主要缺乏
   A. 蛋白质　　　　　　　B. 能量　　　　　　　C. 维生素
   D. 矿物质　　　　　　　E. 微量元素

2. 下列有关营养支持的叙述，正确的是
   A. 营养支持仅提供能量
   B. 营养支持仅提供蛋白质
   C. 营养支持仅提供能量和蛋白质
   D. 营养支持仅涉及营养素的代谢调理、药理和免疫作用
   E. 营养支持不仅满足和提供患者能量及蛋白质的需要，还涉及代谢支持、营养素的代谢调理、药理和免疫作用

3. 下列适宜选用肠内营养支持的患者为
   A. 麻痹性肠梗阻　　　　　　　　　　　B. 食管静脉曲张出血期
   C. 克罗恩病，腹泻＞10次/日　　　　　D. 大面积烧伤休克期
   E. 短肠综合征术后稳定期

4. 下列不属于评价营养状况的实验室检查指标的是
   A. 转铁蛋白　　　　　B. 肌酐身高指数　　　　　C. 白蛋白
   D. 体重指数（BMI）　　E. T细胞亚群分析

5. 为实施肠外营养而进行静脉穿刺置管时，不可能出现的并发症有
   A. 气胸　　　　　　　B. 血管损伤　　　　　　　C. 胸导管损伤
   D. 空气栓塞　　　　　E. 非酮症高渗性昏迷

6. 患者，男性，20岁，克罗恩病，严重消瘦，近日腹泻＞10次/日。实验室检查：血清 Na^+ 120 mmol/L，K^+ 2.3 mmol/L，Cl^- 86 mmol/L，血清蛋白25 g/L。若考虑对其进行营养支持，应采取的处理措施是
   A. 立即予肠内营养支持，同时纠正电解质代谢紊乱
   B. 立即予肠外营养支持，同时纠正电解质代谢紊乱
   C. 先纠正电解质代谢紊乱，再予肠内营养支持
   D. 先纠正电解质代谢紊乱，再予肠外营养支持
   E. 立即予肠外营养支持，无须纠正电解质代谢紊乱

7. 患者，女性，80岁，胃大部切除术后，腹胀明显，禁食，肺部感染，需肠外营养支持。在选择肠外营养输注途径即经中心静脉还是周围静脉时，最主要的决定因素是
   A. 患者的基础疾病　　　B. 病房的护理条件　　　C. 患者的依从性

D. 患者的经济条件　　　　E. 肠外营养支持的量和天数

8. 患者，女性，65岁，入院接受结肠癌姑息切除术。术中置空肠造瘘管，术后3天经造瘘管给予肠内营养制剂（500 ml/d）后不久，患者主诉腹部出现痉挛性疼痛，随之腹泻，考虑为肠内营养液温度过低所致，为避免此并发症，应采取的处理措施是

A. 在输注管远端自管外加热营养液，温度控制在37℃左右
B. 在输注管远端自管外加热营养液，温度控制在65℃左右
C. 在输注管近端自管外加热营养液，温度控制在37℃左右
D. 在输注管近端自管外加热营养液，温度控制在65℃左右
E. 先将肠内营养制剂连瓶加热到65℃再输注

9. 患者，女性，42岁，体重50 kg，胃癌术后，予单瓶营养液输注，在1小时内输入20%脂肪乳剂125 ml，随后患者主诉心悸、发热、全身骨骼肌疼痛。该患者可能出现的并发症为

A. 吸入性肺炎　　　　B. 低血糖　　　　C. 气胸
D. 导管移位　　　　　E. 脂肪超载综合征

二、名词解释

1. 营养不良
2. 营养风险筛查
3. 肠内营养

三、简答题

1. 评价营养状况的指标有哪些？
2. 简述肠外营养支持时全营养混合液输注方式的优点和单瓶输注方式的缺点。
3. 简述肠内营养支持过程中导管阻塞的常见原因和预防措施。

四、案例分析

患者，男性，80岁，胃癌姑息性切除术后第5天，禁食，血清蛋白27 g/L，经空肠造瘘予以肠内营养支持（500 ml/d）。肠内营养支持第2天，患者主诉在营养液输注期间腹部不适，24小时排便6次，且粪便不成形。体格检查：T 37.4℃；P 92次/分；腹平软，无压痛、反跳痛和肌紧张。粪便隐血试验（−）；粪便常规检查（−）。

请回答：
（1）该患者出现了何种并发症？
（2）试述肠内营养支持期间导致上述并发症出现的相关因素。
（3）简述该患者出现上述并发症的主要原因和机制。
（4）对接受肠内营养支持的患者，如何预防上述并发症的发生？

（朱　婷）

第四章 外科休克患者的护理

学习目标

1. 描述外科常见的休克类型，比较其病因与特点。
2. 解释外科休克患者各期表现与病理变化的联系。
3. 归纳外科休克的病情观察要点、监测方法及治疗原则。
4. 能运用护理程序对外科休克患者实施整体护理。
5. 树立时间就是生命的观念，配合医师争分夺秒地抢救外科休克患者。
6. 以认真负责、关爱、视患者如亲人的态度，全心全意为外科休克患者服务。

案例 4-1

患者，女性，45 岁。因与他人发生口角，腹部被钝器打击 2 小时后入院。体格检查：T 36.8℃，P 123 次/分，R 30 次/分，BP 75/53 mmHg。患者烦躁不安、面色苍白、四肢湿冷。全腹压痛、反跳痛、肌紧张，以左上腹最严重。尿量 9 ml/h。实验室检查：血红细胞计数 3.5×10^{12}/L，血红蛋白 80 g/L，白细胞计数 9.5×10^9/L；CVP 3 cmH$_2$O。行诊断性腹腔穿刺，抽出不凝固血液约 10 ml。

问题与思考：
1. 该患者发生了什么情况？
2. 针对该患者的情况，应立即采取哪些护理措施？

第一节 概 述

休克（shock）是机体受到强烈致病因素侵袭后，导致有效循环血量锐减、组织血流灌注不足引起的以微循环障碍、细胞代谢紊乱和内脏器官功能受损为特点的临床综合征。休克发病急、进展速度快、并发症严重，其典型的表现是表情淡漠、面色苍白、四肢湿冷、脉搏细速、血压下降、呼吸急促、尿量减少和酸中毒等。

【病因及分类】

根据引起的原因不同，休克可分为低血容量性休克、感染性休克、心源性休克、神经源性休克和过敏性休克。在外科临床工作中以低血容量性休克和感染性休克最常见。

1. **低血容量性休克** 低血容量性休克包括失血性休克、失液性休克、创伤性休克三类。临床上由于严重外伤、上消化道大出血、肝脾破裂、异位妊娠等大出血引起的休克称为失血性休克。由于严重烧伤、急性肠梗阻、高位空肠瘘、急性腹膜炎等大量体液丢失所致的休克称为失液性休克。由于多发性骨折、挤压伤、大型手术等严重创伤引起的休克称为创伤性休克。

2. **感染性休克** 感染性休克常继发于严重感染。严重感染时，病原体释放外毒素或内毒素，造成心肌损害、循环障碍以及毒素直接损害细胞等后果而导致休克，如急性腹膜炎、急性梗阻性化脓性胆管炎、绞窄性肠梗阻等。

3. 心源性休克　由急性心肌梗死、严重心律失常、心脏压塞、肺动脉栓塞等引起，使左心室收缩功能减退或舒张期充盈不足，心排血量锐减所致。

4. 神经源性休克　由于剧烈的刺激（如严重精神创伤、剧烈疼痛），引起强烈的神经反射性血管扩张，有效循环血量相对不足所致。

5. 过敏性休克　过敏性休克常在使用血清制剂、青霉素等药物后发生，由于抗原-抗体反应，组胺等物质释放，使外周小动脉和毛细血管骤然扩张引起休克。

 考点提示

休克的分类。

【病理生理】

各类休克共同的病理生理基础是有效循环血量锐减和组织灌注不足，以及由此导致的微循环障碍、代谢改变及内脏器官继发性损害等。

1. 微循环改变　微循环是组织摄氧和排出代谢产物的场所，其变化在休克的发生、发展过程中起重要作用。根据休克发展不同阶段的病理生理特点，可将微循环障碍分为以下三期。

（1）微循环收缩期：休克早期，由于有效循环血量显著减少，引起动脉血压下降，刺激主动脉弓和颈动脉窦压力感受器，引起血管舒缩中枢发生加压反射，交感肾上腺系统兴奋，导致大量儿茶酚胺释放以及肾素-血管紧张素分泌增加等，可引起心搏加快、心排血量增加以维持循环相对稳定；通过选择性收缩外周（皮肤、骨骼肌）和内脏（如肝、脾、胃肠）的小血管，使循环血量重新分布，保证心脏、脑等重要器官的有效灌注。由于内脏小动脉、小静脉血管平滑肌及毛细血管前括约肌受儿茶酚胺等激素的影响发生强烈收缩，动静脉短路和直捷通路开放，使外周血管阻力和回心血量均有所增加，维持血压基本正常；毛细血管前括约肌收缩和毛细血管后括约肌相对开放，使微循环内出现"少灌多流"，真毛细血管网内血量减少，毛细血管内静水压降低，组织液回收入毛细血管网，可在一定程度上补充循环血量。故此期称为休克代偿期，属于休克早期。若能在此时去除病因，采取积极的复苏措施，休克常较容易得到纠正。

（2）微循环扩张期：若休克未能得到及时纠正，病情进一步发展，动静脉短路和直捷通路大量开放，流经毛细血管的血流继续减少，使原有的组织灌注不足会更加严重，组织细胞因严重缺氧处于无氧代谢状态，并出现能量不足、乳酸类代谢产物堆积，血管活性介质（如组胺）的释放使毛细血管前括约肌松弛，毛细血管广泛扩张，而毛细血管后括约肌由于对酸中毒耐受性较强，仍处于收缩状态，出现"多灌少流"，导致大量血液淤滞于毛细血管网内，使毛细血管内静水压升高、通透性增强，血浆外渗至血管外，使血液浓缩、血液黏滞度增加，致使回心血量进一步减少，血压下降，心排血量减少，心脏、脑等重要器官灌注不足，休克加重，进入抑制期，属于休克中期。

（3）微循环衰竭期：在休克后期，随着病情继续发展，休克进入不可逆阶段。由于微循环内血液浓缩、血液黏滞度增加及酸性环境中血液呈高凝状态等，使红细胞与血小板容易发生凝集并在血管内形成微血栓，甚至发生弥散性血管内凝血（disseminated intravascular coagulation，DIC）。随着各种凝血因子的消耗，纤维蛋白溶解系统被激活，可出现严重的出血倾向。此时，组织的血液灌注严重不足，细胞处于严重缺氧状态，加之酸性代谢产物和内毒素的作用，使细胞内的溶酶体膜破裂，释放多种水解酶，引起组织细胞自溶和死亡，导致广泛的组织损害，甚至多器官功能受损。此期称为休克失代偿期,属于休克晚期。

2. 代谢的变化

(1) 在组织灌注不足和细胞缺氧时,体内葡萄糖以无氧代谢提供能量,产生的腺苷三磷酸(ATP)明显少于有氧代谢,休克时儿茶酚胺大量释放,促进胰高血糖素生成,同时抑制胰岛素分泌,可加速肝糖原和肌糖原分解及刺激垂体分泌促肾上腺皮质激素,使血糖升高。休克时血容量不足,使抗利尿激素和醛固酮分泌增加,引起水钠潴留,以维持血容量。

(2) 休克时,体内葡萄糖的无氧代谢使乳糖和丙酮酸等酸性代谢产物过多,加之肝因血液灌注不足,分解乳酸的能力减弱,引起代谢性酸中毒。休克时蛋白质分解加速,可使血液中尿素氮、肌酐、尿酸含量增加。

(3) 由于无氧代谢,ATP生成不足,细胞膜除通透性增加外,还出现钠-钾泵的功能失调,细胞外K^+无法进入细胞内,而Na^+大量进入细胞内,体液随之进入细胞内,引起细胞水肿、变性和坏死。细胞膜、线粒体膜、溶酶体膜等细胞器受到破坏时,可释放出大量引起细胞自溶和组织损伤的水解酶,其中最重要的是组织蛋白酶,可使组织蛋白分解而生成多种活性肽,对机体产生不利影响,进一步加重休克。

3. 内脏器官的继发性损害 休克时,内脏器官处于持续缺血、缺氧状态,可发生变性、出血、坏死,导致器官功能障碍甚至衰竭。若两个或两个以上的重要器官或系统同时或序贯发生功能障碍,则称为多器官功能障碍综合征(multiple organ dysfunction syndrome,MODS),甚至衰竭,则称为多器官功能衰竭(multiple organ failure,MOF),是休克患者死亡的主要原因。

(1) 肺:是休克时最常累及的器官。低灌注和缺氧可损伤肺毛细血管内皮细胞和肺泡上皮细胞。肺毛细血管内皮细胞受损可导致毛细血管壁通透性增加而引起肺间质水肿;肺泡上皮细胞受损可使肺泡表面活性物质生成减少,继发肺泡萎陷和肺不张,进而导致氧弥散障碍,通气/血流比例失调,严重时表现为进行性呼吸困难、动脉血氧分压进行性下降,称为急性呼吸窘迫综合征(acute respiratory distress syndrome,ARDS)。

(2) 肾:正常生理状况下,肾血流的80%供应肾皮质的肾单位。休克时,由于儿茶酚胺、抗利尿激素、醛固酮分泌增加,导致肾血管收缩,肾血流量减少,肾小球滤过率降低,引起水钠潴留,尿量减少。此时,肾内血流重新分布,主要转向肾髓质,近髓动静脉短路大量开放,使肾皮质血流量锐减,肾小管上皮细胞由于缺血而大量坏死,引起急性肾衰竭(ARF)。

(3) 肝:休克时肝血流量减少,可引起肝缺血缺氧性损伤,使肝的解毒及代谢功能减弱,并加重代谢紊乱及酸中毒。肝血窦及中央静脉内微血栓形成,导致肝小叶中央出血、肝细胞坏死,使肝的解毒和代谢功能不全,临床上可出现黄疸、转氨酶升高等,严重时可出现肝性脑病(HE)和肝衰竭。

(4) 胃肠道:休克时,由于机体有效循环血量不足、血压降低,因代偿而引起血液重新分配,使胃肠道最早发生缺血缺氧性损伤。胃肠道黏膜因持续的缺血和缺氧而发生糜烂、出血或应激性溃疡,表现为上消化道出血。因胃肠道黏膜的屏障功能受损,肠道内的细菌及毒素移位进入血液循环,形成肠源性感染或毒血症。

(5) 心脏:休克时,冠状动脉的血流灌注量减少,心肌因缺血、缺氧而受损。当心肌微循环内血栓形成,可引起心肌的局灶性坏死。此外,休克时酸中毒及高血钾等均可加重心肌损害,导致急性心力衰竭(acute heart failure,AHF)。

(6) 脑:休克早期,由于血液的重新分布及脑循环的自我调节,脑的血供基本能保证。但随着休克发展,动脉血压持续下降,脑灌注压和血流量减少,导致脑缺氧。脑缺氧及酸中毒会引起脑细胞肿胀、血管壁通透性升高而导致脑水肿和颅内压增高，患者出现意识障碍，严重时发生脑疝。

以上内脏器官继发性损害中，心脏、肺、肾的功能衰竭是造成休克患者死亡的三大原因，救治中更应重视。

【护理评估】

1. 健康史　了解引起休克的各种原因，如有无严重创伤、脏器破裂、严重烧伤等导致大量失血和失液的病史，有无严重感染或过敏史，患病以来是否采取补液等治疗措施；了解患者既往健康状况。

2. 身体状况　根据休克的发病过程，其临床表现可分为两个阶段，即休克代偿期和休克抑制期，也可分别称为休克早期和休克期（表4-1）。

（1）休克代偿期：此期由于有效循环血量减少，机体代偿机制启动，中枢神经系统兴奋性增强，交感肾上腺系统兴奋。患者表现为神志清楚、精神紧张、兴奋或烦躁不安、口渴、皮肤苍白、四肢湿冷、呼吸急促、脉搏增快；收缩压正常或略高、舒张压升高、脉压减小、尿量减少。此期若能得到及时、正确处理，休克可很快纠正。若病情继续发展，则进入休克抑制期。

（2）休克抑制期：此期患者表情淡漠、反应迟钝，甚至可出现意识模糊或昏迷；出冷汗、口唇及肢端发绀、四肢冰冷、脉搏细速、呼吸浅促、血压进行性下降、尿少；严重者全身皮肤、黏膜明显发绀、四肢厥冷、脉搏微弱摸不清、血压测不出、尿少甚至无尿。若皮肤、黏膜出现瘀斑或鼻腔、牙龈、内脏出血等，则提示已并发DIC。若患者出现进行性呼吸困难、烦躁、发绀，经一般吸氧不能改善，则提示并发了ARDS。患者常因继发多器官功能衰竭而死亡。

表4-1　休克不同时期的临床表现

分期	程度	神志	口渴	皮肤及黏膜		脉搏	血压	体表血管	尿量	估计失血量
				色泽	温度					
休克代偿期	轻度	神志清楚，伴有痛苦表情，精神紧张	明显	开始苍白	正常或发凉	100次/分以下，有力	收缩压正常或稍高，舒张压升高，脉压减小	正常	正常或减少	<20%（<800 ml）
休克抑制期	中度	神志尚清楚，表情淡漠	很明显	苍白	发冷	100～120次/分	收缩压为90～70 mmHg，脉压小	表浅静脉塌陷，毛细血管充盈迟缓	尿少	20%～40%（800～1600 ml）
	重度	意识模糊，甚至昏迷	非常明显，可能无法主诉	显著苍白，肢端发绀	厥冷（肢端更明显）	脉搏细或摸不清	收缩压<70 mmHg	表浅静脉塌陷，毛细血管充盈非常迟缓	尿少或无尿	>40%（>1600 ml）

考点提示

休克的临床表现。

3. 辅助检查

（1）实验室检查

1）常规检查：红细胞计数、血红蛋白降低提示失血。血细胞比容增高提示血浆丢失。白细胞计数和中性粒细胞比例增加提示有感染存在。尿比重增高提示血液浓缩或血容量不足。粪便隐血试验阳性或黑便提示消化系统出血。

2）血生化检查：包括肝功能、肾功能、血糖、血电解质等检查，了解患者是否合并MODS及细胞缺氧、电解质代谢紊乱的程度等。

3）动脉血乳酸盐测定：休克患者组织灌注不足，引起无氧代谢和高乳酸血症。动脉血乳酸盐浓度反映细胞缺氧的程度，对其进行监测有助于估计休克及复苏的变化趋势，正常值为 1.0～2.0 mmol/L，持续升高表示病情严重。

4）动脉血气分析：有助于了解患者有无酸碱平衡失调。动脉血氧分压（PaO_2）正常值为 80～100 mmHg，动脉血二氧化碳分压（$PaCO_2$）正常值为 35～45 mmHg。休克时，因肺过度换气，可致 $PaCO_2$ 低于正常；若因肺换气功能不足，可致 $PaCO_2$ 明显升高；若 $PaCO_2$ 超过 45～50 mmHg，而患者通气良好，常提示肺泡通气功能障碍；PaO_2 低于 60 mmHg，吸入纯氧后仍无改善，应考虑有 ARDS。

5）凝血功能检查：当怀疑患者有 DIC 时，应检测血小板计数、出凝血时间、血浆纤维蛋白原浓度、凝血酶原时间及其他凝血因子的消耗程度。当血小板计数低于 $80×10^9$/L，血浆纤维蛋白原浓度小于 1.5 g/L 或呈进行性下降，凝血酶原时间较正常延长 3 秒以上，硫酸鱼精蛋白副凝试验（3P 试验）阳性，血涂片中破碎红细胞超过 20% 时，应考虑有 DIC。

（2）影像学检查：创伤患者，应做相应部位的影像学检查，以排除骨骼、内脏或颅脑损伤。感染患者可通过 B 型超声发现深部感染灶，并判断感染的原因。

（3）血流动力学监测

1）中心静脉压（CVP）：代表右心房或胸段腔静脉内的压力，其变化可反映血容量和右心功能。CVP 正常值为 5～12 cmH_2O，低于 5 cmH_2O 表示血容量不足，高于 15 cmH_2O 表示心功能不全，高于 20 cmH_2O 则提示有充血性心力衰竭。

2）肺毛细血管楔压（PCWP）：应用 Swan-Ganz 漂浮导管测量，反映肺静脉、左心房和右心室的压力。PCWP 正常值为 6～15 mmHg。低于正常值，提示血容量不足（比 CVP 敏感）；高于正常值，提示肺循环阻力增加，如肺水肿。因此，若发现 PCWP 增高，即使 CVP 正常，也应限制输液量，以免发生肺水肿。

3）心排血量（CO）和心脏指数（CI）：CO= 心率 × 每搏输出量，是指心脏每分钟将血液泵至周围循环的血量，可应用 Swan-Ganz 漂浮导管用热稀释法测得。成年人 CO 正常值为 4～6 L/min。每平方米体表面积计算的心排血量（CO）为心脏指数（CI）。CI 正常值为 2.5～3.5 L/（min·m^2）。

4. 心理 - 社会状况　休克病情危重、并发症多，由于患者及其家属对治疗和预后的认知程度不足，可出现焦虑或恐惧等情绪反应，护士应了解引起患者及其家属不良情绪反应的原因等。

5. 治疗原则　针对导致休克的原因和不同发展阶段的特点采取相应的措施。尽早去除病因，迅速恢复有效循环血量，纠正微循环障碍；保护重要器官功能，恢复机体正常代谢，防止 MODS 的发生。

（1）一般紧急治疗

1）现场急救：积极处理导致休克的原发病，如大出血患者应立即止血，包括加压包扎、止血带止血等，必要时可使用抗休克裤（图4-1）。抗休克裤通过对腹部和腿部加压，可增加回心血量，改善重要器官的血流灌注，对下肢出血者可起到止血作用。

2）保证呼吸道通畅：松解领扣，解除呼吸道压迫，保持呼吸道通畅。呼吸道通畅时，以鼻导管间歇性给氧，维持氧流量6~8 L/min；缺氧严重时，需面罩给氧或机械通气；痰多、肺部感染严重或呼吸衰竭时，应做气管插管或气管切开，并尽早使用呼吸机辅助呼吸。

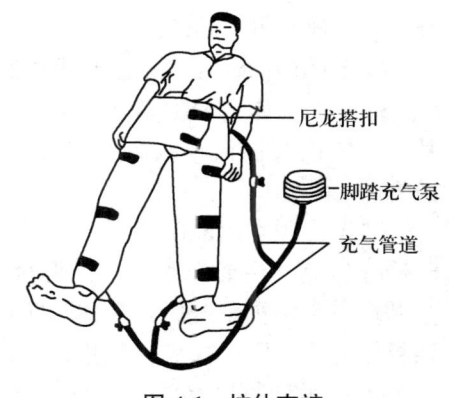

图4-1 抗休克裤

3）取休克体位：头和躯干抬高20°~30°，下肢抬高15°~20°，以增加回心血量和减轻呼吸困难。注意避免过多搬动患者。

4）其他：注意给患者保暖，及早建立静脉通道，遵医嘱应用镇痛药等。

 考点提示

休克患者的体位。

（2）补充血容量：是抗休克的基本措施，也是纠正休克引起的组织低灌注和缺氧的关键。故应迅速建立静脉通道，根据休克监测指标估算补液量及判断补液效果，并按照"先晶后胶"的补液原则，及时、快速、足量补充血容量。近年发现，3.0%~7.5%的高渗盐溶液在抗休克治疗中也有良好的扩容和减轻组织细胞肿胀的作用。

（3）积极处理原发病：为抗休克的根本措施。由外科疾病引起的休克，大多存在需要外科手术处理的原发病灶，如内脏大出血、肠管坏死、消化道穿孔、腹内脓肿。对大出血引起的休克，应在积极抗休克的同时迅速手术止血；对严重感染引起的休克，则应尽快恢复有效循环血量，当休克好转后，及时手术切除原发感染病灶。

（4）纠正酸碱平衡失调：轻度酸中毒在积极扩容、补充血容量、改善微循环后即可缓解。重度休克在经扩容治疗后仍有严重的代谢性酸中毒时，需用碱性药物治疗。常用药物是5%碳酸氢钠溶液。

（5）应用血管活性药物：主要包括血管收缩药、血管扩张药和强心药。

1）血管收缩药：可使小动脉收缩，暂时升高血压，但可加重组织缺氧，应慎重选用。常用的血管收缩药有去甲肾上腺素、间羟胺和多巴胺等。去甲肾上腺素能兴奋心肌、收缩血管、升高血压及增加冠状动脉血流量，作用时间短，是常用的血管收缩药之一。多巴胺是最常用的血管活性药，大剂量多巴胺可使血管收缩，增加外周阻力，小剂量可增强心肌收缩力和增加心排血量，并扩张肾和胃肠道等内脏器官血管，抗休克时多使用小剂量多巴胺。为了提升血压，可将多巴胺与其他血管收缩药合用而不增加多巴胺剂量。

2）血管扩张药：可解除小动脉痉挛，关闭动静脉短路，改善微循环，但可使血管容量扩大、血容量相对不足而导致血压下降，故只能在血容量已基本补足而患者发绀、四肢厥冷、毛细血管充盈不良等循环障碍未见好转时才考虑使用。常用的血管扩张药有酚妥拉明、酚苄明、阿托品、山莨菪碱和东莨菪碱等。

3）强心药：最常用的药物是强心苷，如毛花苷C（西地兰）。强心药可增强心肌收缩力，减慢心率。在监测CVP的情况下，CVP>15 cmH$_2$O，但动脉压仍低时，可缓慢静脉注射毛花苷 C，有效时可再给予维持量。

（6）DIC 的治疗：对诊断明确的 DIC，早期可用肝素抗凝治疗，一般用量为 1.0 mg/kg，每 6 小时一次。如为 DIC 晚期，纤维蛋白溶解系统亢进，则使用抗纤溶药物，如氨甲苯酸、氨基己酸，以及抗血小板黏附和聚集的药物，如阿司匹林、双嘧达莫（潘生丁）和低分子右旋糖酐。

（7）皮质类固醇的应用：适用于严重休克，特别是感染性休克患者的治疗。皮质类固醇用于治疗休克的主要作用为：①阻断 α 受体兴奋作用，使血管扩张，降低外周血管阻力，改善微循环；②保护细胞内溶酶体，防止溶酶体破裂；③增强心肌收缩力，增加心排血量；④增强线粒体功能，防止白细胞凝集；⑤促进糖异生，使乳酸转化为葡萄糖，减轻酸中毒。一般主张大剂量、短期静脉滴注，如地塞米松 1～3 mg/kg，使用 1～2 次，以防过多使用引起不良反应，但对于严重休克患者，可考虑适当延长使用时间。

（8）其他药物：包括钙通道阻滞药维拉帕米、硝苯地平等，吗啡类拮抗剂如纳洛酮，氧自由基清除剂如奥古蛋白（超氧化物歧化酶）、腺苷三磷酸-氯化镁、前列环素等。

 考点提示

休克的治疗原则。

【常见护理诊断/问题】
1. 体液不足　与急性大量失血、失液有关。
2. 组织灌注量改变　与有效循环血量减少、微循环障碍有关。
3. 心排血量减少　与体液不足或心功能下降有关。
4. 气体交换受损　与微循环障碍、缺氧、肺功能障碍有关。
5. 体温过高或过低　与感染、组织灌注不良有关。
6. 有感染的危险　与机体免疫力降低、侵入性治疗等有关。
7. 有受伤的危险　与烦躁不安、意识模糊等有关。
8. 潜在并发症：心脏、脑、肾等器官功能障碍或多系统器官功能衰竭。

【护理目标】
1. 患者能维持体液平衡，生命体征平稳。
2. 患者有效循环血量恢复，组织灌注不足得以改善。
3. 患者能维持正常的心排血量。
4. 患者呼吸道通畅、呼吸平稳，缺氧症状得以改善。
5. 患者体温正常。
6. 患者未发生感染或感染发生后被及时发现和处理。
7. 患者未发生意外损伤。
8. 患者未发生并发症或并发症发生后被及时发现和处理。

【护理措施】
1. 休克的监测

（1）意识和表情：可反映脑组织的血流灌注情况。休克早期患者烦躁不安，呈兴奋状态；随着休克加重，意识由兴奋转为抑制，患者表情淡漠、意识模糊、反应迟钝甚至昏迷。若患者由烦躁转为平静、表情淡漠转为神志清楚，对刺激反应正常，表明循环血量已基本补足，休克在好转。

（2）皮肤色泽和温度：能反映体表血流灌注情况。若皮肤、口唇颜色由苍白或发绀转为红润，四肢由湿冷转为温暖、干燥，表明末梢循环已恢复，休克好转。若皮肤、黏膜由苍白转为发绀、湿冷，表明病情加重。从发绀发展至瘀点、瘀斑或出血点，提示并发 DIC。

（3）生命体征：要求每隔 15～30 分钟监测脉搏、血压、呼吸和体温各一次，病情稳定后可每小时测量一次。

1）血压和脉压：是判断休克最常用的、重要的监测指标。通常认为收缩压低于 90 mmHg，脉压小于 20 mmHg，提示有休克发生。

2）脉搏：休克早期脉率增快，且出现在血压下降之前，因而是休克早期诊断的重要指标。休克加重时脉搏细弱，甚至摸不到。临床常根据脉率/收缩压（mmHg）计算休克指数，休克指数为 0.5 表示无休克，1.0～1.5 表示有休克，>2.0 提示严重休克。

3）呼吸：注意呼吸次数及节律。出现呼吸急促、变浅、不规则，提示休克病情加重。呼吸次数超过 30 次/分或低于 8 次/分，提示病情危重。若出现进行性呼吸困难、发绀、动脉血氧分压低于 60 mmHg，给氧后无明显改善，则提示患者发生了 ARDS。

4）体温：休克患者大多数体温偏低，但感染性休克患者可有高热。若患者体温突然升高到 40℃以上或骤降至 36℃以下，提示病情危重。

（4）尿量和尿比重：是反映肾血流灌注情况的有效指标，也是反映组织灌注情况的最佳指标。休克患者需留置导尿，监测每小时尿量和尿比重，若尿量<25 ml/h、尿比重增加，提示肾血管收缩或血容量不足。若血压正常而尿量少、尿比重低，提示有急性肾衰竭的可能；当尿量大于 30 ml/h 时，常表明休克有改善。

知识链接

休克的监测方法

一看：神志及表情、唇颊肤色、毛细血管充盈时间。

二摸：脉搏，肢端温度、湿度。

三测：动脉收缩压、脉压。

四量：尿量（ml/h）。

考点提示

休克患者的病情监测。

2. 补充血容量

（1）专人护理：休克患者病情危重，应置于危重病房，并设专人护理。

（2）建立静脉通道：迅速建立 2 条以上静脉通道，一条用于快速补液，另一条用于静脉给药。若患者肥胖或出现周围血管塌陷而使静脉穿刺困难，应立即中心静脉插管，同时监测 CVP。

（3）合理补液：一般先快速输入扩容作用迅速的晶体溶液，首选平衡盐溶液，其次为生理盐水、葡萄糖溶液等，以增加回心血量和心搏出量。然后再补充扩容作用持久的胶体溶液，如低分子右旋糖酐、全血、血浆、代血浆、白蛋白，以减少晶体溶液渗出至血管外。低分子右旋糖酐既可扩容，又可降低血液黏滞度、改善微循环；全血是补充血容量的最佳胶体溶液，当急性失血量超过 30% 时，应快速输注全血；当血细胞比容低于 25%～30% 时，可给予浓缩红细胞。应根据患者的心肺功能、失血量或失液量、动脉血压、CVP 监测结果调整补液速度（表 4-2）。

表 4-2 中心静脉压、血压与补液的关系

中心静脉压	血压	原因	补液及处理原则
低	低	血容量严重不足	充分补液
低	正常	血容量不足	适当补液
高	低	心功能不全或血容量相对过多	给强心药，纠正酸中毒，舒张血管
高	正常	容量血管过度收缩	舒张血管
正常	低	心功能不全或血容量不足	补液试验*

注：*.补液试验：取等渗盐溶液 250 ml，于 5～10 分钟内经静脉滴入，若血压升高而中心静脉压不变，提示血容量不足；若血压不变而中心静脉压升高 0.29～0.49 kPa（3～5 cmH$_2$O），则提示心功能不全。

（4）记录出入量：输液时，特别是在抢救过程中，应有专人准确记录输入液体的种类、量、时间及速度等，并详细记录 24 小时出入量，为后续治疗提供依据。

3. 改善组织灌注

（1）体位：采取平卧位或仰卧中凹位（休克卧位），即将患者头和躯干抬高 20°～30°、下肢抬高 15°～20°，以增加回心血量和有利于呼吸。

（2）抗休克裤的使用：抗休克裤是专为紧急抢救各种原因所致的低血容量性休克患者而设计的，充气后能在腹部和下肢施加可测量和可控制的压力，不仅可以控制腹部和下肢出血，还可以使体内有限的血液实现最优分配，优先供应心脏、肺、脑等重要生命器官。现场穿抗休克裤只需 1～2 分钟，可使自身输血达 750～1500 ml，迅速纠正休克。休克纠正后，为避免气囊放气过快引起低血压，应由腹部开始缓慢放气，每 15 分钟测量血压 1 次，若血压下降超过 5 mmHg，应停止放气并重新注气。

（3）应用血管活性药物：休克患者应用血管活性药物，可纠正周围血管舒缩功能的紊乱，改善组织灌注，维持重要器官（如心脏、脑、肺、肾）的血供。护士应遵照医嘱给药并注意以下几点。

1）血管活性药物必须在补足血容量的基础上方能使用，否则会导致血压急剧下降，加重休克病情。

2）严格控制药物的浓度和输注速度：使用血管活性药物应从低浓度、慢滴速开始用药，并使用心电监护仪每 5～10 分钟测 1 次血压，血压平稳后每 15～30 分钟测 1 次，根据血压调整药物浓度和控制用药速度，以防血压骤升或骤降。

3）避免血管收缩药物漏到皮下造成组织坏死。若注射部位出现红、肿、疼痛，应立即更换用药部位，并用 0.25% 普鲁卡因行局部封闭解除血管痉挛，以免皮下组织坏死。

4）停药：血压平稳后，应逐渐降低药物浓度、减慢用药速度，直至停药，以免突然停药引起不良反应。

5）增强心肌功能：对于心功能不全的患者，遵医嘱给予毛花苷 C 等增强心肌功能的药物。用药过程中注意观察患者的心率、心律及药物的副作用。

4. 维持正常气体交换功能

（1）给氧：经鼻导管给氧时，氧浓度为 40%～50%、流量为 6～8 L/min，以提高肺静脉血氧浓度；对严重呼吸困难者，协助医师行气管插管或气管切开，并尽早使用呼吸机辅助呼吸。

（2）保持呼吸道通畅：对神志淡漠或昏迷患者，应使其头偏向一侧或置入通气管，以防舌后坠或呕吐物、呼吸道分泌物等误吸，有呼吸道分泌物时及时清除。在病情许可的情况下，鼓

励患者做深呼吸,协助叩背并鼓励有效咳嗽、排痰;对气管插管或气管切开者及时吸痰;定时观察患者呼吸音的变化,若发现肺部湿啰音或喉头痰鸣音,及时清除呼吸道分泌物,保持呼吸道通畅。协助患者定时做双上肢运动,促进肺扩张,以改善缺氧情况。

5. 预防感染　休克时,机体处于应激状态,免疫功能下降,抵抗力减弱,容易继发感染,应加强预防。

(1) 严格按照无菌技术原则执行各项护理操作。

(2) 避免误吸所致肺部感染;协助患者咳嗽、咳痰,及时清除呼吸道分泌物;必要时用糜蛋白酶每日3次超声雾化吸入,有利于痰液稀释和排出。

(3) 加强留置导尿的护理,预防尿路感染。

(4) 有创面和伤口者,注意观察伤口情况,及时更换敷料,保持创面和伤口清洁、干燥。

(5) 遵医嘱合理应用有效抗感染药物。

6. 维持正常体温

(1) 密切观察体温变化。

(2) 保暖:休克时体温降低,应予以保暖。可用加盖棉被、毛毯和调节室温等措施进行保暖。不能用热水袋、电热毯等方法进行直接体表加温,以防烫伤及皮肤血管扩张。皮肤血管扩张可使心脏、肺、脑、肾等重要器官的血流灌注进一步减少。此外,加热可增加局部组织耗氧量,加重组织缺氧,不利于休克的纠正。

(3) 降温:感染性休克高热时,应予以物理降温,必要时遵医嘱使用药物降温。此外,还应注意病室内定时通风,以调节室内温度及湿度;及时更换被汗液浸湿的衣、被等,做好患者的皮肤护理,保持床单清洁、干燥等。

(4) 库存血的复温:低血容量性休克患者常需快速大量输血,但若输入低温保存的库存血,易使患者体温降低。故输血前应注意将库存血置于常温下复温后再输入。

7. 健康教育

(1) 疾病预防:指导患者及其家属加强自我保护,避免损伤或意外伤害。

(2) 疾病知识教育:向患者及其家属讲解各项治疗和护理的必要性及疾病的转归过程;讲解意外损伤后的初步处理和自救知识。

(3) 疾病康复:指导患者康复期加强营养和功能锻炼,若发生高热或感染,应及时就诊。

考点提示

休克患者的护理措施。

【护理评价】

1. 患者体液失衡予以纠正,表现为生命体征平稳、面色红润、四肢温暖、尿量正常。
2. 有效循环血量恢复,组织灌注不足得到改善。
3. 心排血量恢复正常。
4. 呼吸道通畅,呼吸平稳,缺氧症状和体征得以改善,血气分析结果正常。
5. 体温恢复正常。
6. 感染得以预防或得到及时控制。
7. 有效预防意外损伤或意外损伤发生后被及时发现和处理。
8. 无并发症发生或并发症被及时发现和处理。

第二节 失血性休克患者的护理

【病因】

失血性休克主要见于大血管破裂和腹部损伤引起的肝破裂、脾破裂、胃及十二指肠出血、门静脉高压症所致的食管-胃底静脉曲张破裂等。通常在迅速失血超过全身总血量的20%时，即会发生休克。

【治疗原则】

补充血容量和积极处理原发病、止血是治疗的关键。两者不能偏废，否则病情将无法控制。

1. 补充血容量　失血性休克患者所丢失的血液不一定都是可见血，应根据血压和脉率的变化来估计失血量。虽然失血性休克时丢失的主要是血液，但补充血容量时，并不需要全部补充血液，而要快速扩充血容量，抓住时机及时增加静脉回流量。可先经静脉快速滴注等渗盐溶液或平衡盐溶液1000～2000 ml，同时观察血压回升情况。然后根据血压、脉率、CVP及血细胞比容等监测指标，决定是否给患者补充新鲜血液或浓缩红细胞。

2. 止血　对失血性休克的患者采取积极的止血处理措施非常重要。否则，即使补充了晶体溶液、胶体溶液，仍很难保持循环的稳定，休克也不能被纠正。因此，如果患者有活动性出血，应在补充血容量的同时迅速控制出血。例如使用止血带、三腔双囊管压迫、纤维胃镜止血。若出血迅速、出血量大，不宜用非手术方法止血，应积极做好手术准备，尽早实施手术止血。

【护理措施】

参见本章第一节。

第三节 感染性休克患者的护理

【病因】

感染性休克常继发于以革兰氏阴性杆菌为主的感染，如急性化脓性腹膜炎、急性梗阻性化脓性胆管炎、绞窄性肠梗阻及尿路感染等。革兰氏阴性杆菌释放的内毒素是导致感染性休克的主要因素，故又将感染性休克称为内毒素性休克。内毒素与体内的补体、抗体或其他成分结合，可刺激交感神经引起血管痉挛并损伤血管内皮细胞；同时，内毒素可促使体内多种炎性介质释放，引起全身炎症反应综合征（systemic inflammatory response syndrome，SIRS），表现为：①体温＞38.5℃或＜36℃；②心率＞90次/分；③呼吸急促，呼吸＞20次/分或过度通气，$PaCO_2$＜4.3 kPa（32 mmHg）；④白细胞计数＞12×10^9/L或＜4×10^9/L，或未成熟白细胞比例＞10%。SIRS进一步发展，可导致休克及MODS。

【临床表现】

感染性休克的血流动力学有低动力型（低排高阻型）和高动力型（高排低阻型）两种改变。

1. 低动力型（低排高阻型）　表现为冷休克，主要为外周血管收缩，阻力增高，微循环淤滞，大量毛细血管渗漏，使血容量和心排血量降低。患者表现为躁动不安、神志淡漠，甚至嗜睡、昏迷；皮肤呈苍白、发绀或花斑样改变；皮肤湿冷，体温降低；毛细血管充盈时间延长，脉搏细速、血压降低、脉压减小（＜30 mmHg）；尿量减少（＜25 ml/h）。

2. 高动力型（高排低阻型）　表现为暖休克，常见于革兰氏阳性菌感染引起的休克早期，主要为外周血管扩张，阻力降低，心排血量正常或稍高。患者表现为神志清楚，面色潮红，手足温暖、干燥；脉率慢而有力，血压下降，但脉压较大（>30 mmHg）。病情加重时暖休克可转为冷休克。

【治疗原则】

感染性休克的病理生理变化比较复杂，治疗比较困难。治疗原则是纠正休克与控制感染并重。存在休克时，将抗休克措施放在第一位，兼顾抗感染；休克纠正后，则控制感染成为重点。

1. 补充血容量　先快速输注平衡盐溶液或等渗盐溶液，再补充适量的胶体溶液，如人工胶体溶液、血浆或全血。补液期间密切监测CVP，以调整输液种类、量和速度等，确保机体维持理想的血流动力学状态。

2. 控制感染　尽早处理原发感染灶。对未确定致病菌者，可先根据临床规律和经验选用敏感抗感染药物，或用广谱抗感染药物。已知致病菌种类时，则应选用敏感而抗菌谱较窄的抗感染药物。

3. 纠正酸碱平衡失调　感染性休克患者常伴有不同程度的酸中毒，且发生较早，须及时纠正。轻度酸中毒者，在补足血容量后即可缓解。重度酸中毒者，需经静脉输入5%碳酸氢钠溶液200 ml，1小时后复查动脉血气分析，根据结果决定继续使用量。

4. 血管活性药物的应用　经补充血容量、纠正酸中毒后，休克仍未见好转者，应考虑应用适当剂量的血管扩张药；有时还可联合应用α-受体兴奋为主、兼轻度β-受体兴奋作用的血管收缩药和兼有β-受体兴奋作用的α-受体阻断剂，如山莨菪碱、多巴胺，或者合用间羟胺、去甲肾上腺素，用于增强心肌收缩力、改善组织灌注。脓毒症时，如心功能受到损害而表现为心功能不全者，可给予毛花苷C、多巴酚丁胺等。

5. 应用糖皮质激素　糖皮质激素能抑制多种炎性介质的释放，稳定溶酶体膜，缓解SIRS。临床常用氢化可的松、地塞米松或甲泼尼龙等。应在病程的早期大剂量、短程使用，不宜超过48小时，否则有发生应激性溃疡和免疫抑制等并发症的可能。

6. 其他治疗　包括营养支持、DIC及重要器官功能不全的处理等。

【护理措施】

感染性休克的护理措施基本与失血性休克相同。不同的是，暖休克对患者皮肤表现为干燥潮红、手足温暖，患者常有高热，若体温突然升至40℃以上，则病情危重。故高热时，应给予物理降温，可将冰帽或冰袋置于头部、腋下、腹股沟等处降温，也可用4℃等渗生理盐水100 ml灌肠；必要时采用药物降温；病室内定时通风，调节室内温度。

其余护理措施参见本章第一节。

自　测　题

一、选择题

1. 各种类型休克的共同病理生理基础是
   A. 血压下降　　　　　　B. 中心静脉压下降　　　C. 脉压减小
   D. 尿量减少　　　　　　E. 有效循环血量锐减
2. 外科休克最常见的类型是
   A. 感染性休克　　　　　B. 低血容量性休克　　　C. 心源性休克
   D. 神经源性休克　　　　E. 过敏性休克

3. 休克患者的主要致死原因是
   A. 心力衰竭　　　　　　B. 肺间质水肿　　　　　C. DIC
   D. 肾小管坏死　　　　　E. 多系统器官衰竭
4. 休克患者体温降低予以保暖的正确方法是
   A. 用热水袋体表保暖
   B. 用电热毯体表保暖
   C. 加盖棉被或通过调节病室内温度等方法调节体温
   D. 用取暖器体表保暖
   E. 用暖水瓶体表保暖
5. 抗休克治疗最基本的措施是
   A. 应用血管活性药物　　B. 补充血容量　　　　　C. 应用抗感染药物
   D. 应用强心药　　　　　E. 纠正酸中毒
6. 休克患者最适宜的体位是
   A. 头低足高位　　　　　B. 平卧位　　　　　　　C. 半卧位
   D. 头高足低位　　　　　E. 头和躯干抬高20°～30°，下肢抬高15°～20°
7. 休克患者尿量少于多少表明肾血管收缩或血容量不足
   A. 30 ml/h　　　　　　B. 25 ml/h　　　　　　C. 50 ml/h
   D. 35 ml/h　　　　　　E. 40 ml/h
8. 患者，男性，43岁，因胸部外伤，血压70/45 mmHg，CVP 4 cmH$_2$O，尿量15 ml/h，表明该患者存在
   A. 血容量严重不足　　　B. 心功能不全　　　　　C. 血容量过多
   D. 毛细血管过度收缩　　E. 肾功能不全
9. 休克患者，男性，20岁，血容量已补足，血压及CVP均在正常范围，但两日来尿量均不足17 ml/h，尿比重0.010，提示
   A. 血容量仍不足　　　　B. 心功能不全　　　　　C. 肾衰竭
   D. 肾上腺皮质功能不全　E. 抗利尿激素分泌过多

（10～14题共用题干）

李先生，车祸伤后30分钟，烦躁不安，面色苍白，四肢湿冷，BP 60/30 mmHg，P 120次/分。诊断为脾破裂，准备手术。

10. 该患者在等待配血期间，静脉输液宜首选
    A. 5%葡萄糖溶液　　　B. 5%葡萄糖等渗盐溶液　C. 平衡盐溶液
    D. 乳酸钠林格溶液　　　E. 5%碳酸氢钠溶液
11. 该患者的休克指数为
    A. 0.5　　　　　　　　B. 1.0　　　　　　　　C. 1.5
    D. 2.0　　　　　　　　E. 2.5
12. 该患者的休克程度为
    A. 休克　　　　　　　　B. 严重休克　　　　　　C. 无休克
    D. 无法判断　　　　　　E. 轻度休克
13. 对该患者的不正确的护理措施是
    A. 吸氧、输液　　　　　B. 置热水袋加温　　　　C. 取平卧位
    D. 监测尿量　　　　　　E. 监测CVP

14. 若该患者进入微循环衰竭期，会出现
   A. 表情淡漠　　　　B. 皮肤苍白　　　　C. 尿量减少
   D. 血压下降　　　　E. 全身广泛出血

（15～19题共用题干）

患者，男性，40岁，因车祸发生脾破裂，表现为神志清楚、精神紧张、烦躁不安、口渴、面色苍白、手足湿冷、脉压减小、尿量减少，BP 90/80 mmHg，P 100次/分，R 30次/分，准备手术。

15. 该患者目前处于
   A. 休克抑制期　　　B. 休克早期　　　　C. 休克期
   D. 休克晚期　　　　E. DIC期
16. 该患者最适宜的体位是
   A. 平卧位　　　　　B. 头高足低位　　　C. 半坐卧位
   D. 侧卧位　　　　　E. 中凹卧位
17. 该患者现存的主要护理问题是
   A. 体温过低　　　　B. 体液不足　　　　C. 低效性呼吸型态
   D. 焦虑　　　　　　E. 有感染的危险
18. 目前对该患者最主要的护理措施是
   A. 保暖　　　　　　B. 迅速补充血容量　C. 应用抗感染药物
   D. 做好心理护理　　E. 心电图监测
19. 目前对该患者最有效的处理措施是
   A. 抗休克　　　　　B. 休克好转后手术　C. 手术
   D. 边抗休克、边手术　E. 止血、输液

二、名词解释

1. 休克
2. ARDS

三、填空题

1. 根据病因，可将休克分成五类，分别为_____、_____、_____、_____、_____。
2. 休克患者应采取的卧位是头和躯干抬高_____，下肢抬高_____。

四、简答题

1. 简述休克的临床表现。
2. 简述休克患者补充血容量时的护理措施。

五、案例分析

患者，女性，35岁，因脾破裂导致失血性休克，急诊行脾切除术。术后送回病房，患者精神紧张、面色苍白、四肢湿冷。R 26次/分，P 120次/分，BP 90/75 mmHg，呼吸急促并且呼出气体有烂苹果味。

请回答：
（1）请提出目前的常见护理诊断/问题。
（2）首要的治疗及护理措施是什么？

（吴文君）

第五章 麻醉患者的护理

学习目标

1. 解释局部麻醉、椎管内麻醉、全身麻醉、复合麻醉的概念。
2. 比较不同麻醉的特点。
3. 识别各类麻醉的主要并发症,并能阐明主要原因。
4. 运用相关知识为麻醉前患者提供健康教育,并能实施麻醉期间及麻醉恢复期的监护。
5. 培养具有吃苦耐劳的奉献精神及爱心、责任心的职业精神。

案例 5-1

赵女士,24 岁,体重约 55 kg,未婚。因"停经 85 天,阴道少量出血 1 周,伴下腹疼痛 3 小时"急诊入院。B 型超声检查:盆腔内可见 9.5 cm×3.8 cm 混合性包块回声,双侧卵巢包裹在其中。以"异位妊娠待排;失血性休克"收入院。体格检查:T 37.0℃,P 95 次/分,R 20 次/分,BP 80/50 mmHg。神志清楚,贫血貌,体格检查配合,两肺呼吸音清,下腹略膨隆,有压痛。实验室检查:血红蛋白 66 g/L,心电图报告正常。

问题与思考:
1. 如何对该患者进行麻醉前的护理评估?
2. 应该选择何种麻醉方式?麻醉前应该做哪些准备?

第一节 概 述

麻醉(anesthesia)是指用药物或其他方法使患者的整体或局部暂时失去感觉,以达到无痛的目的,为手术治疗或其他医疗检查和治疗提供条件的方法。麻醉对保障良好的手术效果和患者安全具有十分重要的作用。理想的麻醉要求确保患者的生命安全、术中无痛、精神安定和适度的肌肉松弛。随着医学发展,现代麻醉学已不仅局限于手术室内的临床麻醉,还应用于重症监护治疗、急救复苏、疼痛治疗和麻醉理论研究等领域。根据麻醉药物应用的途径及作用部位的不同,临床上将麻醉分为全身麻醉、椎管内麻醉、局部麻醉。护士承担着麻醉前准备、麻醉中配合及麻醉后的护理工作,因此必须熟悉麻醉的相关知识,能对麻醉患者正确实施护理。

知识链接

美国麻醉医师协会

美国麻醉医师协会(American Society of Anesthesiologists,ASA)是对麻醉医师进行教育的一个专业性协会,其宗旨是通过专业性教育、科学研究和实践,提供行业操作规范和指南，提高麻醉医师的专业水平。在中国，医务工作者（如麻醉医师）对患者手术前的访视，对患者的病情和体格情况的评估，多采用美国麻醉医师协会的标准，即 ASA 分级。

第二节　麻醉前患者的护理

麻醉前患者的护理是麻醉患者护理工作的开始，也是麻醉患者护理工作的重要环节之一。为了提高患者对麻醉和手术的耐受力，减少麻醉期间和麻醉后的并发症，保障患者安全，应认真做好麻醉前患者的护理工作。

【护理评估】

1. 健康史　询问患者的病史，了解有无重要脏器（心脏、肺、肾、脑、肝等）疾病史，既往有无麻醉与手术史；是否使用过抗高血压药、降血糖药、镇静药、激素类药，使用的时间及剂量。有无药物或食物过敏史、药物成瘾史、吸烟饮酒史；有无特殊的家族史和个人史。

2. 身体状况　评估患者全身重要器官的功能有无障碍；牙齿有无松动、缺损，有无义齿；脊柱是否有畸形、病变，活动是否受限；手术及麻醉穿刺部位有无感染病灶及皮肤病灶。

3. 心理-社会状况　患者及其家属对麻醉和手术都有顾虑，常产生紧张、焦虑、恐惧的情绪反应，影响患者的休息、睡眠，易导致患者对麻醉、手术的耐受力降低等。

4. 辅助检查

（1）实验室检查：进行血、尿、粪便常规检查，出凝血时间测定，肝肾功能检查；必要时进行血气分析、血清电解质测定、输血前检查等。

（2）心电图和胸部 X 线检查：了解心脏、肺有无异常。

（3）特殊病例可选择有针对性的项目检查。

5. 麻醉风险评估

（1）评估的时间：择期手术在术前 1 日；急诊手术在麻醉前。

（2）评估的重点：循环功能（含血容量与血红蛋白）、呼吸功能（含呼吸道通畅与否）、凝血功能、肝功能及肾功能。

（3）麻醉风险（病情）分级：根据麻醉前患者的病情和体质状况，多采用美国麻醉医师协会（ASA）的标准将患者分为六级，即 ASA 分级（表 5-1）。

表 5-1　ASA 病情分级

病情分级	标准
Ⅰ级	体格健康，发育及营养良好，各器官功能正常
Ⅱ级	除外科疾病外，有轻度并存疾病，功能代偿健全
Ⅲ级	并存疾病较严重，体力活动受限，但尚能进行日常活动
Ⅳ级	并存疾病严重，丧失日常活动能力，经常面临生命威胁
Ⅴ级	无论手术与否，生命难以维持 24 小时的濒死患者
Ⅵ级	确诊为脑死亡，其器官拟用于器官移植

注：如为急症手术患者，在每级数字后标"急"或"E"（emergency），表示风险较择期手术增加。

一般认为，Ⅰ级、Ⅱ级患者麻醉和手术耐受力良好，风险较小；Ⅲ级患者麻醉和手术耐受力减弱，风险较大，麻醉前准备要充分，对麻醉期间可能发生的并发症要采取有效措施，积极预防；Ⅳ级患者麻醉风险极大，即使术前准备充分，围手术期死亡率仍很高；Ⅴ级为濒死患者，麻醉和手术都异常危险，不宜行择期手术。

【常见护理诊断/问题】

1. 焦虑、恐惧　与担忧麻醉与手术效果及预后有关。
2. 知识缺乏　缺乏麻醉前准备及麻醉中配合的相关经验。
3. 潜在并发症：呼吸和循环功能异常、麻醉药过敏等。

【护理目标】

1. 患者对麻醉的焦虑、恐惧减轻，对麻醉的耐受力得到提高。
2. 患者了解有关麻醉的知识，并能积极配合麻醉前护理。
3. 患者无并发症，或并发症发生后能及时被发现和处理。

【护理措施】

1. 心理护理　由于对于麻醉和手术陌生，患者会在术前产生紧张和焦虑情绪，甚至有恐惧感。这种心理状态对患者生理功能有不同程度的影响，可能对围手术期产生不良后果。术前紧张和焦虑可使患者血压升高、心率增快，更为严重的是可诱发心肌梗死、应激性溃疡及消化道出血等。麻醉前应认真对患者进行访视，并消除其思想顾虑，缓解焦虑心情；向患者讲解如何配合麻醉，并将可能发生的不适感向患者作恰当的解释；耐心听取和解答患者提出的问题，以取得患者的理解和信任；对于过度紧张而难以自控者，应使用药物治疗；有心理障碍者，应请心理学专家协助处理。

2. 提高患者对麻醉和手术的耐受力

（1）术前应改善患者的营养不良状况，必要时可少量多次输血使血红蛋白达到 80 g/L 以上，静脉补充白蛋白，使血浆白蛋白达到 30 g/L 以上。因为营养不良可导致贫血、低蛋白血症、低血容量及某些维生素缺乏，使患者对麻醉、手术创伤及失血的耐受能力降低。

（2）纠正脱水、电解质代谢紊乱和酸碱平衡失调，以免麻醉期间发生严重低血压和心律失常等。

（3）手术患者常合并内科疾病（如冠心病、糖尿病和高血压）等基础疾病，麻醉医师应充分认识麻醉对这些疾病的影响，并对其影响程度做出正确判断，必要时请内科专家协助诊治。

3. 胃肠道准备　择期手术患者麻醉前除浅表局部浸润麻醉小手术外，其他任何麻醉方式均应常规禁食、禁饮，以防患者在麻醉及手术过程中因呕吐而发生误吸导致窒息或吸入性肺炎，同时也利于术后胃肠道功能恢复。成年人手术麻醉前应常规禁食 12 小时，禁饮 4～6 小时；小儿术前应禁食（奶）4～8 小时、禁水 2～3 小时。对于急症手术患者，如病情、时间容许，可催吐或插入胃管排空胃内容物；饱食后的急诊手术患者，可考虑局部麻醉；必须施行全身麻醉者，应考虑选择清醒气管插管麻醉，能主动控制气道，避免误吸。

 考点提示

麻醉前胃肠道准备。

---

4. 局部麻醉药过敏试验　普鲁卡因、丁卡因能与血浆蛋白质结合产生抗原或半抗原，可发生过敏反应，故麻醉前应了解患者有无局部麻醉药过敏史。普鲁卡因使用前应常规作皮肤过敏试验，但目前已基本不用此药。

5. 麻醉前用药

（1）麻醉前用药目的：①稳定患者情绪，消除焦虑和恐惧等心理状态；②抑制唾液及呼吸道腺体的分泌,保持呼吸道通畅;③消除因手术或麻醉引起的不良反应;④提高痛阈,增强麻醉效果,减少麻醉药用量等。

(2)常用药物:麻醉前常用药物有以下几类。

1)抗胆碱药:能抑制腺体分泌,减少唾液和呼吸道黏液分泌,保持呼吸道通畅,是全身麻醉前不可缺少的药物。抗胆碱药还能抑制迷走神经反射,从而避免心动过缓或心搏骤停,故也作为椎管内麻醉前用药。常用药物为阿托品,成年人剂量为0.5 mg,儿童剂量为0.1 mg/kg。由于阿托品能抑制迷走神经兴奋而使心率加快,故甲状腺功能亢进、高热、心动过速、心脏病等患者不宜使用,可改用东莨菪碱0.3 mg,肌内注射。

2)催眠药:具有镇静、催眠、抗惊厥、防治局部麻醉药毒性反应等作用,适用于各种麻醉前用药。主要是巴比妥类药物,其代表药为苯巴比妥钠(鲁米那)、戊巴比妥和司可巴比妥等,苯巴比妥钠成年人剂量为0.1～0.2 g,儿童剂量为2～3 mg/kg。

3)镇静药:具有镇静、催眠、抗焦虑、抗惊厥及中枢性肌松弛作用,有一定预防局部麻醉药中毒的作用。常用药物有地西泮、劳拉西泮、氟哌利多(氟哌啶)、异丙嗪等,其中具有代表性的药物是地西泮,用于肝功能欠佳的局部麻醉患者。成年人剂量地西泮5～10 mg、氟哌利多5 mg。异丙嗪还具有止吐、抗心律失常和抗组胺作用,成年人剂量为12.5～25 mg,肌内注射。

4)镇痛药:能提高痛阈,强化麻醉效果,减少麻醉药用量和减轻腹部手术中的内脏牵拉反应。常用药物有哌替啶、吗啡和芬太尼等。哌替啶对呼吸中枢的抑制作用较弱,临床上应用广泛,成年人常用剂量为50～100 mg,肌内注射。吗啡镇痛作用强,但有明显抑制呼吸中枢的副作用,故小儿、老年人慎用,妊娠期妇女临产前和呼吸功能障碍、颅内压增高者禁用,成年人常用剂量为5～10 mg,皮下注射。

5)麻醉前特殊用药:根据不同病情决定给予相应的药物,如支气管哮喘患者术前给予氨茶碱;有过敏史者应用苯海拉明、异丙嗪或扑尔敏;糖尿病者使用胰岛素。

(3)麻醉前用药原则与方法:应根据患者的年龄、病情、手术方案及麻醉方法等选择麻醉前用药的种类、剂量、给药途径和时间。一般术前晚口服催眠药或加镇静药,消除患者的紧张情绪,利于患者休息,术前30分钟肌内注射抗胆碱药和催眠药或镇静药,剧痛患者加用镇痛药。

6. 麻醉前的用物准备　为了使麻醉和手术能安全、顺利进行,防止任何意外事件的发生,麻醉前常规准备好麻醉药品和器械,所有的麻醉器械和急救设备必须处于完好备用状态。

(1)药品准备:包括麻醉药和各种急救药。

(2)器械准备:包括吸引器、面罩、喉镜、气管导管、供氧设备、麻醉机及监测仪器等。

7. 健康指导　术前向患者讲解麻醉的方法与过程,减轻患者的焦虑、恐惧感。指导患者排除不良情绪的方法,保持情绪稳定。指导患者配合做好麻醉前的各项护理工作,如麻醉前应按时禁食、禁饮,以减少麻醉中、麻醉后各种并发症的发生。

 考点提示

麻醉前用药目的。

第三节　局部麻醉患者的护理

局部麻醉(local anesthesia)简称局麻,是指局部麻醉药暂时阻断周围神经的冲动传导,使这些神经所支配的区域产生麻醉作用。局部麻醉的患者神志清楚，对重要器官的功能干扰轻，并发症少，简便、经济，广泛应用于临床，适用于部位较表浅、局限的中小型手术。但对于范围大、部位深的手术，因止痛不够完全，肌肉不能松弛，不适合使用。另外，对于小儿等不合作的患者，还需辅以基础麻醉。局部麻醉根据药物的作用部位不同，分为表面麻醉、局部浸润麻醉、区域阻滞和神经传导阻滞等。

【常用局部麻醉药】

目前常用的局部麻醉药按其化学结构可分为酯类和酰胺类两大类。酯类局部麻醉药有普鲁卡因、氯普鲁卡因、丁卡因和可卡因等；酰胺类局部麻醉药有利多卡因、丁哌卡因、罗哌卡因、甲哌卡因、丙胺卡因等。酯类局部麻醉药可发生药物过敏，使用前应常规进行药物过敏试验，阴性者方可使用。要注意各种局部麻醉药的麻醉效能和使用浓度及最大剂量，以免出现局部麻醉药中毒反应。

局部麻醉药能扩张血管，用于头皮、颈部、腋窝、腹膜、尿道等处时，易被吸收，导致血中浓度迅速升高而引起中毒。若加入适量肾上腺素（每 100 ml 局部麻醉药加肾上腺素 0.1 mg），使血管收缩，可减慢局部麻醉药吸收、延长麻醉时间和减少中毒反应；但过量又可导致血管收缩、心搏加快、血压骤升，故阴茎与四肢末梢部位的手术，或心脏病、高血压、甲状腺功能亢进患者，局部麻醉药中勿加肾上腺素。

【常用局部麻醉方法】

狭义的局部麻醉包括表面麻醉、局部浸润麻醉、区域阻滞、神经传导阻滞；广义的局部麻醉还包括蛛网膜下腔阻滞、硬脊膜外阻滞、骶管阻滞、静脉局部麻醉。本节只阐述狭义的局部麻醉。

1. 表面麻醉（topical anesthesia） 将穿透力强的局部麻醉药施用于黏膜表面，使其透过黏膜而阻滞位于黏膜下的神经末梢，使黏膜产生麻醉现象的麻醉方法，称为表面麻醉。表面麻醉常用于眼、鼻、咽喉、气管、尿道等处的浅表手术或内镜检查。如眼用滴入法，鼻用涂敷法，咽喉、气管用喷雾法或环甲膜穿刺注药法、尿道用灌入法。常用药物为 1%～2% 丁卡因或 2%～4% 利多卡因。因眼结膜、角膜组织柔嫩，滴眼需用 0.5%～1% 丁卡因。

2. 局部浸润麻醉（local infiltration anesthesia） 将局部麻醉药分层注射于手术区域的组织内，阻滞神经末梢而达到麻醉作用的麻醉方法，称为局部浸润麻醉。局部浸润麻醉是临床上最常用的局部麻醉方法，适用于身体浅表部位的小手术。常用药物为 0.5% 普鲁卡因或 0.25%～0.5% 利多卡因。成年人普鲁卡因一次最大剂量为 1.0 g；成年人利多卡因一次最大剂量为 400 mg，可持续 120 分钟。

3. 区域阻滞（field block） 围绕手术区四周和底部注入局部麻醉药，以阻滞支配手术区的神经干和神经末梢，称为区域阻滞麻醉。主要优点在于避免穿刺病理组织，手术区域解剖结构清晰。区域阻滞适用于体表小包块切除手术，如乳房良性肿瘤切除术、包皮手术。用药同局部浸润麻醉。

4. 神经传导阻滞（nerve block） 也称传导麻醉，是在神经干、丛、节的周围注射局部麻醉药，暂时地阻滞其冲动传导，使受其支配的区域产生麻醉作用。其特点是用较少的局部麻醉药可产生较广泛的麻醉区。常用的有：颈丛神经传导阻滞用于颈部手术，臂丛神经传导阻滞用于上肢手术，肋间神经传导阻滞用于胸壁及腹部手术，指（趾）间神经传导阻滞用于指（趾）末节手术。最常用的局部麻醉药是 1%～2% 利多卡因。

 考点提示

常用的局部麻醉方法。

【护理评估】

参见麻醉前护理。

【常见护理诊断/问题】

1. 焦虑、恐惧　与担心麻醉安全等有关。
2. 潜在并发症：局部麻醉药的毒性反应及过敏反应等。

【护理目标】

1. 患者对麻醉的焦虑、恐惧心理减轻或消失，能积极配合麻醉。
2. 无局部麻醉药的毒性反应及过敏反应等并发症发生，或并发症发生后能被及时发现和处理。

【护理措施】

1. 一般护理　局部麻醉药对机体影响小，一般无须特殊护理。手术时间长、用药多的门诊手术患者，应于术后休息片刻，经观察无异常反应后方可离院，并嘱患者如有不适，应立即就诊，必要时进行静脉输液及药物治疗。

2. 局部麻醉药的不良反应及护理　局部麻醉主要的并发症是局部麻醉药的不良反应，包括毒性反应和过敏反应两类，最常见的是毒性反应。

（1）毒性反应：局部麻醉药吸收入血后，单位时间内血中局部麻醉药浓度超过机体耐受剂量就可发生全身毒性反应。

1）常见原因：①一次用量过大，浓度过高，超过患者的耐受力；②误将局部麻醉药注入血管内；③注药部位血供丰富，局部麻醉药吸收速度过快；④药物间相互影响使毒性增高，如普鲁卡因和琥珀胆碱均由血液内同一种酶分解，两者同时使用时，普鲁卡因的分解速度减慢而易中毒；⑤患者体质虚弱，耐受力差。

2）毒性反应的表现：主要为中枢神经系统和心血管系统的兴奋与抑制。兴奋型表现为精神紧张、多语、耳鸣、舌麻、恶心、呕吐、呼吸急促、心率增快，严重者有谵妄，甚至神志丧失、惊厥。抑制型则有昏睡，神志突然消失，脉搏徐缓，血压下降，呼吸慢而不规则等循环与呼吸衰竭现象，甚至呼吸、心搏停止。

3）预防和护理：麻醉前常规使用苯巴比妥钠；遵循最小剂量及最低有效浓度的原则，一次用药勿超过最大剂量；一次用量普鲁卡因不超过 1 g，利多卡因不超过 0.4 g，丁卡因不超过 0.1 g。注药前均须回抽，以防注入血管；麻醉药中适量加入肾上腺素；勿与能增加毒性作用的药物同用。一旦出现中毒反应，应立即停用局部麻醉药，加快输液速度，以利麻醉药排出，保持呼吸道通畅并予以吸氧。对兴奋型，可肌内注射苯巴比妥钠或静脉滴注地西泮，以预防和控制抽搐发生；惊厥者可缓慢静脉注射硫喷妥钠；出现喉痉挛者，可静脉注射肌肉松弛药琥珀胆碱，待呼吸暂停行气管插管与人工呼吸。若血压下降，宜给予麻黄碱收缩血管升压，心率过慢可静脉注射阿托品，心搏、呼吸骤停则行心肺复苏。

4）急救处理：毒性反应一旦发生，应采取如下措施。①立即停止给药；②保持呼吸道通畅并吸氧；③静脉补液以促使药物排出；④对症处理：躁动不安（或烦躁）者可静脉注射地西泮 0.1 mg/kg 或咪达唑仑 3～5 mg 镇静；如出现抽搐或惊厥，可静脉注射硫喷妥钠 1～2 mg/kg 止惊。若抽搐不止，可静脉注射短效肌肉松弛药琥珀胆碱 1 mg/kg，并给予气管插管及人工呼吸。若出现低血压，需给予静脉输液和血管收缩药（如麻黄碱）等升压；若发生呼吸、心搏骤停，应立即进行心肺复苏等。

（2）过敏反应：主要见于酯类局部麻醉药。表现为患者在使用很少量局部麻醉药后，出现荨麻疹、咽喉水肿、支气管痉挛、血压降低、血管神经性水肿，严重者可发生过敏性休克而死亡。防止过敏反应发生的关键是预防，麻醉前询问药物过敏史和进行药物过敏试验，一旦发生过敏反应，应立即停止用药；保持呼吸道通畅、吸氧；应用糖皮质激素和抗组胺药；维持循环稳定，适量补充血容量，紧急时可适当选用血管加压药等。

（3）局部麻醉操作并发症：在锁骨上和肋间隙进针行神经传导阻滞者，观察有无气胸等并发症，如直接刺入神经干或肾上腺素浓度过高，可导致神经损伤，主要表现为术后该神经支配区域出现局灶性感觉异常和（或）运动障碍，一般在1～2周后症状逐步消退，无需特殊治疗。

> **考点提示**
>
> 局部麻醉药毒性反应及处理。

第四节　椎管内麻醉患者的护理

将局部麻醉药注入椎管的蛛网膜下腔或硬脊膜外隙（图5-1），阻滞部分脊神经的传导，使其所支配的区域产生痛觉消失、肌肉松弛的麻醉方法，称为椎管内麻醉（intrathecal anesthesia）。根据局部麻醉药注入椎管内腔隙的不同，可分为蛛网膜下腔阻滞（简称腰麻）和硬脊膜外阻滞（简称硬膜外麻醉）。椎管内麻醉时，患者意识清醒、镇痛效果确切、肌肉松弛良好，但对循环功能、呼吸功能影响明显；对内脏牵拉反应抑制作用较弱，患者易发生恶心、呕吐反应。

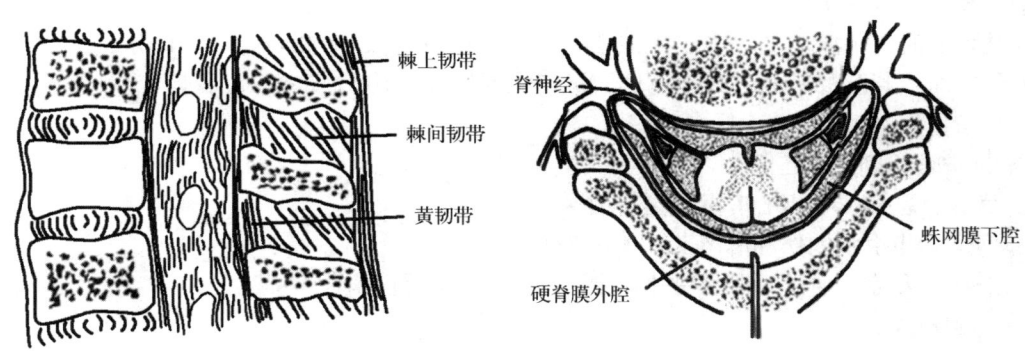

图5-1　椎管内麻醉示意图

一、蛛网膜下腔阻滞

蛛网膜下腔阻滞又称腰麻，是将局部麻醉药注入蛛网膜下腔阻滞脊神经传导，使其支配的相应区域产生麻醉作用的方法。

【适应证和禁忌证】

1. 适应证　蛛网膜下腔阻滞适用于手术时间2～3小时以内的下腹部、盆腔、下肢、肛门及会阴部手术。

2. 禁忌证　①中枢神经系统疾病，如脊髓或脊神经根病变、颅内高压；②休克、严重贫血及其他危重患者；③心血管疾病，如较严重的高血压合并冠心病、各种心脏病合并心力衰竭；④穿刺部位或附近皮肤有感染病灶；⑤脊柱畸形或结核；⑥精神病及不合作的小儿。

【常用的麻醉药物】

1. 丁卡因　1%丁卡因溶液1 ml，加10%葡萄糖溶液和3%麻黄碱溶液各1 ml，配制成丁卡因重比重溶液，临床上简称1∶1∶1重比重液。1%丁卡因溶液1 ml，加注射用水9 ml配制成 0.1% 浓度的轻比重溶液。成年人一次用量为 8～10 mg，最多不超过 15 mg。起效时间为 5～10 分钟，作用时间 2～3 小时。

2. 布比卡因　应用 10% 葡萄糖溶液配制成重比重溶液或用注射用水配制成轻比重溶液。成年人一次用量为 10～15 mg，最多不超过 20 mg。其起效时间为 5～10 分钟，作用时间 1.5～3 小时。

3. 罗哌卡因　局部麻醉药溶液配制同布比卡因。成年人一次用量为 10～25 mg。

【麻醉方法】

1. 体位　患者侧卧于手术台上，取低头、弓腰、抱膝姿势，以使棘间隙增宽，便于穿刺。鞍区麻醉常为坐位。

2. 穿刺部位及过程　消毒患者背部，然后进行穿刺点定位，两侧髂嵴最高点连线为第 4 腰椎棘突或第 3～4 腰椎棘突间隙。成年人穿刺点宜选择在第 3～4 腰椎或第 4～5 腰椎间隙，以免损伤脊髓。确定穿刺点后，先用 1% 普鲁卡因在间隙正中作一皮丘，再将药物在皮下组织和棘间韧带做逐层浸润麻醉。换腰椎穿刺针在皮丘处垂直刺入皮肤，依次穿过皮下组织、棘上韧带、棘间韧带和黄韧带。当针刺破黄韧带时，常有明显的落空感，再进针刺破硬脊膜和蛛网膜，出现再次落空感，拔出针芯，见有脑脊液自针内滴出，即表示穿刺成功。

3. 注药　腰椎穿刺成功后，将装有局部麻醉药的注射器与穿刺针衔接，将药液注入蛛网膜下腔。

4. 测试麻醉平面　注药后即将患者改为仰卧位。1 分钟后患者下肢就会出现发热反应，乃因交感神经纤维首先被阻滞而血管扩张。随即下肢皮肤麻木，说明感觉神经纤维阻滞，待运动神经纤维阻滞时，下肢软弱无力，无法自主运动。患者下肢感觉麻木，即可用大头针刺皮肤来测定麻醉平面。若麻醉平面过高或过低，可在注药后 5～10 分钟变换患者体位，调节手术所需要的平面。

【常见护理诊断/问题】

1. 焦虑、恐惧　与担心麻醉安全等有关。
2. 疼痛　与手术创伤和麻醉药作用消失有关。
3. 潜在并发症：血压下降、呼吸抑制、头痛、尿潴留等。

【护理目标】

1. 患者焦虑、恐惧情绪减轻或消失，能主动配合麻醉。
2. 患者疼痛缓解或减轻，舒适感增加。
3. 患者无并发症发生，或并发症发生后被及时发现并得到有效处理。

【护理措施】

1. 一般护理

（1）完善麻醉前的准备：麻醉前需禁饮、禁食，做麻醉药过敏试验；检查脊椎有无畸形及穿刺部位有无皮肤感染。注意重要脏器的功能，遵医嘱注射麻醉前用药。

（2）病情观察：密切监测患者的意识、血压、脉搏、呼吸、体温等生命体征直到平稳；注意患者的尿量、肢体感觉和运动情况，并注意观察有无并发症发生。

（3）麻醉后体位：为预防颅内压降低引起的麻醉后头痛，应常规去枕平卧 6～8 小时。

（4）吸氧：对有呼吸抑制和血压下降的患者，应常规吸氧，以改善患者缺氧状态。

（5）心理护理：做好相应的健康宣教及解释工作，介绍麻醉过程及需要配合的要点，缓解或消除患者的焦虑及恐惧情绪。

2. 常见并发症的防治及护理

（1）血压下降：蛛网膜下腔阻滞时血压下降，可因脊神经中的交感神经被部分阻滞后，麻醉区的血管扩张，回心血量减少，心排血量降低所致。麻醉平面越高，阻滞范围越广，血压下降越明显。合并高血压或血容量不足者，由于自身代偿能力差，更易发生低血压。防治措施：麻醉后半小时内密切观察血压和心率变化，一旦发现血压下降，应加快输液速度，以扩充血容量，必要时可按医嘱静脉注射麻黄碱15～30 mg；心动过缓者静脉注射阿托品。

（2）呼吸抑制：常见于胸段脊神经传导阻滞，因肋间肌麻痹，患者感到胸闷、气短、吸气无力、讲话费力、胸式呼吸弱，甚至发绀。防治措施：可根据呼吸抑制的程度采用吸氧或面罩辅助呼吸；当出现呼吸停止时，应立即进行气管插管、人工呼吸。

（3）恶心、呕吐：低血压和呼吸抑制造成脑缺氧，使呕吐中枢兴奋、迷走神经亢进，导致胃肠蠕动增强、牵拉腹腔内脏等，均能引起患者恶心、呕吐。防治措施：术前须禁食6小时以上，麻醉前用阿托品，以降低迷走神经兴奋性。当发生呕吐时，立即将患者头转向一侧，同时针对原因进行处理，如提升血压、吸氧、暂停手术刺激。

（4）头痛：最常见，常于术后24～72小时开始，其特点是抬头或坐起时头痛加重，平卧后头痛减轻或消失。多数患者在4天内症状消失，一般不超过1周。头痛的原因是多次穿刺或穿刺针过粗使穿刺孔较多、较大，脑脊液从穿刺孔漏出到硬膜外腔，致使颅内压下降，颅内血管扩张而引起血管性头痛。防治措施：穿刺采用细腰穿针，力争一次腰穿成功，术中及术后注意补液，防止脱水，蛛网膜下腔阻滞后常规去枕平卧6～8小时等。发生蛛网膜下腔阻滞后头痛的患者应平卧休息；多关心、问候患者，分散其注意力；使用镇痛药或镇静药；针刺太阳、印堂或合谷等穴位；症状持续严重者，可于硬膜外腔内注入生理盐水或5%葡萄糖溶液或右旋糖酐15～30 ml。

（5）尿潴留：为蛛网膜下腔阻滞后较常见的并发症。主要因支配膀胱的第2、3、4骶神经纤维细且对局部麻醉药敏感，阻滞后恢复较慢，致使膀胱逼尿肌松弛而不能排尿。下腹部或会阴、肛门手术后切口疼痛及患者不习惯床上排尿也是常见原因。防治措施：向患者解释出现尿潴留的原因，指导患者练习床上排尿。鼓励术后患者及时床上排尿，或协助无下床禁忌的患者下床排尿。对排尿困难者，可针刺三阴交、足三里、中极、关元等穴位，或用下腹部热敷、按摩、诱导排尿等方法，必要时留置导尿。

考点提示

蛛网膜下腔阻滞术后并发症及护理。

二、硬脊膜外阻滞

硬脊膜外阻滞是将局部麻醉药注入硬脊膜外隙，阻断脊神经传导功能，使其支配区域产生暂时性麻痹的麻醉方法，又称为硬膜外阻滞或硬膜外麻醉。

【适应证和禁忌证】

1. 适应证　硬脊膜外阻滞适用范围比蛛网膜下腔阻滞广，最常用于腹部、腰部和下肢手术，且不受手术时间的限制。颈部、上肢及胸部手术也可应用，但在管理上较复杂。

2. 禁忌证　与蛛网膜下腔阻滞相似，严重贫血、原发性高血压及心功能不全的患者应慎用；低血容量、穿刺部位皮肤感染、凝血功能障碍、脊柱畸形或结核、中枢神经系统疾病患者禁用。

【常用麻醉药物】

用于硬脊膜外阻滞的局部麻醉药应具备穿透性和弥散性强、毒性反应及副作用小、起效时间短、作用时间长等特点，因此常选用1.5%～2%利多卡因（成年人一次限量为400 mg）、0.25%～0.33%丁卡因（成年人一次限量为60 mg）和0.5%～0.75%布比卡因。

【麻醉方法】

有单次法和连续法两种给药方法。单次法一次注入药量大，可控性小。现在临床主要用连续硬膜外麻醉，患者的准备和体位与蛛网膜下腔阻滞相同。局部浸润麻醉后，用特制的勺状尖端硬膜外穿刺针在预定麻醉范围中心的椎间隙穿刺，针头依次穿过皮肤、皮下组织、棘上韧带与棘间韧带，当针头刺破黄韧带的瞬间阻力突然消失，经测试有搏动或出现负压现象，回抽无脑脊液流出，明确针头在硬膜外隙内，将导管从穿刺针芯内插入，待导管超出勺状针头 5 cm 时，即可退出穿刺针，而导管则留置于硬膜外隙，最后外用胶布固定导管外端。给药时，一般先给试探剂量（3～5 ml 起效时间短的利多卡因），观察 5～10 分钟，证实患者无蛛网膜下腔阻滞现象，再决定追加剂量。

【常见护理诊断/问题】

1. 焦虑、恐惧　与患者对手术室环境陌生、担心麻醉安全性和手术预后等有关。
2. 疼痛　与手术创伤和麻醉药作用消失有关。
3. 潜在并发症：全脊髓麻醉、呼吸抑制、血压下降、硬膜外血肿或感染、脊神经根或脊髓损伤等。

【护理目标】

1. 患者焦虑、恐惧情绪减轻或消失，能主动配合麻醉。
2. 患者疼痛缓解或减轻，舒适感增加。
3. 患者无并发症发生，或并发症发生后能被及时发现并得到有效处理。

【护理措施】

1. 一般护理

（1）心理护理：做好健康宣教及解释工作，向患者介绍麻醉的过程及需要配合的要点，缓解或消除患者的焦虑及恐惧。

（2）体位：硬脊膜外阻滞穿刺时不穿通蛛网膜，不会引起头痛，但因阻滞了交感神经，血压多受影响，故术后患者需平卧 4～6 小时，无需去枕。生命体征平稳后即可按需卧位。

（3）病情观察：密切监测患者的生命体征，防止麻醉后并发症出现。

（4）吸氧：对呼吸抑制和血压下降的患者，应给予常规吸氧，以改善患者的缺氧状态。

2. 常见并发症的预防及护理

（1）全脊髓麻醉：是硬脊膜外阻滞最严重的并发症。主要是因为穿刺针或导管误入蛛网膜下腔而未及时发现，将大量局部麻醉药误注入蛛网膜下腔而导致的脊髓及全部脊神经传导阻滞现象。患者可在注药后数分钟内出现呼吸困难、血压下降、意识模糊或消失，最后呼吸停止、心搏骤停。一旦发生全脊髓麻醉，应立即面罩加压给氧，配合医师行心肺脑复苏，同时快速输液，使用血管收缩药维持循环稳定。防治措施：注药前应回抽无脑脊液后方可注药；先给试验剂量 3～5 ml，观察 5～10 分钟，确定未误入蛛网膜下腔才能继续注药；麻醉过程中密切观察患者的呼吸、血压及意识改变。

（2）神经损伤：因穿刺针直接损伤神经，或导管质硬而损伤脊神经根或脊髓。表现为局部感觉或（和）运动障碍，并与神经分布有关。防治措施：选择质地较柔软的导管，穿刺与置管时避开脊神经根和脊髓，若患者有触电感并向肢体放射，说明触及神经。对出现神经损伤者，一般予以对症治疗，多能自愈。

（3）硬膜外血肿：主要为导管刺破硬膜外腔内丰富的静脉丛所致，若患者应用抗凝血药治疗或凝血功能障碍，则更易发生。当血肿聚积较大时，可压迫脊髓引起截瘫。若发现患者有下肢感觉、运动障碍等血肿压迫征兆，应及时报告。小血肿可自行吸收，大血肿则需穿刺抽吸或手术清除。手术尽量在血肿形成后 8 小时内进行，若超过 24 小时，则受损很难恢复。预防：

操作者在置管过程中动作应轻柔、细致，在抗凝治疗期间或有凝血功能障碍的患者禁用硬脊膜外阻滞。

（4）硬膜外脓肿：因无菌操作不严格或穿刺针经过感染组织，将细菌带入硬膜外腔造成感染而形成脓肿。患者表现为穿刺部位剧烈疼痛，肌无力与截瘫，同时伴有寒战、高热、白细胞计数增多。一旦确定为硬膜外脓肿，应采用大剂量抗生素治疗，并及早准备手术切开椎板减压引流。

（5）其他：血压下降、呼吸抑制、恶心、呕吐等并发症的观察及护理与蛛网膜下腔阻滞相同。

第五节　全身麻醉患者的护理

麻醉药经呼吸道吸入或静脉注射、肌内注射等途径进入体内，使中枢神经系统暂时性抑制，患者意识和全身痛觉消失，神经反射抑制和一定程度的肌肉松弛，称为全身麻醉（简称全麻）。因其对中枢神经系统控制的可逆性、无时间限制、能满足全身各部位手术需要及患者较之局部麻醉和椎管内麻醉更舒适、安全，全身麻醉已是目前临床最常使用的麻醉方法。

【全身麻醉的方法】

按麻醉药入血的途径不同，全身麻醉主要有吸入麻醉、静脉麻醉、复合全身麻醉、基础麻醉。

1. 吸入麻醉　全身麻醉药经呼吸道吸入进入血液循环后作用于中枢神经系统，产生可逆性抑制的麻醉方法，称为吸入麻醉（inhalation anesthesia）。吸入麻醉在全身麻醉中应用最为广泛。

（1）常用的吸入麻醉药

1）氟烷：为无色透明液体，带有苹果香味。氟烷麻醉效能较强，麻醉诱导迅速，麻醉恢复快而舒适。对呼吸道无刺激性，不增加呼吸道分泌物，可松弛支气管平滑肌。增加心肌对儿茶酚胺的敏感性，麻醉期间禁用肾上腺素和去甲肾上腺素。

2）恩氟烷（安氟醚）：为无色透明液体。麻醉性能较强，诱导和苏醒快而舒适。对呼吸道无刺激性，不增加呼吸道分泌，能扩张支气管。肌肉松弛良好。有癫痫史的患者应慎用。

3）异氟烷（异氟醚）：是安氟烷的异构体。理化性质与恩氟烷相似。麻醉性能强，对循环功能影响比恩氟烷更小，肌松作用较强。

4）氧化亚氮（笑气）：是无色、无刺激性的气体麻醉药。以液态贮于高压钢瓶内。麻醉作用较弱，很少单独应用，为复合麻醉中最常用的辅助药。

（2）吸入麻醉方法：将特制的气管导管经口或鼻插入患者气管内，接麻醉机引入药液蒸气而产生麻醉。麻醉方法包括气管插管和麻醉机的操作两部分。由于吸入麻醉的气体经肺吸收或排出，麻醉深度便于控制。气管内痰液、血液可以通过气管插管及时吸出，有利于保持呼吸道通畅，防止患者缺氧和二氧化碳潴留，适用于各种大型手术，尤其是开胸手术、颅内手术。另外，对心搏骤停、窒息及呼吸道梗阻等患者，紧急气管插管和人工呼吸又是一项重要的抢救措施。

2. 静脉麻醉　将麻醉药注入静脉，作用于中枢神经系统而产生全身麻醉作用的方法，称为静脉麻醉（intravenous anesthesia）。静脉麻醉因诱导迅速、无呼吸道刺激、无环境污染、患者舒适、便于掌握等优点，已广泛用于各种手术或用于吸入麻醉前的诱导。麻醉深浅可通过注入药物的剂量和速度来调节，多数静脉麻醉药单独使用镇痛效果不强，且无肌肉松弛作用，用药过量可造成体内蓄积和苏醒延迟，因此往往需配合镇静、镇痛、肌松等辅助药物进行麻醉。

（1）常用的静脉麻醉药

1）硫喷妥钠：为超短时作用的巴比妥类药物。脂溶性高，静脉注射后几秒钟即可进入脑组织，麻醉作用迅速，无兴奋期。但由于此药在体内迅速重新分布，从脑组织转运到肌肉和脂肪等组织，因而作用维持时间短，脑内半衰期仅5分钟。硫喷妥钠的镇痛效果差，肌肉松弛不完全，临床主要用于诱导麻醉、基础麻醉和脓肿的切开引流、骨折、脱臼的闭合复位等短时手术。因硫喷妥钠对呼吸中枢有明显的抑制作用，新生儿、婴幼儿呼吸中枢易受抑制，故禁用。硫喷妥钠还易诱发喉头和支气管痉挛，故支气管哮喘患者禁用。

2）氯胺酮：为中枢兴奋性氨基酸递质 N-甲基-D-天冬氨酸（NMDA）受体的特异性阻断剂，能阻断痛觉冲动向丘脑和新皮质的传导，同时又能兴奋脑干及边缘系统。引起意识模糊、短暂性记忆缺失及满意的镇痛效应，但意识并未完全消失，常有梦幻、肌张力增加、血压上升。此状态又称分离麻醉。氯胺酮麻醉时对体表镇痛作用明显，内脏镇痛作用差，但诱导迅速。对呼吸影响轻微，对心血管具有明显的兴奋作用，用于短时的体表小手术，如烧伤清创、切痂。

3）丙泊酚（异丙酚）：对中枢神经有抑制作用，产生良好的镇静、催眠效应，起效速度快，作用时间短，苏醒迅速，无蓄积作用；能抑制咽喉反射，有利于插管，能降低颅内压和眼压，减少脑耗氧量及脑血流量；镇痛作用微弱；对循环系统有抑制作用，表现为血压下降，外周血管阻力降低；可用于门诊短时小手术的辅助用药，也可作为全身麻醉诱导、维持及镇静催眠辅助用药。

4）依托咪酯：为强效、超短效催眠药，静脉注射后几秒内意识丧失，睡眠时间持续5分钟，无明显镇痛作用，故用于诱导麻醉时常需加用镇痛药、肌肉松弛药或吸入麻醉药。主要缺点是恢复期恶心、呕吐发生率高达50%，并可抑制肾上腺皮质激素合成。

（2）静脉麻醉方法：此法诱导迅速，操作简单，用于吸入麻醉前的诱导或时间短的小型手术。静脉麻醉药除氯胺酮外，镇痛作用均不强，肌肉松弛效果差，如用量不当，易导致呼吸、循环抑制。

3. 复合全身麻醉　为克服各种全身麻醉药单独应用不够理想的不足，常采用联合用药或辅以其他药物。使用两种或两种以上的药物或麻醉方法，取长补短，以达到比较理想的麻醉效果的方法，称为复合全身麻醉。常用的复合麻醉有全静脉麻醉及静-吸复合麻醉。

4. 基础麻醉　基础麻醉是指麻醉前先让患儿神志消失的方法，用于小儿外科的中、小手术，故又称小儿基础麻醉。基础麻醉并无镇痛作用，仅使患儿处于深睡状态，决不能依靠基础麻醉作为主要止痛手段，否则易引起过量中毒，必须配合其他麻醉方法，消除手术的疼痛刺激，才能获得满意的效果。常用药物有氯胺酮，行深部臀肌内注射，吸收入血后作用于中枢神经系统，安全性好。

【护理评估】

1. 健康史　了解麻醉前准备情况，有无麻醉手术史、药物过敏史。评估患者既往身体情况，有无重要器官功能障碍。了解患者术中麻醉情况、麻醉方式、麻醉药的种类和用量；术中失血量、输血与输液量、其他异常情况。

2. 身体状况　评估患者重要器官功能有无障碍、全身营养状况；能否耐受全身麻醉和手术；有无体液失衡。评估患者麻醉后有无呼吸、循环及神经系统并发症等。

3. 心理-社会状况　评估患者是否配合执行手术麻醉后相关要求，了解患者的饮食、睡眠、活动等情况；有无术后紧张综合征。了解患者对麻醉方式和术后相关知识的认识程度；了解患者家属对麻醉的了解和对患者的支持程度。

4. 辅助检查　评估患者常规实验室检查及重要器官检查结果有无异常、对全身麻醉有无影响及影响程度等。

【常见护理诊断/问题】

1. 焦虑、恐惧　与担心麻醉安全等有关。
2. 疼痛　与手术创伤和麻醉药作用消失有关。
3. 知识缺乏　患者缺乏有关麻醉方面的知识。
4. 有受伤的危险　与患者麻醉后未清醒或感觉未完全恢复有关。
5. 潜在并发症：窒息、麻醉意外、呼吸道梗阻、低氧血症、低血压、心律失常及坠积性肺炎等。

【护理目标】

1. 患者焦虑、恐惧情绪减轻或消失，能主动配合麻醉。
2. 患者疼痛缓解或减轻，舒适感增加。
3. 患者了解并能复述有关麻醉方面的知识。
4. 患者未发生意外伤害。
5. 无并发症发生，或并发症发生后被及时发现并得到有效处理。

【护理措施】

1. 一般护理

（1）体位：全身麻醉后未清醒的患者应取去枕平卧头偏向一侧或侧卧的体位，以保持呼吸道通畅，防止呕吐误吸引起窒息。患者完全清醒后，如无禁忌，应取半坐位。

（2）吸氧并保持呼吸道通畅：全身麻醉患者应常规吸氧，直至血氧饱和度在自主呼吸下达到正常为止，同时保持呼吸道通畅，如有呼吸道分泌物和呕吐物，应及时清除。

（3）防止意外伤害：在患者清醒之前，应有专人护理，防止患者躁动跌落导致意外伤害。

（4）生命体征监测：全身麻醉患者未清醒之前，应每15～30分钟测1次血压、脉搏直至稳定，同时观察患者的意识、皮肤色泽、末梢循环等。

（5）饮食护理：非消化道手术患者如无恶心、呕吐、腹胀，可在麻醉清醒后4～6小时开始少量饮水，次日开始进食。

2. 病情观察

（1）呼吸系统：主要观察呼吸频率、节律、深浅等。浅而快的呼吸是呼吸功能不全的表现，可引起低氧血症，可能的原因是麻醉过浅；浅而慢的呼吸，可能因麻醉过深抑制呼吸中枢；呼吸困难常因呼吸道梗阻引起。

（2）循环系统：主要的观察内容是血压、心率、心律、脉压等。麻醉过程中若患者血压下降、脉搏加快、脉压减小，常提示患者有休克征兆。血压下降明显时，应减浅麻醉，补充血容量，减少内脏牵拉。心动过缓时给予阿托品；频发房性期前收缩可给予β受体阻断药或洋地黄；室性期前收缩可给予利多卡因；心室颤动应立即进行电除颤，并按心肺复苏处理。一旦发生心脏停搏，即刻进行人工呼吸、心脏按压。

（3）其他：包括患者的意识状态、体温、末梢循环、尿量、瞳孔变化等，据此除可以进一步了解患者的呼吸功能、循环功能外，还有助于麻醉深度及脑缺氧程度的判断。

3. 全身麻醉并发症防治及护理

（1）呼吸系统并发症

1）呼吸抑制：在全身麻醉患者中较常见。多因麻醉药、肌肉松弛药过量所致，表现为呼吸变浅、不规则，甚至停止。应针对原因，同时给氧吸入，必要时进行气管插管和人工呼吸。

2）呼吸道梗阻：以声门为界，分为上呼吸道梗阻和下呼吸道梗阻，也可同时并存。

上呼吸道梗阻：梗阻部位在声门以上，以吸气困难表现为主。①舌后坠：因下颌肌肉松弛致使舌根后坠，使上呼吸道不全梗阻，从而产生鼾声。只要将下颌托起，使下颌门齿咬合于上颌门齿之前，鼾音消失，说明呼吸梗阻解除。②咽喉分泌物堵塞：常因麻醉前未用抗胆碱药或剂量不足所致。患者吸气困难，呼吸时有水泡嗓音，可从口腔置入口咽导管或从鼻放入鼻咽导管，吸净咽喉部分泌物，必要时注射阿托品。③喉痉挛：刺激性麻醉药、麻醉过浅或有外物刺激喉头等情况时，可诱发喉痉挛发生。患者吸气困难伴高调鸡鸣音，可因缺氧而发生发绀、因声带持久性紧闭而窒息。应立即去除诱因，轻者给予氧气吸入、加深麻醉后能解除；严重者先加压吸氧，如仍不能缓解，可用粗针头穿刺环甲膜输氧，也可静脉注射琥珀胆碱后作气管插管，用麻醉机控制呼吸。

下呼吸道梗阻：可因气管、支气管内分泌物积聚或唾液、呕吐物侵入下呼吸道引起；也可因支气管痉挛引起，多发生在有哮喘史或慢性支气管炎的患者，应用硫喷妥钠、进行气管插管、诱导期麻醉过浅都能发生支气管痉挛。梗阻不严重者无明显症状，只在肺部能听到啰音；梗阻严重或梗阻虽不严重但未被发现和处理者，可呈现发绀、脉搏细速和血压下降，患者可因缺氧而呼吸、心搏停止。应以预防为主。麻醉前给予足量的阿托品能减少唾液及呼吸道分泌物分泌；维持适当的麻醉深度等。如已发生梗阻，最好作气管插管，然后用吸引器将分泌物吸出；支气管痉挛者可用解痉药氨茶碱 0.25 g 加入 50% 葡萄糖溶液 40 ml 中，缓慢静脉注射，或用异丙嗪 25 mg 静脉注射；有呼吸困难者给予氧气吸入。

3）反流与误吸：多见于饱食后的急症患者，以产科和小儿外科患者发生率较高，这些患者全身麻醉因意识消失，咽喉部反射消失，易发生呕吐引起误吸，甚至窒息。呕吐前常有恶心、唾液分泌增加、出现频繁吞咽等征兆。一旦发现，应将患者去枕平卧，头偏向一侧，使呕吐物容易流出，同时应用纱布及吸引器将口、鼻腔内的食物残渣清除干净。如有少量呕吐物进入呼吸道，可将麻醉减浅，让患者咳出，量多时应立即进行气管插管清除呼吸道内呕吐物，直至呼吸音正常。低 pH（pH<2.5）胃液进入呼吸道，迅速引起小支气管周围渗出性反应，出现间质出血和水肿，导致化学性肺炎，病情凶险，死亡率高。其典型症状以支气管痉挛为主，哮喘、咳嗽和发绀。麻醉中如发现吸出物内含有胃内容物，应立即针对化学性肺炎进行治疗。除给氨茶碱和抗生素外，可经气管插管或支气管镜以 5～10 ml 生理盐水（或加用碳酸氢钠溶液）反复冲洗支气管，给大量氢化可的松 2～3 天，以抑制小支气管周围的渗出，促进恢复。

4）肺部并发症

肺炎：并发肺炎的患者大多数术前有呼吸道感染，特别是老年人或吸烟较多而有慢性支气管炎者。挥发性麻醉药可刺激呼吸道分泌物增多，助长了肺炎的发生。术前应用抗生素，治疗原有呼吸道疾病及戒烟等都有助于减少肺炎的发生。

肺不张：麻醉过程中痰液堵塞支气管是引起肺不张的主要原因。术后由于胸、腹部手术切口疼痛、无力咳嗽、腹胀或肌肉松弛药的残余作用，可使肺通气不足，部分肺泡充气不佳，逐渐形成肺不张。多痰的患者除术前作充分的准备外，麻醉中应随时清除呼吸道分泌物。

（2）循环系统并发症

1）血压下降：以麻醉中血压低于 80/50 mmHg，或有高血压史者以血压下降超过术前血压的 30% 为低血压的标准。麻醉过深、手术中出血、直接或间接刺激迷走神经引起心脏收缩力减弱，均可导致血压下降。若已有血容量不足，应查明原因，减浅麻醉，补充血容量和使用升压药，必要时暂停手术刺激，牵拉肠系膜和处理肺门时先以普鲁卡因封闭。

2）血压升高：是全身麻醉中最常见的并发症。除原发性高血压外，多与麻醉浅、镇痛药用量不足、手术、麻醉刺激引起心血管反应有关。术中应密切观察并记录血压变化，当舒张压高于 100 mmHg 或收缩压高于基础值的 30% 时，即应进行适当处理，包括调节麻醉深度，应用抗高血压药和其他心血管药物。

3）心律失常和心动过速：与麻醉深浅不当、失血、手术刺激、二氧化碳蓄积有关；心动过缓与内脏牵拉、高血钾、缺氧晚期等有关。原有心功能不全的患者麻醉中更易发生心律失常，而原有心律失常的，更可因此而加重，应针对原因进行预防和处理。

4）心搏骤停：是最严重的意外事件。可根据无血压、无脉搏、无心音、面色苍白、瞳孔散大等症状而及时诊断。导致心搏骤停的原因很多，但最常见的原因是缺氧，如已有心肌缺氧（如冠心病）、低血容量，高钾血症或低钾血症、体温过低、麻醉深浅不当、呼吸道梗阻、强烈的手术刺激、牵拉内脏等，也可以成为诱发因素。抢救措施：气管插管、人工呼吸和给予氧气吸入、心脏按压、给予强心药和升压药、头部降温以及降低脑代谢等一整套措施。

（3）中枢神经系统并发症

1）高热、抽搐和惊厥：由于婴幼儿的体温调节中枢尚未发育健全，故多见于小儿麻醉。高热若不立即处理，可引发抽搐甚至惊厥。因此小儿高热应积极进行物理降温，特别是头部降温，以防脑水肿发生。当抽搐已经发生，则需立即给予氧气吸入，保持呼吸道通畅，静脉少量注射硫喷妥钠控制抽搐。

2）苏醒延迟或不醒：苏醒时间的长短与麻醉药的种类、麻醉深浅及患者的循环和呼吸功能有关。如麻醉过程中曾发生严重的发绀或缺氧，麻醉后苏醒将受到影响。麻醉后若患者长时间昏睡不醒，各种反射未见恢复，且有躁动、呼吸困难、瞳孔散大等现象，则往往提示麻醉过深或缺氧引起的继发性脑损害，应尽早进行抢救，包括给氧、人工呼吸、降低颅内压及头部降温等。

 考点提示

全身麻醉的并发症防治及护理。

---

4. 麻醉恢复期护理　术后由于麻醉药物对机体的影响仍将持续一段时间，苏醒过程中，随时可出现循环、呼吸、代谢等方面的异常而发生意外，因此必须重视苏醒前的护理。全身麻醉患者苏醒前，应有专人护理，在接收患者时，立即测血压、脉搏一次，并听取护送人员介绍手术中情况。然后根据不同情况，每15～30分钟测神志与生命体征一次，直至患者完全清醒，循环和呼吸稳定。重大手术后的患者最好先送入麻醉恢复室密切监护，以便及时发现并发症及意外，做到随时抢救。当患者意识与肌力恢复后，可按照指令睁眼、张口、握手；气管插管拔除，呼吸平稳、能深呼吸与咳嗽，血氧饱和度＞95%；心率、脉搏、血压正常、平稳30分钟以上，心电图示无心肌缺血与心律失常，即可送患者返回病区。

5. 健康教育　解释麻醉操作中的配合要点及麻醉后注意事项，争取患者的合作。协助患者合理安排休息与活动，鼓励患者尽可能生活自理，促进身体尽快康复。

自　测　题

一、选择题

1. 行腹股沟斜疝手术，在蛛网膜下腔阻滞下完成，术后患者病情平稳，开始的卧位是
   A. 平卧位　　　　　　　　B. 去枕平卧位　　　　　　C. 侧卧位
   D. 半卧位　　　　　　　　E. 自由卧位
2. 全身麻醉清醒前护理措施，不正确的是
   A. 专人护理　　　　　　　B. 每小时测一次生命体征　　C. 维持循环功能

D. 保持呼吸道通畅　　　　E. 平卧位，头偏向一侧

3. 关于硬脊膜外阻滞的护理，错误的是
   A. 必须去枕平卧6～8小时防止头痛
   B. 可发生全脊髓麻醉
   C. 可发生神经损伤
   D. 可发生硬膜外血肿
   E. 易发生血压下降

4. 孙某，左手无名指患化脓性指头炎。拟在指神经阻滞下行手术切开减压引流术，为预防该患者出现局部麻醉药毒性反应，下列护理措施错误的是
   A. 局部麻醉药须限量使用　　　　　　B. 局部麻醉药浓度不能过高
   C. 常规麻醉前用药　　　　　　　　　D. 麻醉药中加肾上腺素
   E. 防止局部麻醉药进入血管

5. 张某，39岁，有吸烟史，全身麻醉术后送回病房，麻醉未清醒，患者血压、脉搏正常，吸气困难，呼吸时喉头有啰音，应考虑为
   A. 喉返神经损伤　　　B. 呼吸道分泌物多　　　C. 呕吐物窒息
   D. 喉痉挛　　　　　　E. 呼吸不规则

（6～8题共用题干）

患者，男性，60岁，全身麻醉术后送回病房，麻醉未清醒。患者血压90/60 mmHg，心率92次/分，呼吸困难，有鼾声

6. 该患者应考虑
   A. 喉痉挛　　　　　　B. 呼吸道分泌物多　　　C. 舌后坠
   D. 误吸　　　　　　　E. 血压下降

7. 最主要的护理诊断为
   A. 有窒息的危险　　　B. 气体交换受损　　　　C. 低效性呼吸型态
   D. 有受伤的危险　　　E. 心排血量减少

8. 首先采取的护理措施为
   A. 吸痰　　　　　　　B. 加压吸氧　　　　　　C. 头偏向一侧
   D. 加快输液速度　　　E. 用手托起下颌，至鼾声消失

（9～11题共用题干）

患者，女性，25岁，近1年来情绪急躁，月经不调，多食消瘦，脉率＞100次/分，甲状腺肿大，入院拟行甲状腺大部切除术。

9. 对于该患者，首选的麻醉方式是
   A. 全身麻醉　　　　　B. 硬脊膜外阻滞　　　　C. 区域阻滞麻醉
   D. 颈丛神经阻滞　　　E. 臂丛神经阻滞

10. 该患者术前禁食、禁水的时间是
    A. 禁食6小时，禁水4小时
    B. 禁食8小时，禁水4小时
    C. 禁食8小时，禁水8小时
    D. 禁食12小时，禁水4小时
    E. 禁食12小时，禁水8小时

11. 该患者麻醉前不能使用的药物是
    A. 地西泮　　　　　　B. 阿托品　　　　　　C. 哌替啶
    D. 氟哌利多　　　　　E. 苯巴比妥钠

二、名词解释

1. 局部麻醉
2. 全脊髓麻醉
3. 全身麻醉

三、填空题

1. 麻醉前患者准备包括_____、_____两个方面。
2. 常用的麻醉前用药主要有_____、_____、_____、_____。
3. 局部麻醉后主要的不良反应有_____、_____。
4. 麻醉恢复期的护理要点是_____、_____、_____、_____、_____。

四、简答题

全身麻醉的并发症有哪些？如何进行观察和护理？

五、案例分析

王先生，30岁，在局部浸润麻醉下行"左上臂纤维瘤切除术"，局部注射利多卡因400 mg。注药后约15分钟患者出现眩晕、耳鸣、四肢抽搐、惊厥，继而出现呼吸困难、发绀、血压下降。

请回答：
（1）目前患者最主要的护理诊断/问题是什么？
（2）对该患者，应首先采取什么措施？如何进行护理？

（杜晓菲）

第六章 手术前后患者的护理

学习目标

1. 阐述手术前后患者的护理评估内容和护理措施。
2. 描述围手术期及围手术期护理的概念、学会术前皮肤准备技术。
3. 运用所学知识,及时发现手术后并发症,并采取正确的预防和护理措施。
4. 具备严谨求实的工作态度,培养认真负责、爱岗敬业的职业道德品质。
5. 能够对手术前后患者进行人文关怀,具有耐心、细心的良好沟通技巧。
6. 发扬人道主义精神,树立对患者高度的责任心,视患者如亲人。
7. 在外科无菌操作过程中,表现出认真的学习态度和严格的无菌观念。
8. 理解、关心、体贴和爱护手术患者,注重人文关怀。

第一节 概 述

手术是利用器械或仪器在活体上所完成的各种操作,是外科治疗的重要手段。但麻醉、手术创伤也会加重患者的生理负担,导致并发症、后遗症,严重时可危及患者的生命。此外,接受手术治疗的患者及其家属易产生不同程度的心理压力。因此,重视围手术期护理,对保证患者安全、提高治疗效果、防止术中及术后并发症,促进患者早日康复具有重要意义。

【围手术期的概念】

围手术期(perioperative period)是指从确定手术治疗时起,至与这次手术有关的治疗基本结束为止的一段时间。围手术期包括手术前期、手术中期、手术后期3个阶段。

1. 手术前期　从患者决定接受手术到将患者送至手术台。
2. 手术中期　从患者被送上手术台到患者手术后被送入复苏室或外科病房。
3. 手术后期　从患者被送入复苏室或外科病房至患者出院或继续追踪。

围手术期护理(perioperative nursing care)是指在围手术期为患者提供全程、整体的护理。其宗旨是加强术前至术后整个治疗期间患者的身心护理,通过全面评估,充分做好术前准备,并采取有效措施维护机体功能,提高手术安全性,减少术后并发症,促进患者康复。围手术期护理包括手术前、手术中、手术后3个阶段的护理,每个阶段护理工作重点不同。

【手术分类】

1. 按手术时限分类

(1)择期手术:术前准备的时间不影响患者病情的变化,手术的迟早不会影响治疗的效果,可以不必限制,在充分的术前准备后进行手术。如胃及十二指肠溃疡的胃大部切除术、腹股沟疝修补术、一般的良性肿瘤切除术。

(2)限期手术:手术的时间虽然可选择,但有一定的限度,不宜延迟过久,应在一段时间内做好充分的术前准备,如各种恶性肿瘤根治术。

(3)急症手术:患者病情危急,需在最短时间内进行必要的准备后立即实施手术,以抢救患者的生命，如外伤性肝破裂、脾破裂、肠破裂和胸腹腔大血管破裂。

2. 根据手术目的分类

（1）诊断性手术：目的是帮助医师确定或证实可疑诊断，如淋巴组织活检、剖腹探查。

（2）根治性手术：目的是彻底治愈，如乳腺癌根治术。

（3）姑息性手术：目的是减轻无法治愈疾病的症状，如为减轻疼痛，给晚期癌性疼痛患者实施的交感神经切除术，为解决进食问题给晚期胃癌患者实施的胃空肠吻合术。

（4）美容性手术：目的是改善外形，如隆乳术、重睑手术、去皱手术。以患者的个人喜好为其主要实施理由，是与其他手术的主要区别。

考点提示

手术的分类。

第二节　手术前患者的护理

案例 6-1

李先生，70岁，因结肠癌术后1个月，上腹胀痛8日，肛门停止排气、排便3日就诊。入院后多次呕吐，呕吐物为胃内容物。体格检查：T 36.5℃，P 86次/分，R 24次/分，BP 130/80 mmHg。患者精神差，痛苦面容，全腹膨隆，可见肠型及蠕动波，腹部轻压痛，无肌紧张及反跳痛。诊断为肠梗阻，拟行手术治疗，现遵医嘱行术前准备。

问题与思考：

1. 该患者术前护理评估内容有哪些？
2. 主要的护理诊断是什么？
3. 如何进行术前准备及护理？

手术前患者护理的重点是对患者进行全面评估，做好必需的术前准备，纠正患者存在及潜在的可能对手术及麻醉产生不利影响的生理、心理问题，加强有关手术及麻醉的健康指导，提高患者对手术和麻醉的耐受能力，以保证患者在手术中的安全和配合，防止术中、术后并发症的发生等。

【护理评估】

1. 健康史　重点了解与本次疾病有关或可能影响患者手术耐受力及预后的病史。

（1）一般资料：了解患者的年龄、性别、民族、职业、文化程度、宗教信仰、生活习惯及烟酒嗜好等。

（2）现病史：了解患者本次疾病发病原因、诱因、入院时间、入院方式、临床表现及疾病对机体各系统功能的影响等。

（3）既往史：详细询问患者有无心脏病、高血压、糖尿病、哮喘、慢性支气管炎、结核、肝炎、肝硬化、肾炎、贫血等病史，以及既往治疗、用药情况等。了解既往是否有外伤手术史、药物过敏史等。

（4）用药史：如抗凝血药、抗生素、镇静药、抗高血压药、利尿药、皮质激素等的使用情况及不良反应。

（5）婚育史和月经史：了解婚育史和女性患者的月经史。
（6）家族史：家庭成员有无同类疾病、遗传病史等。

知识链接

药物对患者生理功能的影响

1. 降血糖药　手术前患者禁食时须减量或暂时停药，如胰岛素。
2. 抗高血压药　易导致术中低血压。
3. 利尿药　连续使用排钾利尿药可引起血钾浓度过低。
4. 抗生素　与麻醉药一起使用会增加肾负担，影响肌肉松弛药的作用。
5. 皮质激素　长期使用会导致肾上腺皮质功能低下，术中应激反应能力下降，切口延迟愈合。
6. 抗凝血药　易导致术中和术后出血。
7. 镇静药　易诱发低血压而导致休克。

2. 身体状况

（1）主要脏器及系统的功能状态及危险因素

1）心血管系统：评估患者脉搏速率、节律和强度，血压，皮肤的色泽、温度及有无水肿，体表血管有无异常，有无颈静脉怒张及四肢浅静脉曲张，有无心肌炎、心绞痛、心肌梗死、心力衰竭等。

2）呼吸系统：评估患者呼吸频率、深度、节律和形态，呼吸运动是否对称，有无呼吸困难、发绀、咳嗽、咳痰、胸痛、哮鸣音等，有无肺炎、肺结核、支气管扩张、慢性阻塞性肺疾病或长期吸烟史。

3）泌尿系统：评估患者尿液的量、颜色、比重及透明度，有无排尿困难、尿频及尿失禁，有无肾功能不全、前列腺增生或急性肾炎。

4）消化系统：评估患者的食欲及进食情况，有无恶心、呕吐、腹痛、腹胀、呕血及黑便等，有无消化道出血及腹水、黄疸或肝硬化。

5）神经系统：评估患者有无头痛、头晕、眩晕、耳鸣、瞳孔不等大或肢体活动障碍等，有无意识障碍或颅内压增高。

6）血液系统：评估患者有无鼻出血、牙龈出血、皮下紫癜或外伤性出血不止等。

7）其他：评估患者有无内分泌系统疾病，如糖尿病、甲状腺功能亢进、肾上腺皮质功能不全，有无营养不良、体液平衡紊乱等。

（2）老年患者的特殊评估：随着人们生活水平的不断提高和医学科学的发展，人类平均寿命不断延长，在外科疾病患者中老年人的比率逐年提高，老年人各系统脏器的生理功能呈慢性、退行性变，应激能力、免疫功能和手术耐受性均下降，发生并发症的危险性和死亡率都明显增高，老年人的心理状态也有其特殊性。因此，对老年外科疾病患者生理和病理的变化进行正确评估，做好手术前的各项准备更为重要。

1）心血管系统：老年人心肌细胞萎缩，心肌胶原变性、钙化，心内膜增厚，导致心肌收缩无力、心排血量下降；血管硬化、心肌供血不足，容易发生心绞痛和脑血管意外，如脑出血、脑缺血。一般情况下，老年人心功能虽衰退，但因活动减少、代谢率降低，尚能维持正常功能；若遇急性病变、手术应激等，则易导致心血管系统失代偿。故手术前应加强对老年患者心率、心律和血压的观察，必要时行心电监护，以正确评估其心血管系统的功能状态。

2）呼吸系统：老年人的膈肌、肋间肌及腹肌收缩力减退，胸廓弹性降低，咳嗽、排痰运动及吞咽反射减弱,易发生分泌物阻塞呼吸道及误吸;加之呼吸道局部防御和免疫功能减退,易诱发感染。骨骼的退行性变、脊柱后突、软骨骨化、肋骨关节强直,使胸廓活动幅度减小,影响通气功能,常导致低氧血症。因老年人运动量和基础代谢率相对减少,呼吸系统功能的潜在变化对正常生活影响不大。而一旦手术,则易导致咳痰不畅,出现肺部感染、肺不张,甚至呼吸功能衰竭等并发症,故术前应认真评估患者呼吸系统的情况,了解血气分析结果、肺功能状态和对手术和麻醉的耐受能力,做好呼吸道准备。

3)消化系统:老年人由于牙齿功能减退,消化液分泌减少,活动量减少,易引起进食量少、消化及吸收功能不良、营养缺乏等;肝细胞退行性变,使肝合成代谢能力和解毒能力下降,易导致低蛋白血症和药物中毒。术前应对患者消化系统功能和营养状态进行全面评估,改善或预防营养不良,以增加患者对手术的耐受力,减少手术并发症的发生。

4)泌尿系统:老年人因肾单位逐渐萎缩退化、肾血管硬化导致肾血流量减少和肾功能减退,手术创伤易诱发肾衰竭。又因前列腺增生和膀胱、输尿管及尿道肌张力降低,易出现排尿异常,如尿频、尿急、排尿困难和尿失禁。术前应进行尿液常规检查、血生化检查(血尿素氮、肌酐)和泌尿系统B型超声检查,了解泌尿系统功能情况,对存在的和可能发生的问题,手术前应给予积极的处理。

5)内分泌系统:老年人肾上腺皮质功能减退,应激能力下降;甲状腺激素分泌减少,基础代谢率下降;胰岛功能下降,糖耐量减低或糖尿病。这些情况易继发感染和影响术后切口愈合。因此术前应进行全面的身体检查,准确了解患者的情况,特别是对糖尿病患者,应加强血糖监测,控制血糖在稳定的水平。

6)神经系统:记忆力减退、注意力不集中、大脑易疲劳、反应迟钝、动作不协调、入眠困难、睡眠时间缩短是老年人的神经系统特点。在术前正确评估患者的记忆力、反应能力、配合治疗程度和对治疗及护理的依从性等,有利于手术前后护理计划的调整。

7)肌肉骨骼系统:老年人肌肉有不同程度的萎缩,肌力减退;骨骼、关节和韧带退行性变,表现为行动迟缓、行走不便等。老年患者自我保护和照顾能力降低,易受伤,故在手术前应做好患者的安全评估,采取有效措施预防并发症。

8)心理方面:因活动能力受限等因素,老年人生活单调、枯燥、寂寞、孤独,一旦经受病痛困扰,易产生疑虑、悲观、失望等心理反应。对诊疗计划及护理措施不理解,甚至产生偏见、不予配合而延误手术时机。应细心评估老年患者的心理状态,给予相应的心理护理。

(3)手术耐受力:评估患者的手术耐受力。

1)耐受良好:全身情况较好、无重要内脏器官功能损害、疾病对全身影响较小,或重要脏器无器质性病变,其功能处于代偿阶段。

2)耐受不良:全身情况不佳、重要内脏器官功能损害较严重、疾病对全身影响明显、手术损伤大,或重要脏器有器质性病变,其功能处于失代偿阶段。

3. 心理-社会状况　急症患者往往因起病急骤而缺乏心理准备。癌症患者拒绝面对现实,否认自己生病。而手术创伤常伴有剧烈疼痛和其他严重不适或功能障碍,所以患者心理矛盾突出,除表现为感情脆弱、情绪波动、依赖性增加外,常见的心理反应有担忧手术效果、担心被误诊或误治、惧怕麻醉和手术、担心疼痛及术后并发症等,这些心理反应会随手术期限的临近而日益加重。因此,手术前应全面评估患者的心理状况,正确引导和及时纠正患者的不良心理反应,保证各项医疗及护理措施的顺利实施。同时要了解患者的家庭成员、单位同事对患者的关心和支持程度,家庭经济承受能力等。

4. 辅助检查

(1)常规检查:血常规检查有助于了解有无感染、贫血、血小板减少等。尿常规检查包括尿比重和有无红细胞、白细胞等，对判断病情有重要作用。粪便常规检查可了解粪便颜色、性状和有无寄生虫虫卵，有无出血或隐血等，对判断消化道疾病有重要临床意义。

（2）出凝血功能检查：包括出凝血时间、血小板计数、凝血酶原时间等，出凝血功能异常可导致患者术中或术后出血。

（3）血生化检查：包括肝功能、肾功能、电解质、血糖检查。如对血清谷丙转氨酶、直接胆红素或间接胆红素升高者，积极护肝治疗后方可手术；血清白蛋白<30 g/L者，手术后发生并发症的危险性大且预后差，术前须予以纠正；糖尿病患者血糖控制不佳易影响术后组织愈合，可并发局部或全身性感染，增加心血管及肾并发症的发生率，术前应调整胰岛素等降血糖药的用量。

（4）肺功能、心电图检查：协助评估患者的心肺功能，有问题者，术前应积极予以药物控制。

（5）影像学检查：胸部X线检查可了解肺部有无占位性疾病及渗出性病变；B型超声、CT、MRI检查可明确病变部位、大小、范围甚至性质，有助于临床诊断。

【常见护理诊断/问题】

1. 焦虑、恐惧　与患者对医院环境陌生，对疾病无知，害怕麻醉和手术意外，担心身体缺陷和术后并发症，考虑医疗费用和预后莫测等有关。
2. 知识缺乏　患者缺乏手术、麻醉相关知识及术前准备知识。
3. 营养失调：低于机体需要量　与疾病消耗、营养摄入不足及丢失过多或机体分解代谢增加有关。
4. 体液不足　与疾病所致体液丢失、摄入量不足或体液在体内分布转移有关。
5. 有感染的危险　与机体抵抗力降低、营养不良、糖尿病等有关。
6. 睡眠型态紊乱　与疾病导致的不适、环境改变和担忧有关。

【护理目标】

1. 患者情绪稳定，能配合各项检查和治疗。
2. 患者对疾病有充分的认识，能说出治疗及护理的相关知识及配合要点。
3. 患者营养素摄入充分、营养状态改善。
4. 患者安静入睡，休息充分。

【护理措施】

1. 心理护理　目的是针对产生焦虑、恐惧及情绪不稳等心理反应的原因，给予正确的指导，使患者以最佳的心理状态迎接手术。

（1）入院宣教：护士应热情、主动地迎接患者入院，根据患者的性别、年龄、职业、文化程度、性格等个体特点，向患者介绍病区的环境及经治的医师和责任护士，介绍患者结识同类手术的康复者，帮助患者安排好入院后的生活起居，以减轻患者由入院带来的焦虑和不适，通过多与患者交流和沟通，及时了解患者的焦虑和恐惧，给予针对性的指导，同时通过认真、细致的工作态度和高超的护理技术取得患者的信任。

（2）术前宣教：根据患者的年龄、文化程度，用通俗易懂的语言向患者及其家属解释疾病及手术治疗的必要性和重要性。介绍术前准备、术中配合和术后注意要点，必要时可邀请同病种的病友共同讲解接受治疗、护理的全过程及主动配合的经验和体会。术前宣教还可以结合麻醉医师和手术室护士术前访视：①介绍手术室环境、仪器和设备；②介绍麻醉的方式及麻醉后可能发生的反应及注意事项；③介绍术前处置的程序、意义，手术治疗的目的、主要过程、可能发生的不适；④介绍可能留置的各种引流管的目的和意义；⑤介绍手术前后常规护理。

2. 一般准备及护理　目的是使患者在最佳状态下接受手术，安全度过手术治疗的全过程。

（1）手术前常规准备

1）协助完善术前各项检查：遵医嘱完善术前各项心功能、肺功能、肝功能、肾功能、凝血时间、凝血酶原时间、血小板计数等检查，必要时检测有关凝血因子；协助医师最大限度地改善心功能、肺功能、肝功能、肾功能，提高患者对手术的耐受力。

2）呼吸道准备：进行深呼吸和有效排痰训练，如胸部手术患者训练腹式呼吸，腹部手术患者训练胸式呼吸。深呼吸和有效排痰训练方法：患者先轻咳数次，使痰液松动，再深吸气后用力咳嗽。吸烟者术前禁烟2周以上，以免呼吸道分泌物过多阻塞呼吸道。已有肺部感染者，术前3～5天应用抗生素；痰液黏稠者，可使用雾化吸入，每日2～3次，并配合叩背排痰；有哮喘病史的患者应注意预防并控制哮喘发作。

3）胃肠道准备

饮食管理：胃肠道手术患者根据手术部位的不同，酌情在手术前1～3日进食流质饮食。非胃肠道手术患者可以不必限制饮食。但均应在手术前12小时开始禁食，手术前4～6小时禁饮，以保证胃肠道排空，防止在麻醉或手术过程中呕吐误吸而导致窒息或吸入性肺炎等。

留置胃管或洗胃：胃肠道手术患者手术前常规放置胃管，幽门梗阻患者，手术前3天每晚以温生理盐水洗胃，以减轻胃黏膜充血、水肿。

灌肠：一般手术患者手术前晚应做肥皂水灌肠，以防止手术中因麻醉使肛门括约肌松弛而排便污染，腹部手术患者还可防止手术后发生腹胀。如果施行结肠或直肠手术，应于手术前晚及手术日晨行清洁灌肠。

结肠或直肠手术准备：术前3日进食少渣、半流质饮食，术前1～2日进食流质饮食。术前3日起口服肠道不吸收的抗生素，并补充维生素K。术前1～2日口服轻泻药等，术前1日晚及术日晨清洁灌肠或结肠灌洗，以防止手术中因麻醉使肛门括约肌松弛而污染手术，可减少术后感染及腹胀。

4）合血及备血：估计术中失血较多者，术前应遵医嘱做好患者的血型鉴定和交叉配血试验，备足术中所需的用血。

5）纠正营养不良及代谢紊乱：根据患者的症状、体征以及实验室检查结果等，正确判断患者的营养状况及有无代谢紊乱，给予合理的调整。给予科学合理的膳食，必要时可进行肠外营养。一般手术患者，术前的红细胞计数、血红蛋白、血浆总蛋白和白蛋白等应该达到正常或接近正常水平。

6）保证重要脏器功能：特别是对患有高血压、心脏病、糖尿病、肝病、肾病等疾病或有脏器功能不全的患者，要积极配合治疗，采取相应的护理措施，提高重要脏器的功能。

7）保证睡眠和休息：应保持安静、舒适的病房环境，减轻或消除干扰睡眠的因素，必要时给予药物镇静、催眠等。

8）适应性训练：术前指导患者练习在床上使用便盆的方法，以适应术后床上排尿、排便；教会患者自行调整卧位和翻身的方法；指导患者练习术中特殊体位，如颈部过伸位、气管推移。

9）手术区皮肤准备：皮肤准备的目的是防止手术后切口感染，要求清洁皮肤污垢，剃除皮肤上的毛发。病情允许时，患者在手术前1日应沐浴、洗发和修剪指（趾）甲，并更换清洁的衣服，按各专科的要求剃去手术部位的毛发，清除皮肤污垢，范围一般应包括切口周围直径至少15 cm的区域，剃毛时应避免损伤皮肤。通常皮肤准备时间越接近手术开始时间越好，以术前2小时内进行皮肤准备，对预防术后切口感染效果最好。若皮肤准备时间已超过24小时，应重新准备。部分骨关节手术，皮肤的准备应连续进行3天，不同手术部位的皮肤准备范围见图6-1。

①一般皮肤准备范围

颅脑手术：剃除全部头发及颈部毛发，保留眉毛。

颈部手术：上自唇下，下至乳头水平线，两侧至斜方肌前缘。

乳房手术：上自锁骨上部，下至脐水平，包括患侧上臂 1/3 和腋下，两侧至腋后线。

胸部手术：上自锁骨上部及肩上，下至脐水平，包括患侧上臂 1/3 和腋下，胸背均超过中线 5 cm。

上腹部手术：上自乳头水平线，下至耻骨联合，两侧至腋后线。

下腹部手术：上自剑突，下至大腿上 1/3 前内侧及会阴部，两侧至腋后线，剃除阴毛。

腹股沟区手术：上自脐水平线，下至大腿上 1/3 内侧，两侧至腋后线，包括会阴部，剃除阴毛。

肾手术：上自乳头水平线，下至耻骨联合，前后均超过中线 5 cm。

会阴及肛门部手术：上自髂前上棘，下至大腿上 1/3，包括会阴及臀部，剃除阴毛。

四肢手术：以切口为中心，包括上方、下方各 20 cm 以上，一般超过远端、近端关节或为患侧整个肢体。

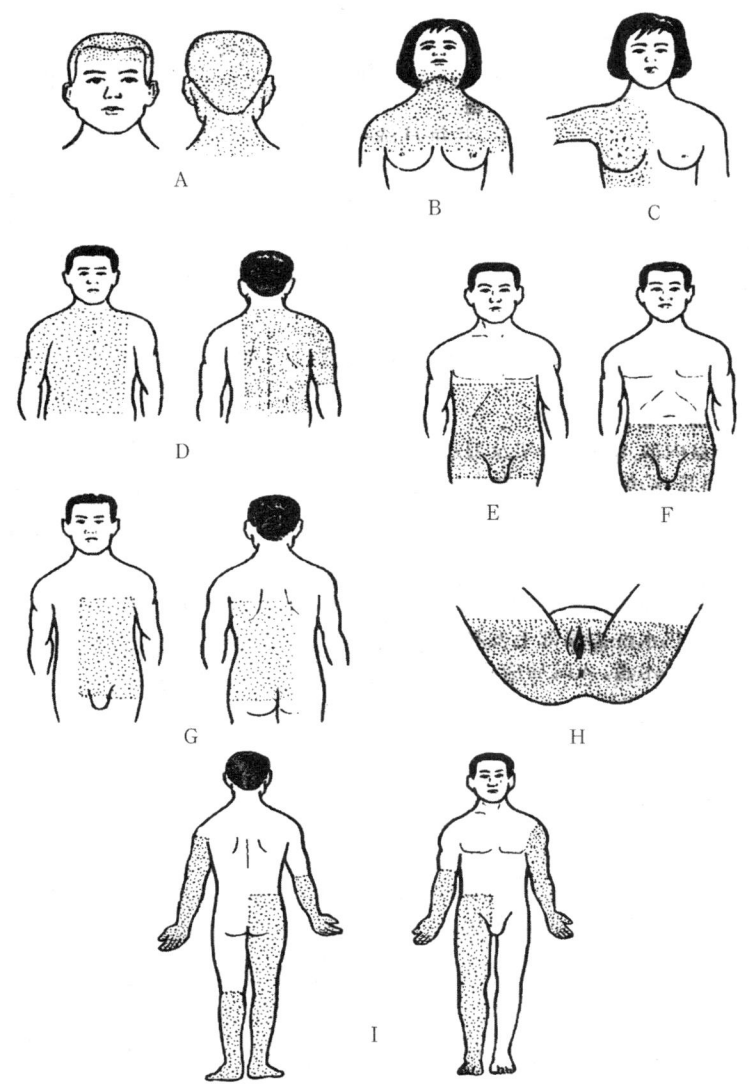

图 6-1　各部位手术皮肤准备范围

A. 颅脑手术；B. 颈部手术；C. 乳房手术；D. 胸部手术；E. 腹部手术；F. 肾手术；G. 腹股沟区和阴囊部手术；H. 会阴及肛门部手术；I. 四肢手术

②用物：托盘内放置一次性备皮包（内含备皮刀、刷子、皂液、纱布等）、弯盘，治疗碗内盛皂液棉球数个、持物钳、毛巾、棉签、乙醚、手电筒、橡胶单及治疗巾，脸盆内盛温水。骨科手术还应准备软毛刷、70%乙醇、无菌巾及绷带。

③操作步骤：做好解释工作，将患者接到治疗室，注意保暖及照明。铺橡胶单及治疗巾，暴露备皮部位。用持物钳夹取皂液棉球涂擦备皮区域，一手绷紧皮肤，另一手持备皮刀，分区剃净毛发，备皮刀应与皮肤呈45°。剃毕，用手电筒照射或借助日光，仔细检查是否残留毛发。用毛巾浸温水洗去局部毛发和皂液。腹部手术者需用棉签蘸乙醚清除脐部污垢和油脂。四肢手术者，入院后应每日用温水浸泡手足20分钟，并用肥皂水刷洗，剪去指（趾）甲和已浸软的胼胝。小儿只做清洁处理。肿瘤生长区域备皮操作要轻柔。

④注意事项：备皮刀片应锐利。剃毛前，将皂液棉球蘸取少量温水后再涂擦于患者皮肤。剃毛时，绷紧皮肤，不能逆行剃除毛发，以免损伤毛囊。剃毛后，须检查皮肤有无割痕及发红等异常状况，一旦发现，应详细记录并通知医师。操作过程中动作轻柔、熟练，注意为患者保暖。

10）手术日晨护理

①测量体温、脉搏、呼吸、血压，若发现患者有体温、血压升高或女性患者月经来潮，及时通知医师，必要时延期手术。

②检查手术野皮肤准备是否符合要求，遵医嘱进行手术日晨灌肠或安置胃管。

③遵医嘱于术前半小时给予术前用药，多为麻醉前用药，手术污染重或手术后感染可能性大者，手术前常预防性使用抗生素。

④取下患者的义齿、发夹、眼镜、手表、首饰等，给予妥善保管。

⑤进手术室前嘱患者排空膀胱，估计手术时间长或拟行下腹部、盆腔手术者，均应插导尿管，妥善固定。

⑥将手术需要的物品，如病历、X线片、CT片、MRI片、术中特殊用药和引流瓶等，随患者一起带入手术室。

⑦认真填写手术腕带并佩戴在患者的手腕上，务必按床号、姓名、性别、年龄、手术名称及手术部位等向手术室工作人员交代清楚。

 考点提示

手术前常规准备工作。

（2）急症手术患者手术前准备：在最短的时间内做好急救处理的同时，进行必要的术前准备，如立即输液，纠正患者水、电解质代谢紊乱及酸碱平衡失调。若为休克患者，应立即建立2条以上静脉通道，迅速补充血容量；有伤口者，应尽快处理伤口。术前准备包括：禁食，必要时插胃管抽吸内容物以防麻醉意外；药物过敏试验；急查血常规、尿常规、出凝血时间、血型、交叉配血试验；给予术前用药；嘱患者排尿；护送入手术室等。急诊手术禁忌灌肠和使用导泻药。

（3）特殊患者手术前准备：对手术耐受性不良者，除做好一般准备外，还应根据具体情况做好特殊准备。

1）高血压：高血压患者血压在160/100 mmHg以上时，在诱导麻醉或手术应激情况下有出现脑血管意外或急性心力衰竭的危险，应指导患者术前2周停用利血平等抗高血压药，改用钙通道阻滞药或β受体阻断药等合适的抗高血压药以控制血压，但不要求血压降至正常水平才手术。

2）心脏病：心脏病患者的手术死亡率是一般患者的 2.8 倍。对伴有心脏病的患者，术前准备应注意：①对长期低盐饮食和服用利尿药者，加强水、电解质监测，如发现异常，及时纠正；②对引起心肌供血不足的严重贫血患者，手术前应少量多次输血纠正；③对心律失常者，遵医嘱给予抗心律失常药，使心律控制在正常水平，才考虑手术；④急性心肌梗死患者发病后 6 个月内不宜择期手术，6 个月以上且无心绞痛发作者，在严密监测下可施行手术；心力衰竭者最好在心力衰竭控制 3～4 周后再进行手术。

3）呼吸功能障碍：多见于阻塞性肺气肿和哮喘患者，术前应加强治疗和护理，改善呼吸功能。①停止吸烟 2 周，鼓励患者深呼吸和咳嗽；②对伴有慢性阻塞性肺疾病的患者，遵医嘱进行雾化吸入治疗，改善通气功能，增加肺活量；③痰液黏稠的患者，可采用雾化吸入，或服用药物使痰液稀薄，利于咳出。经常咳脓痰的患者，手术前 3～5 天开始应用抗生素，若病情允许，指导患者行体位引流，促进脓性分泌物排出；④对哮喘患者，可给予口服地塞米松等药物治疗，减轻支气管黏膜水肿；⑤急性呼吸系统感染患者，若为择期手术，应推迟至治愈后 1～2 周再手术；若为急症手术，需使用抗生素并避免吸入麻醉。

4）肝病：常见的是肝炎和肝硬化。手术创伤和麻醉都将加重肝负担。术前做各项肝功能检查，了解患者肝功能情况。①肝功能轻度损害者一般不影响手术耐受力；②肝功能损害严重或濒于失代偿者，如有营养不良、腹水、黄疸等，或有急性肝炎，患者的手术耐受力明显减弱，除急症抢救外，一般不宜手术。术前给予高糖、高蛋白饮食，改善营养状况；遵医嘱静脉滴注 10% 葡萄糖溶液 1000 ml、胰岛素 20 U、10% 氯化钾 20 ml 的混合液，以增加肝糖原储备，必要时少量多次输注新鲜血液、人白蛋白、维生素及凝血酶原复合物，以纠正贫血、低蛋白血症，改善全身营养状况和凝血功能。③有胸腔积液、腹水者，限制钠盐，遵医嘱使用利尿药。

5）肾病：麻醉、手术创伤、某些药物等均会加重肾负担。术前进行各项肾功能检查，了解术前肾功能情况。根据 24 小时内肌酐清除率和血尿素氮测定值，可将肾功能损害分为轻度、中度、重度三度（表 6-1）。轻度、中度肾功能损害患者，经过适当内科处理多能较好地耐受手术；重度肾功能损害患者需在有效的透析治疗后才可耐受手术，但手术前应最大限度地改善肾功能。

表 6-1 肾功能损害的程度

测定法	肾功能损害		
	轻度	中度	重度
24 小时肌酐清除率（ml/min）	51～80	21～50	＜20
血尿素氮（mmol/L）	7.5～14.3	14.3～25.0	25.3～35.7

6）肾上腺皮质功能不全：正在接受激素治疗或 6～12 个月内曾接受激素治疗超过 1～2 周的患者，肾上腺皮质功能均可能不同程度地受到抑制，应于术前 2 天开始使用氢化可的松，术后继续应用，直至手术应激反应过去后便可停用。药物剂量应准确，给药时间选择在内源性激素分泌的高峰点，即清晨 8 点为宜，可减少外源性激素对垂体抑制的副作用。

7）糖尿病：糖尿病患者易发生感染，手术前应积极控制血糖及相关并发症。一般施行大型手术前要将血糖稳定于正常或轻度升高状态（5.6～11.2 mmol/L）、尿糖 +～++ 为宜。如果患者应用口服降血糖药或长效胰岛素，术前均改为短效胰岛素皮下注射，每 4～6 小时 1 次，使血糖和尿糖控制在上述水平。为避免发生酮症酸中毒，应尽量缩短术前禁食时间，静脉输液时胰岛素与葡萄糖的比例按 1 U∶5 g 给予。禁食期间定时监测血糖。

8)营养不良:生化检查血清白蛋白在 30～35 g/L 或以下,血清转铁蛋白低于 1.5 mg/L、体重 1 个月内下降 5% 者,存在营养不良。营养不良患者常伴有低蛋白血症,可引起组织水肿,影响愈合。此外,营养不良患者抵抗力低下,易并发感染。因此,术前应尽可能改善其营养,择期手术最好在术前 1 周左右,经口服或静脉补充热量、蛋白质和维生素,以利术后组织修复和创口愈合,提高机体的抵抗力。

9)妊娠:妊娠患者患外科疾病需手术治疗时,必须将外科疾病对母体和胎儿的影响放在首位。如妊娠合并阑尾穿孔,胎儿病死率为 8.7%;并发弥漫性腹膜炎的妊娠晚期患者全部早产,胎儿病死率约为 35.7%。如果手术时机可以选择,妊娠中期相对安全。如果时间允许,术前应尽可能全面检查各系统、器官功能,特别是心脏、肾、肝、肺等功能,若发现异常,术前尽量纠正。需禁食时,从静脉补充营养,尤其是氨基酸和糖类,以保证胎儿的正常发育。确有必要时,允许行放射线检查,但必须加强必要的保护性措施,尽量使辐射量低于 0.05～0.1 Gy。为了治疗外科疾病而必须使用药物时,尽量选择对孕妇、胎儿安全性较高的药物,如镇痛药吗啡对胎儿呼吸有持久的抑制作用,可用哌替啶代替,但应控制剂量,且分娩前 2～4 小时内不用。

10)疼痛:外科疾病患者往往伴有不同程度的疼痛,特别是急腹症患者。护士必须加强对患者生命体征和腹部体征的观察,了解疼痛演变进程;详细评估疼痛的病因、诱因、性质、部位、持续时间及有无牵涉痛等,掌握病情动态变化的信息,为诊断提供依据。为减轻患者的疼痛,可协助其取半卧位、放松腹部肌肉;疼痛急性发作时适当采用分散注意力(如交谈、听音乐)的方法,必要时禁食、胃肠减压或遵医嘱肌内注射镇痛药(如哌替啶)或解痉药[如山莨菪碱(654-2)]等,但诊断未明确前禁用镇痛药,以免掩盖病情。

3. 健康教育

(1)告知患者疾病相关知识,使之理解手术的必要性,以取得患者的配合。

(2)告知患者麻醉、手术的相关知识,使之掌握术前准备的具体内容。

(3)术前加强营养,注意休息和活动,提高抗感染能力。

(4)戒烟,早晚刷牙,饭后漱口,保持口腔卫生;注意保暖,预防上呼吸道感染。

(5)指导患者术前进行相关适应性锻炼,包括呼吸功能锻炼、床上活动、床上使用便盆。

【护理评价】

1. 患者情绪是否稳定,能否配合各项检查、治疗和护理。
2. 患者营养状态是否改善,体重是否得以维持或增加。
3. 患者睡眠是否充足,是否得到充分的休息。
4. 患者对疾病及治疗等方面的认识是否提高,能否说出所患疾病治疗及护理的相关知识及术前准备的配合要点。

第三节 手术后患者的护理

案例 6-2

患者,男性,50 岁,在硬脊膜外阻滞下接受了胰腺和周围坏死组织清除术。3 小时后患者回到病房。术中患者失血 800 ml,血压曾一度下降为 86/60 mmHg,术中输入乳酸林格液 500 ml,输血 1000 ml,并使用麻黄碱和甲氧明。5% 葡萄糖溶液正在静脉滴入中。体格检查:T 37.6℃,P 90 次/分,R 22 次/分,BP 112/80 mmHg;面色苍白,意识清楚,精神萎靡,情绪抑郁;经鼻留置胃管,时有恶心、呕吐。心肺检查(-),腹部有一包扎切口,表面干燥,置有引流管。

问题与思考：
1. 护理该患者时，应重点观察哪些问题？
2. 护理腹腔引流管时，应注意哪些问题？

术后护理是指患者从手术完毕返回病房直至康复出院这一阶段的护理。此阶段由于手术损伤，可导致患者防御能力下降，术后切口疼痛、禁食及应激反应等，均可加重患者的生理、心理负担，不仅可能影响创伤愈合和修复过程，而且可能导致多种并发症的发生。术后护理的重点是密切观察病情变化，防止并发症，帮助患者减轻痛苦与不适，给予适当的健康指导，使之尽快恢复生理功能，促进患者全面康复。

【护理评估】

1. **术中情况** 了解手术方式和麻醉类型，手术过程是否顺利，术中出血、输血、输液的情况，手术中病情变化，引流管放置的部位、名称、作用等。患者是否苏醒，其意识、感觉、运动情况如何等。

2. **身体状况**

（1）生命体征：手术后需监测体温、脉搏、呼吸、血压是否正常。同时应注意观察意识、瞳孔的变化等，并做好记录。

1）体温：术后由于机体对手术后组织损伤后分解产物、渗血及渗液的吸收，患者的体温可略升高，一般在38.0℃左右，于术后2～3日逐渐恢复正常，属于正常现象，临床上称为外科手术热（吸收热），不需要特殊处理。若体温升高幅度过大、时间超过3日、恢复后又再次升高，应注意监测体温并寻找原因。

2）脉搏：正常情况下，术后脉搏稍快于正常。若脉搏过慢，可由于麻醉或心血管疾病引起；脉搏过快，可由于高热、失血、心脏及肺疾病引起。

3）呼吸：通常术后呼吸较深慢。若呼吸频率快，呼吸困难，可能有缺氧、休克发生；呼吸浅慢，可能有呼吸抑制；呼吸道不通畅，可能由于舌后坠、痰液黏稠等原因引起。

4）血压：术后患者血压应该恢复正常。若患者的收缩压<80 mmHg或连续测量血压时，患者的血压持续下降5～10 mmHg，表示有异常情况。可能的原因有失血、麻醉过深、肌肉松弛药药效、末梢血供不畅、体位改变过快等。

（2）切口情况：应注意观察切口有无出血、渗血、渗液、感染、敷料脱落及切口愈合等情况。切口的愈合可分为三级，分别用"甲、乙、丙"表示。甲级愈合：切口愈合优良，无不良反应。乙级愈合：切口处有炎症反应，但未化脓。丙级愈合：切口化脓，需要切开引流。

（3）引流情况：观察并记录引流液的性状、量、颜色；注意引流管是否通畅，有无扭曲、折叠、脱落等。

（4）营养状况：注意营养的摄入是否能够满足患者机体的需要，同时应注意患者是否出现水、电解质代谢紊乱。

（5）常见不适：注意观察患者是否出现切口疼痛、发热、恶心、呕吐、呃逆、腹胀、尿潴留等术后常见不适，程度如何。

（6）并发症：注意评估有无出血、切口感染、切口裂开、肺不张、肺部感染、尿路感染、深静脉血栓形成等术后并发症，及其危险因素。

3. **心理-社会状况** 评估术后患者及其家属对手术的认识和看法，了解患者术后的心理感受，进一步评估有无引起术后心理变化的原因：①担心不良的病理学检查结果、预后差或危及生命；②担心手术导致正常生理结构和功能改变，如截肢和结肠造口对今后生活、工作及社交带来不利影响；③术后出现切口疼痛等各种不适；④身体恢复缓慢，出现并发症；⑤担心住院费用昂贵，经济能力难以维持后续治疗等。

【常见护理诊断/问题】

1. 疼痛　与手术损伤组织及手术切口有关。
2. 活动无耐力　与切口疼痛、疲乏、体质虚弱等有关。
3. 有体液不足的危险　与手术导致失血、体液丢失、禁食、禁饮、体液量补充不足有关。
4. 舒适的改变　与术后疼痛、恶心、呕吐、腹胀、呃逆、尿潴留等有关。
5. 有感染的危险　与手术、呼吸道分泌物积聚、放置引流管有关。
6. 知识缺乏　患者缺乏术后康复、锻炼和保健知识。
7. 营养失调：低于机体需要量　与术后禁食、创伤后机体代谢率增高有关。
8. 潜在并发症：术后出血、切口感染或裂开、肺部感染、尿路感染或深静脉血栓形成等。

【护理目标】

1. 患者主诉疼痛减轻或缓解。
2. 患者活动耐力增加，逐步增加活动量。
3. 患者体液平衡得以维持，循环系统功能稳定。
4. 患者术后呼吸功能改善，血氧饱和度维持在正常范围。
5. 患者学会术后康复的相关知识。
6. 患者术后并发症得以预防，或并发症发生后被及时发现和处理，术后恢复顺利。

【护理措施】

1. 一般护理

（1）术后患者的搬运：根据手术要求，搬运患者应做到动作轻柔、协调一致，避免发生直立性低血压；注意各种管道的保护，避免打折、扭曲及滑脱；保护好手术切口，避免挤压；注意固定针头，保持输液通畅；注意保暖，防止受凉；注意患者安全，防止患者跌落。

（2）体位：手术后，应根据麻醉及患者的全身情况、手术方式、疾病的性质安置患者的卧位，使患者处于舒适和便于活动的体位。①全身麻醉未清醒患者，去枕平卧，头偏向一侧，使口腔分泌物或呕吐物易于流出，避免误吸；麻醉清醒后，根据需要酌情调整卧位。②蛛网膜下腔麻醉者，取去枕平卧或头低卧位6~8小时，防止脑脊液外渗使颅内压降低而导致头痛；③硬脊膜外腔麻醉者，平卧4~6小时后根据手术部位安置体位；④颅脑手术者，无昏迷或休克者，可取15°~30°头高足低斜坡卧位；⑤颈部、胸部手术者，取高半坐卧位，以利于呼吸和有效引流；⑥腹部手术者，取低半卧位或斜坡卧位，以减少腹壁张力，便于引流，并可使腹腔渗血、渗液流入盆腔，避免形成膈下脓肿；⑦脊柱或臀部手术者，取俯卧位或仰卧位；⑧腹腔内有污染者，在病情许可的情况下，尽早改为半卧位或头高足低位；⑨休克患者，取头部和躯干抬高20°~30°，下肢抬高15°~20°的中凹位或平卧位；⑩肥胖患者可取侧卧位，以利于呼吸和引流。

 考点提示

术后患者的体位安置。

（3）病情观察：中型、小型手术患者，手术当日每小时测量1次呼吸、脉搏、血压，监测6~8小时至生命体征平稳。对大型手术、全身麻醉、老年人及危重患者，必须密切观察，每15~30分钟测量1次呼吸、脉搏、血压，检查瞳孔、神志状态，直至病情稳定后改为每小时

测量1次或遵医嘱定时测量，并做好记录。有条件者可使用床旁心电监护仪连续监测。术后24小时内，每2～4小时测量1次体温，稳定后每8小时测量1次，直至体温正常后改为每日2次。

（4）饮食护理：手术后开始饮食的时间根据手术性质、麻醉方式和术后胃肠恢复情况而定。

1）对能进食的患者，鼓励其进食高蛋白、高热量和维生素丰富的饮食。

2）非腹部手术：根据手术大小、麻醉方式及患者的全身反应而定。体表或肢体的手术，全身反应较轻者，术后即可进食；手术范围较大，全身反应明显者，待麻醉反应消失后方可进食。局部麻醉者，若无任何不适，术后即可进食；椎管内麻醉者，若麻醉消失，无恶心、呕吐，术后3～6小时可进食；全身麻醉者，应待麻醉清醒，无恶心、呕吐后方可进食。一般先给予流质饮食，以后逐步过渡到半流质饮食或普食。

3）腹部手术：尤其是胃肠道手术后，一般需禁食24～48小时，待肠道蠕动恢复、肛门排气后，可以饮水，进食少量流质饮食，逐步递增至全量流质饮食、半流质饮食，第7～9日可过渡到软食，第10～12日开始普食。术后留置有空肠营养管者，可在术后第2日自营养管滴入营养液。

考点提示

腹部手术后患者的饮食护理。

（5）休息与活动：术后早期活动可增加肺活量，有利于肺的扩张和分泌物的排出，预防肺部并发症；可促进血液循环，利于切口愈合，预防压疮和下肢静脉血栓形成；可促进胃肠道蠕动，防止腹胀及肠粘连；可促进膀胱功能恢复，防止尿潴留。病情稳定后，鼓励患者早期床上活动，争取在短期内下床活动。活动方法：手术当日麻醉作用消失后即鼓励患者在床上活动，包括深呼吸、活动四肢及翻身；术后1～2日可试行离床活动，先让患者坐于床沿，双腿下垂，然后让其下床站立，稍作走动，以后可根据患者的情况、能力逐渐增加活动范围和时间。在患者活动时，应注意随时观察患者的情况，不可离开患者；活动时注意保暖；每次活动不能过量；患者活动时若出现心悸、脉搏加快、出冷汗等，应立即扶患者平卧休息；对重症患者或有特殊制动要求的患者，应根据具体病情制订活动时间。

考点提示

术后患者早期活动的益处。

（6）手术切口护理：观察切口有无渗血、渗液，切口及周围皮肤有无发红及切口愈合情况，及时发现切口感染、切口裂开等异常。保持切口敷料清洁、干燥，并注意观察术后切口包扎是否限制胸、腹部呼吸运动或指（趾）端血液循环。对烦躁、昏迷的患者及不合作的患儿，可适当使用约束带并防止敷料脱落。

1）手术切口缝线拆除时间：可根据切口部位、局部血液供应情况、患者年龄和全身营养状况来决定。一般头、面、颈部切口术后4～5日拆线，下腹部、会阴部切口术后6～7日拆线，胸部、上腹部、背部、臀部切口术后7～9日拆线，四肢切口术后10～12日拆线（近关节处可适当延长），减张缝线14日拆线。青少年患者因代谢旺盛，愈合快，可适当缩短拆线时间，年老体弱、营养不良和糖尿病患者需要适当延长拆线时间。也可根据患者的实际情况采用间隔拆线。电刀切口，也应推迟1～2日拆线。

2）外科手术切口的分类：根据外科手术切口污染情况，外科手术切口可分为：①清洁切口（Ⅰ类切口），指缝合的无菌切口，如甲状腺大部切除术切口。②可能污染切口（Ⅱ类切口），指手术时可能带有污染的缝合切口，如胃大部切除术切口。皮肤不容易彻底消毒的部位、6小时内的切口经过清创术缝合、新缝合的切口再度切开者，也属此类。③污染切口（Ⅲ类切口），指邻近感染区或组织直接暴露于污染或感染物的切口，如阑尾穿孔的阑尾切除术、肠梗阻坏死的手术切口。

3）切口愈合等级：①甲级愈合，用"甲"字代表，指愈合优良，无不良反应。②乙级愈合，用"乙"字代表，指愈合处有炎症反应，如红、肿、硬结、血肿、积液，但未化脓。③丙级愈合，用"丙"字代表，指切口化脓，需要作切开引流等处理。

应用上述分类及分级方法，观察切口愈合情况并作记录。如甲状腺大部切除术切口愈合优良，则记为"Ⅰ/甲"；胃大部切除术切口曾发生红、肿、硬结，但完全吸收而愈合，则记为"Ⅱ/乙"。

（7）引流管护理

1）妥善固定引流管：注意各种引流管安放的部位和作用，并做好标记，注明引流管的名称及安放的时间。引流袋的固定应低于引流部位30～40cm，引流管的长度要适当，要留出余地，以便翻身或在床上活动时调节。安放好引流管后，应向患者及其家属说明安放引流管的目的及注意事项。在搬移、翻身、排便、下床时应防止引流管脱出及污染。若发现引流管脱落，及时与医师联系，给予处理。

2）保持引流通畅：防止引流管扭曲、移位、堵塞、脱落、受压，可定时挤压引流管，以防引流管堵塞。当引流管堵塞时，可用手快速挤压或用注射器抽生理盐水冲洗管道，冲洗管道时注意压力不应过大。

3）观察并记录引流液的情况：密切观察引流液的性质、颜色及量，并准确记录，做好交班。创腔引流管在术后24小时内一般引流液为浓稠的血性液体，24小时后引流液为稀薄的淡红色液体，多在50ml以下。如引流量过少，应注意引流管是否位置不当、弯曲、折叠或被填塞，可以改变引流管位置或冲洗引流管以解除阻塞；若引流量过多且引流液呈鲜红色血性，则应考虑是否有内出血倾向，及时告知医师对症处理，必要时做好再次手术的准备。密切观察引流液的性质，如血性液、脓性液、乳白色蛋白液，必要时可根据医嘱留取标本化验，以协助对疾病做出正确的诊断和处理。

4）注意无菌操作：保持置管周围皮肤清洁、干燥、无渗出物、无分泌物、无污染物，及时更换敷料。引流袋或引流瓶应每日更换。更换引流袋或引流瓶时，应按照无菌操作的要求严格消毒接口处。

5）熟悉拔管指征：置于皮下等表浅部位的乳胶片一般术后1～2日拔除；烟卷引流一般在术后3日拔除；作为预防性引流渗血的腹腔引流管，若引流液甚少，可于术后1～2日拔除；若作为预防性引流渗液用，则需要保留至所预防的并发症可能发生的时间后再拔除，一般为术后5～7日；胃肠减压管一般在胃肠道功能恢复、肛门排气后即可拔除。拔管时应严格按照无菌操作规程，防止逆行感染；引流管拔出后适当按压引流管周围的皮肤，以排除皮下积血；拔管后密切观察引流管切口处是否仍有液体渗出，保持切口清洁、干燥，如有异常，及时通知医师。

 考点提示

术后引流管的护理。

（8）其他：做好口腔、皮肤等基础护理，保持口腔、皮肤清洁，预防感染。

2. 手术后常见不适的护理 手术后不舒适的主要原因有切口疼痛、发热、恶心、呕吐、腹胀、呃逆和尿潴留等，如不及时处理，妨碍患者的休息和睡眠，影响康复。

（1）切口疼痛

1）常见原因：麻醉作用消失后，患者开始感觉切口疼痛，在术后24小时内疼痛最为剧烈，2～3日后逐渐减轻。任何增加切口张力的动作，如咳嗽、翻身，都会加重疼痛的程度。剧烈疼痛可影响机体各个器官的正常生理功能和患者休息，故需关心患者，并给予相应的处理和护理。

2）护理措施

评估和了解疼痛的程度：采用口述疼痛评分法、数字疼痛评分法、视觉模拟疼痛评分法等。

观察患者疼痛的时间、部位、性质和规律；鼓励患者表达疼痛的感受，向患者简单解释切口疼痛的规律。

提供有效的术后疼痛缓解措施：①妥善固定各类引流管，防止其移动导致切口牵拉痛。②遵医嘱给予患者口服镇静药及镇痛药，如地西泮、盐酸布桂嗪（强痛定）、哌替啶。③大型手术后1～2日，可持续使用患者自控镇痛泵进行止痛。患者自控镇痛（PCA）是指患者感觉疼痛时，通过按压计算机控制的微量泵按钮，向体内注射医师事先设定的药物剂量进行镇痛；给药途径以静脉、硬膜外最为常见，常用的药物有吗啡、芬太尼、曲马朵或合用非甾体类抗炎药等。④指导患者翻身、咳嗽和深呼吸时，用手按压切口部位，减少切口张力增加带来的疼痛。⑤尽可能满足患者对舒适的需要，如安置舒适体位、松弛肌肉、减少压迫。⑥指导患者运用正确的非药物止痛措施，如按摩、听音乐分散注意力，减轻机体对疼痛的敏感性。

 考点提示

术后切口疼痛的原因及护理措施。

（2）发热：是术后患者最常见的症状。由于手术创伤的反应，术后患者的体温可略升高，变化幅度在0.5～1℃，一般不超过38℃，称为外科手术热或吸收热，术后1～2日逐渐恢复正常，一般不需要特殊处理。

1）常见原因：术后24小时体温过高（＞39℃），常为代谢性或内分泌异常、低血压、肺不张和输血反应等。若术后3～6天仍持续发热或体温降至正常后再度发热，应警惕继发性感染的可能，如手术切口、肺部及尿路感染。如果发热持续不退，要密切注意有无严重的并发症，如体腔内残余脓肿。

2）护理措施：①监测体温及伴随症状，及时检查切口部位有无红、肿、热、痛或波动感；②遵医嘱应用退热药或物理降温，如冰袋降温、酒精擦浴；③保证患者有足够的液体摄入；④及时更换潮湿的衣裤和床单；⑤经对症治疗后，如效果不佳，可结合病史进行胸部X线、B型超声、CT、切口分泌物涂片和培养、血培养、尿液检查等，寻找原因并进行针对性治疗。

（3）恶心、呕吐

1）常见原因：①恶心、呕吐最常见的原因是麻醉反应，待麻醉作用消失后即可停止；②腹腔手术对胃肠道的刺激或引起幽门痉挛；③药物影响，常见的如环丙沙星类抗生素、单独静脉使用复方氨基酸、脂肪乳剂等；④严重腹胀；⑤水、电解质代谢紊乱及酸碱平衡失调等。

2）护理措施：①稳定患者情绪，协助其呕吐时头偏向一侧，及时清除呕吐物，保持口腔清洁，防止发生吸入性肺炎或窒息；②观察并记录呕吐次数，呕吐物的量、颜色和性状；③采用针灸治疗或遵医嘱给予镇吐药、镇静药及解痉药；④对持续性呕吐者，应查明原因并处理。

（4）腹胀

1）常见原因：术后早期腹胀多为胃肠蠕动受抑制，肠腔内积气过多所致，随着胃肠蠕动功能恢复，症状可自行缓解。若术后数日仍未排气且腹胀明显，可能是腹膜炎或其他原因所致的肠麻痹。若腹胀伴有阵发性绞痛，肠鸣音亢进，甚至出现气过水声，可能是早期肠粘连或其他原因所引起的机械性肠梗阻，应做进一步检查。

2）护理措施：严重的腹胀可使膈肌抬高和下肢静脉回流受阻，影响呼吸和循环功能；并可增加胃肠吻合口和腹壁切口张力，从而影响吻合口和切口的愈合，故须采取积极、有效的措施解除腹胀。①禁食、持续胃肠减压，必要时肛管排气；②协助患者多翻身，鼓励早期下床活动，促进胃肠功能的恢复；③电针双侧足三里，艾灸脐部，热敷及按摩腹部等；④遵医嘱使用促进肠蠕动的药物，如新斯的明肌内注射；⑤若是因腹腔内感染或机械性肠梗阻导致的腹胀，经非手术治疗不能改善者，做好再次手术的准备。

（5）呃逆

1）常见原因：术后呃逆可能为神经中枢或膈肌直接受到刺激引起，多为暂时性。

2）护理措施：①术后早期发生者，可经压迫眶上缘、抽吸胃内积气和积液等措施得以缓解；②遵医嘱给予镇静药或解痉药；③上腹部手术后出现顽固性呃逆者，要警惕有吻合口瘘或十二指肠残端瘘、膈下积液或感染的可能，应做B型超声检查明确病因。一旦呃逆原因明确，配合医师进行处理。

（6）尿潴留：多发生在蛛网膜下腔阻滞以及盆腔、肛门、会阴部手术后。若患者术后6～8小时尚未排尿或虽排尿但尿量少，耻骨上区叩诊有浊音区，基本可确诊为尿潴留。

1）常见原因：①合并前列腺增生的老年患者；②全身麻醉或蛛网膜下腔麻醉后，排尿反射受抑制；③切口疼痛引起膀胱和后尿道括约肌反射性痉挛，尤其是骨盆及会阴部手术后等；④患者不习惯在床上排尿等。

2）护理措施：①稳定患者情绪，采用诱导排尿法，如变换体位、听流水声、下腹部热敷、轻柔按摩膀胱区；②如无禁忌，可协助患者坐起或站立排尿；③遵医嘱采用药物、针灸治疗；④上述措施均无效时，在无菌操作下导尿，一次放尿量不超过1000 ml，尿潴留时间过长或导尿时尿量超过500 ml者，留置导尿1～2日，有利于膀胱逼尿肌收缩功能的恢复。

3. 手术后并发症的护理

（1）术后出血

1）常见原因：术中止血不完善、创面渗血未完全控制、血管结扎线脱落、原先痉挛的小动脉断端舒张、凝血功能障碍等是术后出血的常见原因。

2）表现：①术后少量出血者，仅表现为切口敷料渗血或引流管引出少量血液；急性大量出血时，患者常突然出现面色苍白、四肢湿冷、脉搏持续加快、脉压小及尿量减少等失血性休克表现。②腹腔内出血进行腹膜腔穿刺时可抽出血性液体，胸腔术后引流出血量每小时持续超过100 ml或胸部X线平片显示胸腔积液征象等，均可明确诊断。

3）护理措施：①严密观察患者的生命体征、手术切口情况，及时更换被血液渗湿的切口敷料；②注意观察引流液的性状、量和颜色变化；③慢性、少量出血时，一般经更换切口敷料、加压包扎或全身应用止血药即可止血；④出血量大时，应加快输液速度，遵医嘱输血或血浆，做好再次手术止血准备。

4）预防：①手术操作中应严格止血，关闭切口前确认没有手术野活动性出血点是预防术后出血的关键；②术中大量渗血者，术后应酌情使用止血药；凝血功能障碍者，可输注新鲜全血、凝血因子或凝血酶原复合物等。

（2）切口感染：指清洁切口和可能污染切口并发感染，发病率为3%～4%，常发生于术后3～5日。

1）常见原因：切口内留有无效腔、异物、血肿或局部组织供血不足，合并贫血、营养不良、肥胖或糖尿病等。

2）表现：患者表现为术后3～5日切口疼痛加重或疼痛减轻后又加重，切口局部有红、肿、热、压痛或波动感等，伴有体温升高、脉搏加速和白细胞计数增高。

3）护理措施：术后密切观察手术切口情况，炎症早期仅有红肿时，予以局部热敷或理疗，使用有效抗生素；炎症明显或脓肿形成后，应拆除部分缝线，切口敞开引流，定期换药，全身应用抗生素。

4）预防：①严格遵守无菌操作原则，严格止血，防止残留无效腔、血肿或异物等；②手术操作轻柔、精细，避免大块结扎组织，防止脂肪组织液化坏死；③加强营养支持，增强患者的抗感染能力；④定时更换切口敷料，保持切口清洁、敷料干燥。

（3）切口裂开：常发生于小儿、老年人、营养不良及慢性消耗性疾病患者。

1）常见原因：①营养不良使组织愈合能力差；②切口缝合欠佳，如缝线打结不紧、组织对合不全；③腹腔内压力突然增高，如剧烈咳嗽、打喷嚏、呕吐或严重腹胀。

2）表现：切口裂开多见于腹部及肢体邻近关节部位，常发生于手术后1周左右或拆除皮肤缝线后24小时内。患者在一次突然用力或有切口的关节伸屈幅度较大时，自觉切口剧痛和突然松开，有时可听到切口裂开的声音，随即有淡红色液体自切口流出，浸湿敷料。切口裂开可分为全层裂开和深层裂开而皮肤缝线完整的部分裂开。腹部切口全层裂开可有内脏脱出。

3）护理措施：①对年老体弱、营养状况差、估计切口愈合不良的患者，术前加强营养支持；②对估计发生切口裂开可能性大的患者，在逐层缝合腹壁切口的基础上，加用全层腹壁减张缝线，术后用腹带适当加压包扎切口，减轻局部张力，延迟拆线时间；③及时处理和消除慢性腹内压增高的因素；④手术切口位于肢体关节部位者，拆线后避免大幅度动作；⑤一旦发生大出血，立即平卧，稳定患者情绪，避免惊慌，告知患者勿咳嗽和进食、进饮；切口完全裂开者，立即用无菌生理盐水纱布覆盖切口及脱出的脏器，用腹带轻轻包扎，与医师联系，立即送往手术室重新缝合；凡肠管脱出者，切勿将其直接还纳腹腔，以免引起腹腔感染；⑥切口部分裂开者，可用蝶形胶布固定切口，并以腹带加压包扎。

4）预防：①对于年老体弱、全身营养状况较差的患者，给予术前、术后营养支持；②对张力较大的切口，应行减张缝合，延长拆线时间，同时可使用腹带进行适当的加压包扎；③嘱患者咳嗽时，双手放在切口两侧，向切口方向施加压力，减轻切口张力，避免切口裂开；④术后及时处理腹胀和排便困难，降低腹内压。

（4）肺部感染：常发生在胸部、腹部大型手术后，特别是老年患者、有长期吸烟史、术前合并急性或慢性呼吸道感染者。

1）常见原因：术后疼痛以及胸腹带加压包扎导致呼吸运动受限、呼吸道分泌物积聚及排出不畅是引起术后肺部感染的主要原因。

2）表现：术后患者体温升高，超过38℃，伴有咳嗽、咳痰、胸痛及体液失衡等。

3）护理措施：①保持病室适宜的温度、湿度，维持每日液体摄入量在2000～3000 ml；②术后卧床期间鼓励患者每小时重复深呼吸5～10次，协助翻身、叩背，促进呼吸道内分泌物排出；③教会患者保护切口和进行有效咳嗽、咳痰的方法，即用双手按住季肋部或切口两侧，以限制咳嗽时胸部或腹部的活动幅度，保护手术切口并减轻因咳嗽震动引起的切口疼痛，在数次短暂的轻微咳嗽后,再深吸气后用力咳痰,并作间断深呼吸;④协助患者取半卧位,如病情许可,尽早下床活动;⑤痰液黏稠者,予以雾化吸入稀释痰液;⑥遵医嘱应用抗生素及祛痰药。

4)预防:①术前训练深呼吸,胸部手术者练习腹式呼吸,腹部手术者练习胸式呼吸;②有吸烟嗜好者,术前需戒烟2周以上,以减少呼吸道分泌物;③有支气管炎和慢性肺部感染者,术前应用有效抗生素控制感染;④术后胸腹带包扎松紧适宜,避免限制呼吸运动。

(5)尿路感染:常起自膀胱,若上行感染,可引起肾盂肾炎。

1)常见原因:尿潴留是术后并发尿路感染的基本原因,长期留置导尿、反复多次导尿也易引起尿路感染。

2)表现:①急性膀胱炎主要表现为尿频、尿急、尿痛,有时伴有排尿困难,一般无全身症状;②急性肾盂肾炎多见于女性,主要表现为畏寒、发热、肾区疼痛等。

3)护理措施:①术前训练床上排尿;②指导患者术后自主排尿;③如出现尿潴留,及时处理,若残余尿量在 500 ml 以上,需留置导尿,并严格遵守无菌操作原则;④鼓励患者多饮水,使每日尿量保持在 1500 ml 以上,以利于冲洗尿路;⑤观察尿液并及时送检,根据尿培养及药敏试验结果选择有效的抗生素控制感染。

4)预防:保持会阴部清洁,导尿、留置导尿、膀胱冲洗时严格遵守无菌操作原则,术后指导患者自主排尿,防止和及时处理尿潴留是预防尿路感染的主要措施。

(6)血栓性静脉炎

1)常见原因:①术后腹胀、长时间制动、卧床等引起下腔静脉及髂静脉回流受阻、血流缓慢(特别是老年及肥胖患者);②手术、外伤、反复穿刺置管或输注高渗性液体、刺激性药物等导致血管壁和血管内膜损伤;③手术导致组织破坏、癌细胞分解及体液的大量丢失导致血液凝集性增高,机体呈高凝状态。

2)表现:血栓性静脉炎多见于下肢深静脉,表现为小腿腓肠肌轻度疼痛和紧束感,继之出现凹陷性水肿,沿静脉走行的皮肤发红、发热、肿胀,局部压痛伴体温升高,并可摸到条索状变硬的静脉。

3)护理措施:①严禁经患肢静脉输液,严禁局部按摩,以防血栓脱落引起栓塞;②抬高患肢、制动,局部50%硫酸镁湿热敷,配合理疗和使用全身性抗生素治疗;③深静脉血栓形成者,遵医嘱输入低分子右旋糖酐和复方丹参溶液,以降低血液黏滞度,改善微循环;④血栓形成3日内,遵医嘱使用溶栓剂(首选尿激酶)及抗凝剂(肝素、华法林)进行治疗,治疗期间加强出凝血时间的监测。

4)预防:手术后鼓励患者早期离床活动;卧床期间进行双下肢的主动和被动屈伸运动;术后穿弹力袜以促进下肢静脉回流;告知患者避免久坐,避免跷腿姿势,以免妨碍血液回流;对于血液处于高凝状态者,可预防性口服小剂量阿司匹林或复方丹参片。

考点提示

手术后并发症的护理措施。

4. 健康教育

(1)饮食与营养:加强营养,摄入均衡饮食,胃肠道手术者少食多餐,避免暴饮暴食,禁止食用辛辣及刺激性食物。

(2)休息与活动:恢复期注意休息,劳逸结合。活动量由小到大,一般出院后 2~4 周可从事一般性工作和活动,避免劳累和重体力活动。

（3）康复指导：指导患者学会自我护理、自我保健，避免发病的诱发因素；告知患者康复锻炼的知识，指导术后康复锻炼的具体方法。

（4）合理用药：教给患者合理用药的方法，指导按时、按量服药，告知药物的作用和服药注意事项。

（5）切口处理：告知患者切口保护的注意事项；切口拆线后用无菌敷料覆盖1～2日，以保护局部皮肤；若为开放性切口出院，应将门诊换药时间及次数向患者及其家属交代清楚。

（6）心理保健：指导患者学会自我调节、自我控制，提高心理和社会适应能力。

（7）门诊随访：告知患者恢复期可能出现的症状，如有异常，及时返院检查。一般手术后1～3个月门诊随访1次，以评估和了解康复过程及切口愈合情况。

【护理评价】
1. 患者疼痛是否减轻。
2. 患者的活动耐力是否增加。
3. 患者水、电解质和酸碱是否平衡。
4. 患者呼吸频率、节律、幅度是否正常，血氧饱和度是否维持在正常范围
5. 患者是否学会术后康复的相关知识。
6. 患者是否发生并发症，或并发症发生后是否被及时发现与处理。

自 测 题

一、选择题

1. 椎管内麻醉非消化道手术后进食时间为
   A. 术后4～8小时　　　　B. 术后7～10小时　　　　C. 术后10小时
   D. 术后24小时　　　　　E. 术后3～6小时
2. 以下护理措施与预防术后并发症无关的是
   A. 注意口腔卫生　　　　B. 应用镇静药　　　　　　C. 禁烟
   D. 训练卧床排尿　　　　E. 清洁皮肤
3. 有关术后早期活动的优点，下列说法不正确的是
   A. 防止腹胀、便秘　　　　　　　　　　　　　　　B. 防止切口感染
   C. 减少肺部并发症　　　　　　　　　　　　　　　D. 减少血栓性静脉炎的发生
   E. 促进排尿功能的恢复
4. 手术后并发症，不包括的是
   A. 出血　　　　　　　　B. 肺不张和肺炎　　　　　C. 切口感染和裂开
   D. 切口疼痛　　　　　　E. 血栓性静脉炎
5. 有关术后切口裂开的处理，下列不妥的是
   A. 用腹带包扎　　　　　　　　　　　　　　　　　B. 立即将内脏还纳
   C. 立即用灭菌盐水纱布覆盖　　　　　　　　　　　D. 安慰患者
   E. 送手术室缝合
6. 李女士，60岁。胃大部切除术后5天，尿频、尿痛和腰痛，T 39℃，目前未感到切口疼痛，无咳嗽、咳痰。应首先考虑的是
   A. 切口感染　　　　　　B. 肺部感染　　　　　　　C. 尿路感染
   D. 腹腔感染　　　　　　E. 吻合口瘘

7. 王女士，30 岁。车祸导致腹部伤 1 小时。需紧急行剖腹探查术，术前准备不包括的是
   A. 禁食   B. 禁饮   C. 禁用镇痛药
   D. 禁灌肠   E. 不需要备皮

8. 孙先生，65 岁。因膀胱癌住院，准备行膀胱癌根治术。自诉心烦、失眠、手足心多汗。对患者的术前心理护理，不包括的是
   A. 帮助患者尽快适应病房环境
   B. 指导患者学会心理调节的方法
   C. 说明手术的必要性和安全性
   D. 说明手术的各种并发症
   E. 护理工作认真、态度和蔼

9. 王女士，65 岁，行胃癌根治术，术后第 8 天拆线，见切口愈合处有炎症反应，但未化脓。其愈合类型是
   A. 甲级愈合   B. 乙级愈合   C. 丙级愈合
   D. 丁级愈合   E. 不愈合

10. 孙先生，50 岁，在硬脊膜外阻滞下进行左腹股沟斜疝修补术，术后患者返回病室，应安置的体位是
    A. 去枕平卧位   B. 半卧位   C. 侧卧位
    D. 斜坡卧位   E. 平卧位

（11～13 题共用题干）

王先生，65 岁。1 年来排便次数增多，有便意，便形变细，粪便表面附有暗红色血液。患者体重明显减轻，食欲差，拟诊断为直肠癌，准备手术治疗。

11. 患者拟施行的手术属于
    A. 急诊手术   B. 限期手术   C. 择期手术
    D. 紧急手术   E. 普通手术

12. 术前准备中，不恰当的一项是
    A. 术前练习并掌握深呼吸运动   B. 补充热量和膳食纤维
    C. 术前指导患者床上活动的方法   D. 预防性应用抗生素
    E. 术前 1 日做好肠道准备

13. 术日晨的护理内容不包括的是
    A. 留置导尿   B. 放置胃管   C. 用温盐水洗胃
    D. 遵医嘱术前给药   E. 取下活动义齿、发夹等

二、名词解释

1. 外科热
2. 围手术期

三、填空题

1. 缝线拆除时间，一般头、面、颈部手术后_____天拆线；胸部手术后_____天拆线，下腹部手术后_____天拆线。

2. 胃肠道手术，一般在术后_____日内禁食；待肛门排气后，一般术后_____日可进食半流质饮食。

四、简答题

术后有哪些常见并发症？如何预防？

五、案例分析

患者，男性，45岁，右上腹部疼痛4天，加剧3小时就诊。患者神志清楚，急性痛苦面容。T 38℃，P 96次/分，R 25次/分，BP 116/79 mmHg。体格检查：上腹部稍膨隆，右下腹、右侧腰部有瘀斑。上腹部有明显压痛、反跳痛及肌紧张，移动性浊音（+），肠鸣音1次/分。临床诊断为急性出血坏死性胰腺炎。

请回答：

（1）如何对该患者进行护理评估？

（2）请提出该患者的常见护理诊断及医护合作性问题。

（3）术前护理工作主要从哪几个方面进行？

（栾雅淞）

第七章　手术室护理工作

学习目标

1. 描述手术室的布局和手术室的管理要求。
2. 比较不同级别洁净手术室的净化标准和适用范围。
3. 能够为手术患者安置合适的体位。
4. 学会手术室常用护理技能。
5. 具有严格的无菌观念,具备手术团队合作能力及良好的人文精神。

案例 7-1

李先生,28岁,因转移性右下腹疼痛4小时入院,诊断为急性阑尾炎,拟行急诊手术治疗。已完成麻醉、安置体位等准备工作。器械护士小杨已外科洗手、手消毒,并进入手术室准备手术器械,并协助医师铺巾。

问题与思考:

1. 护士小杨如何准备和管理器械台?
2. 如何协助术者行手术区消毒与铺巾?

第一节　手术室的环境与管理

手术室是为患者进行手术治疗的重要场所,也是医院的重要技术及仪器装备部门,要求其建筑位置、结构和布局合理,仪器和设备先进、齐全;更要建立严格的无菌管理制度,以确保外科手术的高效率和高质量。随着临床医学科学技术的迅猛发展,外科手术越来越精细、难度越来越大,对手术室的要求也越来越高。同时,手术室的护理工作也是医院护理工作的重要组成部分,具有业务面广、技术性高、无菌操作严格等特点,手术室护士不仅要具有爱岗敬业、慎独的思想、娴熟和严谨的业务素质,更要有敏捷、稳重、谦和的心理素质,健康的体魄和科学的管理能力,才能默契地配合手术医师,保证手术的顺利进行。

一、手术室的环境布局与设施

(一)手术室的设计要求

1. **手术室的设计**　手术室应安排在医院内环境安静、清洁、靠近手术科室的地方,与监护室、血库等相关科室相邻,以方便接送患者;最好有直接的通道和通讯联系设备,周围道路设立安静标志。

手术室内设有手术室及附属工作间、办公室等。患者和工作人员由各自的通道进入手术室。手术室分内走廊和外走廊,走廊宽度不少于2.5 m,便于工作人员和平车出入。内走廊供医护人员、手术患者和洁净物品供应使用;外走廊供术后手术器械、敷料等污物运送。手术室设有3个出口，即患者出入口、工作人员出入口、污物出口。手术室的布局应符合功能流程和无菌技术要求，应做到分区明确、供应方便、洁污分流、无交叉感染、使用合理等。

2. 手术室的一般要求　手术室的数量应与手术科室的实际床位数成比例，一般为1∶25～1∶20。手术室应按不同用途设计大小。普通手术室仅放置一张手术床，每间面积30～40 m^2。用作大型手术的手术室因辅助仪器设备较多，面积60 m^2左右。手术室的高度一般为2.9～3 m，室内温度为21～25℃，相对湿度为30%～60%。手术室内应设有隔音及空气净化装置，以防止各手术室相互干扰、避免空气交叉污染。门窗结构应考虑其密闭性能，一般为封闭式无窗手术室，外走廊一般也不作开窗设计。天花板、墙壁和地面应坚实、光滑、无孔隙、易清洗、不易受化学消毒剂的侵蚀，用耐湿、防火、不着色、易清洁的材料制成。墙面最好用油漆或瓷砖涂砌，不宜有凹凸。墙角呈弧形，不易蓄积灰尘。手术室的门应采用感应双开启自动门，门应宽大，便于平车出入。

（二）手术室内设施

1. 手术室的设备　手术室内只允许放置必需的器具和物品，各种物品应有固定的放置地点。手术室的内部设备可分为三类。①固定手术设备：包括手术床、无影灯、器械桌、药品柜、敷料柜、看片灯及输液导轨等；②净化空调设备：由空气处理器，3级过滤器（初级、中级、高级）、加压风机、空气加温器、回风口及送风口等组成；③电器设备：包括多功能控制显示屏、电话机、对讲机、摄像机、室内普通照明、应急照明及具有漏电保护功能的电源插座等。每间手术室都应有空调和无影灯。配备万能手术台、器械台、麻醉机、中心氧气、中心吸引、中心压缩空气、X线摄影、显微外科设备、心电监护仪及读片灯。墙壁上有足够电源插座且应防水、防火。应配备观摩设施，供教学和参观使用。

2. 其他工作间的设置

（1）洗手间：宜采取分散布置的方式，以使完成消毒手的手术人员通过最近的距离进入手术室。洗手间通常设置在两个手术室之间。洗手间设有自动出水龙头、洗手液、手消毒液、擦手用的无菌毛巾或纸巾、消毒毛刷、计时钟。

（2）无菌物品间：无菌手术器械、敷料、一次性手术用品等均放置于此间。室内物品架应距墙壁5 cm、距房顶50 cm、距地面20 cm。

（3）储药间：室内备有各种注射液、常用药物、急救药物、麻醉药物、外用药物、消毒液等。备有冰箱，用于存放药品。

（4）麻醉预备室：备有各种麻醉插管用具、导管、呼吸囊、急救箱等。

（5）消毒室：备有高温高压蒸汽灭菌器、低温灭菌器、气体灭菌器等。备有排气、排毒通道以及计时钟。

（6）器械准备室：采用玻璃器械柜，按专科分类存放手术器械，便于使用、清点和包装。备有长方形不锈钢桌，用于准备器械包。

（7）污物间：理想的污物运送通过专用污物电梯进行，这样可使洁污分开，避免交叉感染。

（8）洗涤室：有多个水池，排水口要足够大，排水管要利于拆卸，便于清除堵塞物。应备有一次性物品初步处理回收容器，有多个挂钩悬挂抹布、拖把，各水池、清洁工具应严格按用途分类使用，如有条件，可安装器械自动清洗机。

（9）麻醉恢复室：有交换车或病床、氧气装置、负压吸引器、监护仪、呼吸机、起搏器、除颤器、输液泵及各种药品等，用于手术结束后患者未完全清醒期间的观察和护理。

（10）电视教学室：设在手术室非限制区内，与手术室在同一层或高一层，有闭路电视转播手术实况，备有电视机、录像机、音响、桌椅等，供参观手术者使用，可避免非手术人员到现场参观手术,有利于防止交叉感染,也可作为教学、培训的场地。

(11)其他:更衣室、值班室、护士站、洽谈室、淋浴间及厕所等,也应设施齐全、布局合理,以使细菌降至最低限度和防止交叉感染为目标。

(三)手术室的类别

手术室按照其对空气处理方式的不同,分为普通手术室和洁净手术室。目前普通手术室已逐渐被洁净手术室所取代。本节主要对洁净手术室进行介绍。

洁净手术室是采用空气净化技术对微生物污染采取不同程度的控制,以控制空间环境中空气洁净度,适合于各类手术的要求;提供适宜的温度、湿度,创造一个清新、洁净、舒适、细菌数低的手术空间环境。

1. 洁净手术室的净化标准 根据空气的清洁度和含尘浓度,可将手术室分为4个级别,包括特别洁净手术室(Ⅰ级)、标准洁净手术室(Ⅱ级)、一般洁净手术室(Ⅲ级)和准洁净手术室(Ⅳ级)。手术室的净化标准:空气洁净的程度以含尘浓度衡量。含尘浓度越低,洁净度越高;含尘浓度越高,则洁净度越低(表7-1)。

表7-1 洁净手术室的等级标准

等级	用途	级别	≥$0.5\mu m$ 微粒数(粒/m^3)	浮游菌浓度(菌落/m^3)	沉降菌(90 mm,30分钟菌落/皿)
Ⅰ	特别洁净手术室	100	≤ 3500	≤ 5	≤ 1
Ⅱ	标准洁净手术室	1000	≤ 3.5万	≤ 25	≤ 1
		1万	≤ 35万	≤ 75	≤ 2
Ⅲ	一般洁净手术室	10万	≤ 350万	≤ 150	≤ 4
Ⅳ	准洁净手术室和辅助用房	30万	≤ 1050万	≤ 175	≤ 5

2. 根据空气净化的级别,手术室适用的范围有所不同

Ⅰ级特别洁净手术室(100级):适用于关节置换手术、器官移植手术,以及神经外科、心脏外科、眼科等无菌手术。

Ⅱ级标准洁净手术室(1000级和1万级):适用于胸外科、整形外科、泌尿外科、肝胆胰外科、骨外科、卵巢手术和普通外科中的一类无菌手术。

Ⅲ级一般洁净手术室(10万级):适用于普通外科(除一类无菌手术外)和妇产科等二类手术。

Ⅳ级准洁净手术室(30万级):适用于肛肠外科及污染类手术。

3. 洁净手术室的净化技术 空气净化系统主要由空气处理器,初级、中级、高级过滤器,加压风机,空气加温器,回风口、送风口等组成。其净化技术是通过初级、中级、高级3级过滤器控制室内尘埃含量,采用不同气流方式和换气次数,使空气达到一定级别标准的净化。按气流类型,可分为以下几种。

(1)乱流型:为流线不平行、流速不均匀、方向不单一,且有交叉回旋的气流。

(2)层流型:为流线平行、流速均匀、方向单一的气流,又分为垂直层流和水平层流。气流平行于地面的为水平单向流洁净室;气流垂直于地面的为垂直单向流洁净室。

(3)辅流型:气流流线是向一个方向流动、性能接近水平单向流。

(四)手术室的分区

按洁净程度,将手术室分为3个区域:限制区、半限制区和非限制区。分区的目的是控制无菌手术的区域及卫生程度,减少各区之间的相互干扰,防止医院内感染。

1. **限制区（洁净区、无菌区）** 包括手术室内走廊、手术室、洗手间、无菌物品间、药品间、麻醉准备室等，洁净要求最为严格，设在内侧。非手术人员或非在岗人员禁止入内，此区内的一切人员及其活动都须严格遵守无菌原则。

2. **半限制区（准洁净区、清洁区）** 包括器械室、敷料室、洗涤室、消毒室、手术室外走廊、麻醉恢复室、石膏室等，设在中间。该区是由非洁净区进入洁净区的过渡区域，进入者不得大声谈笑和高声喊叫，凡已做好手臂消毒或已穿无菌手术衣者，不可再进入此区，以免污染。

3. **非限制区（非洁净区、污染区）** 包括办公室、会议室、标本室、污物室、资料室、值班室、更衣室、电视教学室、医护人员休息室、手术患者家属等候室等。一般设在最外侧。交接患者处应保持安静，核对患者及病历无误后，患者在此换乘手术室平车进入手术室，以防止外来车辆带入细菌。

二、手术室的管理

建立健全各项规章管理制度、明确各类人员职责，是提高工作效率和护理质量、防止差错及事故的重要保证。

（一）手术室一般规则

1. 除参加手术及相关人员外，其他人员一律不准随便进入手术室。患有急性上呼吸道感染、急性和慢性皮肤感染性疾病者不可进入手术室，更不能参加手术。

2. 凡进入手术室的人员，必须按规定更换手术室的灭菌衣裤、口罩、帽子、鞋等；外出时换外出衣和鞋。

3. 手术室内保持肃静，严禁吸烟，不可随意走动。

4. 所有工作人员应严格执行无菌技术操作，并相互监督。

5. 手术室工作人员应坚守岗位，随时准备接收急诊手术患者。

6. 无菌手术与有菌手术严格分开，若在同一手术室内接台，则先安排无菌手术，后做污染或感染手术。

7. 手术室内备齐急救物品，一切物品应固定位置，用后归还原处。做好物品的保管、保养工作，未经负责人同意不得外借。

8. 择期手术提前一天准备好手术器械和用品。急诊手术由值班医师口头或电话通知手术室，同时填写手术通知单。

（二）患者接送制度

接送患者一律使用交换车。运送途中注意保暖，保护患者的头部及手足，防止撞伤、坠床；保持输液管道及各种引流管通畅，防止脱落。

1. 接患者

（1）手术室护理人员使用交换车接送手术患者，应将患者提前30分钟接到手术室，病情危重的患者由经治医师护送。病房应在手术室接患者前完成各项术前准备和相关检查，尤其是术前定位拍片、撤牵引支架等。

（2）到病房接患者时，要严格五查对（科室、床号、姓名、性别、年龄）、四一致（手术通知单、病历、患者、腕带信息），同时检查患者禁食和禁水情况、皮肤准备情况、手术部位标识及术前医嘱执行情况，携带患者的病历、X线片和特殊药物等，随车推入手术室。

（3）患者仅穿病号服。患者如有义齿、发卡等，要取下，贵重物品（如首饰、手表、现金）不得带入手术室。若全身麻醉患者需保留义齿者，应做交代。

（4）患者到手术室后，巡回护士应核对患者的科室、床号、姓名、性别、年龄、手术名称和部位,严防差错、事故;协助患者戴隔离帽。进入手术室后,工作人员应安排患者卧于手术台上或坐于手术椅上,必要时在床旁守护,防止坠床或其他意外发生。

2. 送患者

(1)普通手术后患者,由手术室护理人员和手术医师送回病房;大型手术和全身麻醉术后患者,由手术医师、麻醉医师和护理人员送回病房;全身麻醉未清醒、重大手术后呼吸和循环功能不稳定、危重体弱、高龄、婴幼儿患者实施大型手术后,以及其他需要监护的特殊患者,术后均送麻醉恢复室或ICU病房。必要时,手术室护士陪同护送。

(2)将患者送入病房后,麻醉医师应向手术科室的值班人员详细交代患者的术中情况,术后(麻醉后)注意事项及输液等情况,移交病历和随身携带的物品等。

(三)手术室安全核查制度

1. 执行各项医疗及护理操作要做到"三查八对",防止差错、事故发生。

2. 接手术患者时,应做到四一致(手术通知单、病历、患者、腕带信息),认真查对科室、床号、姓名、性别、年龄、住院号、手术名称、手术部位、禁食及禁水情况及术前用药等,逐项核实,防止接错患者。

3. 手术全程对上述信息做到3次安全核查(麻醉开始前、手术切开皮肤前、患者离开手术室前)。

4. 手术前、手术中、关闭体腔前、关闭体腔后及缝合切口前,5次清点器械、敷料,并经2人核对正确无误。

5. 手术中取下的病理组织标本应妥善保管、及时登记、请术者确认后及时送检,防止遗失。

6. 常规手术在术前开好医嘱,一般不执行口头医嘱。抢救患者需执行口头医嘱时,应向医师复述一遍,使用药物前须经2人核对无误后方可执行,手术结束应立即补开医嘱。

7. 输血前必须2人共同查对输血单及病历,包括患者的姓名、性别、年龄、科别、住院号、患者血型及交叉配血结果、血液质量等,无误后方可给患者输血。

8. 任何无菌包、无菌容器使用之前,须检查包内、包外指示卡是否变色,是否达到灭菌效果及灭菌有效期。

(四)手术室参观制度

1. 凡来手术室参观者,必须经有关部门同意,由手术室护士长安排,方可在指定的手术室和限定的时间内参观。有条件者,最好在教学参观室观看现场直播。

2. 根据手术室面积等严格限定入室参观人数,一般手术室不超过2人。夜班谢绝参观。

3. 参观者需遵守手术室的各项规章制度。

4. 参观者须更换手术室备有的衣裤、口罩、帽子及鞋方可进入,外出时更换外出鞋,穿外出衣。

5. 参观者只能参观指定的手术,不得任意出入其他手术室。

6. 参观时应遵守无菌原则,距离手术无菌区域30 cm以上,尽量减少在室内走动和说话,以减少污染机会。有条件的医院应采用电视教学。

7. 保持室内清洁、安静,不准吸烟。

8. 参观后离开手术室前应将参观用物归还原处。

9. 凡系直系亲属手术,一律不准参观。

10. 教学手术由带教老师带领实习医师在录像室参观。

(五)手术室清洁消毒制度

1. 手术室卫生工作均应采用湿式清扫。每台手术完毕后,撤去污染布类,清除污物,清洗器械。对手术室进行清理，开启空调自净，用消毒液擦拭各处的污迹和地面，更换清洁手术床单。

2. 手术前后用清洁湿抹布擦拭手术室内物品表面及地面，术中如果有患者的血液及体液污染地面，及时用含氯消毒液喷洒、浸泡污染处，术后用消毒液对物体表面及地面进行擦拭。

3. 每日用含氯消毒液擦拭限制区走廊 2 次。

4. 每日用消毒液清洗、消毒拖鞋，每周擦拭鞋柜。

5. 每周对手术室的四壁、门等及室内用物进行大清扫，并用消毒液擦拭墙壁、门窗、家具、无影灯等。

6. 接送患者使用的交换车应每日清洁并更换被服。

7. 所有进入限制区的物品、设备，应拆除外包装、擦拭干净后方可推入。

8. 洁净手术室的清洁工作应在净化空调系统低速运行状态下进行，并定期对空调系统进行清洁、消毒及维护。

9. 每周清洗回风口、新风管初级过滤器，每个月消毒空调管道系统，定期更换过滤器。

10. 严格洁污分区及洁污通道管理，避免交叉感染。

11. 特殊感染手术后，按照感染种类进行特殊处理，布类打包后注明特殊感染，再送洗衣房；器械按规范采用自动清洗机进行清洗消毒处理，然后灭菌备用；污敷料集中焚毁。

12. 每日检查一次灭菌包，如超过有效期，须重新灭菌；每个月定期做细菌培养，包括手术室内空气、灭菌物品、手术人员刷洗后的手等。

（六）手术室一次性物品管理制度

1. 一次性物品的购入需经过管理部门的严格把关和审定。

2. 一次性物品使用前，应按有关规定做好使用前的细菌抽样检测，合格后方可使用。并坚持每个月对一次性物品进行细菌监测，留好记录备查。

3. 对进入手术室内的一次性物品要严格把关其包装、产品质量、消毒灭菌情况和价格。对产品外包装上的中文标识项目逐一按要求确认。

4. 每次使用一次性物品打开包装前，必须再次确认灭菌方法和灭菌有效期、包装有无破损、潮湿。

5. 一次性无菌物品应放在无菌间内并设专人定期检查、领取、发放、管理。不许与非无菌物品和其他仪器存放在一起。

6. 使用和开启无菌物品时，应严格执行无菌操作技术。

7. 使用后的一次性物品，应严格按有关规定进行统一的无害化处理或毁型，不得随意丢弃。锐利的物品、血液及其他有机物污染的物品应单独专门处理。

8. 一次性物品不得重复使用。开启但未使用的一次性物品原则上不得自行重新灭菌，制造商通过大量的管理及测试手段保证一次性无菌物品的清洁、无毒、无致热性、具有相溶性、无菌并质量稳定，自行重新灭菌便解除了制造商的责任。如必须重新灭菌，就要对物品使用中的安全和效用负责。

第二节　手术室护士职责

手术中护士的配合可分为直接配合与间接配合两类。直接配合的护士直接参与手术，并配合手术医师完成手术的全过程，被称为器械护士、手术护士或洗手护士。间接配合的护士不直接参与手术操作的配合，而是被指派在固定的手术室内，与器械护士、手术医师、麻醉医师配合完成手术，被称为巡回护士。

一、器械护士的工作职责

器械护士的工作职责是负责手术全过程中所需器械、物品和敷料的传递，主动配合手术医师完成手术。手术中其工作范围只限于无菌区内，站在器械台旁，其他工作还包括术前访视和术前准备等。其工作内容包括：

1. 术前访视　术前一日访视患者，了解病情和患者的需求，根据手术种类和范围准备手术器械和敷料。

2. 术前准备　术前15～20分钟洗手、穿无菌手术衣和戴无菌手套，做好无菌桌（器械桌）的整理和准备工作。检查各种器械和敷料是否齐全、完好。根据手术步骤及使用先后顺序，将各类物品分类、顺序放置。协助医师做手术区皮肤消毒和铺手术单。

3. 清点、核对用物　分别于手术前、手术中、关闭体腔前、关闭体腔后及缝合切口前，与巡回护士共同准确清点各种器械、敷料、缝针等的数目，核实后登记。当术中需增减用物时，必须反复核对清楚并及时记录。

4. 正确传递用物　手术过程中，按常规及术中情况向手术医师传递器械、纱布、纱垫和针等手术用物，做到主动迅速、准确无误。传递时，均以器械柄端轻击手术者伸出的手掌，使手术者接到器械后无须调整方向就可以使用。

5. 保持器械和用物整洁　保持手术野、器械托盘及器械桌的整洁、干燥，无菌物品的无菌状态。器械用毕及时取回擦净，做到"快递、快收"。随时整理器械及用物，排放整齐。随时清理缝线残端，防止带入创腔。吸引器头每次使用后需用盐水吸洗，以免血液凝固堵塞管腔。暂时不用的器械可放在器械台一角；用于不洁部位（如肠道）的器械要分开放置，以防污染扩散。

6. 配合抢救　密切注意手术进展，若患者出现大出血、心搏骤停等意外时，应沉着、冷静、果断，及时与巡回护士联系，尽快备好抢救用品，积极配合医师抢救。

7. 留取标本　手术中采集的各种标本，如胆汁、脓液、穿刺抽吸或切除的任何组织（液）或标本等，应妥善保管，并与术者核对各项信息后交巡回护士逐项记录，术后及时送检。

8. 包扎和固定　术毕协助医师处理、包扎切口，固定各种引流物。

9. 整理用物　术后整理并交接手术器械、用物，协助整理手术室。

二、巡回护士的工作职责

巡回护士又称辅助护士，其工作范围是在无菌区外，主要任务是在台下负责手术全过程中器械、布类、物品和敷料的准备和供给，主动配合手术和麻醉。根据手术需要，协助完成输液、输血及手术台上特殊物品、药品的供应。对患者实施整体护理。

1. 术前用物准备　术前认真检查手术室内各种药物、物品是否齐全，电源、吸引装置和供应系统等固定设备是否安全、有效。调试好术中需用的电钻、电凝器等特殊仪器。调节好手术室内光线和温度，创造最佳的手术环境及条件。

2. 核对患者　核对患者的床号、姓名、性别、年龄、住院号、诊断、手术名称、手术部位、术前用药。检查患者全身皮肤完整性、肢体活动情况及手术区皮肤的准备情况。了解病情，检查术前皮试结果并询问有无过敏史。建立静脉通道并输液；核对患者血型、交叉配血试验结果，做好输血准备。注意保暖和保护患者隐私。

3. 安置体位　协助麻醉医师安置患者体位并注意看护，必要时使用约束带，以防患者坠床。麻醉后，按照手术要求摆放体位，充分暴露手术区，固定牢固，确保患者安全、舒适。若使用高频电刀，则需将负极板与患者肌肉丰富处全面接触，以防灼伤。对意识清醒患者，予以解释，取得其合作。

4. 清点、核对物品　分别于术前、术中、关闭体腔前、关闭体腔后、缝合切口前，与手术护士共同清点、核对用物。严格执行核对制度，避免异物存留于患者体内。

5. 术中配合　随时观察手术进展情况，随时调整灯光，及时供应、补充手术台上所需物品。密切观察患者病情变化，保证输液、输血通路通畅，保证患者术中安全，主动配合抢救工作。认真填写手术护理记录单，严格执行术中用药制度，监督手术人员的无菌操作并及时纠正。

6. 术后整理　术后协助医师清洁患者的皮肤、包扎切口、妥善固定引流管，注意保暖。整理患者物品，护送患者回病房，将患者术中情况及物品与病区护士交班。整理手术室，补充手术室内的各种备用药品及物品，进行日常清扫及空气消毒。

第三节　常用手术器械和物品

手术所用物品包括布单类、敷料类、器械类、手术用缝合针及缝合线、特殊物品等。择期手术应提前一日准备好手术物品。

一、布单类

手术室的布类用品包括手术衣和各种手术单。一般应选择质地细柔且厚实的棉布，颜色以深绿色或深蓝色为宜。现在临床上也使用无纺布制成并经灭菌处理的一次性手术衣和手术单，免去了清洗、折叠、消毒所需的人力、物力和时间，但不能完全替代布类物品。

1. 手术衣　分为普通手术衣和全遮盖手术衣两种，有大号、中号、小号。
2. 手术单　有大单、中单、手术巾、各部位手术单以及各种包布等，均有各自的规格尺寸和一定的折叠方法。

二、敷料类

敷料类包括吸水性强的脱脂纱布类和脱脂棉花类，用于术中止血、拭血、压迫、包扎等，有不同的规格及制作方法。

1. 脱脂纱布类　包括不同尺寸的纱布垫、纱布块、纱布球及纱布条。
2. 脱脂棉花类　常用的有棉垫、带线棉片、棉球及棉签。各种敷料经加工制作后包成小包装，经压力蒸汽灭菌后供手术时使用。

三、器械类

手术器械是外科手术操作必备物品。

1. 手术刀　由分刀和刀柄构成，使用前安装在一起。手术刀主要用于切开或分离组织，刀柄还可作钝性分离。刀柄一般根据其长短及大小来分型，最常用的有3号、4号、7号，刀柄可以安装不同型号的刀片。刀片的种类较多，按其形态可分为圆刀、弯刀及三角刀等；按其大小可分为大刀片、中刀片和小刀片。手术时根据实际需要选择合适的刀柄和刀片。一般情况下，大圆刀片用于切开皮肤、肌腱、韧带等较韧组织；中圆刀片用于切开皮下、肌肉、骨膜等组织；小圆刀片用于眼科、手外科、深部组织等精细组织切割；尖刀片用于切开胃肠道、血管、神经及心脏组织；镰状刀片用于咽腭部手术、气管切开等。刀柄通常与刀片分开存放和消毒。刀片应用持针器夹持安装，切不可徒手操作，以防割伤手指。装载刀片时，用持针器夹持刀片前端背部，使刀片的缺口对准刀柄前部的槽缝推进即可装上。取下时，用持针器夹持刀片后端背部，稍用力抬起刀片，向前推即可卸下（图7-1）。

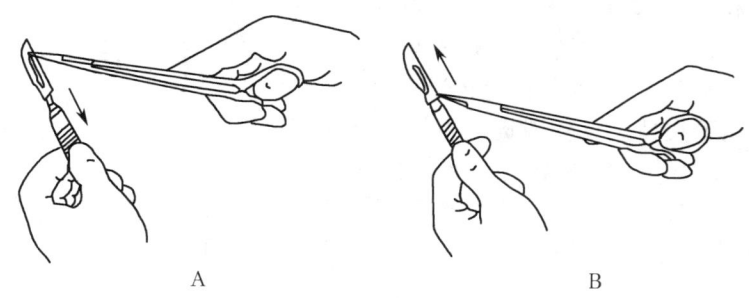

图 7-1 刀片的装卸
A. 刀片的装载；B. 刀片的卸下

（1）执刀方法：正确的执刀方法有4种（图7-2）。①执弓式：是最常用的执刀方式，拇指和中指在刀柄两侧，示指在刀柄上，腕部用力。执弓式用于较长的皮肤切口及腹直肌前鞘的切开等。②执笔式：用力轻柔，操作灵活、准确，其动作和力量主要在手指。执笔式用于短小切口及精细手术，如解剖血管、神经及切开腹膜。③握持式：全手握持刀柄，控刀比较稳定。操作的主要活动力点是肩关节。握持式用于切割范围广、组织坚厚、用力较大的切开，如截肢、肌腱切开、较长的皮肤切口。④反挑式：是执笔式的一种转换形式，刀刃向上挑开，以免损伤深部组织。用于切开脓肿、血管、气管、胆总管或输尿管等空腔脏器。

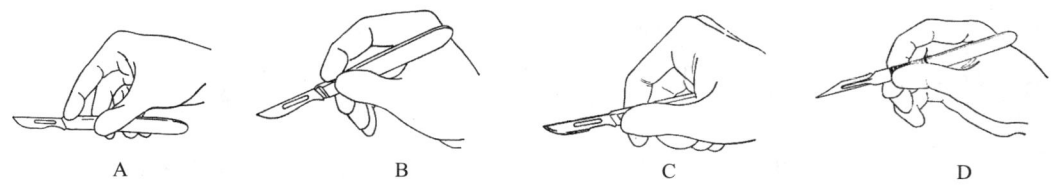

图 7-2 正确的执刀方法
A. 执弓式；B. 执笔式；C. 握持式；D. 反挑式

（2）手术刀的传递：传递手术刀时，传递者应握住刀柄与刀片衔接处的背部，刀锋向上，尖端向后呈水平传递，不可将刀刃指着术者传递，以免造成损伤（图7-3）。也可将刀放入弯盘，连同弯盘一起传递，无接触性传递，可以避免不必要的损伤。

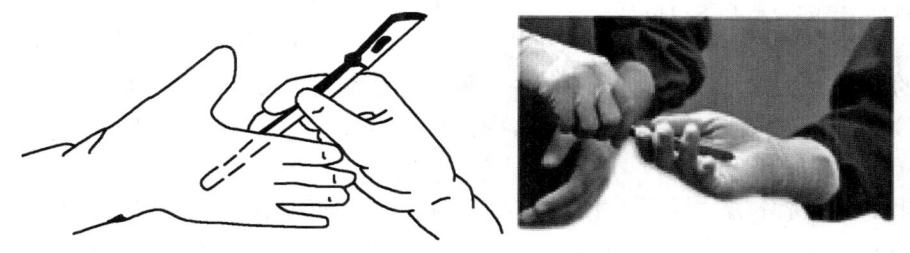

图 7-3 手术刀的传递

2. 手术剪　分为精细剪、组织剪、线剪、绷带剪、骨剪及钢丝剪等。一般有直、弯、尖、钝、长、短不同的规格。线剪适用于剪线、引流物、敷料等用品；组织剪用于沿组织间隙分离和剪开、剪断组织；直剪用于浅部手术操作，弯剪用于深部手术操作，拆线剪专用于拆除切口缝线；骨剪用于剪断骨性组织；钢丝剪用于剪截钢丝、克氏针等钢制材料。正确的执剪姿势为拇指和环指分别扣入剪刀柄的两环，中指放在环指的剪刀柄上，示指压在轴节处起稳定和导向作用（图7-4）。传递手术剪时，手术护士握住剪刀的锐利部，利于手腕部运动，将柄环部拍打在术者掌心上；弯剪刀应将弯曲部向上传递。

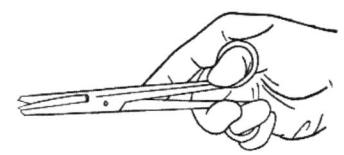

图7-4　正确的持剪方法

3. 手术镊　用于夹持、稳住或提起组织，分为有齿镊、无齿镊、精细尖镊等，有长短、尖钝不同规格。有齿镊又称鼠齿镊，用于夹持较坚韧的组织，如皮肤、筋膜，但尖齿对组织有损伤，也可用于拆线时夹持线结；无齿镊又称敷料镊，用于夹持较脆弱的组织，如神经、血管、黏膜；精细尖镊又称无损伤镊，用于血管、神经、整形美容等手术。

正确的持镊方法是以拇指相对示指和中指捏持镊的中部，稳而适度地夹住组织，操作方便、灵活（图7-5）。镊的传递方法是手握镊子尖端，闭合开口，直立式传递（图7-6）。

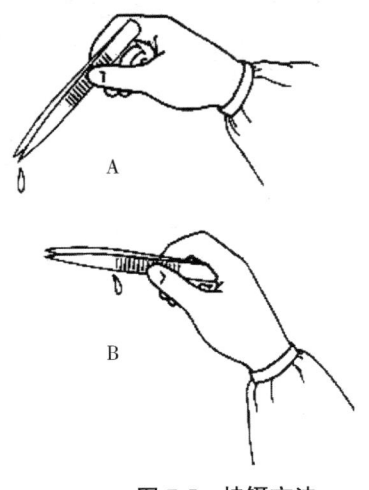

图7-5　持镊方法　　　　　　　图7-6　手术镊的传递方法
A. 正确的持镊方法；B. 错误的持镊方法

4. 血管钳　又称止血钳，主要用于止血、分离组织、夹持组织等，也用于协助缝合，夹持敷料等。按用途可分为直血管钳、弯血管钳两类，同时各有大号、中号、小号，以及有钩、无钩等不同型号。

（1）弯血管钳：用于夹持深部组织或内脏血管出血，有长、短两种。

（2）直血管钳：用于夹持浅层组织出血，协助拔针等。

（3）有齿血管钳：又称扣扣钳（可可钳），有直、弯两种，用于夹持较韧、易滑脱、其内有重要血管的组织，以防大出血，如肠系膜、大网膜，前端齿可防止滑脱，但不能用于皮下止血。

（4）蚊式血管钳：用于精细手术操作，有直、弯两种，主要用于面部、五官及整形等手术的止血。

血管钳使用的基本方法同手术剪（图7-7）。血管钳的传递法同手术剪传递方法（图7-8）。

5. 持针钳　又称持针器。特点是尖端粗短而直，咬合力强，咬合面有纵横交错的沟槽，用于夹持缝针缝合各种组织，也可用于持钳打结操作。持针钳穿针带线时要做到3个1/3，即持针钳开口前端的1/3夹住缝针的中、后1/3交界处，缝线的返回线占总线长的1/3。夹持的针尖应向左，且将缝线重叠部分放于持针钳开口端内。执持针钳的方法有：掌握法、指套法、掌指法（图7-9）。传递方法为传递者握持针钳的上、中部，并用手托住缝线，将持针钳的柄端递给操作者（图7-10）。

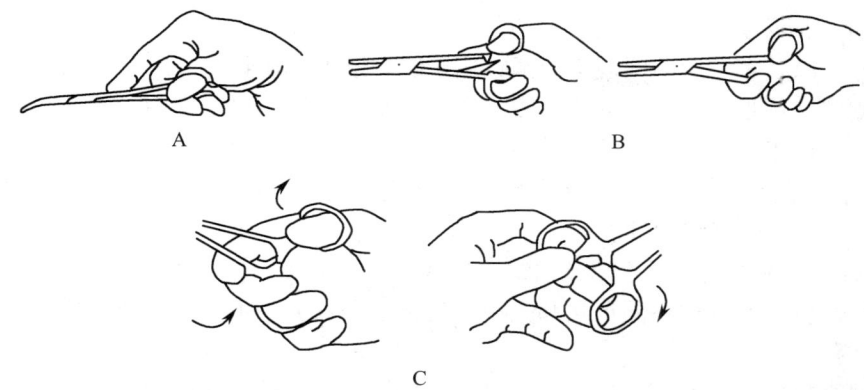

图7-7 血管钳使用方法
A. 正确执钳法；B. 错误执钳法；C. 血管钳的开放

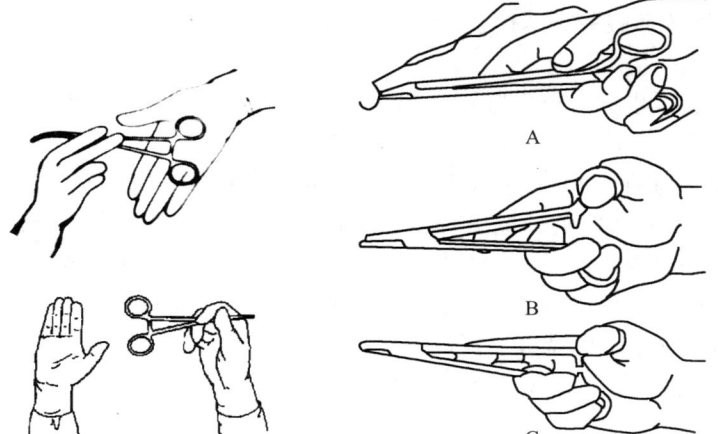

图7-8 血管钳的传递方法　　图7-9 执持针钳方法
　　　　　　　　　　　A. 掌握法；B. 指套法；C. 掌指法

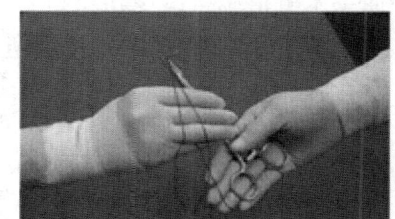

图7-10 持针钳的传递方法

6. 其他钳类

（1）布巾钳：简称巾钳，前端弯而尖，似蟹的大爪，能交叉咬合，主要用于夹持、固定手术巾单。

（2）组织钳：又名Allis（爱丽斯）钳，因尖端有多个整齐的小齿如鼠齿，俗称"鼠齿钳"。尖齿细小、对合紧密，弹性好，钳梢间有较大空隙，对组织损伤小，夹持组织后不易滑落且对组织损伤较小等。

（3）卵圆钳：又称海绵钳或环钳，分为有齿和无齿两种。有齿环钳主要用于夹持、传递已消毒的器械、纱布及引流管等，也用于夹持敷料进行手术区域皮肤消毒，或用于手术野深处拭血；无齿环钳主要用于夹提肠管、阑尾、网膜等脏器组织，协助暴露。夹持组织时，一般不必将钳扣关闭。

（4）直角钳：用于体腔深部手术的游离血管、胆管等组织，以及牵引物的向导。

（5）肠钳：有直、弯两种，用于夹持肠管及肠切除吻合术，齿槽薄，弹性好，对组织损伤小，使用时可外套乳胶管，以减少对肠壁的损伤。

（6）胃钳：有一个多关节轴，压榨力强，齿槽为直纹，且较深，夹持组织不易滑脱，常用于胃大部切除术中钳夹胃。

7. 缝合针 简称缝针,用于各种组织缝合,分为圆针、三角针(三棱针)、无创伤缝针等,有大、小型号,以及直、弯不同规格。圆针用于缝合脏器、血管、神经、肌肉等软组织;三角针用于缝合皮肤、韧带、软骨、骨膜及瘢痕组织等坚韧组织,但不宜用于颜面部皮肤缝合;无创伤缝合针主要用于小血管、神经、黏膜等纤弱组织的吻合与缝合等。目前有许多医院采用针线一体的无创伤缝合针,其针尾嵌有与针体粗细相似的线,这种针线对组织所造成的损伤较小,并可防止在缝合时缝线脱针。

8. 牵开器 又称拉钩,用于牵开组织,显露手术野,便于探查和手术操作,可分为手持拉钩和自动拉钩两类。有各种不同形状和大小的规格,可根据手术需要选择合适的拉钩。常用的拉钩有以下几种。

(1)甲状腺拉钩:又称直角拉钩,为平钩状,常用于甲状腺部位的牵拉和暴露,也常用于其他手术,可牵开皮肤、皮下组织、肌肉和筋膜等。

(2)腹腔平头拉钩:又称方钩,为较宽大的平滑钩状,用于腹腔较大的手术。

(3)皮肤拉钩:又称爪形拉钩,外形如耙状,用于浅部手术的皮肤牵开。

(4)S形拉钩:又称弯钩,是一种S形腹腔深部拉钩,用于胸、腹腔深部手术,有大、中、小、宽、窄之分。

(5)自动拉钩:为自行固定牵开器,也称自持性拉钩,如二叶式、三叶式自动牵开器,腹腔、胸腔、盆腔、腰部、颅脑等部位的手术均可使用。

9. 吸引器头 用于吸引手术野内的血液、渗出液、脓液、空腔脏器中的内容物、冲洗液,使手术野清晰,减少污染机会。吸引器由吸引头、橡皮管、玻璃接头、吸引瓶及动力部分组成。动力又分为马达电力和脚踏吸筒两种。吸引头结构和外形有多种,金属或一次性硬塑料双套管、单管。双套管的外管有多个孔眼,内管在外套管内,尾部以橡皮管接于吸引器上,多孔的外套管可防止内管吸引时被周围组织堵塞,保持吸引器通畅。

10. 探针和扩张器 有胆道探针和各种探针,用于空腔、窦道探查及扩大腔隙等。

四、缝线

缝线(suture)用于术中缝合各类组织和脏器,使组织或器官接合,也用于结扎、缝合血管,起到止血作用。缝线分为不可吸收缝线和可吸收缝线两类,缝线的粗细以号码标明,常用的有1~5/0号线,号码越大,表示线越粗。细线则以0标明,0数越多,线越细。选用时,尽可能选择细且拉力大、对组织反应小的缝线。

1. 可吸收缝线 主要有肠线(catgut)及合成纤维线。

(1)肠线:分为普通肠线和铬制肠线两种。普通肠线由羊肠或牛肠黏膜下层组织制成,一般6~12天可被吸收;铬制肠线经过铬盐处理,经10~20天逐渐被吸收(由于组织反应重,目前已基本不使用)。

(2)合成纤维线:为高分子化合物,组织反应轻,抗张力较强,吸收时间长,有抗菌作用。常用的有 Dexon(PGA,聚羟基乙酸)、Vicryl(polyglactin910、聚乳酸羟基乙酸),Maxon(聚甘醇碳酸)、PDS(polydioxanone、聚二氧杂环己酮)和 PVA(聚乙酸维尼纶)等。

2. 不吸收缝线 有桑蚕丝线、棉线、不锈钢丝、尼龙线、钽丝、银丝、亚麻线等数十种。

(1)丝线:为天然纤维纺成,表面常涂有蜡或树脂,是目前临床上最常用的手术用线,常用于缝合切口各层组织和结扎血管等。使用前先浸湿,以增加张力,便于缝合。

(2)金属线:由合金制成,有不锈钢丝和钢丝,具有灭菌简易、刺激性较小、抗张力大等优点,但不易打结。金属线常用于缝合骨、肌腱、筋膜,减张缝合或口腔内牙齿固定等。

(3)不吸收合成纤维线:如尼龙、锦纶、涤纶、普罗伦(prolene),优点是光滑、不吸收、组织反应小、抗拉力强，可制成很细的丝，多用于微小血管缝合及整形手术。

3. 特殊缝合材料　目前临床上已应用多种切口钉合和黏合材料来代替缝针和缝线完成部分缝合。主要有外科拉链、医用黏合剂、外科缝合器等。

（1）外科拉链：由两条涂有低变应原黏胶的多层微孔泡沫支撑带组成，中间是一条拉链，其两边的串带缝合在支撑条内。使用时，必须仔细缝合切口皮下组织层，擦干分泌物及血迹，将两边的串带分别粘贴于切口两侧的皮肤上，最后收紧拉链并盖以无菌干纱布。其优点是操作无创、无痛，切口自然愈合，降低切口异物和新鲜创伤造成感染的危险，无缝线和闭合钉的痕迹，无需拆线，切口愈合更加美观。外科拉链通常用于较整齐的撕裂伤口或手术切口的闭合，但不适用于身体毛发多、分泌物多以及皮肤组织损失过多的切口（图7-11）。

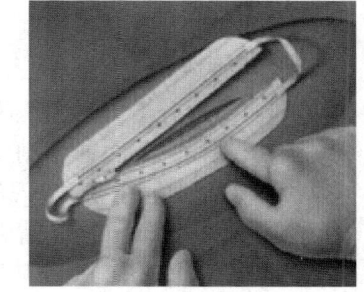

图7-11　外科拉链

（2）医用黏合剂：是由α-氰基丙烯酸酯同系物经变性而制成的医用黏合剂，具有快速、高强度黏合作用，可将软组织紧密黏合，促进愈合。黏合时间为6～14秒，黏合后可形成保护膜，维持5～7天后自行脱落。医用黏合剂主要用于各种创伤、手术切口的黏合，具有不留针孔痕迹、促进组织愈合、止血、止痛和抗感染等作用。使用时，必须彻底止血，对合皮肤，擦去渗出液。

（3）外科缝合器：有人称其为吻合器或钉合器，以消化道手术使用最为普遍。

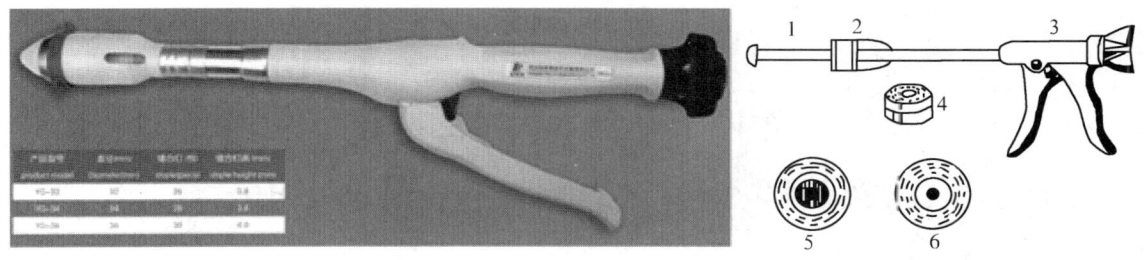

图7-12　外科吻合器

1. 中心杆　2. 钉架　3. 器身　4. 未组装的钉架　5. 抵钉座及刀座　6. 钉架及环形刀平面

五、引流物

外科引流是指将人体组织间或体腔中的积液通过引流物导流出体外的技术。常用的引流物有以下几种。

1. 乳胶片引流条　一般用于浅部切口和少量渗液的引流。
2. 纱布引流条　包括凡士林纱条、浸有抗生素的纱条等，用于浅表部位或感染创口的引流。
3. 烟卷式引流条　将乳胶片卷曲黏合成圆筒状，其中充填网格纱布卷，高压灭菌后备用，常用于腹腔内较短时间的引流。
4. 管状引流管　有各种型号的橡胶、硅胶或塑料类制品，应用广泛。管状引流管包括普通引流管、双腔（或三腔）引流套管、T形引流管及蕈状引流管等。普通的单腔引流管可用于创腔引流；双腔（或三腔）引流套管多用于腹腔脓肿和胃、肠、胆或胰瘘等的引流；T形引流管用于胆道减压和胆总管引流；蕈状引流管用于膀胱及胆囊的引流。此类引流管可按橡胶类物品灭菌或压力蒸汽灭菌处理。

六、高频电刀

电刀是外科常用的设备，其融切割、分离、止血为一体，使这些分开性的操作同时完成，减少结扎或缝合止血的频度,可大大缩短手术时间(图7-13)。

1. 功能　电刀利用高频电流来切开组织和达到止血的效果。电刀在手术中可实现以下几种功能。

(1)干燥:低功率凝结不需要电光。

(2)切割:释放电光,对组织有切割效果。

(3)凝固:电光对组织不会造成割伤,可用于止血和烧焦组织。

(4)混切:同时起切割及止血作用。

2. 优点　应用高频电刀的优点是手术操作中不需要过多结扎,切割和止血一气呵成,切口内不留异物,术野干净、清晰,操作迅速,特别是长电极,有利于深部(如盆腔)的操作。

3. 缺点　由于电刀的热散射作用,往往造成切口周围组织小血管的损伤,特别是切割操作缓慢时,造成的损伤更大,手术切口很容易液化,造成延迟愈合。

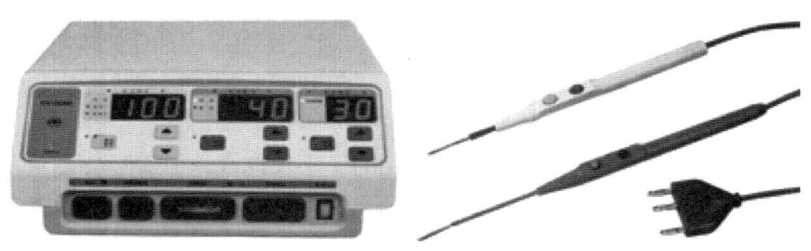

图 7-13　高频电刀

第四节　手术人员的准备

手术人员的无菌准备是避免患者切口感染,确保手术成功的必要条件之一。

一、术前一般准备

手术人员进入手术室时,先在非限制区换穿手术室专用的清洁鞋和洗手衣、洗手裤,戴好手术室准备的清洁帽子和口罩。口罩要盖住口鼻,帽子要盖住全部头发(图7-14)。衣袖应卷至上臂中上段,上衣下摆扎收于裤腰之内,自身衣服不得外露。裤腿远端平踝(图7-15)。剪短并修平指甲,除去甲缘下积垢。手臂皮肤无破损及感染,方可进入洗手间进行手臂的洗刷与消毒。

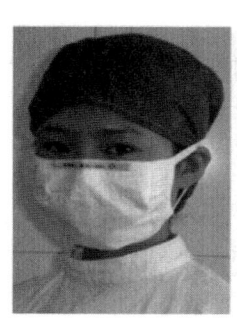 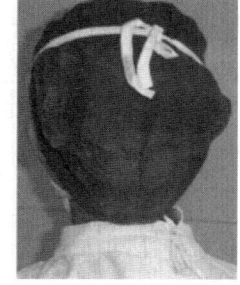  

图 7-14　戴帽子、口罩　　　　图 7-15　手术人员更衣及穿手术衣标准

二、外科手消毒

外科手消毒是指手术人员通过机械刷洗和化学消毒的方法，祛除并杀灭双手和手臂皮肤上的暂存菌及部分常驻菌，达到消毒目的，预防患者术后感染，简称外科洗手。手臂消毒法仅能清除皮肤表面的细菌，并不能完全消灭藏在皮肤深处的细菌。在手术过程中，这些细菌会逐渐移到皮肤表面，故在手臂消毒后，还需要穿无菌手术衣和戴无菌手套，以防止细菌污染手术切口。

沿用多年的肥皂水刷手法已逐渐被免刷手消毒方法所代替。外科手消毒方法分为免刷手消毒方法和刷手消毒方法。

（一）免刷手消毒方法

1. 洗手　先用流动的水清洁双手、前臂和上臂，然后取适量的洗手液清洗双手、前臂和上臂下 1/3，并认真揉搓 3~5 分钟。再用流动的水冲洗双手、前臂和上臂下 1/3。从手指到肘部以及上臂，沿一个方向用流动水冲洗手和手臂，不要在水中来回移动，彻底冲洗干净。再用无菌小毛巾或者无菌纸巾擦干。流动的水必须达到生活饮用水的标准。特殊情况下水质达不到要求，手术医生在戴手套前，应用醇类消毒剂消毒双手后再戴手套。

2. 免冲洗手消毒方法　取适量的免冲洗手消毒剂于左手手心，将右手的手指尖浸泡在手消毒剂中（时间 ≥ 5 秒）。将手心里的消毒剂涂抹在右手、前臂直至上臂下 1/3，确保通过螺旋环形运动环绕前臂至上臂下 1/3，将消毒剂完全覆盖皮肤区域，持续揉搓 10~15 秒，直至消毒剂干燥。再取适量的免冲洗手消毒剂于右手手心，同样的方法消毒左手的手指尖、左手、前臂直至上臂下 1/3。最后再取适量的手消毒剂按照七步洗手法（内、外、夹、弓、大、立、腕）进行揉搓，直至消毒剂干燥。手消毒剂的取液量、揉搓时间及使用方法遵循产品的使用说明。

（二）聚维酮碘刷手法

1. 清洁　按普通洗手法用肥皂水洗净双手、前臂至肘上 10 cm，用清水彻底冲净。

2. 刷手　取消毒毛刷蘸 0.5% 聚维酮碘溶液，把每侧手臂分成从指尖到手腕、手腕至肘、肘至肘上 10 cm 三个区域依次刷洗，每一区域的左、右侧手臂交替进行。特别注意甲缘、甲沟及指蹼等处的刷洗，刷手时间约 3 分钟（图 7-16）。

3. 冲洗及擦干　使用流动水冲净，用折成三角形的无菌小毛巾从指尖至肘部擦干，每侧手臂用一条，擦过肘部的毛巾不可再擦手部，以免污染（图 7-17）。

4. 消毒　用浸透 0.5% 聚维酮碘的纱布，从一侧手指尖向上涂擦直至肘上 6 cm 处，同法涂擦另一侧手臂，注意涂满，时间为 3 分钟。换纱布再擦一遍。保持拱手姿势，自然干燥后穿手术衣和戴手套。

目前应用的消毒液品种还有很多，如碘尔康、活力碘，使用方法基本相同。

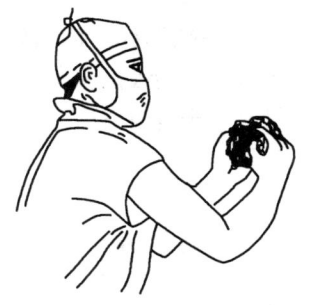
图 7-16　手臂消毒方法：刷手

图 7-17　手臂消毒方法：擦干

（三）灭菌王（双氯苯乙双烷）刷手法

1. 清洁　按普通洗手法用洗手液或肥皂液清洗双手、前臂至肘上 10 cm，用清水彻底冲净。

2. 刷手　用消毒毛刷蘸灭菌王 3~5 ml，把每侧手臂分成从指尖到手腕、手腕至肘、肘至肘上 10 cm 三个区域依次刷洗，每一区域的左、右侧手臂交替进行。特别注意甲缘、甲沟及指蹼等处的刷洗，刷手时间约 3 分钟。

3. 冲洗及擦干　使用流动水冲净，用折成三角形的无菌小毛巾从指尖至肘部擦干，每侧手臂用一条，擦过肘部的毛巾不可再擦手部，以免污染。

4. 消毒　再取吸足灭菌王的纱布，从一侧手指尖向上涂擦直至肘上 6 cm 处，同法涂擦另一侧手臂。保持拱手姿势，自然干燥后穿手术衣和戴手套。

（四）连续手术洗手法

手术完毕，若需进行另一台手术时，必须更换手术衣及手套。先由巡回护士解开腰带及领口系带，再自后背向前反转手术衣，使衣里外翻，注意保护手臂及洗手衣、裤不被手术衣外面所污染，脱下手术衣。然后用戴手套的手抓取另一手的手套外面翻转脱下，用已脱手套的拇指伸入另一手套的里面翻转脱下，注意保护手不被手套外面所污染，最后脱去手套。

无菌性手术完毕，如果手套未破，在需连续施行另一台手术时可不用重新洗手，脱去手术衣和手套后，用 75% 乙醇泡手臂 5 分钟，或用 0.5% 聚维酮碘擦手和前臂 3 分钟，再穿上无菌手术衣，戴上无菌手套，即可进行下一台手术。若前一台手术为污染手术，则连台手术前应重新洗手。

（五）急诊手术洗手法

在紧急情况下，可采用聚维酮碘或灭菌王洗手法，可节约时间。无此条件者，可用 2.5% 碘酊涂擦双手及前臂，再用 75% 乙醇脱碘 1~2 次，先戴手套，后穿手术衣，袖口压在手套外面，然后再戴一双手套。

三、穿无菌手术衣

1. 拿取　洗手后进入手术室，自器械台上拿取折叠好的无菌手术衣，认清衣服的上、下和正、反面；选择较宽敞处站立，用双手分别提起手术衣的衣领两端，轻轻抖开手术衣，有腰带的一面向外，注意勿将衣服外面对向自己或触碰到其他物品或地面。

2. 穿衣　将手术衣向上轻轻抛起，双手顺势插入袖中，两臂前伸，不可高举过肩，也不可向左右侧撒开，以免碰触污染物品。

3. 穿对开式手术衣（图 7-18）　由巡回护士在穿衣者背后抓住衣领内面，协助将袖口后拉，露出双手，并系好衣领后带；穿衣者身体略向前倾，双手交叉提起左、右腰带递向后方，由背后的巡回护士接住并系好腰带。

4. 穿全遮盖式手术衣（图 7-19A~F）　同穿对开式手术衣方法穿上无菌手术衣，由巡回护士协助系好领口及背后带子，戴好无菌手套后，将腰带一端提起，由器械护士直接用戴好手套的手拿住或巡回护士用无菌持物钳夹持腰带，绕穿衣者一周后交穿衣者自行在腰前系好。

5. 保持拱手姿势（图 7-19G）　穿好手术衣后，双手应半伸置于肩以下、腰以上的胸前的视线范围内，避免触碰周围的人或物品。

四、戴无菌手套

（一）开放式戴手套法（图 7-20）

1. 涂擦无菌滑石粉　用无菌滑石粉涂擦手背、手掌及指间，使之光滑（一次性无菌手套已涂有滑石粉，可省略此步骤）。

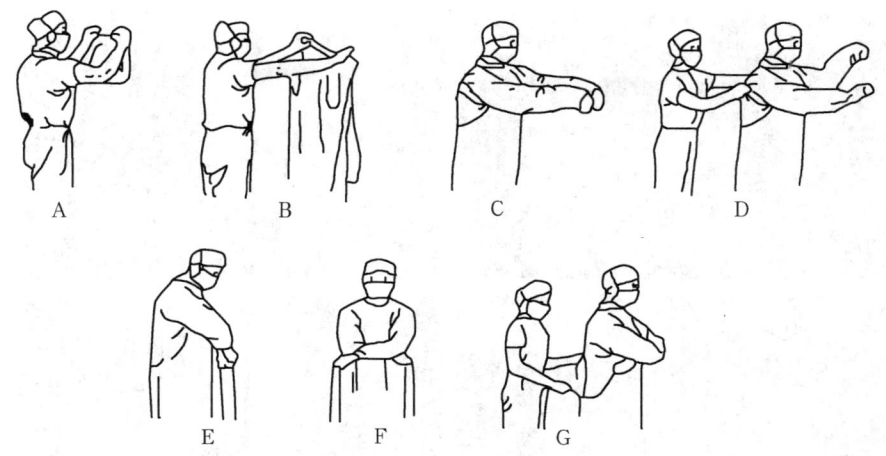

图7-18　穿对开式手术衣步骤

A. 拿取手术衣；B. 拎起衣领，抖开衣服；C. 轻抛衣服，双手插入袖扣；
D. 巡回护士协助提衣；E. F. 双手交叉，提起腰带；G. 巡回护士协助系好腰带

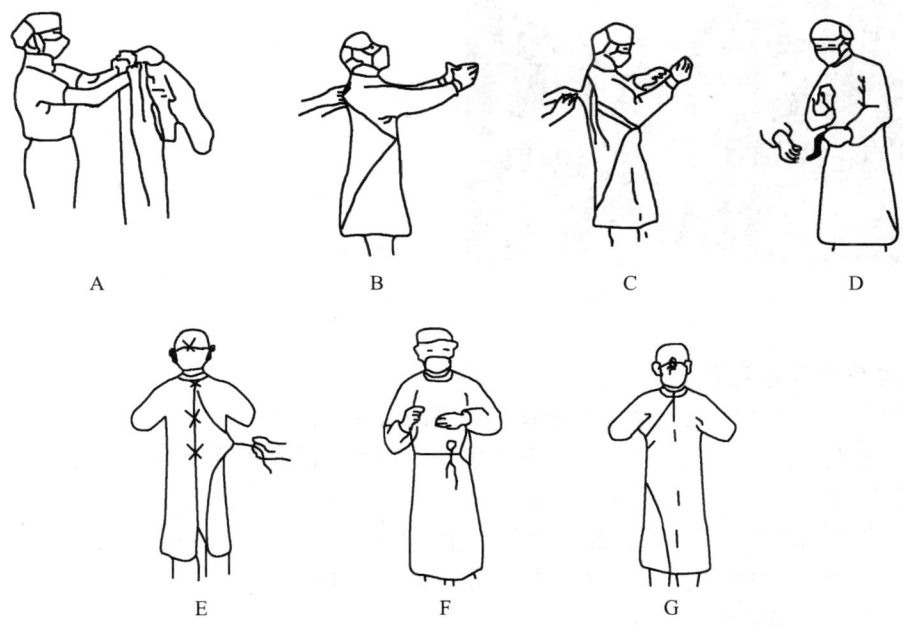

图7-19　穿全遮盖式手术衣

A. 拿取手术衣，穿上衣服；B. 巡回护士协助系好领口及背后带子；C. 戴无菌手套；
D. 递腰带；E. 器械护士拿住腰带，协助绕穿衣者一周；F. 穿衣者自行系腰带；G. 保持拱手姿势

2. 取出手套　捏住手套口的向外翻折部分（即手套的内面），取出一副手套，分清左、右侧。

3. 戴一只手套　一手捏住并显露手套口，将另一手插入手套内，戴上手套，注意未戴手套的手不可触及手套的外面（无菌面）。

4. 戴另一只手套　用已戴上手套的手指插入另一手套口翻折部的内面（即手套的外面），帮助另一手插入手套并戴上。

5. 翻回翻折部　分别将左、右手套的翻折部翻回，并盖住手术衣的袖口。翻盖时，注意已戴手套的手只能接触手套的外面（无菌面）。

6. 冲洗　用无菌生理盐水冲净手套外面的滑石粉。

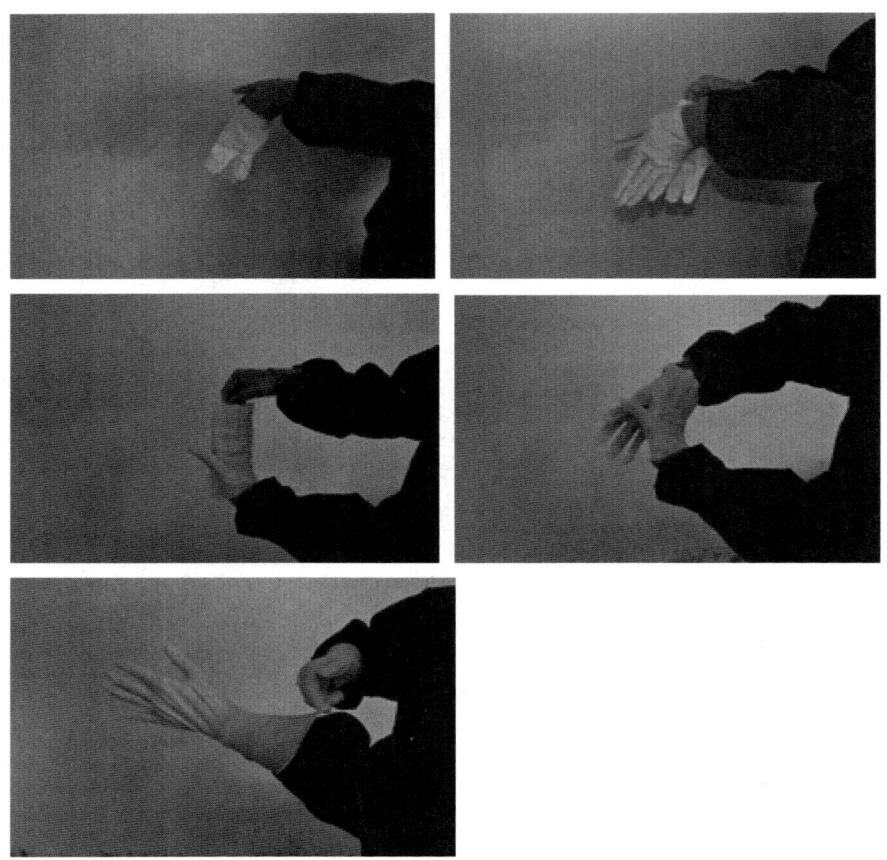

图 7-20 开放式戴手套法

(二)无触及式戴无菌手套法

1. 穿手术　取无菌手术衣,穿好手术衣,双手伸入袖口处(衣袖内)。
2. 戴右手手套　打开手套内袋,取出右手手套。将手套的翻折部放在手掌心,手套的手指方向与手的手指方向相反,同时手套的拇指对准右手的拇指,其余四指隔着衣袖捏住手套的翻折部,左手隔着衣袖提拉右手套翻折部,将手套翻套于袖口上,手指迅速伸入手套内戴好手套。
3. 戴左手手套　再用已戴好手套的右手,同法戴好左手手套。
4. 调整　双手调整好手套位置。

(三)协助他人戴手套

1. 已戴手套者　取出一只手套,双手拿住手套的翻折边,撑开手套,并使手套的拇指朝向戴手套者。
2. 拟戴手套者　将同侧手对准五指后,稍用力向下伸入,协助者同时向上提,顺势将手套边套住袖口。

五、脱手术衣及手套

(一)脱手术衣

1. 他人协助脱手术衣法　穿衣者双手向前微屈肘。巡回护士面对脱衣者,握住衣领将手术衣向肘部、手的方向顺势翻转、扯脱,手套的腕部也随之翻转于手上。
2. 自行脱手术衣法　脱衣者左手抓住右肩手术衣外面,自上拉下,使衣袖由里向外翻。同法拉下左肩,然后脱下手术衣,并使衣里向外翻,保护手臂及洗手衣、裤不被手术衣外面污染，将手术衣弃于污物袋内。

（二）脱手套

右手拇指、示指抓住左手手套外面，外翻手套，翻折至大鱼际肌处。同法，左手将右手手套翻折，并顺势脱下手套，已脱手套的右手拇指伸入左手手套内面将手套脱下。注意保持双手不触及手套外面，避免污染。

第五节 手术患者的准备

一、一般准备

手术患者须提前到达手术室，做好手术准备。手术室护士应接待患者，按手术安排表仔细核实患者，确保手术部位（如左侧或右侧）准确无误，点收所带药品，认真做好三查七对和麻醉前的准备工作。同时，加强对手术患者的心理准备，减轻其焦虑、恐惧等心理反应，以配合手术的顺利进行。

二、手术体位安置

根据患者的手术部位，由巡回护士安置合适的手术体位，利用手术台的转动和附件的支持，应用枕垫、沙袋、固定带等保持患者的位置，必要时由术者核实或配合，共同完成手术体位的安置。

（一）安置手术体位的要求

1. 保证患者的舒适和安全，骨凸出处要衬海绵或凝胶软垫，以防压伤。
2. 手术部位应得到充分显露，并利于术者操作。
3. 呼吸道要通畅，呼吸运动不能受限。
4. 大血管不能受压，以免影响组织供血和静脉回流，如肢体需固定时，要加软垫，不可固定过紧。
5. 重要的神经不能受压或牵拉损伤，如上肢外展不得超过90°，以免损伤臂丛神经；下肢要保护腓总神经不受压；俯卧位时小腿要垫高，使足尖自然下垂。

（二）常见的手术体位（图7-21）

1. 仰卧位　最常用，适用于腹部、颌面部、颈部及乳腺等腹侧面手术。
2. 侧卧位　适用于胸部、腰部及肾手术。
3. 俯卧位　适用于脊柱及其他背部大型手术。
4. 膀胱截石位　适用于会阴部、尿道及肛门手术。
5. 半坐卧位　适用于鼻及咽部手术。

三、手术区皮肤消毒

安置好手术体位后，需对手术区域皮肤进行消毒，目的是杀灭手术切口及其周围皮肤上的微生物。消毒范围应至少包括手术切口周围直径15～20 cm的区域。如手术时有延长切口的可能，则应适当扩大消毒范围。不同手术部位的皮肤消毒范围见图7-22所示。

手术区皮肤消毒由第一助手在手消毒后，尚未穿手术衣和戴手套之前进行。消毒前，先检查手术区域皮肤的清洁度、有无破损及感染，然后用浸透0.5%聚维酮碘的纱球或棉球涂擦一遍，待干后换消毒钳再消毒两遍。一般皮肤消毒应从手术切口开始向四周涂擦，感染伤口或肛门会阴部皮肤消毒应由外周向感染伤口或肛门会阴处涂擦。消毒过程中，药液不能浸蘸过多，以免引起周围皮肤及黏膜的刺激与损伤；已接触消毒范围边缘或污染部位的药液纱球不能回擦。植皮区、供皮区用75%乙醇消毒3遍。皮肤消毒、铺无菌巾单完毕后，再次用0.5%聚维酮碘涂擦手臂待干，再穿无菌手术衣及戴无菌手套。

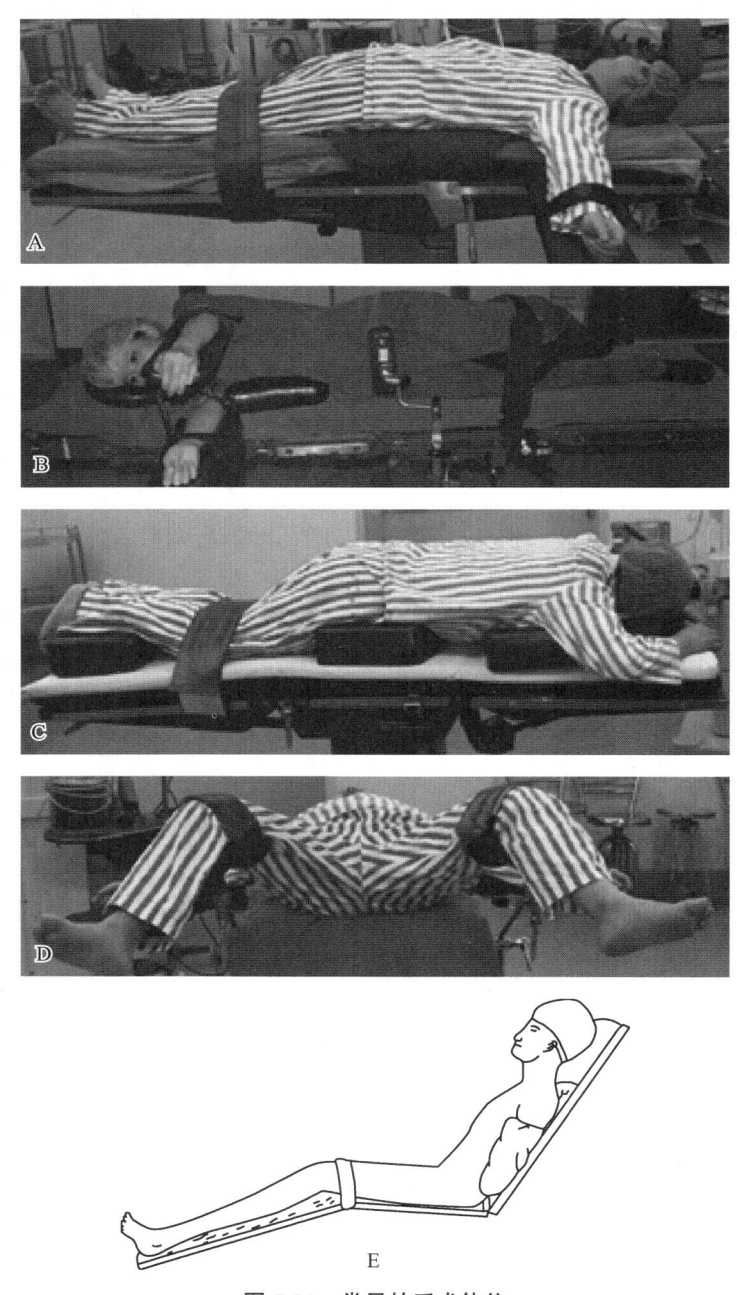

图 7-21 常见的手术体位
A. 仰卧位；B. 侧卧位；C. 俯卧位；D. 膀胱截石位；E. 半坐卧位

四、手术区铺无菌手术单

手术区皮肤消毒后，由执行消毒的医师及器械护士协同做手术区无菌巾单的铺放。顺序是先铺无菌巾，再铺盖无菌单。无菌巾单的铺盖方法因手术部位而异，但总的原则是要求将患者的全身遮盖，准确地显露手术野。一般无菌手术切口周围至少要盖4层无菌巾单。小手术用消毒巾、小孔巾即可。

以腹部手术为例，需消毒巾4块，薄膜手术巾1块，中单2条，剖腹单1条。其铺盖步骤如下：

1. 护士传递第1块消毒巾折边向着助手。
2. 助手接第1块消毒巾，盖住切口的下方。
3. 用第2块消毒巾盖住切口的对侧。
4. 用第3块消毒巾盖住切口的上方。

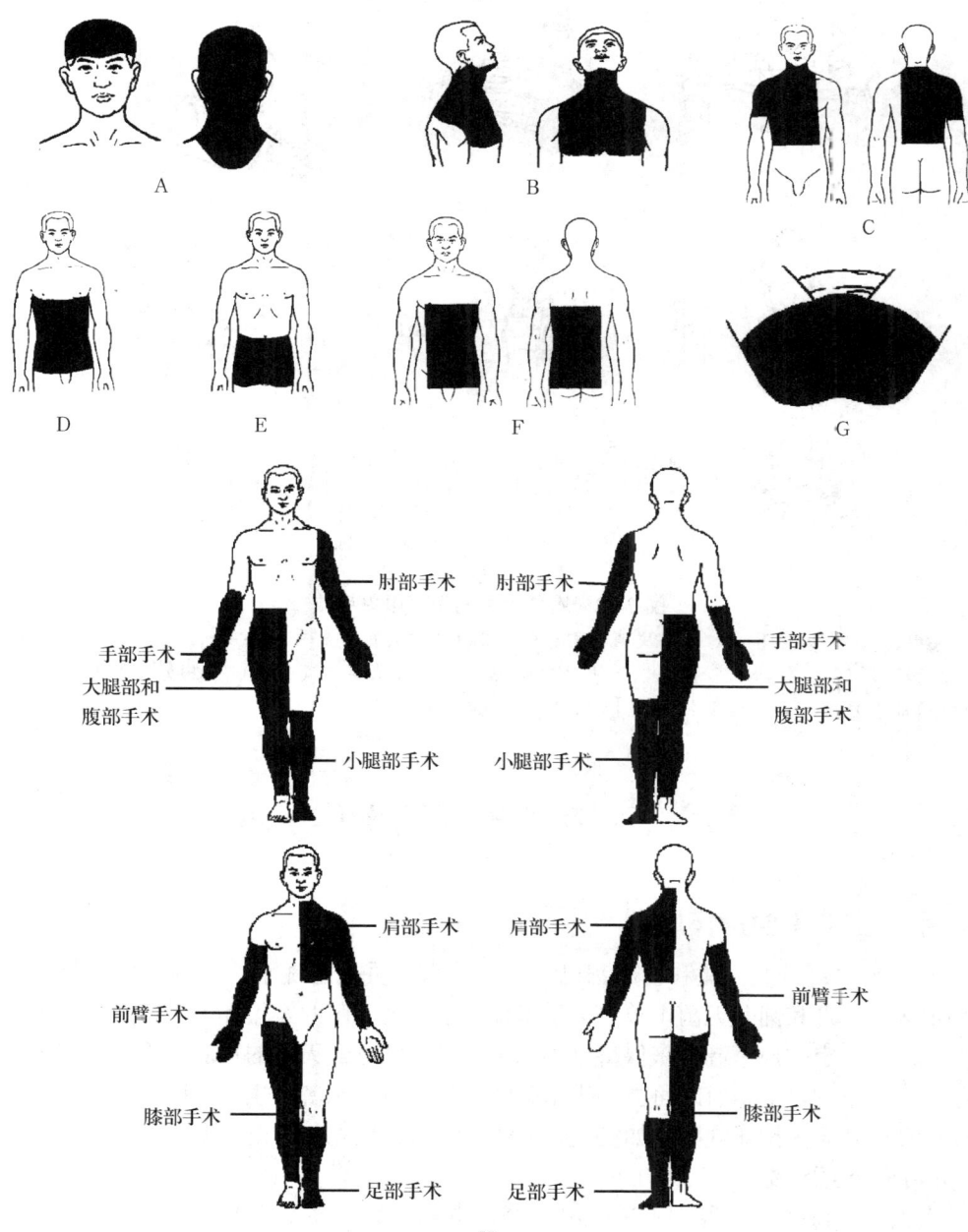

图 7-22 不同手术部位的皮肤消毒范围
A. 颅脑手术；B. 颈部手术；C. 胸部手术；D. 腹部手术；E. 腹股沟和阴囊部手术；
F. 肾手术；G. 会阴部和肛门部手术；H. 四肢手术

5. 用第4块消毒巾折边向着护士，盖住切口的助手贴身侧。

6. 将薄膜手术巾放于切口的一侧，撕开一头的防粘纸并向对侧拉开，将薄膜手术巾敷盖于手术切口部位。

7. 切口部位上、下各铺中单1条。

8. 最后铺剖腹单，开口正对切口部位，先向上展开，盖住麻醉架，再向下展开，盖住手术托盘及床尾（图7-23）。

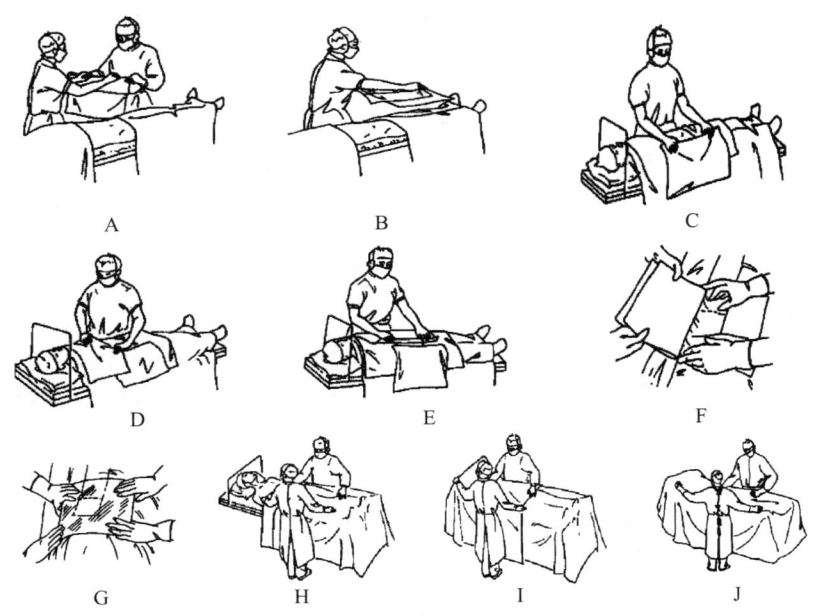

图7-23 腹部手术的无菌巾单铺放

A. 传递消毒巾；B. 铺切口下方的第1块消毒巾；C. 铺切口对侧的第2块消毒巾；D. 铺切口上方的第3块消毒巾；E. 铺切口近侧的第4块消毒巾；F. 协助薄膜贴固定4块消毒巾（1）；G. 协助薄膜贴固定4块消毒巾（2）；H. 协助铺下方中单；I. 协助铺上方中单；J. 协助铺大洞巾

第六节 手术室无菌操作技术

一、手术室的无菌操作原则

在手术过程中，虽然器械和物品都已灭菌，手术人员也已洗手、消毒、穿无菌手术衣和戴手套，手术区已消毒和铺盖无菌巾单，为手术提供了一个无菌的操作环境。但是，在手术进行过程中，如果没有一定的规章制度来保持这种无菌环境，则已经灭菌的物品或手术区域仍有受到污染、引起切口感染的可能，有时可能使手术失败，甚至危及患者的生命。因此，所有参加手术的人员必须认真遵守无菌操作规则，如发现有人违反时，必须立刻纠正。无菌操作规则包括：

（一）明确无菌区域

手术人员一经洗手，手臂即不准接触未经消毒的物品。穿无菌手术衣及戴无菌手套后，背部、腰部以下和肩部以上均应视为有菌区，不能再用手触摸。手术人员的手臂应肘部内收，靠近身体，既不可高举过肩，也不可下垂过腰或交叉放于腋下。手术台边缘以下视为有菌区，布单不可接触，凡下坠超过手术台边缘以下的器械、敷料等一概不可再取回使用。无菌台仅台缘平面以上属于无菌，手术人员不得扶持无菌器械台的边缘。

（二）保持无菌物品的无菌状态

无菌区内所有物品都必须是灭菌的。若无菌包破损、潮湿或可疑污染，均应视为有菌。手术过程中，若手套破损或接触到有菌物品，应立即更换无菌手套。前臂或肘部若受污染，应立即更换手术衣或加套无菌袖套。无菌区的布单若被浸湿，即失去无菌隔离作用，应加盖干的无菌巾或更换新的无菌单。

（三）保护皮肤切口

切开皮肤前，一般先用无菌聚乙烯薄膜覆盖，再经薄膜切开皮肤。切开皮肤和皮下脂肪层后，边缘应以大纱布垫或手术巾遮盖并固定，仅显露手术野。凡与皮肤接触的刀片和器械不应再用，延长切口或缝合前再用75%乙醇消毒皮肤一次。手术中途因故暂停时，切口应用无菌巾覆盖。

（四）正确传递物品和调换位置

术者或助手需要器械时，应由器械护士从器械升降台侧正面方向递给，不可在手术人员背后或头顶方向传递器械及手术用品。手术过程中，手术人员须面向无菌区，并在规定区域内活动，同侧手术人员如需调换位置，应先退后一步，转过身背对背地转至另一位置。

（五）污染手术的隔离技术

进行胃肠道、呼吸道或宫颈等污染手术时，切开空腔脏器前，先用纱布垫保护周围组织，并随时吸除外流的内容物，被污染的器械和其他物品一般不再使用，应放在专放污染器械的盘内，避免与其他器械接触。完成全部污染步骤后，手术人员应用无菌生理盐水冲洗或更换无菌手套。

（六）减少空气污染

手术进行时，门、窗应关闭，尽量减少人员走动。手术过程中保持安静，不高声讲话、嬉笑，避免不必要的谈话；咳嗽、打喷嚏时，须将头转离无菌区；请他人擦汗时，头应转向一侧；口罩若潮湿，应更换；参观手术的人员应距离手术人员30 cm，不可离得过近或站得过高，也不可经常在室内走动，以减少污染的机会。

二、无菌器械台的准备

手术器械桌一般分为大、小两种，要求结构简单、坚固、轻便及易于清洁消毒，有轮可推动，桌面四周有栏边，栏高4~5 cm，以防手术器械滑下。器械桌由巡回护士和器械护士共同准备。

1. 根据手术的性质及范围，选择不同规格清洁、干燥、平整的器械桌，备齐相应的器械包、敷料包、手术衣包、无菌持物钳及所需无菌物品，推至手术室。

2. 选择宽敞区域（若在房间一角，周边距墙面及其他物体60 cm以上）铺桌。

3. 巡回护士将手术包、敷料包放于桌上，用手打开第一层包布（双层），注意只能接触包布的外面，由里向外展开各角，手臂不可跨越无菌区。用无菌持物钳打开第二层包布，先对侧、后近侧。

4. 器械护士穿无菌手术衣和戴无菌手套后，用手打开第三层包布。铺在桌面上的无菌巾共6层，无菌单应下垂至少30 cm。将器械按使用先后顺序分类，从左向右摆于器械台上，一般顺序为血管钳、刀、剪、镊、拉钩、深部钳和备用器械。海绵钳及吸引器皮管放于拉钩上（图7-24）。放置在无菌桌内的物品不能伸出桌缘以外。若无菌桌单被水浸湿，则失去无菌隔离作用，应立即加盖无菌单。若为备用无菌桌（连台手术），应用双层无菌巾盖好，有效期为4小时。

知识链接

腹腔镜手术的术中配合

1. 器械护士提前上台，依次将高频电刀头、电导线及冲流管上端固定于孔单的左上侧，冷光源导线、摄像系统连接线，选接管上端固定于孔单右下侧。下端递给巡回护士，正确、妥善连接。

2. 巡回护士根据术者要求调节冷光源亮度、电刀频率，腹腔镜手术需启动气腹机，使气腹机压力维持在 15～2.0 kPa，必要时连接、开启冲洗器。

3. 腹腔镜手术尤其应加强气腹的护理。

4. 为避免镜头雾化影响视觉，在镜头放入腹腔时，器械护士将聚维酮碘纱球拧干擦拭镜头；若镜头在术中触碰到组织被血渍污染，应取出镜头，再次用拧干的聚维酮碘纱球擦拭。

5. 手术完毕，巡回护士将各仪器旋钮旋至零位，关闭电源开关，慎重卸下各种连接导线。器械护士擦净各连接导线上的血迹，盘旋，勿成锐角，以防折断。各种器械按清洗原则处理。

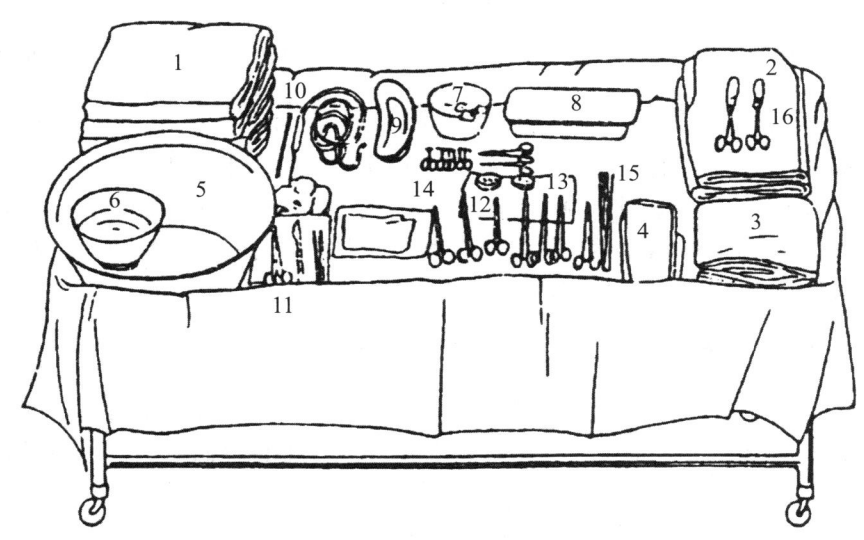

图 7-24 器械车台面物品摆放

1. 手术衣；2. 手术单类；3. 手术巾；4. 纱垫、纱布；5. 大盆；6. 盐水碗；7. 乙醇（酒精）碗；8. 标本盘；9. 弯盘；10. 吸引管及橡皮管；11. 手术刀、剪子和镊子；12. 针盒（内置各式缝针）；13. 持针钳及剪线剪；14. 布巾钳；15. 平镊及大号血管钳；16. 皮肤灭菌拭子

自 测 题

选择题

1. 手术室人员洗手、穿无菌手术衣、戴手套之后，双手应保持的姿势是
   A. 手臂向上高举　　　　B. 手臂自然下垂　　　　C. 胸前拱手姿势
   D. 夹在腋下　　　　　　E. 放在背后

2. 巡回护士的职责不包括
   A. 检查手术前设备及手术需用物品
   B. 核对患者的姓名、床号、施术部位
   C. 术中观察患者病情变化、执行口头医嘱、配合抢救
   D. 关闭体腔前与手术护士共同清点器械、物品
   E. 术毕清洗器械

3. 手术过程中,清点及核对器械、敷料的时间是
   A. 手术开始前和准备关体腔前
   B. 手术开始前
   C. 手术进行中
   D. 手术完毕后
   E. 开始缝合皮肤前

4. 下列无菌操作原则中,错误的是
   A. 术者的上肢前臂一旦触及有菌物品,应更换手套
   B. 发现手套有破口时,应立即更换
   C. 无菌手术单湿透时,应加干无菌单
   D. 禁止越过头部或从术者背后传递无菌器械及物品
   E. 坠落在手术台边缘以下的器械物品不能拾回再用

(5~8题共用题干)

孙女士,45岁,月经量增多,月经周期缩短2年。妇科检查:子宫增大约妊娠3个月大小,质硬,凹凸不平,双附件(−),诊断为子宫肌瘤。积极行术前准备,在硬脊膜外阻滞下行"子宫全切除术"。

5. 患者皮肤消毒范围以切口为中心,直径为
   A. 15~20 cm
   B. 15 cm
   C. 20 cm
   D. 25 cm
   E. 30 cm

6. 关于手术区域的无菌布单覆盖,正确的是
   A. 8层
   B. 4层
   C. 4~6层
   D. 6层
   E. 4~8层

7. 手术薄膜的作用为
   A. 保护切口
   B. 保温
   C. 保护术者
   D. 美观
   E. 防水

8. 剖腹布类包中治疗巾必须有
   A. 1块
   B. 2块
   C. 3块
   D. 4块
   E. 6块

(9~10题共用题干)

王先生,65岁,右侧腹股沟区出现可复性肿块5年,6小时前因剧烈咳嗽后出现疝块增大、腹痛、呕吐、全身不适。体格检查:右腹股沟区及阴囊可触及肿块,压痛,腹膜刺激征(−),急诊行疝修补术。

9. 器械护士洗手操作,正确的是
   A. 范围应从手指尖到肘上5 cm
   B. 冲水时,应将手指及肘均朝下
   C. 浸泡乙醇范围应到肘上3 cm

D. 浸泡苯扎溴铵后应擦干手臂

E. 刷洗范围应从指尖到肘上 10 cm

10. 手术切口的消毒顺序是

   A. 自下而上
   B. 自上而下
   C. 由切口向四周
   D. 由四周向切口
   E. 无一定顺序

（11～12 题共用题干）

李先生，45 岁，患胃溃疡 6 年，近 1 个月来出现上腹不适、疼痛、反酸、嗳气等。入院后诊断为胃癌，拟行根治性胃大部切除术。

11. 应安置的手术体位是

   A. 颈伸仰卧位
   B. 上肢外展仰卧位
   C. 水平仰卧位
   D. 头高足底斜坡卧位
   E. 右侧卧位

12. 胃肠道切开前要用纱布垫加以保护，其主要目的是

   A. 防止和减少污染
   B. 防止水分蒸发过多
   C. 防止术后腹胀
   D. 避免胃肠道受损伤
   E. 防止术中出血

（安雪莹）

第八章 外科感染患者的护理

学习目标

1. 解释外科感染的概念、特点。
2. 概述外科感染的分类。
3. 总结外科感染的病因、病理生理；掌握外科感染的临床表现和处理原则。
4. 能运用护理程序对外科感染患者实施整体护理。
5. 培养外科无菌观念，预防外科感染的发生。

案例 8-1

陈女士，36 岁，工人。因突发寒战、高热、上腹部剧烈疼痛，伴恶心、呕吐、黄疸 2 天入院。急诊以"胆管结石、急性胆管炎"收入院。经积极补液、抗感染治疗 12 小时后病情未见好转。体格检查：表情淡漠、面色潮红、四肢湿冷；T 39.8℃，P 142 次/分，R 36 次/分，BP 72/52 mmHg。尿量少。辅助检查：白细胞计数 26×10^9/L、中性粒细胞核左移。血生化检查总胆红素升高。B 型超声检查显示胆总管结石、胆总管扩张。

问题与思考：

1. 该患者在胆道感染的基础上发生了什么并发症？
2. 目前对该患者的处理原则有哪些？
3. 需要进一步采取哪些护理措施？

第一节 概 述

感染（infection）是由病毒、细菌、真菌与寄生虫等病原微生物侵入人体，并在体内生长繁殖所引起的局部和（或）全身炎症反应。外科感染（surgical infection）是指需要手术治疗的感染性疾病和发生在创伤或手术后的感染，在外科领域中最常见，占所有外科疾病的 1/3～1/2。其特点是：①常为多种细菌引起的混合感染；②大部分感染患者有明显而突出的局部症状和体征，严重时可有全身表现；③病变常集中在某个部位，发展后引起组织化脓、坏死等；④一般药物不能控制，常需要手术或换药处理。

> **考点提示**
>
> 外科感染的特点。

【分类】

1. 按致病菌种类和病变性质分类

（1）非特异性感染：又称化脓性感染或一般性感染，外科感染大多数属于此类感染。常见有疖、痈、急性淋巴结炎、急性阑尾炎、急性腹膜炎等。常见致病菌有金黄色葡萄球菌、溶血性链球菌、大肠埃希菌、变形杆菌、铜绿假单胞菌等，可由单一致病菌导致感染，也可由几种致病菌共同致病形成混合感染。其特点是同一种致病菌可以引起不同的化脓感染，如金黄色葡萄球菌能引起疖、痈、脓肿等；而不同的致病菌又能引起同一种疾病，如金黄色葡萄球菌、化脓链球菌、大肠埃希菌都能引起急性蜂窝织炎和伤口感染。病变通常先有急性炎症反应，继而形成局部化脓。

（2）特异性感染：是指由一些特殊致病菌引起的感染。如结核分枝杆菌、破伤风梭菌、产气荚膜梭菌、白念珠菌。其特点是一种致病菌仅引起一种特定性的感染，感染的病理过程、临床表现、防治措施各有特点。

2. 按病程分类

（1）急性感染：病程在3周内，病变以急性炎症为主，大多数非特异性感染属于此类。

（2）慢性感染：为病程超过2个月的外科感染，部分急性感染迁延不愈可转为慢性感染。

（3）亚急性感染：为病程介于3周至2个月之间的感染，除由急性感染迁延形成外，还常因致病菌有较强的耐药性或宿主抵抗力较弱。

3. 按发生情况分类

（1）按致病菌入侵情况分类：①原发性感染：由伤口直接污染引起的感染。②继发性感染：在伤口愈合过程中发生的感染。

（2）按致病菌的来源分类：①内源性感染：有少数寄生于体内的致病菌，在正常情况下不引起疾病，当机体抵抗力下降或受外界因素影响时，成为致病菌造成机体感染。②外源性感染：是致病菌由体表或外界环境侵入体内造成的感染，如切口感染。

（3）按感染发生的条件分类：可分为二重感染（菌群失调症）、条件性（机会性）感染和医院内感染等。①二重感染：与致病菌的抗（耐）药性相关，是在使用广谱抗生素或联合使用抗菌药物治疗感染的过程中，敏感的致病菌被抑制，但耐药菌（如白念珠菌）大量繁殖，产生新的感染现象。②条件性感染：是在人体局部或（和）全身抵抗力下降时，本来栖居于人体但非致病的菌群可以变成致病微生物所引起的感染。如表皮葡萄球菌是人体的正常菌群之一，其毒性很弱，但在人体抵抗力降低时可引起尿路感染、心内手术后感染。③医院内感染：是患者在医院内因致病微生物侵入机体引起的感染，如切口感染、烧伤感染、呼吸系统和泌尿系统感染，包括医院内患者相互之间的交互感染和因诊疗、护理操作不当所造成的医源性感染。与医院外感染的致病菌相比，医院内感染的同类致病菌有更强的毒性，更易产生耐药性。

 考点提示

外科感染的分类。

【病因及发病机制】

外科感染的发生与致病微生物的数量和毒力有关，也与人体抗感染的防御机制有关。原居于人体内的一些非致病菌或致病力较弱的细菌在人体抵抗力下降时也可引起感染。

1. 致病菌的致病因素

（1）黏附因子：致病菌有黏附因子，能附着于人体组织和细胞，以利于入侵；有些致病菌有荚膜或微荚膜，能抗拒吞噬细胞的作用而在组织内生存繁殖，或在吞噬后抵御杀灭，仍能在细胞内繁殖，导致组织和细胞损伤、病变。

（2）致病菌毒素：致病菌可释放多种胞外酶、外毒素和内毒素，具有侵蚀组织细胞、引起感染并使之扩散的作用。

（3）致病菌的数量与增殖速率：是导致感染的重要因素之一。在健康个体，伤口污染的细菌数量如果超过 10^5 常引起感染，低于此数量则较少发生感染。侵入人体组织的致病菌数量越多，增殖速率越快，导致感染的概率越高。

2. 机体易感染的因素　正常情况下，人体天然免疫与获得性免疫共同参与抗感染防御机制，当某些局部因素或全身因素导致这些防御机制受损时，就可能引起感染。

（1）局部原因：①皮肤或黏膜破损，如开放性创伤、烧伤、胃肠穿孔、手术；②留置血管或体腔内的导管处理不当，为致病菌入侵开放了通道，如静脉导管、脑室引流管；③管腔阻塞，使内容物淤积，细菌繁殖侵袭组织，如乳腺导管阻塞、乳汁淤积后发生急性乳腺炎；阑尾腔内粪石梗阻后发生急性阑尾炎等；④局部组织缺血或血供障碍，丧失抗菌和修复组织的能力，如压疮、下肢静脉曲张溃疡后继发感染；⑤侵入性诊疗操作，如导尿、胸腔穿刺、引流。

（2）全身抵抗力下降：凡是能引起全身性抗感染能力降低的因素均可促使感染发生。①严重损伤、大面积烧伤或休克；②糖尿病、尿毒症、肝硬化等慢性疾病；③使用免疫抑制药、多量肾上腺皮质激素，接受抗癌药物或放射治疗；④严重的营养不良、贫血、低蛋白血症、白血病或白细胞过少等；⑤先天性或获得性免疫缺陷（艾滋病）因免疫障碍，更易发生各种感染性疾病。

【病理生理】

1. 感染后的炎症反应　致病菌侵入组织并繁殖，产生多种酶与毒素，可以激活凝血、补体、激肽系统以及血小板和巨噬细胞等，导致炎症介质的生成，引起血管扩张与通透性增加，白细胞和吞噬细胞进入感染部位发挥吞噬作用，单核-巨噬细胞通过释放促炎细胞因子协助炎症及吞噬过程。炎症反应的作用是使入侵微生物局限化并最终被清除，同时引发效应症状，即局部出现红、肿、热、痛等炎症的特征性表现。部分炎症介质、细胞因子和细菌毒素等还可进入血流，引起全身炎症反应。

2. 感染的转归　感染的病程演变受致病菌毒力、局部抵抗力、全身免疫力及治疗措施等诸多因素影响。

（1）炎症消退：当机体抵抗力较强，治疗及时、有效时，吞噬细胞和免疫成分能较快地制止致病菌，清除组织和细胞崩解产物与死菌，使炎症消退，感染治愈。

（2）炎症局限：机体抵抗力占优势，感染局限化，组织细胞崩解物和渗液可形成脓性物质，积聚于创面或组织间，或形成脓肿。在有效的治疗下，炎症病变或小的脓肿可以吸收消退；比较大的脓肿破溃或经手术引流脓液后感染好转。局部肉芽组织生长，形成瘢痕而愈合。

（3）炎症扩散：当致病菌毒性大、数量多或（和）机体抵抗力较差时，感染迅速扩展，导致菌血症和脓毒症等全身性感染，严重者可危及生命。

（4）转为慢性炎症：致病菌大部分被消灭，但尚有少量残存；在机体抵抗力与致病菌的毒力处于相持的情况下，组织炎症持续存在，局部中性粒细胞浸润减少而成纤维细胞和纤维增加，变为慢性炎症。在机体抵抗力减低时，致病菌可再次繁殖，感染可重新急性发作。

【护理评估】

1. 健康史　询问及了解患者的营养状况；了解患者既往有无感染病史，目前是否伴随结核病、糖尿病等慢性疾病，有无足癣、银屑病等皮肤病，有无皮肤、黏膜开放性损伤，近期是否使用糖皮质激素、化疗药物等免疫抑制药。

2. 身体状况

（1）局部表现：红、肿、热、痛和功能障碍是急性炎症的典型表现。体表与较表浅的化脓性感染均有局部疼痛和触痛，皮肤肿胀、发红、温度升高，还可出现肿块或硬结。体表病变脓肿形成时，触诊可有波动感。深部组织感染者局部症状不明显。

（2）全身表现：感染轻微可无全身症状；感染严重者常有畏寒、发热、呼吸及心搏加快、头痛、乏力、全身不适、食欲减退等表现。严重感染时可出现脓毒症，表现为尿少、神志不清、乳酸血症等器官灌注不足的表现，甚至出现休克和多器官功能障碍综合征等。

（3）器官与系统功能障碍：感染直接侵及某一器官时，该器官或系统可出现功能异常或障碍，如尿路感染时有尿频、尿急、尿痛；肝脓肿时可有腹痛、黄疸、肝功能异常。严重感染导致脓毒症时，可引起脑、心脏、肺、肝、肾等重要器官的功能障碍，甚至功能衰竭。

（4）特殊表现：某些感染可有特殊的临床表现，如破伤风有肌肉强直性痉挛；气性坏疽和其他产气菌感染时，局部可出现皮下捻发音（气泡）。

考点提示

外科感染的临床表现。

3. 心理-社会状况　外科感染往往起病急、病情重、发展快，加上发热、疼痛、功能障碍等，患者易出现失眠、哭泣、烦躁、焦虑、恐惧等心理反应。当发生全身化脓性感染时，患者会产生恐惧不安，唯恐离开亲人，预感到死亡的威胁。

4. 辅助检查

（1）实验室检查：白细胞计数及分类测定是最常用的检测项目，白细胞计数大于$12 \times 10^9/L$，或小于$4 \times 10^9/L$，或发现未成熟的白细胞，提示重症感染。其他实验室检查：血常规、尿常规、肝功能、肾功能等，可根据初诊结果选择。尿路感染者需作尿常规与肾功能检查。血、尿、痰、分泌物、渗出物、脓液做涂片、细菌培养及药敏试验，可明确致病菌的种类及指导选用有效的抗生素。必要时，应做厌氧菌培养。

（2）影像学检查：B型超声、X线、CT、MRI等检查，可了解感染病灶的部位及范围，有无脓肿形成。

（3）其他检查：检测血浆蛋白质、尿糖、空腹血糖，以了解患者有无营养不良、低蛋白血症和糖尿病等慢性疾病。

5. 治疗原则　局部治疗与全身性治疗并重。消除感染病因和毒性物质，积极控制感染，加强全身支持治疗，增强机体的抗感染和修复能力。较轻或范围较小的浅部感染，可局部热敷、理疗、外敷药物等；感染较重、范围较大或感染较深者，应给予有效的抗生素并加强支持治疗。脓肿形成者，应及时切开引流。

（1）局部治疗

1）保护感染部位：局部制动、避免受压、抬高患肢，以免感染范围扩散。

2）物理疗法：炎症早期可以局部热敷或采用超短波或红外线照射等物理疗法，以改善血液循环，促进炎症吸收、消退或局限。

3）局部外用药物：浅部的急性感染在未形成脓肿阶段可用鱼石脂软膏、金黄膏等敷贴；组织肿胀明显者可用50%硫酸镁溶液湿热敷，以促进局部血液循环，加速肿胀消退和感染局限化。

4）手术治疗：脓肿形成后，应及时切开引流使脓液排出。深部脓肿可以在B型超声、CT等引导下穿刺引流或手术引流等。脏器组织的炎症病变，应视所在的器官以及感染程度，参考患者全身情况，先用非手术治疗，并密切观察病情变化，必要时手术治疗。手术方式为切除或切开病变组织、排脓及留置引流物引流等。

（2）全身治疗

1）全身抗感染治疗：应根据细菌培养与药敏试验结果选用有效抗生素，在细菌培养与药敏试验尚无明确结果时，可以根据感染部位、临床特点、脓液性状等估计致病菌种类，选用适当的抗生素。

2）全身支持治疗：外科感染对患者全身有不同程度的影响。对于有重要脏器感染、脓毒症、手术后或创伤合并感染，以及原先有较重的其他病症者，改善患者的全身状态、增强机体抵抗力尤其重要。①保证患者充分的休息与睡眠，维持良好的精神状态。②维持体液平衡，避免脱水、电解质代谢紊乱与酸碱平衡失调。③加强营养支持，给予高能量、富含维生素、高蛋白、易消化饮食。对于不能进食、明显摄入不足或高分解代谢患者，可酌情提供肠内或肠外营养支持，以弥补体内的能量不足和蛋白质过多消耗。④如有贫血、白细胞减少或低蛋白血症，需适当给予成分输血、人血清蛋白、丙种球蛋白等，提高机体的免疫防御能力。

3）对症治疗：对全身中毒症状严重者，在使用大量抗生素的前提下，可考虑短程使用糖皮质激素冲击疗法，以改善状况，减轻中毒症状；对感染性休克或多器官功能障碍者，应给予抗休克治疗和加强脏器功能的支持与监护，改善组织灌注与器官功能；对体温过高者，给予物理降温或药物降温；体温过低时需保暖；对疼痛剧烈者，给予镇痛药。积极治疗感染发生前的原有病症，如纠正糖尿病患者的高糖血症与酮症、肾功能不全患者的氮质血症等。

 考点提示

外科感染的治疗原则。

【常见护理诊断/问题】
1. 体温过高　与感染后毒素及坏死组织吸收有关。
2. 疼痛　与感染有关。
3. 焦虑或恐惧　与疼痛不适，病情恶化，患者对治疗丧失信心有关。
4. 营养失调：低于机体需要量　与营养摄入不足及高代谢状态有关。
5. 潜在并发症：败血症、感染性休克、呼吸困难或窒息、化脓性海绵窦炎等。
6. 知识缺乏　与患者缺乏保健知识有关。

【护理目标】
1. 患者体温基本恢复正常。
2. 患者疼痛减轻或消失。
3. 患者情绪稳定，恐惧和焦虑症状减轻或消失。
4. 患者的营养状况逐渐恢复正常，机体抗感染能力增强。
5. 发生并发症的可能性和危险性减小或消除。
6. 患者自我保健意识增强，能主动配合治疗。

【护理措施】
1. 心理护理　向患者及其家属介绍外科感染性疾病的有关预防知识及治疗方法，针对患者的情绪和心理变化，采取相应的护理措施，同时关心、体贴、安慰和鼓励患者，帮助患者树立战胜疾病的信心，使其积极配合治疗和护理。

2. 病情观察　定时观察和监测患者的意识、血压、呼吸、脉搏、体温及血常规检查结果。重点观察局部感染病灶的变化和全身性感染中毒症状的变化，警惕有无颅内感染、败血症、转移性脓肿、感染性休克的发生。若发现异常情况，应立即报告医师，及时处理。

3. 局部疗法的护理

（1）局部制动和休息：能减轻疼痛和肿胀，有利于炎症局限化。肢体感染时，可抬高患肢，必要时加以固定，以利于静脉和淋巴回流，减少局部充血，从而减轻肢体肿胀和疼痛。

（2）药物外敷：早期局部可外敷鱼石脂软膏、金黄膏，或用25%～50%硫酸镁溶液湿热敷等，这些药物可促进局部血液循环，有利于炎症的消退和局限化。有伤口或创面感染者，应给予局部清洁和换药。

（3）物理疗法：炎症早期，可予以局部热敷、红外线、超短波等物理治疗，以改善局部血液循环，促进炎症吸收、消退或局限。

（4）切开引流后的护理：化脓性病灶如已行切开引流，应注意切口敷料是否湿透，有无出血，并及时更换敷料，保持敷料清洁、固定。手术切口应处于最低位，以利脓液引流。注意观察切口的引流情况，一般脓肿切开引流后，患者疼痛减轻、体温下降、全身情况好转；若疼痛不减轻，体温下降不明显，引流出的脓液量甚少，全身情况无明显好转，常提示引流不畅，应及时报告医师，并配合医师处理。

4. 全身疗法的护理

（1）支持疗法的护理：保证患者充分休息，给予高蛋白、高热量、富含维生素、易消化的饮食。必要时遵医嘱补液，维持水、电解质及酸碱平衡。对于严重感染的患者，遵医嘱给予患者少量多次输新鲜血液，以增强机体的抗感染能力。全身性感染中毒症状明显的患者，也可考虑使用糖皮质激素，以改善患者的一般情况，减轻中毒症状，但糖皮质激素有使感染扩散的危险，因此使用时需大剂量、短疗程，同时给予足量、有效抗生素，并注意观察。

（2）对症护理：发热患者要绝对卧床休息，体温过高者，可予以物理降温或药物降温；体温过低者，应注意保暖；疼痛剧烈时，遵医嘱给予镇静药及镇痛药。

（3）加强基础护理：对生活不能自理的患者，应做好口腔、皮肤及一般生活护理。

（4）使用抗生素治疗的护理：抗生素是防治外科感染性疾病的主要方法之一，临床应用广泛。使用时，应充分了解抗生素的性质、使用方法、药物的配伍禁忌及其不良反应。

1）使用原则：①感染较轻或较局限的感染，一般可不用抗生素；②根据各种致病菌引起感染的一般规律、临床特点、脓液性状来判断致病菌的种类，选择合适的抗生素；③最好能根据脓液或血液细菌培养和药敏试验，选择有效的抗生素；④使用窄谱抗生素有效的，不用广谱抗生素；单独使用有效的就不要联合应用，以免发生二重感染；⑤对有严重感染或败血症的患者，应早期、联合、足量、有效使用抗生素；⑥有几种抗生素可供选择时，应选择药源充足、价廉和副作用小的抗生素。

 考点提示

抗生素使用原则。

2）给药方法：给药的途径有口服、肌内注射和静脉注射或静脉滴注。轻者可口服或肌内注射，严重或全身性感染者必须静脉注射或静脉滴注，最好采用分次静脉注射的方法给药。无论何种给药途径，均需按时给药，以保证有效的血药浓度。在用药过程中，应注意观察治疗效果，如体温明显下降，局部感染症状明显减轻，则表明治疗有效；若使用抗生素3天后效果不明显，应报告医师，以便及时更换药物。一般在感染被控制，体温恢复正常后3～4天即可停药。严重感染则需要在体温正常后维持用药1～2周。如需要抽血做血培养及抗生素敏感试验，最好在寒战、高热时抽血，阳性率较高。切勿在静脉滴注抗生素时抽血，否则培养可能会出现假阴性。在采集标本时，注意无菌操作，防止人为污染。

3）预防不良反应：抗生素的不良反应有过敏反应、毒性反应、二重感染及细菌的耐药性等。①过敏反应：如青霉素可引起过敏性休克，使用前必须询问有无过敏史，认真做皮肤过敏试验。②毒性反应：在某些抗菌药物中比较突出，如链霉素可损伤第Ⅷ对脑神经，引起永久性神经性耳聋；氨基糖苷类对肾有损害作用；氯霉素对骨髓造血系统有抑制作用，可导致再生障碍性贫血等。因此，在用药过程中，要密切观察，如发现异常反应，应立即报告医师，及时处理或停药。③二重感染：在长期、大量使用广谱抗生素时，可导致二重感染发生。④细菌的耐药性：长期、不规律、剂量不足使用抗生素可使细菌产生耐药性，所以要正确指导患者用药。

4）联合用药：联合应用抗生素的目的是提高疗效，降低药物的剂量及副作用，并延缓或防止出现耐药菌株。一般应限于两种药物的联合，并根据联合敏感试验的结果选择抗生素。以后再根据临床疗效或药敏试验来调整药物的种类，但应避免过频地调换抗生素。联合用药时，应注意药物配伍禁忌，一般宜采用分次、分别静脉给药，避免两种以上的药液混合使用而降低疗效。

5. 健康教育　向患者及其家属宣教引起化脓性感染的原因，增强患者的自我保健意识，注意个人和环境卫生，做好皮肤的清洁和保健，减少感染机会；加强劳动保护，预防组织创伤发生；指导患者经常锻炼身体，增强体质，提高机体的抵抗力；加强宣教工作，若有损伤和感染，应及时治疗；积极治疗足癣、糖尿病、营养不良等慢性疾病；面部有疖肿的患者，需懂得不可挤压的道理。

【护理评价】

1. 患者焦虑、恐惧心理是否减轻或消除。
2. 患者疼痛是否减轻或消失。
3. 患者体温是否逐渐恢复正常。
4. 患者机体营养状况是否恢复正常。
5. 患者是否能够主动配合治疗及护理。

第二节　浅部软组织化脓性感染患者的护理

浅部软组织化脓性感染是指发生于皮肤、皮下组织、淋巴管和淋巴结、肌间隙及其周围疏松结缔组织等处，由化脓性致病菌引起的感染。

一、疖患者的护理

疖（furuncle）是单个毛囊及其所属皮脂腺的急性化脓性感染，常扩散至周围组织。

【病因】

常见致病菌是金黄色葡萄球菌或表皮葡萄球菌。疖的发生与皮肤不洁、擦伤、局部摩擦、环境温度较高或人体抗感染能力低下相关。疖常发生于毛囊和皮脂腺丰富的部位，如头、面、颈部、背部、腋部。多个疖同时或反复发生在身体各部，称为疖病，常见于免疫力较低的小儿或糖尿病患者。

【临床表现】

1. 局部症状　初起时，局部皮肤有红、肿、热、痛的小硬结，以后逐渐增大呈锥形隆起。数日后结节中央组织坏死、软化，红、肿、痛范围扩大，触之稍有波动，中心处出现黄白色的脓栓，继而脓栓脱落、破溃流脓，炎症逐步消退而愈合。

2. 全身症状　疖一般无明显的全身症状。但若发生在血液丰富的部位，或机体抵抗力低下时，可有全身不适、畏寒、发热、头痛和厌食等症状。面疖特别是鼻、上唇及周围"危险三角区"的疖，症状常较重，如被挤压或处理不当，致病菌可经内眦静脉、眼静脉进入颅内海绵状静脉窦，引起化脓性海绵状静脉窦炎，眼部及其周围进行性肿胀，患者可有寒战、高热、头痛、呕吐，甚至昏迷等颅内感染症状，病情严重，死亡率很高。

【治疗原则】

1. 局部治疗　炎症早期可选用热敷、超短波、红外线等物理疗法，也可外涂碘酊、鱼石脂软膏或金黄散。当出现脓头时，可用石炭酸点涂脓点或用消毒针头、刀尖将脓栓剔出；有波动感时，应及时切开排脓。对未成熟的疖，禁忌挤压，以免引起感染扩散。

2. 全身治疗　全身症状明显、面部疖或并发急性淋巴结炎、淋巴管炎时，可选用敏感抗生素治疗。

3. 预防　注意个人卫生，保持皮肤清洁，尤其是夏季，应做到勤洗澡、勤更换内衣、洗发、理发、剪指甲，注意消毒剃刀等；及时治疗，以防止感染扩散；免疫力较差的老年人和糖尿病患者尤应注意防护。

二、痈患者的护理

痈（carbuncle）指相邻的毛囊及其所属皮脂腺或汗腺的急性化脓性感染，或由多个疖融合而成。

【病因及病理生理】

病变好发于皮肤较厚韧的部位，如项部和背部（俗称"对口疮"和"搭背"），也可见于上唇、腹壁的软组织。致病菌以金黄色葡萄球菌为主。痈常见于成年人，尤其是糖尿病及免疫力低下的患者。感染与皮肤不洁、擦伤、机体抵抗力低下有关。感染常从一个毛囊底部开始，沿阻力较小的皮下组织蔓延，再沿深筋膜向外周扩展，并向上侵入毛囊群而形成多个"脓头"。由于有多个毛囊同时发生感染，痈的急性炎症浸润范围大，病变可累及深层皮下结缔组织，使其表面皮肤血运障碍甚至坏死；自行破溃常较慢，全身反应较重。随着时间迁延，还可能有其他致病菌进入病灶形成混合感染，甚至发展为脓毒症。

【临床表现】

早期局部呈现一片红肿浸润区，略隆起，质地坚韧，界限不清，在中央部的表面有多个脓栓，破溃后呈蜂窝状。随后，中央病变破溃后形成呈"火山口"样的蜂窝状溃疡，同时伴有区域淋巴结肿大和疼痛。患者多伴有明显的全身症状，如寒战、发热、头痛、食欲缺乏和周身不适。痈易引起全身化脓性感染，甚至危及患者的生命。发生在唇部的痈称为唇痈，唇痈易引起口唇极度肿胀，张口困难，严重者容易并发颅内感染（化脓性海绵状静脉窦炎）而危及生命。

【治疗原则】

1. 全身治疗　患者应卧床休息，加强营养，及时给予足量和有效的广谱抗生素以控制感染，可首选青霉素或复方磺胺甲噁唑（复方新诺明）等抗菌药物，以后根据细菌培养和药敏试验结果选药。有糖尿病时，应予胰岛素及控制饮食。

2. 局部处理　痈局部的早期治疗与疖相同。如红肿范围大，中央部坏死组织多，或全身症状严重，常需手术治疗，手术一般用"+"或"++"字形切口，切口长度要超越炎症范围少许，深达筋膜，清除坏死组织，切口内用盐水纱布或聚维酮碘纱布填塞止血，并每日换药。皮肤缺损较多的，可待肉芽组织生长后植皮。一般唇痈不宜手术，可外敷药物，待自行愈合。

3. 预防　参见疖的预防。

三、急性蜂窝织炎患者的护理

急性蜂窝织炎（acute cellulitis）是皮下、筋膜下、肌间隙或深部疏松结缔组织的急性弥漫性化脓性感染。

【病因及病理生理】

急性蜂窝织炎常因皮肤或黏膜损伤而引起，也可由局部化脓性感染灶直接扩散或经淋巴、血液传播。致病菌多为溶血性链球菌，其次为金黄色葡萄球菌、大肠埃希菌及厌氧菌。由于致病菌能释放毒性强的溶血素、透明质酸酶和链激酶等，加上受侵的组织较疏松而病变发展迅速，不易局限。感染灶附近淋巴结常受累及，可引起脓毒症或菌血症。

【临床表现】

临床表现常因致病菌的种类和毒力、患者全身状况、感染原因、感染部位及深浅不同而各异。

1. 表浅急性蜂窝织炎　局部红、肿、疼痛、边界不清，并向四周蔓延，中央部位常因缺血而发生坏死，若病变部位的组织疏松，则疼痛较轻。

2. 深部组织的急性蜂窝织炎　局部红肿多不明显，但有局部组织肿胀和深压痛；多伴有寒战、高热、头痛、乏力、食欲缺乏、白细胞计数升高等全身症状。

3. 特殊部位的急性蜂窝织炎　口底、颌下、颈部等处的蜂窝织炎，可导致喉头水肿而压迫气管，引起呼吸困难甚至窒息。炎症也可蔓延至纵隔影响心肺功能，预后较差。厌氧性链球菌、拟杆菌和一些肠道杆菌所致的急性蜂窝织炎常发生在易被肠道或泌尿生殖道排出物污染的会阴部或下腹部切口处，表现为进行性皮肤、皮下组织及深筋膜坏死，脓液恶臭，局部有捻发音。

【治疗原则】

1. 局部处理　早期一般性蜂窝织炎，可用50%硫酸镁溶液湿敷，或敷贴金黄散、鱼石脂膏等，若形成脓肿，应切开引流；口底及颌下急性蜂窝织炎，应及早切开减压，以防喉头水肿、压迫气管；对其他各型皮下蜂窝织炎，为缓解皮下炎症扩展和皮肤坏死，也可在病变处作多个小的切口，以浸有药液的湿纱条引流。对产气性皮下蜂窝织炎，切口应以3%过氧化氢溶液冲洗和湿敷，并采取隔离治疗措施。

2. 全身治疗　注意休息，加强营养，必要时给予解热镇痛药。使用青霉素类或头孢菌素类广谱抗生素，合并厌氧菌感染时加用甲硝唑。

3. 预防　重视皮肤日常清洁卫生，防止损伤。受伤后及时医治。婴儿和老年人抗感染能力较弱，应重视生活护理。

四、丹毒患者的护理

丹毒是由乙型溶血性链球菌引起的皮肤及其网状淋巴管的急性炎症。

【病因及病理生理】

致病菌为乙型溶血性链球菌。丹毒好发于下肢和面部，常因皮肤损伤、足癣、鼻窦炎、口腔溃疡等皮肤及黏膜破损而引起。其特点为起病急、蔓延快、不化脓、易传染和易反复等。

【临床表现】

起病急，发病开始便有寒战、发热、头痛、全身不适等全身症状。局部皮肤鲜红，稍隆起，中央淡，周围深，边界清楚。手指轻压退色，除去压力后很快恢复鲜红。局部有烧灼样疼痛，有的出现张力性水疱，邻近淋巴结常肿大、触痛，一般不化脓。如下肢丹毒反复发作，可引起下肢淋巴管堵塞，导致淋巴性水肿，甚至发展为象皮肿。

【治疗原则】

患者应卧床休息，抬高患肢。局部用50%硫酸镁溶液湿热敷，全身应用青霉素等抗感染。本病有接触传染性，需床边隔离，接触患者后必须洗手消毒；凡与病变处接触的敷料、衣褥等，均应消毒灭菌，以防医源性传染。及时治疗引起丹毒的相关疾病，如皮肤损伤、足癣、鼻窦炎、口腔溃疡，以防复发。

五、急性淋巴管炎和淋巴结炎患者的护理

急性淋巴管炎（acute lymphangitis）是指致病菌经皮肤、黏膜破损处或其他感染病灶侵入淋巴管，引起淋巴管及其周围组织的急性炎症。若急性淋巴管炎扩散至局部淋巴结或化脓性感染经淋巴管蔓延至所属区域淋巴结，即为急性淋巴结炎（acute lymphadenitis）。

【病因及病理生理】

致病菌主要有乙型溶血性链球菌、金黄色葡萄球菌等。致病菌可来源于口咽炎症、足癣、皮肤损伤以及各种皮肤、皮下组织化脓性感染灶。淋巴管炎可引起管内淋巴回流障碍，并使感染向周围组织扩散。淋巴结炎为急性化脓性感染，如病情加重，可向周围组织扩散，其毒性代谢产物可引起全身性炎症反应。若大量组织和细胞崩解、液化，可集聚成为脓肿。

【临床表现】

急性淋巴管炎可发生在浅部或深部淋巴管。浅部淋巴管炎在表皮下可见红色线条，韧而有触痛；深部淋巴管炎不出现红线，有条形触痛区。可引起发热、畏寒、头痛、食欲缺乏等全身性反应。急性淋巴结炎轻者局部淋巴结肿大，压痛；严重者局部红、肿、热、痛，形成脓肿，伴有全身症状。

【治疗原则】

1. 急性淋巴管炎　应着重治疗原发感染。患肢抬高、制动，局部可用50%硫酸镁或呋喃西林溶液等湿热敷。

2. 急性淋巴结炎　未形成脓肿时，如有原发感染，如疖、痈、急性蜂窝织炎、丹毒，应治疗原发感染灶，淋巴结炎暂不作局部处理。若已形成脓肿，除应用抗菌药物外，还需切开引流。

六、脓肿患者的护理

脓肿（abscess）是急性感染后，组织或器官的病变组织发生坏死、液化后，形成局限性脓液积聚，并有一完整的脓壁者。

【病因及病理生理】

致病菌以金黄色葡萄球菌为主。脓肿常继发于各种化脓性感染，如急性蜂窝织炎、急性淋巴结炎、疖、痈，或经血液循环或淋巴播散而致，少数可发生于软组织损伤后的感染。

【临床表现】

脓肿分为深、浅两种。浅表脓肿，局部隆起，有红、肿、热、痛等典型表现，与正常组织分界较清，压之剧痛，有波动感；深部脓肿，局部红、肿和波动感多不明显，但局部有疼痛和压痛。在压痛最明显处用粗针穿刺，抽出脓液，即可确诊。小而浅的脓肿，多无明显的全身表现。大而深的脓肿，常出现明显的全身表现，如发热、头痛、乏力、食欲缺乏和白细胞计数升高。B型超声有助于脓肿的诊断。对穿刺或切开引流所得的脓液，需常规作细菌培养和药敏试验，指导正确选用有效的抗生素。

【治疗原则】

脓肿形成后，应及时切开引流，加强换药处理。

 考点提示

软组织化脓性感染的临床表现和治疗原则。

第三节　手部急性化脓性感染患者的护理

甲沟炎（paronychia）、化脓性指头炎（felon）、手掌侧化脓性腱鞘炎（suppurative tenosynovitis）、滑囊炎（bursitis）和掌深间隙感染，均为临床上常见的手部急性化脓性感染。致病菌主要是金黄色葡萄球菌。手部急性化脓性感染常由手部微小擦伤、刺伤和切伤等引起。因手部解剖关系复杂，感染可向深部蔓延，不利于引流；感染可引起肌腱与腱鞘的缩窄或瘢痕形成，将严重影响手的功能。本节主要介绍甲沟炎和化脓性指头炎。

指甲根部与皮肤连接紧密，皮肤沿指甲两侧形成甲沟。甲沟炎是甲沟及其周围组织的感染，常因微小创伤引起。化脓性指头炎是手指末节掌面的皮下组织急性化脓性感染，多因手指刺伤引起。

【临床表现】

1. 甲沟炎　常先发生在一侧甲沟皮下，开始时出现红、肿、疼痛，炎症可自行或经过治疗后消退。若病变发展，则疼痛加剧，红肿区内有波动感，出现白色脓点，但不易破溃出脓。炎症可蔓延至甲根或扩展到另一侧甲沟，形成半环形脓肿。若未及时切开排脓，因指甲阻碍排脓，形成甲下脓肿，此时可见甲下有黄白色脓点，甲与甲床分离。感染可向深层蔓延而形成指头炎。若处理不当，可发展为慢性甲沟炎或指骨骨髓炎。甲沟炎患者多无全身症状。

2. 化脓性指头炎　起病初，患指尖有针刺样疼痛，以后组织肿胀、张力增高，疼痛加剧。当指动脉受压时，疼痛转为搏动性跳痛，患肢下垂时疼痛加剧，剧痛常使患者坐卧不安，彻夜难眠。一般指头红肿不明显，但张力较高，轻触指尖即引起剧痛。患者多伴有发热、不适等全身症状。晚期，大部分组织缺血坏死，神经末梢由于受压缺血而麻痹，疼痛反而减轻，但这并不表示病情好转。若治疗不及时，常可引起指骨缺血性坏死，形成慢性骨髓炎。

【治疗原则】

1. 甲沟炎　初起未成脓时，局部应用鱼石脂软膏外敷，超短波、红外线等理疗，口服抗生素；已成脓时，应行手术治疗，在甲沟旁切开引流。甲根处的脓肿需拔出部分指甲或全部指甲，应避免甲床损伤。

2. 化脓性指头炎　患者应注意休息，加强营养，抬高患肢，局部理疗，外敷药物，全身应用有效的抗生素。如治疗无明显好转或出现搏动性跳痛，应及早切开减压引流，减轻指端压力，不可等待波动感出现才手术，以免发生末节指骨缺血坏死。

【常见护理诊断/问题】

1. 焦虑　与感染后的痛苦及对预后的担忧有关。
2. 疼痛　与炎症刺激有关。
3. 体温过高　与感染有关。
4. 营养失调：低于机体需要量　与营养摄入不足及高代谢状态有关。

【护理目标】

1. 患者情绪稳定，焦虑症状减轻或消失。
2. 患者疼痛减轻或消失。
3. 患者体温降低或恢复正常。
4. 患者的营养状况逐渐恢复正常，机体抗感染能力增强。

【护理措施】

1. 一般护理

（1）体位与休息：患指制动并抬高，以促进静脉和淋巴回流，减轻局部充血、水肿，缓解疼痛，保证休息和睡眠。

（2）饮食与营养：多饮水，摄入高热量、高蛋白、富含维生素的饮食。

2. 病情观察　严密监测患者的体温、脉搏、呼吸。观察切口渗出物和引流液的颜色、性状及量的变化。密切观察患指的局部症状，有无剧烈疼痛突然减轻、皮肤由红转白等指骨坏死的征象。

3. 配合治疗的护理

（1）局部给予热敷、理疗，外敷中西药物，促进炎症消退。

（2）高热时给予物理降温或药物降温。

（3）脓肿形成后，应配合医师及时切开引流，保持引流通畅。

（4）遵医嘱合理使用有效抗生素。

4. 健康教育　告知患者日常保持手部清洁，指甲不宜剪得过短，加强劳动保护，预防手损伤。重视手部的微小损伤，伤后应用碘酊消毒，无菌纱布包扎，以防感染发生。

 考点提示

手部化脓性感染的临床表现和护理措施。

第四节　全身性感染患者的护理

全身性感染（systemic infection）是指致病菌侵入人体血液循环，并在体内生长繁殖或产生毒素而引起的严重的全身性感染中毒症状。全身性外科感染主要包括脓毒症（sepsis）和菌血症（bacteremia）。脓毒症是指因致病菌因素引起的全身性炎症反应，如体温、循环、呼吸、神志等有明显改变的外科感染的统称。菌血症是脓毒症的一种，即血培养检出致病菌者。但其不限于以往多偏向于一过性菌血症的概念，目前多指临床有明显感染症状的菌血症。全身化脓性感染如得不到控制，可导致全身炎症反应综合征（SIRS），脏器受损和功能障碍，严重者可导致感染性休克、多器官功能障碍综合征（MODS）。

【病因】

全身性外科感染的主要病因是致病菌数量多、毒力强和（或）机体抵抗力下降，常继发于严重创伤后感染或各种化脓性感染，如大面积烧伤创面感染、开放性骨折合并感染、急性弥漫性腹膜炎、急性重症胆管炎及绞窄性肠梗阻。

常见致病菌主要包括如下几种。①革兰氏阴性杆菌：最常见，主要有大肠埃希菌、铜绿假单胞菌、变形杆菌等；②革兰氏阳性球菌：常见的有金黄色葡萄球菌、溶血性链球菌、肠球菌等；③无芽孢厌氧菌：常见的有拟杆菌，梭状杆菌、厌氧葡萄球菌和厌氧链球菌等；④真菌：常见有白念珠菌、曲霉菌、毛霉菌等。

【护理评估】

1. 健康史　询问及了解患者的营养状况。了解患者有无严重创伤、深静脉营养、浅部组织感染和慢性消耗性疾病史；是否长期应用抗生素、免疫抑制药、激素或抗肿瘤药物等。

2. 身体状况　全身性感染的表现包括原发感染病灶、全身炎症反应和器官灌注不足3个方面。其共性表现是：①骤起寒战，继之高热，体温可高达40～41℃，老年人及体质衰弱的患者可出现体温不升。②头痛、头晕、恶心、呕吐、腹胀、腹泻、面色苍白或潮红、出冷汗、神志淡漠、谵妄甚至昏迷。③心率加快、脉搏细速、呼吸急促或困难。④肝大、脾大，严重者出现黄疸或皮下出血、瘀斑等。

如病情发展，患者出现意识模糊、体温不升、面色苍白或发绀、四肢冰凉、血压降低、白细胞计数减少，常提示为革兰氏阴性菌引起的感染性休克。如感染未能控制，可发展为多器官功能不全甚至衰竭。

3. 心理-社会状况　全身化脓性感染由于起病急、病情重、发展快，多数患者及其家属常有焦虑和恐惧等心理反应，有的患者甚至会产生悲观、失望情绪，失去治疗的信心。

4. 辅助检查

（1）血常规检查：白细胞计数显著增高［常在（20～30）×10^9/L 或以上］或降低，可有明显的核左移，出现中毒颗粒。

（2）尿常规检查：部分患者尿中可出现蛋白、血细胞、管型和酮体等。

（3）血培养：寒战、高热时血液细菌培养为阳性。血培养阳性是确诊全身化脓性感染的重要依据。

（4）血生化检查：可有水、电解质代谢紊乱和酸碱平衡失调；肝功能、肾功能可有不同程度的受损征象。

（5）其他：可进行 B 型超声、X 线、CT 等检查，以帮助了解感染病灶的部位及范围，有无转移性脓肿等。

5. 治疗原则　早期、及时应用足量和有效的抗生素控制感染；及时、正确处理原发感染病灶；加强全身支持治疗，增强患者的抗感染能力；对症治疗，预防并发症。

【常见护理诊断/问题】

1. 焦虑、恐惧　与发病突然、病情严重等有关。
2. 体温过高　与致病菌毒素及坏死组织吸收入血有关。
3. 疼痛　与感染病灶有关。
4. 营养失调：低于机体需要量　与患者营养摄入减少，分解代谢增加有关。
5. 潜在并发症：感染性休克、多器官功能衰竭等。

【护理目标】

1. 患者焦虑、恐惧程度减轻或缓解。
2. 患者体温恢复正常。
3. 机体营养状况有所改善，抗感染能力增强。
4. 患者疼痛减轻或消失。
5. 患者未出现并发症或发生感染性休克的患者抗休克治疗有效。

【护理措施】

1. 一般护理

（1）卧床休息：提供一个安静、舒适的环境，保证患者充分休息和睡眠。

（2）加强基础护理：做好口腔、皮肤等生活护理，保持皮肤清洁、干燥，预防压疮。

（3）饮食与营养：给予患者高蛋白、高热量、富含维生素、易消化的饮食。对于不能进食者，可给予静脉补液、鼻饲或全胃肠外营养，以提供足够的营养。

2. 心理护理　全身化脓性感染患者由于病情较重，护士应关心和体贴患者。注意多与患者及其家属交流，及时了解患者的情绪变化；针对患者及其家属的顾虑，做好耐心、细致的解释和安慰工作，帮助患者树立战胜疾病的信心，能积极、主动地配合治疗和护理。

3. 病情观察　严密观察患者的神志，密切监测患者生命体征的变化，及时发现病情变化。对于严重感染或严重创伤的患者，要密切注意全身症状和生命体征的变化，如患者突然出现寒战、高热，一般情况迅速恶化，要警惕有败血症的可能。如患者出现神志淡漠、嗜睡、血压下降，甚至出现消化道出血，常提示有感染性休克存在。如发现异常，应立即报告医师，并配合医师及时给予相应处理。

4. 配合治疗的护理

（1）抗感染治疗的护理：遵医嘱，及时、准确应用大量有效抗生素控制感染。

（2）氧疗的护理：保持呼吸道通畅，吸氧，以提高组织和器官氧浓度。

（3）支持治疗的护理：纠正水、电解质代谢紊乱和酸碱失衡，严重感染者可给患者少量多次输入新鲜血液或蛋白。全身性感染中毒症状明显者，可给予激素治疗，以减轻患者的全身中毒症状。有休克者，应配合医师积极抗休克治疗。

（4）原发感染病灶的护理：积极配合医师处理原发感染病灶。若行脓肿切开引流，应保持引流通畅。观察切口渗出情况，及时更换敷料，保持局部清洁、干燥。

（5）对症护理：对于疼痛剧烈者，可遵医嘱给予镇痛药。对于高热患者，应给予物理降温或按医嘱应用药物降温，以降低机体的代谢消耗。

（6）及时做血培养：在患者寒战、高热发作时，协助医师采血作血细菌或真菌培养，以利于确定致病菌，为治疗提供重要依据。

 考点提示

全身性感染的临床表现和护理。

5. 健康教育　全身化脓性感染多为继发性感染，应及早发现和处理原发感染病灶；平时注意个人卫生，保持皮肤清洁，加强饮食卫生，避免肠源性感染；及时治疗引起全身抵抗力下降的相关疾病；指导患者坚持锻炼，加强营养，增强机体抗感染能力；注意劳动保护，避免创伤。若发生创伤，应及时、正确处理，预防感染。

【护理评价】

1. 患者的焦虑、恐惧是否减轻或消失。
2. 患者的体温是否恢复正常。
3. 机体营养状况是否有所改善，抗感染能力是否增强。
4. 疼痛是否减轻或消失，全身性感染是否得到控制。
5. 患者是否并发感染性休克，感染性休克发生后是否被及时发现和有效处理。

第五节　特异性感染患者的护理

一、破伤风患者的护理

破伤风（tetanus）是指破伤风梭菌侵入人体伤口后，生长繁殖，产生大量毒素所引起的急性特异性感染。

【病因及病理生理】

1. 病因　破伤风梭菌是一种革兰氏阳性厌氧芽孢杆菌，广泛存在于泥土和人、畜粪便中。其菌体易被消灭，但芽孢的抵抗力很强，需煮沸30分钟或高压蒸汽灭菌10分钟才可将其杀灭。破伤风梭菌及其毒素不能侵入正常的皮肤和黏膜，故破伤风都发生在开放性损伤后。任何开放性损伤，如烧伤、开放性骨折、火器伤、动物咬伤，甚至细小的木刺或锈钉刺伤及严重污染的擦伤，均可引起破伤风。破伤风也可发生于新生儿脐带处理不当，孕妇、产妇不洁的人工流产或分娩。

破伤风梭菌侵入伤口后并不一定发病，厌氧环境是导致破伤风发病的主要因素。因此，当伤口窄而深、局部缺血、坏死组织多、异物残留、引流不畅，并混有其他需氧细菌感染而造成伤口缺氧时，才有利于破伤风梭菌的生长繁殖，而发生破伤风。此外，患者全身抵抗力下降，也是破伤风发生的原因之一。

2. 病理生理　破伤风梭菌只在伤口的局部生长繁殖，其产生的外毒素是引起破伤风的主要原因。因此破伤风是一种毒血症。破伤风梭菌产生的外毒素有痉挛毒素和溶血毒素两种。痉挛毒素是引起破伤风症状的主要毒素。痉挛毒素从感染局部产生，经血液循环和淋巴系统，到达脊髓前角灰质或脑干的运动神经细胞核，使运动神经细胞失去正常的抑制性，引起横纹肌紧张性收缩或阵发性痉挛。溶血毒素引起局部组织坏死和心肌损害，并能影响交感神经而引起大汗、血压升高及心率加快等。

【护理评估】

1. 健康史　询问及了解患者有无开放性损伤史，了解伤口污染程度、深度、开口大小及伤口处理情况。了解近期有无人工流产、产后感染或新生儿脐带是否严格消毒等病史。

2. 身体状况

（1）潜伏期：破伤风的潜伏期一般为6～12天，少数患者可在伤后1～2天发病，最长的可在伤后数月或数年发病。新生儿破伤风一般在断脐后7天左右发生，故俗称"七日风"。一般潜伏期越短，症状越严重，预后越差。

（2）前驱期：患者症状不典型，主要表现为全身乏力、头痛、头晕、烦躁不安、打呵欠、咀嚼肌紧张和酸胀等。一般持续12～24小时。

（3）发作期：典型的表现是在肌肉紧张性收缩的基础上，出现阵发性强烈痉挛。一般最先受累的肌群是咀嚼肌，随后依次为面部表情肌、颈项肌、背腹肌、四肢肌，最后是膈肌。最开始的症状是咀嚼不便，咀嚼肌紧张，典型症状是张口困难，牙关紧闭，苦笑面容，颈项强直，角弓反张。四肢肌肉痉挛时多呈半握拳、屈肘、伸膝姿态。最后膈肌和肋间肌受影响而出现呼吸困难或窒息。

在肌肉持续紧张性收缩的基础上，任何轻微的刺激，如声响、光线、震动、触摸或饮水，均可诱发阵发性痉挛。痉挛发作时，患者大汗淋漓、口吐白沫、口唇发绀、呼吸急促、流涎、磨牙、头频频后仰及手足抽搐不止。每次发作持续数秒至数分钟不等，间歇期长短不一。发作时患者神志清楚，表情十分痛苦。一般无高热。发病期间，可能发生意外损伤（坠床、舌咬伤、肌肉断裂、骨折等）。发作频繁者，常提示患者病情严重。病程一般为3～4周。如积极治疗，不发生特殊的并发症者，自第2周起症状会逐渐缓解，但肌紧张和反射亢进可持续一段时间。

（4）并发症：强烈的肌肉痉挛可造成肌肉断裂、骨折、舌咬伤、坠床等。膀胱括约肌痉挛可引起尿潴留。膈肌和呼吸肌痉挛可导致呼吸困难或窒息。肌痉挛、大量出汗及饮水不足可导致水、电解质代谢紊乱和酸碱平衡失调，严重者可发生心力衰竭。破伤风患者死亡的主要原因是窒息、心力衰竭、肺部感染和营养障碍等并发症。

3. 心理-社会状况　破伤风发病突然，起病急，病情重，患者无心理准备，且反复阵发性肌肉痉挛发作常使患者感到极度痛苦，加之肌痉挛可引起进食困难、呼吸困难，甚至窒息等，患者常产生焦虑、紧张、恐惧甚至濒死感；隔离治疗可使患者产生孤独无助感和悲伤感。

4. 辅助检查　在伤口渗出物中，涂片检查可发现有破伤风梭菌。破伤风发作期因患者水分摄入不足，大汗和抽搐，而出现水、电解质代谢紊乱及酸碱平衡失调。若合并肺部感染，可见血白细胞计数增多，中性粒细胞比例增高，胸部X线片可证实。

5. 治疗原则　包括清除毒素的来源（如清除伤口内的异物和坏死组织）、中和游离的毒素、控制和解除痉挛，保持呼吸道通畅，防治并发症等。

【常见护理诊断/问题】

1. 焦虑、恐惧　与病情危重、反复发作，患者担心预后有关。
2. 有窒息的危险　与持续性喉头和呼吸肌痉挛、误吸、痰液堵塞呼吸道有关。
3. 有受伤的危险　与强烈的肌肉痉挛有关。
4. 营养失调：低于机体需要量　与肌肉痉挛性消耗、能量摄入不足有关。
5. 有体液不足的危险　与肌肉痉挛性消耗和大量出汗有关。
6. 潜在并发症：窒息、肺部感染、心力衰竭。

【护理目标】

1. 患者焦虑、恐惧减轻或消失。
2. 患者呼吸道能保持通畅。
3. 患者未发生坠床、舌咬伤及骨折等意外伤害。
4. 患者营养摄入能满足机体代谢的需要。
5. 患者体液维持平衡。
6. 并发症得到有效预防及治疗。

【护理措施】

1. 一般护理

（1）减少外界刺激，避免诱发因素：患者住单间隔离病房，由专人护理。病房应安静，室内光线均匀、柔和，避免强光照射。医护人员要做到走路和讲话要轻巧、低声，使用器具无噪声。治疗及护理操作应尽量安排在使用镇静药30分钟后集中进行。操作动作敏捷，尽量不要搬动患者，尽可能减少对患者的刺激，减少抽搐发作。严禁探视患者。

（2）加强基础护理，防止意外和并发症：破伤风患者生活多不能自理，需加强口腔护理、皮肤护理及预防压疮护理等。加强安全防范措施，防止意外发生，必要时使用床栏防止患者坠床；抽搐发作时，需用牙垫防止舌咬伤。床旁常规准备气管切开包等急救物品、药品，以便及时处理一些严重的并发症，如呼吸困难、窒息。

（3）严格隔离消毒制度：破伤风具有传染性，应严格执行隔离消毒措施，以防疾病传播。医护人员进入病房时要穿隔离衣、戴口罩、帽子、手套；身体有伤口者不能进入病室内工作；所有器械及敷料均需专用，器械使用后应先浸泡消毒1小时以上，清洗后经高压蒸汽灭菌处理，用后的敷料应立即焚烧，尽可能使用一次性的材料物品。患者的用品和排泄物均应严格消毒处理，防止交叉感染。

2. 病情观察　密切观察患者的生命体征、意识、尿量等变化，详细记录抽搐发作的次数、持续时间、伴随症状及治疗效果，加强心肺功能监测，及时发现窒息、肺部感染、心力衰竭等并发症，并协助医师处理。

3. 用药护理

（1）局部伤口的护理：伤口未愈者，应配合医师彻底清创，清除坏死组织和异物，敞开伤口，并充分引流，并用3%过氧化氢冲洗伤口，消除无氧环境，控制破伤风梭菌生长繁殖。但伤口已愈合者，不必特殊处理。

（2）应用抗生素：遵医嘱应用青霉素静脉滴注，抑制破伤风梭菌的繁殖体，应用前应行青霉素皮试；同时给予甲硝唑静脉滴注。

（3）中和游离毒素：使用破伤风抗毒素中和游离毒素，早期应用，越早应用，效果越好。遵医嘱首次使用破伤风抗毒素 20 000～50 000 U，加入5%葡萄糖溶液 500～1000 ml 内，缓慢静脉滴注，以后每日 10 000～20 000 U 静脉滴注，持续3～6日。或用人破伤风免疫球蛋白 3000～6000 U，深部肌内注射一次。

（4）控制和解除痉挛：遵医嘱使用镇静药和解痉药，可使用地西泮、苯巴比妥钠或10%水合氯醛；病情较重者，可用冬眠1号合剂（氯丙嗪、异丙嗪各50 mg，哌替啶100 mg加入5%葡萄糖溶液250 ml）缓慢静脉滴注，但低血容量时忌用。痉挛发作频繁不易控制者，可静脉注射硫喷妥钠，但要警惕发生喉头痉挛和呼吸抑制。新生儿破伤风要慎用镇静药和解痉药，可酌情使用洛贝林、尼可刹米等。

（5）保持呼吸道通畅：吸氧，对病情较重者，应及早作气管切开，及时清除呼吸道分泌物，保持呼吸道通畅，预防或减少肺部并发症的发生，必要时可行人工辅助呼吸，并做好气管切开的护理。

（6）支持治疗：给予患者富含维生素、高热量、高蛋白、易消化的饮食，应少量多次进食，以免引起呛咳、误吸；频繁抽搐者，禁止经口进食；对不能进食者，给予鼻饲或补液，必要时给予肠外营养。

4. 心理护理　注意加强与患者沟通，多安慰和鼓励患者，帮助患者消除焦虑、恐惧的心理，树立战胜疾病的信心，积极、主动配合治疗和护理。

考点提示

破伤风患者的临床表现和护理措施。

5. 健康教育

（1）预防：尽管破伤风的治疗和护理较为困难，但破伤风是可以预防的。故应加强破伤风的宣传教育工作，增强对破伤风的认识。注意劳动保护，避免创伤。及时、正确处理伤口。普及科学接产。及时、正确地进行免疫注射，提高机体抵抗力。

（2）人工免疫：包括主动免疫和被动免疫。

1）主动免疫：是健康时施行的预防方法，是通过注射破伤风类毒素作为抗原，刺激机体产生抗体，从而达到免疫的方法，是目前最可靠、最有效、最经济的预防方法。其方法如下：作"基础注射"时，共需皮下注射破伤风类毒素3次，第1次0.5 ml，以后每次1 ml，注射间隔4～6周。第2年再注射1 ml，作为"强化注射"。以后每5～10年重复注射1 ml。凡10年内作过主动免疫者，伤后仅需注射破伤风类毒素0.5 ml，即能发挥免疫作用。

2）被动免疫：是开放性损伤时预防破伤风的有效方法，是对伤前未接受主动免疫的伤员尽早皮下或肌内注射破伤风抗毒素（TAT）或人破伤风免疫球蛋白。伤后12小时内，经彻底清创后，皮下或肌内注射破伤风抗毒素1500 U，伤口污染严重或受伤超过12小时者，剂量可加倍。成年人与儿童剂量相同。破伤风抗毒素是马血清制剂，含有异种蛋白，可导致过敏反应。注射前，必须询问患者有无过敏史，并常规做过敏试验。如皮内试验阳性，必须采用脱敏法注射。人破伤风免疫球蛋白是由人体血浆中免疫球蛋白提纯而成的。剂量为250 U，作深部肌内注射，病情需要时可加倍。此药无血清过敏反应，不需要作过敏试验，其免疫效能比破伤风抗毒素大10倍多，是一种理想的免疫制剂。

考点提示

破伤风患者的健康教育。

【护理评价】

1. 患者焦虑、恐惧情绪是否减轻或消失。
2. 患者呼吸道是否保持通畅。

3. 患者是否安全，无意外发生。
4. 患者营养摄入是否满足机体代谢的需要。
5. 患者体液是否维持平衡。
6. 并发症是否得到有效预防及治疗。

二、气性坏疽患者的护理

气性坏疽是指由梭状芽孢杆菌引起的一种以肌坏死或肌炎为特征的急性特异性感染。此类感染发展迅速，如不及时处理，患者常会丧失肢体，甚至危及生命。

【病因及病理生理】

1. 病因 致病菌为革兰氏阳性梭状芽孢杆菌，主要有产气荚膜梭菌、水肿杆菌、腐败杆菌和溶组织杆菌等，常为多种致病菌的混合感染。该类致病菌只能在无氧环境生存，其芽孢抵抗力非常强。致病菌广泛存在于泥土和人畜的粪便中。引起气性坏疽发生必须具备3个条件：①致病菌侵入伤口，尤其是肌肉丰富的下肢和臀部；②伤口缺氧环境；③人体抵抗力低下。

2. 病理生理 致病菌在伤口内生长繁殖，产生多种酶和外毒素，引起组织和细胞坏死、渗出、产生恶性水肿和具有恶臭的硫化氢气体等。大量外毒素和坏死组织产物被吸收，可引起严重的毒血症，甚至感染中毒性休克和多器官功能衰竭。

【护理评估】

1. 健康史 询问及了解患者有无开放性损伤史，评估伤口有无引起局部缺氧的因素，如局部肌肉组织广泛严重挤压伤、重要血管操作、长时间使用止血带或石膏包扎过紧；受伤史及损伤的部位、深度和面积等。了解伤口的污染程度、深度、大小，是否及时、彻底清创，引流是否通畅等。

2. 身体状况

（1）潜伏期：一般为1～4天。常在伤后3天发病，最短可伤后6～8小时，最长至伤后6天发病。

（2）局部症状：早期患肢沉重，有包扎过紧或疼痛感。随后伤处出现胀裂样剧痛，难以忍受，一般镇痛药不能缓解。局部肿胀明显，呈进行性加剧，有明显压痛，伤口周围皮肤肿胀、苍白、发亮，迅速变为紫红色，进而变为紫黑色，并出现大小不等的水疱。轻轻挤压伤口周围皮肤，常可扪及捻发感，常有气泡从伤口溢出，并有稀薄、恶臭的浆液性或血性液体流出。伤口内肌肉坏死，呈暗红色或土灰色，失去弹性，刀割时肌纤维不收缩，也无出血。

（3）全身表现：患者神志清楚，但全身软弱无力、表情淡漠或烦躁不安，常伴有恐惧或欣快感，并出现高热、脉搏细速、呼吸急促、皮肤和口唇苍白、大量出汗和进行性贫血等。晚期患者可出现严重的全身性感染中毒症状，甚至发生感染中毒性休克及多器官功能衰竭等。

（4）并发症：溶血性贫血、休克、肾衰竭等，约15%伴菌血症等。

3. 心理-社会状况 因本病起病突然、病情进展迅速、需隔离治疗，甚至可能有截肢或死亡的危险，加之患者有严重的全身不适和伤处剧痛，而镇痛药效果又不明显，故患者常有焦虑、恐惧、悲观、失望等心理反应。

4. 辅助检查

（1）血常规检查：可有白细胞计数增多及中性粒细胞比例升高，红细胞计数和血红蛋白降低。

（2）血生化检查：可有水、电解质代谢紊乱和酸碱平衡失调。

（3）渗出物检查：伤口渗出物作涂片检查可见大量革兰氏阳性粗大梭菌。厌氧菌培养可见梭状芽孢杆菌。

（4）X线检查：可见伤口肌群间有气体，即可肯定诊断。

5. 治疗原则　彻底清创是防治创伤后气性坏疽最好、最可靠的方法。治疗原则包括：抗休克、紧急手术（多处切开，清除一切坏死组织及异物，必要时截肢）、应用大量有效抗生素、高压氧治疗、全身支持疗法及对症治疗等。

【常见护理诊断／问题】

1. 疼痛　与局部创伤、感染及肿胀有关。
2. 组织完整性受损　与组织感染、坏死有关。
3. 自我形象紊乱　与失去部分组织、肢体有关。
4. 体温过高　与细菌感染、坏死组织及毒素吸收有关。
5. 潜在并发症：感染性休克。

【护理目标】

1. 患者自述疼痛减轻或缓解。
2. 患者受损的组织修复，皮肤基本恢复完整。
3. 患者能接受和适应自身形体改变和肢体功能改变。
4. 患者体温恢复正常，感染得以控制。
5. 患者未发生感染性休克，或感染性休克发生后能被及时发现和处理。

【护理措施】

1. 一般护理

（1）严格隔离消毒：患者住单人隔离病室，室内准备好各种抢救物品及药品。严格执行接触性隔离制度，医护人员进入病房时要穿隔离衣、戴口罩、帽子、手套；身体有伤口者不能进入病室内工作；所有器械及敷料均需专用，患者用过的器械等高压灭菌处理，患者的一切用品及排泄物都要严格隔离消毒，患者用过的敷料予以焚烧。尽可能使用一次性的材料物品及器具。

（2）加强基础护理，防止并发症：气性坏疽患者生活多不能自理，需加强口腔护理、皮肤护理及预防压疮护理等。

2. 心理护理　对患者要富有同情心，注意加强与患者沟通，多安慰和鼓励患者，帮助患者减轻焦虑、恐惧的心理状态；做好耐心、细致的解释工作，帮助患者适应身体的变化，树立战胜疾病的信心，积极、主动配合治疗和护理。对截肢的患者，鼓励患者树立生活的勇气，正确对待残疾，帮助患者训练生活自理能力。

3. 病情观察　需专人护理，严密监测患者的意识、体温、脉搏、呼吸和血压等生命体征的变化；注意观察全身症状和局部表现的变化，及时发现异常，报告医师，并协助医师处理。

4. 配合治疗护理

（1）伤口护理：对切开或截肢后的敞开伤口，应用3%过氧化氢溶液或1∶5000高锰酸钾溶液冲洗和湿敷，及时更换敷料。

（2）疼痛的护理：及时遵医嘱应用镇痛药，必要时可给予麻醉性镇痛药。也可采用心理治疗方法，如聊天、娱乐及精神放松，以缓解疼痛。对截肢后出现幻肢痛者，应给予耐心解释，解除其焦虑和恐惧。对扩大清创或截肢者，协助患者变换体位，以减轻因外部压力和肢体疲劳引起的疼痛。

（3）高压氧治疗的护理：高压氧治疗可抑制厌氧菌的生长繁殖，控制感染扩散，对接受高压氧治疗的患者，需注意观察每次氧疗后伤口的变化。

（4）应用抗生素的护理：治疗气性坏疽首选大剂量青霉素静脉滴注，故应遵医嘱及时、准确、合理地应用抗生素，同时注意药物的毒性反应和过敏反应。

（5）全身支持治疗的护理：鼓励并协助患者进食高蛋白、高热量、富含维生素、易消化的食物。少量多次输新鲜血液，纠正水、电解质代谢紊乱及酸碱失衡。对于不能禁食者，给予鼻饲或全胃肠外营养，补充机体所需营养，提高机体的抵抗力。

5. 健康教育 加强劳动保护，避免受伤；伤后应及时、正确地处理伤口并及时就诊；指导患者进行患肢按摩、理疗及功能锻炼的方法，促进患肢功能尽快恢复；指导截肢伤残者正确安装、使用义肢和适应肢体功能训练，帮助患者恢复自理能力；嘱患者如有不适应及时到医院就医。

【护理评价】

1. 患者疼痛是否减轻或缓解。
2. 患者受损的组织是否修复，皮肤是否基本恢复完整。
3. 患者能否接受和适应自身形体改变和肢体功能改变。
4. 患者体温是否恢复正常，感染是否得以控制。
5. 患者是否发生感染性休克等并发症，或并发症发生后能否被及时发现、有效治疗和护理。

思政园地

白求恩：在外科感染阴霾中点亮生命之光

20世纪30年代抗战时期，中国医疗条件恶劣，外科感染成为夺取伤员生命的"杀手"。伤口缺乏有效处理，细菌肆虐，无数伤员因感染命悬一线。

加拿大医生白求恩听闻后，于1938年奔赴中国。他深入前线，争分夺秒地为伤员手术。在简陋的条件下，他凭借专业知识，严格遵循外科操作规范，尽可能降低感染风险。比如，他强调器械消毒、伤口清洁，以减少细菌滋生。然而，在一次救治中，他的手指被手术刀割破，感染了细菌。在当时艰苦的环境下，没有先进的抗感染药物和治疗手段，他最终因败血症离世。

白求恩的事迹，体现了在外科感染防治艰难时期医护人员的无畏与担当。他的精神激励着后人，在外科感染等医疗难题面前，不断探索，为守护生命而拼搏。

自 测 题

一、选择题

1. 挤压面部"危险三角区"的疖容易引起
    A. 脑脓肿　　　　　B. 全身性感染　　　　C. 急性蜂窝织炎
    D. 颅内感染　　　　E. 菌血症
2. 发生破伤风感染是由于
    A. 吃了被破伤风梭菌污染的食物
    B. 劳动时皮肤污染了污泥
    C. 破伤风患者通过空气传播
    D. 受伤后破伤风梭菌侵入伤口内
    E. 经昆虫媒介传染

3. 预防气性坏疽最好的措施是
   A. 应用足量有效抗生素　　　　　　　　　B. 多次少量输入新鲜血液
   C. 注射气性坏疽抗毒血清　　　　　　　　D. 污染伤口彻底清创
   E. 应用高压氧治疗

4. 下列软组织化脓性感染需要接触隔离的是
   A. 痈　　　　　　　　B. 丹毒　　　　　　　　C. 疖
   D. 急性淋巴管炎　　　E. 急性蜂窝织炎

5. 患者，女性，20岁，上唇疖，因用力挤压后出现眼部及其周围组织的进行性红、肿、寒战、发热、头痛、呕吐。应考虑为
   A. 脑脓肿　　　　　　B. 全身性感染　　　　　C. 急性蜂窝织炎
   D. 颅内感染　　　　　E. 脓毒症

6. 患者，男性，36岁，在建筑工地施工时足底不慎被锈钉刺伤，7天后出现全身肌肉强直性收缩，阵发性痉挛，入院后诊断为破伤风。其中重要的治疗环节是
   A. 应用TAT　　　　　B. 使用青霉素　　　　　C. 控制并解除痉挛
   D. 隔离　　　　　　　E. 冲洗伤口

7. 患者，男性，30岁，右下肢急性蜂窝织炎伴全身性感染，需做血培养，最佳的抽血时机是
   A. 用退热药后　　　　B. 发热的间歇期　　　　C. 寒战、高热时
   D. 静脉滴注抗生素时　E. 抗生素输入完后

8. 患者，男性，55岁，突然出现畏寒、发热、头痛，体温达39.5℃，2天后大腿内侧出现片状红疹，中央较淡，边界清楚并隆起。应首先考虑为
   A. 痈　　　　　　　　B. 丹毒　　　　　　　　C. 疖
   D. 急性淋巴管炎　　　E. 急性蜂窝织炎

9. 患者，男性，28岁，因颈部蜂窝织炎入院。患者颈部明显肿胀，观察中应特别注意的是
   A. 呼吸　　　　　　　B. 体温　　　　　　　　C. 神志
   D. 血压　　　　　　　E. 吞咽

（10～14题共用题干）
男性，40岁，因足底刺伤后出现全身肌肉强直性收缩，阵发性痉挛，诊断为破伤风。

10. 易导致患者死亡的常见原因是
    A. 休克　　　　　　　B. 窒息　　　　　　　　C. 肺部感染
    D. 心脏损害　　　　　E. 脱水、酸中毒

11. 下列护理措施与控制痉挛无关的是
    A. 保持病室安静　　　B. 护理操作要集中进行　C. 按时使用镇静药
    D. 鼻饲流质饮食　　　E. 避免强光照射

12. 治疗此患者应使用的抗生素是
    A. 青霉素　　　　　　B. 甲硝唑　　　　　　　C. 红霉素
    D. 四环素　　　　　　E. 磺胺类药

13. 冲洗此患者伤口所用的溶液为
    A. 3%碘酊　　　　　　B. 3%过氧化氢　　　　　C. 5%盐水
    D. 10%硝酸银溶液　　 E. 生理盐水

14. 针对此患者的护理，正确的是
    A. 严格隔离
    B. 病室阳光充足
    C. 伤口敷料用后高压灭菌
    D. 各种护理操作不要集中进行，以免加重刺激
    E. 治疗及护理操作应在使用镇静药前 30 分钟内进行

二、名词解释

1. 外科感染
2. 丹毒
3. 破伤风

三、填空题

1. 急性淋巴管炎包括_____、_____。
2. 破伤风治疗的原则包括_____、_____、_____、_____。
3. 按照致病菌的种类和疾病性质，感染可分为_____、_____、_____。

四、简答题

破伤风患者的护理措施有哪些？

五、案例分析

患者，女性，32岁，农民。4天前不慎被锈钉刺伤中指末节指腹，当时仅有少量出血，未予特殊处理。昨日发现手指明显肿胀，皮肤苍白，自感有搏动性跳痛，尤以夜间为甚；继之出现全身肌肉强直性收缩，阵发性痉挛等不适。

请回答：
（1）目前该患者最主要的护理诊断/问题是什么？
（2）对于该患者，应首先采取什么措施？

（华中昌）

第九章 损伤患者的护理

第九章数字资源

学习目标

1. 归纳创伤和烧伤的病因、发病机制、病理生理和类型。
2. 熟记烧伤面积的估算、深度的判断和烧伤患者的护理措施。
3. 简述创伤、烧伤患者的现场急救和处理原则。
4. 说出清创术和换药术的原则、步骤和注意事项。
5. 知道蛇毒的分类及毒蛇咬伤患者的急救护理和转运方法。
6. 树立时间就是生命、生命第一的观念,增强对损伤患者的抢救及预防意识。

案例 9-1

患者,男性,35岁,体重60 kg,因工作不慎被蒸汽烫伤1小时急诊入院。患者主诉口渴、创面疼痛。体格检查:T 37℃,P 130次/分,R 30次/分,BP 70/50 mmHg。神志清楚,表情痛苦,呻吟。其背部和胸腹部烫伤,创面红、肿、无水疱;双下肢与会阴部均有大小不等的水疱、创面呈淡红色。

问题与思考:
1. 该患者的烧伤面积和深度分别是多少?属于哪种程度的烧伤?
2. 该患者入院后第1天和第2天的补液总量分别是多少?
3. 如何选择输液种类和调节输液速度?

损伤(injury)是指各种致伤因素作用于人体所造成的组织结构完整性破坏和功能障碍及其所引起的局部和全身反应。引起损伤的致伤因素有很多,常见的如下。①机械性因素:如锐器切割、钝器打击、重物挤压、跌、撞等,该类因素造成的损伤又称创伤。②物理性因素:如高温、低温、电流、激光、放射线等因素。③化学性因素:如强酸、强碱、毒气等造成;④生物性因素:如毒蛇、犬、猫、昆虫等,被咬、抓、蜇伤造成。

第一节 创伤患者的护理

创伤(trauma)是指机械性致伤因素作用于人体造成的组织结构完整性破坏或功能障碍,多见于工伤、交通事故、自然灾害和战伤等,是临床最常见的一种损伤。

【病因及分类】

1. 根据受伤后皮肤和黏膜是否完整分类

(1)闭合性创伤:损伤部位皮肤和黏膜保持完整,多由钝性暴力所致,常见有以下几种。

1)挫伤:为钝器或钝性暴力作用于机体后引起的皮下组织、肌肉等的损伤,临床上最常见。受伤组织常发生充血、水肿或血肿，表现为局部肿胀、触痛，或皮肤红、青紫等。头部、胸部、腹部挫伤可能合并深部器官损伤。

2）扭伤：外力作用使关节超过正常的活动范围，可造成关节囊、韧带、肌腱、肌肉等组织损伤。局部表现为疼痛、青紫、肿胀和关节功能障碍。

3）挤压伤：是肢体或躯干肌肉丰富的部位较长时间受重物挤压所致的损伤。严重时，肌肉组织广泛缺血、坏死、变性，随之坏死组织的分解产物（如肌红蛋白、K^+、乳酸）等吸收，可引起高血钾、急性肾衰竭，甚至发生休克，称为挤压综合征。

知识链接

挤压综合征

挤压综合征是指四肢或躯干肌肉丰富的部位遭受重物长时间挤压，肌肉缺血坏死，并释放出大量分解产物，如肌红蛋白、K^+、肌酸、肌酐，在解除压迫后，血液循环重新恢复，导致"缺血再灌注损伤"，分解产物进入血液，引发以肢体肿胀、肌红蛋白尿、高血钾为特点的急性肾衰竭。

当挤压时间超过4小时后，肌肉组织将发生不可逆损伤而缺血坏死，因此在抢救被废墟掩埋的生还者时，要高度警惕，尽量减少挤压综合征带来的二次伤害。

4）爆震伤（冲击伤）：是爆炸产生的强烈冲击波作用于机体所造成的深部组织和器官的损伤，体表无明显损伤，但胸腔、腹腔内器官或鼓膜可发生出血、破裂或水肿等。

（2）开放性创伤：受伤部位皮肤或黏膜完整性遭到破坏，深部组织经伤口与外界相通，常见有以下几种。

1）擦伤：皮肤被粗糙物擦过，造成皮肤表层组织破损，创面有擦痕、小出血点及少量浆液渗出。

2）刺伤：是由尖锐器物刺入组织所致的损伤，伤口深而细小，可导致深部组织和器官损伤或造成异物存留，易发生化脓性感染或破伤风。

3）切割伤：是由锐利器械切割组织引起的损伤，伤口整齐，多呈直线状，深浅不一，周围组织损伤较少，可伤及血管、神经、肌肉或肌腱等深部组织。

4）裂伤：是钝器打击所致的皮肤和皮下组织断裂，创缘多不整齐，周围组织破坏较重。

5）撕脱伤：是由高速卷拉或撕扯暴力造成的皮肤、皮下组织、肌肉、肌腱等组织的剥脱分离，特点为损伤严重、创面大、出血多、易感染。

6）火器伤：是弹片或枪弹造成的创伤，可能发生贯通伤（有入口和出口者），也可能导致盲管伤（只有入口而无出口者），周围损伤范围大，坏死组织多，易感染。

2. 按致伤原因分类　锐器可致刺伤、切割伤、穿透伤等；钝性暴力可致挫伤、挤压伤等；切线动力可致擦伤、裂伤、撕裂伤等；枪弹可致火器伤等。

3. 按受伤部位分类　可分为颅脑、颌面部、颈部、胸部、腹部、骨盆、脊柱脊髓和肢体损伤等。

4. 按受伤程度分类　一般分为轻伤、中等伤、重伤。轻伤主要伤及局部软组织；中等伤主要是广泛软组织、肢体开放性骨折、创伤性截肢及一般的腹腔脏器伤等，需手术，一般无生命危险；重伤指危及生命或预后留有严重残疾者。

【病理生理】

机体在致伤因子的作用下，迅速产生各种局部炎性反应和全身性防御反应，以维持机体内环境的稳定。

1. 局部反应　组织受伤后，局部有出血、血凝块、失活的细胞等，其周围组织出现炎症反应；有利于清除坏死组织、杀灭细菌和组织修复。一般3～5日后趋于消退。若炎症反应强化，如渗出过多、组织严重肿胀，血容量减少，则修复缓慢。

2. 全身反应　指致伤因素作用于人体后引起的神经内分泌活动增强，并由此引起的组织各种功能和代谢改变的过程，是一种非特异性应激反应。

（1）发热反应：严重损伤时，受伤区域血液、渗出液及坏死组织毒性产物被吸收后，引起大量炎性介质和细胞因子释放，作用于下丘脑体温调节中枢后引起发热，体温一般在38℃左右。

（2）神经内分泌系统变化：下丘脑-垂体-肾上腺轴和交感神经-肾上腺髓质轴分泌大量儿茶酚胺、肾上腺皮质激素、抗利尿激素、生长激素、胰高血糖素；同时，肾素-血管紧张素-醛固酮系统也被激活。

（3）代谢变化：受伤后，机体总体上处于一种分解代谢状态。表现为基础代谢率增高，能量消耗增加，糖、蛋白质、脂肪分解加速，糖异生增加，因此出现了高血糖、高乳酸血症，机体负氮平衡。水、电解质代谢紊乱导致水、钠潴留，钾、钙、磷代谢异常等。

（4）免疫系统变化：创伤可影响机体的免疫系统，出现免疫功能紊乱，导致机体的感染易感性增加。

3. 创伤修复　组织的修复是损伤愈合的基础。理想的修复是由同性质的细胞修复损伤组织，恢复其原有的结构和功能。多数修复只能以纤维细胞增生替代而形成瘢痕愈合，从而达到结构和功能的稳定。

（1）组织修复过程：可分为以下3个阶段。

1）炎性反应阶段：创伤后立即出现，持续3～5天。先有血凝块充填组织创腔，炎症细胞及多种酶使局部血块、坏死组织及异物分解、吸收、被吞噬，为组织修复和再生奠定基础。此期主要达到止血和封闭创面的目的。

2）肉芽形成阶段：成纤维细胞、内皮细胞、毛细血管在局部大量增生，共同构成肉芽组织，填充伤口，形成瘢痕愈合。

3）组织塑形阶段：成纤维细胞不断产生大量胶原纤维，而内皮细胞、毛细血管逐渐减少，最终使肉芽组织变成坚韧的瘢痕组织，肉芽增生、瘢痕形成需1～2周。后期，过多的瘢痕组织被分解、吸收，余下的则软化，新生组织重新调整排列，以适应组织功能的需要，约需1年以上时间。

（2）愈合类型：根据组织修复时的细胞类型，可分为一期愈合、二期愈合。

1）一期愈合（原发愈合）：组织修复时以同性质的细胞为主，仅含少量纤维组织，愈合顺利，愈后功能良好。一期愈合多见于损伤轻、创腔小、创缘对合良好、无感染的伤口或创面。

2）二期愈合（瘢痕愈合）：组织修复时主要通过增生的肉芽组织填充创腔，愈合慢，不同程度地影响结构和功能恢复。二期愈合多见于损伤重、创腔大、创缘不齐、坏死组织多，且常伴有感染而早期未经处理的伤口。

（3）影响伤口愈合的因素

1）局部因素：伤口感染；有异物存留；局部血运障碍；伤口特点为损伤大、坏死组织多、伤口引流不畅或位于关节部位。

2）全身性因素：①年龄因素：如老年人血液循环差、修复能力减弱；②慢性疾病：如高血压、糖尿病、肿瘤；③营养状况：进食困难、营养不良或肥胖等；④免疫功能低下；⑤药物因素：如大量使用皮质激素。

【护理评估】

1. 健康史　询问及了解患者受伤的原因、时间、地点、部位，以及伤后表现、有无危及生命的损伤、现场救治及转送途中伤情变化情况等。患者伤前是否饮酒，是否合并高血压、糖尿病、营养不良等慢性疾病；是否长期使用皮质激素、细胞毒性药物；有无药物过敏史等。

2. 身体状况

（1）局部症状

1）疼痛：伤处活动时疼痛加重，制动后减轻。严重创伤或重度休克时患者常不能主诉疼痛。一般2～3日疼痛缓解，疼痛持续或加重提示可能感染。诊断不明时，慎用麻醉镇痛药，以免漏诊或误诊。

2）肿胀：因局部组织出血、炎性渗出所致。受伤部位浅者，肿胀处可有触痛、发红、青紫或波动感。肢体严重肿胀者，组织内张力增高，阻碍远侧肢体的血液循环。

3）功能障碍：主要由受伤局部组织结构破坏引起；局部肿胀、疼痛也可引起一定程度的功能障碍。

4）伤口：是开放性损伤特有的征象。按伤口的清洁程度可分为3种。①清洁伤口：通常指无菌手术的切口，也包括经清创处理的无明显污染的创伤伤口，可获一期愈合；②污染伤口：指有细菌污染，但暂未感染的伤口，多指伤后8小时之内经处理的伤口，适用于清创术；③感染伤口：伤口有渗出液、脓液及坏死组织等，周围皮肤常红、肿，多需换药治疗，以获得二期愈合。

（2）全身表现：轻者无明显全身表现。严重者可有发热、脉搏加快、血压升高、呼吸加快、乏力、食欲缺乏等全身炎症反应综合征的表现。

1）发热：伤处的血液、渗出液、坏死组织等吸收可引起发热，体温一般不超过38.5℃；发热时，脉搏和呼吸频率加快。

2）生命体征改变：伤后交感神经-肾上腺髓质系统兴奋，儿茶酚胺大量释放，脉搏加快，血压稍高或下降，呼吸加深、加快。

3）其他：创伤刺激可使促肾上腺皮质激素（ACTH）、抗利尿激素（antidiuretic hormone, ADH）和生长激素（growth hormone, GH）释放增多、肾素-血管紧张素-醛固酮系统兴奋，出现口渴、尿少、尿比重增高等。较严重的创伤可使胃肠道的消化、吸收、蠕动功能受抑制，患者出现食欲缺乏、饱胀等症状。脑血流量减少，可表现为焦虑不安、淡漠、抑郁甚至昏迷。精神过度紧张，可引起失眠或反应迟钝。

考点提示

创伤患者的临床表现。

---

3. 心理-社会状况　创伤发生时，患者常出现复杂的心理反应，可能出现焦虑不安、恐惧、暴躁、易怒，甚至失去理智；肢体的伤残、面容的受损、个人前途及社交活动受影响等，也常使患者情绪抑郁、意志消沉，表现为自责、抱怨、悔恨，甚至绝望。

4. 辅助检查

（1）实验室检查：血常规检查可提示有无感染或失血情况。尿常规检查可提示泌尿系统损伤。肝功能、肾功能等检查有利于了解内脏功能。血电解质、血气分析有助于判断体液失衡和血氧合状况。

（2）影像学检查：X线透视或平片用于检查骨折、胸腹伤或异物存留等。CT用于检查颅脑损伤和腹部实质性脏器及腹膜后的损伤。B型超声检查用于发现体腔内的积血、积液、肝及脾的包膜内破裂等。选择性血管造影用于确定有无血管损伤或外伤性动脉瘤、动静脉瘘等。

（3）诊断性穿刺：常用于闭合性损伤的诊断。一般胸腔穿刺可明确有无气胸或血胸；腹腔穿刺可判断有无内脏器官损伤；心包穿刺可证实有无心包积液或积血。若穿刺结果是阴性，也不能完全排除没有组织损伤的可能性，还应注意鉴别假阴性。

（4）内镜检查：可直接观察气管、食管、直肠、膀胱等器官和胸腹腔内脏器的损伤。

（5）其他：放置导尿管、腹腔内留置导管、胸腔闭式引流管等，兼有诊断和治疗意义。

5. 治疗原则

（1）现场急救：救治工作原则是保存生命第一，恢复功能第二，顾全解剖完整性第三。因此，应先解除危及生命的情况，如心搏及呼吸骤停、窒息、大出血、张力性气胸和休克等，然后再进行后续处理，并尽可能稳定伤情，为转送和后续治疗创造条件，要做到判断快、抢救快、转送快。常用的急救技术有复苏、通气、止血、包扎、固定和转运等。

（2）局部治疗

1）软组织闭合性损伤：单纯性软组织损伤者，予以局部制动，患肢抬高，局部冷敷，24小时后改用热敷或红外线治疗、服用云南白药等。局部如有血肿形成，可加压包扎。闭合性骨折和脱位者，需进行复位、固定；合并重要脏器、组织损伤者，应手术探查和修复处理。

2）软组织开放性损伤：①清洁伤口：该类伤口经直接缝合可达到一期愈合；②污染伤口：应尽早实施清创术，即在麻醉下彻底清洗伤口，去除失活的组织、异物、血块等，使污染伤口变为清洁或接近清洁伤口，争取一期愈合。③感染伤口：应充分引流，加强换药，达到二期愈合。

（3）全身治疗

1）预防感染：有开放性伤口者，应根据伤情给予抗菌药物和破伤风抗毒素。一般一次性给予破伤风抗毒素1500 U，若切口污染严重，剂量应加倍。

2）防治休克：对有可能发生休克的重度创伤患者或已经出现休克征象的患者，应尽快静脉输液、给氧、止痛、保暖，必要时输血等，以防治休克。

3）补液、营养支持：应根据病情适当补液，不能进食者应酌情给予管饲或肠外营养支持。

（4）防治并发症：根据创伤部位、性质和严重程度，积极预防和处理相关并发症。

 考点提示

创伤患者的急救和治疗原则。

【常见护理诊断/问题】

1. 疼痛　与局部受伤及创伤性炎症反应有关。
2. 体液不足　与组织出血、体液丢失有关。
3. 组织完整性受损　与组织和器官受损伤、结构破坏有关。
4. 焦虑　与组织受损、担心影响生活和工作有关。
5. 躯体活动障碍　与肢体受伤、组织结构破坏有关。
6. 潜在并发症：出血、感染、休克、器官功能障碍等。

【护理目标】

1. 患者疼痛缓解或消失。
2. 患者体液平衡得到恢复和维持。
3. 患者受损组织逐步修复，伤口得到妥善处理。
4. 患者焦虑减轻或消失，情绪稳定。
5. 患者无并发症发生，或并发症发生后被及时发现并妥善处理。

【护理措施】

1. 急救护理

（1）迅速抢救生命：先处理危及患者生命的紧急情况，如心搏及呼吸骤停、窒息、活动性大出血、张力性或开放性气胸、休克等。

（2）保持呼吸道通畅：立即解开伤者衣领，清理口腔及鼻腔的异物、血块、分泌物等；托起下颌，开放呼吸道，置入通气管，给氧；必要时行环甲膜穿刺、气管插管、气管切开等。

（3）包扎伤口及止血：根据条件，以无菌或清洁的敷料包扎伤口，防止加重污染和继续出血。如患者有出血，应采取紧急止血的方法，常用的止血方法有指压法、加压包扎法、填塞法、止血带止血法或器械止血等。使用止血带止血时，一般每隔0.5～1小时放松2～3分钟，以免引起肢体缺血性坏死。

（4）妥善固定骨折：简单固定受伤的骨关节可减轻疼痛，避免搬运时再损伤，便于搬运患者。搬运患者前，应妥善固定四肢骨折；对疑有脊柱骨折的患者，要以平托法或滚动法将其轻放、平卧在硬板上，防止脊髓损伤。

（5）稳妥转运伤者：经现场急救处理，待伤情稳定后，应专人、迅速、安全、平稳地转运伤者到医院。在转运途中应注意：①保持适当体位，尽量避免颠簸，防止再损伤。②伤者的头部应朝后（与车辆运行方向相反），以避免心脑缺血。③保证有效输液，给予止痛，预防休克。④密切观察病情变化，如生命体征、意识，并认真做好记录等。

2. 软组织闭合性损伤的护理

（1）一般护理：抬高患肢15°～30°，以利于静脉、淋巴回流，减轻肿胀和疼痛。在受伤关节处可用绷带或夹板等包扎固定，局部制动可减轻疼痛，避免继发出血和加重损伤。指导患者进食高热量、高蛋白、富含维生素、易消化的饮食，必要时遵医嘱经静脉补充营养，促进创伤修复。

（2）病情观察：对伤情较重者，应注意局部症状、体征的演变；密切观察生命体征的变化，了解深部组织和器官损伤情况；对挤压伤患者，须观察尿量、尿色、尿比重，注意是否发生急性肾衰竭。

（3）伤处局部的护理：①小范围软组织创伤后24小时内给予局部冷敷，以减少渗血和肿胀。24小时后改用热敷和理疗，可促进吸收和炎症消退。②对血肿较大者，应在无菌操作下穿刺抽吸，并加压包扎。③必要时可遵医嘱外敷中西药物，以消肿止痛。④疑有胸腔脏器、腹腔脏器、颅脑损伤等，遵医嘱给予相应的检查和护理。⑤病情稳定后，可指导患者配合理疗、按摩和功能锻炼，促进功能恢复。

3. 软组织开放性损伤的护理

（1）术前准备：按手术要求做好必要的术前准备工作，如备皮、皮肤药物过敏试验、配血、输液、局部X线检查。

（2）术后病情观察：注意观察生命体征的变化，警惕活动性出血等情况的发生。观察伤口情况，如出现红、肿、热、痛等感染征象，应协助医师进行早期处理；如已化脓，应及时拆除缝线，敞开伤口换药。注意观察伤肢末梢循环情况，如发现肢端苍白或发绀、皮温降低、动脉搏动减弱，应报告医师及时处理。

（3）术后护理：①防治感染：遵医嘱使用抗生素预防感染，开放性创伤者应注射破伤风抗毒素，以预防破伤风的发生。②防治休克：对血容量不足者，按医嘱给予输液、输血，维护体液平衡和血容量。③伤口护理：保持敷料清洁、干燥，及时换药，如伤口内放置有橡皮片引流条，应于术后24～48小时去除。抬高创伤肢体，并适当固定制动，改善局部血液循环，促进伤口愈合。④功能锻炼：病情稳定后，鼓励并协助患者进行早期活动，指导患者进行肢体功能锻炼，以促进功能恢复和预防并发症。

4. 心理护理　安慰患者，尤其是对容貌受损或有致残可能的患者，多与其沟通，进行心理疏导，指导患者作自我心理治疗，稳定情绪，增强恢复健康的信心，积极配合治疗和护理。

5. 健康教育

（1）宣传安全知识，加强安全防护意识，注意交通安全及劳动保护，避免损伤的发生。

（2）一旦发生创伤，无论是开放性损伤或闭合性损伤，都要及时到医院就诊，开放性损伤应尽早接受清创术，并注射破伤风抗毒素。

（3）强调功能锻炼的重要性，督促患者积极进行身体各部位的功能锻炼，防止因制动引起关节僵硬、肌肉萎缩等并发症，使其功能得到最大程度的恢复。

【护理评价】

1. 患者疼痛有无减轻或缓解。
2. 体液平衡是否恢复。
3. 伤口愈合是否良好。
4. 患者焦虑是否减轻或消除，情绪是否稳定。
5. 并发症是否发生，发生时是否被及时发现并有效处理。

第二节　清创术及换药术

一、清创术

清创术又称扩创术，是处理开放性损伤最重要、最有效的手段，是外科的基本手术操作。通过清创，可使污染伤口变为清洁伤口，开放性损伤变为闭合性损伤，争取伤口达到一期愈合。

【清创目的】

清创目的是去除伤口内异物，清除伤口内的污染组织，切除失活组织，制止伤口出血，修复有功能的组织，变污染伤口为清洁伤口，促使伤口早日愈合。

【清创时机】

开放性伤口难免有不同程度的污染，因此应力争在伤后6～8小时内实施清创术，此时细菌仅存在于创口表面，尚未形成伤口感染，是清创的最佳时机。头面部伤口局部血运良好，伤后12小时内仍可按污染伤口行清创术。对关节附近以及有神经、大血管、内脏等重要组织和器官暴露的伤口，如无明显感染现象，尽管时间较长，原则上也应清创缝合。如污染严重，细菌数量多且毒力强，伤后4～6小时即可变为感染伤口，不宜按污染伤口处理。如伤口已有明显感染，则不作清创，仅做伤口及伤口周围的清理、消毒后，敞开引流、换药。

【清创原则】

1. 尽早、彻底清创，严格执行无菌操作。
2. 注意伤口内组织生命力的判断，伤口内清洗、消毒时不宜用有颜色和有明显刺激性的液体。
3. 尽量保持受伤局部形态及功能的完整，重要的血管、神经、肌腱、器官应尽可能保存和修复；浅部的血管、神经、肌腱、骨、关节囊，应有皮下组织及皮肤的保护覆盖。
4. 开放性骨折清创时一般不作内固定。
5. 缝合时，注意组织层次对合；力争一期缝闭伤口。清创后仍有感染可能的伤口，可考虑延期缝合。

【清创步骤】

1. 清创前准备　对大失血患者或出血较多的清创术，须准备血源；根据损伤程度和部位选择麻醉方式。使用无菌纱布覆盖伤口，剃除伤口周围的毛发，清除油污等。污染较重者应预防性使用抗生素。注射破伤风抗毒素，轻者1500 U，重者3000 U。

2. 清洗消毒　依次用肥皂水和等渗盐溶液清洗伤口周围皮肤。去除伤口内敷料，先用生理盐水冲洗伤口，然后用3%过氧化氢溶液冲洗，再用生理盐水冲洗，使用无菌纱布擦干伤口周围的皮肤。手术人员更换无菌手套后常规消毒，铺无菌巾。

3. 清创　仔细检查伤口，去除血凝块或异物，切除失活或已游离组织，修剪出较整齐的健康组织创面和边缘，冲洗干净伤口各层，并注意严格止血。尽可能保留重要的血管、神经和肌腱。

4. 缝合　更换已用过的手术物品，重新消毒、铺单、实施手术。对清创彻底的新鲜伤口，可按组织层次即时将伤口缝合，此为一期缝合；对污染较重、清创不彻底、感染危险大的伤口，可只缝合深层组织，放置引流48小时无感染后考虑二期缝合（又称延期缝合）。清创后的伤口内还应酌情放置各种引流物，如引流条、引流管，以促使分泌物排出、减少毒素吸收、控制感染、促进肉芽生长。

5. 术后处理　伤口缝合后，覆盖并固定无菌纱布，保持敷料清洁、干燥。

【清创护理】

1. 清创前注意收集病史，做好护理检查，充分评估全身和局部的伤情，并做好有关护理记录。伤情严重时主动配合医师做好患者的抢救工作。

2. 全身伤情严重、局部因创伤而导致形态和功能明显受损，患者因此而焦虑、恐惧时，应做好解释、安慰工作，争取患者术中的配合。

3. 清创时严格执行无菌操作，尽可能保证创伤局部形态和功能的完整。清创后注意适当固定和抬高患肢，随时观察其血运情况并做好相应的处理。

4. 术后遵医嘱给予抗生素预防感染，配合医师作破伤风预防的常规处理。密切观察伤口愈合情况，清创后的伤口仍发生感染者，及时按感染伤口进行处理。

5. 指导患者早期活动及功能锻炼，促进功能恢复。

二、换药术

换药术是指对伤口进行敷料更换，其目的是观察伤口，了解其愈合情况；清除伤口内的分泌物、脓液、坏死组织，保持伤口引流通畅；直接在伤口湿敷有效药物，使炎症局限；包扎固定，减轻疼痛，保护伤口，避免污染。

【换药室的设备和管理】

1. 换药室的设备　换药室要求宽敞明亮、光线充足、温度适宜。布局科学、合理，符合无菌要求。各类物品定位放置，便于使用。视工作范围及性质，配备适当的用品，数量视具体情况而各异。

（1）各种器械：如止血钳、镊子、线剪、换药碗及弯盘。

（2）敷料及引流物：如棉球、干纱布、油纱布、洞巾、绷带、胶布及无菌手套。换药后的物品应有专门容器分别浸泡消毒，废弃物不得随意丢弃，以防止医院内感染的发生。

（3）消毒及换药的药品见表9-1。

表9-1　常用消毒及换药的药品

适用范围	常用药品及溶液
皮肤消毒	70%乙醇、2.5%碘酊、0.5%~1.0%聚维酮碘
一般创面	等渗盐溶液、凡士林纱布
水肿肉芽	3%氯化钠、30%硫酸镁
皮炎、湿疹	15%氧化锌油

续表

适用范围	常用药品及溶液
绿脓杆菌感染	1%苯氧乙醇、0.5%乙酸、1%~2%磺胺嘧啶银
厌氧菌感染	3%过氧化氢、0.05%高锰酸钾、优锁
皮肤感染尚未破溃	10%~30%鱼石脂、金黄散
真菌感染	克霉唑、酮康唑、碘甘油、大蒜液
慢性溃疡	碘仿、20%鞣酸、1%氯胺

2. 换药室的管理

（1）换药室需要专人负责，保证供应及时和物品齐全。

（2）每日通风，紫外线照射消毒，并定期进行空气熏蒸消毒和细菌培养。

（3）盛放各种物品的容器应标签清晰，并定期灭菌。

（4）严格遵守无菌操作原则，防止发生医源性感染或交叉感染。

【换药的原则和方法】

1. 换药的原则

（1）严格遵守无菌操作原则，防止发生医院内感染。

（2）换药环境和时间：换药时，要求室内空气清洁、光线明亮、温度适宜。一般下列情况不安排换药：晨间护理时；患者进餐时；睡眠时；家属探视时；手术人员参加手术前。

（3）换药顺序：先换清洁伤口，再换污染伤口，最后换感染伤口。特异性感染伤口安排专人换药，换下的敷料应焚毁。

（4）换药次数：根据伤口情况而定。对清洁伤口，术后2~3天换药一次，如无感染或渗出，可至拆线。如分泌物不多，肉芽组织生长良好，每日或隔日换药1次。脓肿切开引流次日可不换药，以免出血。对感染较重、脓性分泌物多的伤口，每日换药1次或数次，保持敷料干燥。

2. 换药术及拆线术

（1）换药术

1）换药前准备：核对患者的姓名、换药部位，向患者做好解释工作，对于剧烈疼痛的伤口换药，可在换药前应用镇静药或镇痛药。换药者先初步了解创口的部位、类型、大小、深度、创面情况，然后准备适当敷料和用物；操作前按要求着装，戴好帽子、口罩，清洁双手。

2）去除伤口敷料：用手朝伤口方向揭去皮肤上的胶布，然后揭去外层敷料，将污面向上或折放于弯盘内。沿伤口长轴方向用镊子揭去内层敷料，如有分泌物干结、黏着，可用生理盐水湿润后再揭下。

3）处理创面：双手持镊操作。左手持镊（无菌镊）自换药碗中取物品，递至右手镊子中，两把镊子不可碰撞。挤压、清洗棉球或纱布时，无菌镊应在上方，另一镊子在下方，避免挤压的液体污染镊子。

首先用乙醇棉球消毒伤口周围皮肤，清洁伤口由内向外，感染伤口由外向内，消毒范围应大于无菌敷料覆盖处；其次用生理盐水棉球清洗伤口分泌物及脓液，清洁伤口由上到下、由内向外擦拭，感染伤口由分泌物少处清洗到分泌物多处，较深及分泌物较多的伤口应放置引流物；最后用乙醇棉球再次消毒周围皮肤。

4）包扎固定伤口：用无菌敷料覆盖伤口并加以固定，敷料大小应达伤口外3 cm左右，胶布横向固定，必要时加以绷带包扎。最后整理用物、洗手。

（2）拆线术

1）准备：向患者做好解释工作，拆线者准备好用物，洗手，戴口罩。

2）处理创面：揭开敷料后，从伤口中央向外消毒伤口、线结及周围皮肤2次。

3）拆除缝线：用无齿镊将缝线结提起，轻轻外拉，露出埋于皮内的少许缝线，用剪刀尖或刀片紧贴皮肤处剪断缝线，将缝线迅速向伤口方向拉出（勿向反方向拉，以免伤口裂开），拆线完毕，再次消毒伤口（图9-1）。注意，剪刀剪断处为原来埋在皮内的缝线，若在缝线暴露部分剪断，则可因缝线的已被污染部分穿过皮肤深部而导致感染。

4）包扎固定伤口：用无菌敷料包扎伤口，胶布固定。

5）清理用物，洗手，记录伤口愈合情况。

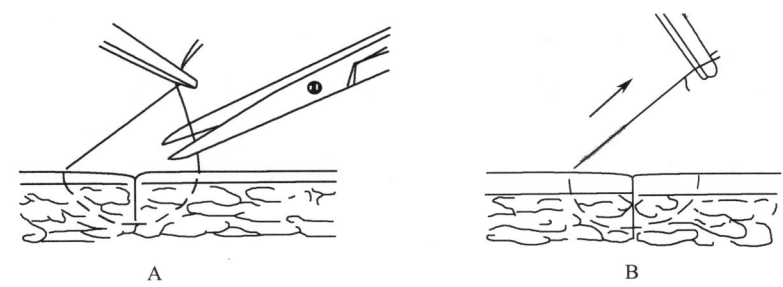

图9-1　拆线术

A. 提起线结并剪断；B. 沿伤口方向抽出缝线

3. 不同伤口的处理

（1）肉芽创面的处理：①健康肉芽色泽新鲜，呈粉红色、较坚实、表面呈细颗粒状、触之易出血，可用等渗盐溶液或凡士林纱条覆盖；②若肉芽生长速度过快、高于创缘、阻碍周围上皮生长，应予剪平后压迫止血，或用10%～20%硝酸银烧灼后使用生理盐水湿敷；③水肿肉芽颜色苍白或淡红、较松软，表面光滑，触之不易出血，可用3%～5%高渗氯化钠或30%硫酸镁溶液纱布湿敷，促使水肿消退；④感染肉芽颜色暗红、质硬、无明显颗粒，触之不易出血，表面污秽或有脓苔，有异味，可搔刮、清除部分肉芽或用优锁（含氯石灰硼酸溶液）纱布湿敷等方法处理。

（2）缝合伤口的处理：根据伤口愈合情况和伤口部位选择拆线时间。老年体弱、营养不良的患者，应适当延迟拆线时间。有的伤口缝合2～3天后，针孔及缝线处充血、发红、轻度水肿，为组织的生理性反应，称为缝线反应，一般无须特殊处理，仅换药即可；也可用70%乙醇湿敷或红外线照射，促进炎症吸收。若针孔处出现红、肿、硬结、脓疱，可提前拆除部分或全部缝线，使用远红外线照射，每日1次，每次15分钟。

（3）感染伤口的处理：当缝线四周有明显感染现象时，应及时拆除缝线。若已有皮下脓肿，须拆除足够的缝线，敞开伤口至深筋膜层，以保证引流通畅。伤口深而脓液多者，换药时必须保持引流通畅，必要时行脓腔冲洗。根据创面、脓腔情况选用引流物。浅部伤口常用凡士林纱布，伤口较小而深时，应将凡士林纱布送达伤口底部，但不能堵塞外口，个别小的引流口需切开扩大。

第三节　烧伤患者的护理

烧伤（burn）是由热力（热水、蒸汽、火焰、高温金属）、电流、化学物质、激光、放射线等所造成的组织损伤，其中以热力烧伤最为常见。烧伤不仅损伤皮肤，还可累及肌肉、骨骼，严重者发生休克、脓毒症等严重并发症，危及生命。

【病理生理】

根据病理生理变化，临床上将大面积烧伤分为以下三期。

1. 急性体液渗出期（休克期） 低血容量性休克是大面积烧伤患者48小时内死亡的主要原因。大面积烧伤的热力作用，可使毛细血管通透性增加，导致大量血浆外渗至组织间隙及创面，引起有效循环血量锐减，从而发生低血容量性休克。烧伤后，机体立即发生的反应是体液渗出，一般伤后2~3小时最为急剧，8小时达到高峰，持续24~48小时，此后，渗出到组织间隙及创面的体液开始回吸收，水肿逐渐消退，血压趋于稳定，尿液逐渐增多，临床上称为回吸收期。

2. 急性感染期 从烧伤渗出液回吸收开始，感染的危险即已存在，并持续到创面完全愈合。创面以渗出为主逐渐转变为以吸收为主，创面及坏死组织中的毒素、分解产物吸收入血，引起中毒症状；加之烧伤使皮肤失去防御功能，污染创面的细菌易在坏死组织中生长繁殖并产生毒素；严重烧伤后的应激反应及休克的打击，全身免疫功能低下，对致病菌的易感性增加，在休克期的同时即可并发局部和全身性感染；深度烧伤形成的凝固性坏死和焦痂，在伤后2~3周广泛组织溶解，此时细菌极易通过创面侵入机体引起感染，此阶段为烧伤并发全身性感染的又一高峰期。

3. 修复期 组织修复在烧伤后炎症反应的同时即已开始。浅度烧伤多能自行修复，无瘢痕形成，但有色素沉着。深Ⅱ度烧伤靠残存的上皮岛融合修复，如无感染等并发症，3~4周逐渐修复，留有瘢痕。Ⅲ度烧伤只能靠皮肤移植才能修复。

考点提示

烧伤患者的临床分期。

【护理评估】

1. 健康史 询问及了解患者烧伤的原因和性质、受伤的时间及部位、现场情况、有无吸入性烧伤，有无合并危及生命的损伤，有无采取急救措施，途中转运情况等。

2. 身体状况 烧伤程度主要取决于烧伤面积和烧伤深度。

（1）烧伤面积估计：烧伤面积是以皮肤烧伤部位面积占体表面积的百分比来表示的。根据我国人体体表面积特点，估算烧伤面积的方法如下。

1）中国新九分法：适用于较大面积烧伤的估计，即将人体体表总面积划分为11个9%和1个1%，构成100%（图9-2，表9-2）。简记的数字口诀为：3、3、3，5、6、7，13、13、1，5、21，13、7（图9-2）。由于儿童头较大，下肢相对短小，故12岁以下儿童估计烧伤面积时应注意，头颈部面积%=9%+（12-年龄）%；双下肢面积%=46%-（12-年龄）%。

表9-2 烧伤面积中国新九分法

部位	成年人各部位面积（%）	小儿各部位面积（%）
头颈	9×1=9（发部3 面部3 颈部3）	9+（12-年龄）
双上肢	9×2=18（双手5 双前臂6 双上臂7）	9×2
躯干	9×3=27（腹侧13 背侧13 会阴1）	9×3
双下肢	9×5+1=46（双臀5 双大腿21 双小腿13 双足7）	46-（12-年龄）

注：成年女性的双臀和双足各占6%。

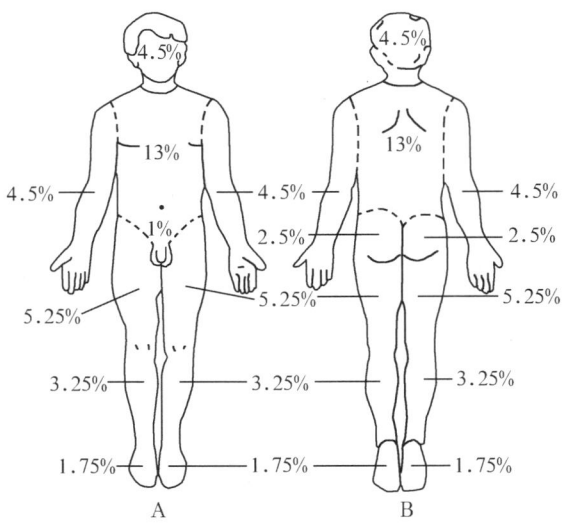

图 9-2 成人各部位体表面积示意图

A. 正面观；B. 背面观

2）手掌法：不论年龄、性别，以伤者本人一个手掌（五指并拢）面积约占体表面积的1%来估计。此法较简易，用于小面积烧伤的估计或作为中国新九分法的补充（图9-3）。

（2）烧伤深度估计：按组织损伤的层次，目前普遍采用三度四分法，将烧伤深度分为Ⅰ度、浅Ⅱ度、深Ⅱ度、Ⅲ度（图9-4）。Ⅰ度、浅Ⅱ度属浅度烧伤；深Ⅱ度、Ⅲ度属深度烧伤。

1）Ⅰ度烧伤：又称红斑烧伤，伤及表皮浅层，生发层健在，皮肤再生能力强。皮肤红斑、干燥、烧灼感，无水疱，3～7天脱屑痊愈，短期内有色素沉着，不留瘢痕。Ⅰ度烧伤仅伤及表皮，病理反应轻微，痊愈时间短，一般不计入烧伤总面积之中。

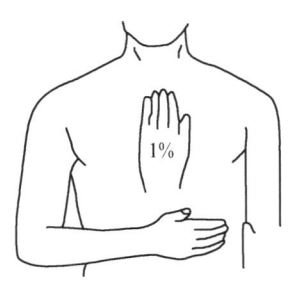

图 9-3 手掌法

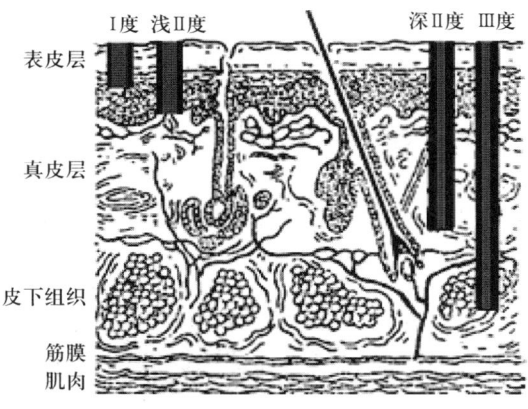

图 9-4 烧伤深度分度示意图

2）浅Ⅱ度烧伤：伤及表皮全层和真皮浅层，部分生发层健在。局部红、肿明显，疼痛剧烈；有大小不一的水疱，水疱壁薄，内含淡黄色澄清液体，水疱皮如剥脱，可见创面基底潮红。1～2周内愈合，短期内留有色素沉着，不留瘢痕。

3）深Ⅱ度烧伤：伤及真皮深层，有皮肤附件残留。水肿明显，水疱较小，疱壁较厚，创面基底发白或红白相间，痛觉迟钝，有拔毛痛。如无严重感染，3～4 周愈合，常有瘢痕形成和色素沉着。

4）Ⅲ度烧伤：伤及皮肤全层甚至皮下、肌肉或骨骼。痛觉消失，创面无水疱，干燥如皮革样坚硬，呈蜡白或焦黄色，甚至炭化形成焦痂，痂下可见树枝状栓塞的血管，拔毛时不痛且易拔除。3～4 周后焦痂自然脱落，因皮肤及附件已全部烧毁，无上皮再生来源，范围大者必须靠植皮而愈合。只有很局限的小面积Ⅲ度烧伤，可能靠周围健康皮肤的上皮爬行而收缩愈合，愈合后留有瘢痕或畸形。

 考点提示

烧伤面积的估算和烧伤深度的判断。

（3）烧伤严重程度：按烧伤总面积和烧伤的深度，将烧伤严重程度分为以下 4 类。

1）轻度烧伤：Ⅱ度烧伤面积＜10%。

2）中度烧伤：Ⅱ度烧伤面积 10%～30%；或Ⅲ度烧伤面积＜10%。

3）重度烧伤：烧伤总面积 31%～50%；或Ⅲ度烧伤面积 11%～20%；或Ⅱ度、Ⅲ度烧伤面积虽未达上述百分比，但并发休克、吸入性损伤或合并较严重的复合伤。

4）特重烧伤：烧伤总面积＞50%；或Ⅲ度烧伤面积＞20%；或存在严重并发症。

（4）吸入性损伤：又称呼吸道烧伤，常与头面部烧伤同时发生，为吸入浓烟、火焰、蒸汽、热气或有毒、刺激性气体所致。其致伤因素为热力或燃烧时烟雾中的化学物质，如一氧化碳、氰化物，这些化学物质能引起局部腐蚀和全身中毒。吸入性损伤多见于头面部烧伤患者，患者面部、颈部、口鼻周围常有深度烧伤创面，鼻毛烧毁，口鼻有黑色分泌物；有呼吸道刺激症状，咳炭末样痰，可有呛咳、声音嘶哑、吞咽困难、呼吸困难、发绀、肺部哮鸣音等表现，易发生窒息或肺部感染。

3. 心理 - 社会状况　了解患者对伤情、治疗配合及康复知识的掌握程度；了解患者对可能出现的并发症以及对毁容和残肢的心理承受能力；了解患者对康复锻炼方法的掌握情况；判断患者及其家属对预后的认知程度；对治疗费用的经济承受能力等。评估患者预后及适应工作和生活自理的能力。

4. 辅助检查

（1）实验室检查：较严重的烧伤可发生血管内凝血、红细胞破坏，故患者有红细胞、血红蛋白减少及血红蛋白尿；感染时白细胞计数、中性粒细胞比例明显增多；分解代谢增强，肾功能损害，可引起尿素氮的变化。

（2）影像学检查：胸部 X 线检查有助于了解肺部有无损伤及感染。

（3）其他：通过尿量可了解全身血容量及肾功能状况。检查血电解质、血气分析，了解有无水、电解质代谢紊乱和酸碱平衡失调。

5. 治疗原则

（1）小面积烧伤：成年人烧伤面积不足 15%，小儿不足 10%，属于小面积烧伤，可在门诊清创、包扎处理，使用镇痛药、抗生素和 TAT 预防感染，一般均能自然愈合。

（2）大面积烧伤、头面部或会阴部烧伤：均应住院治疗，其治疗要点：①早期、及时补液，积极纠正低血容量性休克；②保持呼吸道通畅；③应用抗生素控制感染；④防治 MODS；⑤早期去痂、植皮，可采用自体或异体皮移植覆盖；⑥重视形态、功能的恢复等。

【常见护理诊断/问题】

1. 疼痛　与组织受损、局部炎症反应有关。

2. 组织灌注改变　与大量体液渗出、有效循环血量减少有关。
3. 皮肤完整性受损　与皮肤烧伤、失去屏障功能有关。
4. 营养失调：低于机体需要量　与烧伤后能量消耗增加、摄入量不足有关。
5. 自我形象紊乱　与烧伤后外表形象及肢体功能改变有关。
6. 有感染的危险　与皮肤屏障功能受损、机体免疫力低下、创面污染有关。
7. 潜在并发症：休克、感染、窒息、急性肾衰竭、应激性溃疡、瘢痕和畸形等。

【护理目标】
1. 患者疼痛减轻或消失。
2. 患者体液维持正常。
3. 患者烧伤创面逐渐愈合，皮肤完整。
4. 患者营养状况得到改善，能满足机体代谢需要。
5. 患者能够积极面对自我形象的变化。
6. 患者未发生感染或感染得到有效控制。
7. 患者未发生并发症或并发症发生后被及时发现和处理。

【护理措施】
1. 现场急救护理

（1）迅速脱离热源：①火焰烧伤者，应迅速灭火。快速脱去燃烧衣物，就地卧倒滚动或跳入水池中，熄灭火焰。或用大量清水及其他灭火材料将火扑灭，也可用身边不易燃的材料（如雨衣、大衣、棉被）迅速覆盖着火处，与空气隔绝灭火。切勿站立或奔跑呼叫，以免造成头面部烧伤或吸入性烧伤。切忌用手扑打火焰，赤手扑打火焰可导致手部烧伤，甚至造成手功能障碍。热液浸渍的衣裤，可冷水冲淋后剪开取下，以免强力剥脱而撕脱水疱皮。小面积烧伤立即用清水连续冲洗或浸泡，既可止痛，又可带走余热。②酸、碱等化学物质烧伤，应立即脱去或剪开沾有酸、碱的衣服，以大量清水冲洗，冲洗时间不得少于15～20分钟。如为生石灰烧伤，可先去除石灰粉粒，再用清水长时间冲洗，以避免石灰遇水产热加重损伤。磷烧伤时，立即将烧伤部位浸入水中或用大量清水冲洗，同时在水中拭去磷颗粒，不可将创面暴露在空气中，避免剩余磷继续燃烧；创面忌用油性敷料，以免磷在油中溶解而被吸收中毒。③电击伤时，应迅速使患者脱离电源，扑灭衣物上的火，若伤者呼吸、心搏骤停，立即进行胸外心脏按压，施行心肺复苏。在未切断电源之前，施救者切记不要接触伤员，以免自身触电。

（2）抢救生命：配合医师优先处理危及伤者生命的情况，如窒息、心搏骤停、大出血、开放性气胸。合并吸入性烧伤者，应保持呼吸道通畅，给予吸氧，必要时作气管切开。

（3）预防休克：安慰伤者并稳定其情绪，必要时遵医嘱使用地西泮、哌替啶等，给予镇静、止痛，减轻或缓解疼痛，但合并呼吸道烧伤或颅脑损伤者忌用吗啡。伤后应尽快补充液体，对有休克前期症状者，应快速建立静脉通道，补充血容量。无输液条件者，可少量口服盐水或烧伤饮料（每100 ml饮用水中加入食盐0.3 g，碳酸氢钠0.15 g，糖1 g）等，但不宜单纯饮用大量白开水，以免导致细胞外液渗透压降低和水中毒。

（4）保护创面：在急救现场，可用无菌敷料、清洁布单、衣服等覆盖或包扎保护伤口，避免继续污染和损伤，简单包扎后送医院处理。创面不宜用甲紫、汞溴红（红汞）或中草药末等有色药物涂抹，以免干扰对烧伤深度的判断和创面的观察。转送时，注意避免创面受压。

（5）迅速转运：应在休克纠正、出血基本控制、呼吸道通畅的情况下，迅速转运患者至专科医院接受治疗，转送途中继续做好补液、止痛等措施。常用的运送工具为汽车，如有可能，患者取横放位置，即与汽车纵轴相垂直，如无可能，则采取患者足向车头、头向车尾方向的位置，这样可避免患者头部急剧缺血。运送途中应尽可能避免颠簸，有医护人员陪同，保证持续输液、供氧等，做好液体出入量记录。

2. 静脉补液的护理　严重烧伤，特别是大面积烧伤后 48 小时内，防治烧伤休克至关重要。液体疗法是防治休克的主要护理措施，应力争在伤后迅速建立静脉通道，以预防休克发生。

（1）补液量的估算

1）伤后第一个 24 小时补液量的估算：每 1% 烧伤面积（Ⅱ～Ⅲ度）每公斤体重应补充晶体（电解质）溶液和胶体溶液 1.5 ml（儿童 1.8 ml，婴儿 2.0 ml），另加每日生理需要量（成年人 2000 ml，儿童 60～80 ml/kg，婴幼儿约 100 ml/kg）。

即伤后第一个 24 小时补液总量（ml）=（Ⅱ度＋Ⅲ度）烧伤面积 × 体重（kg）× 1.5 ml（儿童 1.8，婴儿 2.0）+2000 ml（儿童 60～80 ml/kg，婴幼儿约 100 ml/kg）。

2）伤后第二个 24 小时补液量的估算：其晶体（电解质）溶液和胶体溶液的补液量为伤后第一个 24 小时晶体（电解质）溶液和胶体溶液计算量的一半，再加上每日生理需要量 2000 ml。

3）伤后第三个 24 小时及以后的补液量，应根据伤者具体情况而定。

（2）补液种类：晶体（电解质）液和胶体溶液的比例一般为 2∶1，特重度烧伤为 1∶1。电解质溶液首选平衡盐溶液，其次为生理盐水。胶体溶液首选血浆，紧急抢救一时无法获得血浆时，可使用低分子的血浆代用品，但用量不宜超过 1000 ml，并尽快以血浆取代；严重Ⅲ度烧伤应考虑输适量的全血。生理需要量一般选用 5%～10% 葡萄糖溶液补充水分。

（3）补液原则及补液速度：补液一般遵循先快后慢、先盐后糖、先晶后胶、液种交替、尿畅补钾的补液原则。补液速度应根据烧伤体液渗出的速度进行调整。因烧伤后第 1 个 8 小时内渗液最快，故在烧伤后第 1 个 8 小时内应输入晶体（电解质）溶液和胶体溶液总量的一半，其余的一半分别在第 2 个和第 3 个 8 小时内输入；生理需要量在 24 小时内均匀输入。

例如，某患者男性，32 岁，体重 50 kg，烧伤面积Ⅱ度 70%、Ⅲ度 10%。伤后第 1 个 24 小时补液量 =80×50×1.5+2000=8000 ml，因该患者是特重度烧伤，其中电解质溶液与胶体溶液的比例为 1∶1，各为 3000 ml，5% 葡萄糖溶液为 2000 ml，该患者第 1 个 24 小时补液方案列于表 9-3。

表 9-3　患者第 1 个 24 小时补液方案（ml）

液体种类	第 1 个 8 小时	第 2 个 8 小时	第 3 个 8 小时
电解质溶液	1500	750	750
胶体溶液	1500	750	750
5% 葡萄糖溶液	2000/3	2000/3	2000/3

（4）补液监测：严密观察补液效果，及时调整补液计划。①尿量：是反映组织和器官灌注状况的有效指标，也是判断血容量是否补足简便而可靠的指标。一般要求成年人每小时尿量 30 ml 以上，有血红蛋白尿时每小时尿量要维持在 50 ml 以上，小儿每千克体重每小时尿量不少于 1 ml，但儿童、老年人、心血管疾病患者，要注意输液速度和输液量。②患者安静，无烦躁。③无明显口渴。④脉搏、心搏有力，成年人脉率在 120 次 / 分以下，小儿脉率在 140 次 / 分以下。⑤收缩压维持在 90 mmHg、脉压在 20 mmHg 以上，CVP 正常。⑥呼吸平稳等。

 考点提示

烧伤患者的现场急救及烧伤早期的补液方法。

3. 创面护理

（1）创面早期清创护理：清创的时机一般在血容量得到适当补充，休克已基本纠正后进行。

在良好的麻醉和无菌条件下应尽早进行清创。清创一般按头部、四肢、胸腹部、背部和会阴部顺序进行。早期清创步骤如下：①剃除毛发，剪除指（趾）甲，用肥皂水和清水清洗创面周围正常皮肤，随后用聚维酮碘消毒创面周围皮肤。②用无菌水冲洗创面，并用1∶1000苯扎溴铵溶液或1∶2000氯己定溶液棉球轻轻洗拭创面，使创面清洁。浅Ⅱ度烧伤创面的小水疱可不予处理，大水疱可用无菌注射器抽吸或于大水疱低垂处剪数个小口引流，疱皮破裂或感染者应剪除。清创后根据情况选择暴露或包扎疗法。Ⅲ度烧伤焦痂保持干燥，外涂碘酊，可早期切痂并立即植皮，也可待其自然溶痂脱落后再植皮。③清创务必轻柔，整个过程中应有专人观察输液及患者情况。清创前可使用镇痛药，但切勿过量。④清创术后应注射破伤风抗毒素，必要时及时使用抗生素。

（2）包扎疗法的护理：清创后，先用一层油纱布紧贴创面，外加多层脱脂纱布均匀加压包扎。包扎范围一般超出创缘5 cm，早期包扎的厚度应达到3～5 cm，以防敷料湿透发生感染。包扎疗法适用于小面积烧伤、四肢烧伤、浅Ⅱ度烧伤或天气较冷、病房条件差等情况。其优点是既方便护理、保护创面、充分引流渗出液并可将肢体置于功能位，又对病房条件要求低，便于转运。其缺点是创面不易保持干燥，易于发生细菌繁殖，换药痛苦，不适于头颈及会阴部烧伤。包扎后的护理措施包括：①观察肢端感觉、运动和血运情况，若发现指（趾）末端皮肤发凉、青紫、麻木等情况，须立即放松绷带；②抬高患肢，注意保持肢体功能位；③保持敷料清洁、干燥，如外层敷料被浸湿，须及时更换；④注意创面是否有感染，若发现敷料浸湿、有臭味、伤处疼痛加剧，伴高热，血白细胞计数增高，均表明创面有感染，应报告医师，及时检查创面。

（3）暴露疗法的护理：将烧伤创面直接暴露于干燥、清洁的空气中，不用敷料覆盖或包扎，使创面渗液及坏死组织干燥形成痂，暂时保护创面。接触创面的用品均应灭菌。环状烧伤面积大者最好使用翻身床或悬浮床。暴露疗法适用于深Ⅱ度、Ⅲ度烧伤，特殊部位（头面部、颈部或会阴部）及特殊感染（如铜绿假单胞菌、真菌）的创面、大面积创面；严重污染的创面等。其优点是创面干燥，不利于细菌生长，并且便于观察，减少换药所带来的痛苦。缺点是暴露疗法不仅对病房条件和护理技术要求高，而且不方便转运。暴露疗法的护理措施有：①严格遵守消毒隔离制度，保持病室清洁、干燥，空气流通，室温维持在28～32℃，相对湿度40%～60%，每日空气消毒2次；②保持床单清洁、干燥；③促进创面干燥、结痂，可用烤灯或红外线照射促进创面结痂；若有渗液，可用无菌纱布或棉球拭干创面；创面涂1%磺胺嘧啶银霜等药物，磺胺嘧啶银具有抗菌和收敛作用，可预防创面感染，促进创面干燥结痂；若发现痂下有感染，应立即去痂引流，清除坏死组织；④保护创面，定时翻身，使用烧伤专用翻身床或气垫床，避免创面长时间受压而影响愈合；环形烧伤肢体，可用支架将伤肢悬吊使创面悬空，若躯干环形烧伤，最好使用翻身床。

知识链接

翻身床的临床应用

大面积烧伤采用暴露疗法时，可使用翻身床。翻身床由双层床片、支撑架和转盘三部分组成。其优点是可使创面充分暴露，避免长期受压加重损伤，减轻翻身时的痛苦；在翻身床上可进食、大小便和施行手术。使用时要注意：一般在休克期后开始翻身俯卧，初次俯卧时间不宜过长，以1～2小时为宜，头面部烧伤或合并吸入性损伤的患者以半小时为宜。每日翻身6～8次，夜间为保证睡眠，应给予仰卧位，可延长仰卧时间至6小时。俯卧位时如突然出现心搏骤停，应徒手将患者翻转至仰卧位，立即抢救，避免按照常规方法翻身，以免延误抢救时机。翻身时需两人配合，骨凸处垫棉垫，旋紧螺丝，上好安全带，严防患者滑出。翻身前后注意观察呼吸、脉搏的变化。休克、呼吸道烧伤、心力衰竭、病情垂危和昏迷患者忌用。

（4）去痂和植皮的护理：深度烧伤创面愈合缓慢，或不能自愈，且瘢痕增生可造成畸形，因此须积极处理，尽早去除痂壳，立即植皮覆盖，可减少全身性感染的发病率、使创面早日愈合。切痂植皮是将深度烧伤皮肤连同皮下组织一起于伤后早期切除，通常至深筋膜平面，坏死肌肉、肌腱一并切除。切除后立即植皮，以达到早期消除创面的目的。削痂植皮是在烧伤早期，用取皮刀将深度烧伤的坏死组织削除，然后用皮片覆盖或敷料包扎，达到封闭创面的目的。创面彻底止血后即植皮。此法出血较多，术前应充分备血。①供皮区的护理：肢体、躯干的供皮区先用包扎疗法，1周后可用半暴露疗法；头皮供皮区，先行包扎24～48小时，再使用半暴露疗法。②植皮区的护理：肢体植皮后大多包扎，因此应妥善固定，制动，抬高患肢，观察肢体远端血液循环情况。下肢植皮术后应卧床休息10天左右。保持敷料干燥、清洁，防止大小便污染。禁止在植皮肢体输血、输液、测量血压。一般于术后3～5天首次更换敷料，若皮下有积血或血肿，应尽早清除并加压包扎。

（5）感染创面的护理：常见致病菌为绿脓杆菌、金黄色葡萄球菌、大肠埃希菌、产气杆菌等。如出现下列临床表现，应加强创面的护理：①创面及周围蜂窝织炎明显；②创面潮湿、晦暗甚至发黑，有出血点或出血坏死斑；③创缘无上皮生长或移植皮片生长不良等。局部应用抗菌药及收敛性强的中草药制剂，保持结痂干燥、完整。选用湿敷、半暴露、局部浸泡或全身浸浴等方法充分引流脓性分泌物，去除坏死组织，待感染基本控制，肉芽组织生长良好，及时植皮促使创面愈合。

知识链接

浸浴疗法的护理

浸浴疗法是将身体浸泡在热水中或一定浓度的药液中，以清除创面的脓液，促进愈合。可局部浸泡或全身浸泡。浸浴疗法适用于感染的四肢创面、脱痂创面和残存的严重感染创面。

4. 特殊部位烧伤护理

（1）呼吸道烧伤：①床旁应备急救物品，如气管切开包、吸痰器、气管镜。②保持呼吸道通畅，及时清除口、鼻及呼吸道分泌物，鼓励患者深呼吸、有效咳嗽及排痰，帮助患者翻身、叩背排痰。如行气管切开者，应做好气管造口护理；伤后5～7日气管壁的坏死组织开始脱落，应密切观察，及时处理。③吸氧，中、重度吸入性烧伤者，一般用鼻导管或面罩吸氧，氧浓度为40%左右，氧流量4～5 L/min。④观察并积极预防肺部感染。

（2）头、面、颈部烧伤：多采用暴露疗法。应安置患者于半卧位，观察有无呼吸道烧伤，必要时给予相应的处理。做好五官护理，如及时用棉签拭去眼、鼻、耳的分泌物，保持其清洁、干净；双眼用抗生素滴眼液或眼膏，避免角膜干燥而发生溃疡；避免耳郭受压。做好口腔护理，防止口腔黏膜溃疡及感染。

（3）会阴部烧伤：①保持局部干燥，将大腿外展，使创面充分暴露（暴露疗法）。②避免大小便污染。便后用生理盐水或0.1%苯扎溴铵溶液清洗肛门、会阴部，注意保持创面及周围清洁。

5. 防治感染的护理

（1）严密观察病情：密切观察患者的生命体征、神志变化、胃肠道反应，注意是否存在脓毒症；全身性感染常是大面积烧伤患者死亡的主要原因，感染的途径是多渠道的，包括外源性、内源性及静脉导管感染等。应注意观察以下临床表现：性格改变，初始时仅有兴奋、多语、定向障碍，继而出现幻觉、妄想；有时对周围冷漠；体温骤升或骤降，波动幅度较大

(1~2℃);心率加快(成年人常在140次/分以上);呼吸急促;创面骤变;白细胞计数骤升或骤降。注意观察创面情况,如创面出现水肿、渗液增多、肉芽组织颜色变暗、上皮停止生长、原本干燥的焦痂变得潮湿等,均为感染的征象。

(2)正确处理创面:注意观察创面情况,如果创面有异味、疼痛加剧、渗出液颜色改变,均为感染征象,应及时处理,加强换药及抗感染。

(3)加强支持治疗,提高伤者的机体抵抗力:烧伤后组织分解、蛋白质丢失,能量消耗增加,基础代谢率升高,如并发感染,则能量消耗更大。正确的营养支持,有利于纠正负氮平衡,增强免疫功能,预防和控制感染,促进创面愈合。予以高蛋白、高热量、富含维生素、清淡、易消化的饮食,少量多餐。经口摄入不足者,给予肠内或肠外补充营养,大面积烧伤者,可遵医嘱适时输入血浆、全血或人血清白蛋白。

(4)遵医嘱合理使用抗生素:做细菌培养,一旦感染,及早用药。待感染症状控制以后,应及时停药,不能留待体温完全正常,否则容易出现菌群失调或二重感染。烧伤创面未修复前,一定程度的体温升高是不可避免的。

(5)严格消毒隔离制度:病房用具应专用,工作人员出入病房要更换隔离衣、口罩、鞋、帽,接触患者前后要洗手,做好病房的终末消毒工作。采取保护性隔离措施,防止交叉感染,严格遵守无菌操作原则,加强各种治疗性导管的护理。

6. 康复期护理

(1)协助、指导患者维持肢体于功能位,如颈部烧伤应取颈后伸位,四肢烧伤取四肢伸直位,手部固定在半握拳的姿势且指间垫油纱以防粘连。

(2)鼓励患者早期下床活动,进行肢体及关节活动,以恢复功能。

(3)采用包扎疗法者,予以适当加压包扎,必要时遵医嘱涂抹瘢痕软化剂。瘢痕创面应避免机械性刺激,防止紫外线和红外线过多照射,以免加重瘢痕增殖。

(4)加强营养支持,促进组织和皮肤创面的修复。

7. 心理护理 应根据不同伤者的心理状态,采取相应的护理措施。如缺乏自制力者,要加强安全措施,严防患者再次受伤;对有恐惧反应或压抑反应者,鼓励患者表达情感,帮助其寻找消除恐惧及悲哀情绪的方法;重视心理康复,对伤残或者面容受损害者,应注意沟通技巧,使患者精神放松,避免无意中伤害患者的自尊,可采用心理疏导的方法,指导患者正确对待伤残。鼓励患者参与力所能及的自理活动,增强其自信心与独立生活的能力,促进其尽早回归社会。

8. 健康教育

(1)普及防火、灭火、安全自救常识,预防烧伤事故的发生。

(2)调动患者的积极性,制订康复计划,加强肢体的功能锻炼。烧伤早期,所有未烧伤及未被固定的部位即可做小量、缓慢的简单运动。烧伤中期,创面愈合,局部炎症反应基本消失,应尽快恢复肢体功能,鼓励患者尽量生活自理,预防和矫正瘢痕挛缩和畸形。烧伤后期,患者痊愈,应逐步加大锻炼强度,酌情增加生活和工作中的活动量。

(3)对患者进行知识宣教,鼓励其参与家庭、社会活动,指导其保护皮肤,防止紫外线、红外线过多照射,避免对瘢痕组织的机械性刺激等。

(4)指导患者生活自理能力训练,鼓励其参与家庭和社会活动,重新适应生活和环境,树立重返工作岗位的信心。

第四节 咬伤患者的护理

一、毒蛇咬伤患者的护理

蛇咬伤（snake bite）主要发生在我国南方农村地区和山区，一般以夏季、秋季最为多见。蛇可分为无毒蛇和毒蛇两类。我国大约有毒蛇50余种，以蝮蛇、银环蛇、金环蛇、眼镜蛇、竹叶青蛇、蝰蛇、五步蛇、眼镜王蛇等较为常见。毒蛇咬伤后，留下一对较深的齿痕，蛇毒注入体内，可引起严重的全身中毒症状。无毒蛇咬伤只在局部皮肤留下两排细小的对称锯齿状齿痕，局部稍痛，无全身反应。

【病因及病理生理】

1. 病因　蛇毒是含有多种毒性蛋白、溶组织酶以及多肽的复合物。按照毒理及作用部位，可分为神经毒素、血液毒素及混合毒素。

2. 病理生理　蛇毒按照其对人体的作用可分为3类。①神经毒素：以金环蛇、银环蛇为代表，可引起呼吸肌麻痹和其他神经肌肉瘫痪，对局部组织破坏较小。②血液毒素：以竹叶青、五步蛇为代表，可引起全身广泛出血、溶血，甚至心力衰竭和肾衰竭，局部症状出现早且严重。③混合毒素：兼有神经毒素和血液毒素的作用，以眼镜蛇和蝮蛇为代表。

【护理评估】

1. 健康史　询问及了解患者的性别、年龄、职业、饮食等。询问及了解何种蛇，咬伤时间、部位、咬伤后的处理经过及蛇的形态，查看齿痕特点，局部有无出血或坏死、有无毒牙残留等。

2. 身体状况　毒蛇咬伤中毒程度与毒蛇种类、咬伤的深度和时间、蛇毒吸收量及吸收速度有关，其临床表现依蛇毒的性质而异。

（1）局部症状：被咬处出现疼痛或麻木，红、肿、瘀斑，水疱或血疱，局部肿、硬，严重时发生坏死。伤口周围或伤肢可发生淋巴管炎及淋巴结肿大、触痛。

（2）全身表现

1）神经毒素：可导致肢体麻木甚至瘫痪，眼睑下垂，视觉、嗅觉、听觉异常或减退，各种反射减退或消失，呼吸困难，脉搏细弱，血压下降，患者可因呼吸麻痹而死亡。

2）血液毒素：可导致溶血症状，如口腔、鼻腔、胃肠出血，而导致吐血、鼻出血、血尿、便血，被咬伤的皮肤流血不止；也可见凝血症状，患肢青紫、发凉，呼吸困难，血压下降及休克。

3）混合毒素：患者兼有神经素素及血液毒素引起的症状。

4）大多数患者被毒蛇咬伤后数分钟内，甚至几秒钟内即感恶心、呕吐、口渴、眩晕、倦怠、胸部及腹部疼痛等。

3. 心理-社会状况　安慰患者，告知毒蛇咬伤后有中成药物、新鲜草药及抗蛇毒血清等用于治疗，解释治疗方法及治疗过程，帮助患者树立战胜疾病的信心和勇气，使其保持情绪稳定，积极配合治疗和护理。

4. 辅助检查　凝血功能检查，可见血小板计数减少，凝血因子Ⅰ减少，凝血酶原时间延长。肾功能检查，可见血肌酐增高，肌酸磷酸激酶增加，肌红蛋白尿等异常改变。

5. 治疗原则

（1）局部处理

1）急救处理：被蛇咬伤后避免奔跑，以免加速蛇毒的吸收和扩散。立即于伤肢近心端绑扎，以减少毒素吸收。松紧以能阻断淋巴和静脉回流即可。每隔15～30分钟将绑扎带放松

1～2分钟，以免静脉过度淤血。伤口彻底处理后或服用蛇药3～4小时后可松开绑扎带。

2）排毒：用大量清水冲洗伤口，将残余蛇毒冲去，最好用3%过氧化氢或0.05%高锰酸钾溶液冲洗伤口，可直接破坏蛇毒；清除残留的毒牙及污物；将伤肢下垂或浸在冷水中，用尖刀刺破伤肢指（趾）尖背侧皮肤后，用手自上而下挤压，促使含蛇毒的组织流出。

3）伤口处理：胰蛋白酶有直接分解蛇毒的作用，可用其在伤口外周或近侧作封闭。胰蛋白酶2000 U加入0.05%普鲁卡因或注射用水20 ml，封闭伤口外周或近侧，间隔12～24小时可重复注射，能够降解蛇毒，减少毒素吸收。

（2）全身治疗

1）解蛇毒中成药：有南通蛇药、上海蛇药、广州蛇药等，可口服或外敷伤口周围。一些新鲜草药外敷也有解毒作用，如白花蛇舌草、半边莲、七叶一枝花。

2）抗蛇毒血清：有单价和多价两种。对已知毒蛇种类的咬伤，可使用单价抗蛇毒血清，否则使用多价血清。使用前需做过敏试验，阳性者使用脱敏注射法。

3）其他治疗：①输液和利尿：经静脉快速、大量输液或用呋塞米、甘露醇等利尿药，促使蛇毒排泄，减轻肾损害，缓解中毒症状。②若患者出现血红蛋白尿，应遵医嘱静脉滴注5%碳酸氢钠溶液，以碱化尿液，防止肾衰竭。③抗感染：早期使用破伤风抗毒素和抗菌药物防治感染。

【常见护理诊断/问题】

1. 恐惧　与毒蛇咬伤、知识缺乏、生命受到威胁及担心预后有关。
2. 皮肤完整性受损　与毒蛇咬伤、组织结构破坏有关。
3. 潜在并发症：感染、多脏器功能障碍。

【护理目标】

1. 患者恐惧感减轻或消失，情绪稳定。
2. 患者的毒蛇咬伤伤口得到正确处理。
3. 患者无并发症或并发症发生后被及时发现和处理。

【护理措施】

1. 稳定情绪　被蛇咬伤后，患者应保持镇静，就地休息或搀扶缓行，移除伤肢上的束缚物，如戒指、手镯，以避免加重伤肢肿胀。将伤肢制动和放置低位后送往医院，严禁患者走路或惊慌奔跑，以免加快毒液扩散。

2. 减少毒素吸收　用止血带或就地取用其他材料在伤肢近心端5～10 cm处绑扎，松紧适宜，其松紧度以能阻断淋巴和静脉血液回流为宜。注意记录绑扎时间，绑扎期间每隔20～30分钟放松1～2分钟，以防止肢体静脉过度淤血及组织坏死。

3. 促进毒素排出　①挤压法：由肢体近端向远端挤压伤口；②吸吮法：如口腔黏膜破损或有炎症，不能吸吮；③拔火罐或使用吸乳器抽吸；④使用注射器反复抽吸等。伤口较深者可用尖刀在伤口周围多处切开，深达皮下，再用拔火罐或吸乳器抽吸，若伤口流血不止，则禁忌切开。

4. 加强伤口护理　及时清除变性及坏死组织，伤口可用多层纱布浸湿高渗盐溶液湿敷，勤换药。遵医嘱使用胰蛋白酶，有止痛、抗炎、消肿和减轻过敏的作用。

5. 局部降温　将伤肢浸于冷水中（4～7℃）3～4小时，然后改用冰袋；也可使用1∶5000冷高锰酸钾溶液浸泡或冲洗。可以减轻疼痛，减慢毒素吸收，降低毒素中酶的活力和局部代谢。

6. 全身支持疗法　严密观察患者的生命体征，遵医嘱给予输血和抗休克治疗，有溶血或出血现象时，禁用库存血。保持呼吸道通畅，吸氧，必要时给予辅助呼吸。因蛇毒对心脏、肾的毒性较大，因此不宜大量快速输液，补液过程中注意观察是否发生中毒性休克、器官（心脏、肺、肾）衰竭、内脏出血等情况。

7. 健康教育

（1）在野外工作时，尽可能避开丛林茂密的地段，穿长裤或高筒靴，戴手套，将裤口和袖口扎紧。夜间携带照明工具，以防踩踏到毒蛇，帐篷周围点燃火焰。

（2）学会自救或互救。一旦发生蛇咬伤，立即取坐位或卧位，伤肢下垂，不惊慌失措，不奔跑，不乱动肢体，以免加快血液循环增加毒素的吸收。在现场采取急救措施后，尽快将患者转送到正规医院进行后续治疗。

 考点提示

蛇咬伤后的急救护理。

二、犬咬伤患者的护理

随着家养宠物数量的增多，犬咬伤的发生率也相应增加。咬伤人的犬若感染狂犬病毒，则被咬伤者可发生狂犬病（又名恐水症）。狂犬病毒主要存在于病畜的脑组织及脊髓中，其涎腺和涎液中也有大量病毒。该病毒对神经组织有强大的亲和力，在伤口及附近组织内停留并生长繁殖，若未被速灭活，病毒会沿周围神经上行到达中枢神经系统，引发狂犬病。狂犬病缺乏有效的治疗手段，预后差，全世界每年约有3万人死于该病，犬咬伤是主要原因。

【护理评估】

1. 健康史　询问及了解犬咬伤发生的时间、部位、伤后处理情况，还应询问犬的状况，是否接受过免疫注射。狂犬病一般在犬咬伤后10天到数月发病，平均为30～60天。咬伤越深、越靠近头面部，其潜伏期越短、发病率越高。

2. 身体状况　被犬咬伤后局部疼痛，可见利齿所致的窄而深的伤口，伴出血和周围组织水肿。若引发狂犬病，在发病初期，伤口周围麻木、疼痛，逐渐扩散到整个肢体；继而出现发热、烦躁、全身乏力、恐水、怕风、咽喉痉挛，伴流涎、多汗、心率快；最后出现肌瘫痪、昏迷、循环衰竭而死亡。

3. 心理-社会状况　犬咬伤后，部分患者出现焦虑不安和恐惧心理，担心会感染狂犬病，或对接种狂犬病疫苗有顾虑；部分患者则不以为然，抱有侥幸心理。多数狂犬病患者（除后期昏迷者外）神志清楚，恐惧不安，恐水使患者更加痛苦。

4. 治疗原则

（1）局部处理：浅小的伤口常规消毒后包扎即可；深大的伤口应立即行清创术，清除异物和坏死组织，以等渗盐溶液及3%过氧化氢溶液反复冲洗伤口，开放引流，不做缝合；伤口周围用狂犬病免疫球蛋白（20 U/kg）做浸润注射。已结痂的伤口必须去掉结痂后按上述方法处理。

（2）全身治疗

1）免疫治疗：及早采用狂犬病疫苗进行主动免疫，在伤后第1、3、7、14、28日各注射一剂，共5剂。如曾接受过全程主动免疫，则咬伤后不需被动免疫，仅在伤后当日与第3日强化主动免疫各一次。

2）防治感染：常规注射破伤风抗毒素和抗生素。

【常见护理诊断/问题】

1. 急性疼痛　与犬咬伤所致局部炎症反应有关。
2. 有窒息的危险　与咽喉肌痉挛发作有关。
3. 组织完整性受损　与犬咬伤所致皮肤组织结构破坏有关。

4. 潜在并发症：伤口感染、狂犬病等。

【护理目标】

1. 患者疼痛减轻或消失。
2. 患者呼吸道保持通畅。
3. 患者创面逐渐愈合，皮肤完整。
4. 患者未发生并发症或并发症发生后被及时发现和正确处理。

【护理措施】

1. 一般护理　病室安静，避免光、声、风的刺激；专人护理，各项检查、治疗及护理操作尽量集中进行；对狂躁患者，应注意安全，必要时给予约束；注意隔离防护。

2. 病情观察　密切观察患者的生命体征、抽搐部位及发作次数、呼吸与循环衰竭的进展情况，及时采取相应的抢救措施。

3. 配合治疗的护理

（1）保持呼吸道通畅：及时吸痰，必要时做气管切开或气管插管。

（2）输液和营养支持：发作期患者因不能饮水和多汗，需静脉补液，维持体液平衡。饮食应选择高热量、高蛋白和富含维生素的易吞咽的半流食或软食，必要时鼻饲或静脉补充营养。

（3）预防感染：及时换药，保持伤口敷料清洁、干燥；遵医嘱使用抗菌药物并观察疗效；接触患者应穿隔离衣、戴口罩和手套。

4. 心理护理　对待患者应关心、体贴、语言谨慎，做好治疗与护理工作，使患者有安全感，直至临终。

5. 健康指导

（1）对被允许豢养的犬，要定期进行疫苗注射。

（2）教育儿童不要养成接近、挑逗犬的习惯。

（3）若被犬咬伤，应尽早处理伤口并注射狂犬病疫苗，并常规注射破伤风抗毒素。

> **思政园地**
>
> **吕后犬伤之鉴：科学与德行**
>
> 《汉书·高后纪》记载："三月中，吕后祓，还过轵道，见物如苍犬，据高后掖，忽而不见。卜之，云赵王如意为祟。高后遂病掖伤。"吕后于被祭归途中被一形似苍犬之物咬伤腋窝，回宫占卜，认定是赵王如意作祟，最终因伤发病离世。
>
> 从现代医学角度看，吕后极有可能遭遇了疯狗袭击。在当今社会，被流浪狗咬伤的事件也时有发生。当此类情况出现时，吕后的做法给了我们反面警示。我们切不可像吕后那般求助于占卜，而应第一时间采取科学措施，及时前往正规医疗机构，接受专业的伤口处理，注射狂犬病疫苗等，这才是降低感染风险、保障生命安全的正确途径。这一历史事件提醒我们，在面对突发状况时，要相信科学，摒弃迷信行为。以理性、科学的态度应对生活中的难题，既能保护自身健康，也有助于营造崇尚科学的良好社会氛围。

自 测 题

一、选择题

1. 烧伤患者补液时,判断血容量是否补足最简便、可靠的指标是
   A. 血压 B. 脉搏 C. 中心静脉压
   D. 尿量 E. 精神状态

2. 6 岁小儿,头颈部及双下肢烧伤,其烧伤面积为
   A. 35% B. 40% C. 45%
   D. 50% E. 55%

3. 成年人右上肢烧伤后,创面有大水疱,剧痛,其分度为
   A. Ⅲ度烧伤 B. Ⅱ度烧伤 C. Ⅰ度烧伤
   D. 深Ⅱ度烧伤 E. 浅Ⅱ度烧伤

4. 患者,男性,55 岁。车祸造成多发性损伤,急救首先要处理的情况是
   A. 开放性骨折 B. 腹部外伤后肠管脱出 C. 活动性大出血
   D. 颅脑外伤 E. 膀胱破裂

(5~7 题共用题干)

患者,男性,26 岁。在树丛中行走时被蛇咬伤,局部皮肤留下一对大而深的齿痕,伤口流血不止,周围皮肤迅速出现瘀斑、血疱。

5. 应优先采取的急救措施是
   A. 伤口排毒 B. 首先呼叫 C. 早期绑扎伤处近心端肢体
   D. 立即奔跑到医院 E. 反复挤压伤口

6. 为减慢毒素吸收速度,伤肢应
   A. 限动并下垂 B. 抬高 C. 局部热敷
   D. 与心脏置于同一高度 E. 局部按摩

7. 为降解伤口内的蛇毒,可用于伤口外周封闭的是
   A. 糜蛋白酶 B. 胰蛋白酶 C. 淀粉酶
   D. 脂肪酶 E. 地塞米松

(8~10 题共用题干)

男性,25 岁,体重 60 kg。不慎被开水烫伤,自觉剧痛,头颈部及双上肢均有水疱。

8. 此患者的烧伤面积为
   A. 30% B. 20% C. 27%
   D. 32% E. 35%

9. 此患者的烧伤程度为
   A. 轻度烧伤 B. 中度烧伤 C. 重度烧伤
   D. 特重度烧伤 E. 轻、中度烧伤

10. 若对患者实施补液治疗,伤后第 1 个 8 小时应输入的电解质溶液量为
    A. 810 ml B. 910 ml C. 1620 ml
    D. 1215 ml E. 8100 ml

二、简答题

1. 闭合性损伤病情是否都比开放性损伤轻？
2. 比较包扎疗法和暴露疗法各有哪些优点和缺点？

三、案例分析

1. 王先生，45岁，体重60 kg，2小时前不慎被沸水烫伤急诊入院。体格检查：神志清楚、烦躁不安，诉口渴。P 110次/分，BP 90/60 mmHg，胸部、腹部、双前臂、双手布满水疱，剧痛；双小腿水疱较小，有拔毛痛；双足呈蜡白色，可见树枝状静脉栓塞网。

请回答：

（1）该患者的烧伤总面积是多少？
（2）该患者目前最主要的护理诊断/问题是什么？
（3）烧伤后第1个24小时的补液总量是多少？

2. 李先生，65岁，因劳动时不慎被铁钉刺伤足底2小时入院。体格检查：神志清楚，生命体征平稳，足底有一深约2.5 cm的伤口，出血已停止，泥土污染较重，创缘稍肿胀。

请回答：

（1）该患者目前最主要的护理诊断/问题是什么？
（2）应采取哪些护理措施？

（吴文君）

第十章 肿瘤患者的护理

学习目标

1. 描述肿瘤的病因、分期及患者的心理特点。
2. 概述手术、放射治疗、化学治疗患者的护理措施。
3. 阐述肿瘤的分类、病理、临床表现及治疗要点。
4. 能运用护理程序为肿瘤患者提供整体护理。
5. 充分认识肿瘤疾病对人民生命财产的危害,增强对肿瘤疾病的预防意识。
6. 关心和同情肿瘤患者,全心全意为肿瘤患者服务,能与肿瘤患者进行良好的沟通。

案例 10-1

患者,女性,50岁。1个月前洗澡时无意中发现左侧乳房出现无痛性肿块,边界不清,质地坚硬,直径约为4 cm,同侧腋窝2个淋巴结肿大,无粘连。诊断为乳腺癌。行右乳腺癌改良根治术后2周,拟应用化学治疗。

问题与思考:
1. 该患者化学治疗可能出现哪些常见的不良反应?
2. 在静脉应用化学药物治疗期间,如不慎发生药液外渗,应如何处理?

第一节 概 述

肿瘤(tumor)是机体正常细胞在内、外各种致瘤因素的长期作用下,发生过度增生和异常分化所形成的新生物。新生物一旦形成后,不因病因消除而停止生长。肿瘤的生长不受机体生理调控,反而破坏正常的组织和器官,它可发生于除毛发以外的全身所有组织和器官,对人体危害极大。根据肿瘤细胞生物学特性和对人体器官结构和功能的影响不同,一般分为良性肿瘤、恶性肿瘤、交界性肿瘤。其中,恶性肿瘤已经成为人类死亡的主要原因之一。

【病因、分类及病理生理】

1. 病因 肿瘤的病因迄今尚未明确。目前认为,其发生是由多种外源性的致癌因素和内源性的促癌因素长期共同作用的结果。

(1)外源性因素

1)环境因素:包括物理、化学、生物等因素。①物理因素:如电离辐射可导致白血病、皮肤癌;吸入放射污染粉尘可导致骨肉瘤和甲状腺肿瘤等,是医源性致癌原因之一;紫外线可引起皮肤癌,对易感个体(着色性干皮病患者)作用明显;石棉纤维可导致肺癌;皮肤慢性溃疡可恶变为皮肤癌;滑石粉与胃癌有关。②化学因素:如烷化剂(有机农药、硫芥等)可导致肺癌及造血器官肿瘤;多环芳香烃类化合物与皮肤癌、肺癌有关;氨基偶氮类染料易诱发膀胱癌、肝癌;亚硝胺类与食管癌、胃癌和肝癌有关;黄曲霉毒素易导致肝癌、胃癌等。③生物因素：主要为病毒感染，如 EB 病毒与鼻咽癌有关，乙型肝炎病毒与肝癌有关，人乳头瘤病毒与宫颈癌有关。RNA 肿瘤病毒，如 C 型 RNA 病毒与白血病、霍奇金病有关。此外，细菌和寄生虫也可引起肿瘤，如幽门螺杆菌感染与胃癌发生有关；华支睾吸虫与肝癌发生有关；日本血吸虫病可引起大肠癌等。

2）不良生活方式：如饮食与吸烟。饮食习惯，尤其以进食霉变、腌制、烟熏、煎炸食物以及高脂肪、低纤维、低维生素 C 等饮食与致癌有密切关系；大量饮酒也是相关因素。吸烟不仅与肺癌有关，还可诱发其他部位的癌肿，如膀胱癌。

3）慢性刺激与炎症：经久不愈的窦道和溃疡可因长期局部刺激而发生癌变。如慢性胃溃疡有 5% 发生癌变；皮肤慢性溃疡可恶变为皮肤鳞癌等。

（2）内源性因素

1）遗传因素：某些肿瘤具有遗传倾向，即遗传易感性，如食管癌、肝癌、胃癌、乳腺癌、鼻咽癌有家族聚集现象。

2）内分泌因素：某些激素与肿瘤的发生有关，如雌激素和催乳素与乳腺癌、子宫内膜癌的发生有关；生长激素可促进肿瘤的生长。

3）免疫因素：具有先天或后天免疫缺陷者易发生恶性肿瘤，如艾滋病患者易患恶性肿瘤；器官移植后长期使用免疫抑制药者，肿瘤的发生率比正常人群高。

4）心理-社会因素：人的性格、工作压力、情绪因素、环境变化、婚姻及家庭变故等，常可通过影响人体内分泌、免疫功能等而诱发肿瘤。流行病学调查发现，经历重大精神刺激、剧烈情绪波动或抑郁者较其他人群易患恶性肿瘤。

2. 分类　根据肿瘤的形态及肿瘤对机体的影响，肿瘤可分为良性肿瘤、恶性肿瘤、交界性肿瘤（介于良、恶性肿瘤之间）。一般将良性肿瘤称为"瘤"，如脂肪瘤、纤维瘤、血管瘤。恶性肿瘤，来源于上皮组织者称为癌，如肺癌；来源于间叶组织者称为肉瘤，如骨肉瘤；胚胎性肿瘤常称为母细胞瘤，如肾母细胞瘤；但某些恶性肿瘤仍沿用传统的名称瘤、病，如黑色素瘤、恶性细胞瘤、霍奇金病、白血病。还有少数肿瘤在形态学上属于良性，在生物学行为上介于良性与恶性之间，故称为交界性或临界性肿瘤，如包膜不完整的纤维瘤、黏膜乳头状瘤、唾液腺混合腺瘤。

3. 病理生理

（1）恶性肿瘤的发生与发展：可分为癌前期、原位癌和浸润癌 3 个阶段。癌前期表现为上皮增生明显，伴有不典型增生；原位癌通常指癌变细胞局限于上皮层、为突破基底膜的早期癌；浸润癌指原位癌突破基底膜向周围组织浸润、发展，破坏周围组织的正常结构。

（2）肿瘤细胞的分化：恶性肿瘤的分化程度不同，其恶性程度和预后也不同。恶性肿瘤细胞可分为高分化、中分化和低分化（或未分化）3 类，或称 Ⅰ 级、Ⅱ 级、Ⅲ 级。高分化（Ⅰ 级）细胞形态接近正常，恶性程度低；未分化（Ⅲ 级）细胞核分裂较多，高度恶性，预后不良；中分化（Ⅱ 级）的恶性程度介于二者之间。

（3）生长方式：良性肿瘤呈膨胀性生长，挤压周围组织，形成包膜样纤维包绕，彻底切除后少有复发；恶性肿瘤呈浸润性生长，肿瘤沿组织间隙、神经纤维间隙或毛细血管扩展，边界不清，实际扩展范围远较肉眼所见大，局部切除后极易复发。

（4）生长速度：良性肿瘤生长速度较慢，病程长。恶性肿瘤生长速度快，发展迅速，病程较短。良性肿瘤发生恶变也可较快增大，若合并出血或感染，可于短期内明显增大。

（5）转移方式：恶性肿瘤的转移方式有以下 4 种。

1）直接蔓延：肿瘤细胞向与原发灶相连续的组织扩散生长，如胃癌侵犯横结肠；直肠癌侵犯膀胱。

2）淋巴转移：多数先转移至邻近区域淋巴结，如乳腺癌向腋窝淋巴结转移；也可出现"跳跃式"超级转移；还可发生皮肤淋巴管转移，如乳腺癌发生皮肤淋巴管转移可出现"橘皮样"改变。毛细淋巴管内的癌栓导致相邻毛细血管扩张充血，可呈炎症表现，如炎性乳腺癌。皮肤淋巴管转移还可使局部呈卫星结节。

3）血行转移：肿瘤细胞侵入血管，随血流发生远处转移，如肠道肿瘤可经门静脉系统转移到肝；四肢肉瘤可经体循环静脉系统转移到肺。

4）种植转移：肿瘤细胞脱落后在体腔或空腔脏器内转移，最多见的是胃癌种植至盆腔。

 考点提示

恶性肿瘤的转移途径。

（6）分期：恶性肿瘤的临床分期有助于制定合理的治疗方案、正确评价治疗效果和判断预后。

1）临床分期：根据肿瘤是否有转移、邻近器官受累情况以及患者的全身情况，可将恶性肿瘤分为早期、中期、晚期。肿瘤的临床分期对制定治疗方案和判断预后具有重要意义。①早期：肿瘤小，局限于原发组织，无转移，无明显临床症状，患者一般情况好。②中期：肿瘤较大，侵犯所在器官的各层，有区域淋巴结转移，但无远处转移，患者可出现不同的症状和体征，一般情况尚好。③晚期：肿瘤常广泛侵及所在器官并侵袭邻近组织和器官，有局部或远处转移，有严重的临床症状和体征，患者一般情况差。

2）TNM 分期：国际抗癌联盟提出了 TNM 分期法。T 代表原发肿瘤（tumor）、N 代表淋巴结（node）、M 代表远处转移（metastasis）。再根据肿块大小、浸润深度，在字母后面标以数字 0～4，表示肿块的发展程度。1 代表小，4 代表大，0 代表无；无原发肿瘤为 T_0，有远处转移为 M_1，无远处转移为 M_0。根据 TNM 的不同组合，临床将其分为Ⅰ、Ⅱ、Ⅲ、Ⅴ期。临床无法判断肿瘤体积时，则以 T_X 表示。各种肿瘤 TNM 分期的具体标准由各专业学会协定。

第二节 肿瘤患者的护理

【护理评估】

1. 健康史 询问及了解患者有无长期吸烟、饮酒、不良饮食习惯或与职业有关的接触史、暴露史及感染史；家族中有无肿瘤患者；有无经历重大精神刺激、剧烈情绪波动或抑郁等致癌与促癌的相关因素。询问及了解患者有无身体其他部位肿瘤病史或手术治疗史，有无其他系统伴随疾病。

2. 身体状况

（1）局部表现

1）肿块：为肿瘤细胞不断增殖所形成，常是体表或浅在肿瘤患者的首要症状，是患者就诊的主要原因，也是诊断肿瘤的重要依据。良性肿瘤增长较慢，边界清楚，表面光滑，易于推动；恶性肿瘤增长速度快，边界不清楚，表面凸凹不平，不易推移。位置深在或发生于体腔深部的肿瘤，肿块不易触及，当肿瘤引起压迫、阻塞或破坏所在器官而出现症状时，方能发现。

2）疼痛：良性和早期恶性肿瘤患者一般无疼痛。恶性肿瘤中、晚期，由于肿瘤的快速生长、破溃、感染等，使神经末梢或神经干受到刺激、牵拉或压迫，可出现刺痛、跳痛、烧灼痛、隐痛或放射痛，患者常难以忍受，尤其夜间明显。空腔脏器肿瘤可因梗阻而引起绞痛，如肿瘤导致肠梗阻后发生的肠绞痛。

3）溃疡：体表或空腔器官的恶性肿瘤若生长迅速，可因血液供应不足，继发坏死，或因继发感染而发生溃疡，可有恶臭及血性分泌物。

4）出血：如恶性肿瘤生长过程中自身溃破或蚀破血管，可发生出血。体表肿瘤出血可直接发现；体内肿瘤少量出血表现为血痰、黏液血便或血性白带；大量出血表现为呕血、咯血、血尿或便血等。若癌肿侵犯浆膜，可引起血性渗出，如血性腹水、胸腔积液。

5）梗阻：空腔器官如呼吸道、胃肠道、胆管及泌尿道以及邻近器官的肿瘤，随着生长，可导致空腔器官阻塞或肿瘤直接压迫邻近器官导致梗阻，出现不同的临床表现。如食管癌可出现吞咽困难；胃癌伴幽门梗阻可表现为呕吐；肠肿瘤可导致肠梗阻；胰头癌或壶腹部肿瘤可压迫胆总管而出现黄疸。

6）浸润与转移症状：见于恶性肿瘤中、晚期。淋巴转移者可有区域淋巴结肿大；随血行转移可有相应症状，如骨转移者可有疼痛、硬结及病理性骨折；肺转移可出现咳嗽、咯血、血丝痰等；肝转移可表现为肝大、黄疸、腹水、肝性脑病等。

（2）全身表现：良性和恶性肿瘤早期多无明显的全身症状。恶性肿瘤中、晚期，患者常出现消瘦、乏力、体重减轻、贫血及发热等非特异性全身表现，晚期肿瘤患者可出现全身衰竭，呈现恶病质。不同部位的肿瘤，恶病质出现迟早不一，消化道肿瘤出现较早。某些部位的肿瘤可伴有器官功能紊乱，如胰岛素瘤引起低血糖综合征；嗜铬细胞瘤引起高血压；甲状旁腺瘤引起骨质改变。

3. 心理-社会状况　肿瘤患者因各自的文化背景、心理特征、病情性质及对疾病的认知程度不同，会产生不同的心理反应，常表现为未确诊前出现焦虑情绪；确诊之后产生一系列心理变化，可分为5期。①震惊否认期：表现为不相信自己患病的事实，这是患者面对癌症困扰的自我保护反应，如反应强烈，可能延误治疗。②愤怒期：表现为激动、烦躁、理智减弱、粗暴无礼，这是恐惧、绝望的心理反应，表示患者已开始正视现实。③磋商期：患者有祈求延长生命的愿望，以便了却未了的心愿。④忧郁期：患者感到无助和绝望，甚至严重意志消沉，产生轻生念头，自杀意识和倾向明显增高。⑤接受期：患者心境变得平静，并能理性地对待治疗；当治疗效果不佳时，患者还会出现焦虑、恐惧、绝望等心理变化。因此，评估患者的性格，对疾病的心理承受能力；患者及其家属对疾病诊断、治疗及预后的情绪反应、伴随疾病的心理变化特点；患者经济来源及家庭经济承受能力；患者及其家属对疾病相关知识的了解程度等，都具有重要的意义。

4. 辅助检查

（1）实验室检查：血、尿、粪便的阳性检测结果常可提供诊断肿瘤的线索。①免疫学检测：其指标对于恶性肿瘤的筛查、诊断、预后判断均有重要意义，如甲胎蛋白（AFP）测定可作为原发性肝癌早期辅助诊断的依据；血清癌胚抗原（CEA）测定用于结肠癌预后的判断。血清酶学检查，如碱性磷酸酶有助于肝癌、骨肿瘤的诊断；酸性磷酸酶有助于前列腺癌的诊断。②流式细胞术：分析染色体DNA倍体类型、DNA指数等，结合肿瘤病理类型，可判断肿瘤的恶性程度及推测其预后。③基因或基因产物检查：核酸中碱基排列具有极严格的特异序列，基因诊断即利用此特征，根据检测样品中有无特定序列以确定是否存在肿瘤或癌变的特定基因，从而做出诊断。

（2）影像学检查：利用X线透视、摄片、造影、体层扫描，超声波检查，放射性核素扫描，磁共振成像（MRI）等各种方法，可判断肿瘤的部位、形态、大小和性质。

（3）内镜检查：能直接观察病变，可取细胞和组织进行病理学检查，也可经内镜插管作造影检查，对于肿瘤的诊断具有重要价值。临床上常用的有支气管镜、胃镜、结肠镜、膀胱镜、腹腔镜及关节镜等。

（4）病理学检查：是目前确诊肿瘤直接而可靠的方法，包括细胞学检查与组织学检查两种方法。

1）细胞学检查：取材方便、易被患者所接受，在临床广泛应用。可用各种方法取得的肿瘤细胞，如收集痰液、胸腔积液、腹水等离心沉淀，用拉网法收集食管和胃的脱落细胞，用细针吸取（fine-needle aspiration，FNA）或超声引导穿刺取得深部组织和器官的瘤细胞，涂片检查后确定其性质。

2）病理组织学检查：通过活检钳取或施行手术切取肿瘤组织，进行活体组织检查。该检查具有一定的损伤性，可能导致恶性肿瘤扩散，因此宜在术前短期内或手术中实施，如小手术完整切除肿块送病理学检查，术中冰冻切片检查。

3）免疫组织化学检查：有助于提高肿瘤诊断的准确率，判断组织来源，发现微小病灶，正确分期及判断恶性程度。

5. 治疗原则　良性和临界性肿瘤一般以手术切除为主，其中良性肿瘤应连同包膜完整切除，临界性肿瘤还需切除周围正常组织，以免复发或恶变。而恶性肿瘤大多采用以手术治疗为主的综合治疗，包括化学治疗、放射治疗、生物治疗、中医中药治疗及内分泌治疗等。具体的治疗方案应经多学科医师参与的多学科团队（multiple disciplinary team，MDT）模式讨论，结合肿瘤性质、分期和患者的全身状态而选择决定。对已有转移的患者，在去除或控制原发病灶后进行转移灶的治疗。

（1）手术治疗：手术切除目前仍是实体肿瘤最常用和最有效的治疗方法，尤其对早、中期恶性肿瘤，为首选方法。常用的手术种类如下。

1）根治性手术：适用于早、中期癌肿。切除范围包括癌肿所在器官大部分或全部，连同一部分周围组织和区域淋巴结整块切除。例如典型的乳腺癌根治术应切除全部乳房、腋窝和锁骨下淋巴结、胸大肌和胸小肌以及邻近乳房的其他软组织。

2）姑息性手术：晚期癌肿，病变广泛、有远处转移或患者全身状况差不允许根治切除者，可以采用姑息性手术，以减轻患者的痛苦，维持营养，延长生命。如胃窦部癌引起幽门梗阻并有远处转移者，可行胃空肠吻合以缓解胃潴留，维持进食及营养。

3）扩大根治术：在原根治术的基础上，适当扩大切除附近器官及区域淋巴结，现临床少用。

4）重建和康复手术：对恶性肿瘤患者来说，生活质量是极其重要的问题，而外科手术在患者术后的重建和康复方面起着独特而重要的作用。乳腺癌改良根治术后经腹直肌皮瓣转移乳房重建、头颈部肿瘤术后局部组织缺损的修复等，均能提高肿瘤根治术后患者的生活质量。

（2）化学治疗：简称化疗，是一种应用特殊化学药物杀灭恶性肿瘤细胞或组织的治疗方法，往往是中、晚期肿瘤患者综合治疗中的重要手段。临床上对绒毛膜上皮癌、急性淋巴细胞白血病、恶性淋巴瘤等化学治疗效果较好；对其他恶性肿瘤，化学治疗可辅助手术或放射治疗。按其作用机制分为以下5类。

1）细胞毒类：烷化剂类，由其氮芥基因作用于DNA和RNA、酶、蛋白质，导致细胞死亡。如氮芥、卡莫司汀（卡氮芥）、环磷酰胺。

2）抗代谢类：对核酸代谢物与酶结合反应有相互竞争作用，影响与阻断了核酸的合成。如氟尿嘧啶、甲氨蝶呤、阿糖胞苷。

3）抗生素类：有抗肿瘤作用的，如放线菌素D（更生霉素）、丝裂霉素、（多柔比星）阿霉素、柔红霉素。

4）生物碱类：主要为干扰细胞内纺锤体的形成，使细胞停留在有丝分裂中期。如长春新碱、长春碱、羟喜树碱。

5）激素类：能改变人体内环境而影响肿瘤生长，有的能增强机体对肿瘤侵害的抵抗力。常用的有他莫昔芬（三苯氧胺）、己烯雌酚、黄体酮、丙酸睾酮、甲状腺素、泼尼松及地塞米松等。

6）其他：不属于以上诸类者，如丙卡巴肼、羟基脲、L-门冬酰胺酶、顺铂、卡铂、抗癌锑。

（3）放射治疗：简称放疗，是一种无选择性的损伤性治疗，即治疗过程对肿瘤和正常组织器官产生同样的破坏作用。放射治疗是利用放射线的电离辐射作用，破坏或杀灭肿瘤细胞，从而达到治疗目的的一种方法，是治疗恶性肿瘤的主要手段之一，目前约70%的恶性肿瘤患者在病程不同时期因不同的目的需要接受放射治疗。放射源的种类有：放射性核素射线；X线治疗机和各种加速器产生的不同能量的X线；各类加速器产生的电子束、质子束、其他重粒子等。放射线的照射方法有体外照射和体内照射。体外照射时，各种治疗机距离患者有一定的距离。体内照射是将放射源直接置入被治疗的组织内。

各种肿瘤对放射线的敏感性不同，可归纳为3类。①高度敏感：分化程度低、代谢旺盛的癌细胞对放射线高度敏感，如淋巴造血系统肿瘤、性腺肿瘤、多发性骨髓瘤，适宜放射治疗，效果较好。②中度敏感：放射治疗可作为此类肿瘤综合治疗的一部分，如基底细胞癌、鼻咽癌、宫颈癌、乳腺癌、食管癌及肺癌。③低度敏感：如胃肠道腺癌、软组织肉瘤及骨肉瘤等对放射治疗效果不佳。

（4）生物治疗：是应用生物学技术改善个体对肿瘤的应答反应的治疗，包括免疫治疗和基因治疗。免疫治疗是通过刺激宿主的免疫机制，促使肿瘤消散，如接种麻疹疫苗、卡介苗和注射干扰素。基因治疗是应用基因工程技术，干预存在于靶细胞内相关基因的表达水平以达到治疗目的。目前大部分基因治疗仍处于临床和实验研究阶段。

（5）中医中药治疗：应用中医扶正法、化瘀散结、清热解毒、通经活络等原理，以中药补益气血、调理脏腑、配合手术及放化疗，促进肿瘤患者的康复。中医中药治疗的方法有膏药、贴敷、针灸等外治方法，也有中药、食疗等内治方法。

（6）内分泌治疗：又称激素治疗，某些肿瘤的发生和发展与体内激素水平密切相关，可进行内分泌治疗，如乳腺癌可用他莫昔芬、卵巢癌可用黄体酮等药物辅助治疗，某些肿瘤可采用内分泌去势治疗。

 考点提示

肿瘤的治疗原则。

【常见护理诊断/问题】

1. 焦虑　与担忧疾病预后、手术、放射治疗、化学治疗等有关。
2. 营养失调：低于机体需要量　与代谢性消耗过多、消化及吸收障碍、放射治疗及化学治疗后食欲减退、恶心、呕吐等有关。
3. 慢性疼痛　与肿瘤生长侵及神经、肿瘤压迫及手术创伤有关。
4. 体像紊乱　与手术、放射治疗、化学治疗后形象改变等有关。
5. 潜在并发症：感染、骨髓抑制、静脉炎等。
6. 知识缺乏　患者缺乏有关术后康复、放射治疗、化学治疗及肿瘤防治的知识。

【护理目标】

1. 患者心理状态稳定，能正视和接受现实，焦虑程度减轻。
2. 患者的营养状况得到改善。

3. 患者疼痛缓解。

4. 患者能正确面对自身形象的改变。

5. 未发生感染、骨髓抑制、静脉炎等。

6. 患者应对疾病的知识及能力有所提高，能积极、主动配合治疗。

【护理措施】

1. 心理护理

（1）加强沟通，建立良好的护患关系。耐心向患者解释手术对挽救生命、防止肿瘤复发的重要性和手术方式；解释放射治疗或化学治疗的目的和意义、注意事项、可能出现的反应及有效的应对方式，并介绍治疗成功的案例，使患者能正确认识疾病，树立信心，积极配合治疗。

（2）密切观察患者的心理反应及分期，给予相应的心理支持和疏导。对震惊否认期的患者，应鼓励家属给予其情感上的支持、生活上的关心，使之有安全感。坦诚、温和地回答患者的询问，逐渐使患者了解病情真相。对处于愤怒期的患者，尽量让其表达自身的想法，有宣泄情感的机会。给予患者宽容、关爱和理解，注意安全，适时陪伴。磋商期患者易接受他人的劝慰，有良好的遵医行为；应注意维护患者的自尊，尊重患者的隐私，满足患者需要，积极引导，减轻压力。对抑郁期患者，应给予更多关爱和抚慰，诱导其发泄不满，帮助其树立生活的信心；同时加强防范措施，如加强巡视、避免患者独处、鼓励家人陪伴，防止发生意外。对进入接受期的患者，应尊重其意愿，满足其需求，尽可能提高生活质量。

2. 饮食和营养支持护理　充分的营养是提高机体抵抗力和对治疗耐受力的重要条件。因此，应加强营养知识宣教，创造愉快、舒适的进餐环境，制订合理的饮食计划，鼓励患者摄取足够的营养。可根据患者的口味选择高热量、高蛋白、富含维生素、易消化的饮食；注意食物的色、香、味及温度；避免粗糙、辛辣食物；忌油腻，少量多餐。多饮水及富含维生素C的果汁；口腔黏膜溃疡严重者进微冷、无刺激的流质或半流质饮食；咀嚼、吞咽困难者进流质饮食。对不能经口进食、严重呕吐及腹泻患者，给予静脉补液，防止脱水，必要时遵医嘱给予肠内、肠外营养支持。

3. 疼痛护理　疼痛多为肿瘤浸润神经或压迫邻近内脏器官所致。护士除观察疼痛的部位、性质、持续时间外，还应为患者创造安静、舒适的环境，为患者安置舒适体位，鼓励患者适当参加娱乐活动，以分散注意力，指导患者采用不同的方法控制疼痛，如音乐疗法、松弛疗法。术后麻醉作用消失后，切口疼痛会影响患者的身心康复，应遵医嘱及时给予镇痛治疗。晚期肿瘤疼痛难以控制者，可按WHO推荐的三阶梯止痛方案处理。①一级镇痛法：疼痛较轻者，可用阿司匹林等非阿片类解热镇痛药；②二级镇痛法：适用于中度持续性疼痛者，用可待因等弱阿片类药物；③三级镇痛法：如疼痛进一步加剧，改用强阿片类药物，如吗啡、哌替啶。癌性疼痛的给药要点：口服、按时（非按需）、按阶梯、个体化给药。镇痛药的剂量应根据患者的疼痛程度和需要由小到大，直至患者疼痛消失，不应对药物限制过严，从而导致用药不足。也可使用患者自控镇痛（PCA）。

4. 手术治疗护理

（1）术前护理：多数肿瘤患者年龄较大，全身营养状况较差，手术后有并发呼吸系统、泌尿系统、切口并发症的危险。因此，手术前除常规准备外，应注意备皮时动作要轻柔，避免用力擦洗；直肠癌术前灌肠，应选用细肛管，涂足液状石蜡，轻柔插入，直达肿瘤上方，低压灌肠，以防刺激肿瘤引起癌细胞扩散。对于手术导致生活不便、功能障碍甚至肢体残障者，应耐心解释手术的必要性和重要性。

（2）术后护理：严密观察患者生命体征的变化，加强引流管和切口护理；保持病室环境清洁；鼓励患者多翻身、深呼吸、有效咳嗽、咳痰；加强皮肤和口腔护理；指导患者早期下床活动；对于手术破坏机体的正常功能，导致生活不便、功能障碍甚至肢体残障者，术后指导患者进行重建器官的功能锻炼。

5. 化学治疗的护理　化学治疗在抑制肿瘤细胞生长的同时，对正常机体组织和细胞，特别是代谢增殖旺盛的组织和细胞也有不同程度的损伤，因此护士应掌握化疗药物的作用机制，了解化学治疗方案，熟悉化疗药物的剂量、给药方法及不良反应，做到按时、准确给药，并严密观察患者的反应，预防和减少化学治疗并发症。化学治疗常见的并发症主要有以下几种。

（1）组织坏死：强刺激性化疗药物，如氮芥、长春新碱不慎漏入皮下，可引起组织坏死。化学治疗中若出现注射部位刺痛、烧灼感或水肿，则提示药液外渗，应采取紧急措施。立即停止用药，于周围皮下组织注射0.5%普鲁卡因溶液5 ml止痛；局部冷敷24小时，外涂氢化可的松软膏；局部注射解毒药，如氮芥、丝裂霉素、放线菌素D外渗者注射硫代硫酸钠，多柔比星、长春新碱外渗者注射碳酸氢钠。

（2）静脉炎、静脉栓塞：化疗药物最常见的给药途径是静脉给药，如注射方法不当，可导致静脉发炎、硬化、血流不畅，甚至闭塞。预防措施：①注射前选择适宜的溶媒将药物稀释到要求的浓度，并在规定的时间内用完；②注射化疗药物前，先注射0.9%氯化钠溶液5～10 ml，以确保针头在静脉内，注射完毕再注射0.9%氯化钠溶液5～10 ml，以减轻药物对血管壁的刺激；③若长期静脉化学治疗，应左右交替、由远至近选择静脉，也可行中心静脉置管（PICC）化学治疗；④一旦出现浅静脉发红、硬、肿胀、触痛等静脉炎表现，立即停止使用发炎的静脉，肢体制动、抬高，给予热敷、硫酸镁湿敷或理疗等，促进炎症消散。

（3）骨髓抑制：是化学治疗最严重的毒性反应。化学治疗期间注意观察有无感染和出血征象，如牙龈出血、鼻出血、皮肤瘀斑、血尿及便血，监测血小板计数。若白细胞计数低于1.0×10^9/L、血小板计数低于80×10^9/L，应暂停化学治疗，遵医嘱使用升白细胞类药，必要时给予成分输血。对患者进行保护性隔离，减少探视，预防医源性感染。对大剂量强化化学治疗者，实施严密的保护性隔离或置于层流室。

（4）胃肠道反应：化学治疗常导致患者厌食、恶心、呕吐、腹痛、腹泻等，应耐心向患者解释，鼓励其配合治疗。进食前用温盐水漱口，反应严重者可在晚饭后或睡前化学治疗，化学治疗前后使用镇静镇吐药；化学治疗期间鼓励患者大量饮水以利于毒素排出，减轻药物的不良反应。指导患者摄取清淡、易消化、刺激性小、维生素含量丰富的食物。对于呕吐、腹泻严重的患者，需注意观察有无水、电解质及酸碱平衡紊乱。

（5）肝、肾毒性反应：化学治疗过程中应密切监测肝功能、肾功能，鼓励患者多饮水，观察并记录尿量、尿pH变化。当出现肾损害征象时，应立即停止化学治疗，采取措施，如使用碳酸氢钠碱化尿液；肝功能损害时常出现黄疸、肝大、氨基转移酶增高，除暂停化学治疗外，须同时采取保肝措施，并给予高蛋白、高糖、富含维生素和低脂肪饮食。

（6）黏膜、皮肤反应：化学治疗期间嘱患者多饮水，以减轻药物对黏膜的毒性刺激。当出现口腔炎或溃疡时，遵医嘱给予2%利多卡因喷雾止痛，用吸管吸食流食；如合并真菌感染，用3%碳酸氢钠溶液或制霉菌素含漱，溃疡面涂0.5%金霉素甘油；当出现皮肤干燥、瘙痒或斑丘疹时，可用炉甘石洗剂止痒，防止皮肤破损；严重者出现剥脱性皮炎时，可用无菌单保护隔离。

（7）脱发护理：化学治疗后1～2周常引起脱发，影响患者的容貌，告诉患者这是一种可逆反应，化学治疗停止后3～6个月头发可再生。化学治疗时，可用冰帽局部降温，有预防脱发的效果；脱发严重者，可选择合适的发套或帽子掩饰。

第十章 肿瘤患者的护理

考点提示

肿瘤化学治疗的不良反应。

---

6. 放射治疗的护理

（1）局部反应护理

1）皮肤反应的护理：体位放射治疗早期可能出现皮肤反应，常发生在腹股沟、腋窝、会阴等皱褶和潮湿处。临床分为三度：一度为干反应，出现红斑、烧灼和刺痒感、脱屑；二度为湿反应，有充血、水肿、水疱、渗出、糜烂；三度为溃疡形成或坏死，难以愈合。常见一度反应，少见二度反应，禁忌出现三度反应。

皮肤反应的处理：干反应可涂 0.2% 薄荷淀粉或羊毛脂止痒；湿反应可涂 2% 甲紫、冰片蛋清等，有水疱形成时可涂硼酸软膏，包扎 1~2 天，待渗液吸收后再行暴露疗法。

护理宣教内容：①穿着宽松、柔软、吸水性强的棉质衣服；②照射野皮肤保持清洁、干燥，禁用肥皂、乙醇、碘酊等清洗和涂擦；③局部皮肤出现红斑、瘙痒时禁搔抓；④照射野皮肤有脱皮时，禁撕脱，应让其自然脱落，一旦撕破，难以愈合；⑤外出时戴帽，避免阳光直接暴晒，减少阳光对照射野皮肤的刺激。

2）黏膜反应的护理：放射治疗患者常出现黏膜充血、水肿、出血点、白斑，远期可出现黏膜干燥、萎缩。护理的关键是保持局部清洁，如口腔含漱、阴道冲洗、鼻腔滴药。

3）照射器官反应的护理：肿瘤所在器官或注射野内的正常组织受射线影响可发生一系列反应，如膀胱照射后可出现血尿，胸部照射后形成纤维性肺纤维变，胃肠道受损后出现出血、溃疡和形成放射性肠炎等。照射期间应加强对照射器官功能状态的观察，注意有无各器官反应的相应症状，给予对症护理，有严重不良反应时，及时报告医师，暂停放射治疗并协助处理。

（2）全身反应的护理：由于射线对细胞的杀灭，以及对正常组织的损害，释放的毒素被吸收，在照射数小时或 1~2 天开始，患者常会出现全身反应，如虚弱、乏力、头晕、头痛、厌食、恶心、呕吐。反应的轻重与照射部位、照射野的大小和每周照射剂量有关。护理措施包括每次照射后静卧休息 30 分钟；进清淡饮食，多食蔬菜和水果，照射前、后半小时不可进食，以免形成条件反射性厌食；鼓励多饮水，每日饮水量 2000~4000 ml，必要时补液，促进毒素排出；增进营养，大量补充 B 族维生素和维生素 C。

（3）感染的预防：遵医嘱查血常规，每周 1~2 次，一旦发现骨髓抑制现象，白细胞计数低于 3.0×10^9/L，血小板计数低于 80×10^9/L，需暂停治疗，遵医嘱给予升白细胞类药、成分输血等，必要时安排住隔离病室，限制探视，以预防感染。

考点提示

肿瘤患者的护理措施。

---

7. 健康教育

（1）疾病知识指导：向患者及其家属介绍诊断性检查、治疗、护理和康复方面的知识，如各种检查的意义，放射治疗和化学治疗的目的、方法及注意事项等。

（2）功能锻炼指导：教育患者树立正确的价值观，学会新的自我照顾方法；进行功能锻炼，尽早适应社会及身体功能改变。

（3）加强肿瘤三级预防的宣教：一级预防，即病因预防，加强宣传，普及防癌的相关知识，减少可能的致癌因素，降低癌肿的发生率。二级预防，即早发现，早诊断，早治疗。如高发人群定期普查，治疗癌前病变，一旦确定肿瘤，应及时、有效治疗等。三级预防，即康复预防，以提高生存质量，减少痛苦及延长寿命。

（4）督促患者按时用药和接受各项后续治疗。

（5）加强随访：一般治疗后第1个月要随访，治疗后最初3年，至少每3个月随访1次，以后每半年随访1次，5年以后可每年随访1次。如有不适或医师特别交代，则提前复查。根据肿瘤不同，随访的年限也有差别，要根据该肿瘤的复发、转移特点决定。

【护理评价】

1. 患者情绪是否平稳，能否配合治疗和护理。
2. 营养失调是否改善，病痛是否缓解。
3. 能否接受现实改变并适应生活自理的需要。
4. 是否发生感染、骨髓抑制、静脉炎。

自 测 题

一、选择题

1. 化疗药物静脉注射时有溢出，应禁忌的处理方法是
   A. 立即停止给药　　B. 及早热敷　　C. 硫代硫酸钠局部封闭
   D. 普鲁卡因局部注射　　E. 等渗盐溶液局部注射

2. 肿瘤患者化学治疗或放射治疗期间，最主要的观察项目是
   A. 脱发程度　　B. 食欲缺乏　　C. 恶心、呕吐
   D. 皮肤损害　　E. 血白细胞和血小板计数

3. 目前，提高恶性肿瘤疗效的关键是
   A. 手术切除肿瘤　　B. 以手术为主的综合治疗　　C. 免疫和基因治疗
   D. 中西医结合治疗　　E. 早期诊断和治疗

4. 下列关于肿瘤化学治疗的护理，叙述不正确的是
   A. 药物必须新鲜配制
   B. 药物不可溢出静脉外
   C. 若出现药液外渗，应立即热敷
   D. 每周检查白细胞和血小板计数
   E. 用后的注射器和空药瓶单独处理

5. 肿瘤的定性诊断方法是
   A. MRI　　B. CT　　C. B型超声
   D. 病理检测　　E. 放射性核素检查

6. 恶性肿瘤患者放射治疗期间，若白细胞计数降至 3×10^9/L 以下，处理应先
   A. 加强营养　　B. 减少用药量　　C. 少量输血
   D. 服生血药　　E. 暂停放射治疗

7. 下列有关恶性肿块特征的描述，不正确的是
   A. 边界不清楚　　B. 表面高低不平　　C. 早期出现疼痛
   D. 质地坚硬　　E. 固定、活动度差

8. 李某，女性，38岁。急性粒细胞白血病，行静脉注射化疗药物后，立即出现注射部位疼痛、肿胀。应考虑为

A. 化疗药物反应

B. 化疗药物漏至血管外

C. 高渗性药物刺激血管壁所致

D. 化疗药物过敏

E. 血栓性静脉炎

9. 某肿瘤患者，男性，48岁。采用放射治疗，对该放射治疗患者的护理措施，以下错误的是

A. 口腔可用盐水或复方硼砂液漱口

B. 每次照射后安置患者静卧半小时

C. 鼓励高营养饮食及多饮水

D. 照射部位应保持清洁，经常用肥皂水清洗

E. 告知患者穿宽松、柔软、吸湿性强的内衣

10. 某患者，胃癌根治术后2个月。行放射治疗期间照射部位表现为皮肤红斑、瘙痒，出现干反应，正确的处理方法是局部涂抹

A. 2%甲紫溶液 B. 碘酊 C. 氢化可的松软膏

D. 0.2%薄荷淀粉 E. 硼酸软膏

11. 张女士，47岁，放射治疗引起局部皮肤红斑、灼痛。下列皮肤护理措施，错误的是

A. 保持皮肤清洁、干燥 B. 避免冷、热刺激 C. 不宜日光直射

D. 碘酊消毒，预防感染 E. 内衣要柔软、宽大，避免摩擦

12. 男性，50岁，肿瘤患者。采用放射治疗，局部照射部位皮肤出现水肿、糜烂、渗出。可使用

A. 0.2%薄荷淀粉 B. 0.3%过氧化氢 C. 2.5%碘酊

D. 75%乙醇 E. 2%甲紫

13. 李先生，59岁，食管癌行放射治疗，查白细胞计数 2.95×10^9/L，食欲缺乏，消瘦，错误的护理措施是

A. 暂停放射治疗

B. 给予升白细胞药

C. 遵医嘱输入新鲜血液

D. 其妻子患上呼吸道感染，为安慰患者，应劝其探视

E. 遵医嘱使用抗生素

14. 患者，男性，42岁，因肝区疼痛，怀疑肝癌入院。因过度焦虑和恐惧，患者表现出坐立不安、消沉、对护理不合作，以下诊断正确的是

A. 疼痛，与组织损伤有关

B. 悲哀，与丧失工作能力有关

C. 绝望，与自我形象损伤有关

D. 焦虑，与感受死亡的威胁有关

E. 孤独，与住院环境陌生有关

15. 患者，女性，55岁，因肝癌入院。接受静脉化学治疗时，穿刺部位出现肿胀，处理方法应为

A. 立即停止给药，局部注射解毒药，然后拔针

B. 立即停止给药，拔针，然后局部注射解毒药

C. 立即停止给药，不拔针，接注射器回抽溢出的药液和注射解毒药后，再拔针

D. 立即停止给药，不拔针，接注射器回抽溢出的药液后，再拔针

E. 立即减慢给药速度，局部注射解毒药，不拔针

二、简答题

1. 肿瘤患者化学治疗皮肤反应分几度？
2. 肿瘤的三级预防措施包括哪些？
3. 化疗药物漏出静脉外，护士的处理措施要点有哪些？

三、案例分析

李女士，49岁，脓血便1年余，全身乏力、食欲下降、消瘦、贫血，右上腹可扪及肿块，较硬，表面不光滑，触之有疼痛，直肠指检无异常发现。

请回答：

（1）该患者可能的疾病诊断是什么？

（2）能确诊该疾病的检查是什么？

（3）患者在进行化学治疗时，白细胞计数下降到 $3\times10^9/L$ 以下，应采取哪些措施？

（翁琛婷）

第十一章　颅脑疾病患者的护理

学习目标

1. 解释颅内压增高、脑疝的概念及发病机制。
2. 简述颅脑疾病的分类、辅助检查、常见护理诊断/问题及健康教育。
3. 说出颅内压增高、颅脑损伤及颅内肿瘤的病因、临床特点、治疗原则及护理措施。
4. 描述小脑幕切迹疝及枕骨大孔疝的临床特点。
5. 能运用护理程序为颅脑疾病患者提供整体护理。
6. 充分认识颅脑损伤对人民生命财产的危害性,增强颅脑损伤的安全防范意识。
7. 在护理颅脑疾病患者的过程中,表现出认真、细致、负责、关爱的态度和作风。

第一节　颅内压增高患者的护理

案例 11-1

患者,男性,40岁,头部被棒击伤,神志不清8小时入院。体格检查:T 37.0℃,P 88次/分,R 20次/分,BP 130/85 mmHg。右侧瞳孔散大,对光反应消失,右眼眶周围肿胀,皮下有淤血。左上肢不能活动,左侧巴宾斯基征(+)。腰椎穿刺:脑脊液压力 1.77 kPa(180 mmHg),呈均匀血性。CT 扫描示右额部有低密度区。

问题与思考:

1. 该患者目前可能的疾病诊断有哪些?
2. 目前的治疗原则是什么?
3. 病情观察的要点有哪些?

颅内压(intracranial pressure,ICP)是指颅腔内容物对颅腔壁所产生的压力。颅腔内容物包括脑组织、脑脊液和血液,三者与颅腔容积相适应,使颅内保持一定的压力。颅内压的测定是在侧卧位腰椎穿刺所测得的脑脊液压力,成年人为 70～200 mmH$_2$O(0.7～2.0 kPa),儿童为 50～100 mmH$_2$O(0.5～1.0 kPa)。

正常成年人颅腔是一个骨性的半封闭体腔,借枕骨大孔与椎管相通,其容积是固定不变的。当颅腔内容物的体积增加或颅腔容积缩小超过颅腔可代偿的容量,使颅内压持续高于 200 mmH$_2$O(2.0 kPa),并出现头痛、呕吐和视神经盘水肿三大症状时,称为颅内压增高。当颅内压增高到一定程度时,尤其是占位性病变使颅内各分腔之间的压力不平衡,导致一部分脑组织通过生理性孔隙从高压区向低压区移位,产生相应的临床症状和体征,称为脑疝。脑疝是颅内压增高的危象和引起患者死亡的主要原因,常见的有小脑幕切迹疝和枕骨大孔疝。

【病因及病理生理】

1. 病因

（1）颅内容物体积或量增加：如脑水肿（如脑组织损伤、炎症、缺血缺氧、中毒导致脑水肿）、脑积水、脑血流量增加。

（2）颅内占位性病变：如脑肿瘤、颅内血肿、脑脓肿。

（3）颅腔容积缩小：如狭颅症、颅底凹陷症等先天性畸形，以及外伤导致大片凹陷性骨折，使颅腔容积变小。

2. 病理生理

（1）影响颅内压增高的因素

1）年龄：婴幼儿及小儿的颅缝未闭合或尚未牢固融合，颅内压增高可使颅缝裂开而相应地增加颅腔容积，从而缓和或延长了病情的进展。老年人由于脑萎缩，使颅内的代偿空间增大，故病程也较长。

2）病变的进展速度：病变进展速度越快，颅内压的调节能力越小，调节功能存在一临界点，超过该点以后，细微的容量增加即可引起颅内压骤然升高。颅内压与体积之间的关系不是线性关系，而是呈指数关系，这种关系可以说明一些临床现象，如当颅内占位性病变时，随着病变的缓慢增长，可以长期不出现颅内压增高症状，一旦颅内压代偿功能失调，则病情将迅速发展，往往在短期内即出现颅内高压危象或脑疝；如原有的颅内压增高已超过临界点，释放少量脑脊液即可使颅内压明显下降，若颅内压增高处于代偿的范围之内（临界点以下），释放少量脑脊液仅仅引起微小的压力下降。

3）病变部位：位于颅脑中线或颅后窝的占位性病变，由于病变容易阻塞脑脊液循环通路而发生梗阻性脑积水，故颅内压增高症状可早期出现且严重。颅内大静脉窦附近的占位性病变，由于早期即可压迫静脉窦，引起颅内静脉血液回流或脑脊液吸收障碍，颅内压增高症状也可早期出现。

4）伴发脑水肿的程度：脑组织损伤、炎症、缺血缺氧、脑寄生虫病、脑肉芽肿、尿毒症、肝性脑病、毒血症、肺部感染、酸碱平衡失调等可导致脑水肿，使脑组织增加，故早期即可出现颅内压增高症状，脑水肿和颅内压增高常形成恶性循环。

（2）颅内压增高的后果

1）脑血流量减少：颅内压增高时，可使脑灌注压下降，机体通过脑血管扩张及脑血管阻力减少，维持脑血流量稳定。但是当颅内压急剧增高，脑灌注压下降，脑血流量减少。颅内压增高接近平均动脉压时，脑血流量几乎为零，脑组织处于严重缺血缺氧状态，最终可导致脑死亡。

2）脑疝：是颅内压增高最严重的并发症，也是颅脑疾病患者死亡的主要原因。颅内病变尤其是颅内占位性病变和损伤，使颅内各分腔之间压力不均衡，常使脑组织从高压力区向低压力区移位，导致脑组织、脑血管及脑神经等重要结构受压和移位，有时部分脑组织被挤入硬脑膜的间隙或孔道中，从而出现一系列严重临床症状和体征，称为脑疝。小脑幕切迹疝（颞叶钩回疝）是颞叶的海马回、钩回通过小脑幕裂孔向幕下移位。枕骨大孔疝（小脑扁桃体疝）是小脑扁桃体及延髓经枕骨大孔向椎管移位。

【护理评估】

1. 健康史　询问及了解患者有无颅脑外伤、颅内感染、脑肿瘤、高血压、脑动脉硬化、颅脑畸形等病史，有助于判断颅内压增高的原因；了解患者是否合并其他系统疾病，如尿毒症、肝性脑病、脓毒症、酸碱失调等引起脑水肿的情况。了解患者有无呼吸道梗阻、剧烈咳嗽、便秘、癫痫、高热等导致颅内压增高的诱因；询问及了解患者症状出现的时间和病情进展情况，以及发病以来所做的检查和用药等情况。

2. 身体状况

（1）颅内压增高"三主症"：是颅内压增高的典型表现，包括头痛、呕吐、视神经盘水肿。其出现时间不一，可以其中一项为首发症状。

1）头痛：是颅内压增高最早和最常见的症状，是颅内压增高使脑膜血管和神经受刺激与牵拉所致。头痛多位于前额及两颞部，为持续性头痛，并有阵发性加剧，多呈胀痛和撕裂样痛，以清晨和晚间多见。头痛程度随颅内压的增高而进行性加重。当用力、咳嗽、弯腰或低头活动时常使头痛加重。

2）呕吐：多呈喷射性，常出现于剧烈头痛时，可伴恶心，因迷走神经受激惹所致，多发生于餐后。呕吐后头痛可有所缓解，但与进食并无直接关系。

3）视神经盘水肿：这是颅内压增高的重要客观体征。表现为视神经盘充血，边缘模糊不清，中央凹陷消失，视神经盘隆起，静脉怒张。视神经盘水肿的早期，视力多无明显变化；若视神经盘水肿长期存在，则视神经盘颜色苍白，视力减退，视野向心缩小，称为视神经继发性萎缩。此时如果颅内压增高得到解除，视力恢复也不理想，甚至继续恶化和失明。

 考点提示

颅内压增高的"三主症"。

（2）意识障碍：慢性颅内压增高患者往往出现神志淡漠、嗜睡、反应迟钝；急性颅内压增高患者常有明显的进行性意识障碍，甚至昏迷。

（3）生命体征变化：早期代偿时，表现为血压升高，尤其是收缩压升高，脉压增大，脉搏缓慢有力，呼吸加深、变慢等，即所谓"两慢一高"，为颅内压增高典型的生命体征变化，也称为库欣（Cushing）反应。后期失代偿时，表现为血压下降，脉搏快而弱、呼吸浅快不规则，最终因呼吸、循环衰竭而死亡。

（4）其他：一侧或双侧展神经麻痹、复视、阵发性黑矇、头晕、猝倒等。婴幼儿颅内压增高时可见头皮静脉怒张、囟门饱满、张力增高、颅缝增宽、头颅叩诊时呈破罐声等。

（5）脑疝

1）小脑幕切迹疝：①颅内压增高表现：剧烈头痛、频繁呕吐、烦躁不安等。②意识改变：呈进行性加重的意识障碍，表现为嗜睡、昏迷等。③瞳孔改变：为压迫动眼神经所致，患侧瞳孔短暂缩小后逐渐散大，瞳孔对光反应减弱或消失。晚期可出现双侧瞳孔散大。④运动障碍：为脑干受压所致，初期表现为病变对侧肢体的肌力降低、瘫痪；晚期出现四肢肌张力增高，呈去大脑强直。⑤生命体征紊乱：早期表现为血压升高，脉搏、呼吸缓慢，体温升高等。晚期表现为血压和体温下降，脉搏细速，呼吸浅而不规则，最终因呼吸、循环衰竭而死亡。

2）枕骨大孔疝：表现为剧烈头痛、频繁呕吐、颈项强直或强迫头位；较早出现生命体征紊乱，意识障碍及瞳孔变化出现较晚，常在没有瞳孔改变之前出现呼吸骤停。当延髓呼吸中枢受压时，患者早期可突发呼吸骤停而死亡。

 考点提示

脑疝的临床特点。

---

3. 心理-社会状况　颅内压增高的患者因头痛、呕吐，可出现情绪低落、烦躁不安、焦虑等心理反应。应了解患者对疾病的认知程度、家庭经济状况，是否有战胜疾病的信心，了解家

属对疾病的认知程度及对患者的关心和支持程度等。

4. 辅助检查　全面、详细询问病史和认真地进行神经系统检查，可发现许多颅内疾病在引起颅内压升高之前已有的一些局灶性症状和体征，能初步做出诊断。当发现有视神经盘水肿、头痛及呕吐"三主症"时，则可诊断为颅内压增高。但由于患者的自觉症状常比视神经盘水肿出现早，应及时做以下辅助检查，以尽早诊断和治疗。

（1）X线检查：慢性颅内压增高患者可见脑回压迹增多、加深，蛛网膜颗粒压迹增大、加深，蝶鞍扩大，颅骨局部被破坏或增生等，小儿可见颅缝增宽等。

（2）CT检查：CT是诊断颅内占位性病变的首选辅助检查。

（3）MRI：在CT不能确诊的情况下，可进一步行MRI检查，以利于确诊。CT和MRI对判断引起颅内压增高的原因有重要参考价值，通常能显示病变的位置、大小和形态，特别对占位性病变效果尤佳。

（4）脑造影检查：包括脑血管造影、脑室造影、数字减影血管造影（DSA）等，主要用于疑有脑血管畸形、脑动脉瘤等脑血管性疾病的检查，可提供定位及定性诊断。

（5）腰椎穿刺：可以测定颅内压，并可取脑脊液检查，但有引起脑疝的危险。颅内压增高症状和体征明显者应禁用。

5. 治疗原则

（1）非手术治疗：适用于颅内压增高原因不明，或虽已查明原因但仍需非手术治疗者，或作为手术前准备。主要方法如下。

1）限制液体入量：颅内压增高明显者，摄入液体应限制在每日1500~2000 ml。

2）降低颅内压：使用高渗脱水剂（如20%甘露醇），使脑组织间的水分通过渗透作用进入血液循环再由肾排出，以达到减轻脑水肿和降低颅内压的目的。若同时使用利尿性脱水剂如呋塞米，降低颅内压效果更好。

3）激素治疗：应用肾上腺皮质激素如地塞米松5~10 mg静脉或肌内注射，每日2~3次；氢化可的松100 mg静脉注射，每日1~2次；泼尼松5~10 mg口服，每日1~3次，可稳定血-脑脊液屏障，预防和缓解脑水肿，降低颅内压。

4）冬眠疗法：有利于降低脑的新陈代谢率，减少脑组织的氧耗量，防止脑水肿的发生与发展。

5）辅助过度换气：目的是使体内CO_2排出。当动脉血$PaCO_2$每下降1 mmHg时，可使脑血流量降低2%，从而使颅内压相应下降。

6）预防和控制感染。

7）对症处理：对疼痛者，可给予镇痛药，但应忌用吗啡和哌替啶等，以防止对呼吸中枢的抑制作用；有抽搐发作者，应给予抗癫痫药治疗；对烦躁患者，给予镇静药。

（2）手术治疗：手术去除病因是最基本和最有效的治疗方法。如手术切除颅内肿瘤、清除颅内血肿、处理大片凹陷性骨折。有脑积水者，行脑脊液分流术，将脑室内的液体通过特制导管分流入蛛网膜下腔、腹腔或心房。若难以确诊或虽确诊但无法切除者，可行侧脑室体外引流术或病变侧颞肌下减压术等来降低颅内压。

【常见护理诊断/问题】

1. 疼痛　与颅内压增高有关。
2. 脑组织灌注量改变　与颅内压增高导致脑血流量下降有关。
3. 有体液不足的危险　与频繁呕吐、控制摄入量及应用脱水剂有关。
4. 有受伤的危险　与视力障碍、肢体活动障碍、癫痫发作、意识障碍等有关。
5. 潜在并发症：脑疝、窒息等。

【护理目标】

1. 患者头痛减轻或消失。
2. 患者脑组织灌注正常,未因颅内压增高造成脑组织进一步损害。
3. 患者体液保持平衡,无脱水症状和体征。
4. 患者视力恢复,肢体恢复正常,意识逐渐恢复。
5. 患者未发生并发症或并发症发生后被及时发现和处理。

【护理措施】

1. 一般护理

(1) 卧位:患者取平卧位头偏向一侧或侧卧。病情允许时,抬高床头15°～30°,以利于颅内静脉回流,减轻脑水肿,降低颅内压。注意头颈不要过伸或过屈,以免影响颈静脉回流。

(2) 给氧:持续或间断给氧,降低$PaCO_2$,使脑血管收缩,减少脑血流量,降低颅内压。

(3) 饮食与补液:对意识清醒者,给予普通饮食,但需适当减少盐的摄入;对不能进食者,给予静脉补液,成年人每日补液量控制在1500～2000 ml,其中含盐溶液不超过500 ml,并保持每日尿量不少于600 ml。控制输液速度,防止输液过快而加重脑水肿。注意水、电解质平衡,保证热量、蛋白质和维生素等营养物质的供应。

(4) 维持正常体温和防治感染:高热可使机体代谢率增高,加重脑缺氧,故应及时给予有效的降温措施。遵医嘱应用抗生素预防和控制感染。

(5) 加强生活护理:满足患者日常生活需要;适当保护患者,避免意外损伤。

2. 对症护理

(1) 高热:需采取有效的降温措施,常用冰帽、冰袋或敷冰水毛巾等物理降温法,如物理降温无效或引起寒战,需采用冬眠疗法。

(2) 躁动:不可强行约束,应查找原因作相应处理,必要时给予镇静药。

(3) 呕吐:及时清理呼吸道,呕吐时将头转向一侧以免误吸,观察并记录呕吐物的量和性状。

(4) 头痛:适当应用镇静药及镇痛药,但禁用吗啡和哌替啶,避免咳嗽、打喷嚏、弯腰、低头等使头痛加重的动作。

(5) 尿潴留:诱导刺激排尿,无效时在无菌操作下进行导尿,并加强导尿管的护理。

3. 病情观察 观察患者的意识、生命体征、瞳孔和肢体活动变化,警惕颅高压危象的发生,如有条件,可监测颅内压。

(1) 意识状态:可反映大脑皮质和脑干结构的功能状态。意识障碍的程度、持续时间及其演变过程是分析病情进展的重要指标。目前临床对意识障碍程度的分级有多种方法,现介绍其中两种。

1) 传统方法:分为清醒、模糊、浅昏迷、昏迷、深昏迷5级(表11-1)。

表11-1 传统意识状态分级

意识状态	语言刺激反应	痛刺激反应	生理反应	大小便自理	配合检查
清醒	灵敏	灵敏	正常	能	能
模糊	迟钝	不灵敏	正常	有时不能	尚能
浅昏迷	无	迟钝	正常	不能	不能
昏迷	无	无防御	减弱	不能	不能
深昏迷	无	无	无	不能	不能

2)格拉斯哥昏迷评分(Glasgow coma score,GCS):依据患者睁眼、语言及运动反应进行评分,三者得分相加表示意识障碍的程度。最高15分,表示意识清醒;12~14分为轻度意识障碍;9~11分为中度意识障碍;8分以下为昏迷;最低为3分。分数越低,则意识障碍越严重(表11-2)。

表11-2 格拉斯哥昏迷评分(GCS)

睁眼反应	记分	语言反应	记分	运动反应	记分
正常睁眼	4	回答正确	5	遵命动作	6
呼唤睁眼	3	回答错误	4	定位动作	5
刺痛睁眼	2	含混不清	3	肢体回缩	4
无反应	1	唯有叹声	2	肢体屈曲	3
		不能发声	1	肢体过伸	2
				无动作	1

(2)瞳孔改变:正常瞳孔等大、等圆,在自然光线下直径为3~4mm,直接、间接对光反应灵敏。注意观察两侧瞳孔的大小和对光反应,注意两侧是否对称、等圆。严重颅内压增高继发脑疝时,瞳孔可出现异常变化。

(3)生命体征改变:注意呼吸节律和深度、脉搏快慢和强弱、血压和脉压的变化。脉搏缓慢而有力、呼吸深而慢、血压升高,同时有进行性意识障碍,是颅内压增高所致的代偿性生命体征改变。颅脑损伤患者多有低热,体温常为38℃左右,而中枢性高热多出现于丘脑下部损伤或手术以后,为间歇性高热,四肢远端部分厥冷,应及时进行降温处理。当体温恢复正常后又出现升高,应考虑有伤口以及颅内、肺部或尿路感染的可能性。体温低于正常或不升,表明患者全身衰竭,属于濒危征象。

(4)神经系统体征:原发性脑损伤引起的偏瘫等局灶体征,在受伤当时即出现,且不再继续加重;继发性脑损伤,如颅内血肿或脑水肿引起者,则在伤后逐渐出现,若同时有意识障碍进行性加重,则应考虑小脑幕切迹疝。

(5)脑疝:观察期间患者出现剧烈头痛或烦躁不安等症状,可能为颅内压增高或脑疝先兆;患者躁动时,脉率未见相应增快,可能已发生颅内血肿及脑疝。

4.防止颅内压骤升的护理

(1)卧床休息:保持病室安静,清醒患者不要坐起或用力提重物。稳定患者情绪,避免情绪激烈波动,以免血压骤升而加重颅内压增高。

(2)保持呼吸道通畅:当呼吸道梗阻时,患者用力呼吸、咳嗽导致胸膜腔内压力增高,由于颅内静脉无静脉瓣,胸膜腔内压力可直接逆行传导到颅内静脉,增加颅内压;呼吸道梗阻使$PaCO_2$增高,致使脑血管扩张,脑血容量增多,也加重颅内高压。防止呕吐物误吸,应及时清除呼吸道分泌物;舌根后坠影响呼吸,应托起下颌或安置口咽通气管;对意识不清的患者及排痰困难者,配合医师及早行气管切开;加强基础护理,定时为患者翻身、叩背,以防出现肺部并发症。

(3)避免剧烈咳嗽和用力排便:剧烈咳嗽和用力排便可使胸膜腔内压力骤然升高而导致脑疝。预防和及时治疗感冒,避免咳嗽。颅内压增高患者因限制水分摄入及脱水治疗,常出现粪便干结,应鼓励能进食者多食富含纤维素的食物,促进肠蠕动,以避免发生便秘。已发生便秘者,切勿用力屏气排便,可用开塞露、轻泻药或低压小量灌肠通便,避免高压大量灌肠。

（4）控制癫痫发作：癫痫发作可加重脑缺氧和脑水肿，遵医嘱按时给予抗癫痫药；一旦发作，应协助医师及时给予抗癫痫和降低颅内压处理。

（5）躁动患者的护理：若躁动患者变安静或由原来的安静变为躁动，常提示病情发生了变化。对于躁动患者，应寻找病变，解除引起躁动的原因，不盲目使用镇静药或强制性约束，以免患者挣扎而使颅内压进一步增高。适当加以保护，以防发生外伤及意外。

5. 脱水治疗的护理　最常用的高渗性脱水剂是20%甘露醇，成年人每次250 ml，15～30分钟内快速静脉滴注，每日2～4次，滴注后10～20分钟开始起效，维持4～6小时，可重复使用。若同时使用利尿药（如呋塞米），降压效果更好。但使用脱水剂可使钠、钾等排出增多，可引起电解质代谢紊乱，故脱水治疗期间应准确记录24小时液体出入量，并遵医嘱合理输液。使用高渗性液体后，血容量突然增加，可加重循环系统负担，有导致心力衰竭或肺水肿的危险，尤其是儿童、老年人及心功能不全者，应注意观察和及时处理。停止使用脱水剂时，应逐渐减量或延长给药间隔，以防止发生颅内压反跳现象。

6. 激素治疗的护理　主要通过改善血-脑脊液屏障的通透性，预防和治疗脑水肿，并能减少脑脊液生成，使颅内压下降。常用地塞米松5～10 mg静脉注射或肌内注射，每日2～3次；或氢化可的松100 mg静脉注射，每日1～2次。在治疗期间，注意观察有无高血糖、应用激素诱发应激性溃疡和感染等不良反应。

7. 脑疝的急救与护理

（1）保持呼吸道通畅，给氧，对呼吸功能障碍者，应立即气管插管行人工辅助呼吸。

（2）快速静脉输入20%甘露醇200～500 ml加地塞米松10 mg，呋塞米40 mg静脉注射，以暂时降低颅内压，纠正脑组织灌注不足。留置导尿，观察脱水效果。

（3）密切观察患者的意识、生命体征、瞳孔变化和肢体活动情况，同时迅速做好术前检查和手术前准备。

8. 脑室外引流的护理　脑室外引流是经颅骨钻孔行脑室穿刺后或在开颅手术中，将有数个侧孔的引流管前端置于脑室内，末端接一无菌引流瓶（袋），将脑脊液引出体外的一项神经外科常用技术。脑室外引流能有效地降低颅内压，缓解脑水肿，是抢救颅内高压、脑室出血、梗阻性脑积水等严重疾患的重要方法，也可在床边进行，操作简单、作用迅速、效果明显、临床应用广泛。

（1）妥善固定引流管：患者返回病室后，在严格无菌操作下连接引流瓶（袋），妥善固定引流管及引流瓶（袋），使引流管开口高于侧脑室平面10～15 cm，以维持正常的颅内压。需要搬动患者时，应将引流管暂时夹闭，防止脑脊液反流颅内引起感染。

（2）控制引流速度和量：术后早期若引流速度过快、引流量过多，可使颅内压骤然降低，导致脑移位。故早期应适当抬高引流瓶（袋）的位置，以减慢流速，每日引流量以不超过500 ml为宜，待颅内压力平衡后再放低引流瓶（袋）。正常脑脊液每日分泌400～500 ml，颅内感染患者脑脊液分泌增多，引流量可适当增加，但同时应注意补液，以免引起水、电解质代谢紊乱。

（3）保持引流通畅：避免引流管受压、扭曲、成角、折叠；应适当限制患者头部活动范围，活动及翻身时应避免牵拉引流管。注意观察引流管是否通畅：若引流管内不断有脑脊液流出、管内的液面随患者呼吸、脉搏上下波动，表明引流通畅；若引流管无脑脊液流出，应查明原因。可能的原因有：①颅内压低于120～150 mmH$_2$O，证实的方法是将引流袋降低后有无脑脊液流出；②引流管放入脑内过深、过长，在脑室内盘曲成角，可请医师对照X线片，将引流管缓慢向外抽出至有脑脊液流出，然后重新固定；③管口吸附于脑室壁，可将引流管轻轻旋转，使管口离开脑室壁；④若怀疑引流管被小血凝块或挫碎的脑组织阻塞，可在严格消毒管口后，用无菌注射器轻轻向外抽吸，切不可注入生理盐水冲洗，以免管内阻塞物被冲至脑室系统狭窄处，引起日后脑脊液循环受阻。经上述处理后若仍无脑脊液流出，必要时更换引流管。

（4）观察并记录脑脊液的颜色、量及性状：每日准确记录引流液的颜色、性状及引流量（一般引流量小于 500 ml/d）。正常脑脊液无色透明，无沉淀，术后 1～2 天脑脊液可略呈血性，以后转为橙黄色。若脑脊液中有大量血液，或血性脑脊液的颜色逐渐加深，常提示有脑室内出血。一旦脑室内大量出血，需紧急手术止血。若脑脊液混浊，呈毛玻璃状或有絮状物，提示有颅内感染。

（5）严格遵守无菌操作原则：每日更换引流瓶（袋）时，应先夹闭引流管，以免管内空气和脑脊液逆流入脑室。注意保持整个装置无菌，必要时作脑脊液常规检查或细菌培养。

（6）拔管：开颅手术后脑室引流管一般放置 3～4 天，此时脑水肿已消退，颅内压逐渐降低。脑室引流放置时间不宜超过 5～7 天，以免时间过长发生颅内感染。拔管前行头颅 CT 检查，并试行抬高引流瓶（袋）或夹闭引流管 24 小时，以了解脑脊液循环是否通畅，有无颅内压再次升高的表现。若患者出现头痛、呕吐等颅内压增高症状，应立即放低引流袋或开放夹闭的引流管，并告知医师。拔管时，应先夹闭引流管，以免管内液体逆流入脑室引起感染。拔管后，切口处若有脑脊液漏出，应告知医师处理，以免引起颅内感染。

9. 冬眠疗法的护理　冬眠疗法是应用药物和物理方法降低患者体温，以降低脑耗氧量和脑代谢率，减少脑血流量，改善细胞膜通透性，增加脑对缺血、缺氧的耐受力，防止脑水肿的发生和发展，同时具有一定的降低颅内压的作用。冬眠疗法适用于各种原因引起的严重脑水肿、中枢性高热患者。但儿童和老年人慎用，休克、全身衰竭或有房室传导阻滞者禁用此法。

（1）将患者安置于单人病房，室内光线宜暗，室温 18～20℃。治疗前，应观察并记录生命体征、意识状态、瞳孔和神经系统病症，作为治疗后观察对比的基础。

（2）遵医嘱给予冬眠药物，如冬眠合剂Ⅰ号或冬眠合剂Ⅱ号，待自主神经被充分阻滞，患者御寒反应消失，进入冬眠状态后，方可加用物理降温措施。若未进入冬眠状态即开始降温，御寒反应会使患者出现寒战，使机体代谢率增高、耗氧量增加，反而增高颅内压。

（3）物理降温：可采用头部戴冰帽或在颈动脉、腋动脉、肱动脉、股动脉等主干动脉浅表部放置冰袋的方法。降温速度以每小时下降 1℃为宜，体温降至肛温 32～34℃、腋温 31～33℃较为理想。体温过低易诱发心律失常、低血压、凝血障碍等并发症。冬眠药物最好经静脉滴注，便于调节给药速度、控制冬眠深度。

（4）严密观察生命体征的变化：应用冬眠疗法期间，若脉搏超过 100 次/分，收缩压低于 100 mmHg（13.3 kPa），呼吸次数减少或不规则，应及时通知医师，停止冬眠疗法或更换冬眠药物。

（5）冬眠期间机体代谢率降低，对能量及水分的需求减少。每日液体入量不宜超过 1500 ml。鼻饲者流质饮食或肠内营养液的温度应与当时体温相同。

（6）冬眠患者肌肉松弛，易出现舌后坠，吞咽反射及咳嗽反射减弱，应保持呼吸道通畅，加强肺部护理，以防肺部并发症；搬动患者或为其翻身时，动作要缓慢、轻稳，以防发生直立性低血压；加强皮肤护理，防止压疮和冻伤发生。

（7）冬眠疗法治疗时间一般为 3～5 天。停用冬眠疗法时，先停物理降温，再逐步减少药物剂量直至停用，为患者加盖被毯，待其自然复温。

10. 健康指导

（1）患者原因不明的头痛症状进行性加重，经一般治疗无效；或头部外伤后有剧烈头痛并伴有呕吐者，应及时到医院做检查以明确诊断。

（2）颅内压增高的患者要避免剧烈咳嗽、便秘、提重物等，防止颅内压骤然升高而诱发脑疝。

（3）指导患者学习康复的知识和技能，对有神经系统后遗症的患者，要针对不同的心理状态进行心理护理，调动患者心理和躯体的潜在代偿能力，鼓励其积极参与各项治疗和功能训练，如肌力训练、步态平衡训练、排尿功能训练，最大限度地恢复其生活自理能力。

 考点提示

颅内压增高的护理措施。

【护理评价】
1. 患者头痛是否减轻或消失。
2. 患者生命体征是否平稳，有无脱水发生。
3. 患者是否发生脑疝，或出现脑疝征象时是否被及时发现和处理。
4. 患者视力、肢体活动、意识逐渐是否得到恢复。
5. 患者是否发生并发症，或并发症发生后能否被及时发现和处理。

第二节 颅脑损伤患者的护理

颅脑损伤在平时和战时均常见，占全身损伤的15%～20%，仅次于四肢损伤，但伤残率和死亡率均居首位。颅脑损伤多见于交通和工矿事故、自然灾害、爆炸、跌倒、坠落、锐器和钝器对头颅的伤害。颅脑损伤包括头皮损伤、颅骨骨折和脑损伤，三者可单独或合并存在，其中脑损伤后果严重，应特别警惕。

一、头皮损伤患者的护理

头皮损伤是原发性颅脑损伤中最常见的一种。

【病因及病理】

头皮损伤在颅脑损伤中最常见，可分为头皮血肿、头皮裂伤、头皮撕脱伤，其病因各不相同。

1. 头皮血肿　多因钝器伤所致。按血肿的部位，分为皮下血肿、帽状腱膜下血肿和骨膜下血肿。

（1）皮下血肿：位于皮肤层和帽状腱膜之间，因皮肤借纤维隔与帽状腱膜紧密连接，血肿不易扩散，范围较局限，体积较小。

（2）帽状腱膜下血肿：位于帽状腱膜和骨膜之间，常因倾斜暴力使头皮发生剧烈滑动，撕裂层间导血管所致。该处组织松弛，出血易扩散，可蔓延至全头部，失血量多。

（3）骨膜下血肿：位于骨膜和颅骨外板之间，常由颅骨骨折引起，因骨膜在骨缝处紧密连接，血肿多以骨缝为界，局限于某一颅骨范围内。

2. 头皮裂伤　是常见的开放性头皮损伤，多为锐器或钝器打击所致。由于头皮血管丰富，出血较多，可引起失血性休克。

3. 头皮撕脱伤　多因发辫受机械力牵拉，使大块头皮自帽状腱膜下层或连同颅骨骨膜被撕脱所致，有时合并颈椎损伤。头皮撕脱伤可分为不完全撕脱和完全撕脱两种，常因剧烈疼痛和大量失血导致休克。

【护理评估】

1. 健康史　头皮损伤多由直接外力所致。询问及了解患者受伤的方式和致伤物的种类。有无合并其他脑损伤，患者受伤后的意识状况及有无其他不适等。

2. 身体状况

（1）头皮血肿：皮下血肿范围局限，张力高，边缘隆起，中央凹陷，压痛明显。帽状腱膜下血肿范围可延及整个头部，头颅增大、肿胀，有明显波动感。骨膜下血肿多局限于某一颅骨范围内，以骨缝为界，张力较高。

（2）头皮裂伤：伤口大小、深度不一，创缘多不规则，可有组织缺损，出血量大，可伴有休克。

（3）头皮撕脱伤：头皮缺失，颅骨外露，出血量大，常伴休克。

3. 心理-社会状况　了解患者的生活方式、情绪和精神状态，患者及其家属的心理反应，有无紧张、焦虑、恐惧感。

4. 辅助检查　头颅X线摄片可了解有无合并颅骨骨折。

5. 治疗原则

（1）头皮血肿：小的血肿无需特殊处理，1~2周可自行吸收；伤后给予冷敷，以减少出血和疼痛；24小时后改用热敷，以促进血肿吸收；切忌用力揉搓；巨大血肿需加压包扎，或在无菌操作下穿刺抽血后加压包扎。

（2）头皮裂伤：先加压包扎止血，随后根据病变情况进行清创缝合，因头皮血供丰富，清创缝合时间可放宽至伤后24小时。

（3）头皮撕脱伤：立即用无菌敷料覆盖创面，再加压包扎止血，严格清创后行头皮再植。无法再植者，作全厚或中厚皮片植皮，术后加压包扎。

（4）防治休克：及时止血和补充血容量，防治休克。

（5）预防感染：常规使用抗生素和严格遵守无菌操作规程。

【常见护理诊断/问题】

1. 焦虑、恐惧　与头皮损伤有关。
2. 疼痛　与头皮损伤有关。
3. 潜在并发症：失血性休克、感染等。

【护理目标】

1. 患者焦虑/恐惧减轻或消失，情绪稳定。
2. 患者疼痛减轻或消失。
3. 患者未发生并发症或并发症发生后被及时发现和正确处理。

【护理措施】

1. 病情观察　密切监测患者的血压、脉搏、呼吸、尿量和神志变化。头皮损伤有合并颅骨骨折和颅内血肿的可能，应注意有无颅内压增高。头皮血肿经加压包扎后，如血肿范围进行性增大，可能是大血管破裂或存在凝血障碍，应及时报告医师，并配合医师及时处理。

2. 伤口护理　注意观察创面有无渗血，有无皮瓣坏死和感染，保持敷料清洁和干燥。

3. 心理护理　给予精神和心理上的支持，鼓励患者，使患者明确应对疾病的方法，并保持正确的态度。消除患者紧张、恐惧的心理，必要时给予镇静药和镇痛药，合并脑损伤者禁用吗啡类药物。

 考点提示

头皮损伤的临床特点及治疗原则。

二、颅骨骨折患者的护理

颅骨骨折指颅骨受暴力作用导致颅骨结构改变。其临床意义不在于骨折本身,而在于骨折所引起的脑膜、脑、血管和神经损伤,可合并脑脊液漏、颅内血肿及颅内感染等。颅骨骨折的存在提示伤者受暴力较重,合并脑损伤概率较高。颅骨骨折按骨折部位分为颅盖骨折与颅底骨折;按骨折形态分为线形骨折与凹陷性骨折;按骨折与外界是否相通,分为开放性骨折与闭合性骨折。

【护理评估】

1. 健康史 询问及了解患者受伤的过程,如致伤物的大小和速度,作用于头部方向和骨折的性质和部位,当时有无意识障碍及口鼻流血、流液等情况,初步判断有无脑损伤和其他损伤。

2. 身体状况

(1) 颅盖骨折

1) 线性骨折:局部压痛、肿胀,可伴有头皮血肿、头皮裂伤和骨膜下血肿,确诊主要依靠 X 线和 CT 检查,应警惕合并脑损伤和颅内血肿,尤其是硬膜外血肿。

2) 凹陷性骨折:局部可扪及颅骨凹陷,若骨折位于脑重要功能区,可出现偏瘫、失语、癫痫等神经系统定位病症。

(2) 颅底骨折:多为颅盖骨折延伸到颅底,或由强烈的间接暴力作用于颅底所致,常为线性骨折。颅底的硬脑膜与颅骨贴附紧密,故颅底骨折时易撕裂硬脑膜,产生脑脊液漏而成为开放性骨折。依骨折的部位,可分为颅前窝骨折、颅中窝骨折和颅后窝骨折。X 线和 CT 检查有时不易发现颅底骨折,诊断主要依靠受伤局部淤血、脑脊液漏、神经损伤 3 个方面的临床特点来判断(表 11-3)。

表 11-3 颅底骨折的临床表现

骨折部位	脑脊液漏	瘀斑部位	可能损伤的脑神经
颅前窝	鼻漏	眶周(熊猫眼征)、球结膜下(兔眼征)	嗅神经、视神经
颅中窝	鼻漏或耳漏	耳后乳突部(Battle 征)	面神经、听神经
颅后窝	无	乳突部、枕下部、咽喉壁	少见,偶见第Ⅸ~Ⅻ对脑神经

3. 心理-社会状况 患者常因头部损伤而表现出焦虑、恐惧等心理反应,对伤后的恢复缺乏信心。了解家属对疾病的认知以及对患者的关心和支持程度。

4. 辅助检查

(1) X 线检查:可帮助了解骨折片陷入的深度和有无合并脑损伤,对颅底骨折的诊断意义不大。

(2) CT 检查:可确定有无骨折,并有助于脑损伤的诊断。

5. 治疗原则 根据受伤史、临床表现、X 线及 CT 检查,颅骨骨折的诊断多可明确,但应注意有无脑损伤和其他合并伤的存在。

(1) 颅盖骨折:单纯线性骨折或凹陷性骨折下陷较轻者,一般无须特殊处理。患者卧床休息,对症治疗(如止痛、镇静),密切观察有无继发性病变出现。合并脑损伤或大面积骨折片陷入颅腔导致颅内压升高有脑疝可能者、凹陷直径>5 cm 或深度>1 cm 者、骨折片压迫脑重要部位引起神经功能障碍者、开放性粉碎性凹陷骨折者,则应手术整复或摘除陷入的骨片。

(2) 颅底骨折:本身无须特殊治疗,重点是预防颅内感染。注意观察有无脑损伤和处理脑脊液漏及脑神经等合并伤。出现脑脊液漏时,即属开放性损伤,应使用 TAT 及抗生素预防感染。脑脊液漏多在1~2周内自行愈合，如超过4周仍未愈合，可行手术修补硬脑膜。如骨折片或血肿压迫脑神经，应尽早手术减压。

【常见护理诊断/问题】

1. 有感染的危险　与脑脊液漏有关。
2. 组织灌注量改变　与颅内压增高导致脑血流量下降有关。
3. 潜在并发症：颅内压增高、颅内出血、颅内低压综合征。
4. 知识缺乏　患者缺乏脑脊液漏的护理知识。

【护理目标】

1. 患者未发生感染或感染得到有效控制。
2. 患者脑组织灌注恢复正常。
3. 患者未发生并发症或并发症发生后被及时发现和处理。
4. 患者知道脑脊液漏的护理知识。

【护理措施】

1. 病情观察　密切观察并记录患者的意识状态、瞳孔、生命体征、肢体活动、颅内压增高等症状，如有异常，应及时报告医师，并配合医师处理。

2. 脑脊液漏的护理

（1）体位：患者绝对卧床休息，嘱患者取半卧位，头偏向患侧，维持特定体位至停止漏液后3~5日，借重力作用使脑组织移向颅底硬膜破损处，促使局部粘连而封闭漏口。绝大部分患者在伤后1周内漏口常能自行愈合。

（2）保持局部清洁：及时清除鼻前庭或外耳道内的血迹和污垢，防止液体引流受阻而逆流。每日2~3次清洁并消毒外耳道、鼻腔或口腔，注意棉球不可过湿，以免液体逆流入颅内而引起感染。于鼻孔处或外耳道口松松放置一个消毒干棉球，浸湿后及时更换，根据浸湿的棉球数量估计脑脊液漏出的量。

（3）预防颅内逆行感染：脑脊液鼻漏者，不可经鼻腔进行护理操作，严禁从鼻腔吸氧、吸痰或放置鼻胃管。禁止经耳鼻滴药、冲洗和堵塞，禁忌作腰穿。告知患者勿挖鼻、抠耳，注意不可堵塞鼻腔。避免用力咳嗽、打喷嚏、擤鼻涕及屏气排便等动作，以免导致气颅或脑脊液逆流。

（4）注意观察有无颅内感染迹象，如头痛、发热。

（5）遵医嘱应用抗生素和破伤风抗毒素（TAT）。

知识链接

血性脑脊液与血性渗液、分泌物的鉴别

可将血性液滴于白色吸水纸或纱布上，若血迹外周有月晕样淡红色浸渍圈，则为血性脑脊液。此外，还应区别血性脑脊液与鼻腔损伤所致的血性分泌物。根据脑脊液中含糖而鼻腔血性分泌物中不含糖的原理，用尿糖试纸测定或葡萄糖定量检测以鉴别是否存在脑脊液漏。

3. 颅内低压的护理　若有大量脑脊液漏，可使颅内压降低而导致颅内血管扩张，出现剧烈头痛、眩晕、呕吐、厌食、反应迟钝、脉搏细弱、血压偏低等颅内低压综合征的表现；若患者出现颅内压过低的表现，应取平卧位，减少脑脊液流失，遵医嘱补充大量水分以缓解症状。

4. 心理护理　向患者介绍病情、治疗方法和注意事项，以取得患者的配合，消除其紧张情绪。

5. 健康教育　指导患者摆放体位和预防颅内感染；告知颅骨缺损患者应避免头部碰撞，以免损伤脑组织，嘱患者在伤后半年左右作颅骨成形术。

 考点提示

颅底骨折的临床特点和脑脊液漏的护理。

三、脑损伤患者的护理

脑损伤指头颅受到外力作用后，引起脑膜、脑组织、脑血管以及脑神经的损伤。

【病因、分类与发病机制】

1. 病因及分类

（1）根据脑损伤发生的时间和机制分为原发性脑损伤和继发性脑损伤：原发性脑损伤是指暴力作用于头部后立即发生的脑损伤，主要有脑震荡、脑挫裂伤。继发性脑损伤是指头部受伤一定时间后出现的脑损害病变，主要包括脑水肿和颅内血肿等。

（2）根据受伤后脑组织是否与外界相通分为开放性脑损伤和闭合性脑损伤：开放性脑损伤多为锐器或火器伤，常伴头皮破裂、颅骨骨折和脑膜破裂，脑组织与外界相通；闭合性脑损伤多为钝器伤或间接暴力所致，头皮、颅骨和硬脑膜完整，或仅有头皮开放性损伤，而颅骨和硬脑膜仍保持完整，脑组织与外界不相通。

2. 发病机制　脑损伤的发病机制甚为复杂，可概括为由两种作用力所造成。

（1）接触力：物体与头部直接碰撞，由于冲击、凹陷骨折或颅骨的急速内凹和弹回，而导致局部脑损伤。

（2）惯性力：来源于受伤瞬间头部的减速或加速运动，使脑在颅腔内急速移位，与颅壁相撞，与颅底摩擦，以及受大脑镰、小脑幕的牵扯，而导致多处或弥散性脑损伤。受伤时头部若为固定不动状态，则仅受接触力影响；运动中的头部突然受阻于固定物体，除有接触力作用外，还受减速引起的惯性力作用。

【护理评估】

1. 健康史　详细了解患者的受伤经过，如暴力性质、大小、方向、速度；患者受伤后有无意识障碍，其程度和持续时间，有无中间清醒期、逆行性遗忘；受伤当时有无口、鼻、外耳道流血和脑脊液漏发生；是否出现头痛、恶心、呕吐、呼吸困难等情况；了解现场急救和转运过程；了解患者既往健康状况。

2. 身体状况

（1）脑震荡：是最常见的轻型原发性脑损伤，指头部受到撞击后，立即发生一过性脑功能障碍，无肉眼可见的神经病理改变，显微镜下可见神经组织结构紊乱。

1）短暂的意识障碍：伤后立即出现短暂的意识障碍，持续数秒或数分钟，一般不超过30分钟。

2）逆行性遗（健）忘：患者清醒后大多不能回忆受伤当时乃至伤前一段时间内的情况，而对往事记忆清楚，称为逆行性遗忘。

3）脑神经功能紊乱的表现：受伤同时可伴有面色苍白、出汗、血压下降、心动徐缓、呼吸浅慢、肌张力降低、各种生理反射迟钝或消失。患者常有头痛、头晕、失眠、耳鸣、恶心、呕吐、情绪不稳、记忆力减退等症状，一般可持续数日或数周。

4）神经系统检查：无阳性体征。

（2）脑挫裂伤：是常见的原发性脑损伤，主要发生在大脑皮质，包括脑挫伤和脑裂伤。脑挫伤是指脑组织遭受破坏较轻，软脑膜完整；脑裂伤是指软脑膜、血管和脑组织同时有破裂，伴有外伤性蛛网膜下腔出血。由于两者常同时存在，临床上又不易区别，故常合称为脑挫裂伤。脑挫裂伤引起的继发性改变（如脑水肿和颅内血肿）更具有重要的临床意义。早期脑水肿多属于血管源性水肿，一般伤后3～7天内发展到高峰，在此期间易引起颅内压增高，甚至脑疝。伤情较轻者，脑水肿可逐渐消退，伤灶日后可形成瘢痕、囊肿或与硬脑膜粘连，成为外伤性癫痫的原因之一。如蛛网膜与软脑膜粘连影响脑脊液循环，可形成外伤性脑积水。广泛的脑挫裂伤可在数周以后形成外伤性脑萎缩。

1）意识障碍：是脑挫裂伤患者最突出的临床表现。伤后立即出现，其程度和持续时间与脑挫裂伤的程度、范围有关，绝大多数超过30分钟，持续数小时、数日不等，严重者患者长期持续昏迷，甚至呈植物状态。

2）局灶症状和体征：依据损伤的程度和部位不同而异，如伤及脑皮质功能区，可在伤后立即出现相应的神经功能障碍的症状和体征，如语言中枢损伤出现失语，运动中枢损伤出现偏瘫、锥体束征、肢体抽搐等。但若仅伤及大脑非重要功能区，如额叶、颞叶前端等所谓"哑区"，可无神经系统受损的症状和体征。

3）头痛、呕吐：与颅内压增高、自主神经功能紊乱或外伤性蛛网膜下腔出血相关。后者尚可有脑膜刺激征、脑脊液检查有红细胞等表现。

4）颅内压增高与脑疝：为继发脑水肿或颅内血肿所致，使早期的意识障碍或瘫痪程度有所加重，或意识好转、清醒后又变为模糊，同时有血压升高、心率减慢、瞳孔不等大以及锥体束征等表现。

5）生命体征变化：与颅内压增高、脑疝或脑干损伤有关，表现为脉搏减慢、血压升高、呼吸变慢和体温升高等。下丘脑损伤患者可出现高热、昏迷、水及电解质代谢紊乱甚至消化道出血等表现。严重者可导致呼吸、循环功能衰竭等。

（3）原发性脑干损伤：是脑挫裂伤中最严重的特殊类型，常与弥散性脑损伤并存。病理变化可有脑干神经组织结构紊乱、轴突裂断、挫伤或软化等。主要表现为受伤当时立即昏迷，昏迷程度较深，持续时间较长。其昏迷原因与脑干网状结构受损、上行激活系统功能障碍有关。瞳孔不等大、极度缩小或大小多变，对光反应无常；眼球位置不正或同向凝视；出现病理反射、肌张力增高、中枢性瘫痪等锥体束征以及去大脑强直等。累及延髓时，则出现严重的呼吸、循环功能紊乱。

（4）颅内血肿：是颅脑损伤中最多见、最危险、可逆的继发性病变，常因血肿压迫脑组织，引起占位性病灶症状和体征及颅内压增高等，可导致脑疝，危及生命。根据血肿部位，分为硬脑膜外血肿、硬脑膜下血肿和脑内血肿。根据血肿引起颅内压增高及早期脑部症状所需时间，将其分为三型：72小时内出现症状者为急性型；3日以后到3周以内出现症状者为亚急性型；超过3周以上才出现症状者为慢性型。

1）硬脑膜外血肿：约占外伤性颅内血肿的30%，大多属于急性型，是指血液积聚于颅骨内板与硬脑膜之间的血肿，一般多见于颅盖部，以颞部最多见。

①外伤史：头部外伤后，特别是颞部受到直接暴力作用后，可导致脑膜中动脉及分支破裂出血，以及静脉窦、板障静脉破裂出血。

②意识障碍：可以是原发性脑损伤直接所致，也可以由血肿本身导致颅内压增高、脑疝引起。硬脑膜外血肿患者典型的意识障碍表现为"中间清醒期"，即受伤后，因原发性脑损伤引起短暂的昏迷，在血肿形成前患者有意识清醒或好转，一段时间后血肿形成并逐渐增大，引起颅内压增高或脑疝，患者再度出现昏迷（即继发性昏迷），两次昏迷之间有明显的中间清醒期或中间好转期，昏迷-清醒-再昏迷，持续时间大多为3～12小时。

③颅内压增高及脑疝表现：一般成年人幕上血肿大于 20 ml，幕下血肿大于 10 ml，即可引起颅内压增高症状，常有头痛、剧烈呕吐等，伴有血压升高、呼吸和心率减慢、体温升高。当发生小脑幕切迹疝时，患侧瞳孔先暂时缩小，随后进行性散大、对光反应消失，对侧肢体瘫痪进行性加重。幕上（颞区）的血肿大都先经历小脑幕切迹疝，然后合并枕骨大孔疝，故严重的呼吸、循环障碍常在意识障碍和瞳孔改变之后才出现；幕下（额区或枕区）的血肿，则可不经历小脑幕切迹疝而直接发生枕骨大孔疝，可较早发生呼吸骤停。

④局灶症状和体征：可出现病变对侧肢体瘫痪、肌力减退、同侧瞳孔散大、对光反应减弱或消失、失语及局灶性癫痫等。

2）硬脑膜下血肿：是指出血积聚于硬脑膜与蛛网膜之间的血肿，是颅内血肿中最常见者。出血来源可为脑挫裂伤所致的皮层动脉或静脉破裂，也可由脑内血肿穿破皮层流到硬脑膜下腔。

①急性和亚急性硬脑膜下血肿：症状类似硬脑膜外血肿，脑实质损伤较重，原发性昏迷持续时间长，无明显的中间清醒期或意识好转期，意识障碍呈进行性加重；颅内压增高症状明显，有生命体征变化及脑疝的表现，如损伤到功能区，可有偏瘫、失语、癫痫等。

②慢性硬脑膜下血肿：由于致伤外力小，出血缓慢，病程较长，常在伤后数周或数月出现症状，患者表现为：慢性颅内压增高症状，如头痛、恶心、呕吐和视乳头水肿；血肿压迫所致的局灶症状和体征，如偏瘫、失语和局限性癫痫；脑萎缩、脑供血不足表现，如智力下降、精神失常和记忆力减退。

3）脑内血肿：比较少见，指发生在脑实质内的血肿，常与硬脑膜下血肿共存。脑内血肿有两种类型。①浅部血肿：较多见，多由脑挫裂伤区皮层血管破裂所致，血肿位于伤灶附近或伤灶裂口中，部位多数与脑挫裂伤的好发部位一致，常与急性硬脑膜下血肿并存。②深部血肿：多见于老年人，血肿位于白质深部，脑的表面可无明显挫伤。临床表现以进行性意识障碍加重为主，与急性硬脑膜下血肿甚为相似。其意识障碍过程受原发性脑损伤程度和血肿形成速度影响。若血肿累及重要脑功能后，可能出现偏瘫、失语、癫痫等症状。

3. 辅助检查

（1）脑震荡：脑脊液检查无红细胞，头部 CT 检查颅内无异常发现。

（2）脑挫裂伤：脑脊液常有红细胞，CT 检查不仅可了解脑挫裂伤的具体部位、范围（伤灶表现为低密度区内有散在的点、片状高密度出血灶影）及周围脑水肿的程度（低密度影范围），还可了解脑室受压及中线结构移位等情况。MRI 检查有助于明确诊断，了解伤灶的具体部位和范围。

（3）颅内血肿

1）硬脑膜外血肿：CT 检查若发现颅骨内板与脑表面之间有双凸镜形或弓形密度增高影，可有助于确诊。CT 检查还可明确定位、计算出血量、了解脑室受压及中线结构移位，以及脑挫裂伤、脑水肿、多个或多种血肿并存等情况。

2）硬脑膜下血肿：①急性硬脑膜下血肿：CT 检查颅骨内板与脑表面之间呈现高密度、等密度或混合密度的新月形或半月形影，有助于确诊。②慢性硬脑膜下血肿：CT 检查如发现颅骨内板下低密度的新月形、半月形或双凸镜形影像，有助于确诊；少数也可呈现高密度、等密度或混杂密度，与血肿腔内的凝血机制和病程有关，还可见到脑萎缩以及包膜的增厚与钙化等。

3）脑内血肿：CT 检查在脑挫裂伤灶附近或脑深部白质内见到圆形或不规则高密度血肿影，有助于确诊，同时可见血肿周围的低密度水肿区。

4. 心理-社会状况　了解患者及其家属对颅脑损伤及其功能恢复的心理反应，了解家属对患者的关心程度和经济支持能力。

5. 治疗原则

（1）脑震荡：一般无须特殊处理，卧床休息1～2周，可适当给予镇痛药和镇静药。做好解释工作，消除患者的畏惧心理，多数患者2周内可完全恢复。

（2）脑挫裂伤：一般采用保持呼吸道通畅、防治脑水肿、加强支持疗法和对症处理等非手术治疗。当非手术治疗无效或颅内压增高明显，甚至出现脑疝迹象时，需手术开颅作脑减压术或局部病灶清除术。

（3）颅内血肿：一经确诊，原则上手术治疗，行开颅血肿清除术并彻底止血。慢性硬膜下血肿若已经形成完整包膜且有明显症状者，可采用颅骨钻孔引流术。若颅内血肿较小，患者无意识障碍和颅内压增高症状，或症状已明显好转，可在严密观察病情的情况下，采用脱水等非手术治疗。治疗期间一旦出现颅内压进行性增高、局灶性脑损伤、脑疝早期症状，应紧急手术。

【常见护理诊断/问题】

1. 意识障碍　与颅内血肿、颅内压增高有关。
2. 清理呼吸道无效　与脑损伤后意识障碍有关。
3. 营养失调：低于机体需要量　与脑损伤后高代谢、呕吐、高热等有关。
4. 有废用综合征的危险　与脑损伤后意识和肢体功能障碍及长期卧床有关。
5. 潜在并发症：颅内压增高、脑疝、癫痫发作、蛛网膜下腔出血、消化道出血及术后血肿复发等。

【护理目标】

1. 患者意识逐渐恢复。
2. 患者呼吸道保持通畅。
3. 患者营养状态得到改善。
4. 患者未发生废用综合征或出现废用综合征能被及时发现和正确处理。
5. 患者未发生并发症或并发症发生后被及时发现和正确处理。

【护理措施】

1. 现场急救

（1）保持呼吸道畅通：颅脑损伤患者有意识障碍，丧失正常咳嗽反射和吞咽功能，不能有效地排除呼吸道分泌物、血液、脑脊液及呕吐物等。应及时清除口腔和咽部血块、呕吐物和分泌物，定时吸痰。将患者侧卧，昏迷者置口咽通气管，必要时行气管切开或人工辅助呼吸。

（2）妥善处理伤口：头皮损伤者应加压包扎止血；开放性颅脑损伤者，应剪短伤口周围的头发，并消毒，消毒时乙醇勿入伤口；伤口局部不冲洗、不用药。外露的脑组织周围用消毒纱布卷保护，外加干纱布包扎，避免脑组织受压。插入颅腔的致伤物不可拔出，应手术清创取出，并及早应用抗生素和破伤风抗毒素。

（3）防治休克：有休克征象时，应查明有无颅外合并伤，如多发性骨折、内脏破裂。患者应平卧、保暖、吸氧、补充血容量等。

（4）做好护理记录：准确记录受伤经过，检查发现的阳性体征、急救措施和使用药物情况，以及患者的意识、瞳孔、生命体征、肢体活动等演变过程。

2. 病情观察　是颅脑损伤患者护理的重点内容，尤其是继发性脑损伤（脑水肿、颅内出血和脑疝）的早期发现和治疗，对患者的生死存亡起着至关重要的作用。任何类型的颅脑损伤，无论轻重，都有可能出现继发性脑损伤，患者多在3天之内出现症状（故颅脑损伤患者至少要观察3天），因此动态观察病情变化是早期发现继发性脑损伤的重要手段。要求每15～30分钟观察和记录一次，稳定后可适当延长。

（1）意识状态：是颅脑损伤患者最重要的病情观察指标。意识障碍的程度可帮助判断颅脑损伤患者伤情的轻重，可通过对语言刺激反应、对痛刺激反应作动态观察，或通过睁眼、语言和运动方面的反应来判断患者的意识状态。意识障碍的程度可反映脑损伤的轻重。意识障碍出现的迟早和有无继续加重，可作为区别原发性和继发性脑损伤的重要依据。

（2）生命体征：观察生命体征时，为避免患者躁动而影响结果的准确性，应先测呼吸，再测脉搏，最后测血压。

1）体温：伤后初期由于组织创伤反应，可有中度发热；若损伤累及间脑或脑干，可导致体温调节紊乱，出现体温过低或中枢性高热；伤后即出现高热，多为视丘下部或脑干损伤；伤后数日体温升高，常提示有感染性并发症。

2）脉搏、呼吸、血压：注意呼吸节律和深度，脉搏快慢和强度，以及血压波动和脉压变化。若伤后血压上升、脉搏缓慢有力、呼吸深慢，提示颅内压升高，应警惕颅内血肿或脑疝的发生；枕骨大孔疝患者可突然发生呼吸和心搏停止。

（3）瞳孔变化：可因动眼神经、视神经及脑干损伤引起。密切观察两侧睑裂大小是否相等，有无上睑下垂，注意对比两侧瞳孔的形状、大小及对光反应。伤后一侧瞳孔进行性散大、对侧肢体瘫痪、意识障碍，提示脑受压或脑疝；双侧瞳孔散大、对光反应消失、眼球固定伴深昏迷或去大脑强直，多为原发性脑干损伤或临终状态；双侧瞳孔缩小、对光反应迟钝，可能为脑桥损伤或蛛网膜下腔出血；双侧瞳孔大小及形状多变、对光反应消失，伴眼球分离或异位，提示中脑损伤；眼球不能外展且有复视，多为展神经损伤；眼球震颤常见于小脑或脑干损伤。有无间接对光反应可鉴定视神经损伤与动眼神经损伤。观察瞳孔时，应注意某些药物、剧痛、惊骇等可影响瞳孔变化，如吗啡、氯丙嗪使瞳孔缩小，阿托品、麻黄碱使瞳孔散大。

（4）神经系统体征：原发性脑损伤引起的偏瘫等局灶症状，在受伤当时已出现，且不再继续加重；伤后一段时间出现或继发加重的肢体偏瘫，同时伴有意识障碍和瞳孔变化，多是小脑幕切迹疝压迫中脑的大脑脚，损害其中的锥体束纤维所致。

（5）其他：观察有无脑脊液漏，有无剧烈头痛、呕吐、烦躁不安等颅内压增高表现或脑疝先兆。注意 CT 和 MRI 扫描结果及颅内压监测情况。

3. 一般护理

（1）保持正确的体位：意识清醒者采取斜坡卧位，抬高床头 15°～30°，以利于脑静脉回流和减轻脑水肿。昏迷患者或吞咽功能障碍患者宜取侧卧位或侧俯卧位，以免误吸呕吐物、分泌物。

（2）加强营养支持：创伤后应激反应可产生分解代谢增强，使血糖增高、乳酸堆积而加重脑水肿。因此，必须及时、有效地补充能量和蛋白质，以减轻机体损耗。早期可采用胃肠外营养，每日静脉补液量为 1500～2000 ml，其中含钠电解质溶液不超过 500 ml，输液速度不可过快。待肠蠕动恢复后，无消化道出血者尽早行肠内营养支持，以利于胃肠功能恢复和营养吸收。昏迷患者通过鼻胃管或鼻肠管给予每日所需营养，成年人每日补充总热量约 8400 kJ。

（3）降低体温：由于伤口感染或中枢性体温调节失常，可导致患者体温升高，高热使机体代谢增高，加重脑组织缺氧，应采取物理降温措施，如冰袋降温、温水擦浴、冰帽降温，禁忌擦浴后颈部、前胸部、腹部。必要时采用冬眠疗法。

（4）躁动的护理：躁动不安是脑挫裂伤急性期的常见表现，避免引起躁动的因素，如头痛、呼吸道不通畅、尿潴留、便秘、肢体受压。护士应查明躁动的原因并及时排除，切勿轻率给予镇静药，以免影响病情观察。对躁动患者，不可强行约束，避免因过分挣扎使颅内压进一步增高。可床旁加床栏，防止坠床等意外伤害。

4. 加强呼吸道管理　意识障碍者容易发生误咽、误吸，或因下颌松弛导致舌根后坠等原因引起呼吸道梗阻。必须及时清除咽部的呕吐物，并注意吸痰，舌根后坠者放置口咽通气管，必要时气管插管或气管切开。保持有效吸氧，呼吸换气量明显下降者，应采用机械辅助呼吸。

5. 降低颅内压的护理　避免呼吸道梗阻、高热、咳嗽、癫痫发作等颅内压增高的因素，按时使用脱水剂、利尿药、肾上腺皮质激素等是减轻脑水肿、降低颅内压的重要措施。观察用药后的病情变化，可为医师调节应用脱水剂间隔时间提供依据，避免使颅内压骤然升高。

6. 并发症的观察与护理

（1）昏迷：患者生理反应减弱或消失，全身抵抗力下降，易发生多种并发症。

1）压疮：保持皮肤清洁、干燥，定时翻身，尤其应注意骶尾部、足跟、耳郭等骨隆凸部位，也不可忽视敷料包裹部位。消瘦者伤后初期及高热者常需每小时翻身1次，长期昏迷、一般情况较好者可每3～4小时翻身1次。

2）尿路感染：昏迷患者常有排尿功能紊乱，短暂尿潴留后继以尿失禁。长期留置导尿是引起尿路感染的主要原因。必须导尿时，应严格执行无菌操作；留置导尿管过程中，加强会阴部护理，夹闭导尿管并定时放尿以训练膀胱贮尿功能；导尿管留置时间不宜超过3～5天，需长期导尿者，可考虑行耻骨上膀胱造瘘术，以减少尿路感染发生。

3）呼吸道感染：加强呼吸道护理，定期翻身、叩背，保持呼吸道通畅，防止呕吐物误吸引起窒息和呼吸道感染。

4）暴露性角膜炎：眼睑闭合不全者，角膜涂眼药膏保护；无须随时观察瞳孔时，可用纱布遮盖上眼睑，甚至行眼睑缝合术。

5）废用综合征：脑损伤患者因意识或肢体功能障碍，可发生关节挛缩和肌萎缩。保持患者肢体处于功能位，防止足下垂。每日做四肢及关节的被动活动及肌肉按摩2～3次，防止肢体挛缩和畸形。

（2）蛛网膜下腔出血：因脑裂伤所致，患者可有头痛、发热及颈项强直等表现，可遵医嘱给予解热镇痛药作为对症治疗。当病情趋于稳定，排除颅内血肿及颅内压增高、脑疝后，为解除头痛，可协助医师每日或隔日作腰椎穿刺，放出适量血性脑脊液，直至脑脊液清亮。

（3）外伤性癫痫：任何部位的脑损伤均可导致癫痫，尤以大脑皮质运动区、额叶、顶叶皮质区受损发生率最高。早期（伤后1个月以内）癫痫发作的原因常是颅骨凹陷性骨折、蛛网膜下腔出血、颅内血肿和脑挫裂伤等；晚期（伤后1个月以上）癫痫发作主要由脑瘢痕、脑萎缩、脑内囊肿、感染及异物等引起。可采用苯妥英钠预防发作。癫痫发作时，应用地西泮10～30 mg缓慢静脉注射，直至控制抽搐，然后将地西泮加入10%葡萄糖溶液内静脉滴注，每日用量不超过100 mg，连续应用3天。

（4）消化道出血：多因下丘脑或脑干损伤引起的应激性溃疡所致，大量使用皮质激素也可诱发。除遵医嘱补充血容量、停用激素外，还应使用止血药和抑制胃酸分泌的药物，如奥美拉唑、雷尼替丁或西咪替丁。及时清理呕吐物，避免发生误吸。

（5）尿崩：为下丘脑受损所致，尿量>4000 ml/d，尿比重<1.005。应遵医嘱应用药物治疗，同时严格记录每小时尿量；尿量增多期间，需注意补钾（按每1000 ml尿量补充1 g氯化钾计算），定时监测血电解质。意识清楚的伤员因口渴能自行饮水补充，昏迷伤员则需根据每小时尿量来调整静脉或鼻饲的补液量。

（6）急性神经源性肺水肿：在颅脑外伤的发生率为50%，主要见于下丘脑和脑干损伤。表现为咳嗽、进行性呼吸困难、呼吸急促、发绀、三凹征、口鼻溢出大量白色或粉红色泡沫；双肺弥漫性细湿啰音，血气分析显示PaO_2降低和$PaCO_2$升高。患者应取头胸稍高位，双下肢下垂，以减少回心血量；限制过量液体输入；清除呼吸道分泌物，保持呼吸道通畅；给予高流量吸氧，疗效不佳者气管插管或气管切开，呼吸机辅助通气。

 考点提示

颅脑损伤患者的护理措施。

7. 健康教育

（1）心理指导：鼓励和指导患者尽早生活自理，对恢复过程中出现的头痛、头晕、记忆力减退，给予适当解释和安慰，鼓励患者树立正确的人生观，克服悲观、消极情绪，树立战胜疾病的信心。

（2）控制外伤性癫痫：坚持服用抗癫痫药至症状完全控制后 1～2 年，逐步减量后才能停药，不可突然中断服药。癫痫患者不能单独外出、登高、游泳等，以防止发生意外。

（3）康复训练：脑损伤遗留语言、运动和智力障碍，在伤后 1～2 年内有部分恢复的可能。提高患者的自信心，协助患者制订康复计划，进行语言、运动、记忆力等方面的训练，以提高生活自理能力和社会适应能力。

第三节　颅内肿瘤患者的护理

颅内肿瘤又称脑瘤，可分为原发性肿瘤和继发性肿瘤两大类。原发性颅内肿瘤起源于脑组织、脑膜、脑神经、脑血管、垂体及残余胚胎组织等。继发性颅内肿瘤是指身体其他部位恶性肿瘤转移或侵入颅内。颅内肿瘤可发生于任何年龄，以 20～50 岁为多。原发性肿瘤以神经胶质瘤最为常见，其次是脑膜瘤、垂体腺瘤、听神经瘤等。

【病因及病理生理】

颅内肿瘤的发病原因尚不明确，大量研究表明，细胞染色体上存在癌基因，加上各种后天诱因，可使其发病。可能诱发颅内肿瘤的因素有遗传因素、理化因素及生物因素等，少数由先天发育过程中胚胎残余组织演变而成。颅内肿瘤约半数为恶性，发病部位以大脑半球最多，其次为鞍区、小脑脑桥角、小脑、脑室及脑干。一般不向颅外转移，但可在颅内直接向邻近正常脑组织浸润扩散，也可随脑脊液的循环通道转移。无论是良性肿瘤还是恶性肿瘤，随着肿瘤增大破坏或压迫脑组织，产生颅内压增高，造成脑疝，而危及患者的生命。

【分类与特点】

1. 原发性颅内肿瘤

（1）神经胶质瘤：来源于神经上皮，是颅内最常见的恶性肿瘤，占颅内肿瘤的 40%～50%。其中，星形细胞瘤是胶质瘤中最常见的，约占 40%，恶性程度较低，生长缓慢，呈实质性者与周围组织分界不清，常不能彻底切除，术后易复发，囊性者常分界清楚，若切除彻底，可望根治；多形性胶质母细胞瘤恶性程度最高，病情进展快，对放射治疗、化学治疗均不敏感；髓母细胞瘤也为高度恶性，好发于 2～10 岁儿童，多位于颅后窝中线部位，常占据第四脑室及阻塞导水管而引发脑积水，对放射治疗敏感；少突胶质细胞瘤占胶质瘤的 7%，生长较慢，分界较清，可手术切除，但手术后往往复发，需放射治疗及化学治疗；室管膜瘤约占 12%，肿瘤与周围组织分界尚清楚，有种植性转移倾向，术后需放射治疗和化学治疗。

（2）脑膜瘤：约占颅内肿瘤的 20%，良性居多，生长缓慢，多位于大脑半球矢状窦旁，邻近的颅骨有增生或被侵蚀的迹象。脑膜瘤有完整的包膜，彻底切除可预防复发。

（3）垂体腺瘤：为来源于腺垂体的良性肿瘤。根据细胞的分泌功能不同，可分为催乳素腺瘤（PRL 瘤）、生长激素腺瘤（GH 瘤）、促肾上腺皮质激素腺瘤（ACTH 瘤）及混合性腺瘤等。

催乳素腺瘤主要表现为女性闭经、泌乳、不育等；男性性欲减退、阳痿、体重增加、毛发稀少等。生长激素腺瘤在青春期发病者为巨人症，成年后发病者表现为肢端肥大症。促肾上腺皮质激素腺瘤主要表现为库欣综合征，如满月脸、水牛背、腹壁及大腿皮肤紫纹、肥胖、高血压及性功能减退。手术摘除是首选的治疗方法。若瘤体较小，可经蝶窦在显微镜下手术；若瘤体较大，需开颅手术，术后行放射治疗。

（4）听神经瘤：为发生于第Ⅷ脑神经前庭支的良性肿瘤，约占脑肿瘤的10%。位于小脑脑桥角内，可出现患侧神经性耳聋、耳鸣、前庭功能障碍、同侧三叉神经及面神经受累和小脑功能受损症状。治疗以手术切除为主，直径小于3 cm者可用伽玛刀治疗。

（5）颅咽管瘤：属于先天性颅内良性肿瘤，大多数为囊性，多位于鞍上区，约占颅内肿瘤的5%，多见于儿童及青少年，男性多于女性。主要表现为视力障碍、视野缺损、尿崩、肥胖和发育迟缓等。治疗以手术切除为主。

2. 转移性颅内肿瘤　多为来自肺、乳腺、甲状腺、消化道等部位的恶性肿瘤。转移性颅内肿瘤大多位于幕上脑组织内，可单发或多发，男性多于女性。有时脑部症状出现在先，原发病灶反而难以发现。

【护理评估】

1. 健康史　询问及了解患者发病以来的病情演变过程，曾作过哪些检查，诊断为何种疾病，用何种药物治疗，效果如何。家族中有无类似病例等。

2. 身体状况

（1）颅内压增高：约90%以上的患者可出现颅内压增高的症状和体征，通常呈慢性、进行性加重过程，若未得到及时、正确的治疗，轻者可发生视神经萎缩，约80%患者发生视力减退，严重者可引起脑疝。

（2）局部症状与体征：是颅内肿瘤对脑组织造成的直接刺激、压迫和破坏脑组织而出现的局部神经功能紊乱表现，因肿瘤部位而异，如意识障碍、癫痫发作、进行性运动障碍或感觉障碍、视力或视野障碍、语言障碍及共济失调。位于脑干等重要部位的肿瘤，早期即可出现局部症状，而颅内压增高症状出现较晚。患者早期出现脑神经症状有定位作用。

3. 心理-社会状况　患者及其家属常因担忧肿瘤的性质和预后，表现出惶恐不安；此外，家庭对患者的支持程度和经济承受能力也影响着患者的心理状态。

4. 辅助检查　CT或MRI检查是诊断颅内肿瘤的首选方法，不仅能够明确诊断，而且能确定肿瘤的位置、大小及肿瘤周围组织情况。CT或MRI发现垂体腺瘤，尚需作血清内分泌激素测定以确诊。

5. 治疗原则

（1）降低颅内压：常用的方法有脱水、激素治疗、冬眠疗法和脑脊液外引流，以缓解症状，为手术治疗争取时间。

（2）手术治疗：是最直接、有效的方法。手术方法包括切除肿瘤、内减压术、外减压术和脑脊液分流术。

（3）放射治疗：适用于肿瘤位于重要功能区或部位深不宜手术者、或患者全身状况差不允许手术及对放射治疗较敏感的颅内肿瘤等。放射治疗分为内照射和外照射两种。

（4）化学治疗：逐渐成为重要的综合治疗手段之一。但在化学治疗过程中，需防止颅内压升高、肿瘤坏死出血及抑制骨髓造血功能等不良反应，同时辅以降低颅内压的药物。

（5）其他治疗：如免疫治疗、基因疗法、中医药治疗，均在进一步探索中。

【常见护理诊断/问题】

1. 自理缺陷　与肿瘤压迫导致肢体瘫痪以及开颅手术有关。

2. 潜在并发症：颅内压增高、颅内积液、假性囊肿、脑疝、脑脊液漏及尿崩症等。

3. 焦虑、恐惧　与肿瘤的诊断和担心疗效有关。

【护理目标】

1. 患者自理能力逐渐恢复，生活基本能自理。

2. 患者未发生并发症或并发症发生后被及时发现和妥善处理。

3. 患者焦虑/恐惧减轻或消失。

【护理措施】

1. 加强生活护理，满足患者的生理需求

（1）保持口腔和鼻腔清洁：经口、鼻蝶窦入路手术的患者，术前需剃须、剪鼻毛，并加强口腔及鼻腔护理。术后注意口腔护理。

（2）体位：幕上开颅术后患者应卧向健侧，避免切口受压。幕下开颅术后早期宜取无枕侧卧或侧俯卧位；经口、鼻蝶窦入路术后取半卧位，以利于伤口引流。脑神经受损、吞咽功能障碍者只能取侧卧位，以免口咽部分泌物误入气管。体积较大的肿瘤切除术后，因颅腔留有较大空隙，24小时内手术区应保持高位，以免突然翻动时发生脑和脑干移位，引起大脑上静脉撕裂、硬脑膜下出血或脑干功能衰竭。搬动患者或为患者翻身时，应有人扶持患者头部，使头颈部成一条直线，防止头颈部过度扭曲或震动。

（3）饮食：术后次日可进流质饮食，以后可从半流质饮食逐渐过渡到普食。颅后窝手术或听神经瘤手术后因舌咽神经、迷走神经功能障碍而发生吞咽困难、饮水呛咳者，应严格禁食、禁饮，采用鼻饲供给营养，待吞咽功能恢复后逐渐练习进食。

（4）伤口及引流护理：颅内肿瘤手术切除后，在残留的创腔内放置引流物，目的是引流手术残腔内的血性液体和气体，使残腔逐步闭合，减少局部积液或形成假性囊肿的机会，护理时应注意引流瓶（袋）的位置、引流的速度及量。

2. 并发症的观察、处理和护理

（1）颅内压增高、脑疝：密切观察生命体征、神志、瞳孔、肢体功能等情况。遵医嘱落实降低颅内压的措施。

（2）脑脊液漏：注意伤口、鼻、耳等处有无脑脊液漏。经蝶手术后避免剧烈咳嗽，以防脑脊液鼻漏。若出现脑脊液漏，应及时通知医师，并做好相应的护理。

（3）尿崩症：主要发生于鞍上手术后，如垂体腺瘤、颅咽管瘤等手术涉及下丘脑，影响血管升压素分泌。患者出现多尿、多饮、口渴，每日尿量大于4000 ml。尿比重低于1.005。在给予神经垂体素治疗时，应准确记录液体出入量，根据尿量的增减和血清电解质含量调节用药剂量。尿量增多期间需注意补钾。

考点提示

颅内肿瘤的临床特点及护理措施。

思政园地

人民的好医师——神经外科专家王忠诚

王忠诚院士等老一辈神经外科专家在建国初期条件和设备非常简陋的情况下，不畏艰辛，勇于担当，带领中国神经外科从无到有，从弱到强，为推动我国神经外科走向世界做出了不可磨灭的贡献。作为新时期的医学生，应该向专家们学习的不仅是专业知识，而更应该学习他们的敬业精神、爱国精神。通过对颅脑疾病的学习，了解该病的危害，以慢性硬膜下血肿所导致的偏瘫、失语，甚至危及生命的案例为切入点，感受患者所承受的痛苦，树立"救死扶伤、医者仁心"的职业道德；提高学习热情，刻苦钻研，精益求精，做一名合格的医师，为人类健康事业而奋斗。

自 测 题

一、选择题

1. 患者，男性，30岁，因脑外伤入院，立即静脉输入 250 ml 甘露醇，其目的是
   A. 止血　　　　　　　B. 补液　　　　　　　C. 降低颅内压
   D. 降压　　　　　　　E. 缓解意识障碍

2. 患者，男性，40岁，外伤后昏迷1小时，醒后即发现右侧肢体轻瘫，腰穿出血性脑脊液，以后逐渐好转。最可能的疾病诊断是
   A. 脑震荡　　　　　　B. 脑挫裂伤　　　　　C. 急性硬膜外血肿
   D. 急性硬膜下血肿　　E. 脑内血肿

3. 患者，男性，48岁。因脑出血入院，第2天出现颅内压增高，遵医嘱静脉滴注20%甘露醇250 ml。关于滴注速度，应注意的是
   A. 慢　　　　　　　　B. 极慢　　　　　　　C. 一般速度
   D. 快速滴注　　　　　E. 按血压高低调节滴注速度

4. 患者，女性，25岁，不慎滑倒，头部触地，当即昏迷约25分钟。醒后感头痛、恶心，无其他不适，最可能的诊断是
   A. 脑震荡　　　　　　B. 头皮血肿　　　　　C. 脑出血
   D. 脑内血肿　　　　　E. 脑脓肿

5. 患者，女性，68岁，因颅内压增高，头痛逐渐加重，行腰椎穿刺脑脊液检查后突然呼吸停止，双侧瞳孔直径2 mm，以后逐渐散大，血压下降，该患者最可能出现了
   A. 小脑幕切迹疝　　　B. 枕骨大孔疝　　　　C. 大脑镰下疝
   D. 脑干缺血　　　　　E. 脑血管意外

6. 患者，男性，45岁。因颅内肿瘤入院，有明显颅内压增高，以下护理措施错误的是
   A. 高流量氧气吸入
   B. 烦躁不安时给予绷带约束
   C. 高热时给予物理降温，必要时使用药物降温
   D. 便秘时给予轻泻药
   E. 遵医嘱定时、定量给予抗癫痫药

7. 对颅内压增高患者，下列护理措施中错误的是
   A. 抬高床头 15～30 cm　　B. 持续或间断吸氧　　C. 给适量的吗啡缓解疼痛
   D. 防止颈部过度扭曲　　　E. 如有便秘，及时处理

（8～10题共用题干）

患者，男性，32岁。左侧头部着地摔伤，曾出现意识丧失，无头痛、呕吐。体格检查：

BP 128/78 mmHg，P 62 次 / 分，R 18 次 / 分。神志清楚，对答切题。左耳有血性液体流出。

  8. 此患者最有可能的疾病诊断为
    A. 脑震荡   B. 颅后窝骨折   C. 颅前窝骨折
    D. 颅中窝骨折   E. 颅内压降低
  9. 根据目前患者的情况，最重要的治疗措施是
    A. 遵医嘱用药   B. 降低血压
    C. 严密观察意识情况   D. 减轻脑水肿，降低颅内压
    E. 预防压疮及躁动时的意外损伤
  10. 护士对患者实施的护理措施，应除外的是
    A. 禁忌腰椎穿刺   B. 抬高头部，促进漏口封闭
    C. 可用棉球阻塞耳道   D. 严禁经耳部滴药、冲洗
    E. 避免用力咳嗽、打喷嚏、擤鼻涕

二、简答题

1. 简述防止颅内压骤升的护理措施。
2. 简述脑脊液漏的护理措施。

三、案例分析

  患者，男性，45 岁，头痛 8 个月，用力时加重，多见于清晨及晚间，常伴有恶心，有时呕吐。经 CT 检查诊断为颅内占位性病变、颅内压增高，为行手术治疗入院。入院后第 3 天，因便秘、用力排便，患者突然出现剧烈头痛、呕吐、右侧肢体瘫痪，随即意识丧失。体格检查：BP 150/88 mmHg，R 16 次 / 分，P 56 次 / 分，左侧瞳孔散大，对光反应消失。

  请回答：
  （1）患者目前出现何种问题？为什么？
  （2）应如何解决此类患者的便秘问题？
  （3）目前的急救护理措施有哪些？

（蒋冬升）

第十二章数字资源

第十二章 颈部疾病患者的护理

学习目标

1. 描述甲状腺功能亢进的临床表现、处理原则和护理措施。
2. 说出单纯性甲状腺肿的临床表现及健康教育内容。
3. 比较甲状腺瘤和甲状腺癌的临床表现和处理原则。
4. 能运用护理程序对甲状腺疾病患者实施整体护理。
5. 具有良好的心理素质和护患沟通能力，尊重患者，关爱患者。

第一节 单纯性甲状腺肿患者的护理

案例 12-1

王女士，28岁，公务员。因发现颈部增粗1个月就诊，检查后发现其双侧甲状腺呈对称性、弥漫性肿大，腺体表面光滑、质地柔软，可随吞咽上下移动，P 80次/分，BP 115/70 mmHg。

问题与思考：

1. 对王女士采取哪些辅助检查有利于明确诊断？
2. 该如何对王女士进行健康指导和心理护理？

单纯性甲状腺肿又称缺碘性甲状腺肿，是由多种原因引起的甲状腺素合成或分泌不足，而促甲状腺素分泌增多，刺激甲状腺代偿性肿大增生。一般不伴明显的甲状腺功能异常。

【病因及病理生理】

1. 病因

（1）缺碘：是引起单纯性甲状腺肿的主要因素。此病多发生于有水土流失的高原和山区地带，因饮水和食物中含碘量不足而导致，故又称地方性甲状腺肿。

（2）甲状腺素需要量增加：青春发育期、妊娠期、哺乳期或绝经期的妇女，因机体对甲状腺素的需要量暂时性增高，可出现相对缺碘，也可发生轻度甲状腺弥漫性肿大，属于"生理性甲状腺肿"，多在成年或妊娠以后自行缩小。

（3）甲状腺素合成或分泌障碍：主要原因有：①摄入过多致甲状腺肿的食物或药物，食物如萝卜、菠菜，药物如硫脲类、硫氰酸盐等。②先天性缺乏合成甲状腺激素的酶。

 考点提示

单纯性甲状腺肿的主要病因。

2. 病理生理 由于碘的摄入不足，无法合成足够量的甲状腺素，反馈性地引起垂体促甲状腺激素（TSH）分泌增高，并刺激甲状腺增生和代偿性肿大。初期，因缺碘时间较短，增生、扩张的滤泡较为均匀地散布在腺体各部，形成弥漫性甲状腺肿。随着缺碘时间延长，病变继续发展，扩张的滤泡便聚集成多个大小不等的结节，形成结节性甲状腺肿。有的结节因血液供应不良发生退行性变，还可引起囊肿或纤维化、钙化等改变。

【护理评估】

1. 健康史　询问及了解患者发病过程及治疗经过；有无家族史；有无高原、山区长期居住史；有无长期使用致甲状腺肿的食物或药物。了解患者的年龄、性别、婚育情况等，是否处于青春期、妊娠期、哺乳期。

2. 身体状况　单纯性甲状腺肿女性多见，甲状腺不同程度的肿大和肿大结节对周围器官引起的压迫症状是本病主要的临床表现。

（1）甲状腺肿大：病程早期，甲状腺呈弥漫性肿大，两侧对称，腺体表面光滑，质地柔软，随吞咽上下移动。病程后期，因腺体中扩张的滤泡逐渐集结，在肿大腺体的一侧或两侧可触及大小不等的结节。

（2）压迫症状：较大的甲状腺肿可出现压迫症状，如压迫气管和食管，出现呼吸或吞咽困难；如压迫喉返神经，引起声音嘶哑；如压迫颈交感神经丛，可出现霍纳综合征，主要表现为患侧眼球内陷、上睑下垂、瞳孔缩小、同侧面部无汗；胸骨后甲状腺肿易压迫颈部大静脉，可出现头、面、颈部及上肢淤血和水肿、浅表静脉怒张。

（3）继发性病变：少数结节性甲状腺肿可继发甲状腺功能亢进或发生恶变。

3. 心理-社会状况　评估患者对其身体外形变化的感受及认知，了解患者是否因颈部增粗、变形而产生自卑心理。评估患者及其家属是否了解甲状腺疾病的相关知识和康复知识。了解患者家庭经济承受能力。

4. 辅助检查

（1）甲状腺功能检查：单纯甲状腺肿一般血清 TSH、T_3、T_4 水平均正常。

（2）甲状腺摄 ^{131}I 率及 T_3 抑制试验：甲状腺摄 ^{131}I 率增高但无高峰前移，可被 T_3 抑制。当甲状腺结节有自主功能时，可不被 T_3 抑制。

（3）甲状腺扫描：可见弥漫性甲状腺肿，常呈均匀分布。

（4）B 型超声检查：有助于发现甲状腺内囊性、实性或混合性多发结节。

（5）颈部 X 线检查：可发现不规则的胸骨后甲状腺肿及钙化的结节，还能确定有无气管受压、移位及狭窄。

5. 治疗原则

（1）非手术治疗：生理性甲状腺肿患者宜多食含碘丰富的食物，如海带、紫菜。对于 20 岁以下的弥漫性单纯性甲状腺肿患者，可给予小量甲状腺素，以抑制腺垂体 TSH 分泌，缓解甲状腺的增生和肿大。常用剂量为 30~60 mg，每日 2 次，3~6 个月为 1 个疗程。

（2）手术治疗：如有以下情况，应及时实施甲状腺手术。①因气管、食管或喉返神经受压引起临床症状者；②胸骨后甲状腺肿者；③巨大甲状腺肿影响生活和工作者；④结节性甲状腺肿继发功能亢进者；⑤结节性甲状腺肿疑有恶变者。

【常见护理诊断/问题】

1. 自我形象紊乱　与颈部外形异常有关。
2. 知识缺乏　缺乏单纯性甲状腺肿相关防治知识。
3. 潜在并发症：碘甲状腺功能亢进症、呼吸困难、霍纳综合征等。

【护理目标】

1. 患者能够积极面对自我形象的变化。

2. 患者知晓单纯性甲状腺肿的防治知识。

3. 患者未发生并发症或并发症发生后被及时发现和处理。

【护理措施】

1. 一般护理

（1）心理护理：向患者讲明单纯性甲状腺肿的病因和防治知识，消除患者因形体改变而引起的自卑与挫折感，正确认识疾病所致的形体外观改变，指导患者利用服饰进行外表修饰，完善自我形象。

（2）饮食护理：指导患者多食海带、紫菜等海产品及含碘丰富的食物。

2. 病情观察　观察患者甲状腺肿大的程度、质地，有无结节和压痛，以及颈部增粗的进展情况。

3. 用药护理　指导患者遵医嘱正确服药，不可随意增量和减量；观察甲状腺药物治疗的效果和不良反应。如患者出现心动过速、呼吸急促、食欲亢进、怕热多汗、腹泻等甲状腺功能亢进表现，应及时报告医师处理。结节性甲状腺肿患者避免大剂量使用碘治疗，以免诱发碘甲状腺功能亢进症。

4. 手术治疗的护理　见本章第二节甲状腺功能亢进患者的护理。

5. 健康教育

（1）在地方性甲状腺肿流行地区开展防治宣传教育工作，指导患者补充碘盐，使其明确此措施是预防缺碘性地方性甲状腺肿最有效的措施。

（2）指导碘缺乏患者和妊娠期妇女多进食含碘丰富的食物，如海带、紫菜等海产品，并避免摄入大量阻碍甲状腺激素合成的食物和药物，抑制食物有卷心菜、花生、菠菜、萝卜等，抑制药物有保泰松、碳酸锂等。

（3）嘱患者遵医嘱正确服药和坚持长期服药，以免停药后复发。教会患者观察药物的疗效及不良反应。

第二节　甲状腺功能亢进患者的护理

案例 12-2

王某，男性，33岁。甲状腺肿大10个月，伴性情急躁、失眠、怕热、食欲亢进、消瘦、乏力。体格检查：双侧甲状腺弥漫性肿大，质地柔软，腺体上极血管杂音明显，双手震颤，心率110次/分，血压140/80 mmHg。诊断为原发性甲状腺功能亢进，准备行甲状腺大部切除术。

问题与思考：

1. 王某的基础代谢率是多少？如何判断甲状腺功能亢进程度？

2. 请提出该患者术前常见的护理诊断，并拟定出相应的护理措施。

3. 该患者术前拟服用复方碘化钾溶液，请说明其用药的作用、目的和给药方法。

甲状腺功能亢进简称甲亢，是由多种原因引起的血液循环中甲状腺素异常增多，以全身代谢亢进为主要特征的疾病总称。

【病因、分类及病理生理】

1. 病因　原发性甲状腺功能亢进的病因迄今尚未明确。由于在患者的血液中发现了长效甲状腺刺激素（LATS）和甲状腺免疫球蛋白（TSI）两类刺激甲状腺的自身抗体，因此认为原发性甲状腺功能亢进是一种自身免疫性疾病。两类抗体都属于 G 类免疫球蛋白，都能抑制 TSH，而与 TSH 受体结合，从而加强甲状腺细胞的功能，分泌大量 T_3 和 T_4。

继发性甲状腺功能亢进和高功能腺瘤的病因也尚未完全清楚，可能与结节本身自主性分泌紊乱有关。

2. 分类　按引起甲状腺功能亢进的原因，可分为原发性甲状腺功能亢进、继发性甲状腺功能亢进和高功能腺瘤三类。①原发性甲状腺功能亢进：最常见，患者在甲状腺肿大的同时出现功能亢进症状。患者年龄多在 20～40 岁。腺体多呈弥漫性肿大，两侧对称，常伴有眼球突出，故又称"突眼性甲状腺肿"。②继发性甲状腺功能亢进：较少见，如继发于结节性甲状腺肿的甲状腺功能亢进，患者先有结节性甲状腺肿多年，以后才出现功能亢进症状。发病年龄多在 40 岁以上。腺体呈结节状肿大，两侧多不对称，无眼球突出，容易发生心肌损害。③高功能腺瘤：少见，甲状腺内有单发的自主性高功能结节，结节周围的甲状腺组织呈萎缩改变。患者无眼球突出。

3. 病理生理　甲状腺病理学改变主要表现为甲状腺腺体内血管增多、扩张，淋巴细胞浸润；滤泡壁细胞多呈高柱状增生，并形成乳头状突起伸入滤泡腔内，腔内胶质减少。

【护理评估】

1. 健康史　询问及了解患者有无甲状腺功能亢进家族史、有无其他自身免疫性疾病史；发病前有无精神刺激、感染、创伤或其他强烈应激等情况发生。怀疑继发性甲状腺功能亢进或高功能腺瘤者，应了解有无结节性甲状腺肿及甲状腺腺瘤等病史；有无相关用药史和手术史等。

2. 身体状况

（1）甲状腺功能亢进的表现：由于甲状腺激素分泌增多和交感神经兴奋，患者出现高代谢综合征和各系统功能受累，表现为性情急躁、易激动、失眠、双手颤动、疲乏无力、怕热多汗、皮肤潮湿；食欲亢进但体重减轻、肠蠕动增强和腹泻；心悸、脉搏快速有力（脉率常在 100 次 / 分以上，休息与睡眠时仍快）、脉压增大（以收缩压升高为主）；月经失调和阳痿。其中脉率增快及脉压增大尤为重要，常可作为判断病情程度和治疗效果的重要指标。

（2）甲状腺肿大：大多数患者有不同程度的甲状腺肿大。甲状腺肿为弥漫性、对称性，质地不等，无压痛，肿大的甲状腺可随吞咽动作上下移动。甲状腺上、下极可触及震颤，闻及血管杂音。

（3）突眼征：典型表现为双侧眼球突出、眼裂增宽；严重者上、下眼睑难以闭合，甚至不能盖住角膜；凝视时瞬目减少，炯炯发亮；双眼向下看时，上眼睑不能随眼球下闭而出现白色巩膜，两眼内聚能力差等。突眼程度与甲状腺功能亢进轻重无明显关系。

 考点提示

甲状腺功能亢进的临床表现。

---

3. 心理 - 社会状况　甲状腺功能亢进患者交感神经兴奋性增高，"精神过敏"，比一般患者要容易产生紧张和恐惧，表现为易激动、不合作、失眠、稍不如意就生抱怨情绪，甚至与他人发生争执或过激的言行，这又会导致甲状腺功能亢进症状的加重。患者也可因甲状腺肿大、突眼等外形改变，造成社交心理障碍。因害怕手术而产生焦虑或恐惧心理等。

4. 辅助检查

（1）基础代谢率（basal metabolic rate，BMR）测定：可用基础代谢测定器测定，比较可靠。临床上常根据脉压和脉率计算，较为简单。计算公式为：基础代谢率（BMR）（%）=（脉率 + 脉压）-111。正常值为 ±10%，+20%～30% 为轻度甲状腺功能亢进，+30%～60% 为中度甲状腺功能亢进，>+60%为重度甲状腺功能亢进。BMR测定须在清晨、安静、空腹状态下进行。

（2）甲状腺摄^{131}I率测定：正常甲状腺24小时内摄取的^{131}I量为人体总量的30%~40%。如果2小时内甲状腺摄取^{131}I量超过人体总量的25%，或24小时内超过50%，且吸收^{131}I高峰提前出现，均可诊断为甲状腺功能亢进，但不能反映甲状腺功能亢进的严重程度。

（3）血清T_3、T_4含量测定：甲状腺功能亢进时T_3上升较早而快，约高于正常值的4倍，T_4上升较迟缓，仅高于正常值的2.5倍，故测定T_3对甲状腺功能亢进的诊断具有较高的敏感性。诊断困难时，可作促甲状腺激素释放激素（TRH）兴奋试验，若静脉注射TRH后促甲状腺激素（TSH）不增高（阴性），则更具诊断意义。

（4）其他：心电图检查可了解心脏的功能状态。B型超声检查可了解结节的数量、大小、性质以及周围组织情况等。

考点提示

甲状腺功能亢进的辅助检查方法。

---

5. 治疗原则　目前普遍采用抗甲状腺药物治疗、放射性碘治疗和手术治疗3种疗法。

甲状腺大部切除术是目前治疗甲状腺功能亢进最常用而有效的方法，通常需切除腺体的80%~90%，并同时切除峡部。手术治愈率高达90%~95%。主要缺点是有一定的手术并发症和约有5%的患者术后甲状腺功能亢进复发，偶尔也可导致甲状腺功能减退。

（1）手术适应证：①中度以上的原发性甲状腺功能亢进患者。②继发性甲状腺功能亢进或高功能腺瘤患者。③有明显压迫症状或胸骨后甲状腺肿患者。④抗甲状腺药物或^{131}I治疗后复发患者。⑤妊娠早、中期甲状腺功能亢进患者且具有上述指征者，并可以不终止妊娠。

（2）手术禁忌证：①症状较轻者。②青少年患者。③老年患者或有严重器质性病变不能耐受手术者。

【常见护理诊断/问题】

1. 营养失调：低于机体需要量　与甲状腺功能亢进导致机体代谢明显增高有关。
2. 清理呼吸道无效　与咽喉部及气管受到刺激、分泌物增多及切口血肿有关。
3. 体像紊乱　与突眼和甲状腺肿大有关。
4. 潜在并发症：呼吸困难和窒息、甲状腺危象、喉返神经损伤、喉上神经损伤、手足抽搐等。

【护理目标】

1. 患者的营养状况得到改善，体重恢复正常。
2. 患者能有效清除呼吸道分泌物，保持呼吸道通畅。
3. 患者能正确认识自我，改善形象，主动参与人际交往。
4. 手术后患者生命体征平稳，未发生并发症，或并发症发生后被及时救护。

【护理措施】

1. 术前护理　充分的术前准备和护理是保证手术顺利进行和预防术后并发症的关键。

（1）心理护理：对患者和蔼热情，帮助患者适应医院内的生活环境。向患者介绍手术的必要性和方法，以及手术前、后应配合的事项，消除患者的顾虑和紧张心理。对精神过度紧张或失眠者，可给予镇静药或催眠药。向同室患者介绍甲状腺功能亢进的有关症状，希望能体谅和忍让，并限制访客，减少外来刺激。鼓励家属给予心理支持，保持愉快的生活氛围。

（2）休息与活动：将患者安置于安静、通风、凉爽的环境，保持病室轻松的气氛，避免与病情危重的患者同住一室，以免引起患者情绪不安。应减少活动，以避免体力过度消耗。睡眠时垫高枕头，取侧卧位，颈部微屈，以减轻肿大的甲状腺对气管的压迫。患者休息时避免各种干扰。

（3）饮食：给予高热量、高蛋白、富含维生素的饮食，加强营养支持，纠正负氮平衡，保证术前营养。给予足够的液体摄入，以补充出汗等丢失的水分。禁用对中枢神经有兴奋作用的咖啡、浓茶等刺激性饮品，戒烟、酒，勿进食富含粗纤维的食物，以免增加肠蠕动而导致腹泻。限食高碘食物，如海带、紫菜、海蜇、海苔及藻类食物，防止甲状腺功能亢进症状控制不良。

（4）眼部护理：突眼者应注意保护眼睛，常使用滴眼液。卧床时，头部垫高，减轻眼部肿胀。对眼睑闭合不全的，睡前用抗生素眼膏敷眼，戴眼罩或用纱布覆盖，以避角膜过度暴露后干燥受损而发生溃疡。外出时戴墨镜，以避免强光、风沙及灰尘刺激。

（5）配合完善各项术前检查：术前检查除全面的体格检查和必要的实验室检查外，还包括：①颈部透视或摄片，了解气管有无受压或移位；②详细的心脏检查，了解心脏有无扩大、杂音或心律失常等，并做心电图检查，判断心功能状态；③喉镜检查，确定声带功能；④测定基础代谢率，了解甲状腺功能亢进程度，选择手术时机；⑤检查神经肌肉的应激性是否增高，测定血钙、血磷含量，了解甲状旁腺功能状态；⑥ T_3、T_4 测定等。

（6）用药护理：应用药物降低基础代谢率是术前准备的重要环节。患者情绪稳定，睡眠好转，体重增加，脉率稳定在 90 次 / 分以下，BMR 低于 +20%，腺体缩小、变硬，就表明手术准备就绪，应及时手术治疗。

1）单用碘剂：适用于症状不严重、继发性甲状腺功能亢进和高功能腺瘤患者。碘剂的作用一是抑制甲状腺素的释放，可预防术后甲状腺危象的发生；二是能减少甲状腺血流量，使腺体变小、变硬，有利于手术进行。碘剂抑制甲状腺素释放的作用是暂时的，如服用过久或突然停药，将使甲状腺功能亢进症状重新出现甚至加重，因此凡不准备手术的患者，均不能服用碘剂。常用碘剂为复方碘化钾溶液（Lugol 液），用法是每日 3 次，第 1 天每次 3 滴，第 2 天每次 4 滴，依此逐日每次增加 1 滴，至每次 16 滴为止，维持至手术日。服用碘剂应在饭后将药液滴在饼干或面包上吞服，以减少对口腔和胃黏膜的刺激。

2）抗甲状腺药物加碘剂：为了提高甲状腺功能亢进患者的手术耐受力，预防术后并发症，可先用硫脲类药物，待甲状腺功能亢进症状基本控制后，停服抗甲状腺药物，再单用碘剂 1～2 周后手术。

3）普萘洛尔：对于常规应用碘剂或合并应用抗甲状腺药物效果不佳者或不能耐受者，可遵医嘱单用盐酸普萘洛尔（心得安），每次 20～40 mg，每 6 小时服药 1 次，一般连用 4～7 天，术前 1～2 小时再口服一次；也可与碘剂合用。

> **考点提示**
>
> 甲状腺功能亢进术前药物准备充分的标准。

（7）体位训练：术前教会患者头低肩高体位，每日练习用软枕垫高肩部数次，以适应术中颈过伸的体位。

（8）术前准备：指导患者正确深呼吸、有效咳嗽及咳痰的方法，有助于术后保持呼吸道通畅。术日晨准备麻醉床，床旁备引流装置、无菌手套、供氧设备、拆线包、气管切开包以及急救药品等，以备急救。

2. 术后护理

（1）一般护理

1）卧位：血压平稳后取半卧位。

2）保持呼吸道通畅：指导和鼓励患者深呼吸、有效咳痰，必要时行雾化吸入使痰液稀释，以免痰液阻塞气管。

3）伤口引流的护理：术后常规放置引流管或橡皮片24～48小时，保持引流通畅，注意观察引流液的量及性质。

4）饮食：术后6小时如无呕吐，可进温或凉流质饮食，少量慢咽，并注意进食时有无呛咳。若患者主诉因疼痛吞咽困难时，可在进食前30分钟给予镇痛药。手术后第2天开始进半流质饮食。

5）用药护理：甲状腺功能亢进患者术后遵医嘱继续服用复方碘化钾溶液，每日3次，每次10滴，共1周左右；或每日3次，每次16滴开始，逐日每次减少1滴，至每次3滴时止。术前用普萘洛尔作准备者，术后继续服用4～7天。

（2）严密观察病情：术后密切观察患者的生命体征，直至平稳。注意观察切口渗血及引流管情况。观察发音、有无进食呛咳、手足感觉异常等情况；加强巡视，一旦发现并发症，立即通知医师，并配合急救。

（3）术后并发症的观察及护理

1）呼吸困难和窒息：是手术后最危急的并发症，多发生于术后48小时内。主要原因有：①手术时止血不彻底或结扎线脱落，切口内出血形成血肿，压迫气管；②手术创伤或气管插管引起喉头水肿；③较大的甲状腺肿长期压迫气管软骨环，当腺体切除后，软化的气管壁失去周围组织的支撑而塌陷；④黏液痰堵塞呼吸道。另外，也可以由于双侧喉返神经损伤、严重的甲状旁腺损伤所引起。患者表现为进行性呼吸困难、烦躁不安、口唇发绀，甚至发生窒息，可有颈部肿胀、切口渗出鲜血等。如因切口内出血压迫气管引起者，检查时发现颈部迅速肿大，颈围增粗，切口有大量渗血，应立即床边拆除切口缝线，敞开切口，去除血块，再急送手术室彻底止血，必要时作床旁气管切开。当痰液阻塞气管引起呼吸困难时，应首先用吸痰管吸痰，如无效，再作气管插管或气管切开。其他原因造成呼吸道堵塞，一般应先作气管切开，然后再作进一步处理。

2）喉返神经损伤：主要是由于术中喉返神经被切断、钳夹或缝扎引起，少数是术后因血肿压迫或瘢痕牵拉所致。单侧喉返神经损伤表现为声音嘶哑，双侧喉返神经损伤表现为失音和严重的呼吸困难。对已有喉返神经损伤的患者，应认真做好安慰和解释工作，如为血肿压迫或牵拉所致，经理疗后，一般3～6个月可逐渐恢复。一侧喉返神经损伤，可由对侧代偿而好转；双侧喉返神经损伤，则需要手术修补。

3）喉上神经损伤：喉上神经分内、外两支，内支损伤后喉黏膜感觉消失，进食时容易发生误咽而呛咳；外支损伤后环甲肌麻痹，声带松弛，表现为音调降低。喉上神经损伤一般经针刺、理疗后症状可明显改善。术后进食有呛咳者，应取坐位或半坐位进食，试给半流质或固体类食物，缓慢吞咽，特别要注意避免饮水时误咽。

4）甲状腺危象：是甲状腺功能亢进术后的严重并发症。发生原因主要是术前准备不充分，甲状腺功能亢进症状未能得到很好控制及手术应激等。甲状腺危象多发生在甲状腺功能亢进术后12～36小时，表现为原有的甲状腺功能亢进症状加重，包括高热（体温39℃以上），心动过速（120次/分以上），伴心房扑动、烦躁不安、呼吸急促、大汗淋漓、厌食、恶心、呕吐、腹泻等，严重者出现虚脱、休克、嗜睡、谵妄、昏迷等。如抢救不及时或处理不当，可导致患者死亡，死亡率为20%～30%。预防甲状腺危象的关键是术前稳定患者的情绪，做好药物准备的护理，务必达到术前准备要求。术后应继续服用碘剂。一旦出现症状，应及时给予吸氧、物理降温、静脉输入葡萄糖溶液，并报告医师。根据医嘱使用镇静药，静脉滴注碘剂、氢化可的松、普萘洛尔等药物。

5）甲状旁腺损伤：为手术时甲状旁腺被误切除、挫伤或其血液供应受累，导致甲状旁腺功能低下、血钙浓度下降、神经肌肉应激性显著提高，引起手足低钙抽搐。多在术后 1～4 日出现，轻症患者仅有面部和手足麻木、强直感；重症患者有面肌及手足的疼痛性痉挛，严重者由于喉及膈肌痉挛，可引起呼吸困难，甚至窒息。患者的饮食应限制含磷较高的瘦肉、蛋黄、乳品，以减少钙的排出。多吃绿叶蔬菜、豆制品和海味等高钙低磷食物。症状轻者，口服钙片或维生素 D；症状较重者，服用二氢速固醇（AT10），可迅速提高血钙，但应每周测血钙或尿钙一次，随时调整用药剂量，以防止高钙血症及并发尿石症。在抽搐发作时，应立即静脉注射 10% 葡萄糖酸钙溶液 10～20 ml，以解除痉挛。

考点提示

甲状腺功能亢进术后并发症及护理。

3. 健康教育

（1）保持心情愉快，充足睡眠，避免劳累。甲状腺大部切除术后 3 个月可恢复正常工作。

（2）加强颈部功能锻炼，作抬头、左右转颈活动，防止瘢痕挛缩所致的功能异常。

（3）注意有无甲状腺功能亢进复发或甲状腺功能低下的症状。

（4）定期复查，术后 3、6、12 个月以及以后每年随访 1 次，共 3 年。若出现心悸、手足震颤、抽搐等情况，及时就诊。

【护理评价】

1. 患者的营养状况是否得到改善，体重是否恢复正常。
2. 患者呼吸道分泌物清理是否有效，呼吸道是否保持通畅。
3. 患者能否接受自我形象的改变并主动与他人交往。
4. 是否有并发症发生。

第三节　甲状腺肿瘤患者的护理

甲状腺肿瘤分为良性和恶性两类。甲状腺腺瘤是最常见的良性肿瘤，病理上可分为滤泡状腺瘤和乳头状囊性腺瘤两种，以前者多见，患者多为 40 岁以下女性。甲状腺癌是最常见的甲状腺恶性肿瘤，约占全身恶性肿瘤的 1%。甲状腺癌按组织学形态分为乳头状癌、滤泡状癌、未分化癌、髓样癌 4 类。

【护理评估】

1. 健康史　了解患者的年龄、性别和饮食习惯；有无相关疾病的家族史；询问有无结节性甲状腺肿等甲状腺疾病史。

2. 身体状况

（1）甲状腺腺瘤：患者多无自觉症状，颈部出现圆形或椭圆形结节，多为单发。结节表面光滑，质地稍硬，边界清楚，无压痛，随吞咽上下移动。肿瘤生长速度缓慢，有时肿瘤突然增大，伴有胀痛，多为囊内出血所致。继发甲状腺功能亢进者可有相应的表现。

（2）甲状腺癌：多为腺体内单发肿块，质硬、表面高低不平、边界不清、增长较快，吞咽时肿块活动度差。晚期可压迫气管、食管、神经等，出现呼吸困难、吞咽困难、声音嘶哑、霍纳综合征等症状，并可有颈淋巴结肿大等转移症状。因髓样癌组织可产生激素样活性物质（5-羟色胺和降钙素等），患者可出现腹泻、心悸、颜面潮红等症状和血清钙降低，并伴有其他内分泌腺体的增生（表 12-1）。

表 12-1 各类甲状腺癌的临床特点

	乳头状腺癌	滤泡状腺癌	未分化癌	髓样癌
发生比例	60%	20%	15%	5%～7%
年龄	儿童与青年	中年	老年	
性别	女性＞男性	女性＞男性		
生长速度	慢	较快	快	
转移方式	淋巴	血行	血行	早期淋巴转移，晚期血行转移
恶性程度	低	中	高	中
治疗方法	手术	手术	外放射	手术
预后	较好	不良	差	差

3. 心理-社会状况 患者常因担心手术危险性和肿块的性质，表现出恐惧；女性患者也往往因为颈部伤口瘢痕对自我形象的影响而焦虑。

4. 辅助检查

（1）实验室检查：了解甲状腺功能、血清降钙素等变化，有助于甲状腺功能亢进、髓样癌等的诊断。

（2）影像学检查：B 型超声检查甲状腺肿块的大小、位置、数目、毗邻关系；X 线检查了解有无气管移位及受压。

（3）甲状腺放射性核素扫描：放射性 ^{131}I 或 ^{99m}Tc（锝）扫描提示甲状腺腺瘤多为温结节，囊性变时可为冷结节，边缘较清楚；甲状腺癌多为冷结节且边缘模糊。

（4）细针穿刺细胞学检查：有助于结节性质的诊断。

5. 治疗原则 甲状腺腺瘤有引起甲状腺功能亢进（发生率约为 20%）或恶变（发生率约为 10%）的可能，应积极行患侧甲状腺腺叶或部分（腺瘤小）腺叶切除。甲状腺癌除未分化癌以外，争取早期手术切除患侧腺体全部、峡部及健侧腺体大部分，甚至全腺体切除；如有淋巴转移，应行颈部淋巴结清扫术。未分化癌转移早，不宜手术治疗，多采用放射线外照射治疗。

【常见护理诊断/问题】

1. 焦虑与恐惧 与担忧疾病预后和手术、化学治疗、放射治疗有关。
2. 清理呼吸道无效 与咽喉部及气管受损、分泌物增多及切口疼痛有关。
3. 疼痛 与肿块压迫和手术创伤有关。
4. 潜在并发症：呼吸困难和窒息、喉返神经损伤、喉上神经损伤、手足抽搐、甲状腺功能减退。

【护理目标】

1. 患者焦虑与恐惧减轻。
2. 患者能维持呼吸通畅。
3. 患者疼痛减轻或消失。
4. 患者未发生并发症或并发症发生后被及时发现和处理。

【护理措施】

1. 一般护理

（1）体位：术前指导患者练习手术时的体位，即将软枕垫于肩部，保持头低、颈过伸位。术后回病房取平卧位；麻醉清醒、血压平稳后，改半坐卧位，有利于呼吸和引流。

（2）饮食：麻醉清醒、病情平稳后，给少量饮水。如无不适，鼓励进食或经吸管吸入便于吞咽的流质饮食，逐步过渡为半流质饮食及软食。禁忌过热饮食。

2. 病情观察 严密监测生命体征，注意有无并发症的发生。注意有无呼吸困难、声音嘶哑、音调降低、误咽、呛咳等。注意观察创面渗血情况，如敷料浸湿，应通知医师更换敷料。

3. 用药护理 遵医嘱补充水、电解质。接受甲状腺全切除术者需遵医嘱终身补充外源性甲状腺激素。

4. 有效预防和处理术后并发症 参见甲状腺功能亢进外科治疗患者的护理。

5. 心理护理 加强沟通和交流，说明手术的必要性、手术方法、术后恢复过程及预后情况，消除患者的顾虑和恐惧。术后指导患者调整心态，积极配合后续治疗。

6. 健康教育 颈淋巴结清扫术后，在切口愈合后即应开始颈部和肩关节的功能锻炼，并随时保持患侧上肢高于健侧的体位，以防肩下垂；功能锻炼至少持续到出院后3个月。教会患者颈部自我检查的方法，并定期门诊复查。

第四节 常见颈部肿块患者的护理

颈部或非颈部疾病都可能出现颈部肿块。据统计，恶性肿瘤、甲状腺疾病（包括炎症）、先天性疾病和良性肿瘤各占颈部肿块的1/3。

1. 肿瘤 ①原发性肿瘤：良性肿瘤有甲状腺腺瘤、舌下囊肿、血管瘤等。恶性肿瘤有甲状腺癌、恶性淋巴瘤、涎腺瘤等。②转移性肿瘤：多继发于口腔、鼻咽部、甲状腺、肺、纵隔、乳房、胃肠道和胰腺等处的恶性肿瘤。

2. 炎症 包括急性或慢性淋巴结炎、淋巴结结核、涎腺炎、软组织化脓性感染等。

3. 先天性畸形 甲状腺舌管囊肿或瘘、囊状淋巴管瘤（囊状水瘤）、胸腺咽管囊肿或瘘、颏下皮样囊肿等。

【护理评估】

1. 健康史 了解患者有无颈部肿块、其他部位恶性肿瘤、局部感染和先天性畸形等病史；有无相关疾病的家族史。

2. 身体状况

（1）慢性淋巴结炎：临床常见，多继发于头、面、颈部炎症病灶。肿大的淋巴结常散在于颈侧区或下颌下区，硬度中等，表面光滑，能推动，有轻度压痛或无压痛。应注意从肿大淋巴结的淋巴接纳区域寻找原发病灶，需与恶性病变相鉴别，必要时切取淋巴结做病理学检查。

（2）甲状舌管囊肿：是由未完全退化闭锁的甲状腺舌管所形成的先天性畸形。甲状腺舌管通常在胎儿6周左右自行闭锁，如退化不全，则形成先天性囊肿。甲状舌管囊肿多见于15岁以下儿童，男性是女性的2倍。表现为在颈前区中线、舌骨下方直径1～2 cm的圆形肿块，有囊性感，表面光滑、无压痛，能随吞咽或伸舌、缩舌而上下移动。若并发感染，可出现红、肿、热、痛及全身性感染症状，破溃后即形成经久不愈的瘘管。

（3）恶性淋巴瘤：包括霍奇金病和非霍奇金淋巴瘤，是来源于淋巴组织的恶性肿瘤，多见于男性青壮年，肿大的淋巴结常先出现于一侧或两侧的颈侧区，散在、无压痛、活动度尚可，以后肿大的淋巴结粘连成团，生长迅速。需依靠病理学检查明确诊断。

（4）转移性肿瘤：约占颈部恶性肿瘤的3/4，在颈部肿块中发病率仅次于慢性淋巴结炎和甲状腺疾病。转移性肿瘤多由身体其他部位的恶性肿瘤转移而来。最常见的来源是鼻咽癌和甲状腺癌的转移。锁骨上窝转移性肿瘤的原发灶大多位于胸腹部。

（5）颈部淋巴结结核：多见于儿童和青少年。表现为单侧或双侧颈深淋巴结以及腮部、枕骨下、颌下与锁骨上淋巴结肿大，呈散在分布，可推动。如继续发展，可融合成团块、不能推动，最后干酪样坏死，形成寒性脓肿，破溃后流出豆渣或米汤样脓液。做淋巴结穿刺或切片病理学检查可明确诊断。

3. 治疗原则

（1）慢性淋巴结炎本身无须治疗，重点在于原发炎症病灶的处理。

（2）甲状舌管囊肿手术治疗时必须彻底切除囊肿及其残留的瘘管。

（3）除恶性淋巴瘤以放射治疗、化学治疗为首选治疗方法外，其他肿瘤的治疗仍以早期手术为主。若疑为转移性肿瘤，应积极查找原发病灶，以早期明确诊断和治疗。

（4）颈淋巴结结核采用全身抗结核疗法，根据病情变化局部治疗，可行脓肿穿刺术、肿大淋巴结切除术或病灶刮除术。

【常见护理诊断/问题】

1. 焦虑与恐惧　与担心手术和预后有关。
2. 潜在并发症：呼吸困难和窒息、喉返神经损伤、喉上神经损伤、手足抽搐等。

【护理目标】

1. 患者焦虑与恐惧减轻或消失。
2. 患者未发生并发症或并发症发生后被及时发现和处理。

【护理措施】

参见本章甲状腺功能亢进和甲状腺肿瘤患者的相关护理。

【健康教育】

1. 教会患者自我检查颈部的方法，及早发现肿块，并注意观察肿块的生长情况。
2. 定期随访，尽早明确病因和对症治疗。

思政园地

从甲亢古载看国医之伟

早在2000多年前的战国时期，我国《山海经》便有关于"瘿病"的记载，此"瘿"所呈现的颈部肿大症状与甲亢引发的甲状腺肿大极为相似。到了隋唐，巢元方在《诸病源候论》中对瘿病病因与症状展开更详尽的描述，指出情志、水土等因素与之关联，这与现代医学对甲亢发病机制的部分认知不谋而合。

从这些早期记载中，足见祖国医学的博大精深。古代医学家们在科技匮乏的年代，凭借细致观察与深入思考，对甲亢相关病症进行记录与探究。这不仅体现了先辈们追求真理、探索未知的科学精神，更反映出祖国医学对人类健康的深切关怀。它启示我们，中华传统文化中蕴含着无尽智慧，是宝贵的精神财富。身为新时代青年，我们应珍视祖国医学，传承先辈们的钻研精神，增强民族自豪感与文化自信。在学习与生活中，也要秉持严谨态度，像先辈钻研医学那般，积极探索知识，为推动社会发展贡献力量，让祖国医学在新时代绽放更耀眼光芒。

自　测　题

一、选择题

1. 预防甲状腺功能亢进术后甲状腺危象的关键在于

　　A. 术后使用镇静药　　　　　　　　　　　　B. 加强术后护理

　　C. 术前使基础代谢率降至 +20% 以下　　　　D. 术后使用镇痛药

E. 选用全身麻醉
2. 判断甲状腺功能亢进程度的主要依据是
   A. 体温、呼吸　　　　　B. 血压、脉搏　　　　　C. 体重、食欲
   D. 突眼程度　　　　　　E. 睡眠时间
3. 测得基础代谢率是 +40%，其甲状腺功能亢进程度属于
   A. 正常　　　　　　　　B. 轻度甲状腺功能亢进　C. 中度甲状腺功能亢进
   D. 重度甲状腺功能亢进　E. 甲状腺功能减退
4. 甲状腺手术最危险的并发症是
   A. 呼吸困难、窒息　　　B. 手足抽搐　　　　　　C. 误咽后呛咳
   D. 声音嘶哑　　　　　　E. 甲状腺危象
5. 某患者，甲状腺功能亢进术后出血，颈部迅速肿大，呼吸困难，此时应采取的护理措施是
   A. 立即吸氧，拆线止血
   B. 立即拆线，消除血肿，止血
   C. 立即颈部置冰袋，止血
   D. 立即口服复方碘剂 1～2 ml
   E. 立即应用呼吸兴奋药，止血
6. 甲状腺术后喉上神经外支损伤可出现的症状是
   A. 呼吸困难　　　　　　B. 误咽　　　　　　　　C. 音调降低
   D. 声音嘶哑　　　　　　E. 失音
7. 甲状腺功能亢进患者手术前准备，不包括的是
   A. 脉率 100 次 / 分　　　B. BMR＜+20%　　　　C. 情绪稳定，睡眠好转
   D. 体重增加　　　　　　E. 甲状腺缩小，变硬
8. 甲状腺手术后出现手足抽搐的原因是损伤了
   A. 喉上神经内侧支　　　B. 喉返神经　　　　　　C. 喉上神经外侧支
   D. 甲状旁腺　　　　　　E. 气管
9. 患者，男性，65 岁，发现颈前部无痛性肿块半年，肿块约杏核大小、质硬、表面不光滑、随吞咽上下移动。^{131}I 扫描为冷结节。首先考虑的疾病是
   A. 结节性甲状腺肿　　　B. 甲状腺腺瘤　　　　　C. 甲状腺癌
   D. 颈部恶性淋巴瘤　　　E. 颈淋巴结结核
10. 患者，女性，30 岁，甲状腺手术后声音嘶哑，是由下列哪项损伤引起的
    A. 喉上神经损伤　　　　B. 喉返神经损伤　　　　C. 甲状旁腺误切
    D. 气管误伤　　　　　　E. 甲状腺切除过多
11. 患者，女性，50 岁，单纯性甲状腺肿。护士应指导患者避免吃卷心菜、萝卜的理由是
    A. 会阻碍甲状腺素合成　B. 减少纤维素摄入　　　C. 减轻对胃黏膜的刺激
    D. 避免消化不良　　　　E. 避免过敏
12. 患者，男性，35 岁，甲状腺癌术后第 2 天出现手足抽搐，有效的治疗方式是
    A. 给予肉类和蛋类饮食
    B. 静脉输入高渗葡萄糖溶液
    C. 吸氧
    D. 静脉注射 10% 葡萄糖酸钙溶液
    E. 给予镇静药

13. 患者，女性，35岁，因甲状腺功能亢进行甲状腺大部切除术。术后流质饮食时，出现误咽、呛咳，可能是术中损伤了

  A. 喉上神经内侧支 B. 喉上神经外侧支 C. 单侧喉返神经

  D. 双侧喉返神经 E. 迷走神经

14. 甲状腺功能亢进患者术前服用复方碘化钾溶液不会产生的作用是

  A. 抑制甲状腺激素的释放 B. 减少甲状腺血运 C. 使腺体变小、变硬

  D. 促使手足抽搐发生 E. 有利于手术进行

15. 某女士，因重度甲状腺功能亢进经手术治疗痊愈，护士对患者的出院健康指导，下列不妥的是

  A. 术后1个月可恢复正常工作

  B. 做抬头、左右转颈活动

  C. 注意有无甲状腺功能亢进复发症状

  D. 注意有无甲状腺功能减退症状

  E. 避免劳累，保持心情愉快

二、名词解释

1. 甲状腺功能亢进
2. 甲状腺危象

三、填空题

1. 按引起甲状腺功能亢进的原因，可分为_____、_____、_____。
2. 基础代谢率测定根据脉压和脉率计算，常用计算公式为_____。
3. 甲状腺功能亢进手术后最危急的并发症是_____。

四、简答题

1. 甲状腺术后的并发症有哪些？
2. 简述甲状腺瘤和甲状腺癌的区别。

五、案例分析

患者，女性，34岁，患原发性甲状腺功能亢进，清晨未起床前测其脉率为110次/分，血压为140/80 mmHg。

请回答：

（1）目前该患者基础代谢率是多少？

（2）如该患者术前服用了复方碘化钾溶液，需达到哪些标准才可手术？

（吴少林）

第十三章　乳房疾病患者的护理

学习目标

1. 复述急性乳腺炎、乳腺癌、乳房良性肿瘤的病因和病理生理。
2. 说出急性乳腺炎、乳腺癌、乳房良性肿瘤的临床表现和治疗原则。
3. 阐述急性乳腺炎、乳腺癌、乳房良性肿瘤的护理评估、护理措施、健康教育。
4. 具有指导急性乳腺炎患者排空乳汁的能力，具有指导乳腺癌患者术后患肢功能锻炼的能力，能指导患者对乳房进行自我检查。
5. 具有高度的责任心，能理解、尊重、同情和关爱患者，建立良好的护患关系。

第一节　急性乳腺炎患者的护理

案例 13-1

王某，女性，23岁，初产妇，分娩后半个月，母乳喂养。2天前自觉右侧乳房疼痛并逐渐加重，伴畏寒、发热、全身不适等就诊。体格检查：T 39.1℃，P 102次/分，R 23次/分，BP 106/72 mmHg，急性痛苦病容，右侧乳房局部红肿，可扪及一压痛肿块，诊断为急性乳腺炎，患者焦躁不安。

问题与思考：

1. 该患者发生急性乳腺炎的病因有哪些？
2. 目前，王女士存在哪些常见护理诊断/问题？

急性乳腺炎（acute mastitis）是乳腺的急性化脓性炎症，多发生于产后哺乳期的妇女，以初产妇最为常见，常发生在产后第3～4周。

【病因及病理生理】

1. 病因

（1）乳汁淤积：是主要的发病原因，乳汁淤积有利于入侵细菌的生长繁殖。乳汁淤积的常见原因：①乳头发育不良（过小或凹陷）、输乳管不通畅，妨碍正常哺乳。②哺乳经验不足、乳汁分泌过多或婴儿吸吮较少，乳汁不能完全排空等。

（2）细菌入侵：乳头、乳晕破损或皲裂是细菌入侵感染的主要途径。婴儿口腔有感染或口含乳头入睡，可使细菌经乳头开口直接侵入输乳管，上行至乳腺小叶而导致感染。致病菌多为金黄色葡萄球菌，其次为链球菌。

（3）产后全身抗感染能力降低。

> **考点提示**
>
> 急性乳腺炎的发病原因。

2. 病理生理　急性乳腺炎早期，乳房内可出现一个或多个炎性肿块，如不经控制，一般在数日后可形成单房或多房脓肿。浅表脓肿可向外破溃或破溃至输乳管后脓液自乳头流出；深部脓肿可缓慢向外破溃，也可向深部穿至乳房与胸肌间的疏松组织中，形成乳房后脓肿。感染严重者可并发脓毒症。

【护理评估】

1. 健康史　了解患者有无乳头凹陷、乳头过小或输乳管不通等引起乳汁淤积的原因，患者是否为初产妇，哺乳是否正常，有无乳头破损或皲裂等。

2. 身体状况

（1）局部表现：早期患侧乳房胀痛，局部红、肿、热、痛，并有压痛性肿块。如果不及时治疗，数日内可形成乳房脓肿，患乳呈搏动性疼痛，哺乳时疼痛加剧。脓肿多位于乳晕区、乳房内及乳房后（图 13-1）。脓肿形成时，位置表浅者可有波动感，深部脓肿波动感不明显，但乳房肿胀明显，局部有深压痛，穿刺抽出脓液即可确诊。脓肿破溃时，可见脓液从皮肤或乳头流出。患侧腋窝淋巴结常有肿大和触痛。

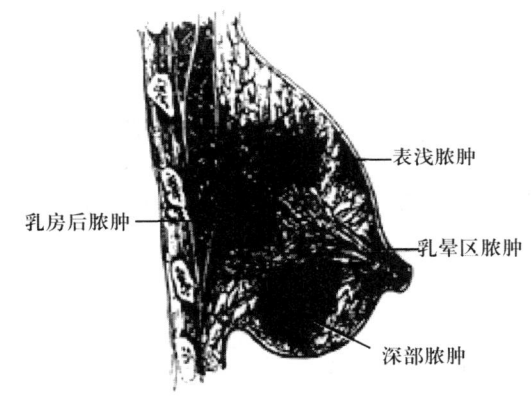

图 13-1　乳房不同部位的脓肿

（2）全身表现：随着感染发展，患者可有寒战、高热、脉搏加快和食欲缺乏等全身表现。

3. 心理-社会状况　由于乳房疼痛、发热，患者易产生焦虑和恐惧情绪。在感染期间，患者因不能正常哺乳而担心婴儿的喂养与发育。对乳房病变后乳房外形与功能的改变产生担忧。

4. 辅助检查

（1）血常规检查：白细胞计数及中性粒细胞比例升高。

（2）影像学检查：B 型超声检查可了解脓肿的数目、部位和大小，有利于切开引流的定位。

（3）脓肿穿刺：深部脓肿可在乳房压痛明显处穿刺，抽出脓液即可确诊。脓液常规做细菌培养及药敏试验。

5. 治疗原则　控制感染、排空乳汁。

（1）非手术治疗：适用于尚未形成脓肿的患者。

1）患乳暂停哺乳，并用吸乳器吸尽乳汁。若感染严重或脓肿引流后并发乳瘘，应终止哺乳。

2）抗感染治疗：首选青霉素治疗，或用耐青霉素酶的苯唑西林钠（新青霉素Ⅱ），或第一代头孢菌素（如头孢拉定、头孢唑啉）。对青霉素过敏者，可遵医嘱选用红霉素。

3）局部处理：局部外敷金黄散或鱼石脂软膏，以促进炎症消散和吸收。水肿明显者，可用25%硫酸镁溶液湿热敷。

4）中医中药治疗：可服用蒲公英、野菊花等清热解毒类中药。

（2）手术治疗：对已形成脓肿的患者，应及时行脓肿切开引流术。由于乳腺腺叶和输乳管均以乳头为中心呈放射状排列，故为避免损伤输乳管形成乳瘘，应以乳头为中心做放射状切口。乳晕下脓肿应沿乳晕边缘作弧形切口。乳房深部脓肿或乳房后脓肿可沿乳房下缘作弧形切口（图13-2）。切开后，用手指轻轻分离脓肿的多房间隔，以利于引流。脓腔较大时，可在脓腔的最低部位作对口引流。

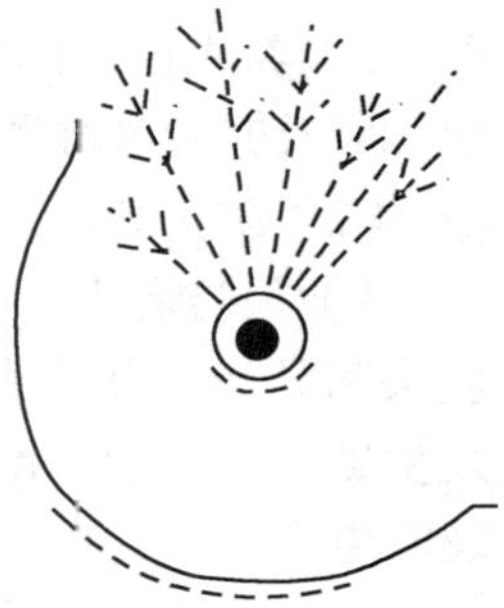

图13-2 乳房脓肿切开

【常见护理诊断/问题】

1. 焦虑　与担心婴儿喂养及乳房形态改变等有关。
2. 急性疼痛　与乳汁淤积、乳房炎症肿胀及引流切口等有关。
3. 体温过高　与细菌或毒素入血等因素有关。
4. 知识缺乏　患者缺乏哺乳卫生和预防乳腺炎的知识。

【护理目标】

1. 患者焦虑或恐惧减轻，情绪稳定。
2. 患者疼痛减轻或消失。
3. 患者体温恢复正常。
4. 患者掌握哺乳期卫生及乳腺炎的预防知识。

【护理措施】

1. 非手术治疗的护理及术前护理

（1）一般护理：充分休息，避免过度紧张和劳累。鼓励患者进食高热量、高蛋白、富含维生素、易消化饮食。对发热患者，给予物理降温或药物降温。保持室内清洁，注意空气流通，注意个人卫生，加强哺乳期乳房的清洁、护理。

（2）病情观察：定时监测生命体征，观察局部炎性肿块有无改变，并定时检查血常规，了解白细胞计数及分类变化，必要时做血培养或脓液细菌培养及药敏试验。观察切口敷料有无脱落、引流是否通畅等。

（3）积乳的处理：患乳暂停哺乳，教会或协助患者应用吸乳器排出积乳。①鼓励患者用健侧乳房继续哺乳，并学会用手挤出或用吸奶器吸出患侧或健侧多余的乳汁；②在哺乳前温敷乳房；③在婴儿吸吮间期，可用手指从阻塞部位腺管上方向乳头方向轻柔按摩，以帮助解除阻塞；④变换不同的哺乳姿势，以促进乳汁排出。

（4）药物治疗：遵医嘱局部用药，早期、足量应用有效抗生素或中药以控制感染。感染严重或并发乳瘘者，可口服溴隐亭1.25 mg，每日2次，服用7～14天；或己烯雌酚1～2 mg，每日3次，共2～3日；或肌内注射苯甲酸雌二醇，每次2 mg，每日1次，行断乳治疗。

（5）缓解疼痛：①患乳制动：用宽松胸罩托起患乳，以减轻疼痛和肿胀，控制感染的扩散。②局部治疗：局部理疗、热敷、药物外敷，有利于局部血液循环和促进炎症消散。③止痛治疗：遵医嘱服用对乙酰氨基酚或布洛芬等镇痛药止痛。

2. 术后护理　脓肿形成后，协助医师进行脓肿切开引流术，术后保持引流通畅，注意观察引流液的量和性质，注意有无乳瘘发生，并及时更换切口敷料。

3. 健康教育　做好妊娠期及哺乳期妇女乳房保健知识的宣教工作，是预防急性乳腺炎的关键措施。

（1）避免乳汁淤积

1）纠正乳头内陷：乳头内陷者，在妊娠期和哺乳期应每日挤捏、提拉乳头，或用吸乳器吸引，使乳头外突。

2）养成良好的哺乳习惯：应定时哺乳。每次哺乳时，应让婴儿将乳汁吸净，如有乳汁淤积，应及时用吸乳器吸净或通过手法按摩将剩余乳汁排出。

（2）防止细菌入侵

1）预防乳头、乳晕破损或皲裂：妊娠后期（尤其是初产妇）应每日用肥皂水或温水擦洗乳头和乳晕，并用手指按摩和70%乙醇棉球擦拭，使乳头和乳晕表皮坚韧，婴儿吮吸时不易发生破损。孕期与产后应经常更换内衣，尤其是被乳汁浸渍的内衣变硬，很容易擦伤乳头，需及时更换。

2）处理乳头、乳晕破损或皲裂：乳头、乳晕破损或皲裂者，应暂停哺乳，改用吸乳器吸出乳汁哺乳婴儿；局部用温水清洗后涂以抗生素软膏，待愈合后再哺乳；症状严重时，应及时诊治。

3）保持乳头和乳晕清洁：孕期经常清洗两侧乳头，妊娠后期每日清洗1次。产后每次哺乳前、后均需清洁乳头，以保持局部清洁与干燥。

4）注意婴儿口腔卫生，避免婴儿养成含着乳头睡觉的不良习惯。婴儿口腔有炎症时，要及时治疗。

 考点提示

急性乳腺炎的预防措施。

【护理评价】

1. 患者疼痛是否减轻。
2. 患者体温是否恢复正常。
3. 患者焦虑是否缓解或消除，情绪是否稳定。
4. 患者是否正确掌握围产期乳房保健的知识。

第二节 乳房良性疾病患者的护理

一、乳腺囊性增生病患者的护理

乳腺囊性增生病（breast cystic hyperplasia）也称乳腺病，又称乳腺小叶增生症、乳腺纤维囊性病等，是女性的多发病，常见于中年妇女。乳腺组织的良性增生可发生于腺管周围并伴有大小不等的囊肿形成，或腺管内表现为不同程度的乳头状增生，伴输乳管囊性扩张，也有发生于小叶实质者，主要为输乳管及腺泡上皮增生。

【护理评估】

1. 健康史 本病与内分泌失调有关，主要为雌激素、孕激素比例失调，雌激素分泌增多，使乳腺实质增生过度和复旧不全。其次为部分乳腺实质成分中女性激素受体的质和量异常，使乳房各部分的增生程度参差不齐。

2. 身体状况

（1）症状：主要表现为一侧或双侧乳房胀痛和肿块，部分患者具有周期性，乳房胀痛往往于月经前明显，月经后减轻，严重者整个月经周期乳房都有疼痛。

（2）体征：体格检查发现一侧或双侧乳房内可有大小不一、质韧的单个或多个结节，可有触痛，与周围分界不清，无皮肤粘连，也可表现为弥漫性增厚。少数患者可有乳头溢液，呈浆液性或浆液血性液体。

3. 心理-社会状况　由于周期性乳房疼痛、大小不等的乳房肿块、担心恶变等原因，患者可表现出精神紧张、恐惧或焦虑等。

4. 辅助检查　乳腺钼靶X线摄片、超声检查和活体组织病理学检查有助于本病的诊断。

5. 治疗原则

（1）非手术治疗：主要是对症治疗和定期观察。可用中药调理，如口服中药逍遥散3～9g，每日3次。症状较重的患者可用他莫昔芬治疗。对局限性乳腺囊性增生病，应在月经干净后5天内复查，若肿块变软、缩小或消退，可予以观察并继续使用中药治疗。若肿块无明显消退，或在观察过程中局部病灶有恶性病变可疑时，应予切除并作快速冰冻病理学检查。

（2）手术治疗：如病理学检查证实有上皮不典型增生，同时有对侧乳腺癌或有乳腺癌家族史等高危因素，以及年龄大，肿块周围乳腺组织增生也较明显者，可作单纯乳房切除术。

【常见护理诊断/问题】

1. 焦虑　与担心疾病癌变等有关。
2. 疼痛　与乳腺组织增生或手术治疗有关。
3. 知识缺乏　患者缺乏乳腺囊性增生病的相关知识。

【护理目标】

1. 患者焦虑或恐惧减轻，情绪稳定。
2. 患者疼痛减轻或消失。
3. 患者掌握乳腺囊性增生病的相关知识。

【护理措施】

1. 减轻疼痛　①心理护理：向患者解释疼痛发生的原因，消除顾虑，保持心情舒畅。②局部托起：用宽松乳罩托起乳房，可缓解胀痛。③用药护理：遵医嘱服用中药或其他对症治疗药物调理。

2. 健康教育　由于本病的临床表现易与乳腺癌相混淆，且可能与之并存，应嘱患者经常进行乳房自我检查。局限性增生者在月经来潮后1周至10日内复查，每隔2～3个月到医院复诊。有对侧乳腺癌或有乳腺癌家族史者应密切随访，以便及时发现恶变。

二、乳腺纤维腺瘤患者的护理

乳腺纤维腺瘤是常见的乳房良性肿瘤，好发于20～25岁的年轻女性。

【护理评估】

1. 健康史　本病产生的原因是小叶内纤维细胞对雌激素的敏感性异常增高，可能与纤维细胞所含的雌激素受体的量、质的异常有关。雌激素是本病发生的刺激因子，因此纤维腺瘤发生于卵巢功能期。

2. 身体状况　本病的主要表现为乳房肿块，好发于乳房外上象限，约75%为单发，少数属多发。除肿块以外，患者常无明显的自觉症状。肿块增大较缓慢，质韧，似硬橡皮球的弹性感，表面光滑，易于推动。月经周期对肿块的大小并无影响。

3. 心理-社会状况　患者常无明显的自觉症状，多为偶然扪及肿块，由于对本病缺乏认识，担心恶变等原因，患者可表现出精神紧张、恐惧或焦虑等。

4. 辅助检查　乳腺钼靶X线摄片、超声检查、活体组织病理学检查等有助于本病的诊断。

5. 治疗原则　虽然本病发生恶变的可能性小，但有肉瘤变的可能，故手术切除是治疗纤维腺瘤唯一有效的方法。由于妊娠可使纤维腺瘤增大，所以在妊娠前或妊娠后发现的纤维腺瘤一般都应手术切除，肿块常规做病理学检查。

【常见护理诊断/问题】

1. 疼痛　与手术治疗有关。
2. 焦虑、恐惧　与担心恶性变、恐惧手术、担心预后不良有关。
3. 知识缺乏　患者缺乏乳腺纤维腺瘤的基本知识。

【护理目标】

1. 患者疼痛缓解。
2. 患者焦虑或恐惧减轻，情绪稳定。
3. 患者掌握乳腺纤维腺瘤的相关知识。

【护理措施】

1. 心理护理　告知患者乳腺纤维腺瘤的病因和治疗方法，让患者保持良好的心态。
2. 伤口护理　行肿瘤切除术后，应保持切口敷料清洁、干燥。
3. 健康教育　暂不手术者应密切观察肿块的变化，告知患者如包块明显增大，应及时到医院诊治。

三、导管内乳头状瘤患者的护理

导管内乳头状瘤是发生在输乳管内的良性肿瘤，但有恶变的可能，恶变率为6%～8%。导管内乳头状瘤多见于40～50岁的经产妇。

【护理评估】

1. 健康史　评估患者的年龄、乳头溢液情况。75%病例发生在大输乳管近乳头的壶腹部，瘤体很小，带蒂而有绒毛，且有很多壁薄的血管，故容易出血。发生于中、小输乳管的乳头状瘤常位于乳房周围区域。
2. 身体状况　患者一般无自觉症状，常因乳头溢液污染内衣而引起注意，溢液可为血性暗棕色或黄色液体。一般肿瘤小，常不能触及，偶有较大的肿块。大输乳管乳头状瘤可在乳晕区扪及直径为数毫米的小结节，质软、多呈圆形、可推动，轻压肿块常可从乳头溢出血性液体。
3. 心理-社会状况　由于乳头溢出血性液体、对本病缺乏认识等原因，患者可表现出精神紧张、恐惧或焦虑等。
4. 辅助检查　可行输乳管内镜检查，乳腺导管造影可明确输乳管内肿瘤的大小和部位，也可进行乳头溢液涂片细胞学检查。
5. 治疗原则　输乳管内乳头状瘤一般属于良性，但有恶变的可能，尤其对起源于小输乳管的乳头状瘤，应警惕其恶变的可能。故诊断明确者以手术为主，对单发的输乳管内乳头状瘤，应切除病变的输乳管，常规进行病理学检查；如有恶变，应酌情施行相应手术，对年龄较大、输乳管上皮增生活跃或有明确乳腺癌家族史的患者，可行预防性单纯乳房切除术。

【常见护理诊断/问题】

1. 焦虑、恐惧　与乳头溢液，患者缺乏输乳管内乳头状瘤疾病相关知识有关。
2. 疼痛　与手术治疗有关。

【护理目标】

1. 患者焦虑或恐惧减轻，情绪稳定。
2. 患者疼痛缓解。

【护理措施】
1. 心理护理　告知患者输乳管内乳头状瘤的病因、手术治疗的必要性,解除患者的思想顾虑。
2. 切口护理　术后应保持切口敷料清洁、干燥。
3. 健康教育　嘱患者定期到医院复查。

第三节　乳腺癌患者的护理

案例 13-2

患者,女性,45岁,因发现右乳房肿物半个月余入院。半个月前,患者洗澡时偶然发现右乳房肿物,无压痛、发热等伴随症状,月经正常。体格检查:T 36.8℃,P 73次/分,R 18次/分,BP 122/78 mmHg。右乳房外上象限可扪及 2 cm×2 cm×1.5 cm 大小的肿块,质硬,无压痛,表面不光滑,边界不清楚,活动度差。右腋下可扪及直径约 1.5 cm×1.5 cm 的淋巴结。

问题与思考:
1. 该患者可能的疾病诊断及诊断依据是什么?
2. 为了明确诊断,还需进一步做哪些检查?
3. 若需手术治疗,如何指导患者进行患侧肢体的功能锻炼?

乳腺癌是女性较常见的恶性肿瘤之一。在我国,2020年有近42万女性被诊断为乳腺癌,且发病率呈逐年上升趋势,尤其是在东部沿海地区和经济发达的大城市,其发病率增加尤其显著,占女性恶性肿瘤之首位。

知识链接

粉红丝带的由来和意义

粉红丝带作为全球乳腺癌防治活动的公认标志,用于宣传早预防、早发现、早治疗的信息。世界各国政府也将每年的10月定为"乳腺癌防治月"。在中国,粉红丝带组委会拥有《粉红丝带标识》和《粉红丝带活动标识》国家知识产权。这个标志提醒人们"早预防、早发现、早治疗乳腺癌",被全国各地开展粉红丝带活动的单位和组织广泛使用和推广,号召人们关注胸部健康,关爱女性,关爱生命。

【病因及病理生理】
1. 病因　乳腺癌的病因尚未明确。目前认为与下列因素有关。
(1) 激素作用:乳腺是多种内分泌激素的靶器官,如雌激素、孕激素及泌乳素,其中雌酮及雌二醇与乳腺癌的发病有直接关系。20岁前本病较少见,20岁以后发病率逐渐上升,45~50岁较高。绝经后发病率继续上升,可能与年老者雌酮含量增加有关。
(2) 家族史:一级亲属(如母亲或姐妹)中有乳腺癌病史者,其发病危险性比普通人群高2~3倍。
(3) 月经史及婚育史:月经初潮早于12岁、绝经晚于52岁、未婚、无育、晚生育以及分娩后未哺乳者,其发病率明显增加。
(4) 乳腺良性疾病:与乳腺癌的关系尚有争论,多数认为乳腺小叶有上皮高度增生或不典型增生可能与本病的发生有关。

（5）饮食与营养：营养过剩、肥胖和高脂饮食可增加发病机会。

（6）环境和生活方式：环境因素及生活方式与乳腺癌的发病有一定关系，如北美、北欧地区乳腺癌发病率约为亚洲、非洲、拉美地区的4倍，而低发地区居民移居到高发地区后，第二、三代移民的发病率逐渐升高。与西方国家相比，我国乳腺癌的发病年龄更小。

2. 病理生理

（1）病理类型：乳腺癌多数起源于输乳管上皮，少数起源于腺泡，有多种分型方法，目前国内多采用以下病理分型。

1）非浸润性癌：此型属早期，预后较好。①导管内癌（癌细胞未突破导管壁基底膜）；②小叶原位癌（癌细胞未突破末梢输乳管或腺泡基底膜）；③乳头湿疹样乳腺癌（伴发浸润性癌者不在此列）。

2）浸润性特殊癌：此型分化程度一般较高，预后尚好，包括乳头状癌、髓样癌（伴大量淋巴细胞浸润）、小管癌（高分化腺癌）、腺样囊性癌、黏液腺癌、顶泌汗腺样癌及鳞状细胞癌等。

3）浸润性非特殊癌：包括浸润性小叶癌、浸润性导管癌、硬癌、髓样癌（无大量淋巴细胞浸润）、单纯癌及腺癌等。此型一般分化程度低，预后较上述类型差，且是乳腺癌中最常见的类型，占80%，但判断预后尚需结合疾病分期等因素。

4）其他罕见癌：如炎性乳腺癌。

（2）转移途径

1）局部浸润：癌细胞沿导管或筋膜间隙蔓延，继而侵及乳腺导管、Cooper韧带、皮肤、胸筋膜、胸肌等周围组织。

2）淋巴转移：是乳腺癌最常见的转移途径。癌细胞可经乳房淋巴各输出途径转移，以同侧腋窝淋巴结转移最多见。①癌细胞经胸大肌外侧缘淋巴管侵入同侧腋窝淋巴结，然后侵入锁骨下淋巴结，至锁骨上淋巴结，进而可经胸导管（左）或右淋巴管侵入静脉血流而向远处转移。②癌细胞经内侧淋巴管侵入胸骨旁淋巴结，继而到达锁骨上淋巴结，进而可经胸导管（左）或右淋巴管侵入静脉血流而向远处转移。

3）血运转移：研究发现，有些早期乳腺癌已有血运转移，癌细胞可经淋巴途径进入静脉，也可直接侵入血液循环而导致远处转移。最常见的远处转移依次为骨、肺、肝、脑等。在骨转移中，则依次为椎骨、骨盆和股骨等。

（3）临床分期：临床目前多采用国际抗癌协会建议的T（原发癌瘤）N（区域淋巴结）M（远处转移）分期法，将乳腺癌分为0～Ⅳ期，有助于进一步评估病变的进展程度、选择合理的治疗方法和判断预后。

知识链接

乳腺癌临床分期

乳腺癌分期方法很多，目前多采用国际抗癌协会（UICC）提出的TNM分期法，将乳腺癌分为0～Ⅳ期：

0期：$T_{is}N_0M_0$

Ⅰ期：$T_1N_0M_0$

Ⅱ期：$T_{0\sim1}N_1M_0$，$T_2N_{0\sim1}M_0$，$T_3N_0M_0$

Ⅲ期：$T_{0\sim2}N_2M_0$，$T_3N_{1\sim2}M_0$，T_4任何NM_0，任何TN_3M_0

Ⅳ期：包括M_1的任何TN

以上分期以临床检查为依据，同时还应结合术后病理学检查结果进行校正。

【护理评估】

1. 健康史　了解患者的月经史、婚育史、哺乳史、既往史、饮食习惯、生活环境等；有无服用避孕药、雌激素等用药史；有无乳房良性疾病、乳腺癌病史及乳腺癌家族史；有无胸部多次、大剂量接受放射线照射史等。

2. 身体状况

（1）症状：乳腺癌早期，患者常无明显的临床症状，或仅有轻微的乳房疼痛，性质多为钝痛或隐痛，少数为针刺样痛，常呈间歇性且局限于病变处，疼痛不随月经周期而变化。至晚期癌肿侵犯神经时，则疼痛较剧烈，可放射到同侧肩、臂部。

（2）体征

1）乳房肿块：是乳腺癌最常见、最主要的表现，好发于乳房外上象限，其次是乳晕区及内上象限。早期表现为患侧乳房出现无痛性、单发的小肿块，常无自觉症状，患者多在洗澡或更衣时无意中发现，或自我检查时发现，肿块质硬，表面不光滑，外形不规则，与周围组织分界不清，在乳房内不易被推动。晚期，癌肿可侵入胸筋膜和胸肌，使肿块固定于胸壁而不易推动。

2）乳房外形改变：随着肿瘤增大，可引起乳房局部隆起。若癌肿累及乳房 Cooper 韧带，可使其短缩而使癌肿表面皮肤凹陷，即乳房"酒窝征"。邻近乳头、乳晕的癌肿因侵及输乳管使之缩短，可将乳头牵向癌肿一侧，进而可使乳头扁平、回缩、凹陷。若皮下淋巴管被癌细胞堵塞，引起淋巴回流障碍，出现真皮水肿，乳房皮肤呈"橘皮样"改变。若癌细胞侵入大片乳房皮肤，可出现多个坚硬小结节或条索，呈卫星样围绕原发病灶，称为"卫星结节"。若结节彼此融合，弥漫成片，可延伸至背部和对侧胸壁，使胸壁紧缩呈铠甲状，影响患者呼吸，称为铠甲胸。有时癌肿处皮肤可溃破而形成溃疡，这种溃疡常有恶臭，容易出血。

3）乳头溢液：少数患者出现乳头溢液，多为血性液体。

4）淋巴结肿大：患侧腋窝淋巴结转移最为常见，早期表现为少数散在、肿大的淋巴结，质硬、无痛、可推动。以后数目增多，并融合成团，甚至与皮肤或深部组织粘连，不易推动，甚或固定。晚期可有锁骨上淋巴结肿大等。

5）压迫及转移表现：若癌细胞堵塞腋窝主要淋巴管，则可引起患侧上肢淋巴水肿；当累及腋窝神经丛时，患侧上肢可出现麻木或疼痛；肿大的淋巴结压迫腋静脉时，可发生患侧上肢青紫、水肿等。癌肿肺转移时，可出现胸痛、气短、呼吸困难等；骨转移可出现局部疼痛、病理性骨折；肝转移可出现肝大、黄疸等。

> **考点提示**
>
> 乳腺癌早期临床表现。

（3）特殊类型乳腺癌

1）炎性乳腺癌（inflammatory carcinoma of the breast）：发病率较低，以年轻女性多见。表现为患侧乳房皮肤发红、水肿、增厚、粗糙、表面温度升高等，症状与急性炎症相似，无明显肿块。病变开始比较局限，短期内即扩展到乳房大部分皮肤，常可累及对侧乳房。本病恶性程度高，发展迅速，早期即转移，预后极差，患者常在发病后数月内死亡。

2）乳头湿疹样乳腺癌（Paget carcinoma of the breast）：少见。早期乳头有瘙痒、烧灼感，之后出现乳头和乳晕皮肤发红、糜烂，如湿疹样，进而形成溃疡；有时覆盖黄褐色鳞屑样痂皮，病变部位变硬。部分患者可在乳晕区扪及肿块。本病恶性程度较低，发展慢，腋窝淋巴结转移较晚。

3. 心理-社会状况 乳腺癌患者除了担忧癌症的不良预后外，还会担心手术及手术可能导致的并发症、乳房切除后身体外观的改变等，故患者常出现焦虑、恐惧、甚至绝望等心理反应。

4. 辅助检查

（1）钼靶X线片：可作为乳腺癌的普查方法，是早期发现乳腺癌的最有效方法。乳腺癌肿块呈密度增高的肿块影，边界不规则或模糊，或呈毛刺状、蟹状改变，肿块内可见细小钙化点。

（2）B型超声检查：能显示乳房各层软组织结构及肿块的形态和质地，主要用于鉴别囊性或实性病灶。结合彩色多普勒检查观察血液供应情况，可提高判断的敏感性，为肿瘤的定性诊断提供依据。

（3）磁共振成像（MRI）：软组织分辨率高，敏感性高于X线检查，现已广泛应用于乳腺癌的早期诊断。

（4）病理学检查：是确诊乳腺癌最可靠的检查方法。①细胞学检查：目前常用细针穿刺细胞学检查，多数病例可获得较肯定的诊断，但有一定的局限性。乳头溢液而未触及肿块者，可行乳腺导管内镜检查或输乳管造影，也可行乳头溢液涂片细胞学检查。乳头糜烂疑为湿疹样乳腺癌时，可做乳头糜烂部刮片或印片细胞学检查。②活体组织检查：疑为乳腺癌者，可将肿块连同周围少许正常组织整块切除，进行病理学检查，是确诊的最可靠方法。近年来，结合超声、钼靶X线片、磁共振成像等进行立体定位空心针穿刺活体组织检查在临床上应用逐渐增多，此法具有定位准确、取材量多、阳性率高等特点。

5. 治疗原则 以手术治疗为主，辅以化学药物治疗、内分泌治疗、放射治疗、生物治疗等综合治疗措施。

（1）手术治疗：手术方式的选择应结合患者的意愿，根据病理分型、疾病分期及辅助治疗的条件综合确定。手术应以提高生存率为首要，其次再考虑外观及功能。对病灶仍局限于局部及区域淋巴结的患者，手术治疗是首选。手术适应证为TNM分期的0期、Ⅰ期、Ⅱ期和部分Ⅲ期患者。若已有远处转移、全身情况差、主要脏器有严重疾病、年老体弱不能耐受手术者，则不适宜手术治疗。目前应用的治疗性手术有以下5种手术方式。

1）乳腺癌根治术：手术切除范围包括整个乳房、胸大肌、胸小肌、腋窝及锁骨下淋巴结及脂肪组织等。

2）乳腺癌扩大根治术：在乳腺癌根治术的基础上行胸廓内动、静脉及其周围淋巴结（即胸骨旁淋巴结）清除术。

3）乳腺癌改良根治术：有两种术式。一种是保留胸大肌，切除胸小肌；另一种是保留胸大肌、胸小肌。该术式适用于Ⅰ期、Ⅱ期乳腺癌患者，与乳腺癌根治术的术后生存率无明显差异，且该术式保留了胸肌，术后外观效果较好，目前已成为常用的手术方式。

4）全乳房切除术：手术切除整个乳房，包括腋尾部及胸大肌筋膜，适用于原位癌、微小癌及年迈体弱不宜做根治术者。

5）保留乳房的乳腺癌切除术：手术完整切除肿块及其周围1 cm的组织，并行腋窝淋巴结清扫。本术式适用于Ⅰ期、Ⅱ期乳腺癌患者，且乳房有适当体积，术后能保持外观效果者。术后必须辅以放射治疗、化学治疗等。

（2）化学治疗：浸润性乳腺癌伴淋巴转移是应用辅助化学治疗的指征，对腋窝淋巴结阴性者是否应用辅助化学治疗尚有不同意见。常用的化学治疗方案有CAF方案（环磷酰胺、多柔比星、氟尿嘧啶），还有CMF方案（环磷酰胺、甲氨蝶呤、氟尿嘧啶）等，可在术前或术后进行。

（3）放射治疗：是乳腺癌局部治疗的方法之一，术前、术后均可采用。术前照射主要用于病灶较大、有皮肤水肿者，可使局部肿瘤缩小、水肿消退，从而提高手术切除率；在保留乳房的乳腺癌手术后，应给予较高剂量放射治疗，可以减少局部复发，单纯乳房切除术后，可根据患者的年龄、疾病分期及分类等情况决定是否进行放射治疗。

（4）内分泌治疗：选择辅助治疗方案时，雌激素受体（ER）和孕激素受体（PgR）阳性的患者优先应用内分泌治疗，受体阴性者优先应用化学治疗。内分泌治疗常用药物为他莫昔芬和芳香化酶抑制剂（如来曲唑），芳香化酶抑制剂适用于受体阳性的绝经后妇女。

（5）生物治疗：目前临床已推广使用曲妥珠单抗注射液，对人类表皮生长因子2（HER2）过度表达的乳腺癌患者有一定的治疗效果。

（6）靶向治疗：针对癌细胞特有的靶点进行精准治疗。比如HER-2阳性的乳腺癌患者，可使用曲妥珠单抗、帕妥珠单抗等药物。

（7）免疫治疗：通过激活自身免疫系统来识别和杀伤癌细胞。部分晚期乳腺癌患者适用，药物如帕博利珠单抗等。肿瘤浸润淋巴细胞（TIL）疗法：通过增强患者自身免疫细胞来攻击肿瘤。

（8）精准医疗：①液体活检：通过血液检测循环肿瘤DNA（ctDNA），实时监测肿瘤基因变化，指导个性化治疗。②多基因检测：如Oncotype DX、MammaPrint等，帮助评估复发风险和治疗方案。

【常见护理诊断/问题】

1. 焦虑、恐惧　与手术危险、乳房外形改变、癌症治疗的预后等因素有关。
2. 肢体活动障碍　与患侧手术瘢痕牵拉导致手臂活动受限有关。
3. 自我形象紊乱　与乳腺癌切除术造成乳房缺失有关。
4. 知识缺乏　患者缺乏乳腺癌疾病相关知识及术后患肢功能锻炼的知识。
5. 潜在并发症：患侧上肢水肿、皮下积液、皮瓣坏死。

【护理目标】

1. 患者焦虑或恐惧减轻，情绪稳定。
2. 因手术给患者造成的疼痛减轻。
3. 患者能正确地进行术后康复锻炼。
4. 患者了解乳腺癌疾病的相关知识。
5. 患者未发生并发症或并发症发生后被及时发现和处理。

【护理措施】

1. 术前护理

（1）心理护理：乳腺癌患者面对恶性肿瘤对生命的威胁、不确定的疾病预后，以及乳房缺失导致外形受损、各种复杂而痛苦的治疗（手术、放射治疗、化学治疗等）、担心婚姻生活可能受到影响等，可能产生多种不良心理反应。护士应多关心和了解患者，鼓励患者表达对疾病和手术的顾虑与担心，有针对性地进行心理护理。向患者及其家属解释手术治疗的必要性和重要性，告知术前、术后注意事项，可以请曾接受过类似手术且已痊愈的患者现身说教，以解除患者的顾虑；可告知患者乳房重建手术可以弥补乳房切除后形体外观的改变，提高患者的生活质量；对于已婚患者，应同时对其丈夫进行心理辅导，鼓励夫妻双方坦诚相待，取得丈夫的理解、支持，并能逐渐接受妻子手术后身体形象的改变。

（2）终止妊娠或哺乳：妊娠期或哺乳期发生乳腺癌的患者，应立即终止妊娠或哺乳，以免激素作用而加快病情发展。

（3）加强营养支持：指导并鼓励患者进食高热量、高蛋白、富含维生素和膳食纤维的饮食，必要时给予肠外营养支持。改善患者的营养状况，为手术后创面的愈合创造有利条件。

（4）术前常规准备：做好术前常规准备工作和常规检查，并按手术范围准备皮肤，范围要足够大。对于手术范围大、需要植皮的患者，同时做好供皮区（如腹部或同侧大腿区）的准备。若患者已有癌性溃疡，术前3日开始每日换药2次，并用70%乙醇消毒溃疡周围皮肤。

2. 术后护理

（1）病情观察：密切观察患者生命体征的变化，注意有无休克发生。观察切口有无敷料渗血、渗液情况，并予以记录。乳腺癌扩大根治术因有损伤胸膜的可能，应密切观察呼吸变化，若患者出现胸闷、呼吸困难等表现，应及时报告医师，并协助医师处理。注意观察手术侧上肢远端的血液循环情况，有无腋窝血管受压的情况。

（2）体位：术后待麻醉清醒、血压平稳后取半卧位，以利于呼吸和引流。

（3）饮食：术后6小时无恶心、呕吐等麻醉反应者，即可进流质饮食，以后逐渐过渡到普食。应注意加强营养，以促进切口愈合。

（4）切口护理

1）妥善包扎、固定皮瓣：手术部位常覆盖多层敷料、棉垫，并用弹性绷带或胸带加压包扎，敷料外放置沙袋加压，使皮瓣紧贴胸壁，防止皮下积液、积气。包扎松紧度以能容纳一手指、能维持正常血运、呼吸无压迫感为宜。加压包扎一般维持7～10天，告知患者包扎期间不能自行松解绷带，瘙痒时不能将手指伸入敷料下搔抓。若有绷带松脱、滑动，应及时重新加压包扎。若患者出现手指发麻、皮温下降、皮肤发绀、动脉搏动不能扪及，提示腋窝血管受压，应及时调整绷带的松紧度。

2）观察皮瓣血液循环：注意观察皮瓣颜色及创面愈合情况，正常皮瓣颜色红润，紧贴胸壁，温度较健侧略低；若皮瓣颜色暗红或皮瓣下出现积气、积液，应及时报告医师处理。

（5）引流管的护理：乳腺癌根治术后，皮瓣下常规放置引流管并接负压引流，使皮瓣紧贴胸壁，并及时、有效地引流出皮瓣下的积液、积血、积气，避免坏死、感染，有利于皮瓣愈合。护理时，应注意以下几点。

1）保持有效的负压引流：负压吸引的压力大小要适宜。若负压过高，可致使引流管腔塌陷，导致引流不畅；若负压过低，则不能充分引流，易导致皮下积液、积血、积气等。

2）妥善固定：引流管长度要适宜，患者卧床时将其固定于床旁，起床时固定于上衣，以防止滑脱。

3）保持引流通畅：经常检查引流管，注意有无扭曲、受压、血块堵塞，保持引流通畅。应定时挤压引流管，防止引流管堵塞。若有局部积液、皮瓣不能紧贴胸壁且有波动感，应报告医师及时处理。

4）观察引流液：观察并记录引流液的颜色、量、性状，注意有无活动性出血。一般术后1～2日，每日引流血性液50～200ml，以后引流液颜色逐渐变淡，量逐渐减少。

5）拔管：术后4～5天，若引流液转为淡黄色、每日引流量少于10～15ml，皮瓣与胸壁紧贴，皮下无积液，即可拔管。若拔管后仍有皮下积液，可在严格无菌消毒后抽液并局部加压包扎。

（6）术后并发症的防治及护理

1）皮瓣下积液：较为常见。术后应特别注意保持引流通畅，包扎松紧度适宜，避免过早外展术侧上肢。若发现皮瓣下积液，应在无菌操作下及时穿刺抽吸或引流排出，并局部加压包扎，同时应用抗生素防治感染。

2）皮瓣坏死：皮瓣缝合张力大是皮瓣坏死的主要原因。术后应注意密切观察创面，加压包扎勿过紧，及时处理皮瓣下积液。若发现皮瓣边缘发黑、坏死，应予以剪除，待其自行愈合，或待肉芽生长良好后再植皮。

3）患侧上肢肿胀：为患侧腋窝淋巴结切除、头静脉被结扎、腋静脉栓塞、腋部积液或感染等因素导致患侧上肢淋巴回流不畅、静脉回流障碍所致。护理措施如下。①避免损伤：禁止在患侧上肢测血压、抽血、做静脉注射或皮下注射等，避免患肢过度负重和外伤。②保护患侧上肢：平卧时患肢垫枕抬高10°～15°，肘关节轻度屈曲；半卧位时屈肘90°放于胸腹部；下床活动时用吊带托起或用健侧手将患肢抬高于胸前。③促进肿胀消退：按摩患侧上肢或进行握拳和屈伸肘关节运动，以促进淋巴回流；肿胀严重者，用弹性绷带包扎或戴弹力袖；局部感染者，及时应用抗生素治疗。

（7）患侧上肢功能锻炼：由于手术切除了胸部肌肉、筋膜和皮肤，使患侧肩关节活动明显受限制。术后加强肩关节活动可增强肌肉力量，松解和预防粘连，最大限度地恢复肩关节的活动范围。为减少和避免术后残疾，鼓励和协助患者早期开始患侧上肢的功能锻炼。

1）术后24小时内：活动手指和腕部，可作伸指、握拳、屈腕等锻炼。

2）术后1～3日：进行上肢肌肉等长收缩练习，利用肌肉泵促进血液和淋巴回流；可用健侧上肢或他人协助患侧上肢进行屈肘、伸臂等锻炼，逐渐过渡到肩关节的小范围前屈、后伸运动（前屈小于30°，后伸小于15°）。

3）术后4～7日：鼓励患者用患侧手洗脸、刷牙、进食等，并做以患侧手触摸对侧肩部及同侧耳的锻炼。

4）术后1～2周：术后1周皮瓣基本愈合后，开始做肩关节活动，以肩部为中心，前后摆臂。术后10日左右皮瓣与胸壁黏附已较牢固，循序渐进地做抬高患侧上肢（将患侧肘关节伸屈、手掌置于对侧肩部，直至患侧肘关节与肩平）、手指爬墙（每日标记高度，逐渐递增，直至患侧手指能高举过头）、梳头（以患侧手越过头顶梳对侧头发、摸对侧耳）等锻炼。指导患者做患肢功能锻炼时，应根据患者的实际情况而定，一般以每日3～4次、每次20～30分钟为宜；循序渐进，逐渐增加功能锻炼的内容。术后7日内不上举，10日内不外展肩关节；不要以患侧肢体支撑身体，以防皮瓣移动而影响愈合。

考点提示

乳腺癌患者术后患侧上肢的功能锻炼。

---

3. 健康教育

（1）康复锻炼：指导患者做患肢循序渐进的康复锻炼，避免术侧上肢外伤，不宜搬动、提拉重物，避免在患侧上肢测血压、静脉穿刺等。

（2）避免妊娠：术后5年内避孕，以防止乳腺癌复发。

（3）饮食与活动：加强营养，增强机体抵抗力。多进食高蛋白、富含维生素、高热量、低脂肪的食物，近期避免患侧上肢重体力劳动，继续进行功能锻炼。

（4）坚持治疗：遵医嘱坚持化学治疗、放射治疗或内分泌治疗。化学治疗、放射治疗期间定期检查肝功能、肾功能、血白细胞计数，若白细胞计数$<3\times10^9/L$，需及时就诊，放射治疗、化学治疗期间因抵抗力低，应少到公共场所，以减少感染的机会。放射治疗期间注意保护皮肤，如出现放射性皮炎，应及时就诊。内分泌治疗持续时间长，服药期间可出现胃肠道反应、月经失调、闭经、潮热、阴道干燥、骨质疏松和关节疼痛等不良反应。告诉患者坚持服药的重要性，并积极预防和处理不良反应，以提高服药的依从性。

（5）定期复查：告知患者复查的时间、应带资料以及复查的注意事项。若不到复查时间出现不适症状，也需及时就诊。

（6）乳房定期自我检查：有助于及早发现乳房病变，因此20岁以上的女性，特别是高危人群，每个月进行1次乳房自我检查。术后患者也应每个月自查1次，以便早期发现复发征象。检查时间最好选在月经周期的第7~10日，或月经结束后2~3日，已经绝经的女性应选择每个月固定的一天检查。40岁以上女性或乳腺癌术后患者每年还应行钼靶X线检查。乳房自我检查方法如图13-3所示。

1）视诊：站在镜前两臂放松，垂于身体两侧，向前弯腰或双手上举置于头后，观察双侧乳房的大小和外形是否对称；有无局限性隆起、乳头回缩或抬高、乳头凹陷或皮肤橘皮样改变等。

2）触诊：患者取平卧位或侧卧位，肩下垫软薄枕，或将手臂置于头下进行触诊。一侧手的示指、中指和无名指并拢，用指腹在对侧乳房上进行环形触摸，要有一定的压力。从乳房外上象限开始检查，依次为外上象限、外下象限、内下象限、内上象限，然后检查乳头、乳晕，最后检查腋窝有无肿块，乳头有无溢液。若发现肿块和乳头溢液，及时到医院做进一步检查。

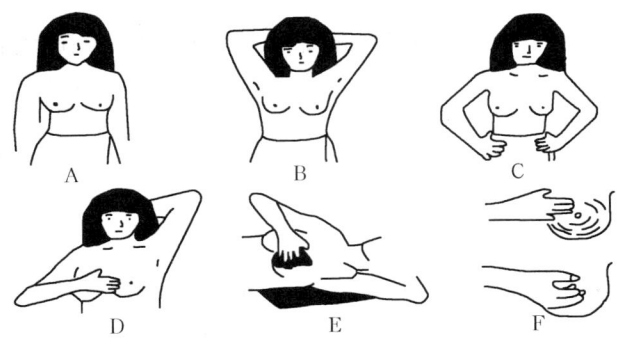

图13-3　乳房自我检查方法
A. 两臂垂于身体两侧视诊；B. 双手放于头后视诊；C. 向前弯腰，双手于腰间视诊；
D. 平卧位触诊；E. 侧卧位触诊；F. 检查乳头、乳晕

【护理评价】
1. 患者焦虑、恐惧缓解，情绪稳定，能够接受手术所致的乳房外形改变，并采取措施改变。
2. 手术创面愈合良好，患侧肢体肿胀减轻或消失。
3. 患者掌握患肢功能锻炼的方法。
4. 患者术后未发生并发症，或并发症发生后被及时发现和处理。

自 测 题

选择题

1. 产妇临产前担心发生乳腺炎，护士向她宣传，下列内容不妥的是
   A. 防止乳头破损　　　　B. 矫正乳头内陷　　　　C. 防止乳汁淤积
   D. 保持乳头清洁，防止细菌侵入　　　　　　　　E. 产后应用抗生素
2. 乳房脓肿的确诊依据是
   A. 搏动性疼痛　　　　B. 穿刺抽出脓液　　　　C. 寒战、高热
   D. 有波动感　　　　　E. 白细胞计数升高
3. 急性乳腺炎最重要的病因是
   A. 乳汁淤积　　　　B. 卵巢内分泌功能失调　　　　C. 雌激素分泌增加
   D. 性激素的改变与紊乱　　　　E. 雄激素分泌增加

4. 急性乳腺炎早期治疗和护理，错误的是
   A. 积极排除乳汁　　　B. 应用抗生素　　　C. 切开引流
   D. 局部热敷　　　　　E. 局部理疗
5. 下列与乳腺癌发生无关的因素是
   A. 性激素改变　　　　B. 遗传因素　　　　C. 饮食习惯
   D. 乳房感染　　　　　E. 乳腺小叶不典型增生
6. 乳腺癌患者的乳房"橘皮样"皮肤改变是由于
   A. 淋巴管堵塞　　　　B. 静脉堵塞　　　　C. 动脉堵塞
   D. 输乳管堵塞　　　　E. Cooper 韧带受侵
7. 乳腺癌最早的临床表现为
   A. 乳头内陷
   B. 无痛单发乳房内小肿块，质硬
   C. 乳腺疼痛
   D. 乳房橘皮样外观
   E. 乳房红肿
8. 患者，女性，27 岁，左乳房肿块 3 年，近 2 个月生长速度较快，无痛。体格检查：左乳房外上象限肿块，大小为 3 cm×3 cm×4 cm，可推动，质地中等，边界清楚，可能的疾病是
   A. 乳腺癌　　　　　　B. 乳房结核　　　　C. 乳房囊性增生病
   D. 输乳管内乳头状瘤　E. 乳房纤维腺瘤
9. 患者，女性，26 岁，1 个月前顺产一男婴，乳房肿痛，体温 39℃，患侧腋窝淋巴结肿大，压痛，应诊断为
   A. 乳腺癌　　　　　　B. 急性乳腺炎　　　C. 乳房肿块
   D. 乳房纤维腺瘤　　　E. 输乳管内乳头状瘤
10. 患者，女性，产后 4 周，体温升高，左侧乳房疼痛，局部红、肿，有波动感，最主要的处理措施是
    A. 全身应用抗生素　　B. 托起患侧乳房　　C. 33% 硫酸镁湿敷
    D. 局部物理疗法　　　E. 及时切开引流
11. 患者，女性，45 岁，乳头无痛性溢血性液体，检查时未触及明确肿块，首先应考虑的是
    A. 乳腺癌　　　　　　B. 乳房纤维腺瘤　　C. 乳房囊性增生病
    D. 输乳管内乳头状瘤　E. 乳房脂肪瘤
12. 患者，女性，32 岁，左侧乳腺癌根治术后第 2 天，左上肢康复训练中，正确的是
    A. 作转绳运动
    B. 作手指爬墙运动
    C. 让患者用左手洗脸、梳头
    D. 下床时用吊带托扶左上肢
    E. 扶住患者左上肢下床活动
13. 王某，女性，右侧乳房内有多个结节状肿块，质韧，边界不清，月经来潮时乳房胀痛，首先考虑的是
    A. 乳腺癌　　　　　　B. 乳房纤维瘤　　　C. 输乳管内乳头状瘤
    D. 乳房囊性增生病　　E. 乳房结核

(14～17题共用题干)

女性，60岁，右乳房外上象限发现肿块1个月，无痛。体格检查：右乳房外上象限触及1个肿物，大小为3 cm×3 cm×2.5 cm，质硬，表面不光滑，活动度小，界限不清，右腋下触及3个孤立的淋巴结，质硬。

14. 初步诊断是
   A. 乳腺癌　　　　　　　B. 输乳管内乳头状瘤　　　C. 乳腺囊性增生病
   D. 乳头纤维腺瘤　　　　E. 炎性乳腺癌

15. 为进一步确诊，进行的下列检查中，不妥的是
   A. X线检查　　　　　　B. 超声检查　　　　　　　C. 红外线扫描
   D. 乳头溢液涂片　　　　E. 血清甲胎蛋白测定

16. 患者如果进行了手术治疗，术后病情平稳，应取的卧位是
   A. 平卧位　　　　　　　B. 侧卧位　　　　　　　　C. 半卧位
   D. 中凹卧位　　　　　　E. 俯卧位

17. 首选的治疗方法是
   A. 放射治疗　　　　　　B. 化学治疗　　　　　　　C. 手术治疗
   D. 免疫治疗　　　　　　E. 中草药疗法

（朱　婷）

第十四章　胸部疾病患者的护理

学习目标

1. 描述胸部损伤、急性脓胸、肺癌、食管癌患者的身体状况评估、护理诊断和护理措施。
2. 比较胸部损伤、急性脓胸、肺癌、食管癌患者的健康史、辅助检查和处理原则。
3. 阐述胸部损伤，急、慢性脓胸的病因及病理生理。
4. 能运用护理程序的方法，对胸部损伤、急性脓胸、食管癌患者进行正确的护理评估，并能拟出常见的护理诊断，实施护理。
5. 能配合医师对胸部外伤患者进行胸腔闭式引流及护理。
6. 热爱外科护理工作，愿为社会传播胸部疾病的预防、治疗、康复等知识，全心全意服务于人类健康事业。

第一节　胸部损伤患者的护理

案例 14-1

王先生，49岁，在工地不慎从高处坠地后出现呼吸困难、发绀、出冷汗，被工友紧急送医院就诊。体格检查：P 115次/分，BP 65/45 mm/Hg，气管向左移位，颈部广泛皮下气肿，右侧胸廓饱满，叩诊呈鼓音，右肺呼吸音消失。

问题与思考：

1. 该患者最可能的诊断是什么？
2. 此时，首选的急救措施是什么？
3. 作为首诊护士，应该对该患者给予哪些方面的人文关怀？

胸部损伤，无论是平时还是战时，都很常见。胸部损伤根据损伤是否造成胸膜腔与外界相通，可分为闭合性损伤和开放性损伤两大类。闭合性损伤多是由于暴力挤压、冲撞或钝器碰击胸部引起，未造成胸膜腔与外界相通。损伤轻者仅有胸壁软组织挫伤和（或）单纯肋骨骨折，重者多造成胸腔内器官或血管的损伤，导致气胸、血胸，甚至心脏挫伤、裂伤，心包腔内出血。开放性损伤是由于各种锐器或战时的火器等穿破胸壁，造成胸膜腔与外界相通。严重者可伤及胸腔内器官和血管，引起血胸、气胸，甚至呼吸、循环功能障碍或衰竭而死亡。同时累及胸、腹部的多发性损伤统称为胸腹联合伤。

知识链接

胸部的解剖生理特点

胸部由胸壁、胸膜和胸腔内各种脏器三部分组成。胸壁由胸椎、胸骨和肋骨构成的骨性胸廓以及附着在外面的肌群、软组织和皮肤构成。骨性胸廓具有支撑、保护胸内器官和参与呼吸的作用。胸膜腔是由包裹肺并深入肺叶间隙的脏层胸膜和遮盖胸壁、膈及纵隔的壁层胸膜相互移行形成的潜在性腔隙。胸膜腔是一个密闭的腔隙,左、右各一,腔内有少量浆液,起润滑作用。正常情况下,胸膜腔呈负压状态,其大小随呼吸而变化,吸气时胸膜腔内压力为 $-8\sim-10\ cmH_2O$,呼气时胸膜腔内压力为 $-3\sim-5\ cmH_2O$。稳定的负压既能维持呼吸正常,又能防止肺萎缩,促进静脉血回流并均衡维持纵隔位置居中。当一侧胸腔积气或积液时,会导致纵隔移位,健侧肺受压,腔静脉回流受到影响。胸骨上窝气管的位置有助于判断纵隔移位。

一、肋骨骨折患者的护理

肋骨骨折在胸部损伤中最为常见,是暴力直接或间接作用于肋骨,导致肋骨的完整性和连续性中断,以第4～7肋骨折多见。

知识链接

第4～7肋为什么容易发生骨折?

人类的肋骨一共有12对,其中第1～3肋粗短,且前方有锁骨、胸肌,后方有肩胛骨保护,不易发生骨折;一旦骨折,说明暴力巨大,常合并锁骨、肩胛骨骨折,颈部血管、神经损伤。第4～7肋长而薄,最容易发生骨折;第8～10肋虽然长,但前端肋软骨形成了肋弓,与胸骨相连,有弹性,不易折断。第11～12肋是浮肋,前端游离,不易发生骨折,若有骨折,应警惕腹内脏器损伤。

【病因及病理生理】

1. 病因

(1)暴力因素:多数肋骨骨折常因外来暴力作用所致。外来暴力分为直接暴力和间接暴力。直接暴力直接作用于肋骨,可使肋骨向内弯曲折断,刺破胸膜腔内脏器而引起血胸、气胸等并发症。间接暴力是指胸部前后受到挤压,使肋骨向外弯曲而骨折,可刺破胸壁皮肤,引起开放性肋骨骨折。

(2)病理因素:部分肋骨骨折见于恶性肿瘤发生肋骨转移或严重骨质疏松者,此类患者可因咳嗽、打喷嚏或病灶处受到轻微外力而发生骨折。

2. 病理生理 根据肋骨断端是否与外界相通,肋骨骨折分为开放性肋骨骨折和闭合性肋骨骨折;根据损伤的程度,肋骨骨折又分为单根单处肋骨骨折、单根多处肋骨骨折、多根单处肋骨骨折和多根多处肋骨骨折。

单根单处肋骨骨折或单根多处肋骨骨折时,其上、下仍有完整的肋骨支撑胸廓,对呼吸功能影响不大。若肋骨尖锐的断端向内移位,可刺破胸膜、肺组织或者肋间血管,引起气胸、血胸、血气胸、皮下气肿、血痰及咯血等。多根多处肋骨骨折后,局部胸壁失去肋骨的支撑而软化,可出现反常呼吸运动(图14-1),即吸气时软化区胸壁内陷,呼气时软化区胸壁向外膨出,称为连枷胸。较大范围的胸壁软化,使得患者在呼吸时双侧胸膜腔产生压力差,纵隔因此随呼吸运动发生左右摆动。反常呼吸和纵隔摆动致使机体严重缺氧和二氧化碳潴留，静脉血液回流受阻，患者可发生严重的呼吸和循环功能障碍。

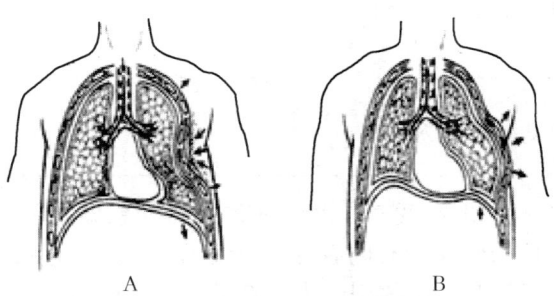

图 14-1　胸壁软化区的反常呼吸运动
A. 吸气；B. 呼气

 考点提示

多根多处肋骨骨折的病理生理。

【护理评估】

1. 健康史　询问及了解患者的年龄、性别、职业、经济状况、社会及文化背景等；有无胸部受伤史，受伤经过与时间、受伤部位、暴力大小，有无胸部手术史、服药史和过敏史等。

2. 身体状况　与肋骨骨折的类型、程度、范围有关。

（1）症状：①胸痛：为肋骨骨折的主要症状，且在深呼吸、咳嗽、变换体位时加剧；②呼吸困难：疼痛和反常呼吸运动限制胸廓活动，患者呼吸变浅，或自觉胸闷和呼吸困难；③咯血：肺有挫伤时，出现咳嗽、咳血性泡沫样痰或咯血；④合并内脏损伤可出现发绀、休克等；⑤继发感染者可出现体温升高。

（2）体征：闭合性肋骨骨折局部胸壁有肿胀、青紫、瘀斑。多根多处肋骨骨折患者可见伤侧胸壁软化和反常呼吸运动现象，局部压痛。胸廓挤压试验阳性，有时可触及骨折的断端、骨擦感等；开放性肋骨骨折，胸壁可见伤口，有时可见外露的骨断端；骨断端刺破壁层胸膜、肋间血管，可出现皮下气肿、气胸或血胸等相应表现。

3. 心理 - 社会状况　一般患者情绪较稳定，当出现反常呼吸、气短，甚至呼吸困难时，患者可出现紧张、烦躁及恐惧的情绪反应。

4. 辅助检查　胸部 X 线检查能显示肋骨骨折的部位、移位、范围，以及有无血胸、气胸等并发症。

5. 治疗原则

（1）闭合性肋骨骨折的处理

1）单根单处肋骨骨折：因有上、下健肋和肋间肌的支撑，骨折常无明显移位，多可自行愈合，重点是镇痛、保持呼吸道通畅、固定胸壁和防止并发症。疼痛症状明显影响休息者，可用多头胸带或弹性胸带固定胸壁；口服或肌内注射镇静药及镇痛药；使用 1% 普鲁卡因 5 ml 在椎骨旁肋间神经处或骨断端处局部注射进行封闭，可迅速止痛，是常用的镇痛措施。

2）多根多处肋骨骨折：由于胸壁软化产生反常呼吸运动，严重影响呼吸和循环功能。治疗的重点是保持呼吸道通畅，控制反常呼吸，改善呼吸和循环功能。软化区胸壁的处理方法：①对于胸壁软化区较小者，局部加压包扎固定即可。②范围较大的胸壁软化区，现场急救的原则是迅速用厚纱布或衣物压迫胸壁软化区，然后加压包扎。③包扎固定不能奏效者，可依病情选择软化区外固定或内固定。④对于咳嗽无力、不能有效排痰或已发生呼吸衰竭者，应行气管插管或气管切开，并进行呼吸机辅助呼吸。

 考点提示

多根多处肋骨骨折的急救处理原则。

（2）开放性肋骨骨折的处理：及时、彻底清创，防治感染。单根单处肋骨骨折去除骨碎片、修整骨断端；多根多处肋骨骨折清创后行肋骨内固定，然后逐层缝合胸壁。如胸膜已经穿破，合并气胸或血胸者，需行胸腔闭式引流术；合并内脏损伤者，行剖胸探查术。术后应用抗生素预防感染。

【常见护理诊断 / 问题】

1. 气体交换受损　与肋骨骨折导致疼痛、胸廓运动受损、反常呼吸运动有关。
2. 急性疼痛　与胸部组织损伤有关。
3. 营养失调：低于机体需要量　与营养物质摄入不足、代谢增加、消耗增加有关。
4. 潜在并发症：肺部和胸腔感染。

【护理目标】

1. 患者呼吸功能改善，无气促、发绀等缺氧征象。
2. 患者疼痛减轻，肋骨骨折处固定良好，无移位或者新的损伤。
3. 患者营养状况逐步恢复正常。
4. 患者没有感染征象、未发生并发症或者并发症发生后已被及时处理。

【护理措施】

1. 非手术治疗的护理及术前护理

（1）维持有效气体交换

1）现场急救：采取紧急措施对危及生命的患者给予急救。对于出现反常呼吸的患者，可用厚棉垫加压包扎，以减轻或消除胸壁的反常呼吸运动，促进患侧肺复张。

2）保持呼吸道通畅：及时清理呼吸道分泌物，鼓励患者咳嗽、排痰、深呼吸等；对气管插管或气管切开，应用呼吸机辅助呼吸者，加强呼吸道护理，包括吸痰和超声雾化吸入，保持呼吸道通畅等。

（2）观察病情：密切观察生命体征、神志、胸腹部活动，以及气促、发绀、呼吸困难等情况，若有异常，及时报告医师并协助处理。

（3）减轻疼痛：遵医嘱行胸带或宽胶布条固定，后者固定时必须由下向上叠瓦式固定，后起健侧脊柱旁，前方越过胸骨；应用镇痛药、镇静药或用 1% 普鲁卡因作肋间神经阻滞；患者咳痰时，协助或指导其用双手按压患侧胸壁，以减轻疼痛。

（4）抗感染：密切观察患者的体温，选择合适的抗生素预防感染。

（5）术前准备：做好术前配血、备皮及术前心理护理等准备工作。

2. 术后护理

（1）病情观察：密切观察生命体征及神志的变化，注意患者的胸部活动情况，及时发现有无发绀、呼吸困难和反常呼吸运动，若有异常，应及时通知医师并协助处理。

（2）预防感染：密切观察体温，若体温超过 38.5℃，应通知医师及时处理。鼓励并协助患者深呼吸、有效咳痰。及时更换创面敷料，保持敷料清洁、干燥和引流管通畅。遵医嘱合理使用抗生素。

3. 健康教育

（1）休息与活动：告知患者肋骨骨折在损伤修复期胸部仍有轻微疼痛，活动不当时疼痛可能会加重，但不影响患侧肩关节的锻炼及活动。骨折完全愈合后，可逐渐加大活动量。

（2）饮食指导：饮食应清淡且富含营养，多食蔬菜、水果，保持排便通畅，多饮水。

（3）随访：遵医嘱按时服药，定期复查，不适随诊。

【护理评价】

1. 患者呼吸功能是否改善，有无气促、发绀等缺氧征象。
2. 患者疼痛是否减轻或消失、肋骨骨折固定是否良好，有无移位或者新的损伤。
3. 患者感染是否得到有效控制，体温是否恢复正常。
4. 患者营养状况是否改善，贫血是否纠正，体重有无增加。

二、损伤性气胸患者的护理

损伤性气胸即胸部损伤后导致胸膜腔内积气。胸部损伤时，空气由胸壁伤口或肺、支气管裂口进入胸膜腔，称为损伤性气胸。有血液并存时，称为血气胸。在胸部损伤中，气胸的发生率仅次于肋骨骨折。根据胸膜腔内压力变化，损伤性气胸分为闭合性气胸、开放性气胸和张力性气胸。

【病因及病理生理】

气胸的形成多由于肺组织、气管、支气管、食管破裂，空气逸入胸膜腔，或因胸壁伤口穿破壁胸膜，外界空气进入胸膜腔所致。

1. 闭合性气胸　指伤后伤口迅速闭合，空气不再进入胸膜腔，多为肋骨骨折的并发症，是肋骨断端刺破肺表面所致。胸膜腔与外界不相通，胸膜腔压力仍低于大气压。肺萎陷在30%以下者称为小量气胸，对呼吸、循环功能影响较小，多无明显症状；肺萎陷超过30%时称为中大量气胸，明显影响呼吸和循环功能。

2. 开放性气胸　胸壁有开放性伤口，呼吸时空气经伤口自由出入胸膜腔，多由刀刃锐器或弹片火器等引起。患者胸膜腔内压力几乎接近大气压，患侧肺完全被压缩，丧失呼吸功能。由于两侧胸膜腔存在压力差，使纵隔明显移向健侧，健侧肺也部分受压。吸气时，健侧胸膜腔负压增大，两侧胸膜腔压力差加大，纵隔进一步移向健侧；呼气时两侧胸膜腔压力差减小，纵隔又移向患侧，但不能回到正常的位置，这种随呼吸纵隔左右摆动的现象称为纵隔摆动或纵隔扑动（图14-2）。患侧胸膜腔压力增大和纵隔扑动使胸膜腔内压升高，静脉血液回流受阻，造成严重的循环功能障碍；同时，患侧肺萎陷和健侧肺受压，影响通气量，患者缺氧症状逐渐加重。

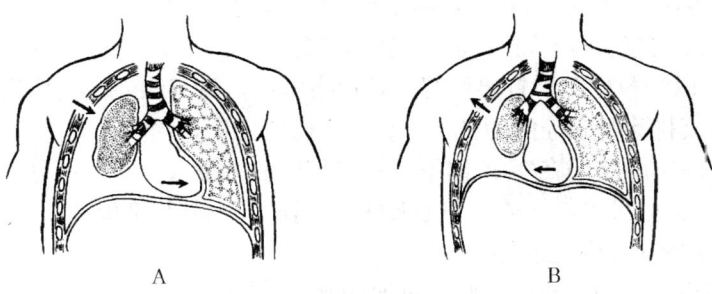

图14-2　开放性气胸的纵隔摆动
A. 吸气；B. 呼气

3. 张力性气胸　又称高压性气胸，是指胸部损伤后局部伤口呈活瓣状，吸气时活瓣开放，气体进入胸膜腔；呼气时活瓣关闭，气体不能排出，胸膜腔内的压力持续增高甚至超过大气压，常见于较大的肺泡破裂、较深的肺组织裂伤或支气管破裂，以及火器、利器造成的胸壁小活瓣式伤口。患侧胸膜腔内的高压使患侧肺严重萎陷，并将纵隔推向健侧，使健侧肺也受压，导致肺通气量和回心血量减少，呼吸和循环功能出现严重障碍。胸膜腔内的高压气体可冲破胸膜顶或纵隔胸膜进入皮下组织或纵隔，形成纵隔气肿或面、颈、胸部的皮下气肿（图14-3）。

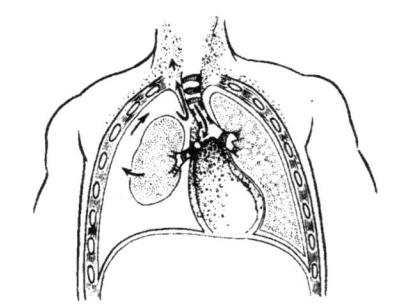

图14-3 张力性气胸和纵隔、皮下气肿

【护理评估】

1. 健康史　询问及了解患者有无胸部受伤史，受伤经过与时间、受伤部位、暴力大小，伤后有无胸闷、气短、咯血等症状及伤后诊治经过等；有无胸部手术史、服药史和过敏史等。

2. 身体状况

（1）闭合性气胸：肺萎陷30%以下者，多无明显症状，称为小量气胸。肺萎陷30%~50%称为中量气胸。大量气胸者，肺萎陷超过50%，可有胸闷、胸痛、气促和呼吸困难，出现明显的缺氧症状等。检查发现气管向健侧移位，伤侧胸部叩诊呈鼓音，听诊呼吸音减弱或消失。

（2）开放性气胸：病情常较重，患者表现为呼吸困难、气促、烦躁不安，严重者出现发绀、休克等。胸部检查可见患侧胸部有伤口，随呼吸有血性气体出入胸膜腔，并可在伤口处听到"嘶嘶"声；患侧胸部叩诊呈鼓音，听诊呼吸音减弱或消失。

（3）张力性气胸：患者表现为极度呼吸困难、口唇和面部发绀、烦躁不安，严重时可发生休克甚至昏迷。胸部检查气管明显向健侧移位，伤侧肋间隙增宽，颈静脉怒张，可伴有面部、颈部或上胸部皮下气肿；患侧叩诊呈高度鼓音，听诊呼吸音消失。

3. 心理-社会状况　患者的心理常处于高度应激状态，易出现焦虑、恐惧等不良的心理状况。

4. 辅助检查

（1）凡疑有损伤性气胸时，首选胸部X线检查。

1）闭合性气胸：患侧肺萎陷、胸膜腔积气或伴有少量积液。

2）开放性气胸：患侧胸膜腔大量积气，肺明显萎陷，气管和心脏等纵隔器官向健侧移位；X线透视下可见纵隔摆动现象。

3）张力性气胸：患侧胸膜腔大量积气，肺完全萎陷并被推向肺门，纵隔明显移向健侧，健侧肺受压。

（2）诊断性穿刺：胸腔穿刺既能明确有无气胸的存在，又能抽出气体降低胸膜腔内压力，缓解症状。张力性气胸穿刺时，可有高压气体向外冲出。

5. 治疗原则　以抢救生命为首要原则。处理措施包括封闭胸壁开放性伤口，通过胸腔穿刺抽吸或胸腔闭式引流排除胸膜腔内的积气、积液，防治感染。

（1）闭合性气胸：肺萎陷在30%以下的小量气胸，一般在1~2周内可自行吸收，不需要特殊处理。肺萎陷超过30%者，需要进行胸腔穿刺抽气，或行胸腔闭式引流术，以促进肺膨胀，并使用抗生素预防胸膜腔感染。

（2）开放性气胸：现场急救的原则是迅速用凡士林纱布或衣物封闭胸壁伤口，外用胶布或绷带加压包扎，使开放性气胸变为闭合性气胸。然后进行胸腔穿刺抽气减压，暂时解除呼吸困难。入院后给予吸氧、输血、补液、纠正休克。在患者全身情况稳定时，彻底清创后常规胸腔闭式引流。疑有胸内脏器损伤和活动性出血时，应进行开胸探查，术后应用抗生素和破伤风抗毒素，鼓励患者深呼吸和咳嗽、排痰，预防肺部并发症的发生。

（3）张力性气胸：急救的原则是迅速穿刺排气，降低胸膜腔内的压力。急救时，在患侧锁骨中线第2肋间隙用粗针头穿刺，排气减压，变张力性气胸为小的开放性气胸，暂时缓解胸膜腔内压力。转运患者途中可在针尾端系一末端剪有小口的橡胶指套，形成单向活瓣，呼气时胸膜腔内气体排出，吸气时外界空气不能进入，以保持有效排气。入院后立即进行胸腔闭式引流，常规应用抗生素预防感染。对持续性漏气或胸膜腔插管后漏气仍严重、患者呼吸困难不见好转者，应及早行开胸探查术。

【常见护理诊断/问题】

1. 气体交换受损　与胸部损伤、疼痛、胸廓活动受限或肺萎陷有关。
2. 急性疼痛　与组织损伤有关。
3. 潜在并发症：胸腔或肺部感染。

【护理目标】

1. 患者能维持正常呼吸功能，呼吸平稳。
2. 患者疼痛减轻或消失。
3. 患者体温正常，未发生胸腔或肺部感染。

【护理措施】

1. 非手术治疗的护理及术前护理

（1）现场急救：配合医师对气胸患者进行急救。对开放性气胸患者，立即用无菌敷料（如凡士林纱布）加棉垫封盖伤口，再用胶布或绷带包扎固定，阻止气体自由出入胸膜腔。对张力性气胸，配合医师进行胸腔穿刺减压后，在针尾部缚扎一个橡胶手套的指套，末端剪开1 cm小口做成活瓣，使气体只出不进，并用血管钳将针头固定在胸壁上（图14-4）。

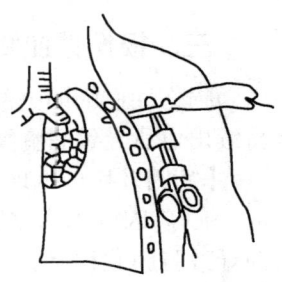

图14-4　针头的尾部指套排气法

（2）体位：病情稳定后患者取半卧位，以利于呼吸和引流。

（3）保持呼吸道通畅：对呼吸困难的患者，及时给予吸氧，鼓励和协助患者有效咳嗽、排痰，如果患者因疼痛不敢咳嗽，指导患者及其家属用双手按压患侧胸壁，以减轻伤口震动产生的疼痛。清除患者口腔、上呼吸道异物，吸出支气管内血液和分泌物，以防窒息。对痰液黏稠不易咳出的患者，应超声雾化吸入，稀释痰液以利排出，必要时可以经鼻导管吸痰。

（4）病情观察：观察患者的血压、脉搏、神志等变化；注意观察患者的呼吸频率、节律和幅度，是否出现气促、呼吸困难、发绀和缺氧等症状；有无皮下气肿和气管移位等情况；以及是否出现寒战、高热、头痛等全身性感染的征象。

（5）预防感染：每4～6小时测体温1次，对有高热者，给予物理降温；保持胸腔闭式引流管通畅，严格执行无菌操作；遵医嘱注射破伤风抗毒素，合理使用抗生素；加强全身支持治疗，提供高热量、高蛋白、富含维生素的饮食，必要时可以少量多次输入新鲜血液，增强患者的抵抗力。

（6）做好术前准备：做好血型、交叉配血及药物过敏试验等术前准备。

2. 术后护理

（1）体位：血压稳定后转为半卧位，以利于呼吸和引流。

（2）病情观察：患者术后返回病房，妥善安放、固定各种管道并保持引流通畅。严密观察患者生命体征的变化，如发现异常，及时汇报给医师做处理。

（3）呼吸道管理：指导患者做深呼吸运动，促使肺扩张，帮助翻身、叩背、有效咳嗽及排痰，预防肺不张或肺部感染。有气管插管或气管切开的患者，做好呼吸道护理，维持有效气体交换。

（4）胸腔闭式引流管的护理：参见本章第五节胸腔闭式引流患者的护理。

 考点提示

损伤性气胸的急救和护理。

3. 健康教育
（1）休息与营养：指导患者合理休息，加强营养，提高机体免疫力，预防意外损伤。
（2）呼吸功能锻炼：指导患者进行腹式深呼吸运动，进行有效的咳嗽排痰。
（3）定期复诊：嘱患者若出现呼吸困难、高热等不适，应及时就诊。

【护理评价】
1. 患者能否维持正常呼吸功能，呼吸是否平稳。
2. 患者疼痛是否减轻或消失。
3. 患者感染是否得到有效控制，体温是否恢复正常。

三、损伤性血胸患者的护理

损伤性血胸即胸部损伤导致的胸膜腔内积血。血胸与气胸可同时存在，称为血气胸。大量持续出血所导致的胸膜腔积血称为进行性血胸。

【病因及病理生理】
1. 病因　本病多因胸部损伤所致，肋骨断端或利器损伤胸部均可能刺破肺、心脏、血管而导致胸膜腔积血。出血来源主要有3个。①肺组织裂伤出血：由于肺循环压力较低，一般出血量少而缓慢，多可自行停止。②胸壁血管破裂出血：来源于肋间动脉、肋间静脉、胸廓内动脉、胸廓内静脉，由于来源于体循环，压力高，出血速度快、出血量多，且为持续性，不易自行停止，常在短时间内引起失血性休克，需开胸手术止血。③心脏或大血管：包括主动脉的分支、上腔静脉及下腔静脉、肺动静脉出血。临床较少见，但由于出血量多且凶猛，绝大多数患者来不及救治而因失血性休克死于现场或转送途中。

2. 病理生理　①发生损伤性血胸时，不但因血容量丢失影响循环功能，出现失血征象，而且还可以因为积血增加，压迫而使患侧肺萎陷，并将纵隔推向健侧，使健侧肺也受压，呼吸面积减少，并影响腔静脉回流，严重影响呼吸、循环功能。②当胸膜腔在短时间内迅速积聚大量血液，超过肺、心包和膈肌运动所起的去纤维蛋白作用时，胸膜腔内积血发生凝固，形成凝固性血胸；血凝块机化后形成纤维板，限制肺与胸廓活动，称为机化性血胸。③胸膜腔内积血处理不当，可引起细菌迅速繁殖，形成感染性血胸，最终演变为脓胸。

【护理评估】
1. 健康史　询问及了解患者的性别、年龄、基础疾病，了解患者有无胸部受伤史、外力性质、有无肋骨骨折、伤后患者有无出血表现等。
2. 身体状况　血胸的临床表现与出血量、出血速度和个人体质有关。
（1）少量（成年人出血量在500 ml以下）血胸患者一般症状不明显。
（2）中量（出血量500～1000 ml）血胸和大量（出血量在1000 ml以上）血胸患者可出现面色苍白、脉搏细速、血压下降、尿量减少和末梢血管充盈不良等低血容量休克表现。由于积血压迫肺、胸膜腔内压增高，患者有严重的呼吸和循环功能障碍，表现为胸闷、呼吸困难等。胸部检查可见气管向健侧移位，患侧胸廓饱满、肋间隙增宽，叩诊呈实音，听诊呼吸音减弱或消失。
（3）血胸继发感染后，患者还可出现全身性感染中毒症状，如寒战、高热、乏力、食欲减退、贫血、消瘦，甚至发生水、电解质代谢紊乱和酸碱平衡失调、感染性休克。

（4）根据伤后出血特点及是否有继续出血，分为进行性血胸和非进行性血胸。进行性血胸的诊断依据：①症状逐渐加重，脉搏逐渐增快、血压持续下降，经输血、补液后，血压不回升或升高后又迅速下降；②血红蛋白、红细胞计数和血细胞比容进行性下降；③胸腔穿刺抽血后积血又迅速增加，或抽出的血液迅速凝固，或因血液凝固而抽不出血液，但连续胸部X线检查显示胸腔阴影继续增大；④胸腔闭式引流后，引流量连续3小时每小时超过200 ml。

考点提示

进行性血胸的判断指标。

3. 心理-社会状况　由于失血后导致有效循环血量不足，加之胸部损伤的影响，患者常出现烦躁不安、恐惧等。

4. 辅助检查

（1）实验室检查：血常规检查血红蛋白和血细胞比容下降。继发感染者，血白细胞计数和中性粒细胞比例增高，胸腔积液涂片可见大量白细胞。

（2）影像学检查：①胸部X线检查：小量血胸者，胸部X线检查可见肋膈角消失。大量血胸时，患侧胸膜腔有大片阴影，纵隔移向健侧；合并气胸者，可见液平面。②胸部B超：可明确胸腔积液的位置和量。

（3）胸腔穿刺：抽得不凝固血液可明确诊断。

5. 治疗原则

（1）非进行性血胸：①小量血胸多可自行吸收，无须特殊处理。②中量或大量血胸早期应进行胸腔穿刺抽血，以促进肺膨胀，改善呼吸功能，必要时进行胸腔闭式引流。

（2）进行性血胸：在积极补液、输血纠正休克的基础上，迅速开胸探查，寻找出血点并止血，修复损伤脏器，术后常规胸腔闭式引流。

（3）凝固性和机化性血胸：应待患者病情稳定后数日内开胸手术，清除血块；已经机化的血胸在伤后4～6周行胸壁和肺表面的纤维板剥除术，术后胸膜腔置管持续负压吸引24小时，使肺充分膨胀。

（4）感染性血胸：需要全身性应用抗生素，加强营养支持，纠正水、电解质代谢紊乱和酸碱平衡失调等。

近年来，电视胸腔镜已用于凝固性血胸、感染性血胸的处理，具有创伤小、疗效好、住院时间短、费用低等优点。

知识拓展

电视胸腔镜手术

胸腔镜手术（电视胸腔镜手术）使用现代摄像技术和高科技手术器械和装备，在胸壁套管或微小切口下完成胸内复杂手术的微创胸外科手术。它改变了胸外科疾病的治疗理念，被誉为20世纪胸外科的重大突破之一，是胸部微创外科的代表性手术，也是未来胸外科发展的方向。完全胸腔镜手术仅需做1～3个直径1.5 cm的胸壁小孔。手术视野根据需要可以放大，显示细微的结构，比肉眼直视观察更清晰、灵活，具有手术创伤小、术后疼痛轻、对肺功能影响小、对免疫功能影响小、术后并发症少、更美观等优点。胸腔镜可以用于胸外科各种疾病的诊疗，并取得了相同的疗效，成为胸外科常用手术方法之一。

【常见护理诊断/问题】
1. 气体交换受损　与肺组织受压、胸部活动受限、肺萎陷有关。
2. 外周组织灌注无效　与失血引起血容量不足有关。
3. 急性疼痛　与组织损伤有关。
4. 焦虑与恐惧　与突然、强烈的意外创伤和担心预后有关。
5. 潜在并发症：脓胸、失血性休克。

【护理目标】
1. 患者能维持正常的呼吸功能，呼吸平稳。
2. 患者生命体征平稳，尿量正常。
3. 患者疼痛减轻，不会因为疼痛导致睡眠困难。
4. 患者情绪稳定，能正确面对病情。
5. 患者体温不高，无坠积性肺炎及肺不张的发生。

【护理措施】
1. 术前护理
（1）现场急救：胸部有较大异物者，不宜立即拔除，以免出血不止。对心搏、呼吸骤停的患者，立刻实施心肺复苏、保持呼吸道通畅、止血、包扎和固定等急救措施。
（2）病情观察：动态监测生命体征；观察胸腔闭式引流液的量、颜色、性状；必要时重复血常规和胸部 X 线检查，以及时发现进行性血胸的存在，做好开胸手术的术前准备。
（3）维持有效的心排血量和组织灌注量：建立静脉通道并保持其通畅，积极补充血容量和抗休克；遵医嘱合理安排和输注晶体溶液和胶体溶液，根据血压和心肺功能等控制补液速度。
（4）维持呼吸功能：密切观察呼吸型态、频率、呼吸音变化和有无反常呼吸运动；对有呼吸困难者，给予吸氧，观察血氧饱和度变化。

2. 术后护理
（1）体位：如果生命体征平稳，患者可取半卧位，以利于呼吸和引流。
（2）病情观察：动态监测生命体征，每 30～60 分钟测血压、脉搏、呼吸 1 次，病情平稳后可适当延长监测时间。观察胸腔引流液的颜色、性状和量，做好记录。
（3）维持呼吸功能：协助患者翻身、叩背，教会其深呼吸和有效咳嗽、排痰的方法，促进肺扩张；根据病情给予吸氧，观察血氧饱和度的变化。
（4）预防并发症：遵医嘱合理使用抗生素；做好伤口的观察及护理；保持呼吸道通畅，及时清理呼吸道分泌物；保持胸腔闭式引流管的通畅，做好无菌操作。
（5）心理护理：做好患者的心理护理，以减轻或消除患者的焦虑或恐惧情绪。

3. 健康教育
（1）呼吸功能锻炼：向患者说明深呼吸、有效咳嗽的意义，鼓励患者深呼吸、有效咳嗽。
（2）疾病预防：生产过程中做好安全防护措施，防止意外事故。
（3）休息与营养：出院后循序渐进地进行体育锻炼，合理休息，加强营养，提高机体免疫力。
（4）定期随访：心肺损伤严重者，定期来院复诊。

【护理评价】
1. 患者能否维持正常的呼吸功能，呼吸是否平稳。
2. 患者生命体征是否平稳，尿量是否正常。
3. 患者疼痛是否减轻或消失。
4. 患者情绪是否稳定，焦虑与恐惧症状是否减轻或消除。

5. 患者体温是否恢复正常，有无坠积性肺炎及肺不张的发生。

四、心脏损伤患者的护理

【病因及分类】

心脏损伤分为钝性心脏损伤与穿透性心脏损伤。

1. 钝性心脏损伤 ①直接暴力：多为方向盘或重物等撞击胸部。②间接暴力：从高处坠落，心脏受到猛烈震荡；腹部和下肢突然受挤压后大量血液涌入心脏，使心腔内压力骤增；突然加速或减速使心脏碰撞胸骨或脊柱。损伤严重程度与钝性暴力的撞击速度、质量、作用时间、心脏舒缩时相和心脏受力面积有关。钝性心脏损伤易发生在紧贴胸骨的右心室。

2. 穿透性心脏损伤 多由锐器如刀器、火器（如子弹或弹片）等穿透胸壁而导致心脏损伤；火器伤多导致心脏贯通伤，多数伤员死于受伤现场。也可因暴力撞击前胸、胸骨或肋骨断端移向心脏所致。

【护理评估】

1. 健康史 询问及了解患者有无胸部受到撞击、锐器刺伤史，有无腹部和下肢挤压史，伤后患者有无出血及失血性休克表现等。

2. 身体状况

（1）钝性心脏损伤：轻者症状不明显，中、重度挫伤可出现心前区疼痛，伴有气促、呼吸困难、心悸甚至心绞痛症状。患者可能存在胸前壁软组织损伤和胸骨骨折。

（2）穿透性心脏损伤：好发的部位是右心室、左心室、右心房和左心房，也可导致房室间隔和瓣膜损伤。临床表现取决于损伤程度和心包引流情况。心包、心脏裂口小，易被血凝块阻塞，导致心脏压塞，出现贝克（Beck）三联征，表现为低血压、静脉怒张和心音不清。心包与心脏裂口较大，患者出现失血性休克，表现为面色苍白、脉搏细速、呼吸浅快、血压降低、皮肤湿冷，甚至死亡。

3. 心理 - 社会状况 由于瞬间袭来的恶性事件的紧张刺激，患者常产生悲哀、无助、绝望等消极情绪；又因心脏损伤易导致心脏压塞或大量失血，常使患者产生濒死感等。

4. 辅助检查

（1）钝性心脏损伤

1）心电图检查：心律失常，ST 段抬高、T 波低平或倒置。

2）超声心动图检查：可显示心脏结构和功能改变。

3）心肌酶学检查：肌酸激酶及其同工酶和乳酸脱氢酶及其同工酶的活性升高。近年来已经采用单克隆抗体微粒子化学发光或电化学法进行肌酸激酶同工酶的质量测定和心肌肌钙蛋白测定。

4）心导管和心血管造影：可见心肌挫伤区域。

（2）穿透性心脏损伤

1）超声心动图检查：对心脏压塞、心脏异物、血心包、心脏瓣膜和室间隔穿孔的诊断帮助较大。同时也可估计心包积血量。

2）心包穿刺：对心脏压塞的诊断和治疗有很大价值。当心包腔内血液凝结时，可出现假阴性，值得注意。

3）X 线检查：可显示血胸、气胸、金属异物或其他脏器的合并伤等情况。

5. 治疗原则

（1）钝性心脏损伤：卧床休息，严密监护，吸氧以纠正低氧血症，补充血容量以维持动脉压，但注意输液速度不宜过快，防止并发症的发生，如心律失常和心力衰竭。

（2）穿透性心脏损伤：对已有心脏压塞或失血性休克的患者，应立即实施开胸手术。穿透性心脏损伤经抢救存活者，应注意心脏内有无遗留的异物及其他病变，还应重视患者出院后的随访工作，以便及时做出相应的处理。

【常见护理诊断/问题】
1. 外周组织灌注无效　与心脏破裂、心脏及胸腔内出血、心律失常和心力衰竭有关。
2. 急性疼痛　与组织损伤有关。
3. 潜在并发症：胸膜腔和肺部感染。

【护理目标】
1. 患者生命体征平稳，未发生休克等情况。
2. 患者疼痛减轻，自诉能忍受。
3. 患者体温不高，未发生胸膜腔和肺部感染。

【护理措施】
1. 术前护理

（1）急救：对怀疑有心脏压塞者，立即配合医师行心包腔穿刺减压术，并尽快做好剖胸探查术术前准备。

（2）补充血容量：迅速建立至少2条以上静脉通道，在监测中心静脉压的前提下输血和补液，维持有效血容量和水、电解质及酸碱平衡。经急救和抗休克处理后，若病情无明显改善且出现胸腔内活动性出血者，立即做好剖胸探查止血的准备。

（3）密切观察病情变化：包括生命体征、神志、瞳孔、中心静脉压、末梢血氧饱和度、尿量及有无心脏压塞等表现。

（4）缓解疼痛：遵医嘱给予麻醉镇痛药；积极处理，包扎胸部伤口。

（5）抗感染：遵医嘱选择合适、足量、有效的抗生素，预防感染。

2. 术后护理和健康宣教　参考气胸患者术后护理和健康宣教内容。

考点提示

贝克（Beck）三联征的判断及护理。

第二节　脓胸患者的护理

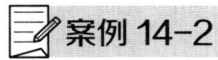
案例 14-2

张大爷，65岁，患大叶性肺炎，治疗已10余天，体温正常5天，昨晚突起畏寒、发热、呼吸急促，胸部X线片显示右侧胸腔平第5肋有一外高内低弧形阴影，行右侧胸腔穿刺，抽出少许稀薄脓性液体。体格检查发现右侧肋间隙饱满，触觉语颤减弱。实验室检查：白细胞计数 15×10^9/L，中性粒细胞比例0.85。

问题与思考：
1. 该患者目前可能的疾病诊断是什么？
2. 针对该患者的目前情况，最主要的治疗措施有哪些？

脓胸（empyema）是指致病菌侵入胸膜腔，产生脓性渗出液积聚于胸膜腔内的化脓性感染。按病理发展过程，可分为急性脓胸和慢性脓胸；按病原体不同，可分为化脓性脓胸、结核性脓胸和特异病原性脓胸；按病变范围，可分为局限性脓胸和全脓胸。

【病因及病理生理】

1. 病因

（1）急性脓胸：多为继发性感染，最主要的原发病灶是肺部，少数是胸内和纵隔内其他脏器或身体其他部位感染病灶。常见的致病菌是金黄色葡萄球菌和革兰氏阴性杆菌。致病菌侵入胸膜腔并引起感染的途径有：①直接由化脓性病灶侵入。②外伤、异物存留、手术污染、食管或支气管胸膜瘘或血肿引起的继发感染。③通过淋巴管侵犯胸膜腔。④致病菌可经血液循环进入胸膜腔。

（2）慢性脓胸：是在急性脓胸的病理基础上发展。急性脓胸病程超过3个月就进入慢性脓胸期。形成慢性脓胸的主要原因有：①急性脓胸治疗不及时或处理不恰当。②脓腔内有异物存留，使感染难以控制。③合并支气管瘘或食管瘘而未及时处理。④有特异性感染，如结核或阿米巴原虫感染。⑤邻近器官的慢性感染灶，反复侵入。

2. 病理生理

（1）急性脓胸：致病菌进入胸腔后，引起组织炎性改变，胸膜充血、水肿，渗出稀薄、澄清的浆液。如果未得到及时、有效的治疗，炎症逐渐发展，渗液、纤维蛋白逐渐增多，积液由澄清转为混浊，进一步成为脓性，纤维蛋白沉积在脏、壁两层胸膜表面，随着纤维素增厚，肺膨胀受到限制，并将纵隔推向健侧，造成呼吸、循环障碍，如果合并支气管胸膜瘘或食管胸膜瘘，则形成脓气胸。急性脓胸病程一般在3个月以内。

（2）慢性脓胸：急性脓胸经过有效抗生素治疗并及时排出脓液，炎症可逐渐消退，仅在胸膜腔内残留一定的粘连和胸膜肥厚。如果未得到及时、有效的治疗，急性脓胸逐渐转为慢性脓胸，脓液中的纤维素大量沉积在胸膜上，胸膜中的毛细血管及炎症细胞形成肉芽组织，机化成为较厚的致密包膜，即胸膜纤维板，此时属于机化期。广泛、坚硬的胸膜纤维板包裹肺组织，并严重限制胸廓的运动，使胸廓内陷，纵隔移位，肋间隙变窄，可出现肋骨畸形及脊椎侧凸。

【护理评估】

1. 健康史 询问及了解患者的年龄、性别、婚姻和职业等；成年女性患者月经史、生育史等；既往有无肺炎久治不愈或其他反复发作的感染性疾病史、发病经过及诊治过程。

2. 身体状况

（1）急性脓胸

1）症状：常有高热、脉搏细速、胸痛、呼吸困难、咳嗽、全身乏力、食欲缺乏等症状，患者常呈急性病容，不能平卧或改变体位时咳嗽，严重时可出现发绀和休克。

2）体征：患侧呼吸运动减弱，肋间隙饱满、增宽；叩诊呈浊音并有叩击痛；听诊患侧呼吸音减弱或消失或呈管性呼吸音，触觉语颤减弱。

（2）慢性脓胸

1）症状：常有低热、乏力、食欲缺乏、消瘦、营养不良、贫血、低蛋白血症等慢性全身中毒症状。有时尚有气促、咳嗽、咳脓痰等症状。

2）体征：体格检查可见患侧胸廓下陷、肋间隙变窄、呼吸运动减弱或消失；叩诊呈实音，支气管及纵隔向患侧移位；听诊呼吸音减弱或消失；严重者有脊柱侧弯、杵状指（趾）。

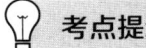 考点提示

脓胸的临床表现。

3. 心理-社会状况　急性脓胸患者常有高热、胸痛、呼吸困难，患者及其家属会紧张、焦虑，对治疗手段不了解，需要承担经济压力比较大，可能导致治疗不彻底，转为慢性脓胸。慢性脓胸患者会出现营养不良、低蛋白血症等，需要家属支持，还有手术的配合治疗。

4. 辅助检查

（1）急性脓胸

1）X线检查：可见患侧胸腔有积液所致的大片密度增高影。

2）血常规检查：常有白细胞计数和中性粒细胞比例升高。

3）B型超声：可探及胸膜腔积液的部位和积液量。

4）胸腔穿刺：常可抽出脓液，可明确诊断。

（2）慢性脓胸

1）X线检查：可显示患侧胸廓内陷，肋间隙变窄，纵隔移向患侧，患侧有大片密度增高影。

2）CT检查：可显示脓腔的范围和部位。

3）血常规检查：可出现血红蛋白和红细胞计数降低。

4）生化检查：可见血浆蛋白质和白蛋白降低。

5. 治疗原则

（1）急性脓胸：①控制原发病灶，全身支持治疗。②控制感染：根据致病菌对药物的敏感性，选用有效的抗生素。③彻底排净脓液：行胸腔穿刺或胸腔闭式引流排出脓液，使肺早日膨胀。

（2）慢性脓胸：①改善全身状况，消除中毒症状和营养不良。②消灭致病原因和脓腔。③尽力使受压的肺复张，恢复肺的功能。常用手术方法有改良引流术、胸膜纤维板剥除术、胸廓成形术、胸膜肺切除术等。

【常见护理诊断/问题】

1. 体温过高　与感染有关。

2. 气体交换受损　与脓肿压迫肺组织，通气及换气量不足有关。

3. 急性疼痛　与炎症刺激有关。

4. 营养失调：低于机体需要量　与营养物质摄入不足、代谢增加、消耗增加有关。

【护理目标】

1. 患者体温恢复正常。

2. 患者呼吸功能改善，无气促、发绀等缺氧征象。

3. 患者疼痛减轻或消失。

4. 患者营养状况逐步恢复正常。

【护理措施】

1. 非手术治疗的护理及术前护理

（1）体位：取半坐卧位，以利于呼吸和引流；有支气管胸膜瘘者取患侧卧位，以免脓液流向健侧或发生窒息。

（2）加强营养：鼓励患者多进食高蛋白、高热量和富含维生素的食物。必要时可给予肠内、肠外营养支持或少量多次输新鲜血液、血浆。

（3）心理护理：护士应经常与患者交谈，关心、体贴患者，帮助其解决生活上的困难，坦诚回答患者有关疼痛、不适及治疗方面的问题，鼓励患者树立战胜疾病的信心，使之能积极配合治疗，早日康复。

（4）降温：对高热者，给予物理降温，必要时遵医嘱应用药物降温，并鼓励患者多饮水。

（5）改善呼吸功能

1）保持呼吸道通畅：痰液较多者协助排痰或体位引流，遵医嘱应用抗生素。

2）吸氧：根据患者的呼吸情况，酌情给氧 2～4 L/min。

3）协助医师进行治疗：急性脓胸应尽早行胸腔穿刺抽脓，可每日或隔日抽1次。抽脓后，胸腔内注射抗生素。脓液多时，应分次抽吸，每次抽脓量不超过1000 ml，穿刺过程中及穿刺后应注意观察患者有无不良反应。脓液黏稠、抽吸困难或伴有支气管胸膜瘘者，应行胸腔闭式引流。已行胸腔闭式引流者，若脓腔大、引流通畅性差、胸腔粘连，可行胸腔插管开放引流。待脓腔容积测定少于10 ml时，可拔出引流管，瘘管自然愈合。

4）呼吸功能训练：鼓励患者有效咳嗽、排痰、吹气球、呼吸功能训练，促使肺充分膨胀，增加通气容量。

（6）保持皮肤清洁：协助患者定时翻身和进行肢体活动，按时擦洗身体，按摩背部及骶尾部皮肤，以改善局部血液循环、增加机体抵抗力。及时更换汗湿的衣被，保持床单平整、干燥，减少摩擦，避免汗液、尿液对皮肤的不良刺激，预防压疮的发生。

2. 术后护理

（1）严密观察病情：监测患者的生命体征及神志变化；注意呼吸的频率、节律、幅度，有无呼吸困难、发绀等征象，如发现异常，及时通知医师。

（2）维持有效呼吸：指导患者进行深呼吸、有效咳嗽排痰、吹气球、吹蜡烛等功能训练，促使肺充分膨胀。

（3）保持引流管通畅

1）急性脓胸患者如能及时、彻底排除脓液，使肺逐渐膨胀，脓腔闭合，一般可治愈。慢性脓胸患者应注意引流管不能过细。引流位置适当，勿插入过深，以免影响脓液排出。若脓腔明显缩小，脓液不多，纵隔已固定，可将闭式引流改为开放式引流。开放式引流应保持局部清洁，按时更换敷料，妥善固定引流管，防止滑脱。引流口周围皮肤涂氧化锌软膏，防止发生皮炎。

2）慢性脓胸：①行胸部成形术后：应采取患侧卧位，用厚棉垫、胸带加压包扎，并根据肋骨切除范围在胸廓下垫一硬枕或加沙袋1～3 kg压迫，以控制反常呼吸。包扎松紧适宜，随时调整。②行胸膜纤维板剥脱术：术后易发生大量渗血，应严密观察生命体征及引流液的性状和量。若血压下降、脉搏增快、尿量减少、烦躁不安且呈贫血貌，或胸腔闭式引流术后3～5小时内每小时引流量大于150～200 ml且引流液呈鲜红色，应立即快速输血，酌情给予止血药，必要时准备再次开胸止血。

（4）减轻疼痛：指导患者作腹式深呼吸，减少胸廓运动，减轻疼痛，必要时行镇静、镇痛处理。

（5）抗感染治疗：选择合适的抗生素，预防感染。

 考点提示

脓胸患者的护理措施。

3. 健康教育

（1）饮食指导：说明饮食与疾病恢复的关系，指导患者进食高蛋白、富含维生素、易消化的饮食，以促进疾病康复。

（2）康复知识

1）积极、有效地治疗急性脓胸是预防慢性脓胸的根本。

2）胸廓成形术后患者易引起脊柱侧弯及患侧肩关节的运动障碍，故患者需要采取直立姿势,术后第 1 日开始上肢运动,如上肢屈伸、抬高上举、旋转。

3)指导患者进行功能锻炼,采取躯干正直姿势,坚持练习头部前后左右回转运动,练习上半身的前屈运动及左右弯曲运动。

(3)随访:定期复查肺功能,不适随诊。

【护理评价】

1. 患者体温是否逐步恢复正常。
2. 患者呼吸功能是否改善,气促、发绀、胸闷的症状是否改善或消失。
3. 患者疼痛是否减轻或消失。
4. 患者营养状况是否逐步恢复正常,体重是否增加。

第三节 肺癌患者的护理

案例 14-3

患者,男性,45岁,近 2 个月时常发生刺激性咳嗽,痰中带血,伴胸闷和右胸隐痛来院就诊。

问题与思考:

1. 该患者可能的疾病诊断是什么?
2. 为了确诊,需要进一步做哪些检查?

肺癌(lung cancer)多数起源于支气管黏膜上皮,因此也称为原发性支气管肺癌。肺癌发病年龄大多在 40 岁以上,以男性多见,近年来,女性肺癌的发病率也明显增加。近 50 年,许多国家报道肺癌的发病率和死亡率均明显增高,男性肺癌发病率和死亡率均占所有恶性肿瘤的第 1 位。

【病因】

肺癌的病因至今尚未明确。

1. 吸烟　是最重要的致病因素。吸烟开始的年龄越早,每日吸烟量越大,年限越长,则患肺癌的危险性越高。

2. 化学物质　已被确认可导致肺癌的化学物质包括石棉、镍、铬、锡、铜、砷、二氯甲醚、氯乙烯、煤烟焦油等。某些工业部门和矿区职工肺癌的发病率较高,可能与长期接触致癌物质有关。

3. 空气污染　包括室内空气污染和室外空气污染。室内空气污染主要指煤、天然气等燃烧过程中产生的致癌物。室外空气污染包括汽车尾气、工业废气、公路沥青在高温下释放的有毒气体等。长期居住在空气污染较重城镇的居民,肺癌发病率和病死率远高于农村或空气指数优良的城市。

4. 人体内在因素　如免疫状态、遗传因素、代谢活动、肺部慢性感染、支气管慢性刺激、结核病史等,也可能与肺癌的发病有关。

【病理】

肺癌起源于支气管黏膜上皮,局限于基底膜内者称为原位癌。癌肿可向支气管腔内和(或)邻近的肺组织生长,并可通过淋巴、血液转移或向支气管转移扩散。肺癌的分布以右肺多于左肺,上叶多于下叶。起源于主支气管、肺叶支气管的肿瘤,位置靠近肺门,称为中心型肺癌。起源于肺段支气管以下的癌肿，位置在肺周围部分，称为周围型肺癌。临床最常见的肺癌可分为小细胞肺癌和非小细胞肺癌2种类型。

1. 分类

（1）小细胞肺癌（未分化小细胞肺癌）：预后最差，约占20%；多见于40岁左右有吸烟史的男性；以中心型肺癌多见，恶性程度较高，生长速度快，较早出现淋巴和血行转移。

（2）非小细胞肺癌：包括下列3种类型。

1）鳞状细胞癌（鳞癌）：在肺癌中最多见，约占50%，多见于老年男性，与吸烟关系密切。鳞状细胞癌大多起源于较大的支气管，以中心型肺癌多见。生长速度缓慢，恶性程度较低，病程较长，转移时间较晚，先发生淋巴转移，血行转移是晚期表现。

2）腺癌：约占25%，多见于女性，多数起源于较小的支气管上皮，常在肺部边缘形成肿块，故多为周围型肺癌。早期易发生局部浸润和血行转移，淋巴转移发生较晚。

3）大细胞癌：约占1%，半数起源于大支气管，多为中心型肺癌。生长速度快，分化程度低，恶性程度较高，预后较差。

 考点提示

肺癌的分类。

2. 转移途径

（1）直接扩散：癌肿沿支气管管壁并向支气管腔内生长，可造成支气管腔内部分或全部阻塞；也可直接扩散侵入邻近肺组织，并穿越肺叶间裂侵入相邻的其他肺叶；还可侵犯胸壁、胸内其他组织和器官。

（2）淋巴转移：为常见的扩散途径。癌细胞经支气管和肺血管周围的淋巴管，先侵入邻近的肺段或肺叶支气管周围的淋巴结，然后到达肺门或气管隆嵴下淋巴结，或侵入纵隔和气管旁淋巴结，最后累及锁骨上前斜角肌淋巴结和颈部淋巴结。

（3）血行转移：多发生在肺癌的晚期。癌细胞直接侵入肺静脉，然后经左心随体循环血流转移到全身各处器官和组织，常见的有肝、骨骼、脑、肾上腺等。

【护理评估】

1. 健康史　询问及了解患者的一般情况，如年龄、性别、婚姻和职业；与肺癌相关的危险因素，如有无吸烟习惯（或被动吸烟），吸烟的时间和数量、职业性接触史，家族中有无肺部疾患、肺癌或其他肿瘤患者；既往史：有无其他部位肿瘤病史或手术治疗史；有无传染病史，如肺结核史；有无其他伴随疾病，如糖尿病、冠心病、高血压、慢性支气管炎。

2. 身体状况　肺癌的临床表现与肺癌的部位、大小、是否压迫及侵犯邻近器官、有无转移等密切相关。

（1）症状：早期周围型肺癌多无症状。肿瘤增大后常出现以下表现。

1）咳嗽：最常见，为刺激性干咳或咳少量黏液痰，抗感染、止咳效果不佳。

2）血性痰：咳出痰中带血点、血丝或断续地少量咯血，以中心型肺癌多见。

3）支气管阻塞症状：少数肺癌患者，由于肿瘤造成支气管不同程度的阻塞，可出现胸闷、哮鸣、气促、发热和胸痛等症状。

4）晚期肺癌的表现：患者除食欲减退、体重减轻、发热、倦怠乏力等全身症状外，可出现癌肿压迫及侵犯邻近器官、组织，或发生远处转移的征象。①压迫或侵犯膈神经：出现同侧膈肌麻痹。②压迫或侵犯喉返神经：出现声带麻痹、声音嘶哑。③压迫上腔静脉：引起面部、颈部、上肢和上胸部静脉怒张，皮下组织水肿，上肢静脉压升高。④侵犯胸膜：引起胸膜腔积液，常为血性，大量积液可引起气促。⑤侵犯胸膜及胸壁：有时可引起持续性剧烈胸痛。⑥侵犯纵隔，压迫食管，可引起吞咽困难。⑦压迫或侵犯颈部交感神经：可出现霍纳综合征，表现为同侧眼睑下垂、瞳孔缩小、眼球内陷、面部无汗。

（2）体征：早期无明显相关体征。晚期侵犯邻近器官或发生远处转移，如癌肿转移至肝，可扪及肿大的肝，出现肝腹水、皮肤巩膜黄染等。转移到淋巴结，可扪及肿大的淋巴结等。

 考点提示

肺癌的早期临床表现。

3. 心理-社会状况　由于早期的刺激性干咳会被患者忽略，当患者出现咯血症状时，患者及其家属都会恐慌。询问及了解患者对肺癌的认知程度，对手术有何顾虑。了解家属对患者的关心程度、家庭的经济承受能力等。了解患者对康复训练和早期活动是否配合，对出院后的治疗是否清楚等。

4. 辅助检查

（1）X线检查：可以了解肺癌的部位和大小，可看到由于支气管阻塞引起的局部肺气肿、肺不张或病灶邻近部位的浸润性病变或肺部炎性变。

（2）支气管镜检查：通过支气管镜可直接观察支气管内膜及管腔的病变情况。可采取肿瘤组织供病理学检查，或吸取支气管分泌物作细胞学检查，以明确诊断和判定组织学类型。

（3）细胞学检查：痰细胞学检查是肺癌普查和诊断的一种简便、有效的方法。原发性肺癌多数在痰液中可找到脱落的癌细胞。中央型肺癌痰细胞学检查的阳性率可达70%～90%，周围型肺癌痰细胞学检查的阳性率则仅约50%。

（4）影像学检查：CT检查对病灶的形态特点观察得更详细，能更早地发现早期癌变；正电子发射体层成像（PET）更有利于早期诊断以及判断癌肿转移与复发、分期和疗效评定。某些不能行增强CT检查的病例也可以选择MRI检查。

（5）其他：经胸壁穿刺活体组织检查、胸腔积液检查、纵隔镜检查、胸腔镜检查、放射性核素肺扫描等。

知识拓展

超声引导下经支气管针吸活检

超声引导下经支气管针吸活检（EBUS-TBNA）自2002年研发以来，2007年被美国国家综合癌症网络（NCCN）和美国胸科医师学会（ACCP）肺癌指南推荐为肺癌术前评估的重要工具，为肺癌纵隔分期提供了新标准，且在趋势上有取代外科纵隔镜的可能。我国在2008年开始引入EBUS-TBNA设备并投入临床使用。目前，国内只有少数医院开展该项工作。该技术是通过安装在支气管镜前端的超声探头设备，结合专用的吸引活检针，可以在实时超声引导下进行针吸活检（TBNA）。搭载的电子凸阵扫描的彩色多普勒可以同时帮助确认血管位置，防止误穿血管。通常穿刺吸引针的外径为22号，因此绝大多数病例可获得充足的组织样品。目前国内外EBUS-TBNA的诊断率为89%～97%。

5. 治疗原则　肺癌的治疗在临床上常采用综合治疗，一般非小细胞肺癌以手术治疗为主，辅以化学治疗和放射治疗，也可以采用靶向治疗；小细胞肺癌除了早期的癌肿以手术治疗为主外，其他中、晚期则以化学治疗和放射治疗为主。其他的治疗方法还有中医中药治疗和免疫治疗。

（1）手术治疗：目前基本的手术方式为肺切除加淋巴结清扫。周围型肺癌：施行肺叶切除加淋巴结切除术；中心型肺癌：施行肺叶或一侧全肺切除加淋巴结切除术。若癌肿位于一个肺叶内，但已侵及局部主支气管或中间支气管，则保留正常的邻近肺叶，切除病变的肺叶及一段受累的支气管。

（2）放射治疗：主要用于处理手术后残留病灶、局部晚期病例和配合化学治疗。小细胞肺癌对放射治疗敏感，鳞癌次之，腺癌最差。立体定向放射治疗（SBRI）：对早期肺癌患者提供高精度、高剂量的放疗、质子治疗，减少对正常组织的损伤，适用于特定患者。

（3）化学治疗：包括新辅助化疗、辅助化学治疗和系统化学治疗。小细胞肺癌对化学治疗特别敏感，鳞癌次之，腺癌最差。

（4）靶向治疗：针对肿瘤特有的基因异常进行治疗。

（5）中医中药治疗：根据患者的临床症状、脉象、舌苔进行辨证论治，可减轻患者放射治疗和化学治疗的副作用，增强机体的抵抗力，提高疗效。

（6）免疫治疗：包括特异性免疫治疗和非特异性免疫治疗等。

【常见护理诊断/问题】

1. 气体交换障碍　与肺组织病变、手术切除肺组织、肺不张、胸腔积液等因素有关。
2. 清理呼吸道无效　与术后疼痛、痰液黏稠不易咳出有关。
3. 疼痛　与肿瘤压迫及侵犯周围组织和器官、远处转移、手术切口有关。
4. 焦虑、恐惧　与久咳不愈、咯血、手术、担心疾病的预后等有关。
5. 知识缺乏　患者缺乏肺癌的治疗、护理、康复知识。
6. 潜在并发症：出血、感染、肺不张、心律失常、支气管胸膜瘘、肺水肿及成人呼吸窘迫综合征。

【护理目标】

1. 患者恢复正常的气体交换，呼吸平稳。
2. 患者能有效地进行深呼吸、咳嗽、排痰。
3. 患者疼痛减轻或消失。
4. 患者焦虑、恐惧减轻，树立战胜疾病的信心。
5. 患者能理解肺癌的治疗措施，并能理解术后的康复措施。
6. 患者未发生并发症或并发症发生后被及时发现和控制。

【护理措施】

1. 术前护理

（1）戒烟：指导并劝告患者停止吸烟，术前戒烟至少2周。因为吸烟会刺激肺、气管及支气管，使气管、支气管分泌物增加，妨碍纤毛的清洁功能，使支气管上皮活动减少或丧失活力而导致肺部感染。

（2）保持呼吸道通畅：若有大量支气管分泌物，应先行体位引流。痰液黏稠不易咳出者，可行超声雾化，必要时经支气管镜吸出分泌物。同时注意观察痰液的量、颜色、黏稠度及气味；遵医嘱给予支气管扩张药、祛痰药等药物，以改善呼吸状况。呼吸功能障碍者，可以应用机械通气治疗。

（3）纠正营养和水分不足：术前给予高热量、富含维生素、高蛋白、易消化的饮食。对不能进食者，给予鼻饲或静脉补充营养。纠正水、电解质代谢紊乱和酸碱平衡失调，增加患者对手术的耐受性。

（4）手术前指导训练：练习腹式呼吸、有效咳嗽和翻身，可促进肺扩张，有利于术后配合。练习使用深呼吸训练器，以便在手术后能有效地配合术后康复，预防肺部并发症的发生。

指导患者进行床上大小便训练，预防术后尿潴留和便秘。介绍胸腔引流的设备，并告诉患者在手术后安放引流管（尤其是胸膜腔导管）的目的及注意事项，指导患者在保留胸腔引流管时翻身的方法。告诉患者术后可能出现的伤口疼痛，指导疼痛时的放松方法，如冥想放松技巧、听音乐和深呼吸。

（5）控制感染：注意口腔卫生，如发现患者有龋齿等口腔疾病，及时报告医师。对于肺部有感染者，应遵医嘱给予抗生素及雾化吸入控制感染。

（6）术前常规准备：按医嘱常规进行术前准备，如普鲁卡因皮试、青霉素皮试、血型鉴定、术前配血、手术区域皮肤准备。

（7）心理护理：可采取心理暗示疗法，主要是增强患者战胜疾病的信心。结合各种癌症的治疗方法，暗示患者如何进行自身调节，告诉患者如何配合治疗，战胜疾病。动员亲属给予患者心理和经济方面的全力支持。

（8）纤维支气管镜检查的护理

1）告知患者及其家属检查的目的和方法。教导使用腹式呼吸及放松肌肉的技巧，以消除紧张情绪。

2）检查前6小时禁饮食。

3）检查前按医嘱给予镇静药、抗胆碱药等。

4）检查前刷牙、漱口，检查时取下活动义齿，不抹口红。

5）协助医师施行咽喉部麻醉。麻醉过程中观察患者面色是否苍白、发绀，是否有呼吸及脉搏急促等现象。检查过程中协助操作者固定患者的头部，观察呼吸、脉搏的变化。

6）检查后取卧位或半卧位。密切观察患者，若出现严重的呼吸道并发症，如胸闷、呼吸短促、吞咽困难、声音嘶哑、咯血等症状，立即报告医师，给予相应的处理。

7）检查后禁食2～4小时，待吞咽反射恢复后可以进食。

8）检查后休息2小时，若无异常，可起床活动。

2. 术后护理

（1）监测和维持生命体征平稳

1）手术后2～3小时内，每15分钟监测生命体征1次。

2）脉搏和血压稳定后，改为每30分钟至1小时测量生命体征1次。

3）注意有无呼吸窘迫现象。若有异常，立即通知医师。

4）手术后24～36小时血压常会有波动，需严密观察。若血压持续下降，应考虑是否为心脏疾病、出血、疼痛、组织缺氧或循环血量不足所造成。

（2）体位护理

1）麻醉未清醒时取平卧位，头偏向一侧，以免呕吐物、分泌物吸入而导致窒息或并发吸入性肺炎。

2）血压稳定后，采取半卧位。

3）肺叶切除者，可采取平卧位或左右侧卧位。

4）肺段切除术或楔形切除术者，应避免手术侧卧位，尽量选择健侧卧位，以促进患侧肺组织扩张。

5）全肺切除术者，应避免过度侧卧，可采取1/4侧卧位，以预防纵隔移位和压迫健侧肺而导致呼吸、循环功能障碍。

6）有血痰或支气管瘘者，应取患侧卧位。

7）避免采用头低足高仰卧位，以防因横膈上升而妨碍通气。若有休克现象，可抬高下肢及穿弹力袜，以促进下肢静脉血液回流。

(3)呼吸道护理:观察呼吸频率、幅度及节律,双肺呼吸音;有无气促、发绀等缺氧征象以及动脉血氧饱和度等情况,若有异常,及时通知医师给予相应的处理;严密观察气管导管的位置,防止滑出或移位。为防止肺切除术后缺氧,常规给予鼻导管吸氧2~4 L/min;鼓励患者深呼吸及咳嗽排痰,如果痰液黏稠,可行超声雾化稀释痰液。患者咳嗽时,为减轻震动引起的疼痛,可帮助患者固定伤口:如果护士站在患者术侧,一手放在术侧肩膀上并向下压,另一手置于伤口下协助支托胸部;如果护士站在患者健侧,双手紧托伤口部位,以固定胸部伤口。

(4)维持体液平衡:严格掌握输液的量和速度,防止前负荷过重而导致肺水肿。全肺切除术后应控制钠盐摄入量,24小时补液量宜控制在2000 ml内,速度以20~30滴/分为宜。记录液体出入量,维持体液平衡。

(5)维持胸腔引流通畅

1)密切观察引流液的量、颜色和性状,当引流出较多血液(每小时100~200 ml)时,应考虑有活动性出血,需立即通知医师。

2)全肺切除术后所放置的胸腔引流管一般呈钳闭状态,以保证术后患者胸腔内有一定的渗液,减轻或纠正明显的纵隔移位。一般酌情放出适量的气体或引流液,维持气管、纵隔于中间位置。每次放液量不宜超过100 ml,速度宜慢,避免快速多量放液引起纵隔突然移位,导致心脏骤停。

3)术后24~72小时患者病情平稳,无气体及液体引流后,行胸部X线检查确定肺组织已复张,可拔除胸腔引流管。

(6)营养支持:肠蠕动恢复后,即可开始进食清淡流质或半流质饮食;若患者进食后无任何不适,可改为普食,饮食宜为高蛋白、高热量、富含维生素、易消化,以保证营养摄入,提高机体抵抗力,促进伤口愈合。

(7)并发症的预防:肺癌手术后血胸、脓胸及支气管胸膜瘘的发病率很低,但后果严重,须紧急救治。常见的心血管系统并发症有手术后低血压、心律失常、心脏压塞、心力衰竭等。呼吸道并发症,如痰液潴留、肺不张、肺炎、呼吸功能不全。

1)胸膜腔内出血:主要原因是止血不彻底或血管结扎线脱落。当胸腔引流液量多,每小时超过100 ml,患者出现烦躁、血压下降、脉搏增快、尿少等症状,应考虑胸腔内有活动性出血。一旦出血,应立刻通知医师,加快输液、输血的速度,遵医嘱给予止血药,保证胸腔引流管通畅,做好病情观察,做好开胸探查止血的准备。

2)肺炎和肺不张:主要原因是术后膈肌受抑制,咳嗽无力,不能将呼吸道分泌物很好地排出。当患者出现体温升高、心动过速、哮鸣、发绀、呼吸困难等情况时,就可能发生了肺炎和肺不张。应鼓励患者咳嗽、咳痰,痰液黏稠者给予超声雾化,病情严重者行气管切开,确保呼吸道通畅。

3)心律失常:多发生于术后4日内,与缺氧、出血、水及电解质代谢紊乱和酸碱失衡有关。应对患者进行严密的心电监护,密切观察心率、心律,严格掌握药物的剂量、浓度、给药方法和速度,以及药物的疗效和不良反应。

4)支气管胸膜瘘:多发生于术后1周,主要原因多为支气管缝合不严密、支气管残端血运不良或支气管缝合处感染、破裂。如果胸腔引流管持续引流出大量气体,患者出现发热、刺激性咳嗽、痰中带血、呼吸困难、呼吸音减低等症状,用亚甲蓝注入胸膜腔,患者咳出蓝色痰液即可确诊。一旦发生,立即报告医师,取患侧卧位,用抗生素预防感染,继续行胸腔闭式引流。

 考点提示

肺癌患者手术后的护理。

3. 健康教育

（1）康复训练：指导患者进行手臂和肩关节的运动，预防术侧胸壁肌肉粘连、肩关节强直及失用性萎缩。麻醉清醒后，可协助患者进行臂部、躯干和四肢的轻度活动，每4小时1次；术后第2日开始做肩、臂的主动运动。全肺切除术后，鼓励患者取直立的功能位，以恢复正常姿势。

（2）戒烟：使患者了解吸烟的危害，建议戒烟。

（3）早发现、早诊断、早治疗：40岁以上人群应定期进行胸部X线普查；中年以上，久咳不愈或者出现血痰者，应提高警惕，应到医院作进一步的检查和治疗。

（4）复诊指导：①告诉患者出院后数周内仍应进行呼吸运动及有效咳嗽。②保持良好的口腔卫生，如有口腔疾病，应及时治疗。③保持良好的营养状况，注意每日保持充分休息与活动，出院半年内不得从事体力活动。④居住的环境应空气新鲜，避免居住在布满灰尘、烟雾及化学刺激物品的环境，减少出入公共场所的时间。⑤若有伤口疼痛、剧烈咳嗽及咯血等症状，或有进行性倦怠，应返院复诊。⑥接受化疗药物治疗者，在治疗过程中应注意血常规检查的变化，定期到医院复查血常规和肝功能。

【护理评价】

1. 患者情绪是否平稳，有无战胜疾病的信心。
2. 患者的呼吸功能是否改善，有无气促、发绀等缺氧征象。
3. 患者能否自主深呼吸，能否有效咳嗽排痰。
4. 患者食欲是否良好，营养状况是否恢复正常，体重有无增加。
5. 患者疼痛有无减轻或消失，睡眠情况是否良好。
6. 患者是否发生并发症，或者并发症发生后是否被及时发现并处理。

第四节　食管癌患者的护理

案例 14-4

患者，男性，57岁，胸骨后阵发性针刺样疼痛1年，3个月前出现食物哽噎感而来诊。体格检查：右锁骨上淋巴结肿大。

问题与思考：

1. 该患者最可能的疾病诊断是什么？
2. 为了明确诊断，最佳的辅助检查方法是什么？

食管癌（esophageal carcinoma）是一种常见的消化道恶性肿瘤，全世界每年约有30万人死于食管癌。其发病率和死亡率各国差异很大。我国是世界上食管癌高发国家之一，2020年报道每年平均病死约30万人。男性多于女性，发病年龄多在40岁以上。

知识链接

食管的解剖生理特点

食管长约25 cm，约起于第6颈椎平面，上连咽部，下端在膈下与贲门相连接，是输送饮食的肌性管道。临床上将食管分成颈段和胸段。①颈段：自食管入口至胸骨柄上缘的胸廓入口处；②胸段：分为上、中、下三段。胸上段自胸廓上口至气管分叉平面，胸中段自气管分叉平面至贲门口全长度的上一半，胸下段自气管分叉平面至贲门口全长度的下一半。通常将食管腹段包括在胸下段内。

食管由黏膜层、黏膜下层、肌层和外膜层构成。食管无浆膜层，是术后易发生吻合口瘘的原因之一。

食管有三处生理狭窄：第一处在食管入口处，即环状软骨下缘平面；第二处在主动脉弓水平，有主动脉和左支气管横跨食管；第三处在食管下端，即食管穿过膈肌裂孔处。三处狭窄常为瘢痕性狭窄、憩室、肿瘤等病变所在的区域。

【病因】

食管癌的发病人群与年龄、性别、职业、种族、地域、生活环境、饮食及生活习惯、遗传易感性等有一定的关系。目前研究认为，吸烟和重度饮酒是重要的原因。另外，主要的致癌因素如下。

1. 化学因素　亚硝胺是一种致癌性强的物质，在食管癌高发地区粮食和饮用水中亚硝胺的检出率比低发地区高。

2. 生物因素　真菌毒素霉变食物，如霉变的花生、玉米能促进亚硝胺的合成，诱发癌变。

3. 缺乏某些微量元素及维生素　在食管癌高发地区的饮水、粮食和蔬菜中，钼、锰、铁、氟、锌、硒、碘的含量均偏低。

4. 遗传因素　我国高发区60%的患者有家族史。

5. 饮食及生活习惯　食物的机械性和化学性刺激，如过硬食物、过热食物、进食过快、口腔不洁或龋齿，可引起食管上皮病理改变。

【分类及转移途径】

1. 分类　食管癌的发病以胸中段最为多见，大约占50%，胸下段次之，上段较少。95%以上为鳞状上皮癌，以高、中分化鳞癌最为常见。按病理形态，食管癌可分为以下四型：

（1）髓质型：约占60%，恶性程度高，食管壁明显增厚并向腔内扩展。

（2）蕈伞型：约占15%，瘤体呈卵圆形扁平肿块状，向腔内呈蘑菇样突出。

（3）溃疡型：约占10%，瘤体的黏膜面呈溃疡深陷入肌层，而边缘清楚。

（4）缩窄型（硬化型）：约占10%，瘤体部位形成明显的环状狭窄，累及食管全周，较早出现梗阻症状。

2. 转移途径

（1）直接扩散：癌肿先向黏膜下层扩散，继而向上、下及全层浸润，很容易穿过疏松的外膜侵入邻近器官。

（2）淋巴转移：是食管癌的主要转移途径。癌细胞经黏膜下淋巴管，通过肌层到达与肿瘤部位相应的区域淋巴结。

（3）血行转移：发生较晚，通过血液循环向远处转移。最常转移至肝和肺。

【护理评估】

1. 健康史　询问及了解患者的一般情况，如年龄、职业、居住地和饮食习惯，有无长期饮烈性酒、吸烟、进食过快、食物过硬及过热等；了解患者的营养状况；有无慢性食管炎、食管良性狭窄、食管白斑病等食管癌的癌前疾病；注意了解是否生活在食管癌的高发区及有无家族史。

2. 身体状况

（1）症状

1）早期食管癌症状：常不明显，仅在吞咽粗硬食物时有不同程度的不适感觉，包括哽噎感、胸骨后烧灼样、针刺样或牵拉摩擦样疼痛。食物通过缓慢并有停滞感或异物感。哽噎停滞感常通过饮水后缓解消失。症状时轻时重，进展缓慢。

2）中、晚期食管癌症状：食管癌的典型症状主要是进行性吞咽困难，先是难咽干硬食物，继而只能进食半流质、流质饮食，最后滴水难进。患者逐渐消瘦、贫血、无力、明显脱水及营养不良。癌肿侵犯喉返神经，可发生声音嘶哑；压迫颈部交感神经节，可产生霍纳综合征；侵入主动脉，溃烂破裂可引起大量呕血；侵入气管，可形成食管气管瘘，高度阻塞可致食物反流，引起进食时呛咳及肺部感染；持续胸痛或背痛为晚期症状，表示癌肿已侵犯食管外组织，最后出现恶病质。

（2）体征：食管癌早期可无明显体征。中期可有营养不良、消瘦。至晚期，营养不良加重，消瘦，脱水，全身衰竭呈恶病质。出现肿瘤转移所引起的体征，如锁骨上淋巴结肿大，肝转移者可触及肝大、黄疸、腹水等。

 考点提示

食管癌患者的临床表现。

3. 心理 - 社会状况　由于患者对早期食管癌的表现没有引起足够的重视，当逐渐出现吞咽困难的时候，患者及其家属会出现焦虑、紧张、恐惧等不良心理反应。了解患者对疾病的认知程度及能否配合治疗和护理；能否进食和安静入睡；患者能否配合康复训练，家属对患者的关心程度、支持力度、家庭经济承受能力等。

4. 辅助检查

（1）食管造影检查：是可疑食管癌患者影像学诊断的首选，进一步仍需细胞学或组织病理学确诊。早期可见食管黏膜皱襞紊乱、粗糙或有中断现象；小的充盈缺损；局限性管壁僵硬，蠕动中断。中、晚期有明显的不规则狭窄和充盈缺损，管壁僵硬。

（2）CT 检查：胸部 CT 检查目前主要用于食管癌临床分期和术后随访。

（3）食管拉网脱落细胞学检查：是高发区高危人群筛查食管癌的首选方法，对于阳性病例，仍需行纤维食管镜检查，以进一步定性和定位诊断。食管拉网脱落细胞学检查方法简便，是进行大面积普查的切实可行的方法。

（4）纤维食管镜检查：是食管癌诊断中重要的手段之一，对于食管癌的定性诊断、定位诊断和手术方案的选择有重要的作用。

5. 治疗原则　手术是治疗食管癌的首选方法，临床上多采取综合治疗原则，即根据患者的机体状况，肿瘤的病理类型、侵犯范围（病期）和发展趋向，有计划、合理地应用现有的治疗手段。

（1）手术治疗：若患者全身情况较好，无明显远处转移征象，可考虑手术。常用的手术方式有非开胸及开胸食管癌切除术两种。目前对中段以上的食管癌，主张采用颈 - 胸 - 腹三切口方法，术后常用胃或结肠代替食管。晚期食管癌患者不能进行根治性手术或放射性治疗、进食有困难者，可做姑息性手术，如胃或空肠造瘘术、食管腔内置管术、食管分流术等，以达到改善营养、延长患者生命的目的。

（2）放射治疗：可用于手术前和手术后，增加手术切除率，也可单独用于上段食管癌或晚期癌的治疗。

（3）化学治疗：食管癌对化疗药物敏感性差，可与其他方法联合应用，有时可提高疗效。

【常见护理诊断 / 问题】

1. 营养失调：低于机体需要量　与营养物质摄入不足或不能进食、消耗增加有关。

2. 体液不足　与吞咽困难、水分摄入不足有关。

3. 焦虑、恐惧、绝望　与对癌症的恐惧和担心有关。

4. 潜在并发症：出血、肺不张、肺炎、吻合口瘘、乳糜胸等。

【护理目标】

1. 患者营养状况改善。

2. 患者水、电解质维持平衡。

3. 患者情绪稳定，树立战胜疾病的信心。

4. 患者未发生并发症或并发症发生后被及时发现和处理。

【护理措施】

1. 术前护理

（1）心理护理：针对患者的心理状态进行耐心解释、安慰和鼓励，建立充分信赖的护患关系，讲解手术和各项治疗及护理的意义、方法、大致过程、配合与注意事项，以及让同病室患者进行现身说法，使患者认识到手术是该病彻底的治疗方法。争取患者亲属在心理和经济方面的积极支持和配合，解除患者的后顾之忧。

（2）加强营养：对尚能进食者，应给予高热量、富含维生素的流质或半流质饮食。不能进食者，应静脉补充水分、电解质及热量，或提供肠内、肠外营养等。低蛋白血症的患者，应输新鲜血液或血浆蛋白质给予纠正。

（3）保持口腔卫生：口腔是食管的门户，口腔内的细菌可随食物或唾液进入食管，在梗阻或狭窄部位停留、繁殖，造成局部感染，影响术后吻合口愈合，故应保持口腔清洁，进食后漱口并积极治疗口腔疾病。

（4）呼吸道准备：对吸烟者，术前2周应劝其严格戒烟，指导并训练患者有效咳痰和腹式深呼吸，预防术后肺炎和肺不张。

（5）胃肠道准备：①术前1周遵医嘱给患者口服抗生素，可起到局部抗感染作用。②术前3日改流质饮食，术前1日禁饮食。③对进食后有滞留或反流者，术前1日晚遵医嘱予以生理盐水100 ml加抗生素经鼻胃管冲洗食管及胃，可减轻局部充血、水肿，防止吻合口瘘。④结肠代替食管手术患者，术前3～5日口服抗生素，如甲硝唑、庆大霉素；术前2日进食无渣流质饮食，术前晚进行清洁灌肠或全肠道灌洗后禁饮、禁食。⑤手术日晨常规放置胃管，通过梗阻部位时不能强行进入，以免穿破食管，可置于梗阻部位上端，待手术中在直视下再置于胃中。

2. 术后护理

（1）病情观察：监测并记录生命体征，每30分钟1次，平稳后可改为每1～2小时1次。

（2）呼吸道护理：食管癌术后患者易发生呼吸困难、缺氧，并发肺不张、肺炎，甚至呼吸衰竭。术后第1日每1～2小时鼓励患者深呼吸、吹气球及使用深呼吸训练器锻炼，促使肺膨胀。痰多、咳痰无力的患者若出现呼吸浅快、发绀、呼吸音减弱等痰阻现象时，应立即行鼻导管深部吸痰，必要时行纤维支气管镜吸痰或气管切开吸痰，气管切开后按气管切开常规护理。气管插管随时吸痰，保持呼吸道通畅。

（3）饮食护理：由于食管缺乏浆膜层，愈合速度较慢，故手术后应严格禁饮、禁食。进食原则为少量多餐、由稀到干、逐渐增加进食量。避免进食过快、过量及带骨刺或硬质食物，质硬的药片可碾碎后服用。①术后禁食期间不可下咽唾液，以免感染造成食管吻合口瘘。②术后3～4日吻合口处于充血水肿期，需禁饮、禁食。③禁食期间持续胃肠减压，注意经静脉补充水分和营养。④术后3～4日待肛门排气，胃肠减压引流量减少后，拔除胃管。⑤停止胃肠减压24小时后，若无异常，先试饮少量水，术后5～6日可给予全量流质饮食，每2小时给100 ml，每日6次。术后3周患者若无特殊不适，可进普食，但仍应注意少食多餐，细嚼慢咽，防止进食量过多、速度过快。⑥避免进食生、冷、硬的食物（包括质硬的药片和带骨刺的肉类、花生、豆类等），以避免导致后期吻合口瘘。⑦食管胃吻合术后患者可能有胸闷、进食后呼吸困难，建议患者少食多餐，经1~2个月后，此症状多可缓解。⑧食管癌、贲门癌切除术后可发生胃液反流至食管，患者可有反酸、呕吐等症状，平卧时加重，应嘱患者饭后2小时内勿平卧，睡眠时将枕头垫高。

 考点提示

食管癌患者术后饮食护理。

（4）胃肠减压的护理：术后3~4日进行胃肠减压，保持胃管通畅，妥善固定胃管，防止脱出。严密观察引流量、性状、气味并准确记录。

（5）胸腔闭式引流的护理：保持胸腔闭式引流通畅，观察引流液的性状并记录。护理措施参照本章第五节胸腔闭式引流患者的护理。

（6）胃肠造瘘术后的护理：观察造瘘管周围有无渗出或胃液漏出。暂时性或用于管饲的永久性胃造瘘管均应妥善固定，防止脱出、阻塞。

（7）结肠代食管术后护理：食管癌切除术后，常用结肠代替食管。术后的护理需保持置于结肠袢内的减压管通畅。注意观察腹部体征，如发现异常，及时报告医师。患者常嗅到粪便气味，需向患者解释原因，并指导其注意口腔卫生，一般此情况于半年后能逐步缓解。

（8）放射治疗及化学治疗期间的护理：向患者解释治疗的目的。注意合理调配饮食，以增进食欲。有恶心、呕吐者，给予对症治疗，以缓解症状。放射治疗患者应注意保持照射部位皮肤清洁，防止放射线对皮肤的损伤。

3. 术后并发症护理

（1）吻合口瘘：是食管癌术后极为严重的并发症，死亡率高达50%。发生吻合口瘘的原因有：①食管的解剖特点，如无浆膜覆盖。②食管的血液供应呈节段性，易造成吻合口缺血。③吻合口张力过大。④感染、营养不良、贫血、低蛋白血症等。患者表现为呼吸困难、胸腔积液以及全身中毒症状，包括高热、血白细胞计数升高、休克甚至脓毒血症。吻合口瘘多发生于术后5~10日，在此期间应密切观察有无上述症状，一旦出现，应立即通知医师并配合处理。护理措施包括：①嘱患者立即禁食，直至吻合口愈合。②行胸腔闭式引流并常规护理。③加强抗感染治疗及肠外营养支持。④严密观察生命体征，若出现休克症状，应积极抗休克治疗。⑤需再次手术者，应积极配合医师完善术前准备。

（2）乳糜胸：是比较严重的并发症，多因伤及胸导管所致。乳糜胸多发生在术后2~10日，少数病例可在2~3周出现。术后早期由于禁食，乳糜液含脂肪甚少，胸腔闭式引流可为淡血性或淡黄色液，但量较多；恢复进食后，乳糜液漏出量增多，大量积聚在胸腔内，可压迫肺及纵隔并使之向健侧移位。患者表现为胸闷、气短、心悸，甚至血压下降。由于乳糜液中95%以上是水，并含大量脂肪、蛋白质、胆固醇、酶、抗体和电解质，若未及时治疗，可在短期内造成全身消耗、衰竭而死亡。因此，术后应密切观察患者有无上述症状，若诊断成立，应迅速处理，即放置胸腔闭式引流管，及时引流胸腔内乳糜液，使肺膨胀，可用负压持续吸引，有利于胸膜形成粘连；一般主张进行胸导管结扎术，同时给予胸外营养支持治疗。

 考点提示

食管癌患者手术后并发症的观察和护理。

4. 健康教育

（1）疾病预防：向患者讲解引起癌变的因素，避免接触霉变的食物，避免过烫、过硬饮食等；加大防癌宣传教育，在高发区人群中做普查和筛检；鼓励患者保持乐观情绪，坚持锻炼，增强体质。

（2）加强营养：根据不同的手术方式，向患者讲解术后进食时间，指导选择合理的饮食及注意事项，预防并发症的发生。

（3）活动与休息：活动时注意掌握活动量，避免疲劳，保证充分睡眠。术后早期不宜下蹲大小便，以避免引起直立性低血压或发生意外。

（4）康复活动：清醒后即开始做被动肩臂运动。术后第1日开始肩臂主动运动，即过度伸臂、内收和前屈上肢内收肩胛骨。

（5）复诊：指导患者定期复查，坚持后续治疗。

【护理评价】

1. 患者营养状况能否维持，体重是否下降或增加，贫血有无改善。
2. 患者水、电解质是否平衡，尿量是否正常，有无脱水或电解质代谢紊乱的现象。
3. 患者的心理问题是否得到解决，睡眠是否充足，能否配合治疗和护理。
4. 患者有无并发症发生，或并发症发生后是否被及时处理。

第五节　胸腔闭式引流患者的护理

胸腔闭式引流是将胸膜腔内的气体、液体利用负压吸引的原理引流出体外而降低胸膜腔压力，减轻液体和气体对心肺组织的压迫，重建胸膜腔负压，保持纵隔正常位置，促使肺复张。

【引流原理】

胸腔闭式引流是根据胸膜腔的生理特点而设计的，以重力引流为原理，在胸膜腔内插入引流管，管的下方置于水封瓶液体中，依靠水封瓶中的液体使胸膜腔与外界隔离。当胸膜腔内因积液或积气形成高压时，其中的液体或气体排至引流瓶内；当胸膜腔恢复负压时，水封瓶内的液体被吸至引流瓶长管下端形成负压水柱，阻止空气进入胸膜腔。由于引流管有足够的垂直长度，负压水柱仅位于引流管的下端，不会被吸进胸膜腔内。

【引流目的】

1. 引流胸膜腔内积液、血液及气体。
2. 重建胸膜腔内负压，维持纵隔的正常位置。
3. 促进肺复张，防止感染。

【适应证】

1. 中量及大量闭合性气胸、开放性气胸、张力性气胸、血胸、脓胸。
2. 胸腔穿刺术治疗后肺无法复张。
3. 剖胸手术后引流。

【引流装置】

传统的胸腔闭式引流装置常见的有单瓶、双瓶、三瓶3种（图14-5）。目前临床上广泛应用的是各种一次性使用的胸膜腔引流装置。

1. 单瓶水封闭式引流　取容量为2000～3000 ml的广口无菌引流瓶，引流瓶的橡胶瓶塞上有两个孔，分别插入长、短玻璃管。瓶中装约500 ml无菌生理盐水，长玻璃管应在水面下3～4 cm，且保持直立，另一端与患者的胸膜腔引流管相连，短管作为空气通路。接通后，可

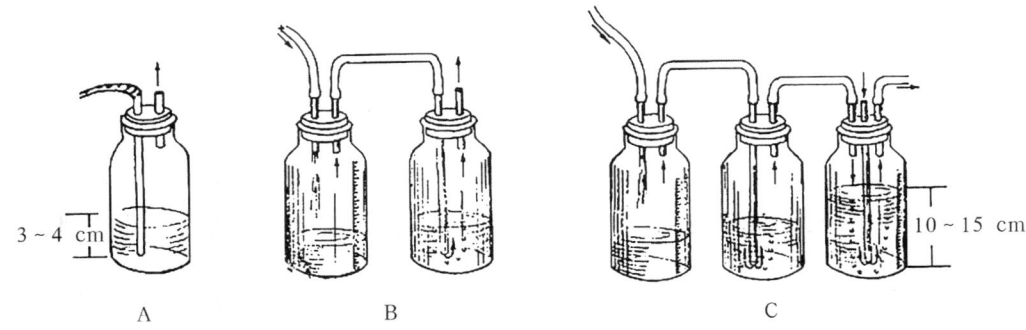

图 14-5 胸腔闭式引流装置
A. 单瓶水封闭式引流；B. 双瓶水封闭式引流；C. 三瓶水封闭式引流

见长玻璃管的水柱升高至液平面以上 8~10 cm，并随着患者的呼吸上下波动；若无波动，则提示引流管道不通畅。

2. 双瓶水封闭式引流　包括 1 个引流瓶和 1 个水封瓶（吸引瓶），双瓶既可以引流积液，又可以引流气体，水封瓶引流积液的压力来自胸腔积液的重力，排气的动力还是来自胸膜腔的正压或接负压吸引器。

3. 三瓶水封闭式引流　在双瓶的基础上增加了一个施加抽吸力的控制瓶。控制瓶起到调压的作用，水位通常在 8 cm 左右，调节长管插入液面下的深度即可调节抽吸的负压。在里面放水的原理是当负压吸引过大，压力超过 8 cmH_2O 柱时，便会有外界空气进入，缓解压力，以保护肺不被拉伤。

【置管位置及导管选择】

1. 置管位置　气胸引流一般在患侧前胸壁锁骨中线第 2 肋间隙；引流液体则选在患侧腋中线与腋后线间第 6~8 肋间隙；脓胸常选择脓液积聚的最低位置进行置管。

2. 胸导管的选择　选择长度约为 100 cm 的橡胶管（或硅胶管）。用于排液的胸膜腔引流管宜选用质地较硬、管径 1.5~2 cm 的橡皮管，不易折叠、堵塞而利于通畅引流；用于排气的胸膜腔引流管则选择质地较软，管径 1 cm 的乳胶管，既能达到引流目的，又可减少局部刺激，减轻疼痛。

【护理措施】

1. 保持管道密闭性　①随时检查引流装置是否密闭及引流管有无脱落。②水封瓶长玻璃管没入水中 3~4 cm，并始终保持直立。③引流管周围用油纱布包盖严密。④当搬动患者或更换引流瓶时，需双重关闭引流管，以防空气进入。⑤若引流管连接处脱落或引流瓶损坏，应立即双钳夹闭胸壁引流导管，并更换引流装置。⑥若引流管从胸膜腔滑脱，立即用手捏闭切口处皮肤，消毒处理后，用凡士林纱布封闭切口，并协助医师做进一步处理。

2. 严格执行无菌操作，防止逆行感染　①引流装置应保持无菌。②保持胸壁引流口处敷料清洁、干燥，一旦渗湿，及时更换。③引流瓶应低于胸壁引流口平面 60~100 cm，以防瓶内液体逆流入胸膜腔。④按规定时间更换引流瓶，更换时严格遵守无菌操作规程。

3. 保持引流管通畅　闭式引流主要靠重力引流，有效地保持引流管通畅的方法有：①患者取半坐卧位（图 14-6）。

图 14-6 胸膜腔闭式引流术患者体位

②定时挤压胸膜腔引流管，防止引流管阻塞、扭曲、受压。③鼓励患者作咳嗽、深呼吸运动及变换体位，以利胸膜腔内液体、气体排出，促进肺扩张。

4. 观察和记录　①注意观察长玻璃管内的水柱波动。因为水柱波动的幅度反映死腔的大小与胸膜腔内负压的大小。一般情况下，水柱上下波动 4~6 cm。若水柱波动过大，可能存在肺不张；若水柱无波动，则提示引流管不通畅或肺已完全扩张；若患者出现胸闷、气促、气管向健侧偏移等肺受压情况，应疑为引流管被血块堵塞，需设法捏挤或使用负压间断抽吸引流瓶的短玻璃管，促使其通畅，并立即通知医师处理。②观察引流液体的量、性状、颜色，并准确记录。

5. 拔管　一般引流 48~72 小时后，临床观察无气体溢出，或引流量明显减少且引流液颜色变浅，24 小时引流量<50 ml、脓液量<10 ml，胸部 X 线片示肺膨胀良好、无漏气，患者无呼吸困难，即可拔管。护士协助医师拔管，在拔管时，应嘱患者先深吸一口气，在吸气末迅速拔管，并立即用凡士林纱布或者厚敷料封闭胸壁切口，外加包扎固定。拔管后，注意观察患者有无胸闷、呼吸困难、切口漏气、渗液、出血及皮下气肿等，如发现异常，及时通知医师处理。

> **思政园地**
>
> **贺明：跑马抗癌，书写生命奇迹**
>
> 　　安徽淮南的贺明曾经是一名消防战士，在 2016 年被查出肺癌晚期，他的生命似乎进入了倒计时。但贺明没有在病魔前低头，而是做出了一个令人惊叹的决定——用跑马拉松来抗癌。
>
> 　　此后，贺明开启了常人难以想象的抗癌征程。每一次奔跑，对他来说都是与病痛的激烈较量。身体的虚弱、化疗带来的副作用，都没能阻挡他迈向马拉松赛场的脚步。在漫长的抗癌岁月里，他完成了 100 多场马拉松赛事。
>
> 　　贺明的事迹如同一束光，照亮了许多人前行的道路。他以坚韧不拔的毅力、对生命的无限热爱，诠释了永不放弃的精神。贺明的故事告诉我们，面对生活中的困境，要始终保持积极、乐观的态度，用顽强的意志去挑战困难，不断超越自我，以实际行动去书写属于自己的生命华章。

自　测　题

一、选择题

1. 肋骨骨折多见于
   A. 第 4~7 肋　　　　　B. 第 10~12 肋　　　　　C. 第 8~12 肋
   D. 第 8~10 肋　　　　E. 第 1~3 肋
2. 开放性气胸的现场急救中，最为重要的是
   A. 封闭胸壁伤口　　　B. 防止误吸　　　　　　C. 立即给氧
   D. 胸外按摩　　　　　E. 穿刺排气
3. 导致脓胸的最主要的感染途径是
   A. 胸腔内脏器感染直接侵入　　　　　　　　　B. 外伤后感染
   C. 淋巴途径　　　　　　　　　　　　　　　　D. 血源性途径
   E. 手术后感染

4. 姚某，男性，40岁，右侧胸痛、咳嗽、发热4天，胸部X线片提示右侧肺炎，给予抗感染治疗等处理，病情有所好转。1周后，患者再次出现发热，并有呼吸困难。体格检查：右肺叩诊呈浊音，听诊呼吸音减弱。该患者最可能的合并症是
  A. 败血症   B. 脓胸   C. 气胸
  D. 支气管胸膜瘘   E. 肺大疱

5. 余某，女性，68岁，胸骨后疼痛3个月，吞咽困难2周，消瘦，贫血貌。该患者最可能的疾病诊断是
  A. 食管炎   B. 食管息肉   C. 食管癌
  D. 胃癌   E. 胃、十二指肠溃疡

6. 费某，男性，60岁，因刺激性咳嗽、痰中带血丝2个月，经抗感染治疗无好转，CT提示肺癌入院。体格检查：左侧上睑下垂、瞳孔缩小、眼球内陷、面部无汗。该患者最可能的情况是
  A. 癌肿压迫或侵犯颈交感神经   B. 癌肿压迫或侵犯喉返神经
  C. 癌肿压迫气管   D. 癌肿压迫上腔静脉
  E. 癌肿压迫食管

（7~8题共用题干）

杨某，男性，57岁，咳血性痰2周入院。胸部X线片示右肺门肿块影，伴远端大片状阴影，抗感染治疗后阴影不吸收。

7. 有助于尽快明确诊断的检查首选
  A. CT   B. MRI   C. 胸腔镜
  D. 核素扫描   E. 纤维支气管镜检查

8. 该患者最可能的癌症类型是
  A. 中央型肺癌   B. 周围型肺癌   C. 腺癌
  D. 肺上沟瘤   E. 转移癌

（9~10题共用题干）

刘某，男性，24岁，被他人捅伤胸部20分钟急诊入院。体格检查：BP 100/70 mmHg、P 98次/分、R 34次/分，神志清楚，面色苍白，四肢湿冷，呼吸困难，右锁中线第4肋间隙可见2 cm长伤口，随呼吸有气体出入伤口，有少量渗血，叩诊呈鼓音。

9. 首先考虑的诊断是
  A. 闭合性气胸   B. 开放性气胸   C. 张力性气胸
  D. 损伤性血胸   E. 机化性血胸

10. 此时应采取的急救措施是
  A. 吸氧   B. 静脉穿刺输液   C. 拍摄胸部X线片
  D. 立即闭合胸部伤口   E. 立即剖胸探查

（11~12题共用题干）

廖某，女性，42岁，进食后哽噎感2个月余，食管X射线钡剂造影显示中段食管黏膜皱襞紊乱、粗糙，并可见3 cm中断。

11. 下一步应该进行的检查是
  A. 脱落细胞学检查   B. CT   C. MRI

D. 纤维食管镜检查　　　E. 超声检查
12. 应该选择的治疗方法是
　　A. 手术治疗　　　B. 化学治疗　　　C. 放射治疗
　　D. 中医中药治疗　　E. 姑息治疗

二、名词解释

1. 机化性血胸
2. 连枷胸
3. 张力性气胸

三、填空题

1. 食管癌术后最严重的并发症是_____和_____。
2. 食管癌中、晚期的典型表现是_____。
3. 全肺切除术应控制钠盐摄入量，24小时补液量宜控制在_____内，速度以_____滴/分为宜。

四、简答题

1. 简述不同血胸的处理原则。
2. 如何指导食管癌术后患者的饮食。

（廖元翠）

第十五章 急性化脓性腹膜炎患者的护理

学习目标

1. 归纳急性腹膜炎和腹腔脓肿的分类、病因及病理。
2. 熟记急性化脓性腹膜炎、腹腔脓肿的护理措施。
3. 描述急性化脓性腹膜炎、腹腔脓肿的临床表现和治疗原则。
4. 能够运用护理程序对急性化脓性腹膜炎患者实施整体护理。
5. 在护理操作过程中，注意保护患者的隐私，具有关爱和认真负责的工作作风。
6. 具有应急处理能力和与患者有效沟通的能力。

案例 15-1

杨先生，42岁，饱餐后1小时突然出现上腹部剧烈刀割样疼痛，并迅速波及全腹，伴畏寒、发热、恶心、呕吐，呕吐物为胃内容物。体格检查：T 38.8℃，P 103次/分，R 22次/分，BP 90/70 mmHg，急性痛苦面容，面色苍白，心肺无明显异常，全腹压痛、反跳痛、肌紧张如板状，肝浊音界消失，腹部有移动性浊音，肠鸣音减弱。X线摄片膈下有游离气体。

问题与思考：
1. 该患者应考虑何种疾病？依据是什么？
2. 该患者目前存在的常见护理诊断/问题有哪些？
3. 该患者目前的护理措施有哪些？

第一节 急性化脓性腹膜炎患者的护理

急性腹膜炎是由化脓性细菌感染或受化学、物理等因素刺激而引起的腹膜的急性炎症。急性化脓性腹膜炎是指由化脓性细菌（包括需氧菌和厌氧菌）或两者混合所引起的腹膜急性炎症。急性腹膜炎累及整个腹膜腔称为急性弥漫性腹膜炎；若局限于病灶局部，称为局限性腹膜炎，并可形成腹腔脓肿。

知识链接

腹膜的解剖及生理特点

腹膜是一层很薄的浆膜，可分为相互连续的壁腹膜和脏腹膜两部分。两层腹膜之间的潜在间隙称为腹膜腔，男性腹膜腔是完全封闭的，女性腹膜腔则经输卵管、子宫、阴道与外界相通。腹膜腔是人体最大的体腔，正常情况下，腹膜腔内有少量的浆液。病变时，腹膜腔可容纳数升液体或气体。壁腹膜主要受躯体神经（肋间神经和腰神经的分支）支配，对各种刺激敏感，痛觉定位准确，受炎症刺激后可引起局部疼痛、压痛及反射性腹肌紧张，是诊断腹膜炎的重要体征。膈肌处腹膜受到刺激时，可通过膈神经反射性引起肩部牵涉痛或呃逆。脏腹膜受自主神经（来自交感神经和迷走神经末梢）支配，对牵引、膨胀、压迫、痉挛等刺激敏感，但对疼痛定位差，常表现为腹部钝痛。腹膜具有润滑、渗出、吸收、防御和修复等功能。

【分类、病因、发病机制及病理生理】

1. 分类　根据发病机制、病因及范围等，可分为原发性腹膜炎和继发性腹膜炎；细菌性（化脓性）腹膜炎和非细菌性腹膜炎；局限性腹膜炎和弥漫性腹膜炎。临床上以急性、继发性、弥漫性、化脓性腹膜炎最为常见，简称急性腹膜炎。

2. 病因及发病机制

（1）继发性腹膜炎：是由腹腔内脏器穿孔、破裂、炎症、腹部损伤或手术污染引起的腹膜炎。继发性腹膜炎临床上较为常见，约占所有腹膜炎的98%。引起继发性腹膜炎的常见致病菌为大肠埃希菌、厌氧类杆菌、变形杆菌、粪链球菌等，多为混合感染。常见于下列情况（图15-1）。

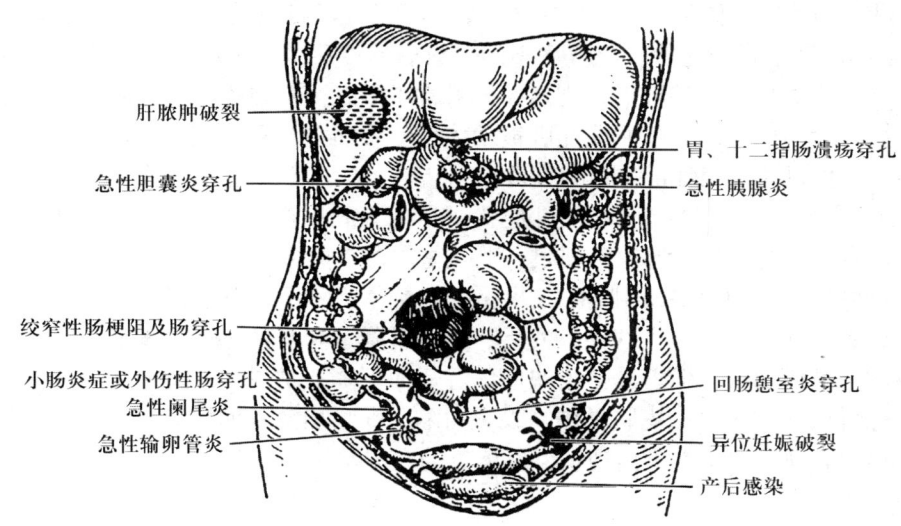

图15-1　继发性腹膜炎常见的原因

1）腹内脏器的穿孔或破裂：最为常见，如急性阑尾炎穿孔，急性胃、十二指肠溃疡穿孔，以及腹部损伤引起腹内空腔脏器破裂等。

2）腹内脏器感染及扩散：如急性化脓性阑尾炎、急性化脓性胆囊炎、急性胰腺炎、女性生殖系统化脓性炎症等感染扩散而引起。

3）其他：腹腔手术污染，胃肠道、胆道及胰管吻合口漏等。

（2）原发性腹膜炎：指腹腔内无原发病灶，细菌经血液循环、淋巴或女性生殖道等途径侵入腹腔引起。致病菌多为溶血性链球菌、肺炎双球菌等。临床上较少见，多发生于儿童，尤其是10岁以下的营养不良的女孩，常在上呼吸道感染后发病。血培养多能培养出致病菌。原发性腹膜炎感染广泛，一般无须手术治疗。

 考点提示

原发性腹膜炎与继发性腹膜炎的区别。

3. 病理生理　腹膜受到细菌或胃肠道内容物等化学性物质的刺激后，立即引起腹膜充血、水肿，并大量渗出。渗出液早期为浆液性渗出液，以稀释和减少腹膜刺激。随着渗出液中白细胞和吞噬细胞的增多及对细菌的吞噬，以及细胞坏死、纤维蛋白的凝固等，渗出液逐渐变为混浊而成为脓液。病变严重者，腹膜严重充血、水肿并大量渗出，可引起严重的水、电解质代谢紊乱和酸碱平衡失调，同时细菌入侵和毒素吸收易导致感染性休克。腹腔内器官浸泡于脓性渗出液中，可形成麻痹性肠梗阻；肠腔内大量积液，加之高热、呕吐，引起血容量明显减少；同时，肠管因麻痹、扩张使膈肌抬高，从而影响心脏、肺功能，并加重休克，可导致患者死亡。病变轻者，病灶可被大网膜包裹，炎症局限，形成局限性腹膜炎，渗液被吸收，炎症消散而痊愈。若渗出液不能被完全吸收，则形成腹腔脓肿。

【护理评估】

1. 健康史　了解患者既往有无胃、十二指肠溃疡或阑尾炎等发作史，有无腹部手术史或外伤史，有无嗜烟、酗酒等不良生活习惯史，发病前有无暴饮暴食、剧烈活动等诱因。对于成年人，还要了解有无肝炎、肝硬化病史；对于小儿，要了解有无肾病、猩红热或营养不良等引起机体抵抗力低下的病史；对于女性患者，还应了解有无生殖器感染史等。

2. 身体状况

（1）症状：因病因不同，症状有所差异。腹膜炎的症状可以是突发的，也可以逐渐出现的。

1）腹痛：是最主要的症状。原发病不同，腹痛的性质也不一样。疼痛程度随炎症的轻重有所不同，其腹痛的特点为持续性、剧烈，患者常难以忍受；在深呼吸、咳嗽或变动体位时疼痛加剧，故患者常不愿活动，呈蜷曲侧卧被动体位。腹痛多自原发病变部位开始，随炎症扩散而波及全腹，但仍以原发病灶部位最为显著。

2）恶心、呕吐：为较早出现的常见症状。早期为腹膜受到刺激引起反射性恶心、呕吐，呕吐物为胃内容物；若发生麻痹性肠梗阻，呕吐物常含有黄绿色胆汁，甚至粪样肠内容物。

3）全身性感染中毒病状：因腹腔内大量细菌毒素及坏死组织分解产物被吸收所致。患者可出现高热、脉搏加快、大汗、气促、疲乏、食欲下降等全身性感染中毒症状。多数患者的脉搏常随体温的升高而加快，但若脉搏增快而体温反而下降，常提示病情恶化。由于大量体液渗出，可导致患者口渴、尿少、皮肤干燥、眼窝内陷、呼吸加深及加快等水、电解质代谢紊乱及代谢性酸中毒的表现；严重者可出现感染性休克的表现。

（2）腹部体征

1）视诊：腹胀，腹式呼吸减弱或消失。腹胀加重是病情恶化的重要标志。

2）触诊：腹部压痛、反跳痛和肌紧张，三者合称腹膜刺激征，为腹膜炎的标志性体征。压痛和反跳痛始终存在，尤以原发病变部位最为明显；腹肌紧张程度因病因及患者的全身情况而异，如胃肠道穿孔时，因化学性刺激，可引起强烈的腹肌紧张，甚至呈"板状腹"；但老年体弱者及幼儿，腹肌紧张不明显，易被忽视。

3）叩诊：因胃肠胀气，腹部叩诊多呈鼓音；胃肠道穿孔时，肝浊音界可缩小或消失；腹腔内渗液较多时，可叩出移动性浊音。

4）听诊：肠鸣音减弱或消失。

（3）直肠指检：当急性腹膜炎波及盆腔或并发盆腔脓肿时，直肠前窝饱满，直肠前壁有触痛或波动感。

3. 心理-社会状况　急性腹膜炎起病急骤，病情重，患者往往表现为焦虑、烦躁、恐惧。当非手术治疗无效而中转手术或因病情严重而决定急诊手术时，患者及其家属为手术及愈后感到担忧。当患者疼痛剧烈，但因诊断未明而不能使用镇痛药时，部分患者及其家属可能产生不理解的情绪或言行，甚至有过激行为。

4. 辅助检查

（1）实验室检查：血常规检查可见白细胞总数及中性粒细胞比例明显升高。但病情危重或机体反应低下的患者，白细胞总数可不升高，而仅有中性粒细胞比例升高，甚至有中毒颗粒的出现。血生化检查，可有水、电解质代谢紊乱及酸碱平衡失调的改变。

（2）X线检查：可见大肠、小肠普遍胀气和多个液气平面等麻痹性肠梗阻征象。胃肠道穿孔时，可见膈下有游离气体。

（3）B型超声、CT等影像学检查：可查出腹腔内有不等量的液体及积液部位，也可应用于腹腔脓肿的诊断及治疗。

（4）诊断性腹腔穿刺：一般常用的穿刺部位为脐与髂前上棘连线的中、外1/3交界处（图15-2中B、B'），或经脐水平线与腋前线相交处（图15-2中A、A'）。对肠梗阻、腹胀明显者，穿刺应慎重。根据腹腔穿刺抽得液体的颜色、混浊度、气味、涂片镜检、淀粉酶测定和细菌培养等来判断引起急性腹膜炎的病因。若穿刺液呈黄色混浊状，无臭味或伴有食物残渣，常提示胃、十二指肠溃疡穿孔；若穿刺液为有臭味脓液，有急性阑尾炎穿孔的可能；若穿刺抽出带有臭味的血性脓液，应考虑绞窄性肠梗阻；若抽出血性渗出液，且胰淀粉酶含量高，有急性重症胰腺炎的可能；若抽出稀薄、无臭味脓液，且涂片检查有链球菌或肺炎双球菌，应考虑为原发性腹膜炎（图15-3）。

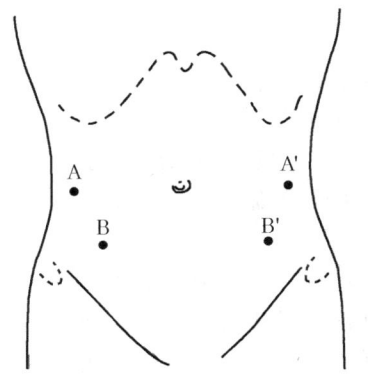
图15-2 诊断性腹腔穿刺部位

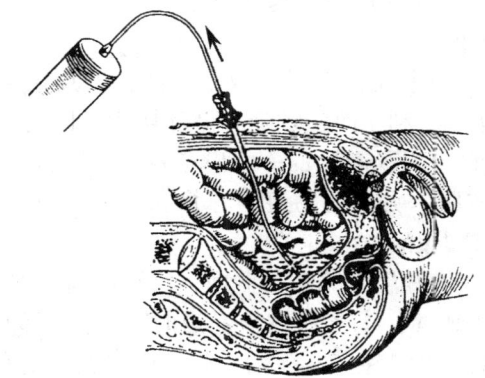
图15-3 诊断性腹腔穿刺抽液方法

（5）诊断性腹腔灌洗：如腹腔内渗液不多，腹腔穿刺不成功，为了明确诊断，可行诊断性腹腔灌洗（图15-4）。一般在脐下中线处作一小切口，或直接用导管针进行穿刺，将一多孔塑料管插入腹腔内15~20 cm，在塑料管尾端接输液瓶，缓慢滴入500~1000 ml无菌生理盐水，并多次变动体位，然后将输液瓶转至低于引流出口，利用虹吸作用使腹腔内液体流向输液瓶中。将灌洗出的液体进行肉眼观察及镜检，有助于病因的判断。

5. 治疗原则

（1）非手术治疗：对病情较轻或炎症已有局限化趋势以及原发性腹膜炎患者，可行非手术治疗。具体措施包括禁饮、禁食、胃肠减压、补液、输血、合理应用抗生素、对症处理及病情观察等。非手术治疗也可作为手术前的准备工作。

（2）手术治疗：绝大多数急性继发性腹膜炎患者需手术治疗。

1）适应证：①经非手术治疗6~8小时后（一般不超过12小

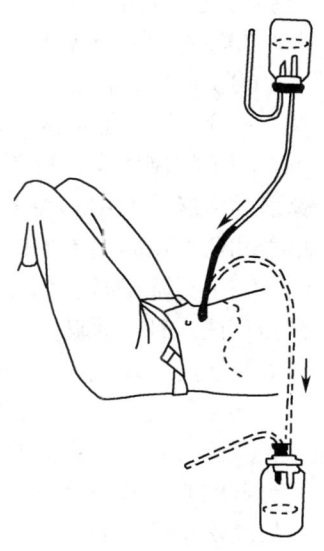
图15-4 诊断性腹腔灌洗

时），腹膜炎症状和体征不缓解或反而加重者。②腹腔内原发病变严重者。③出现严重肠麻痹或中毒症状，尤其是有休克表现者。④腹膜炎病因不明，无局限趋势者。

2）手术方式：剖腹探查术。

3）手术治疗原则：正确处理原发病灶（如病变器官的修补或切除），彻底清理腹腔，吸净脓液，必要时置腹腔引流管。

【常见护理诊断/问题】

1. 急性疼痛　与腹膜受炎症刺激或手术创伤有关。
2. 体液不足　与禁食、呕吐、腹膜渗出有关。
3. 体温过高　与腹腔感染、毒素吸收有关。
4. 潜在并发症：感染性休克、腹腔脓肿、粘连性肠梗阻、切口感染等。

【护理目标】

1. 患者疼痛减轻或消失。
2. 患者体液不足得到纠正。
3. 患者体温恢复正常。
4. 患者并发症得到预防或及时处理。

【护理措施】

1. 非手术治疗的护理及术前护理

（1）一般护理

1）体位：患者无休克时宜取半卧位，以减轻腹痛，有利于炎性渗出物向盆腔局限，减轻感染中毒症状，有利于改善呼吸和循环功能。休克患者可取平卧位。

2）禁饮食与胃肠减压：一般患者入院后即暂禁饮、禁食。对胃肠道穿孔、肠梗阻等患者，应及时胃肠减压，吸出胃肠道内容物和气体，以改善肠壁血液循环，减少胃肠内容物漏入腹腔，减轻腹胀和腹痛。

3）其他：做好患者的高热护理、口腔护理、皮肤护理及其他生活护理等。

（2）病情观察：①生命体征：定时观察患者的血压、脉搏、呼吸、体温等生命体征的变化，检查意识状态，注意有无水、电解质代谢紊乱及酸碱平衡失调和休克的表现。②观察并记录患者24小时液体出入量。③腹部症状和体征的观察：定时询问腹痛情况和检查腹部体征，当病情突然加重时，应及时报告医师，并配合医师处理。④注意辅助检查结果提示的相关情况。⑤注意观察有无腹腔脓肿、粘连性肠梗阻等并发症的发生。

（3）静脉输液：应及时建立通畅的静脉输液通道，纠正水、电解质代谢紊乱及酸碱平衡失调，补充营养，必要时可输血浆、全血或全胃肠外营养等加强营养支持。

（4）控制感染：遵医嘱合理使用有效的抗生素，注意给药途径及配伍禁忌等。继发性腹膜炎多为大肠埃希菌和粪链球菌所致的混合感染，早期应选用大量广谱抗生素，之后再根据细菌培养和药敏试验结果加以调整，注意观察药物的疗效及不良反应。

（5）对症护理：慎用镇痛药。若疼痛剧烈影响患者的情绪和休息，可采用镇静药、暗示、松弛疗法或针灸缓解疼痛。对诊断不明确仍需观察或治疗方案未确定者，严禁使用吗啡、哌替啶等镇痛药，以免掩盖病情，贻误诊断和治疗。

（6）若需手术治疗，应做好术前常规准备工作。禁服轻泻药，禁灌肠。

（7）心理护理：关心、体贴和安慰患者，增强患者对医护人员的信任感和安全感。注意观察患者的心理及情绪变化，有针对性地做好解释工作，消除患者的紧张、焦虑或恐惧心理，树立战胜疾病的信心；密切与患者家属、朋友及工作单位领导沟通，取得各方面的大力支持和良好配合，使患者能愉快地接受护理和治疗。向患者及其家属讲解镇痛药的使用原则，以取得患者及其家属的理解和支持。

2. 术后护理

（1）一般护理

1）了解手术及麻醉情况，了解引起急性腹膜炎的原因、手术方式等。

2）体位与活动：麻醉作用消失、血压平稳后，取半卧位。在病情允许的情况下，应鼓励患者及早活动，促进肠蠕动，预防肠粘连的发生。

3）禁饮食、胃肠减压：术后患者继续禁饮食、胃肠减压。2～3日后，待肠蠕动恢复、肛门排气后，可停止胃肠减压，以后根据病情、手术性质逐步恢复饮食。

4）其他：对术后切口疼痛的患者，遵医嘱适当使用镇痛药；有发热者，做好高热护理；加强口腔、皮肤等生活护理。

（2）病情观察：①观察生命体征。②注意腹部症状、体征变化。③观察手术切口情况。④观察腹腔引流管中引流液的量、颜色、性状。⑤详细记录24小时液体出入量。⑥及时发现有无术后并发症（腹腔内出血、伤口感染、腹腔脓肿、粘连性肠梗阻）的发生等。

（3）补液及营养支持：术后禁食期间遵医嘱静脉输液和营养支持，合理补充水、电解质、维生素及蛋白质等，必要时输血浆、全血，以补充机体代谢的需要。

（4）控制感染：遵医嘱继续应用有效抗生素控制感染。

（5）腹腔引流的护理：①妥善固定腹腔引流管。②保持腹腔引流通畅：引流管勿受压、扭曲，每日定时用手挤压引流管，以保持引流管通畅。如用双套管引流时，内套管可接负压吸引。③观察并记录引流液的颜色、量和性状。④引流管周围皮肤定时消毒，更换敷料，每日更换无菌引流袋。⑤拔管：一般2～3天后，如患者一般情况好转，腹部症状、体征缓解，引流量明显减少、颜色清，可考虑拔管。

（6）切口护理：观察切口敷料是否清洁、干燥，如有渗血、渗液，应及时更换；观察切口愈合情况，及早发现切口感染征象。腹胀明显的患者，应加腹带，以防切口裂开。

3. 健康教育

（1）疾病知识指导：提供疾病护理、治疗知识，向患者说明非手术期间禁食、胃肠减压、半卧位的重要性。

（2）饮食指导：解释腹部手术后肠功能恢复的规律，指导患者术后饮食应从流质开始，逐步过渡到半流质—软食—普食，循序渐进，少量多餐，同时多进食高蛋白、高热量和富含维生素食物，以促进机体恢复和切口愈合。

（3）运动指导：解释术后早期活动的重要性，鼓励患者卧床期间进行床上翻身运动，视病情和患者体力可坐于床边和早期下床走动，以促进肠功能恢复，防止术后肠粘连，促进术后康复。

（4）随访指导：术后指导患者定期门诊随访。若出现腹胀、腹痛、恶心、呕吐或原有消化系统症状加重，应立即就诊。

 考点提示

急性化脓性腹膜炎非手术治疗的护理措施。

【护理评价】

1. 患者疼痛是否减轻或消失。
2. 患者体液不足是否得到纠正。
3. 患者体温是否恢复正常。
4. 并发症是否得到预防或及时处理。

第二节 腹腔脓肿患者的护理

脓液在腹腔内某个部位积聚,由肠管、内脏、网膜或肠系膜等粘连包围,与游离的腹腔隔开而形成腹腔脓肿。腹腔脓肿一般继发于急性化脓性腹膜炎或腹腔内手术,原发性感染少见。腹腔脓肿可分为膈下脓肿、盆腔脓肿和肠间脓肿,以前两种最为多见(图15-5)。致病菌常为大肠埃希菌、链球菌、葡萄球菌和厌氧菌等混合感染。

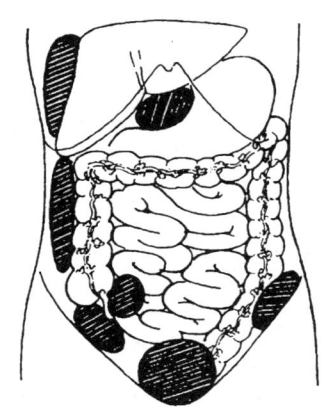

图 15-5 腹腔脓肿的常见部位

【病因及病理生理】

1. 膈下脓肿 凡脓液积聚于膈肌以下、横结肠及其系膜以上的间隙内者,统称为膈下脓肿。膈下脓肿可发生在一个或者多个间隙内。患者平卧时膈下是最低部位,急性腹膜炎时腹腔内的脓液易积聚于此处;细菌也可由门静脉和淋巴系统到达膈下而形成脓肿。小的膈下脓肿经非手术治疗可被吸收。较大的脓肿,可因长期感染,自身组织耗竭,病死率较高。膈下感染可引起反应性胸腔积液、胸膜炎,脓肿穿破胸膜腔时可引起脓胸;脓肿穿透消化道管壁可引起消化道出血或内瘘;若患者全身抵抗力低下,有可能发生脓毒血症。

2. 盆腔脓肿 盆腔处于腹腔最低位置,当急性腹膜炎时,腹腔内的炎性渗出物或脓液易积聚于此而形成盆腔脓肿。盆腔脓肿多见于急性腹膜炎治疗过程中,或阑尾穿孔、结直肠手术后。因盆腔腹膜的面积小,吸收毒素能力较低,故盆腔脓肿时全身性感染中毒症状较轻。

3. 肠间脓肿 指脓液积聚于肠管、肠系膜与网膜之间,大小不等,可为单个或多个。因脓肿周围有广泛粘连,常伴不同程度的粘连性肠梗阻表现,若脓肿穿透肠管,形成内瘘,患者可排出脓性便。

【护理评估】

1. 健康史 了解患者既往病史中有无胃及十二指肠溃疡穿孔、急性阑尾炎穿孔病史,有无其他腹腔内脏器官疾病和腹部手术史,近期有无腹部外伤史。对于儿童,应注意近期有无泌尿道、呼吸道感染病史,有无营养不良或导致全身抵抗力下降的情况。

2. 身体状况

(1)膈下脓肿:表现为全身症状明显而局部症状隐匿。临床表现往往发生在急性腹膜炎的恢复期,或腹腔手术后1周左右。

1)症状

全身症状:发热,初为弛张热,脓肿形成以后呈持续高热,也可为中等程度的持续发热,有时伴有寒战、出汗、脉率增快、乏力、厌食、消瘦等全身表现。

局部症状:肋缘下或剑突下可出现持续性钝痛,深呼吸时疼痛加重,并有颈部、肩部牵涉痛。若脓肿刺激膈肌,可引起呃逆;若感染波及胸膜,可引起胸膜炎或反应性胸腔积液;若脓肿穿入胸膜腔,可引起脓胸,患者可出现咳嗽、胸痛、气促等表现。近年来,由于大量广谱抗生素的临床应用,局部症状多不典型。

2)体征:季肋区可有叩击痛,局部皮肤可出现凹陷性水肿,皮温升高;患侧胸部下方呼吸音减弱或消失;右膈下脓肿可出现肝浊音界扩大等。

(2)盆腔脓肿:急性腹膜炎治疗过程中、结直肠手术后或阑尾穿孔,体温下降后又升高,常有典型的直肠或膀胱刺激征,患者常有里急后重,排便次数增多、黏液便,或尿频、尿急、尿痛、排尿困难等。腹部检查多无阳性体征。直肠指检可发现肛门括约肌松弛，直肠前壁饱满且有触痛，有时可触及波动感。

（3）肠间脓肿：脓液积聚于肠管、肠系膜与网膜之间，大小不等，可为单个或多个。患者可有发热、腹部疼痛及不适，腹部可扪及压痛的包块；因脓肿周围有广泛粘连，常伴不同程度的粘连性肠梗阻表现，如腹痛、肠鸣音亢进。

> **考点提示**
>
> 3 种腹腔脓肿的临床特点。

3. 心理-社会状况　了解患者的心理反应，如有无焦虑表现。评估患者对本病的认知程度、心理承受能力和治疗的合作情况。了解患者家属对本病的治疗态度和经济承受能力等。

4. 辅助检查

（1）实验室检查：血常规检查示白细胞计数和中性粒细胞比例增加。

（2）X 线检查：可见患侧膈肌抬高，肋膈角模糊或胸腔积液。

（3）B 型超声、CT 检查：腹部或直肠 B 型超声检查可明确脓肿的位置及大小。必要时行 CT 检查，可进一步明确诊断。

（4）诊断性腹腔穿刺：可在 B 型超声引导下行腹腔穿刺抽脓，若抽出脓液，可明确诊断，并可作细菌培养及药敏试验，指导选用有效的抗生素。

5. 治疗原则

（1）膈下脓肿：小的膈下脓肿经非手术治疗可以吸收、消散。大的单房脓肿可在超声引导下行经皮穿刺置管引流术，抽吸脓液，并冲洗脓腔后注入有效抗生素。必要时，可根据脓肿的位置行手术切开引流。同时加强营养支持及抗感染治疗，包括营养支持、补液、输血、对症和抗生素的应用等。

（2）盆腔脓肿：较小的盆腔脓肿或脓肿尚未形成时，可采用非手术治疗，即应用抗生素，辅以温盐水保留灌肠或热水坐浴等治疗，以促进炎症消散和吸收。脓肿较大者须行手术切开引流，可经肛门在直肠前壁波动处行穿刺并抽出脓液，切开脓腔，排出脓液，然后放置软橡皮管引流 3~4 日。对已婚女性患者，可经阴道后穹隆穿刺后切开引流。

（3）肠间脓肿：一般可采用抗感染治疗等，脓肿可以完全消散和吸收。但较大的脓肿或不能完全吸收时，可在超声引导下采用经皮穿刺置管引流或手术切开引流等。

【常见护理诊断/问题】

1. 腹痛　与腹膜炎症刺激有关。
2. 体温过高　与腹膜炎毒素吸收有关。
3. 焦虑、恐惧　与病情严重、躯体不适、担心预后等有关。

【护理目标】

1. 患者腹痛缓解或消失。
2. 患者体温恢复正常。
3. 患者焦虑、恐惧减轻，情绪稳定。

【护理措施】

1. 病情观察　定时测量患者的生命体征；动态观察患者全身及局部症状和体征的变化。观察局部切口引流情况，记录引流液的量、颜色、性状变化，同时注意患者症状、体征有无好转。

2. 抗感染治疗　遵医嘱合理应用有效的抗生素抗感染治疗，注意观察药物的疗效及不良反应。

3. 加强营养支持　应给予补液，纠正水、电解质代谢紊乱及酸碱平衡失调，必要时输入复方氨基酸、脂肪乳、血浆、新鲜血液，或进行肠外营养支持等，以增强患者的机体抵抗力。

4. 其他治疗　指导患者进行促进脓肿消散的各种治疗，如肛门坐浴、保留灌肠。

自　测　题

一、选择题

1. 急性腹膜炎的最主要症状是
   A. 腹痛　　　　　　B. 发热　　　　　　C. 恶心
   D. 呕吐　　　　　　E. 腹泻

2. 诊断急性腹膜炎最重要的体征是
   A. 腹胀　　　　　　B. 腹膜刺激征　　　C. 肝浊音界消失
   D. 肠鸣音减弱　　　E. 移动性浊音

3. 急性腹膜炎腹痛的特点是
   A. 阵发性绞痛　　　　　　　B. 持续性疼痛阵发性加剧
   C. 腹痛向肩胛部放射　　　　D. 持续性疼痛，多较剧烈
   E. 钻顶样绞痛

4. 患者，男性，50岁，急性腹膜炎行腹腔引流术后5天，患者出现下腹部坠胀，排便次数增多，黏液便，伴尿频、尿急、排尿困难等症状，考虑并发了
   A. 急性肠炎　　　　B. 急性膀胱炎　　　C. 膈下脓肿
   D. 盆腔脓肿　　　　E. 肠袢间脓肿

5. 急性腹膜炎患者在治疗过程中出现高热、呃逆和上腹部疼痛，季肋区有深压痛和叩击痛，宜考虑
   A. 急性胸膜炎　　　B. 急性胆囊炎　　　C. 肠间脓肿
   D. 膈下脓肿　　　　E. 肝脓肿

6. 急性腹膜炎非手术治疗的护理措施，错误的是
   A. 定时监测生命体征及腹部体征的变化
   B. 禁食、禁饮和胃肠减压
   C. 输液、输血，纠正水、电解质代谢紊乱和酸碱失衡
   D. 给予足量、有效抗生素控制感染
   E. 对疼痛剧烈者，可给予哌替啶止痛

（7～9题共用题干）

患者，男性，37岁，既往有胃、十二指肠溃疡病史多年，3小时前饱餐后突然出现刀割样上腹部疼痛，很快蔓延至全腹，伴恶心、呕吐。已经确诊为胃、十二指肠穿孔并急性腹膜炎，准备急诊行手术治疗。

7. 诊断胃、十二指肠穿孔最主要的证据是
   A. 腹膜刺激征　　　B. 膈下游离气体　　C. 十二指肠溃疡病史
   D. 肝浊音界缩小　　E. 腹痛剧烈

8. 确诊急性腹膜炎的主要依据是
   A. 腹膜刺激征　　　　　　　B. 严重全腹疼痛

C. 体温升高　　　　　D. 全身性感染中毒症状严重
　　E. 血象升高
9. 急性腹膜炎患者发生休克的原因是
　　A. 大量毒素吸收　　　B. 大量体液丢失在腹腔
　　C. 中毒性心肌炎　　　D. 毒素吸收和血容量减少
　　E. 急性呼吸衰竭

二、名词解释

1. 膈下脓肿
2. 腹膜刺激征

三、填空题

1. 急性腹膜炎的主要症状是_____。
2. 急性腹膜炎的主要体征是_____，具体表现为_____、_____和_____。
3. 急性腹膜炎手术处理原则包括_____、_____、_____。

四、简答题

1. 说出继发性腹膜炎的原因。
2. 叙述急性腹膜炎的主要临床表现。
3. 说出急性腹膜炎非手术治疗的主要措施。

（张　德）

第十六章　腹部损伤患者的护理

学习目标

1. 归纳腹部损伤的分类、病因及病理。
2. 熟记腹部损伤的护理措施。
3. 描述腹部损伤的临床表现和治疗原则。
4. 能够运用护理程序对腹部损伤患者实施整体护理。
5. 充分认识腹部损伤对人民生命财产的危害性，增强腹部损伤的安全防范意识。
6. 在护理腹部损伤患者的过程中，表现出认真、细致、负责、关爱的态度和工作作风。

案例 16-1

王先生，24岁，因左上腹部被汽车撞伤2小时入院。入院时患者烦躁不安、面色苍白、出冷汗，诉口渴、腹胀。体格检查：T 36.5℃，P 124次/分，R 25次/分，BP 80/50 mmHg，左上腹部有轻度压痛及肌紧张，腹部有移动性浊音，肠鸣音减弱，腹腔穿刺抽出不凝固血液5 ml。

问题与思考：
1. 该患者有无腹内脏器损伤？如有，最有可能的是哪个腹内脏器损伤？
2. 为了明确诊断，还需进一步做哪些检查？
3. 如何配合医师对王先生实施救治？

第一节　概　述

腹部损伤是指由于各种原因引起的腹壁和（或）腹腔内器官损伤。腹部损伤在平时和战时均可见到，平时占各种损伤的0.4%~1.8%，战时可高达50%左右。腹部损伤常伴有腹内脏器损伤，可导致大出血或腹膜炎而威胁患者的生命。腹部损伤的死亡率可高达10%~20%。早期、正确的诊断和及时、合理、有效的治疗是降低腹部损伤患者死亡率的关键。

【病因、分类及病理生理】

1. 病因及分类　根据损伤性质的不同，分为以下两类。

（1）单纯性腹壁损伤：指损伤仅限于腹壁组织。依据腹壁有无开放性伤口，又分为单纯性闭合性腹壁损伤和单纯性开放性腹壁损伤。

（2）腹腔脏器损伤：指伤及腹腔内脏器的损伤。根据腹膜腔是否通过伤口与外界相通，又分为闭合性腹腔脏器损伤和开放性腹腔脏器损伤。

开放性损伤常因锐器、弹片所致，闭合性损伤常因碰撞、冲击、挤压、高处坠落等钝性暴力所致。习惯上，开放性腹部损伤或闭合性腹部损伤指的是腹腔内脏损伤。其中，闭合性腹部损伤更具有重要的临床意义，因为腹部闭合性损伤体表无伤口，要确定有无腹内脏器损伤，有时较困难。若不能及早确定有无腹内脏器损伤，有可能贻误病情而导致严重后果。临床上，闭合性腹腔脏器损伤最多见，且病情严重、复杂、危险性大、死亡率高。

2. 病理生理　腹部损伤的严重程度、是否涉及内脏、涉及何内脏等，很大程度上取决于暴力的强度、速度、着力部位和作用方向等外在因素，还受到损伤的部位、器官、器官原有病理情况和功能状态等内在因素的影响。

【护理评估】

1. 健康史　了解患者受伤的原因、时间、部位、姿势、致伤物的性质及暴力的大小和方向等，以及是否合并其他部位损伤。注意询问伤后有无腹痛、腹胀、呕吐、血尿、血便等异常表现，是否接受过治疗，疗效如何。既往有无慢性疾病及有无酗酒、吸烟等不良嗜好。对损伤严重或昏迷患者，应询问陪同者或现场目击者。

2. 身体状况　对于腹部损伤患者，必须评估是单纯腹壁损伤，还是腹内脏器损伤；若是腹内脏器损伤，还需判断是实质性脏器损伤，还是空腔脏器损伤；有无其他合并伤。

（1）单纯腹壁损伤：①局限性疼痛、压痛、肿胀、瘀斑，始终在受伤部位。②全身症状轻，一般情况好，且症状逐渐缓解。③实验室检查、腹腔穿刺、影像学检查等辅助检查无异常发现。

（2）腹内脏器损伤：出现下列情况之一，即应考虑腹内脏器损伤：①早期出现休克。②持续性腹痛，进行性加重。③有腹膜刺激征，且呈扩散趋势。④有气腹表现或移动性浊音。⑤有呕血、便血、血尿等。⑥直肠指检、腹腔穿刺或腹腔灌洗等有阳性发现。

1）实质性脏器（脾、肝、肾、胰等）损伤：主要表现为腹腔内出血，根据出血的量和速度不同，患者可出现不同程度的失血表现，如面色苍白、脉搏加快、出冷汗、尿量减少、血压不稳或下降，甚至失血性休克。出血量多时，可有腹胀和腹部移动性浊音。腹痛和腹膜刺激征一般较轻，但肝、胰破裂时，胆汁和胰液漏入腹腔，可出现明显的腹痛和腹膜刺激征。

2）空腔脏器（胃、肠、胆道、膀胱等）破裂：主要表现为急性腹膜炎，患者可出现持续性剧烈腹痛，伴恶心、呕吐。腹膜刺激征明显，肠鸣音减弱或消失。如胃肠道破裂时，可有气腹表现，肝浊音界缩小或消失，X线立位透视可见膈下游离气体；腹腔穿刺抽出混浊液体或食物残渣可确诊。随后，患者出现体温升高、脉搏加快、呼吸急促等全身性感染中毒表现，最终可引起感染性休克，甚至威胁患者的生命。

3）多发性损伤：目前多发性损伤的发生率正日益增高，因此评估患者要有整体观念，系统、全面地观察患者，注意有无合并颅脑、胸部、四肢等部位损伤。

知识链接

损伤的类型

多发伤是指两个或两个以上脏器损伤，如胸腹联合伤、肝破裂、脾破裂；多处伤是指同一脏器多处部位的损伤，如沙弹引起的多处小肠穿孔；复合伤是指两种或两种以上的致伤因素所致的损伤，如原子弹爆炸，由核辐射、冲击波及房屋倒塌等因素所致的损伤。

3. 心理－社会状况　腹部损伤患者绝大多数为意外事故所致，且往往病情复杂、严重，患者无心理准备，常表现为焦虑不安、紧张、悲哀，甚至惊恐等。尤其是当腹壁有伤口、出血、内脏脱出的视觉刺激或被告知要紧急手术时，患者上述情绪和心理反应更为强烈，并表现出惊慌、哭泣、无助、生命受到威胁感，甚至拒绝医护治疗等情绪反应。

4. 辅助检查

（1）实验室检查：腹腔内实质性脏器破裂出血时，红细胞计数、血红蛋白及血细胞比容明显下降；空腔脏器破裂时，白细胞计数及中性粒细胞比例明显增高；胰腺损伤时，血、尿淀粉酶增高；尿常规检查发现红细胞时，提示有泌尿系损伤。

（2）影像学检查

1）X 线检查：若膈下有游离气体，常提示有胃肠道穿孔。

2）B 型超声、CT 检查：主要用于诊断腹内实质性脏器损伤，能显示腹内实质性脏器损伤的部位及程度。

（3）诊断性腹腔穿刺术和腹腔灌洗术：是判断有无腹内脏器损伤简便而有效的方法，其诊断阳性率可达 90% 以上，临床上常用。若抽出不凝固血液，多为实质性脏器破裂或大血管破裂所致的内出血；若抽出血液迅速凝固，可能是刺入血管或腹膜后血肿所致；若抽出胃肠内容物、胆汁、尿液等，提示空腔脏器破裂；当肉眼不能观察出腹腔穿刺液的性质时，应及时送显微镜检查。疑有胰腺损伤时，可测其淀粉酶含量。对腹腔穿刺阴性，但疑有内脏损伤者，应严密观察，必要时可重复腹腔穿刺或行诊断性腹腔灌洗。

（4）诊断性腹腔镜检查：是近年来应用于腹部损伤早期诊断和治疗的技术，可直接观察和确定损伤脏器的部位、性质及程度，并能及时治疗。

5. 治疗原则

（1）现场急救原则：首先救治对生命威胁最大的损伤，再处理腹部损伤。

（2）非手术治疗：单纯腹壁损伤的处理原则同一般软组织损伤。对于生命体征等一般情况比较平稳，不能立即确定有无内脏损伤或已明确是轻微内脏损伤者，可考虑非手术治疗，如严密观察病情、禁饮、禁食、补液、抗感染、抗休克、对症治疗及做相关的检查以明确诊断。观察及治疗期间，严禁使用镇痛药，以免掩盖病情，延误诊治。

（3）手术治疗：对已确诊或高度怀疑有腹内脏器损伤者，或在观察及治疗期间病情加重者，应积极做好术前准备，尽早手术探查。对于肝、脾等实质性脏器破裂所致的大出血，应当机立断，边抗休克，边手术；对胃肠等空腔脏器破裂，如有休克，一般应先纠正，待休克好转后再手术；对少数合并休克不易纠正时，也可在抗休克的同时进行手术处理。手术方法主要为剖腹探查术，包括手术探查、止血、修补、切除、清理腹腔和引流等。

考点提示

腹部损伤患者的临床表现和治疗原则。

【常见护理诊断 / 问题】

1. **焦虑与恐惧** 与意外损伤刺激、出血、内脏脱出及担心预后有关。
2. **急性疼痛** 与腹内脏器破裂及腹膜受消化液、血液刺激有关。
3. **体液不足** 与损伤出血、感染渗液、禁食有关。
4. **潜在并发症**：失血性或感染性休克、急性腹膜炎、腹腔脓肿等。

【护理目标】

1. 患者情绪稳定，焦虑、恐惧减轻或消失。
2. 患者腹痛减轻或消失。
3. 患者能维持体液平衡，生命体征平稳。
4. 患者未发生并发症或并发症发生后被及时发现和处理。

【护理措施】

1. 现场急救　腹部损伤可合并多发性损伤,在急救时应分清轻重缓急。先处理危及生命的情况,如遇心搏、呼吸骤停者,应立即进行心肺复苏;有窒息者,应保持呼吸道通畅、给氧;大出血者,应及时止血;已发生休克者,应立即抗休克治疗。对开放性腹部损伤者,应妥善处理伤口,及时止血,做好包扎固定。如有肠管等脱出,切勿现场回纳腹腔,以免引起腹腔污染,可用清洁敷料覆盖或用消毒过的器皿(如碗、盆)覆盖保护后再包扎固定,同时迅速建立静脉通道,进行补液,预防休克,将患者及时送往医院,并做好术前准备。

2. 非手术治疗及术前护理

(1) 一般护理

1) 休息与体位:绝对卧床休息,观察期间不能随意搬动患者,以免加重伤情。

2) 饮食和补液:腹内脏器损伤未明确诊断前,应绝对禁饮、禁食和禁止灌肠。有腹胀或怀疑胃肠穿孔者,应行胃肠减压。禁食期间应及时补充液体,纠正水、电解质代谢紊乱及酸碱失衡,加强营养支持,必要时输血等。

3) 加强口腔、皮肤及其他生活护理等。如需作 B 型超声、CT、X 线等检查,应专人护送,以免发生意外。

(2) 病情观察:观察内容如下。①每 15～30 分钟监测脉搏、呼吸、血压各 1 次;②每 30 分钟观察并检查 1 次患者腹部症状和体征,以判断病情是否恶化;③动态检测红细胞计数、血红蛋白和血细胞比容的变化,以判断患者有无腹腔内活动性出血;④观察每小时尿量变化,监测中心静脉压,准确记录 24 小时输液量、呕吐量、胃肠减压量等;⑤必要时可重复 B 型超声检查、协助医师行诊断性腹腔穿刺术或腹腔灌洗术,以及血管造影等检查;⑥注意观察有无颅脑、胸部、四肢等合并损伤。

(3) 防治感染:遵医嘱合理使用广谱抗生素,预防和治疗腹腔感染。开放性损伤者,常规注射破伤风抗毒素。

(4) 镇静、止痛:在病情诊断未明确时,禁用镇痛药,但可通过分散患者的注意力、改变体位等来缓解疼痛。诊断明确者,可遵医嘱给予镇静解痉药或镇痛药。

(5) 心理护理:关心、安慰和同情患者,及时掌握其心理状态,有针对性地做好解释工作,多给予鼓励、心理支持,增强患者战胜疾病的信心。介绍辅助检查、手术治疗的目的和必要性,做好各项检查前、手术前后相关知识的指导,消除患者的焦虑、恐惧,使其积极配合各项治疗及护理。

(6) 完善术前准备:一旦决定手术,应及时做好腹部急症手术的术前准备。除上述护理措施外,还应做好以下护理措施:协助做好各项检查、皮肤准备、药物过敏试验;通知血库备血;留置导尿;给予术前用药等。

3. 术后护理

(1) 一般护理

1) 体位:全身麻醉未清醒者置平卧位,头偏向一侧。待全身麻醉清醒或硬脊膜外阻滞平卧 4～6 小时后,血压平稳者改为半卧位,以利于腹腔引流,减轻腹痛,改善呼吸、循环功能。

2) 禁饮、禁食和胃肠减压:术后应禁饮、禁食、胃肠减压,直至胃肠功能恢复,肛门排气。拔除胃肠减压管的当日可给予少量饮水,以后根据病情给予少量流质饮食,逐步向半流质、软食及普食过渡,注意应给予易消化、富含营养、少刺激饮食,少量多餐。

3）早活动：早期鼓励患者作深呼吸、翻身等床上活动。病情允许后，鼓励患者及早离床活动，以促进肠蠕动恢复，减轻腹胀，防止术后肠粘连。

（2）病情观察：定时严密监测患者的生命体征；观察患者腹部症状和体征，及时发现术后并发症，如腹腔出血、腹腔脓肿、肠粘连；观察并记录各种引流管的引流情况，注意引流液的颜色、量和性状；观察伤口敷料是否干燥，有无渗血、渗液；观察伤口愈合情况，有无伤口感染。

（3）输液与用药护理：禁食期间应静脉补液，维持水、电解质和酸碱平衡，加强营养支持，必要时输血浆、全血或全胃肠外营养，以满足机体代谢和修复的需要，增强机体的抵抗力。术后遵医嘱继续使用有效抗生素防治感染。

（4）腹腔引流管的护理：妥善固定引流管；保持引流通畅；保持清洁，每日更换引流袋1次；观察引流液的性状、颜色、量；掌握拔管指征，正确拔管等。

（5）其他护理：①腹胀明显者，应使用腹带，以防腹部伤口裂开。②若术后伤口剧烈疼痛，遵医嘱可适当应用镇静药和镇痛药等。

 考点提示

腹部损伤患者的护理措施。

4. 健康教育

（1）安全知识宣教：加强劳动、交通、生产等安全知识的宣教工作，避免意外损伤的发生。

（2）普及急救知识：当发生意外事故时，能进行简单的急救或自救。

（3）及时就诊：一旦发生腹部损伤，无论轻重，都应经专业医务人员检查，以免延误诊治。

（4）出院指导：出院后要适当休息，加强锻炼，增加营养，促进康复。若有腹痛、腹胀、肛门停止排气及排便等不适，应及时到医院就医。

【护理评价】

1. 患者情绪是否稳定，焦虑或恐惧心理是否减轻或消失。
2. 患者疼痛是否减轻或消失。
3. 患者有效循环功能是否恢复正常。
4. 患者感染是否得到及时、有效地预防或控制。
5. 患者并发症是否得到有效预防及治疗。

第二节 常见腹内脏器损伤患者的护理

一、脾破裂患者的护理

【病因及病理生理】

脾破裂是最常见的腹部损伤，占各种腹部损伤的40%~50%。脾的血运丰富，组织结构脆弱，易受钝性打击、剧烈震荡、挤压和术中牵拉而发生损伤破裂，特别是已有病理改变（如门脉高压症、血吸虫病、传染性单核细胞增多症、淋巴瘤）的脾，更易因损伤而破裂。按脾破裂的部位和程度可分为：①中央型破裂（脾实质深部破裂）；②被膜下破裂（脾被膜下实质部分破裂）；③真性破裂（脾实质和脾被膜均破裂）。前两种脾破裂因被膜完整，出血量受到限制，临床上无明显内出血征象，可形成血肿而被吸收。但较大的被膜下血肿，在某些轻微外力的作用下，可以突然转为真性破裂而发生腹腔内大出血。临床所见脾破裂大多数为真性脾破裂（约占85%），出现不易自行停止的腹腔内出血。

【临床表现】

患者有左下胸部或左上腹部外伤史，左上腹部疼痛，若膈神经受激惹，可有左肩背放射痛。真性脾破裂出血量大，多有腹内出血征、积血征，如失血性休克、血性腹膜炎、腹部移动性浊音、左下腹部穿刺出不凝固血液、红细胞计数进行性下降等。脾被膜下和实质内破裂者，因脾被膜完整，出血量可受到限制，可出现脾包膜下血肿征；临床可无明显内出血征象而不易被发现，尤其是被膜下血肿，在某些微弱外力的作用下即可突然发生破裂，导致严重后果，一般发生在腹部外伤后1～2周，应予以警惕。B型超声检查显示脾大、有积液，X线检查可见脾影加宽、左膈抬高、活动受限等，诊断即可确立。

【治疗原则】

1. 真性脾破裂　对无休克或容易纠正的一过性休克，B型超声、CT等影像学检查证实脾裂伤表浅、局限，无其他腹腔内脏损伤者，可在严密观察下行非手术治疗，如发现继续出血，应中转手术。凡不符合非手术治疗条件者，应剖腹探查：①抗休克，同时紧急手术；②脾手术首先是止血，可通过局部填塞止血药（微纤胶原）、脾动脉结扎；③脾处理，争取脾修补、部分切除，尽可能保留脾组织，只有情况不允许修补时才做脾全切；④清理腹腔，必要时行腹腔引流。

2. 包膜完整的脾破裂　①因确诊不易，故对有怀疑者，应严密观察，尽量卧床3周以上。因伤后1～2周，即使轻微外力也可突然诱发完全性脾破裂；②一旦变为完全性脾破裂，应及时手术处理。

二、肝破裂患者的护理

【病因及病理生理】

肝位于右季肋部，因体积较大、组织脆弱，受暴力后易发生肝破裂。肝破裂在腹部损伤中处于第2位，占所有腹部损伤的15%～20%。原有肝硬化与慢性肝病的肝更容易因损伤而发生破裂。肝破裂类似脾破裂，可分为中心型肝破裂、被膜下肝破裂和真性肝破裂3种。真性肝破裂时，不但可引起腹腔内出血，还损伤肝胆管，引起胆汁性腹膜炎。肝内血肿和包膜下血肿，可继发性向包膜外或肝内穿破，出现活动性大出血，也可向肝内胆管穿破，引起胆道出血。肝内血肿可继发细菌感染形成肝脓肿。

【临床表现】

有右下胸部、右上腹部、右腰部受伤史，右上腹痛，右肩背放射痛。肝被膜下和实质内肝破裂者，有包膜下血肿，叩诊肝浊音界增大，B型超声、CT、X线检查可有阳性发现。真性肝破裂的患者除失血性休克外，常有较重的胆汁性腹膜炎，有移动性浊音，肠鸣音消失，腹腔穿刺抽出混有胆汁的血液等表现。偶尔血液经胆道流入十二指肠，会出现呕血或柏油样便，临床上将有腹外伤、胆绞痛及消化道出血等三联征者，称为外伤性血胆症。

【治疗原则】

肝破裂虽类似脾破裂，但肝破裂病情严重，处理复杂，故凡有怀疑者，均应在抗休克处理下，尽早手术处理。肝破裂的手术原则是尽量保留肝，彻底清创，妥善止血，清理腹腔，通畅引流。

三、小肠损伤患者的护理

【病因及病理生理】

小肠占据中、下腹部大部分空间,发生损伤的机会较多。小肠破裂后,大量肠内容物流入腹腔,引起急性弥漫性化脓性腹膜炎,只有少数患者出现气腹;部分病例裂口较小或裂口被食物残渣、纤维蛋白素甚至突出的肠黏膜堵塞,可能不出现弥漫性腹膜炎。

【临床表现】

有腹部外伤史,特别是腹中部外伤史。肠破裂后肠内容物流入腹腔导致急性腹膜炎表现,腹腔穿刺抽出稀薄的肠内容物等。气体溢入腹腔导致气腹征,肝浊音界缩小或消失,X 线检查有膈下游离气体。

【治疗原则】

空肠、回肠破裂的诊断一旦明确,应立即手术治疗。手术方式以简单修补为主。必要时行肠部分切除吻合术。空肠、回肠损伤经修补或切除吻合后,应禁食、胃肠减压,并使用抗生素预防感染等。

四、结肠损伤患者的护理

【病因及病理生理】

结肠损伤的发病率较小肠为低,但由于其内容物液体成分少而细菌含量多,故腹膜炎出现较晚,但较严重。早期症状和体征常不明显,易漏诊,须高度警惕。位于腹膜后的结肠损伤常导致严重的腹膜后感染。直肠损伤在腹膜反折之上,其病理生理改变与结肠损伤基本相同;腹膜反折之下损伤,可导致严重的直肠周围感染,并不引起腹膜炎。

【临床表现】

有腹部、腰背部,尤其是腹周围受伤史。局部腹痛或压痛轻,而全身性感染中毒症状较重。腹腔内结肠穿孔,有腹膜炎表现,膈下有游离气体,腹腔穿刺抽出粪性液体;腹膜后结肠穿孔,可有腰部胀痛、血便、腹膜外气肿和积存粪液等,容易漏诊,常导致严重的腹膜后感染。

【治疗原则】

对可疑结肠损伤患者,及早剖腹探查,疗效的好坏取决于能否早期手术。手术方式:①一期修补或加造口术;②肠外置术;③肠切除吻合术(限于右半结肠)。

 考点提示

腹内脏器损伤的临床特点及急救原则。

自 测 题

一、选择题

1. 鉴别腹内实质性脏器损伤与空腔脏器损伤最有意义的是
   A. 受伤程度　　　　　　　B. 腹痛性质　　　　　　C. 腹胀轻重
   D. 腹膜刺激征程度　　　　E. 腹腔穿刺液的性质

2. 确诊腹内实质性脏器破裂的主要依据是
   A. 腹痛、腹胀的程度　　　B. 腹腔穿刺抽出不凝固血　　C. 移动性浊音阳性
   D. 膈下出现游离气体　　　E. 板状腹
3. 救治严重腹部损伤患者的首要措施是
   A. 禁食、输液　　　B. 应用抗生素　　　C. 防治休克
   D. 禁用吗啡类镇痛药　　　E. 应用 TAT
4. 患者，男性，20 岁，2 小时前被拳击，伤及腹部，入院后各项检查尚未完善，诊断不明确，患者的饮食要求是
   A. 禁饮食　　　B. 可适量饮水　　　C. 可进流质饮食
   D. 软食　　　E. 普食
5. 患者，女性，40 岁，因车祸导致上腹部损伤 1 小时入院，经体格检查及各种辅助检查未明确诊断。目前对该患者正确的处理措施是
   A. 立即手术明确诊断
   B. 注射镇痛药
   C. 密切观察生命体征和腹部体征变化
   D. 多活动，防止肠粘连
   E. 便秘者，可导泻
6. 患者，男性，30 岁，开放性腹部损伤，有少量肠管脱出，下列处理措施错误的是
   A. 用清洁敷料覆盖腹部伤口
   B. 立即将脱出的小肠还纳腹腔
   C. 取平卧位，重点检查
   D. 应用抗生素
   E. 做好手术准备

（7~9 题共用题干）

患者，男性，40 岁，上腹部被汽车撞伤 4 小时后，面色苍白，四肢冰冷，BP 60/40 mmHg，P 140 次 / 分，出现腹膜刺激征及移动性浊音，腹部透视无异常。

7. 该患者可能的疾病诊断为
   A. 胃破裂　　　B. 十二指肠破裂　　　C. 肝、脾破裂
   D. 小肠破裂　　　E. 膀胱破裂
8. 该患者的护理措施，错误的是
   A. 给予清淡流质饮食　　　　　　　　　B. 密切观察生命体征变化
   C. 注意腹部症状、体征变化　　　　　　D. 输液、给氧
   E. 避免活动
9. 在观察期间，患者应禁用的是
   A. 甲硝唑　　　B. 多巴胺　　　C. 酚磺乙胺
   D. 吗啡　　　E. 青霉素

二、填空题

1. 腹内实质性脏器损伤以_____表现为主，腹内空腔脏器破裂以_____表现为主。

2. 按脾破裂的部位和程度，可分为_____、_____和_____。

三、简答题

1. 列出腹内实质性脏器损伤和空腔脏器破裂各自的临床特点。
2. 在观察腹部损伤患者的病情时，出现哪些征象可判断有腹内脏器损伤的存在。

（张　德）

第十七章 腹外疝患者的护理

学习目标

1. 描述腹外疝的概念、病因、病理解剖及临床类型。
2. 比较腹股沟斜疝、外疝和直疝的临床特点。
3. 阐述腹外疝患者的护理措施。
4. 能运用护理程序对腹外疝患者实施整体护理。
5. 在护理腹外疝患者的过程中，注意保护患者隐私，表现出认真负责、严谨的工作态度和高尚的人文素养。
6. 耐心细致地做好解释工作，关心、体贴、鼓励患者，注重人文关怀。

案例 17-1

患者，男性，62岁，因右侧腹股沟区反复出现包块3年，疼痛2小时入院。3年前，患者站立或咳嗽时，右侧腹股沟区出现包块，平卧或用手按压后包块消失。包块可坠入阴囊。包块出现时，患者感下腹坠胀、隐痛。3年来上述症状时有发作，未引起患者的足够重视，未及时就医。2小时前患者用力排便时，包块突然增大，不能回纳，伴轻度疼痛。体格检查：左腹股沟区有一约 4 cm×3 cm 大小的梨形包块，质硬，有轻度压痛，无肌紧张及反跳痛。患者有长期便秘史。

问题与思考：
1. 患者可能患有的疾病是什么？
2. 目前，该患者如何治疗？

第一节 概 述

体内某个脏器或组织离开其正常的解剖部位，通过先天或后天形成的薄弱点、缺损或孔隙进入另一部位，称为疝。疝最多发生在腹部，尤以腹外疝为多见。腹外疝是由腹腔内脏器或组织连同壁腹膜，经腹壁薄弱点或孔隙向体表突出而形成。根据发生部位不同，可分为腹股沟疝（腹股沟斜疝和腹股沟直疝）、股疝、脐疝、切口疝及白线疝等。

【病因、病理、临床分类】

1. 病因及发病机制

（1）腹壁强度降低：是腹外疝发生的基础，引起腹壁强度降低的常见原因如下。

1）先天性因素：在胚胎发育过程中，某些脏器或组织穿过腹壁时，造成腹壁薄弱点或缺损，如精索或子宫圆韧带穿过腹股沟管，股动脉、股静脉、股神经穿过股管，脐血管穿过脐环等处。腹白线因发育不全也可成为腹壁的薄弱点。

2）后天性因素：腹部手术切口愈合不良，腹壁外伤后感染，腹壁神经损伤，老年体弱和过度肥胖致使腹部肌肉萎缩等，均可导致腹壁强度降低。

（2）腹内压力增高：是引起或诱发腹外疝形成的重要因素。引起腹内压力增高的常见原因有慢性咳嗽、慢性便秘、排尿困难（前列腺增生、膀胱结石）、腹水、妊娠、婴儿经常啼哭以及举重、搬抬重物等。

> **考点提示**
>
> 引起腹外疝的病因。

2. 病理解剖 典型的腹外疝由疝环、疝囊、疝内容物和疝外被盖组成（图17-1）。

（1）疝环：也称疝门，是疝内容物突向体表的门户，也是腹壁的薄弱或缺损处，是腹外疝命名的依据，如腹股沟疝、股疝、脐疝、切口疝。

（2）疝囊：是壁腹膜从疝环向外突出所形成的囊袋状物，由疝囊颈、疝囊体、疝囊底3个部分组成，其中疝囊颈是疝囊比较狭窄的部位，为疝环所处位置。

（3）疝内容物：是进入疝囊内的腹内脏器或组织，以小肠最为多见，其次是大网膜。其他如盲肠、阑尾、乙状结肠、横结肠、膀胱，也可作为疝内容物进入疝囊，但较少见。

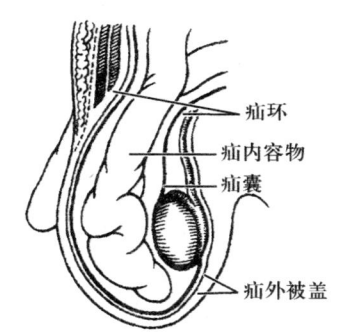

图17-1 典型腹外疝的解剖结构

（4）疝外被盖：指覆盖在疝囊以外的腹壁各层组织，通常由筋膜、肌肉、皮下组织和皮肤组成。

3. 临床分类

（1）易复性疝：凡疝内容物很容易回纳入腹腔的疝，称为易复性疝。其特点是当患者站立、行走、举重、咳嗽及排便等腹内压增高时，疝内容物进入疝囊，在腹壁上出现包块；而当平卧休息或用手推送疝块时，疝内容物可回纳腹腔，腹壁上出现的包块便消失，故俗称疝气。临床上最为常见。

（2）难复性疝：疝内容物不能回纳或不能完全回纳入腹腔内，称为难复性疝。常见原因是疝内容物反复突出，使疝囊颈受摩擦而损伤，并产生粘连，导致疝内容物不能回纳，其内容物多数是大网膜。少数病程长、疝环大的腹外疝，因盲肠、乙状结肠、膀胱等随小肠、网膜等滑入疝囊，并成为疝囊壁的一部分，称为滑动性疝，也属于难复性疝。

（3）嵌顿性疝：疝环较小而腹内压突然增高时，疝内容物可强行扩张疝环而进入疝囊，随后因疝环的弹性收缩，将疝内容物卡住而不能回纳腹腔，称为嵌顿性疝（图17-2）。

（4）绞窄性疝：若嵌顿不能及时解除，肠管及其系膜受压，可使动脉血流减少，最后完全阻断，疝内容物发生缺血、坏死，称为绞窄性疝。嵌顿性疝和绞窄性疝实际上是同一个病理过程的两个不同阶段，临床上很难截然分开。

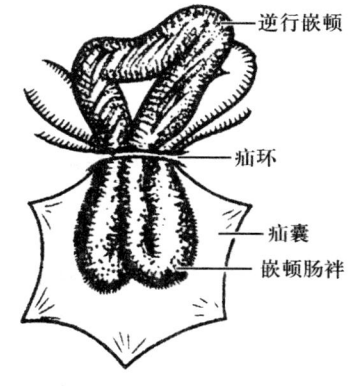

图17-2 嵌顿性疝

> **考点提示**
>
> 腹外疝的病理解剖及临床类型。

第二节 腹股沟疝患者的护理

凡腹腔内脏器或组织经腹股沟区的薄弱或缺损处向体表突出形成的疝，称为腹股沟疝。腹股沟疝在各类疝中的发病率最高，约占腹外疝的 90% 以上，且多发生于男性，男、女发病之比约为 15∶1。右侧比左侧多见。

> **知识链接**
>
> **腹股沟区的解剖关系**
>
> 腹股沟管位置：腹股沟韧带内上方，长度为 4～5 cm。
> 方向：外后上斜向内前下。内含精索或子宫圆韧带。
> 两口：①内环：腹横筋膜卵圆形裂隙，腹股沟韧带中点上方 1.5 cm；②外环：皮下环，腹外斜肌腱膜三角形裂隙。
> 四壁：①前壁：腹外斜肌腱膜 + 外 1/3 腹内斜肌；②后壁：腹横筋膜，内 1/3 联合肌腱；③上壁：腹内斜肌、腹横肌的弓状下缘；④下壁：腹股沟韧带和陷窝韧带。
> 直疝三角（又称海氏三角、腹股沟三角）：是由腹壁下动脉（外侧边）、腹直肌外缘（内侧边）、腹股沟韧带（底边）构成的三角形区域。

根据解剖关系的不同，腹股沟疝可分为斜疝和直疝两种。疝囊经过腹壁下动脉外侧的腹股沟管的深环（内环）突出，经过腹股沟管，再穿出腹股沟管的浅环（皮下环），并可进入阴囊，称为腹股沟斜疝。疝囊经腹壁下动脉内侧的直疝三角区直接由后向前突出，不经过内环，也不进入阴囊，称为腹股沟直疝。临床上以腹股沟斜疝最多见，占全部腹外疝的 75%～90%，占腹股沟疝的 85%～95%。

【护理评估】

1. 健康史　了解患者的年龄、性别、职业、女性患者的生育史等；详细询问患者有无腹部手术切口愈合不良及腹部外伤或感染史；是否存在年老体弱、过度肥胖、糖尿病等腹壁肌肉萎缩的因素；了解有无慢性咳嗽、习惯性便秘、前列腺增生、腹水、从事重体力劳动、婴儿经常啼哭等腹内压增高的因素。

2. 身体状况

（1）腹股沟斜疝：多见于儿童及青壮年男性。

1）易复性斜疝：主要表现为腹内压增高时，腹股沟区出现疝块，疝块呈梨形或椭圆形，并可进入阴囊或大阴唇，平卧或用手向腹腔推送时，疝块可向腹腔回纳。患者除在腹股沟区有肿块和偶有胀痛外，无其他症状。

2）难复性斜疝：除局部坠胀、隐痛不适外，主要特点是疝内容物不能完全回纳，巨大的疝块会影响患者的工作和生活。滑动性斜疝除疝块不能完全回纳外，尚有消化不良或便秘等症状。

3）嵌顿性斜疝：在腹内压骤增时（如重体力劳动、剧烈咳嗽、用力排便）发生。表现为疝块突然增大，并伴有明显疼痛。疝块不能回纳，触诊肿块紧张、发硬，且有明显触痛。嵌顿内容物如为大网膜，局部疼痛常较轻微；如为肠袢，不但局部疼痛明显，还可伴有腹部绞痛、恶心、呕吐、腹胀、肛门停止排便及排气等机械性肠梗阻表现。

4）绞窄性斜疝：如嵌顿时间过久，疝内容物可发生缺血坏死，嵌顿疝发展为绞窄性疝，疝块除了有红、肿、热、痛等急性炎症的表现外，常伴有急性腹膜炎的体征。发生肠绞窄者可有血便，严重者可并发脓毒症或感染性休克。

（2）腹股沟直疝：当患者站立或腹内压增高时，在腹股沟内侧端、耻骨结节外上方出现一半球形肿块，不降入阴囊。疝块易回纳，极少发生嵌顿。疝内容物主要为小肠或大网膜，多见于年老体弱者，其临床特点可与腹股沟斜疝不同（表17-1）。

表17-1 斜疝和直疝的临床特点鉴别要点

鉴别要点	斜疝	直疝
发病年龄	多见于儿童及青壮年	多见于老年人
突出途径	经腹股沟管突出，可进入阴囊	由直疝三角突出，很少进入阴囊
疝块外形	椭圆形或梨形，近端呈蒂柄状	半球形，基底较宽
回纳疝块后压住深环	疝块不再突出	疝块仍可突出
精索与疝囊的关系	精索在疝囊后方	精索在疝囊前外方
疝囊颈与腹壁下动脉的关系	疝囊颈在腹壁下动脉外侧	疝囊颈在腹壁下动脉内侧
嵌顿机会	较多	极少

考点提示

腹股沟斜疝与直疝的鉴别要点。

3. 心理-社会状况　因疝块长期反复突出而影响患者正常的工作、生活和学习，同时由于患者及其家属对腹外疝的病因、治疗及预防复发的措施等认识不足，以及担心治疗费用和手术治疗效果等，患者常感到焦虑不安。

4. 辅助检查

（1）透光试验：腹股沟斜疝阴囊透光试验阴性。若为鞘膜积液，多为透光试验阳性，此方法可与鞘膜积液相鉴别。

（2）实验室检查：当疝内容物继发感染时，血常规检查白细胞计数和中性粒细胞比例升高。粪便检查如为血便、隐血试验阳性，可考虑有肠绞窄。

（3）X线检查：嵌顿性疝或绞窄性疝时，X线检查可见肠梗阻征象。

5. 治疗原则　腹股沟疝一般均应尽早施行手术治疗。

（1）非手术治疗

1）棉线束带法或绷带压迫深环法：1岁以内的患儿，随着生长发育，腹壁肌逐渐增强，疝可望自愈，可暂时采用棉线束带或绷带压迫腹股沟深环，防止疝块突出。6个月内的婴儿脐疝在回纳疝块后，用大于脐环外包纱布的硬币或小木片抵住脐环，然后用胶布或绷带加以固定勿使其移动，此法疗效较好。

2）医用疝带的使用：年老体弱或伴有严重疾病禁忌手术者，白天可在回纳疝内容物后，将医用疝带的软压垫顶住疝环，阻止疝块突出。

3）嵌顿性疝和绞窄性疝的处理：嵌顿性疝具备下列情况者可先试行手法复位：①嵌顿时间在3~4小时内，局部压痛不明显，无腹部压痛或肌紧张等腹膜刺激征；②年老体弱或伴有其他较严重疾病而估计肠襻尚未绞窄坏死。复位方法是嘱患者取头低足高卧位，注射吗啡或哌替啶以止痛、镇静，并松弛腹肌，然后用手缓慢、轻柔地将疝块推向腹腔，复位手法须轻柔，切忌粗暴。复位后还需严密观察腹部情况，如出现腹膜炎、肠梗阻表现或手法复位失败，应尽早手术探查。除上述情况外，嵌顿性疝原则上需紧急手术治疗。绞窄性疝的疝内容物已坏死，更需紧急手术。

（2）手术治疗：手术修补是治疗腹股沟疝最有效的方法。常用的手术方式如下。

1）传统的疝修补术：原则是高位结扎疝囊、加强或修补腹股沟管壁。

疝囊高位结扎术：高位结扎疝囊颈，然后切除疝囊。单纯疝囊高位结扎术适用于婴幼儿或儿童，以及绞窄性疝因肠坏死而局部严重感染者。

加强或修补腹股沟管管壁：成年腹股沟疝患者存在不同程度的腹股沟管前壁和后壁薄弱或缺损，在疝囊高位结扎术的基础上，需加强或修补薄弱的腹股沟前壁和后壁，才能预防其复发，达到彻底治疗的目的。

2）无张力疝修补术：是在无张力的情况下，利用人工高分子材料进行缝合修补，具有创伤小、术后疼痛轻、恢复快、复发率低等优点。

3）经腹腔镜疝修补术：是在腹腔镜下，利用合成纤维网片从腹腔内部修补腹壁缺损或用钉（或缝线）使内环缩小，只用于较小儿童的斜疝。

知识拓展

无张力疝修补术

无张力疝修补术是利用人工合成网片材料，在无张力的情况下进行疝修补术。无张力疝修补术与传统的疝修补术相比，克服了缝合张力大，组织愈合差，术后手术部位有牵扯、疼痛感等缺点，具有术后患者下床早、恢复快、复发率低等优点，现已广泛用于中老年患者及复发疝的治疗。但人工合成网片材料是异物，具有潜在的排异和感染的危险，对于局部条件差的患者要慎用。

【常见护理诊断/问题】

1. 焦虑　与疝块影响日常工作和生活有关。
2. 急性疼痛　与疝内容物嵌顿或绞窄、手术创伤有关。
3. 知识缺乏　患者缺乏预防疝复发的相关知识。
4. 潜在并发症：术后阴囊水肿、切口感染、膀胱及肠管等脏器损伤。

【护理目标】

1. 患者焦虑减轻，舒适感增加，能积极配合治疗及护理。
2. 患者疼痛缓解或消失。
3. 患者知晓腹外疝的成因，能复述预防腹内压升高及促进术后康复的相关知识。
4. 患者无并发症发生或并发症发生后被及时发现和处理。

【护理措施】

1. 非手术治疗的护理

（1）消除引起腹内压增高的因素：对咳嗽、便秘、排尿困难的患者，应积极治疗，待症状控制后再行手术治疗。注意多饮水，多进食富含粗纤维的饮食，如蔬菜、水果，保持排便通畅。

（2）疝块较大的患者：嘱其卧床休息，减少活动，离床活动时使用医用疝带，将疝带一端的软压垫对着疝环顶住，避免腹腔内容物突出，防止疝嵌顿。小儿要密切观察是否发生疝嵌顿现象。脐疝治疗时用硬币压迫，绷带固定后也应经常检查其松紧度，防止移位导致压迫失效。

（3）病情观察：患者若出现腹痛明显、呈持续性，且伴有疝块突然增大、发硬、触痛明显、不能回纳腹腔，应高度警惕嵌顿性疝发生的可能，须紧急处理。

2. 术前护理

（1）严格备皮：是预防切口感染、避免疝复发的重要措施。术前嘱患者沐浴，按规定范围备皮，患者会阴部、阴囊皮肤作术前准备，既要剃净阴毛，又要防止皮肤破损。手术日晨再检查一遍皮肤准备情况，如有皮肤破损或有继发化脓性感染，应暂停手术。

（2）灌肠和排尿：手术日前晚给患者灌肠，清洁肠道，防止术后腹胀和便秘。进手术室前，嘱患者排净尿液，防止术中误伤膀胱，必要时留置导尿。

（3）嵌顿性疝或绞窄性疝患者的术前护理：特别是伴有急性肠梗阻的患者，患者往往有脱水、酸中毒和全身中毒症状，甚至出现感染性休克，应紧急手术治疗。应按急症手术前护理常规，禁食、胃肠减压、输血、输液、使用抗生素等，在积极纠正水、电解质代谢紊乱及酸碱平衡失调的同时，准备手术。

（4）心理护理：向患者及其家属解释发生腹外疝的病因和诱发因素、手术治疗的必要性和手术方法，以消除患者对手术的顾虑，使其积极配合治疗和护理。

3. 术后护理

（1）休息与活动：患者回病房后取平卧位，膝下垫一软枕，使膝关节、髋关节微屈，以降低腹股沟切口张力和减小腹腔内压力，有利于切口愈合和减轻切口疼痛。传统疝修补术后一般卧床3～5日可离床活动，采用无张力疝修补术的患者可早期下床活动。年老体弱、复发性疝、绞窄性疝、巨大疝患者应适当延长卧床时间，以防术后初期疝复发。卧床期间注意进行适当的床上活动。

（2）饮食护理：患者术后6～12小时麻醉反应消失，若无恶心、呕吐等不适，可进流质饮食，次日进软食或普食。行肠切除吻合术的患者，待肠道功能恢复后，方可进流质饮食，再逐渐过渡到半流质饮食、普食。

（3）病情观察：注意观察术后患者生命体征的变化，密切观察切口有无渗血、感染，阴囊有无肿大、血肿的征象，同时还应注意观察有无其他并发症（如术中肠管损伤或膀胱损伤）的出现。如有异常，应及时报告医师处理。

（4）防止腹内压增高：术后嘱患者尽量避免咳嗽及用力排便，否则会使腹内压增高，不利于切口愈合，且易导致术后疝复发。术后患者注意保暖，避免感冒、咳嗽；如有咳嗽，应及时用药治疗，并指导患者在咳嗽时用手掌按压切口，减少腹内压增高对切口愈合的不利影响。保持排便及排尿通畅，如有便秘或排尿困难，应及时处理。

（5）预防阴囊水肿：阴囊比较松弛且位置低，渗血、渗液易积聚于阴囊引起水肿；术后切口部位用沙袋（0.5 kg）压迫12～24小时，以减轻渗血，并用丁字带或阴囊托托起阴囊，以促进回流和吸收，预防和减轻阴囊水肿。

（6）预防切口感染：切口感染是导致疝复发的重要原因，故术后要密切观察切口愈合情况。注意保持切口敷料干燥、清洁，避免粪尿污染，尤其是婴幼儿，更应加强护理，如发现敷料脱落或污染，应及时更换；必要时在切口上覆盖切口贴膜，以隔离、保护伤口。注意观察患者切口有无红、肿、疼痛，一旦发现切口感染，应尽早处理。嵌顿性疝或绞窄性疝术后，遵医嘱常规应用抗生素。

4. 健康指导

（1）活动指导：患者出院后仍需适当休息，逐渐增加活动量，3个月内避免重体力劳动或提举重物等。

（2）饮食指导：注意调整饮食，保持排便及排尿通畅。

（3）积极预防和治疗引起腹内压增高的因素：如慢性咳嗽、习惯性便秘、排尿困难，以防疝复发。

（4）定期随访：若有疝复发，应及早治疗。

 考点提示

腹外疝患者的护理措施。

【护理评价】
1. 患者焦虑是否减轻，情绪是否稳定。
2. 患者疼痛是否减轻或消失。
3. 患者能否说出腹外疝的成因、预防腹内压升高及促进术后康复的相关知识。
4. 患者的并发症是否得到有效预防和处理。

第三节 其他腹外疝患者的护理

【概述】

其他腹外疝常见的有股疝、切口疝和脐疝。

1. 股疝 是指腹腔脏器或组织通过股环、经股管下行并从卵圆窝突出形成的疝，发生率占腹外疝的3%～5%，多见于40岁以上的中年妇女。女性骨盆较宽阔、联合肌腱及陷窝韧带常发育不全或变薄，导致股环宽大松弛，加上妊娠等腹内压增高的诱因，使下坠的腹腔内脏或组织经股环进入股管，自卵圆窝突出而形成股疝。疝内容物多为大网膜或小肠。因疝内容物经股环进入股管时垂直而下，然后出卵圆窝转向前转折形成一个锐角，且股环本身狭小，周围多坚韧的韧带，故最易发生嵌顿和绞窄。

2. 切口疝 是指腹腔脏器或组织自腹部手术切口突出形成的疝，临床上比较常见，以下腹部中线切口发生率较高，其发生率约为腹外疝的第3位。切口疝多为手术操作不当，尤其是切口感染，导致腹壁组织破坏、腹壁强度降低，从而形成切口疝。此外，缝合技术欠佳、腹壁切口张力过大、切口愈合不良、肥胖、营养不良等因素也可导致切口疝的发生。疝环一般较大，疝囊不完整，多为易复性疝，很少嵌顿。疝内容物也多为小肠和大网膜。

3. 脐疝 是指腹腔脏器或组织通过脐环（脐孔）突出而形成的疝，多见于1岁以内婴儿，也可见于中年妇女，故有小儿脐疝和成人脐疝之分，两者的病因及处理原则不尽相同。小儿脐疝较常见，是由于脐环闭锁不全或脐部瘢痕组织薄弱，加之婴儿经常啼哭，使腹内压增高所致。表现为脐部出现球形肿块，易回纳，极少发生嵌顿。成人脐疝较少见，多见于中年肥胖经产妇，常与多次妊娠、肥胖等腹内压增高和腹壁薄弱等因素有关。成人脐疝因为脐环狭小，容易发生嵌顿和绞窄。

【护理评估】

1. 健康史 了解患者的年龄、性别、职业、女性患者的生育史等；详细询问患者有无腹部手术切口愈合不良及腹部外伤或感染史；了解有无慢性咳嗽、习惯性便秘、排尿困难、腹水、从事重体力劳动、婴儿经常啼哭等腹内压增高等情况；了解其营养发育及平时身体素质。

2. 身体状况

（1）股疝：疝块通常不大，主要表现为在腹股沟韧带下方卵圆窝处出现一个核桃或鸡蛋大小的包块，呈球形或半球形，质地柔软，可回纳，有时局部有轻度的胀痛不适。因疝囊外有丰富的脂肪组织，肿块并不完全消失。易复性股疝的症状较轻，因疝块较小，症状较轻，常不被患者注意，肥胖者更易忽视。若发生嵌顿，可出现局部明显疼痛，同时常伴较明显的机械性肠梗阻表现。故对急性肠梗阻患者，尤其是中年肥胖妇女，应注意检查有无股疝，以免漏诊。

（2）切口疝：主要表现为腹部手术切口处逐渐隆起，局部出现逐渐增大的包块。通常在站立或用力时明显，平卧休息时可缩小或消失。有时可摸到腹壁缺损区。疝块较大者，可有腹胀、消化不良、牵拉感等症状。

（3）脐疝：表现为啼哭或站立时脐部出现球形肿块，安静时消失，极少发生嵌顿。

3. 治疗原则

（1）股疝：因容易嵌顿并进而发生绞窄，故股疝一经诊断，无论肿块大小、有无症状，均应及早手术治疗。发生嵌顿时，应紧急手术，解除嵌顿，修补疝环，有经腹股沟部修补法和经股部修补法两种。

（2）切口疝：一般应手术修补。对老年体弱不宜手术者，或疝小、易还纳者，可采用疝带等非手术疗法。

（3）脐疝：2岁以内的小儿脐疝多能自愈，除发生嵌顿等紧急情况外，一般用非手术疗法，可用一大于脐环的、外包纱布的硬币压住脐环，再用胶布或绷带固定；若超过2岁或疝环直径大于1.5 cm，则需手术修补腹壁缺损。成人脐疝易于嵌顿，应及早手术治疗。

【常见护理诊断/问题】

参见本章第二节腹股沟疝患者的护理。

【护理措施】

参见本章第二节腹股沟疝患者的护理。

自 测 题

一、选择题

1. 最多见的疝内容物是
   A. 小肠　　　　　　　　B. 大网膜　　　　　　　　C. 盲肠
   D. 乙状结肠　　　　　　E. 膀胱

2. 嵌顿疝与绞窄疝的鉴别要点是
   A. 疝块是否压痛　　　　　　　　　　B. 疝块不能回纳的时间长短
   C. 有无休克表现　　　　　　　　　　D. 有无肠梗阻表现
   E. 疝内容物有无血液循环障碍

3. 护理传统疝修补术后患者时，下列选项错误的是
   A. 及时处理粪便秘结
   B. 切口部位压沙袋
   C. 咳嗽时注意保护切口
   D. 术后3个月内避免重体力劳动
   E. 鼓励患者早期下床活动

4. 患者，男性，6小时前负重物时发生右侧斜疝嵌顿，下列哪项临床表现说明疝内容物已发生缺血坏死，应做好急诊手术前准备
   A. 疝块增大，不能还纳　　　　　　　B. 局部有剧烈疼痛
   C. 疝块紧张、发硬、有触痛　　　　　D. 阵发性腹痛伴呕吐
   E. 全腹有压痛、肌紧张

5. 患者，男性，69岁，右侧腹股沟斜疝嵌顿2小时，经手法复位成功。留院观察的重点是
  A. 疝块有无再次嵌顿 B. 呼吸、脉搏、血压 C. 腹痛、腹膜刺激征
  D. 呕吐、腹胀、发热 E. 疝块部位红、肿、痛

（6～10题共用题干）

男性，50岁，慢性便秘多年。近半年来站立劳动时阴囊内出现肿块，呈梨形，平卧时肿块消失，体格检查发现外环扩大，嘱患者咳嗽，指尖有冲击感，手指压迫内环处，站立咳嗽，肿块不再出现。

6. 该患者属于下列哪种腹外疝
  A. 腹股沟斜疝 B. 腹股沟直疝 C. 股疝
  D. 脐疝 E. 切口疝
7. 术前护理措施，错误的是
  A. 术前灌肠 B. 术前排空膀胱 C. 戒烟
  D. 治疗呼吸道感染 E. 备皮若剃破皮肤，可涂碘酒，不影响手术
8. 下列哪项术前护理措施可避免术后疝的复发
  A. 治疗便秘 B. 备皮 C. 排尿
  D. 灌肠 E. 麻醉前用药
9. 术后预防血肿的措施是
  A. 保持仰卧位 B. 保持敷料清洁、干燥
  C. 托起阴囊、切口用沙袋压迫 D. 应用抗生素
  E. 不可过早下床活动
10. 术后对患者进行健康指导，正确的是
  A. 24小时后可下床活动 B. 2天后可户外活动
  C. 半个月后可恢复体力劳动 D. 不能从事体力劳动
  E. 3个月内不宜从事重体力劳动

二、名词解释

1. 腹外疝
2. 绞窄性疝
3. 腹股沟斜疝

三、填空题

1. 引起腹外疝发病的两大因素是_____、_____。
2. 典型的腹外疝由_____、_____、_____、_____4个部分组成。
3. 腹外疝的临床类型有_____、_____、_____、_____。

四、简答题

如何鉴别腹股沟斜疝、腹股沟直疝及股疝。

五、案例分析

患者，男性，26岁，发现右侧腹股沟可复性肿块5年。5小时前，患者搬举重物时肿块突然增大，疼痛难忍，呕吐数次，伴发热、全身不适。体格检查：右侧腹股沟及阴囊肿块，张力高，明显触痛，皮肤红肿。血白细胞计数增高。入院后准备急诊手术治疗。

请回答：

（1）目前该患者最主要的护理诊断/问题是什么？

（2）对该患者，应首先采取什么措施？

（张　德）

第十八章 胃、十二指肠疾病患者的护理

第十八章数字资源

学习目标

1. 简述胃及十二指肠溃疡、胃癌的病因、病理及治疗原则。
2. 阐述胃及十二指肠溃疡外科治疗适应证、并发症的症状与体征。
3. 归纳胃癌的症状与体征。
4. 能运用护理程序对胃及十二指肠溃疡、胃癌患者实施整体护理。
5. 在护理工作中,有高度的同情心,关心、体贴患者。

案例 18-1

患者,男性,58 岁,反复中、上腹部疼痛 3 年,腹痛常出现于空腹或夜间,进食后稍缓解,伴有嗳气、反酸,服胃药(具体药名不详)后腹痛能缓解。5 天前,患者上腹痛加重,服药、进食均不能缓解。今晨呕出暗红色液体约 300 ml,排柏油样粪便 2 次,量较多。便后出现头晕、视物模糊、出冷汗等症状。体格检查:T 36.5℃,P 106 次/分,R 22 次/分,BP 80/50 mmHg,神志清楚,查体合作,精神差,面色及口唇苍白,心肺听诊(-),腹平软,中上腹有轻压痛,无肌紧张及反跳痛,肝、脾肋下未触及,肠鸣音活跃。余(-)。

问题与思考:
1. 该患者可能患有何种疾病?
2. 为了明确诊断,需要进一步做哪些辅助检查?
3. 请列出该患者主要的护理诊断(3~5 个),并对首优护理诊断制定相应的护理措施。

第一节 胃、十二指肠溃疡患者的护理

胃、十二指肠溃疡是指胃、十二指肠局限性圆形或椭圆形的全层黏膜缺损,因溃疡的形成与胃酸-胃蛋白酶对黏膜的消化作用有关,故也称消化性溃疡(peptic ulcer)。临床上以十二指肠溃疡多见,多发于男性青壮年,秋、冬季节易发病。绝大多数胃、十二指肠溃疡患者经正规的内科治疗是可以治愈的,但当胃、十二指肠溃疡出现急性穿孔、大出血、幽门梗阻、内科治疗无效的顽固性溃疡及胃溃疡恶变时,则需外科手术治疗。

【病因及病理生理】

1. 病因及发病机制 目前认为,胃、十二指肠溃疡的发生是多种因素长期综合作用的结果。其中最为重要的因素是胃酸分泌过多、幽门螺杆菌(HP)感染和胃黏膜屏障作用的破坏。

(1)胃酸分泌过多:由于胃酸分泌过多,激活了胃蛋白酶,可使胃、十二指肠黏膜发生自身消化。溃疡只发生于经常与胃酸接触的黏膜。十二指肠溃疡患者其基础胃酸分泌量和最大胃

酸分泌量均明显高于正常人。

（2）幽门螺杆菌感染：90%以上的十二指肠溃疡患者与约70%的胃溃疡患者中检出HP。HP感染破坏胃黏膜的屏障作用，损坏胃酸分泌调节机制，引起胃酸分泌过多，最终导致胃、十二指肠溃疡的发生。

（3）胃黏膜屏障作用破坏：许多药物和烟、酒，如阿司匹林、吲哚美辛、磺胺类药、皮质类固醇、香烟、烈酒，均可破坏胃黏膜屏障作用而引发溃疡。

（4）其他因素：长期精神过度紧张、焦虑、情绪激动、过度脑力劳动及多愁善感等与溃疡病的发生和加重有较密切的关系。O型血型的人较其他血型者有较高的发病率，表明消化性溃疡有一定的家族遗传倾向。

 考点提示

胃、十二指肠溃疡的病因。

（二）病理生理

1. 胃、十二指肠溃疡　胃溃疡多发生于胃小弯，以胃角处多见，胃大弯、胃底少见。十二指肠溃疡多位于十二指肠球部，前壁较后壁多见。溃疡一般为单发，若为2个以上者，称为多发性溃疡；胃和十二指肠同时出现溃疡者，称为复合性溃疡。溃疡反复发作，可导致大出血、穿孔和幽门梗阻等并发症。

2. 胃、十二指肠溃疡急性穿孔　十二指肠溃疡穿孔好发于十二指肠球部前壁，而胃溃疡穿孔好发于胃小弯，其余分布在胃窦及其他部位。急性穿孔时，有强烈刺激性的胃酸、胆汁、胰液等消化液和食物溢入腹腔，引起化学性腹膜炎，导致剧烈腹痛和大量腹腔渗出液，6～8小时后细菌开始繁殖，并逐渐发展为化脓性腹膜炎。因强烈的化学刺激、细胞外液丢失及细菌毒素吸收等因素，可导致患者休克。活动期的溃疡深达肌层，若溃疡向深层侵蚀，可引起出血或穿孔，多为单发。

3. 胃、十二指肠溃疡大出血　多由于胃小弯或十二指肠后壁的溃疡侵蚀基底血管使其破裂所致。胃溃疡大出血好发于胃小弯，出血源自胃左动脉、胃右动脉及其分支，十二指肠溃疡大出血好发于球部后壁，出血源自胰十二指肠上动脉和胃十二指肠动脉及其分支。大出血后，血容量减少、血压降低、血流缓解，可在血管破裂处形成血凝块而暂时止血。由于胃肠道蠕动或胃、十二指肠内容物与溃疡病灶的接触，暂时停止的出血可能再次出血。

4. 瘢痕性幽门梗阻　是由溃疡愈合过程中瘢痕收缩所致。梗阻初期，为克服幽门狭窄，胃蠕动增强而使胃壁肌层代偿性肥厚，胃轻度扩张。后期，胃代偿功能减退，失去张力，胃高度扩大，蠕动减弱，甚至消失。由于胃内容物滞留引起呕吐而致使水、电解质丢失，导致脱水、低钾低氯性碱中毒。长期慢性不完全性幽门梗阻患者因摄入减少、消化及吸收不良而出现贫血和营养障碍。

【护理评估】

1. 健康史　了解患者的一般情况，如年龄、性别、职业、饮食习惯、生活习惯、性格特征及药物使用情况。询问患者有无长期生活及饮食无规律、暴饮暴食、进食刺激性食物等。了解患者有无长期精神过度紧张、焦虑、情绪激动、过度脑力劳动等；了解患者有无长期服用一些对胃肠黏膜有刺激性药物，如阿司匹林、吲哚美辛、磺胺类药及皮质类固醇。了解既往是否有溃疡病史及胃手术史等。了解患者家族中有无胃、十二指肠疾病患者。

2. 身体状况

（1）胃、十二指肠溃疡急性穿孔：多数患者既往有溃疡病反复发作史，穿孔前溃疡症状加重。在情绪激动、过度疲劳、刺激性饮食或服用皮质激素药物等诱因下突然发生。

1）症状：表现为突发性上腹部刀割样剧痛，并迅速波及全腹，但以上腹部为重。疼痛难以忍受，可向肩部放射。患者常伴面色苍白、出冷汗、脉搏细速、血压下降、四肢厥冷等表现。多数突然发生于夜间空腹或饱餐后。当消化液沿右结肠旁沟向下流入右下腹部时，可出现右下腹部疼痛。穿孔数小时后，由于漏出的消化液被腹膜渗出液稀释，腹痛可有所减轻，而后继发细菌感染后，腹痛再次加重。

2）体征：患者表情痛苦，仰卧、微屈膝、不愿移动，腹式呼吸减弱或消失；全腹有明显的压痛、反跳痛、肌紧张并呈板状强直，以左上腹部最明显；叩诊肝浊音界缩小或消失，可有移动性浊音；听诊肠鸣音减弱或消失。随着感染加重，患者可出现发热、脉搏加快，甚至肠麻痹、感染性休克等。

（2）胃、十二指肠溃疡大出血

1）症状：主要症状为呕血和黑便，严重者可出现失血性休克。溃疡大出血的患者多有典型溃疡反复发作史，常因服用阿司匹林等药物而诱发。其症状和体征取决于出血的速度和出血量。主要症状为呕血和排柏油样黑便。多数患者只有黑便而无呕血，迅猛的出血则为大量呕血与紫黑血便。呕血前患者常有恶心，便血前多突然产生便意，便血前及便血后可有心悸、黑矇、乏力、全身软弱无力，甚至昏厥等。若短时间内失血量超过 400 ml，患者出现面色苍白、口渴、脉搏快速而有力、血压正常或略偏高的循环系统代偿征象；若短时间内失血量超过 800 ml，则有出冷汗、脉搏细速、呼吸浅快、血压下降等低血容量性休克的表现。

2）体征：腹部稍胀，上腹部可有轻压痛，肠鸣音亢进。

（3）胃、十二指肠溃疡瘢痕性幽门梗阻

1）症状：患者多有长期溃疡病反复发作史。早期患者有上腹部胀满不适、阵发性胃痉挛性疼痛，伴有嗳气、恶心与呕吐。呕吐是瘢痕性幽门梗阻最主要的症状，常发生在夜间或下午，呕吐量大，一次可达 1000～2000 ml，呕吐物为大量宿食，带有腐败酸臭味，不含胆汁。呕吐后患者自觉胃部舒适，常自行诱发呕吐，以减轻症状。患者常有少尿、便秘、贫血等慢性消耗表现。

2）体征：患者营养不良性消瘦，皮肤干燥、弹性消失，上腹部隆起，可见胃型和蠕动波，用手轻拍上腹部可闻及振水音。

 考点提示

胃、十二指肠溃疡的并发症及其特点。

---

3. 心理-社会状况　了解患者对疾病的认知程度，对手术有何顾虑，有何思想负担；患者亲属对患者的关心程度、支持力度，患者家庭对手术的经济承受能力。

4. 辅助检查

（1）胃、十二指肠溃疡急性穿孔

1）实验室检查：血白细胞计数和中性粒细胞比例增高；血清淀粉酶轻度升高。

2）X 线检查：约 80% 的患者立位腹部 X 线检查可见膈下新月状游离气体影。

3）诊断性腹腔穿刺：穿刺抽出物可含胆汁或食物残渣。

（2）胃、十二指肠溃疡大出血

1）血常规检查：大量出血早期，由于血液浓缩，红细胞计数、血红蛋白含量和血细胞比容均呈进行性下降。

2）胃、十二指肠纤维内镜检查：可明确出血的原因和部位，出血 24 小时内胃镜检查阳性率达70%～80%。超过48小时，则阳性率下降。

3）血管造影：选择性腹腔动脉或肠系膜上动脉造影可明确病因与出血部位，并可采取栓塞治疗或动脉注射垂体加压素等介入性止血措施。

（3）胃、十二指肠溃疡瘢痕性幽门梗阻

1）清晨空腹置胃管，可抽出大量酸臭胃液和食物残渣。

2）食管X射线钡剂造影：可见胃扩大，张力减退，排空延迟，24小时后仍有钡剂存留（正常人胃内钡剂4小时即排空，如6小时尚有1/4钡剂存留者，提示胃潴留）。已明确为幽门梗阻者，避免做此项检查。

3）纤维胃镜检查：可见胃内大量潴留的胃液和食物残渣。

5. 治疗原则　根据病情，选用手术治疗或非手术治疗。

（1）胃、十二指肠溃疡急性穿孔

1）非手术治疗

适应证：①空腹状态下溃疡穿孔，症状轻，腹膜炎症较局限；②患者症状轻、一般情况好，无明显中毒症状及休克；③无出血、幽门梗阻及恶变等并发症。

处理措施：①禁饮食、胃肠减压；②输液，维持水、电解质平衡，进行营养支持；③使用抗生素防治感染；④经静脉给予H_2受体阻断药或质子泵抑制剂等制酸药物；⑤严密观察病情变化，若非手术治疗6～8小时后症状和体征不见好转或反而加重，应改用手术治疗。

2）手术治疗：是治疗胃、十二指肠溃疡急性穿孔的主要方法。主要术式包括单纯穿孔缝扎、胃大部切除术、穿孔缝扎术加高选择性迷走神经切断术或选择性迷走神经切断术加胃窦切除术。下面主要介绍胃大部切除术和迷走神经切断术两种主要术式。

胃大部切除术：是治疗胃、十二指肠溃疡及其并发症最常用的方法。切除范围为胃远侧的2/3～3/4，包括胃体的远侧部分、胃窦部、幽门及十二指肠球部近侧（图18-1）。胃大部切除术治疗溃疡病的基本原理是：①切除胃窦部，消除了由于促胃液素引起的胃酸分泌；②切除大部分胃体，减少了分泌胃酸及胃蛋白酶的壁细胞、主细胞的数量；③切除了溃疡的好发部位；④切除了溃疡本身。胃大部切除术的术式包括毕Ⅰ式和毕Ⅱ式。①毕Ⅰ式胃大部切除术（图18-2）：多适用于治疗胃溃疡。切除远端胃大部后，将残胃与十二指肠直接吻合。其优点是重建后的胃肠道接近正常解剖生理状态，术后因胃肠功能紊乱而引起的并发症较少。

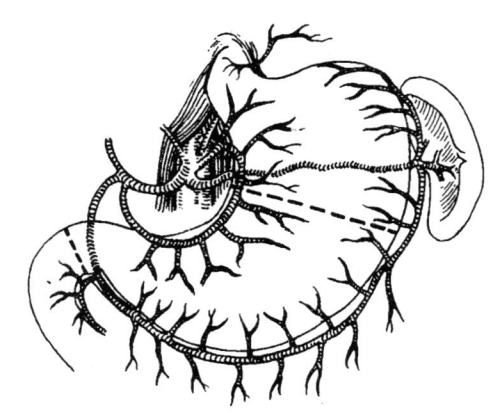

图18-1　胃大部切除术范围

②毕Ⅱ式胃大部切除术（图18-3）：适用于各种胃和十二指肠溃疡，特别是十二指肠溃疡。切除远端胃大部后，缝闭十二指肠残端，将残胃与上段空肠吻合。其优点是即使胃切除较多，胃空肠吻合口张力也不会过大，术后溃疡复发率低。缺点是胃空肠吻合改变了正常解剖生理状态，术后发生胃肠功能紊乱的可能性比毕Ⅰ式胃大部切除术多。

迷走神经切断术：其疗效大致与胃大部切除术相似。迷走神经切断术治疗胃、十二指肠溃疡的原理是：①消除了头相引起的胃酸分泌；②消除了迷走神经引起的促胃液素分泌，从而阻断了胃相胃酸分泌。迷走神经切断术有以下3种类型。①迷走神经干切断术：在食管裂孔水平将左、右腹腔迷走神经干切断，使肝、胆、胰、胃和小肠完全失去迷走神经支配，因此又称全腹腔迷走神经切断术。其缺点是术后可引起上述腹腔器官功能紊乱。②选择性胃迷走神经切断术：即在左迷走神经分出肝支及右迷走神经分出腹腔支之后予以切断，又称全胃迷走神经切断

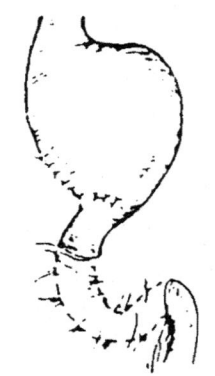
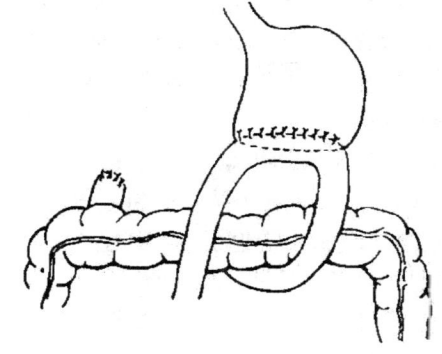

图 18-2　毕Ⅰ式胃大部切除术　　图 18-3　毕Ⅱ式胃大部切除术

术。此手术方法可避免对胃以外其他腹腔脏器功能的影响，但仍可出现胃潴留，需要同时附加幽门形成术或胃空肠吻合术，或胃窦切除胃空肠吻合术。③高选择性胃迷走神经切断术：又称胃近端迷走神经切断术或壁细胞迷走神经切断术。分别切断左、右迷走神经分布至胃底、胃体的分支，保留肝支、腹腔支及分布至胃窦部的"鸦爪"。该手术在消除头相胃酸分泌的同时，不会引起胃潴留，故不需附加引流手术，保留了幽门括约肌的功能，减少了胆汁反流和倾倒综合征发生的机会，是临床上行迷走神经切断术的主要术式。但由于迷走神经的解剖变异，手术操作困难和术后复发率高是该手术的主要问题。

（2）胃、十二指肠溃疡大出血：是上消化道大出血中最常见的原因，占 50% 以上，其中 5%~10% 需要手术治疗。

1）非手术治疗

①一般处理：卧床休息，吸氧，改善氧供。适当应用镇静药。

②补充血容量：输液、输血；严密观察血压、脉搏、尿量和周围循环情况。输入液体中的晶体溶液与胶体溶液之比为 3∶1。当估计失血量达全身总血量的 20% 时，应输注右旋糖酐或血浆代用品。出血量较大时，可输注浓缩红细胞，必要时输全血，应保持血细胞比容不低于 30%。

③药物止血：经胃肠减压管灌注加入去甲肾上腺素的冰生理盐水，使血管收缩而达到止血目的。应用 H_2 受体阻断药（西咪替丁）、生长抑素（奥曲肽）。

④急诊胃镜止血：可采用电凝、激光、注射药物等局部止血措施。

2）手术治疗

①手术指征：严重大出血，短期内出现休克；经非手术治疗出血不止或暂时止血又复发；60 岁以上的老年患者，血管硬化，难以自止；近期曾发生过类似大出血或同时存在溃疡穿孔或幽门梗阻。

②手术方法：胃大部切除术，适用于大多数溃疡出血的患者。贯穿缝扎术，在病情危急，不允许作胃大部切除术时，可采取此止血法；对切除溃疡有困难而予以旷置时，应贯穿缝扎溃疡底部出血的动脉或结扎其主干。在贯穿缝扎处理溃疡出血后作迷走神经干切断加胃窦切除或幽门成形术。

（3）胃、十二指肠溃疡瘢痕性幽门梗阻：胃、十二指肠溃疡患者因幽门管或幽门溃疡或十二指肠球部溃疡反复发作形成瘢痕狭窄，合并幽门痉挛水肿而造成幽门梗阻。幽门梗阻是溃疡病的常见合并症之一，占外科治疗溃疡病患者的 11%~30%。

1）术前准备：瘢痕性幽门梗阻是手术治疗的绝对适应证。术前需要充分准备，主要包括：①禁食、胃肠减压，用温生理盐水洗胃，直至洗出液澄清；②纠正贫血与低蛋白血症，改善营养状况；③维持水、电解质平衡，纠正脱水、低氯低钾性碱中毒。

2）手术方式：最常采用的手术是胃大部切除术。但对年龄较大、身体状况极差或合并其他严重内科疾病者，可行胃空肠吻合术加迷走神经切断术。

【常见护理诊断/问题】

1. 恐惧/焦虑　与疾病知识缺乏、环境改变及担心手术有关。
2. 疼痛　与胃、十二指肠黏膜受侵蚀或胃肠内容物对腹膜的刺激及手术创伤有关。
3. 营养失调：低于机体需要量　与呕吐、疼痛导致营养摄入不足及消耗增加有关。
4. 有体液不足的危险　与禁食、急性穿孔、大出血、幽门梗阻等引起的失血和失液有关。
5. 潜在并发症：出血、感染、十二指肠残端破裂、吻合口破裂或瘘、术后梗阻及倾倒综合征等。

【护理目标】

1. 患者焦虑减轻或缓解。
2. 患者疼痛减轻或缓解。
3. 患者的营养状况得到改善。
4. 患者水、电解质维持平衡，未发生酸碱平衡失调。
5. 并发症得到有效预防，或并发症发生后被及时发现和处理。

【护理措施】

1. 非手术治疗及术前护理

（1）心理护理：了解患者的认知水平与心理状态，理解和关心患者，告知疾病和治疗的有关知识及手术治疗的必要性，解答患者的各种疑问，使患者能积极配合疾病的治疗和护理。

（2）一般护理：根据患者的情况，指导患者饮食，宜少量多餐，进食高蛋白、高热量、富含维生素、易消化及无刺激性的食物；采用迷走神经切断术者，术前应作基础胃酸分泌量和最大胃酸分泌量测定，以利于术后判定手术效果；营养不良者，应输全血、血浆、人白蛋白等，改善营养状况；术前按常规禁饮食、置胃管，术前晚使用肥皂水灌肠1次。

（3）用药护理：督促患者按时应用减少胃酸分泌、解痉及抗酸的药物，并观察药物疗效。

（4）急性穿孔患者的护理：患者立即禁饮食和胃肠减压，以减少胃肠内容物继续流入腹腔；根据医嘱补充液体，维持水、电解质和酸碱平衡；全身应用抗生素控制感染；严密观察意识、生命体征、腹部症状和体征的变化；若有休克，应给予平卧位，无休克者可安置半卧位；同时做好急诊手术前的各项准备工作等。

（5）溃疡大出血患者的护理：安置平卧位；给氧；暂禁饮食；输血、输液以补充血容量，按时应用止血药物，以治疗休克和纠正贫血；对情绪紧张者，给予镇静药；判断、观察和记录呕血、便血情况，定时测量脉搏、血压，观察有无口渴、肢冷、尿少等循环血量不足的表现；同时做好手术前的各项准备工作。若经止血、输血而出血仍持续者，应急诊手术。出血停止后，可进流质或无渣半流质饮食。

（6）瘢痕性幽门梗阻患者的护理：完全梗阻者禁饮食，非完全梗阻者可给予无渣半流质，以减少胃内容物潴留。遵医嘱输血、补液，改善营养状况，纠正低蛋白血症、低氯低钾性碱中毒。术前3日每晚用300～500 ml温生理盐水洗胃，以减轻胃黏膜水肿和炎症，有利于术后吻合口愈合。

2. 术后护理

（1）病情观察：术后每30分钟测量1次血压、脉搏、呼吸，直至血压平稳，如病情较重或有休克，仍需每1～2小时测量1次，病情平稳后可延长测量间隔时间。同时观察患者的神志、体温、尿量、切口渗血、渗液和引流液情况等。

（2）体位：患者术后一般先取平卧位，血压平稳后给予低半卧位，以保持腹肌松弛，减轻腹部切口张力，减轻疼痛，有利于呼吸和循环。

（3）引流管护理：胃、十二指肠溃疡术后患者常留置有胃管、腹腔引流管、导尿管等。护理时需注意：①妥善固定并准确标记各引流管，避免脱出，一旦脱出，不可自行插回。②保持引流通畅，防止引流管受压、扭曲、折叠等，可经常挤压各引流管以防堵塞；若堵塞，可在医师指导下用注射器抽取生理盐水试冲洗引流管。③观察并记录引流液的性状、颜色、量等。留置胃管可起到胃肠减压的作用，以减轻胃肠道张力，促进吻合口愈合。护理时还应注意：部分患者胃管需接负压吸引装置，维持适当的负压，应避免负压过大损伤胃黏膜；术后 24 小时内可由胃管引流出少量血液或咖啡样液体，若有较多鲜血，应及时联系医师并配合处理；术后胃肠减压量减少，肠蠕动恢复，肛门排气后，可拔除胃管。

（4）禁食、输液护理：禁食期间应静脉补充液体。记录 24 小时液体出入量，及时了解患者的各项检查结果，为合理输液提供依据，避免水、电解质代谢紊乱；必要时给予血浆、全血或营养支持，改善患者的营养状况或贫血，以利于吻合口及切口愈合。禁食者注意口腔护理，保持口腔清洁、湿润。

（5）鼓励早期活动：除年老体弱或病情较重者外，鼓励并协助患者术后第 1 日坐起轻微活动，第 2 日协助患者于床边活动，第 3 日可在病室内活动。活动量根据患者的个体差异而定，早期活动可促进肠蠕动恢复，预防术后肠粘连和下肢深静脉血栓形成等并发症的发生。

（6）饮食护理：拔胃管后当日可饮少量水或米汤；如无不适，第 2 日进半量流质饮食，每次 50～80 ml；第 3 日进全量流质饮食，每次 100～150 ml；进食后如无不适，第 4 日可进半流质饮食。食物宜温、软、易于消化，少量多餐。开始时每日 5～6 餐，逐渐减少进餐次数并增加每次进餐量，逐步恢复正常饮食。

（7）并发症的观察和处理

1）胃大部切除术后并发症

术后胃出血：胃大部切除术后，可有少许暗红色或咖啡色胃液自胃管抽出，一般 24 小时内不超过 300 ml，且逐渐减少、变淡至自行停止。若术后短期内从胃管不断引流出新鲜血液，24 小时后仍未停止，甚至出现呕血和黑便，则为术后出血。发生在术后 24 小时以内的出血，多属术中止血不确切；术后 4～6 日发生的出血，常为吻合口黏膜坏死脱落所致；术后 10～20 日发生的出血，与吻合口缝线处感染或黏膜下脓肿腐蚀血管有关。术后严密观察患者的生命体征，包括血压、脉搏、心率、呼吸、神志和体温的变化。加强对胃肠减压引流液性状、量和颜色的观察，若术后短期内从胃管引流出大量鲜红色血液，持续不止，需及时报告医师处理。遵医嘱应用止血药和输新鲜血液等，或用冰生理盐水洗胃。若经非手术治疗不能有效止血或出血量>500 ml/h，应积极完善术前准备行手术止血等。

十二指肠残端破裂：是毕Ⅱ式胃大部切除术后的近期严重并发症。原因多为十二指肠残端处理不当；或者因空肠输入袢梗阻致使十二指肠内张力过高。十二指肠残端破裂多发生于术后 24～48 小时，临床表现为突发性上腹部剧痛、发热和腹膜刺激征；白细胞计数增加；腹腔穿刺可抽出胆汁样液体。如发生十二指肠残端破裂，需立即准备进行手术治疗；术后持续负压吸引，积极纠正水、电解质代谢紊乱和酸碱失衡，经静脉或空肠造瘘管提供营养支持，全身应用广谱抗生素，用氧化锌软膏保护引流管周围皮肤等。

吻合口破裂或吻合口瘘：是胃大部切除术后的早期严重并发症之一，与缝合不当、吻合口张力过大、组织供血不足有关，以贫血、低蛋白血症和组织水肿者易发生。吻合口破裂或吻合口瘘多发生在术后 1 周内，临床表现为高热、脉搏细速等全身中毒症状，腹膜炎以及腹腔引流管引流出含肠内容物的混浊液体。如发生较晚，多形成局部脓肿或外瘘。处理方法包括：①出现弥漫性腹膜炎的吻合口破裂的患者须立即手术，做好急诊手术准备；②形成局部脓肿或外瘘或无弥漫性腹膜炎的患者，进行局部引流，注意及时清洁瘘口周围皮肤并保持干燥，局部涂以氧化锌软膏、皮肤保护粉或皮肤保护膜加以保护，以免皮肤破损继发感染；③同时禁食、胃肠减压；④合理应用抗生素和给予肠外营养支持，纠正水、电解质代谢紊乱和酸碱平衡失调。经上述处理后，多数患者的吻合口瘘可在 4～6 周自愈；若经久不愈，须再次手术。

胃排空障碍：也称胃瘫，常发生在术后 4～10 日，表现为上腹部饱胀、呕吐，呕吐物为含胆汁的胃内容物。消化道 X 线造影检查可见残胃扩张、无张力、蠕动波少而弱，且通过胃肠吻合口不畅。处理措施包括禁食，胃肠减压，肠外营养支持，纠正低蛋白，维持水、电解质和酸碱平衡，应用胃动力促进剂，也可用 3% 温盐水洗胃。一般均能经非手术治疗治愈。

术后梗阻：根据梗阻部位可分为输入袢梗阻、输出袢梗阻和吻合口梗阻。前两者见于毕 Ⅱ 式胃大部切除术后。①输入袢梗阻：可分为急性、慢性两类。急性完全性输入袢梗阻：临床表现为凸起的上腹部剧烈疼痛、频繁呕吐，呕吐物量少，多不含胆汁，呕吐后症状不缓解，且上腹部有压痛性肿块。病情进展快，不久即出现烦躁、脉搏细速、血压下降等休克表现。急性完全性输入袢梗阻是输出袢系膜悬吊过紧压迫输入袢，或输入袢过长穿入输出袢与横结肠系膜的间隙孔形成内疝所致，属于闭袢性肠梗阻，易发生肠绞窄，应紧急手术治疗。慢性不完全性输入袢梗阻：临床表现为进食后出现上腹部胀痛或绞痛，随即突然喷射性呕吐出大量不含食物的胆汁，呕吐后症状缓解。多由于输入袢过长扭曲或输入袢过短在吻合口处形成锐角，使输入袢内胆汁、胰液和十二指肠液排空不畅而滞留。由于消化液潴留在输入袢内，进食后消化液分泌明显增加，输入袢内压力增高，刺激肠管发生强烈收缩，引起喷射样呕吐，也称输入袢综合征。处理措施包括禁食、胃肠减压、营养支持等，如症状在数周或数月内不能缓解，也需手术治疗。②输出袢梗阻：表现为上腹饱胀，呕吐食物和胆汁，是胃大部切除术后胃肠吻合口下方输出袢因粘连、大网膜水肿、炎性肿块压迫所致的梗阻。若非手术治疗无效，应手术解除梗阻。③吻合口梗阻：表现为进食后出现饱胀感和溢出性呕吐；呕吐物含或不含胆汁。吻合口梗阻一般为吻合口过小或吻合口的胃肠壁内翻过多所致，也可为术后吻合口炎症水肿所致的暂时性梗阻。食管 X 射线钡剂造影可见造影剂完全停留在胃内。非手术治疗措施同胃排空障碍的处理措施。若经非手术治疗仍无改善，可手术解除梗阻。

倾倒综合征（dumping syndrome）：是由于胃大部切除术后，失去对胃排空的控制，导致胃排空过快所产生的一系列综合征。根据进食后症状出现的时间，可分早期倾倒综合征与晚期倾倒综合征两种。①早期倾倒综合征多发生在进食后半小时内，以循环系统症状和胃肠道症状为主要表现，患者感到心悸、心动过速、出汗、全身无力、面色苍白、头晕及腹部饱胀不适或绞痛、恶心、呕吐和腹泻等。多因餐后大量高渗性食物快速进入十二指肠或空肠，导致肠道内分泌细胞大量分泌肠源性血管活性物质，如 5- 羟色胺、缓激肽、血管活性肽、神经紧张素和血管活性肠肽，加上渗透压作用使细胞外液大量移入肠腔，从而引起一系列血管舒缩功能的紊乱和胃肠道症状。主要护理措施包括：指导患者通过饮食加以调整，即少食多餐，避免过甜、过咸、过浓的流质饮食；宜进食低糖类、高蛋白饮食；用餐时限制饮水和喝汤；进餐后平卧 20 分钟。多数患者经调整饮食后，症状可减轻或消失，术后半年到 1 年内能逐渐自愈。极少数症状严重而持续的患者需手术治疗。②晚期倾倒综合征：临床表现为餐后 2～4 小时患者出现心悸、出冷汗、面色苍白、手颤、无力，甚至虚脱等。主要因进食后胃排空过快，含糖食物迅速进入空肠后被过快吸收，使血糖急速升高，刺激胰岛素大量释放，而当血糖下降后，胰岛素并未相应减少，继之发生反应性低血糖，故晚期倾倒综合征又被称为低血糖综合征。出现症状时，稍进饮食，尤其是糖类，即可缓解。饮食中减少糖类含量，增加蛋白质比例，少量多餐，可防止其发生。

2）迷走神经切断术后并发症

胃小弯坏死穿孔：为高选择性胃迷走神经切断术后的严重并发症，主要表现为突发上腹部剧烈疼痛和急性弥漫性腹膜炎症状。由于手术因素或术中切断了胃小弯侧的血液供应，以致局部易缺血、坏死，甚至形成溃疡。一旦发生，护士须即刻完善各项术前准备，并做好患者的解释和安慰工作，使其能配合急诊修补手术。

腹泻：是迷走神经切断术后的常见并发症，发生率为5%～40%，与迷走神经切断术后肠转运时间缩短、肠吸收减少、胆汁酸分泌增加以及刺激肠蠕动的体液因子释放等有关。指导患者遵医嘱口服抑制肠蠕动的药物洛哌丁胺（易蒙停），若无效，可改用考来烯胺治疗；对频繁腹泻者，应做好饮食指导和肛门周围皮肤护理。

吞咽困难：多见于迷走神经干切断术后，有些患者在术后早期下咽固体物时有胸骨后疼痛。食管X射线钡剂造影示食管下段狭窄、贲门痉挛，往往与手术所致食管下段局部水肿、痉挛或神经损伤所致食管弛缓障碍有关。护士应告知患者该症一般于术后1～2个月能自行缓解，不必过度焦虑和恐惧；对少数确实无法缓解者，可考虑行食管扩张治疗，以缓解症状。

胃潴留：可发生于各类手术后，但高选择性迷走神经切断术后较少见。多在术后3～4日，拔除胃管后出现上腹不适、饱胀、呕吐胆汁和食物。出现症状后，治疗方法包括禁食，持续胃肠减压，使用温热高渗盐溶液一日多次洗胃、输血、输液。也可用新斯的明皮下注射或肌内注射。一般术后10～14日症状逐渐自行消失。

 考点提示

胃、十二指肠溃疡术后并发症的护理措施。

3. 健康教育

（1）告知患者有关胃、十二指肠溃疡的知识，使之能更好地配合手术等治疗和护理。

（2）强调保持乐观的重要性，指导患者自我调节情绪。注意劳逸结合，避免过劳。戒烟、戒酒。

（3）指导患者药物的服用时间、方式、剂量，说明药物的副作用。避免服用对胃黏膜有损伤性的药物，如阿司匹林、吲哚美辛、皮质类固醇。饮食宜少量多餐，进高蛋白、低脂肪饮食，补充铁剂与足量维生素，少食盐腌和烟熏食品，避免进食过冷、过热、辛辣及煎炸食物。

（4）定期门诊随访，若有不适，及时就诊。

【护理评价】

1. 患者焦虑是否减轻或缓解，情绪是否稳定。
2. 患者疼痛是否减轻或缓解。
3. 患者的营养状况是否得以改善。
4. 体液是否维持平衡，生命体征是否平稳。
5. 是否发生并发症，或并发症发生后能否被及时发现和处理。

第二节　胃癌患者的护理

胃癌是我国常见的消化道恶性肿瘤之一，发病率居消化道恶性肿瘤的首位，2020年报道，每年死亡约37万人，发病年龄以40～60岁多见，男性多于女性，男女比例约为2:1。

【病因及病理】

1. 病因　胃癌的确切病因尚未明确，与以下因素有关。

（1）地域环境与饮食因素：胃癌的发病有明显的地域性差异，在不同国家之间或同一国家的不同地区之间有明显不同。日本、俄罗斯、南非、智利等国家胃癌的发病率较北美、西欧、印度等国家高；我国西北部地区和东北部沿海地区胃癌的发病率较南方地区高。长期进食熏烤、腌制食品的人群胃远端癌发病率高；食物中缺乏新鲜蔬菜和水果与胃癌发病也有一定的关系。吸烟也与胃癌发病有关。

（2）胃幽门螺杆菌（HP）感染：HP是发生胃癌的重要因素之一。我国胃癌高发区成年人HP感染率在60%以上，比低发区的HP感染率（13%～30%）高。

（3）癌前病变：胃的癌前病变是指一些使胃癌发病危险性增高的良性胃疾病，如胃息肉、慢性萎缩性胃炎、胃溃疡及胃部分切除后的残胃。癌前病变是指容易发生癌变的胃黏膜病理组织学改变，但本身尚不具备恶性改变，是从良性上皮组织转变成癌的过程中的交界性病理变化。胃黏膜上皮的不典型增生属于癌前病变。

（4）遗传因素：有血缘关系的胃癌患者的亲属，其胃癌发病率比对照组高4倍。

2. 病理　胃癌可发生在胃的任何部位，多见于胃窦部，约占50%，其次为胃小弯和贲门部，其他部位较少见。

（1）大体分型：根据胃癌不同的阶段发展，可分为早期胃癌和进展期胃癌。

1）早期胃癌：指癌组织仅局限于黏膜或黏膜下层，不论病灶大小或有无淋巴转移。胃镜检查直径在10 mm以下的癌灶为小胃癌；直径小于5 mm的癌灶为微小胃癌；癌灶更小，仅在胃镜黏膜活检时诊断为癌，但切除后的胃标本虽经全黏膜取材未见癌组织，称为"一点癌"。早期胃癌根据病灶形态可分为3型：Ⅰ型为隆起型，癌灶突向胃腔；Ⅱ型为浅表型，癌灶比较平坦，没有明显的隆起与凹陷；Ⅲ型为凹陷型，为较深的溃疡。Ⅱ型还可以分为3个亚型，即Ⅱa（浅表隆起型）、Ⅱb（浅表平坦型）和Ⅱc（浅表凹陷型）。

2）进展期胃癌：指病变超过黏膜或黏膜下层的胃癌，为中期胃癌。国际上多按传统的Borrmann分类法将其分为4型：Ⅰ型（结节型）为突入胃腔的菜花状肿块，边界清楚；Ⅱ型（无浸润溃疡型）为边界清楚、略隆起而中央凹陷的溃疡；Ⅲ型（有浸润溃疡型）为边界不清楚的溃疡，癌组织向周围浸润；Ⅳ型（弥漫浸润型）为癌组织沿胃壁各层向四周弥漫浸润生长，可累及胃的一部分或全部，使胃壁变厚、僵硬，胃腔缩小，呈"革袋状"，此型恶性程度最高，转移早，预后最差。

（2）组织学分型：按WHO提出的分类法，将胃癌分为以下类型。①腺癌，包括乳头状癌、管状癌、黏液癌和印戒细胞癌，腺癌占胃癌的绝大多数；②腺鳞癌；③鳞状细胞癌；④未分化癌；⑤未分化类癌等。

（3）转移途径：①直接浸润；②淋巴转移：是胃癌的主要转移途径；③血行转移：常发生于晚期胃癌，常见的转移器官有肝、肺、胰、骨骼等，以肝转移最常见；④腹腔种植。

【护理评估】

1. 健康史　了解患者的年龄、性别、职业及饮食习惯等；了解患者的发病情况，家族中有无胃癌及其他肿瘤患者；既往有无长期的溃疡病史、慢性萎缩性胃炎、胃息肉等癌前病变。

2. 身体状况

（1）早期胃癌：临床症状多不明显，也不典型，少数患者有恶心、呕吐，或类似胃、十二指肠溃疡或慢性胃炎的症状，无特异性，故早期胃癌诊断率低。

（2）进展期胃癌：最常见的临床症状是疼痛和体重减轻，患者常有明显的上消化道症状，如上腹不适、进食后饱胀，因病情发展而上腹部疼痛加重，食欲减退、乏力、消瘦，部分患者伴恶心、呕吐。此外，因肿瘤的部位不同而有特殊表现。贲门胃底癌可有胸骨后疼痛和进行性吞咽困难；幽门附近的胃癌有幽门梗阻的表现；肿瘤破坏血管后可有呕血、黑便等上消化道出血症状。晚期胃癌患者常出现贫血、消瘦、营养不良甚至恶病质等表现。

3. 心理-社会状况 了解胃癌患者对诊断和预后的恐惧、焦虑程度；患者家庭对患者手术及手术后综合治疗的认识和经济承受能力。

4. 辅助检查

（1）实验室检查：粪便隐血试验常呈持续阳性、胃液游离酸测定多提示酸缺乏或减少。

（2）食管X射线钡剂造影：X线气钡双重造影可发现较小而表浅的病变。肿块型胃癌表现为突向腔内的充盈缺损；溃疡型胃癌主要显示胃壁内龛影，黏膜集中、中断、紊乱和局部蠕动波不能通过；浸润型胃癌可见胃壁僵硬、蠕动波消失。

（3）纤维胃镜检查：是诊断早期胃癌的有效方法，可直接观察病变部位和范围，并可直接取病变组织作病理学检查。采用带超声探头的电子胃镜，有助于了解肿瘤浸润深度以及周围脏器和淋巴结有无转移。

（4）腹部超声检查：主要用于观察胃的邻近脏器受浸润及淋巴转移情况。

（5）螺旋CT检查：有助于胃癌的诊断和术前临床分期。

5. 治疗原则 早发现、早诊断和早治疗是提高胃癌疗效的关键，对于有胃癌家族史或既往有胃病史的人群，应定期检查。下列人群应做胃的相关检查：40岁以上有消化道症状而无胆道疾病者；原因不明的消化道慢性失血者；短期内体重明显减轻者。外科手术是治疗胃癌的主要手段，也是目前能治愈胃癌的唯一方法。对中、晚期胃癌，积极辅以化学治疗、放射治疗及免疫治疗等综合治疗，以提高疗效。

（1）手术治疗：胃癌的手术治疗可分为根治性手术和姑息性手术两类。

1）根治性手术：原则为整块切除包括癌肿和可能受浸润胃壁在内的胃的全部或大部，以及大网膜、小网膜和区域淋巴结，并重建消化道。

2）姑息性切除术：用于癌肿广泛浸润并转移、不能完全切除者。通过手术，可以解除症状，延长生存期，包括姑息性胃切除术、胃空肠吻合术、空肠造口术等。

（2）化学治疗：是最主要的辅助治疗方法。新辅助化疗是指在恶性肿瘤局部治疗、手术治疗或放射治疗前给予的全身或局部化学治疗，也称术前化学治疗。其特点是给药途径除静脉外，更倡导靶向给药，如选择性区域性动脉插管化学治疗或局部灌注化学治疗等。胃癌的新辅助化疗包括术前全身性给药及区域性给药。全身性给药途径包括经静脉化学治疗，区域性给药包括超选择性经动脉介入化学治疗及腹腔内化学治疗。化学治疗方案包括：5-FU+顺铂、卡培他滨+奥沙利铂（XELOX）、卡培他滨+顺铂、奥沙利铂+亚叶酸钙+氟尿嘧啶（FOLFOX）等。

（3）其他治疗：包括放射治疗、免疫治疗、中医中药治疗、热疗等。

 考点提示

确诊胃癌的辅助检查方法。

【常见护理诊断/问题】

1. 焦虑、恐惧 与患者对癌症的恐惧、担心治疗效果和预后有关。
2. 疼痛 与癌细胞浸润和手术创伤有关。
3. 营养失调：低于机体需要量 与长期食欲减退、消化及吸收不良、癌肿导致的消耗增加有关。
4. 潜在并发症：出血、十二指肠残端破裂、吻合口瘘、消化道梗阻及倾倒综合征等。

【护理目标】

1. 患者焦虑减轻或缓解。

2. 患者疼痛减轻或缓解。
3. 患者的营养状况得到改善。
4. 并发症得到有效预防，或并发症发生后被及时发现和处理。

【护理措施】

1. 术前护理

（1）心理护理：患者对癌症及预后有很大顾虑，常有消极、悲观情绪，鼓励患者表达自身感受，根据患者的个体情况提供信息，向患者解释胃癌手术治疗的必要性，帮助患者消除不良心理，增强对治疗的信心。此外，还应鼓励患者的家属和朋友给予患者关心和支持，使其能积极配合治疗和护理。

（2）改善营养状况：胃癌患者伴有梗阻和出血者，术前常由于食欲减退、摄入不足、消耗增加，以及恶心、呕吐等导致营养状况欠佳。根据患者的饮食和生活习惯，合理制定食谱。给予高蛋白、高热量、富含维生素、低脂肪、易消化和少渣的食物，对不能进食者，应遵医嘱予以静脉输液，补充足够的热量，必要时输血浆或全血，改善患者的营养状况，提高其对手术的耐受性。

（3）胃肠道准备：对胃癌合并幽门梗阻的患者，在禁食的基础上，术前3日起每晚用生理盐水洗胃，以减轻胃黏膜水肿。术前3日给患者口服肠道不吸收的抗菌药物，必要时清洁肠道。

2. 术后护理

（1）观察病情：密切观察生命体征、神志、尿量，切口渗血、渗液和引流液情况等。

（2）体位：全身麻醉清醒前取去枕平卧位，头偏向一侧。麻醉清醒后若血压稳定，取半卧位，有利于呼吸和循环，减少切口缝合处的张力，减轻疼痛与不适。

（3）禁食、胃肠减压：术后早期禁食、胃肠减压，以减少胃内积气、积液，有利于吻合口愈合。

（4）营养支持

1）肠外营养支持：因胃肠减压期间引流出大量含有各种电解质（如氯、碳酸氢盐）的胃肠液，加之禁食，易造成水、电解质代谢紊乱和酸碱平衡失调，营养缺乏，因此术后需及时输液，以补充患者所需的水、电解质和营养素，必要时输血清或全血，以改善患者的营养状况，促进切口愈合。详细记录24小时液体出入量，为合理输液提供依据。

2）早期肠内营养支持：对术中放置空肠造瘘管的胃癌根治术患者，术后早期经造瘘管输注肠内营养液，对改善患者的全身营养状况、维护肠道屏障结构和功能、促进肠功能早期恢复、增强机体的免疫功能、促进切口和肠吻合口的愈合等都有益处。根据患者的个体状况，合理制定营养支持方案。护理时应注意以下几点。①造瘘管的护理：妥善固定造瘘管，防止滑脱、移动、扭曲和受压；保持造瘘管通畅，防止营养液沉积堵塞导管，每次输注营养液前后用生理盐水或温开水20～30 ml冲管，输营养液的过程中每4小时冲管1次；②控制输入营养液的温度、浓度和速度：营养液温度以接近体温为宜，如温度偏低，会刺激肠道引起肠痉挛，导致腹痛、腹泻；如温度过高，则可灼伤肠道黏膜，甚至可引起溃疡或出血；如营养液浓度过高，易诱发倾倒综合征；③观察有无恶心、呕吐、腹痛、腹胀、腹泻，以及水、电解质代谢紊乱等并发症的发生。

3）饮食护理：肠蠕动恢复后可拔除胃管，逐渐恢复饮食。注意少食产气食物，忌生、冷、硬和刺激性食物。少量多餐，开始时每日5～6餐，以后逐渐减少进餐次数并增加每次进餐量，逐步恢复正常饮食。全胃切除术后，肠管代胃容量较小，开始全流质饮食时宜少量、清淡；每次饮食后需观察患者有无腹部不适。

4）早期活动：参见本章第一节。

（5）并发症的观察和护理：参见本章第一节。

3. 健康教育

（1）胃癌的预防：积极治疗 HP 感染和胃癌的癌前疾病，如慢性萎缩性胃炎、胃息肉及胃溃疡；少食腌制、熏、烤食品，戒烟、酒。高危人群定期检查，如粪便隐血试验、食管 X 射线钡剂造影、纤维内镜检查。

（2）适当活动：参加一定量的活动或锻炼，注意劳逸结合，避免过度劳累。

（3）定期复查：胃癌患者需定期门诊随访，检查肝功能、血常规等，注意预防感染。术后3 年内每 3～6 个月复查 1 次，3～5 年每半年复查 1 次，5 年后每年复查 1 次。内镜检查每年1 次。若有腹部不适、胀满、肝区肿胀、锁骨上淋巴结肿大等表现，应随时复查。

【护理评价】

1. 患者焦虑是否减轻或缓解，情绪是否稳定。
2. 患者疼痛是否减轻或缓解。
3. 患者的营养状况是否得以改善。
4. 是否发生并发症，或并发症发生后是否被及时发现和处理。

自 测 题

一、选择题

1. 胃、十二指肠溃疡最可靠的诊断方法是
   A. 粪便隐血试验　　　　B. 纤维胃镜检查　　　　C. 胃液酸度分析
   D. 食管 X 射线钡剂造影　　E. 病史及临床表现

2. 胃、十二指肠溃疡最常见的并发症是
   A. 出血　　　　　　　　B. 穿孔　　　　　　　　C. 癌变
   D. 幽门梗阻　　　　　　E. 急性腹膜炎

3. 患者，男性，30 岁。患十二指肠溃疡多年，于饱餐后突然出现上腹部剧烈疼痛，腹肌紧张。首先应考虑并发了
   A. 急性胰腺炎　　　　　B. 急性胃穿孔　　　　　C. 幽门梗阻
   D. 急性胆囊炎　　　　　E. 慢性穿孔

4. 患者，男性，46 岁。患胃、十二指肠溃疡多年，今晚饮酒后出现上腹部剧烈疼痛，面色苍白，腹肌紧张，全腹明显压痛、反跳痛。该患者首要的护理措施是
   A. 吸氧　　　　　　　　B. 继续观察病情　　　　C. 绝对卧床休息
   D. 进食及胃肠减压　　　E. 建立静脉通道

（5～6 题共用题干）

患者，男性，47 岁。因反复呕吐宿食、消瘦、皮肤干燥及弹性减退，诊断为胃、十二指肠溃疡瘢痕性幽门梗阻，拟在全身麻醉下行胃大部切除术。

5. 该患者入院时的主要护理诊断是
   A. 组织灌注量改变，有休克的危险　　　　B. 体液不足
   C. 有皮肤受伤的危险　　　　　　　　　　D. 活动无耐力
   E. 知识缺乏

6. 能促进术后吻合口愈合的重要术前护理措施是
   A. 心理护理　　　　B. 备血、备皮　　　　C. 每晚洗胃
   D. 皮肤护理　　　　E. 术前镇痛

（李国正）

第十九章 急性阑尾炎患者的护理

学习目标

1. 描述急性阑尾炎的概念、病因、病理解剖及临床类型。
2. 比较特殊人群急性阑尾炎的临床特点。
3. 阐述急性阑尾炎的护理措施。
4. 能运用护理程序对急性阑尾炎患者实施整体护理。
5. 在护理急性阑尾炎患者的过程中,表现出认真负责、严谨的工作态度和高尚的人文素养。

案例 19-1

患者,男性,26岁,因转移性右下腹痛8小时,伴低热、呕吐入院。8小时前患者进食后出现上腹部疼痛,伴恶心、呕吐,呕吐物为胃内容物,呕吐后症状无好转;3小时前出现右下腹疼痛,呈持续性胀痛。体格检查:T 37.5℃,P 96次/分,R 22次/分,BP 130/82 mmHg,腹部平坦,未见胃肠型及蠕动波,右下腹腹肌紧张,全腹压痛、反跳痛,以右下腹部最明显。其他检查未发现异常。

问题与思考:
1. 该患者可能的疾病诊断是什么?
2. 目前,对该患者的处理原则是什么?
3. 术后护理措施有哪些?

第一节 急性阑尾炎患者的护理

急性阑尾炎是阑尾组织的急性化脓性感染,是常见的外科急腹症,多发生于20~30岁青壮年,男性发病率高于女性。

【病因及病理生理】

1. 病因及发病机制

(1)阑尾管腔阻塞:是急性阑尾炎最常见的病因。阑尾是细长弯曲的盲管,开口狭小,蠕动缓慢,易因食物残渣、粪石、异物、寄生虫、炎性狭窄、阑尾淋巴滤泡增生、肿瘤等因素造成阑尾管腔梗阻。其中淋巴滤泡的明显增生使管腔狭窄而引起阻塞最为常见,约占60%,多见于年轻人;粪石阻塞约占35%,是成年人急性阑尾炎的常见原因;食物中的残渣、寄生虫的虫体和虫卵等其他异物约占4%。阑尾管腔被阻塞后,阑尾黏膜仍继续分泌黏液,导致腔内压力升高,阑尾壁血运发生障碍,使阑尾炎症加剧。因阑尾血供为终末血管,无吻合支,故急性阑尾炎极易发生坏死、穿孔。

(2)细菌入侵:阑尾管腔被阻塞后,细菌繁殖并分泌内毒素和外毒素,损伤黏膜上皮,形成溃疡,细菌经溃疡面进入阑尾肌层。阑尾壁间质压力升高,影响动脉血流,造成阑尾缺血、甚至梗死或坏疽。致病菌多为肠道内的各种革兰氏阴性杆菌和厌氧菌。

（3）其他：胃肠道功能障碍（腹泻、便秘等）时，引起阑尾肌肉或血管反射性痉挛，导致阑尾管腔狭窄、梗阻，同时血管痉挛致使阑尾缺血，使阑尾管腔黏膜受损，细菌侵入引起阑尾炎。

2. 病理生理　根据发病过程和病理变化，急性阑尾炎可分为以下4种类型。

（1）急性单纯性阑尾炎：病变多局限于黏膜和黏膜下层，属于轻型阑尾炎或病变早期。阑尾轻度肿胀，浆膜充血，失去正常光泽，表面有少量纤维性渗出物。镜下见阑尾各层水肿和中性粒细胞浸润，黏膜表面有小溃疡和出血点。

（2）急性化脓性阑尾炎：常因急性单纯性阑尾炎发展而来。阑尾明显肿胀，浆膜高度充血，表面覆盖有脓性渗出物，又称急性蜂窝织炎性阑尾炎。镜下见阑尾黏膜溃疡面增大并深达肌层和浆膜层，各层均有小脓肿，腔内有积脓。阑尾周围的腹腔内有稀薄脓液，可形成局限性腹膜炎。

（3）坏疽性及穿孔性阑尾炎：急性化脓性阑尾炎病变进一步发展，阑尾管壁坏死或部分坏死，呈暗紫色或紫黑色，局部阑尾可有穿孔，穿孔多在阑尾根部和尖端。若穿孔后未被包裹，感染可迅速扩散，可引起急性弥漫性腹膜炎。

（4）阑尾周围脓肿：急性阑尾炎化脓、坏疽或穿孔后，大网膜和邻近的肠管将阑尾包裹并形成粘连，出现炎性肿块或形成阑尾周围脓肿。

 考点提示

急性阑尾炎的病因及病理类型。

3. 转归

（1）炎症消退：部分单纯性阑尾炎经及时药物治疗后，炎症消退，大部分将转为慢性阑尾炎。由于遗留阑尾管腔狭窄、管壁增厚、阑尾粘连扭曲，炎症易复发。

（2）炎症局限：部分化脓性、坏疽性或穿孔性阑尾炎被大网膜和邻近肠管包裹粘连后，炎症局限，形成阑尾周围脓肿。常需使用大量抗生素或中药治疗，炎症可逐渐被吸收，但较缓慢。

（3）炎症扩散：阑尾炎症较重，发展速度快，未及时手术切除，又未能被大网膜包裹局限，炎症扩散，发展为弥漫性腹膜炎。阑尾静脉与动脉伴行，血液最终回流入门静脉。当细菌栓子脱落时，可引起门静脉炎和细菌性肝脓肿，甚至感染性休克等。

【护理评估】

1. 健康史　了解患者的年龄、性别。对于成年女性，应了解其有无停经史、月经紊乱、妊娠史；有无剧烈活动、不洁饮食史；询问患者既往有无急性阑尾炎发作、胃及十二指肠溃疡穿孔、急性胆囊炎或妇科病史；有无手术史；有无腹痛，其诱因、缓解或加重的因素。

2. 身体状况

（1）症状

1）腹痛：典型表现为转移性右下腹痛，腹痛开始于上腹部或脐周围，呈持续性，数小时（6～12小时）后，腹痛转移并固定于右下腹部，呈持续性并逐渐加重。70%～80%的患者有典型的转移性右下腹痛的表现，但少数患者开始即为右下腹部疼痛。不同病理类型的阑尾炎，腹痛有所不同：单纯性阑尾炎仅有轻度隐痛；化脓性阑尾炎可表现为阵发性胀痛和剧痛；坏疽性阑尾炎呈持续性剧烈腹痛；穿孔性阑尾炎因阑尾腔压力骤减，腹痛可暂时减轻，但出现腹膜炎后，腹痛可持续加剧并范围扩大，甚至出现全腹剧痛。

2）胃肠道症状：恶心、呕吐最常见，早期呕吐多为反射性，晚期呕吐因腹膜炎所致。部分患者可有便秘或腹泻症状。盆腔位阑尾炎及出现盆腔脓肿时，可有排便次数增多、里急后重、黏液便等直肠刺激症状。

3）全身症状：单纯性阑尾炎，患者体温轻度升高；阑尾化脓、坏疽、穿孔，患者有明显发热、中毒症状较重；若并发化脓性门静脉炎，患者可发生寒战、高热、轻度黄疸。

（2）体征

1）右下腹部压痛：是急性阑尾炎的重要体征。发病早期腹痛尚未转移至右下腹部时，右下腹部便出现固定压痛。压痛点可随阑尾位置变化而改变，但始终固定在一个位置，通常位于麦氏点（McBurney point），即右髂前上棘与脐连线的中外 1/3 交点处（图 19-1）。

2）腹膜刺激征：即腹肌紧张、压痛、反跳痛。这是壁腹膜受到炎症刺激而出现的一种防御性反应，常提示阑尾炎症加重，有炎性渗出、化脓、坏疽或穿孔等病理改变。但小儿、老年人、妊娠期妇女、肥胖、虚弱者或盲肠后位阑尾炎时，腹膜刺激征可不明显。

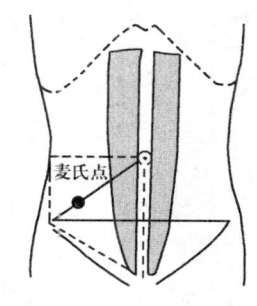

图 19-1　阑尾炎压痛点

3）右下腹部包块：当阑尾炎性肿块或阑尾周围脓肿形成时，右下腹可扪及压痛性包块，边界不清，固定。

4）其他体征

结肠充气试验：患者取仰卧位。检查者一手压迫左下腹部降结肠区；另一手按结肠，结肠内气体可传至盲肠和阑尾，引起右下腹部疼痛者为阳性。

腰大肌试验：患者取左侧卧位，右大腿向后过伸，引起右下腹部疼痛者为阳性，常提示阑尾位于腰大肌前方，为盲肠后位或腹膜后位。

闭孔内肌试验：患者取仰卧位，右髋和右膝均屈曲 90°，然后被动向内旋转，引起右下腹部疼痛者为阳性，提示阑尾位置靠近闭孔内肌。

直肠指诊：盆腔位阑尾炎常在直肠右前方有触痛。若阑尾穿孔，炎症波及盆腔时，直肠前壁有广泛触痛。若发生盆腔脓肿，可触及痛性肿块。

3. 心理 - 社会状况　急性阑尾炎多发生于青壮年。患者平素身体健康，突然发病，腹痛明显，常需急诊手术治疗。患者常因担心疾病和手术对生活、学习、工作等的影响，担心手术的危险性和术后并发症等，表现出精神紧张、焦虑不安的心理和情绪。

4. 辅助检查

（1）实验室检查：多数急性阑尾炎患者血白细胞计数和中性粒细胞比例升高。白细胞计数可达 $(10 \sim 20) \times 10^9/L$，发生核左移。部分单纯性阑尾炎或老年患者白细胞计数可无明显升高。尿液检查一般无阳性发现。有时尿中出现红细胞，往往与阑尾炎症波及输尿管有关，应注意与右侧输尿管结石相鉴别。

（2）影像学检查

1）腹部 X 线检查：可见盲肠和回肠末端扩张和气液平面，偶尔可见钙化的粪石和异物。

2）B 型超声检查：可发现肿大的阑尾或脓肿，推测病变的严重程度及病理类型。

3）CT 检查：可显示阑尾周围软组织及其与邻近组织的关系，有助于阑尾周围脓肿的诊断。

（3）腹腔镜检查：可以直接观察阑尾有无炎症，也能分辨与阑尾炎有相似症状的其他邻近脏器疾病，对明确诊断可起到决定性作用。在诊断的同时也可行阑尾切除术治疗。

5. 治疗原则　一旦明确诊断，绝大多数急性阑尾炎应早期手术治疗。

（1）非手术治疗：仅用于早期单纯性阑尾炎或急性阑尾炎的早期治疗，治疗措施包括禁食、补液、应用抗生素等。中药以清热、解毒、化瘀为主。若病情发展或加重，应采取手术治疗。阑尾周围脓肿应先使用抗生素控制症状，一般3个月后再行手术切除阑尾。

（2）手术治疗：绝大多数急性阑尾炎一旦明确诊断，应早期施行阑尾切除术。特别要注意小儿、老年人和妊娠期急性阑尾炎，因其表现不典型、病情重、变化快，易发生穿孔，一旦明确诊断，更应及早手术治疗。若有条件，也可采用经腹腔镜阑尾切除术。

知识链接

腹腔镜阑尾切除术

自1987年发明腹腔镜并应用于胆囊切除术以来，腹腔镜的用途不断得到开发，适应证不断增加。目前，不少地区已广泛开展腹腔镜阑尾切除术。腹腔镜阑尾切除术一般用于单纯性阑尾炎、化脓性阑尾炎，对急性阑尾炎诊断不明确者，选用腹腔镜不仅有助于诊断，还可用于治疗。但对于曾行下腹部手术、局部明显粘连者，腹腔镜并不适用。腹腔镜阑尾切除术的患者，除创伤和疼痛较少外，感染的阑尾可自管中取出，完全不接触伤口，使伤口感染的机会减到最低，大大缩短术后恢复时间，患者更乐于接受。

 考点提示

急性阑尾炎的临床表现和治疗原则。

【常见护理诊断 / 问题】
1. 疼痛　与阑尾炎症刺激及腹部手术创伤有关。
2. 体温过高　与阑尾化脓感染有关。
3. 潜在并发症：术后出血、切口感染、腹腔脓肿、粘连性肠梗阻、粪瘘等。

【护理目标】
1. 患者腹痛缓解或减轻。
2. 患者体温基本恢复正常。
3. 患者未发生并发症或并发症发生后被及时发现和治疗。

【护理措施】
1. 非手术治疗的护理及术前护理

（1）心理护理：关心、爱护患者，视患者如亲人；有针对性地做好解释工作，讲解疾病及手术相关知识；消除患者对手术的紧张、恐惧心理，使其积极、主动地配合手术治疗及护理。

（2）一般护理

1）卧位：患者宜取半卧位，放松腹肌，减轻腹部压力，缓解疼痛，有利于炎症的局限。

2）饮食和输液　在观察及治疗期间患者应禁食，并给予静脉输液，维持水、电解质平衡。禁服轻泻药及灌肠，以免肠蠕动加快，肠内压增高，导致阑尾穿孔或炎症扩散。

3）对症护理：对高热者，可给予物理降温或药物降温。对疼痛明显者，给予针刺或按医嘱应用解痉药缓解症状。诊断未明确之前禁用吗啡或哌替啶等镇痛药，以免掩盖病情。

（3）抗感染治疗的护理：遵医嘱使用有效抗生素控制感染。

（4）病情观察：严密监测患者的生命体征，密切观察患者腹部症状和体征的变化、白细胞计数和中性粒细胞的变化，以及有无各种并发症的出现。①若患者体温明显升高，脉搏、呼吸增快，或血白细胞计数和中性粒细胞比例持续升高，或腹痛加剧且范围明显扩大，或者出现严重的腹膜刺激征，说明病情加重，应立即手术。②若患者腹痛突然减轻，可能是阑尾梗阻解除，病情好转的表现，也可能是阑尾坏疽、穿孔的表现，此时应注意有无明显的腹膜刺激征和全身感染中毒症状。③若阑尾周围脓肿范围逐渐增大，全身中毒症状不断加重，应及时报告医师，考虑手术引流。④及时发现急性弥漫性腹膜炎、腹腔脓肿、门静脉炎等并发症，并协助医师进行处理。

2. 术后护理

（1）一般护理

1）体位：患者回病房后，应根据不同的麻醉方式，选择适当的卧位休息。待麻醉解除，血压、脉搏平稳后改为半卧位，以降低腹壁压力，减轻切口疼痛，有利于呼吸与引流。

2）饮食：术后暂禁食，待胃肠蠕动恢复、肛门排气后可进流食，次日给半流质饮食，如进食后无不适，第4～6日可进易消化的软食，1周后可恢复正常饮食，但1周内忌牛奶、豆制品，以免引起腹胀，禁忌灌肠及使用轻泻药。

3）早期活动：轻症患者手术当日麻醉反应消失后即可起床活动。重症患者应鼓励患者术后床上翻身和活动肢体，待患者病情稳定后，及早下床活动，以促进肠蠕动，避免肠粘连的发生。

（2）病情观察：密切监测患者生命体征等病情变化情况，并准确记录；观察患者腹部症状及体征的变化，尤其应注意观察有无急性腹腔内出血、切口感染、腹腔脓肿、粘连性肠梗阻、粪瘘等术后并发症的表现。若发现异常，及时通知医师并积极配合处理。

（3）切口及引流管护理：保持切口敷料清洁、干燥，及时更换被渗血、渗液浸湿和污染的敷料；观察切口愈合情况，及时发现切口出血及感染征象。对于腹腔引流的患者，按腹腔引流管常规进行护理。

（4）用药护理：术后遵医嘱使用有效的抗生素控制感染。对切口疼痛影响患者情绪和休息者，可遵医嘱给予镇静药或镇痛药。

（5）术后并发症的观察与护理

1）腹腔内出血：常发生在术后24小时内，表现为腹痛、腹胀及失血性休克等，故手术后当日应严密观察脉搏、血压。若患者出现面色苍白、脉搏细速、血压下降等休克表现，或腹腔引流管引流出大量鲜红色血性液体，应立即将患者平卧，静脉快速输液，并报告医师，予以输血、输止血药，并做好紧急手术止血的准备。

2）切口感染：是阑尾切除术后最常见的并发症，多见于化脓性阑尾炎或穿孔性阑尾炎，表现为术后2～3日体温升高，切口局部有红、肿、胀痛或跳痛，甚至出现波动感。应遵医嘱给予抗生素、理疗等处理，如已化脓感染，应及时拆线引流，加强换药。

3）粘连性肠梗阻：表现为腹痛、腹胀、肛门停止排气及排便等症状。不完全梗阻者行禁食和胃肠减压，完全梗阻者需手术治疗。术后患者早期下床活动可预防此并发症的发生。

4）腹腔脓肿：常发生于术后5～7天，表现为体温升高或下降后又上升，并有腹胀、腹部包块、腹膜刺激征及直肠膀胱刺激征等，应及时与医师取得联系并协助处理。

5）粪瘘：因阑尾切除术中局部处理不当，术后有粪便从阑尾残端处或盲肠瘘口流出。临床表现类似阑尾周围脓肿。如瘘管连通切口，可表现为切口感染及有粪便从切口流出。一般采用非手术治疗和按肠瘘常规护理后，多数患者切口可自行愈合，如病程超过3个月切口仍未愈合，考虑手术治疗。

6）阑尾残株炎：切除阑尾时，若残端保留超过1 cm，术后残株易复发炎症，表现为阑尾炎的症状和体征，病情严重者需手术治疗。

 考点提示

急性阑尾炎患者的护理措施。

3. 健康教育

（1）指导患者注意饮食卫生，避免暴饮暴食、生活不规律、过度疲劳和腹部受凉等因素；及时治疗急性胃肠炎等疾病，预防慢性阑尾炎急性发作。

（2）术后鼓励患者早期下床活动，防止粘连性肠梗阻。

（3）阑尾周围脓肿者，告知患者3个月后再次住院行阑尾切除术。

（4）告知出院患者，如出现腹痛、腹胀、恶心、呕吐等不适，应及时就诊。

第二节 特殊类型急性阑尾炎患者的护理

一、新生儿急性阑尾炎患者的护理

新生儿急性阑尾炎较少见。早期患儿可仅有厌食、恶心、呕吐、腹泻及脱水等症状，无明显发热。由于新生儿不能提供病史，早期诊断较困难，阑尾穿孔率高达50%～85%，死亡率也较高。应高度注意患儿有无腹胀症状及右下腹压痛等体征，并应尽早手术治疗。

二、小儿急性阑尾炎患者的护理

小儿急性阑尾炎是儿童常见的急腹症之一。小儿大网膜发育不全，难以通过大网膜移动达到包裹阑尾局限炎症的作用。临床特点包括：①病情较重且发展速度快，早期即可出现高热、呕吐等症状；②右下腹部体征不明显，但有局部压痛和肌紧张；③穿孔及并发症的发生率较高。处理原则为尽早手术，护理时应注意观察病情，遵医嘱静脉补液和应用抗生素，积极预防和协助处理休克、阑尾穿孔和腹膜炎等并发症。

三、妊娠期急性阑尾炎患者的护理

妊娠期急性阑尾炎较常见，中期妊娠的发病率略高，可能与胎儿生长速度快有关。临床特点包括：①妊娠期盲肠和阑尾被增大的子宫推挤，向右上腹部移位，压痛点随之上移；②腹壁被抬高，炎症刺激不到壁腹膜，故压痛、肌紧张和反跳痛均不明显；③大网膜不易包裹；④腹膜炎不易被局限，易在上腹部扩散；⑤炎症刺激子宫，易引起流产或早产，威胁母儿安全。处理原则为早期手术，以防止流产及妊娠后期阑尾炎复发，并最好有妇产科和外科医师合作，以保证妊娠期妇女及胎儿的安全。围手术期加用黄体酮，尽量不用腹腔引流，术后应用广谱抗生素。临产期急性阑尾炎或并发阑尾穿孔、全身性感染症状严重时，可考虑经腹行剖宫产术，同时切除阑尾。护理时，应注意评估患者及其家属对胎儿风险的认知，对疾病和治疗的心理承受能力及应对能力。

四、老年人急性阑尾炎患者的护理

随着人口老龄化加剧，老年人急性阑尾炎有增多的趋势。老年人对疼痛感觉迟钝，腹肌薄弱，防御功能减退。临床特点包括：①主诉不强烈，体征不典型，体温和血白细胞计数升高不明显；②临床表现轻而病理改变重；③老年人阑尾壁常萎缩变薄，淋巴滤泡逐渐退化、消失，阑尾腔变细，且多伴动脉硬化，易导致阑尾缺血坏死或穿孔；④老年人大网膜多有萎缩，故阑尾穿孔后炎症不易局限，常发生弥漫性腹膜炎；⑤老年人常伴发心血管疾病、糖尿病等，使病情更趋复杂和严重。处理原则为一旦诊断明确，及时手术治疗，并加强围手术期管理，注意处理伴发疾病，预防并发症的发生。

> **思政园地**
>
> **"中国外科之父"——裘法祖**
>
> 　　裘法祖出生在西子湖畔的一个书香世家。1933年裘法祖的母亲在家中突然出现腹内剧痛,当地郎中束手无策,其母痛苦地离开了人世。裘法祖当时只有19岁,他查阅书籍,发现母亲竟是死于在国外只需要做一个手术就能解决问题的阑尾炎!从此,裘法祖下定决心要为千千万万个母亲解除病痛。裘法祖只身远赴德国学医。1939年秋,他以14门功课全部优秀的成绩获得医学博士学位,并留在德国当外科医师。1946年底,裘法祖婉拒了导师和友人的挽留,带着妻子和孩子回到祖国。在中国外科医疗水平相当落后的情况下,他开展了一系列当时风险较大、较复杂的手术,为提高国家的医疗水平做出了巨大贡献,并于1948年创办了国内第一本医学科普刊物《大众医学》。几十年来,裘法祖在手术操作和手术风格上形成了一套独具特色的裘氏风范。

自 测 题

一、选择题

1. 急性阑尾炎最主要的病因是
   A. 阑尾损伤　　　　　　B. 神经反射　　　　　　C. 急性腹膜炎扩散
   D. 全身性感染　　　　　E. 阑尾腔梗阻
2. 急性阑尾炎的典型腹痛表现是
   A. 转移性右下腹痛　　　B. 阵发性钻顶样绞痛　　C. 持续疼痛阵发性加重
   D. 腹痛向右肩背部放射　E. 疼痛放射至会阴部
3. 患者,男性,29岁。1天前行腹腔镜阑尾切除术,现诉腹胀,未排气、排便,下列护理措施错误的是
   A. 评估患者的腹胀情况　B. 给予阿托品肌内注射　C. 鼓励患者下床活动
   D. 必要时给予肛管排气　E. 鼓励患者床上活动

(4~7题共用题干)

　　患者,女性,23岁,因腹痛1天入院。患者自诉腹痛开始于上腹部及脐周,位置不定,数小时后腹痛转移至右下腹部,并出现右下腹部持续性胀痛,无放射痛,期间疼痛好转2小时后又加重。体格检查:T 39.3℃,P 120次/分,BP 112/64 mmHg。腹部平坦,右下腹压痛、反跳痛及肌紧张,肠鸣音消失,闭孔内肌试验阳性。白细胞计数 12.5×10^9/L,中性粒细胞比例0.82。腹部X线平片可见盲肠扩张和气液平面。行急诊手术治疗,术后第3天患者体温为38.8℃,切口红、肿、压痛。

4. 考虑患者患有的疾病是
   A. 急性单纯性阑尾炎　　B. 急性化脓性阑尾炎　　C. 坏疽性阑尾炎
   D. 穿孔性阑尾炎　　　　E. 急性胰腺炎
5. 该患者阑尾位置最可能靠近的是
   A. 盲肠后方　　　　　　B. 盲肠前方　　　　　　C. 腰大肌前方
   D. 腰大肌后方　　　　　E. 闭孔内肌

6. 该患者术后发生的并发症是
   A. 腹腔内出血　　　　　B. 切口感染　　　　　C. 腹腔感染
   D. 盆腔感染　　　　　　E. 腹腔脓肿
7. 患者术后第 3 天，下列护理措施，最关键的是
   A. 继续静脉补液　　　　　　　　　　　　　B. 做好引流管护理
   C. 及时更换被渗液污染的敷料　　　　　　　D. 做好生活护理
   E. 进行康复知识教育

二、填空题

1. 引起急性阑尾炎的两大因素是＿＿＿＿＿＿、＿＿＿＿＿＿。
2. 阑尾切除术后常见并发症有＿＿＿＿＿＿、＿＿＿＿＿＿、＿＿＿＿＿＿、＿＿＿＿＿＿、＿＿＿＿＿＿、＿＿＿＿＿＿。

三、简答题

简述急性阑尾炎术后的护理措施。

四、案例分析

患者，男性，26 岁。10 小时前出现上腹部、脐周疼痛，4 小时前出现右下腹剧烈胀痛，急性病容。体格检查：T 38.4℃，P 110 次 / 分，BP 116/86 mmHg。下腹部肌紧张，右下腹部压痛、反跳痛，无移动性浊音，肠鸣音正常。实验室检查：白细胞计数 12.4×10^9/L，中性粒细胞比例 0.86。CT 检查示：阑尾炎。

请回答：
（1）对于该患者，处理原则是什么？
（2）术前需采取哪些护理措施？

（刘　攀）

第二十章　肠梗阻患者的护理

第二十章数字资源

学习目标

1. 归纳肠梗阻的概念、病因。
2. 解释肠梗阻的病理生理变化及临床特点。
3. 阐述肠梗阻患者的护理措施。
4. 能运用护理知识和技能为肠梗阻患者实施整体护理。
5. 在护理肠梗阻患者的过程中，表现出认真、细致、耐心的工作态度和工作作风，注重人文关怀。

案例 20-1

患者，女性，72岁，因腹胀、腹痛、停止排气及排便、呕吐3天入院。3天前患者无明显诱因出现脐周胀痛，呈阵发性，肛门停止排气、排便。10年前曾行"乙状结肠癌根治术"。体格检查：T 37.5℃，P 98次/分，R 22次/分，BP 132/86 mmHg。腹部稍隆起，未见肠型及蠕动波，脐周轻压痛，无肌紧张及反跳痛，未触及包块，叩诊呈鼓音，移动性浊音（－），肠鸣音8次/分，可闻及气过水声。腹部X线检查提示中上腹部肠管扩张，可见数个气液平面。

问题与思考：
1. 该患者可能患有何种疾病？
2. 目前，对该患者的处理原则是什么？
3. 作为一名护士，应如何对该患者实施护理，以减轻患者的痛苦？

肠内容物由于各种原因不能正常顺利通过肠道，称为肠梗阻，是常见的外科急腹症。肠梗阻不但可引起肠管形态和功能上的改变，还可导致一系列全身性病理变化，甚至危及患者的生命。

【病因与分类】

1. 按肠梗阻原因分类

（1）机械性肠梗阻：最常见，是由于各种机械因素引起的肠腔狭窄或闭塞，引起肠内容物通过障碍。常见原因如下。①肠腔内阻塞：如蛔虫、粪块、胆石、异物；②肠壁病变：如先天性肠道闭锁，后天性病变，如肿瘤、肠套叠；③肠管外压迫：如肠扭转、粘连引起肠管扭曲，腹腔内肿瘤压迫，嵌顿疝。

（2）动力性肠梗阻：分为麻痹性肠梗阻和痉挛性肠梗阻，是由于神经抑制或毒素刺激引起肠壁肌肉功能紊乱，使肠蠕动消失或肠管痉挛，致使肠内容物无法正常通过，无器质性肠腔狭窄。麻痹性肠梗阻常见于急性弥漫性腹膜炎、腹部大型手术、腹膜后血肿或感染、低钾血症等；痉挛性肠梗阻较少见，可见于急性肠炎、慢性铅中毒和肠功能紊乱等。

（3）血运性肠梗阻：是由于肠系膜血管血栓形成或栓塞，使肠管血运障碍，肠管失去蠕动能力，继而发生肠麻痹而使肠内容物停止运行。因肠管血运障碍，引起肠管缺血坏死，处理方法与麻痹性肠梗阻不同。

2. 按肠壁有无血运障碍分类

（1）单纯性肠梗阻：只有肠内容物通过受阻，无肠管血运障碍。

（2）绞窄性肠梗阻：不仅有肠内容物的运行通过障碍，而且有肠管血运障碍，可引起肠坏死、肠穿孔。绞窄性肠梗阻常见于绞窄性疝、肠扭转、肠套叠、肠系膜动脉血栓形成等。

3. 其他分类　按梗阻的部位，可分为高位（空肠上段）肠梗阻和低位（回肠末段和结肠）肠梗阻；按梗阻的程度，可分为完全性肠梗阻和不完全性肠梗阻；按病情发展的速度，分为急性肠梗阻和慢性肠梗阻。闭袢性肠梗阻为一段肠袢两端完全阻塞，如肠扭转。

肠梗阻的类型并非固定不变，随着病情的变化，某些类型的肠梗阻在一定条件下可以相互转换。

 考点提示

肠梗阻的病因和分类。

【病理生理】

1. 肠管局部变化

（1）肠蠕动增强：单纯性机械性肠梗阻发生时，为克服肠内容物通过障碍，梗阻部位以上肠管蠕动增强。

（2）肠腔积气、积液、扩张：梗阻部位以上的肠腔内气体、液体积聚导致近端肠管扩张、膨胀。梗阻部位越低，时间越长，肠膨胀越明显。梗阻以下肠管则空虚、瘪陷或仅存少量粪便。

（3）肠壁充血、水肿、血运障碍：肠腔内压力升高，肠管膨胀，肠壁变薄，静脉回流障碍，肠壁充血、水肿；毛细血管通透性增加，大量液体渗入肠腔及腹腔。当肠腔内压力升高到一定程度时，肠壁出现血运障碍，肠管变成紫黑色，最终引起肠壁缺血、坏死、穿孔。

2. 全身变化

（1）水、电解质代谢紊乱和酸碱平衡失调：由于胃肠道液体不能被重吸收，同时患者不能进食及频繁呕吐，加上肠管高度膨胀，血管通透性增强，使血浆外渗，导致水和电解质大量丢失，造成严重的水、电解质代谢紊乱及代谢性酸中毒。

（2）感染和中毒：由于梗阻部位以上的肠腔内容物淤积，细菌繁殖并产生多种毒素，同时肠壁通透性增高，肠腔内细菌和毒素可以渗透至腹腔引起感染，引起腹膜炎，经腹膜吸收引起全身性感染和中毒。

（3）呼吸和循环功能障碍：肠腔内积气、积液引起肠管扩张，腹内压升高，膈肌上抬，影响肺的通气及换气功能；腹内压增高妨碍了下腔静脉血液的回流，引起呼吸、循环功能障碍。

大量体液丢失、血液浓缩、电解质代谢紊乱、酸碱平衡失调，以及细菌的大量繁殖、毒素的吸收等，均可导致微循环障碍，可引起感染性休克和低血容量性休克，严重者可导致多器官功能衰竭而危及生命。

【护理评估】

1. 健康史　注意患者的年龄、生活习惯，询问有无腹部疾病、腹部手术、外伤史，有无习惯性便秘史，有无感染、饮食不当、过度劳累及剧烈运动等发病诱因。

2. 身体状况

（1）症状

1）腹痛：单纯性机械性肠梗阻由于梗阻部位以上肠管剧烈蠕动，表现为阵发性腹部绞痛。疼痛发作时，患者自觉腹内有"气体"窜动，可有肠鸣音；若腹痛的间歇期不断缩短，呈持续性剧烈腹痛伴阵发性加剧时，考虑绞窄性肠梗阻的可能。麻痹性肠梗阻时表现为全腹持续性胀痛，无绞痛。

2）呕吐：早期为反射性呕吐，呕吐物为胃内容物，进食或饮水均可引起呕吐，以后，与肠梗阻发生的部位、类型有关：高位肠梗阻呕吐发生较早且频繁，呕吐物为胃、十二指肠内容物和胆汁等；低位肠梗阻呕吐出现迟而次数少，呕吐物可为粪臭样物；绞窄性肠梗阻呕吐物呈棕褐色或血性；麻痹性肠梗阻呕吐呈溢出性。

3）腹胀：一般较晚出现，腹胀的程度与梗阻部位和时间有关：高位肠梗阻由于梗阻近端肠内容物少，腹胀较轻；低位肠梗阻腹胀明显，可遍及全腹，常伴肠型；绞窄性肠梗阻多为不对称腹胀；麻痹性肠梗阻则表现为全腹均匀性腹胀，不伴肠型。

4）肛门停止排便、排气：是肠梗阻最典型的症状。完全性肠梗阻发生后，患者一般停止排气、排便，但发病早期，尤其是高位肠梗阻，因梗阻部位以下的肠腔内仍残存气体或粪便，仍可有肛门排气、排便。不完全性肠梗阻可有多次少量排气、排便。某些绞窄性肠梗阻，如肠套叠、肠系膜血管栓塞或血栓形成，可排出血性黏液便。

（2）体征

1）腹部体征：①视诊：机械性肠梗阻可见腹部膨隆、肠型和异常蠕动波；肠扭转时可见不对称性腹胀；麻痹性肠梗阻则为均匀性腹胀。②触诊：单纯性肠梗阻腹壁软，可有轻度压痛；绞窄性肠梗阻时有腹膜刺激征，可触及压痛的肠袢。③叩诊：绞窄性肠梗阻腹腔有较多渗液时，移动性浊音阳性。④听诊：机械性肠梗阻闻及肠鸣音亢进，有气过水声或金属音；麻痹性肠梗阻则肠鸣音减弱或消失。

2）全身表现：单纯性肠梗阻早期多无明显全身变化。晚期或绞窄性肠梗阻患者可有唇干舌燥、皮肤弹性差、眼窝内陷、尿少或无尿、呼吸加深及加快等脱水、代谢性酸中毒表现，严重者出现烦躁不安或嗜睡、脉搏细速、面色苍白、四肢发冷、血压下降等全身中毒和休克征象。

考点提示

肠梗阻患者的临床表现。

（3）几种常见类型肠梗阻

1）粘连性肠梗阻：最常见，是因肠管间粘连成角或腹腔内粘连带压迫肠管引起。病因多为腹部手术、炎症、损伤、出血、异物等。临床上以腹部手术所致为最常见。肠粘连并非都引起肠梗阻，多因暴饮暴食、剧烈活动、突然改变体位或胃肠功能紊乱等引起。多数为不完全性单纯性肠梗阻，少数为完全性或绞窄性肠梗阻。一般以非手术治疗为主。但若病情不见好转或高度怀疑为绞窄性肠梗阻，应及时采取手术治疗。

2）肠扭转：一段肠管沿其系膜长轴旋转而造成的闭袢性肠梗阻，称为肠扭转。最常见的是小肠扭转和乙状结肠扭转。因肠扭转发生的部位不同，其临床表现各有特点。①小肠扭转：多见于青壮年，常因在饱餐后立即进行剧烈活动而发病。起病急骤，表现为突发、剧烈的腹部绞痛，多在脐周围，常为持续性疼痛伴阵发性加重，患者往往不敢平卧，喜取膝胸位或蜷曲侧卧位，呕吐频繁，腹胀不明显，腹部可触及有压痛的肠袢。早期即出现休克。腹部X线检查可见空肠和回肠换位。②乙状结肠扭转：多见于老年男性，常有便秘。临床表现除有腹部绞痛外，有明显腹胀，而呕吐一般不明显。若低压灌肠，往往不足 500 ml 便不能灌入。X 射线钡剂灌肠检查见扭转部位钡剂受阻，尖端呈"鸟嘴"状。肠扭转患者死亡率较高，可高达 15%～40%，主要死因是就诊过晚或诊治延误。手术方式是进行肠扭转复位固定术；如肠管已坏死，则应行肠切除术肠吻合。

3）肠套叠：一段肠管套入其相连肠管腔内，称为肠套叠。肠套叠 80% 发生于 2 岁以下幼儿，常因断乳、饮食性质改变造成肠功能紊乱、肠运动异常。肠套叠以回盲部回肠末端套入结肠最为多见，临床以腹部绞痛、腹部腊肠样肿块、果酱样血便三大典型症状为特征，X 射线钡剂灌肠呈"杯口状"或"弹簧状"改变。早期可试行空气、X 射线钡剂灌肠复位，疗效可高达 90%，病程超 48 小时、灌肠无效者或慢性复发性肠套叠，可行手术复位治疗。

4）蛔虫性肠梗阻：最多见于儿童，是因大量蛔虫聚集成团引起的肠道阻塞。常因为发热、食物刺激、驱虫不当或胃肠功能紊乱刺激蛔虫导致聚集成团，多为单纯性不完全性肠梗阻。临床表现为脐周阵发性腹痛，伴呕吐，腹胀不明显，腹部柔软，可扪及变形、变位的条索状团块，无明显压痛。腹部 B 型超声、X 线检查可见肠内有成团的蛔虫阴影。蛔虫性肠梗阻以非手术治疗为主。

3. 心理-社会状况　急性肠梗阻一般发病突然，伴有腹痛、腹胀、恶心、呕吐，患者对自己所患疾病的预后顾虑重重，担心加重家庭的经济负担，容易产生心情紧张、焦虑不安、恐惧等心理变化；严重时需手术治疗，这更使患者精神紧张、焦虑或恐惧不安的情绪加重。部分患者疾病反复多次发作，对治疗丧失信心，常表现出沉默寡言、沮丧、哭泣，甚至表现出不合作的态度。

4. 辅助检查

（1）实验室检查：单纯性肠梗阻各项指标一般无明显变化，后期肠梗阻患者出现脱水、血液浓缩时，可出现血红蛋白、血细胞比容、尿比重均升高。绞窄性肠梗阻多有白细胞计数和中性粒细胞比例显著升高，呕吐物可见红细胞，粪便隐血试验检查阳性。血气分析和血清电解质检查，可了解患者的水、电解质代谢和酸碱平衡情况。

（2）影像学检查：一般在肠梗阻发生 4～6 小时后，X 线立位片可见胀气肠袢及多个气液平面；空肠梗阻时可见"鱼肋骨刺"征；回肠梗阻时，扩张的肠袢多可见阶梯状液平面；结肠梗阻时，可见结肠袋影；麻痹性肠梗阻时，小肠和大肠均胀气、扩张；绞窄性肠梗阻时，可见孤立、突出胀大的肠袢，且不受体位、时间的影响。

5. 治疗原则　纠正肠梗阻引起的全身生理紊乱和解除梗阻。具体治疗方法应根据肠梗阻的病因、性质、类型、部位、病情严重程度、有无并发症以及患者的全身情况而选择。

（1）非手术治疗：包括禁饮食、胃肠减压，纠正水、电解质代谢紊乱及酸碱平衡失调，防治感染和中毒；中医中药治疗、低压灌肠、针刺疗法等。非手术治疗适用于单纯性粘连性肠梗阻、麻痹性肠梗阻或痉挛性肠梗阻、蛔虫或粪块堵塞引起的肠梗阻等。

（2）手术治疗：适用于各种类型的绞窄性肠梗阻以及由肿瘤、先天性肠道畸形引起的肠梗阻及非手术治疗无效者。常用的手术方式有：①去除梗阻原因的手术：如粘连松解术、肠切开取异物、肠套叠复位、肠扭转复位术。②肠切除肠吻合术：对于肠管炎症或肿瘤所致肠狭窄引起的肠梗阻、肠管缺血坏死等，行肠切除肠吻合术。③肠短路吻合术：当梗阻部位切除有困难，如晚期肿瘤已浸润固定，或肠粘连成团与周围组织粘连广泛者难以分离，可将梗阻近端与远端肠袢行短路吻合术。④肠造口或肠外置术：如患者情况极差或局部病变不能切除的低位梗阻患者，可行肠造口术，暂时解除梗阻。一般采用梗阻近端肠管造口，以解除梗阻。如已有肠坏死或肠管肿瘤，则宜切除坏死肠段或肠管肿瘤，并将两断端外置作造口术，以后行二期手术治疗。

考点提示

肠梗阻患者的治疗原则。

知识链接

假性肠梗阻

假性肠梗阻包括急性结肠假性梗阻（ACPO）和慢性结肠假性肠梗阻（CIPO），是指患者存在肠梗阻的症状和体征，但没有相关器质性病变。ACPO病因尚不明确，在老年人中发病率较高，诱发因素包括电解质代谢紊乱、感染、器官功能不全、手术、恶性肿瘤及自身免疫性疾病等；CIPO是由肠道机电活动功能紊乱造成的肠道动力障碍引起，多在成年人和儿童中发生，其发病与神经肌肉疾病、自身免疫性疾病及遗传性疾病等有一定的关系。主要临床表现为腹胀，可伴腹痛或便秘，少数情况下可出现腹泻。CIPO患者可出现与CIPO相关的神经肌肉疾病的症状。除少部分症状较轻的患者可以自行缓解外，大部分患者的症状将持续存在。假性肠梗阻首选的治疗方案是药物治疗，手术是最后的选择。

【常见护理诊断/问题】

1. 急性疼痛　与肠蠕动增强或腹膜炎、手术创伤有关。
2. 体液不足　与频繁呕吐、大量体液渗出及胃肠减压有关。
3. 低效性呼吸型态　与腹胀导致膈肌抬高及腹痛有关。
4. 潜在并发症：水、电解质代谢紊乱及酸碱平衡失调、肠坏死、急性弥漫性腹膜炎、休克、MODS、腹腔脓肿、肠粘连及肠瘘等。

【护理目标】

1. 患者腹痛缓解或减轻。
2. 患者体液维持平衡。
3. 患者呼吸功能改善。
4. 患者未发生并发症或并发症发生后被及时发现和处理。

【护理措施】

1. 非手术治疗的护理及术前护理

（1）一般护理

1）体位：患者应卧床休息，生命体征平稳者给予半卧位，以减轻腹部张力及腹胀，改善呼吸和循环功能。血压不稳或休克患者取平卧位，并将头偏向一侧，以防呕吐时误吸。

2）饮食护理：早期绝对禁饮禁食、胃肠减压，梗阻解除后12小时可进少量流质饮食，48小时后可试进半流质饮食。忌食产气的牛奶、豆制品、甜食，以免引起肠胀气。

（2）病情观察：严密观察患者的神志、精神状态、生命体征、腹部症状及体征，详细记录液体出入量、密切关注辅助检查情况等，警惕有无绞窄性肠梗阻的迹象；在非手术治疗观察期间，如发现下列情况之一，应考虑有绞窄性肠梗阻的可能，及时向医师汇报，考虑手术治疗：①起病急，腹痛持续而固定，呕吐早而频繁。②病情进展迅速，感染中毒症状重，休克出现早而难以纠正。③腹膜刺激征明显，体温上升，脉率增快，白细胞计数升高。④腹胀不对称，腹部触及压痛性包块。⑤移动性浊音或气腹征阳性。⑥有胃肠出血征象，如呕吐物、胃肠减压抽出液、肛门排出物或腹腔穿刺液为血性。⑦腹部X线显示孤立、突出、胀大的肠襻，不因时间而改变位置，或有假肿瘤样阴影；或肠间隙增宽，提示有腹水。

（3）胃肠减压：是治疗肠梗阻的重要措施之一，应及早使用。胃肠减压的目的是通过胃肠减压吸出胃肠道内的积气、积液，减轻肠腔膨胀，降低肠腔压力，有利于肠壁血液循环的恢复。减轻腹胀，有利于改善膈肌抬高引起的呼吸与循环障碍；同时减少肠内细菌和毒素，有利于改善局部和全身情况。在胃肠减压期间，应观察和记录引流液的颜色、性状和量，如发现血性液体，应考虑有绞窄性肠梗阻的可能。

（4）维持体液平衡：遵医嘱静脉输液，准确记录液体出入量，结合患者的脱水程度、血清电解质和血气分析结果，合理安排输液种类和输液量，以维持水、电解质代谢及酸碱平衡。积极改善患者的全身营养状况。

（5）呕吐的护理：呕吐时，患者应坐起或头偏向一侧，及时清除口腔内的呕吐物，以免误吸引起吸入性肺炎或窒息；呕吐后给予漱口，保持口腔清洁。

（6）防治感染和解痉止痛：遵医嘱正确使用有效抗生素，同时注意观察用药效果及药物的副作用。对腹部绞痛明显的肠梗阻患者，若无肠绞窄，可根据情况应用镇痛药，以缓解腹痛，但禁用吗啡类镇痛药，以免掩盖病情，延误治疗时机。

（7）术前准备：有手术指征者，积极做好各项术前准备工作。

（8）心理护理：关心、同情患者，密切与患者沟通，鼓励患者说出自己的想法和看法，有针对性地进行解释和安慰，告诉患者及其家属肠梗阻是可以治愈的，消除患者的焦虑不安、恐惧及紧张心理，使其愉快地接受治疗与护理。

2. 术后护理

（1）体位与活动：术后麻醉清醒，血压稳定后予以半卧位。鼓励患者早期活动，以利肠功能恢复，防止肠粘连。

（2）禁食与胃肠减压：术后患者继续保持有效肠减压，注意引流液的颜色、性状和量。禁食期间，遵医嘱静脉补液，维持水、电解质代谢及酸碱平衡；加强营养支持，必要时遵医嘱输血浆或全血。

（3）饮食护理：肠蠕动恢复、肛门排气后即停止胃肠减压，拔除胃管，开始进食少量流质饮食，若无不适，可逐步过渡至半流质、软食和普食。应提供易消化的高蛋白、高热量和富含维生素的食物。

（4）观察病情：注意观察患者的神志、精神状况及生命体征情况；观察有无腹痛、腹胀、呕吐、肛门排气及排便、粪便性质等情况；观察引流管是否通畅、引流液的性质及量；观察有无切口感染、肠瘘等并发症发生。

（5）防治感染：加强切口护理，及时换药，腹部予以腹带包扎，保持局部清洁、干燥，防止切口感染；遵医嘱继续应用抗生素抗感染。

（6）并发症的观察和护理

1）腹腔感染：术后3～5日患者体温升高，出现局部或弥漫性腹膜炎体征，腹腔引流管引流出混浊液体，应警惕腹腔感染的可能，遵医嘱使用抗生素和全身支持治疗，并保持引流管引流通畅。

2）肠粘连：鼓励患者早期下床活动，以促进机体和肠蠕动恢复，防止肠粘连。若出现腹痛、腹胀、呕吐等表现，应积极采取非手术治疗，一般多能缓解。

3. 心理护理　向患者解释术后的恢复过程，对患者进行术后饮食指导，讲解安放各种引流管的意义，消除患者焦虑和恐惧心理，鼓励患者及其家属配合治疗。

考点提示

肠梗阻患者的护理措施。

4. 健康教育

（1）注意适当休息和活动，避免腹部受凉和饭后剧烈活动、劳动，防止发生肠扭转。

（2）给予高热量、富含维生素、高蛋白、易消化饮食，避免暴饮暴食及进食不易消化的食物及刺激性食物。

（3）出院后养成良好的饮食卫生习惯，避免进食不洁饮食，减少肠道寄生虫病。

（4）养成良好的排便习惯。对老年及肠功能不全有便秘者，应及时给予轻泻药，必要时遵医嘱灌肠，以协助其排便。

（5）出院后如出现腹痛、腹胀、呕吐、切口感染（红、肿、热、痛）等不适，及时复诊。

【护理评价】

1. 患者腹痛程度是否减轻。
2. 水、电解质代谢及酸碱平衡是否得以维持。
3. 术后并发症是否得以预防，或并发症发生后是否被及时发现和处理。
4. 患者是否知晓相关疾病预防和康复知识。

自 测 题

一、选择题

1. 对疑有肠梗阻的患者，禁忌做的检查是
   A. X 线透视或摄片　　　B. 肛门直肠指检　　　C. X 射线钡剂灌肠
   D. 口服钡餐透视　　　　E. 血气分析

2. 肠梗阻的共同临床特征，不包括的是
   A. 腹痛　　　　　　　　B. 腹泻　　　　　　　C. 呕吐
   D. 腹胀　　　　　　　　E. 肛门停止排气及排便

3. 可以考虑有绞窄性肠梗阻，以下情况除外的是
   A. 膨胀突出的孤立肠襻不改变位置
   B. 扩张肠段呈阶梯状排列
   C. 腹痛由阵发性发展为持续性
   D. 血性呕吐物或血便
   E. 有明显腹膜刺激征

4. 肠梗阻非手术治疗最主要的措施是
   A. 抗感染　　　　　　　　　　　　　　　　　B. 纠正水、电解质代谢紊乱
   C. 胃肠减压　　　　　　　　　　　　　　　　D. 针灸
   E. 中医治疗

5. 患者，男性，38 岁，行阑尾炎手术，担心腹腔手术后发生粘连，护士告诉患者减少术后粘连的有效措施是
   A. 按摩下肢，以促进血液循环　　　　　　　　B. 协助其取舒适卧位

C. 早期应用抗生素 D. 早期进食、进水
E. 早期下床活动

（6～8题共用题干）

患者，女性，50岁，1天前暴饮暴食后出现脐周阵发性腹痛，并有腹胀、呕吐、肛门停止排便及排气，5年前行直肠癌根治术。诊断为单纯性粘连性肠梗阻。

6. 与诊断相符的体征是
   A. 肠鸣音亢进 B. 全腹压痛和肌紧张 C. 腹式呼吸消失
   D. 移动性浊音阳性 E. 不对称性腹胀
7. 非手术治疗期间，出现下列哪种情况，需考虑手术治疗
   A. 持续性胀痛 B. 持续性疼痛阵发性加剧 C. 钻顶样绞痛
   D. 阵发性疼痛 E. 腹痛突然减轻
8. 经治疗后，患者肠梗阻解除的主要症状是
   A. 肠鸣音减弱 B. 肛门排便、排气 C. 腹胀减轻
   D. 呕吐减少 E. 腹痛减轻

二、名词解释

1. 肠梗阻
2. 单纯性肠梗阻

三、填空题

1. 肠梗阻的典型症状是_____、_____、_____、_____。
2. 按引起肠梗阻的原因，分为_____、_____、_____。

四、简答题

1. 简述高位肠梗阻与低位肠梗阻症状的区别。
2. 肠梗阻非手术治疗的护理措施有哪些？

五、案例分析

患者，女性，59岁。因阵发性腹痛、腹胀、肛门停止排气及排便3天入院。5年前行脾切除术。体格检查：T 38.3℃，P 102次/分，BP 110/72 mmHg，腹部膨隆，可见肠型及蠕动波，腹部压痛、反跳痛、肌紧张，移动性浊音阳性，肠鸣音弱。腹部X线检查示：中、下腹部小肠有数个气液平面。

请回答：
（1）该患者考虑患有何种疾病？
（2）导致该疾病的可能病因是什么？
（3）此时最佳的治疗方案是什么？
（4）该患者的术后护理措施，重点内容有哪些？

（刘　攀　贺　琰）

第二十一章 结肠、直肠和肛管疾病患者的护理

学习目标

1. 阐述直肠、肛管良性疾病的病因及病理。
2. 描述痔、肛裂的临床表现和护理措施。
3. 描述结肠癌和直肠癌的临床表现、护理措施及健康教育内容。
4. 阐述结肠癌和直肠癌的病理生理、术前及术后评估。
5. 能运用护理程序对结肠、直肠和肛管疾病患者实施整体护理。
6. 具有观察结肠、直肠和肛管疾病病情变化和处理临床护理问题的能力。

案例 21-1

患者,女性,62 岁,排便次数增多 9 个月,每日排便 4~6 次,黏液便,偶有血便,伴肛门坠胀、排便不尽感,偶感左下腹部胀痛,排气或排便后可缓解,近 4 个月体重减轻约 6 kg。体格检查:消瘦、贫血貌,腹部略隆起,无明显压痛,未扪及包块;肛门指检:肛门松弛,距肛缘约 4 cm 处可触及表面不光滑的质硬肿块,固定,肠腔狭窄,仅容 1 指通过,指套染血迹。

问题与思考:
1. 该患者可能的疾病诊断是什么?
2. 该患者如需手术治疗,采用何种手术方式最适宜?如何进行护理?

第一节 直肠和肛管良性疾病患者的护理

一、痔患者的护理

痔(hemorrhoid)是直肠下段黏膜下或肛管皮肤下静脉丛淤血、扩张迂曲所形成的静脉团块。痔在肛肠疾病中发病率最高,是成年人的常见病,发病率随年龄增长而增高。在我国成年人中其发病率为 50%~70%,中青年最为多见。

【病因及病理】

1. 病因与发病机制 痔具体的病因尚未明确,与多种因素有关,主要有以下两种学说。

(1)肛垫下移学说:肛垫位于直肠末端,由平滑肌、弹性纤维、结缔组织和静脉丛构成,起调节肛门括约肌、完善肛门闭合的作用。由于反复便秘、腹内压增高等因素,肛垫向远侧移位,其中的纤维间隔逐渐松弛,直至断裂;同时静脉丛淤血、扩张、融合形成痔。目前肛垫下移学说为多数外科学家所接受。

(2)静脉曲张学说:直肠静脉与肛管静脉为门静脉和下腔静脉吻合交通支;直肠上、下静

脉无静脉瓣，静脉丛管壁薄、位置浅；末端直肠黏膜下组织疏松，对静脉丛支持不力；当久站、久坐、便秘、妊娠等腹内压增高时，静脉回流困难，血液淤滞，易出现静脉曲张。

（3）其他因素：直肠下端和肛管的慢性感染，可引起静脉丛周围炎，使静脉壁纤维化、失去弹性而发生扩张；长期饮酒及进食辛辣食物，可使直肠黏膜充血，促使痔的发生；年老体弱、营养不良可使局部组织萎缩无力，可诱发痔的形成。

2. 病理分类　根据痔所在的部位不同，分为内痔、外痔和混合痔3种（图21-1）。

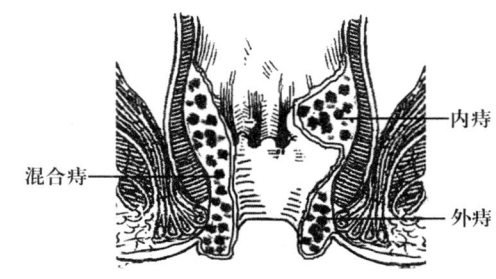

图21-1　痔的分类

（1）内痔：位于齿状线以上，是直肠上静脉丛扩张、迂曲所形成的静脉团块，表面为直肠黏膜所覆盖。内痔好发于直肠下端的左侧、右前方和右后方，即截石位的3点、7点和11点处。

（2）外痔：位于齿状线以下，是直肠下静脉丛扩张、迂曲所形成的静脉团块，表面为肛管皮肤所覆盖。外痔分为血栓性外痔、结缔组织性外痔、静脉曲张性外痔，其中最常见的是血栓性外痔。

（3）混合痔：由内痔通过静脉丛和相应部位外痔静脉丛互相吻合并扩张、迂曲而成。混合痔位于齿状线上下，表面被直肠黏膜和肛管皮肤覆盖。

【护理评估】

1. 健康史　了解患者的年龄、性别、职业、生活习惯、饮食习惯及工作习惯；有无便秘、妊娠、久坐久站或腹内压增高等情况；有无长期饮酒、喜食辛辣等刺激性食物史。有无其他直肠肛管疾病及治疗情况；有无其他疾病，如肝硬化、心血管疾病、糖尿病。

2. 身体状况

（1）内痔：主要表现为便血及痔块脱出。其便血的特点是无痛性间歇性便后出鲜血。便血较轻时，表现为粪便表面附血或便纸带血，严重时则可出现喷射状出血，长期出血患者可发生贫血。若发生血栓、感染及嵌顿，可伴有肛门剧痛。临床上按病情轻重可分为四期（表21-1）。

表21-1　各期内痔的临床表现

内痔分期	临床表现
Ⅰ期	只在排便时出血或排便后滴血，无痔块脱出
Ⅱ期	排便时出血加重，量大，甚至呈喷射状；排便时痔块脱出，排便后自行回纳
Ⅲ期	偶有便血，痔块在腹内压增高时脱出，无法自行回纳，需用手辅助回纳
Ⅳ期	偶有便血，痔块长期脱出于肛门，无法回纳或回纳后又立即脱出

（2）外痔：主要临床表现是肛门不适感，常有黏液分泌物流出，有时伴局部瘙痒。若发生血栓性外痔，疼痛剧烈，排便、咳嗽时加剧，数日后可减轻，可在肛周看见暗紫色椭圆形肿物，表面皮肤水肿、质硬、压痛明显。

（3）混合痔：兼有内痔和外痔的临床表现。内痔发展到Ⅲ度以上时多形成混合痔。混合痔逐渐加重，呈环状脱出肛门外，脱出的痔块在肛周呈梅花状时，称为环状痔。脱出痔块若被痉挛的括约肌嵌顿，导致水肿、淤血，甚至坏死，临床上称为嵌顿性痔或绞窄性痔。

 考点提示

痔的分类及临床表现。

第二十一章　结肠、直肠和肛管疾病患者的护理

3. 心理-社会状况　痔常引起无痛性便血，患者常有紧张、焦虑及恐惧感；因病程迁延时间长，反复发作，给患者生活和工作带来痛苦和不适，从而产生焦虑的心理反应。也有一部分患者不甚了解或因害羞不愿就医，延误病情。

4. 辅助检查　肛门镜检查可确诊，不仅可见到痔的情况，而且可观察到直肠黏膜有无充血、水肿、溃疡、肿块等，以及排除其他直肠疾患。

5. 治疗原则　首选非手术治疗，以减轻及消除症状为目的。若非手术治疗无效，可考虑手术治疗。

（1）非手术治疗

1）一般治疗：适应于痔的初期。主要措施有：①调节饮食，多饮水，增加纤维丰富的食物，避免辛辣食物，改变不良的排便习惯，保持排便通畅，有便秘的患者应用药物软化粪便；②温水坐浴，可改善局部血液循环；③应用药物，肛管内涂抹有消炎止痛作用的油膏或有润滑和收敛作用的栓剂；④血栓性外痔可先局部热敷，再外敷消炎镇痛药，若疼痛缓解，可不手术；⑤嵌顿性痔初期，清洗后用手轻轻将脱出的痔块还纳，阻止再脱出。

2）注射疗法：适用于Ⅰ期、Ⅱ期内痔，效果较好。将硬化剂注射于痔基底部的黏膜下层，使痔血管及周围发生无菌性炎症反应，局部组织和血管纤维化，静脉闭塞，痔块萎缩。

3）红外线凝固疗法：适用于Ⅰ期、Ⅱ期内痔，作用与注射疗法相似，通过红外线照射，使痔块发生纤维增生，硬化萎缩。但复发率高，目前临床应用不多。

4）胶圈套扎疗法：适用于Ⅰ期、Ⅱ期、Ⅲ期内痔。将特制的胶圈套入内痔的根部，利用胶圈的弹性阻断痔的血供，使痔缺血、坏死、脱落而愈合。

5）双极透热疗法：适用于Ⅰ期、Ⅱ期、Ⅲ期无并发症的内痔，可通过热效应，使痔局部组织破坏，发生组织纤维化，痔硬化缩小。

（2）手术治疗

1）单纯性痔切除术：主要用于Ⅱ期、Ⅲ期内痔和混合痔的治疗。

2）吻合器痔上黏膜环切术：主要用于Ⅱ期和Ⅲ期内痔、环状痔和部分Ⅳ期内痔。

3）血栓外痔剥离术：用于治疗血栓性外痔。

 考点提示

痔的治疗原则。

【常见护理诊断/问题】

1. 疼痛　与血栓形成、痔块嵌顿、术后创伤等有关。
2. 便秘　与不良饮食习惯、排便习惯改变等有关。
3. 知识缺乏　患者缺乏关于疾病治疗和预防等方面的知识。
4. 潜在并发症：贫血、尿潴留、创面出血、肛门狭窄及切口感染等。

【护理目标】

1. 患者的疼痛减轻或消失。
2. 患者排便通畅，能养成良好的排便习惯。
3. 患者知晓痔的治疗和预防等相关知识。
4. 患者未出现并发症，或并发症发生后被及时发现和处理。

【护理措施】

1. 非手术治疗的护理及术前护理

（1）饮食与活动：嘱患者多饮水，多吃新鲜水果、蔬菜，多吃粗粮，少饮酒，少吃辛辣及

刺激性食物。养成良好的生活习惯，养成定时排便的习惯。适当增加运动量，促进肠蠕动，切忌久站、久坐、久蹲。手术前3日少渣饮食，术前1日流质饮食。

（2）肛门坐浴：清洁肛门，保持局部清洁、舒适，改善局部血液循环，促进炎症吸收，同时可使肛门括约肌松弛，减轻疼痛，必要时用1:5000高锰酸钾溶液3000 ml坐浴，控制温度在43～46℃，每日2～3次，每次20～30分钟，以预防病情进展及并发症发生。

（3）痔块回纳：痔块脱出时应及时回纳，嵌顿性痔应尽早行手法复位，注意动作轻柔，避免损伤。血栓性外痔者局部应用抗生素软膏。

（4）术前准备：缓解患者的紧张情绪，指导患者进食少渣食物，术前排空粪便，必要时灌肠，做好会阴部备皮及药敏试验，贫血患者应及时纠正贫血。

2. 术后护理

（1）饮食与活动：术后1～2日应以无渣或少渣流质、半流质为主。术后24小时内可在床上适当活动四肢、翻身等，24小时后可适当下床活动，逐渐延长活动时间，并指导患者进行轻体力活动。切口愈合后可以恢复正常工作、学习和劳动，但要避免久站或久坐。

（2）控制排便：术后早期，患者会存在肛门下坠感或便意，告知其是敷料刺激所致。术后3日尽量避免排便，促进切口愈合，可于术后48小时内口服阿片酊以减少肠蠕动，控制排便。之后应保持排便通畅，防止用力排便导致伤口裂开。如有便秘，可口服液状石蜡或其他轻泻药，但切忌灌肠。

（3）疼痛护理：大多数肛肠手术后患者创面疼痛剧烈，是由于肛周末梢神经丰富，或因括约肌痉挛、排便时粪便对创面的刺激、敷料堵塞过多等导致。判断疼痛的原因，给予相应的处理，如使用镇痛药、去除多余敷料。

（4）并发症的观察与护理

1）尿潴留：术后24小时内，每4～6小时嘱患者排尿1次。避免因手术、麻醉刺激、疼痛等原因造成术后尿潴留。若术后8小时仍未排尿，且感下腹部胀痛、隆起，可行诱导排尿、针刺或导尿等。

2）创面出血：由于肛管、直肠的静脉丛丰富，术后容易因为止血不彻底、用力排便等导致创面出血。通常术后7日内粪便表面会有少量血液。如患者出现恶心、呕吐、心悸、出冷汗、面色苍白等，并伴肛门坠胀感和急迫排便感进行性加重，敷料渗血较多，应及时通知医师进行相应的处理。

3）切口感染：直肠和肛管部位由于易受粪便、尿液等污染，术后易发生切口感染。应注意术前改善全身营养状况；保持肛周皮肤清洁，排便后用1:5000高锰酸钾溶液坐浴；切口定时换药，充分引流。

4）肛门狭窄：术后观察患者有无排便困难及粪便变细，以排除肛门狭窄。如发生肛门狭窄，及早进行扩肛治疗。

3. 心理护理　了解患者的心理反应，讲解痔形成的原因及相关防治知识，消除患者因害羞而拒医的心理状态，及时处理因疾病带来的痛苦和不适，使患者树立战胜疾病的信心，积极配合治疗、检查和护理。

 考点提示

痔患者的护理措施。

4. 健康教育

（1）保持排便通畅：养成每日定时排便的习惯，排便时避免读书看报，避免延长蹲坐的时间。鼓励患者多饮水，多吃蔬菜、水果等和粗纤维食物，避免进食辛辣、刺激性食物，不宜饮烈性酒。粪便干结时宜口服轻泻药。

（2）保持肛门局部清洁：养成每日或便后清洗肛门的习惯，常进行温水坐浴。

（3）鼓励患者进行适当的活动，避免久站或久坐，久坐后应适当作保健运动；指导和鼓励患者进行肛门肌肉舒缩运动。

（4）及时治疗直肠和肛管疾病，并耐心坚持治疗至治愈。

二、肛裂患者的护理

肛裂（anal fissure）是齿状线以下肛管皮肤全层裂开后形成的小溃疡，多见于青年人和中年人，常发生在肛管后正中线。

【病因及病理】

肛裂确切的病因尚未明确，与多种因素有关。长期便秘、粪便干结、排便时机械性创伤是大多数肛裂形成的直接原因。急性肛裂裂口边缘整齐、底浅，呈红色并有弹性、无瘢痕形成。慢性肛裂因损伤反复发作，底深、边缘不整齐，裂口边缘增厚、纤维化，底部肉芽组织苍白、质硬。肛裂常为单发的纵行梭形溃疡或感染裂口。裂口上端的肛瓣和肛乳头水肿，形成肥大乳头；下端皮肤因炎症、水肿、静脉和淋巴回流受阻，形成袋状皮垂向下突出于肛门外，由于体格检查时先见此皮垂，后见肛裂，故称前哨痔（图21-2）。前哨痔、肛裂与肛乳头肥大常同时存在，称肛裂"三联征"。

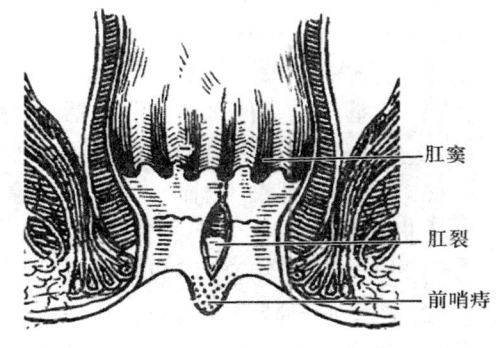

图 21-2 肛裂

【护理评估】

1. 健康史　了解患者是否有长期便秘史，是否因粪便干结使肛管后壁压力增大，从而造成肛管皮肤裂伤。

2. 身体状况　肛裂典型的临床表现为疼痛、便秘和出血。

（1）疼痛：是最主要的症状。排便时肛管裂伤或溃疡面被撑开，粪便刺激溃疡面的神经末梢，患者立刻感觉肛管烧灼样或刀割样疼痛，称为排便时疼痛；便后数分钟疼痛可暂时缓解，称为间歇期；随后由于肛门括约肌痉挛，再次出现剧痛，疼痛时间可达半小时，甚至达数小时，称为括约肌挛缩期；直至括约肌疲劳、松弛，疼痛缓解。以上称为肛裂疼痛周期。再次排便时疼痛又可发生。

（2）便秘：肛裂形成后，患者因惧怕疼痛不愿排便，可形成便秘，或原便秘加重；便秘又可引起肛裂或使肛裂加重，如此两者形成恶性循环。便秘既是病因，又是症状。

（3）出血：排便时肛管裂伤，创面出血，表现为粪便表面带鲜血或便时滴血，但大量出血少见。

3. 心理-社会状况　患者可因排便时的剧烈疼痛以及长期便秘带来沉重的心理负担。一些患者，特别是女性患者，因害羞不愿就医，使疾病长期得不到医治，患者痛苦不堪。

4. 辅助检查　用手轻轻分开臀部，可见肛管后正中线或前正中线部位有典型溃疡裂隙和前哨痔。已确诊肛裂者，禁做直肠指检及镜检，以免引起疼痛。

5. 治疗原则　肛裂治疗的目的是解除肛门括约肌痉挛，中断恶性循环，促进裂口愈合。急性或初发的肛裂可用坐浴和润便的方法治疗；慢性肛裂可坐浴、润便加扩肛治疗；经久不愈的肛裂，非手术治疗无效且症状较重者，可采用手术治疗。

（1）非手术治疗

1）保持排便通畅：口服轻泻药或液状石蜡，使粪便松软、润滑，增加饮水和膳食纤维，以保持排便通畅。

2）坐浴：排便后用温水或1∶5000高锰酸钾溶液坐浴，可改善局部血液循环，促进炎症吸收，缓解括约肌痉挛，减轻疼痛，保持局部清洁，促进裂口愈合。

3）扩肛疗法：在局部麻醉下，先用示指缓慢、均衡地扩张肛门括约肌，逐渐深入中指，持续扩张5分钟。可解除括约肌痉挛，促进溃疡愈合。

（2）手术治疗：适用于非手术治疗无效或经久不愈的陈旧性肛裂者。手术方式有肛裂切除术、肛管内括约肌切断术等，治愈率较高，但有肛门失禁的可能。

 考点提示

肛裂的治疗原则。

【常见护理诊断/问题】

1. 疼痛　与粪便刺激及肛门括约肌痉挛、手术创伤有关。
2. 便秘　与患者惧怕疼痛不愿意排便有关。
3. 潜在并发症：出血、排便失禁等。

【护理目标】

1. 患者肛门疼痛缓解或减轻。
2. 患者便秘减轻或消失。
3. 患者未出现并发症，或并发症发生后被及时发现和处理。

【护理措施】

1. 心理支持　给患者讲解疾病相关知识，鼓励患者克服惧怕疼痛而不排便的不良心理反应。疼痛剧烈者可肛管内注入消炎止痛的药膏或栓剂，或试用肛门周围冷敷，以缓解患者的疼痛，消除其恐惧心理。

2. 保持排便通畅　指导患者养成每日定时排便的习惯，进行适当的锻炼，必要时可服轻泻药或液状石蜡等，也可选用蜂蜜、番泻叶等泡茶饮用，以润滑、松软粪便，利于排便。

3. 饮食护理　鼓励患者多饮水，多食新鲜蔬菜、水果和富含膳食纤维素的食物，少食或忌食辛辣和刺激性食物，防止便秘。

4. 肛门坐浴　每次排便后可用1∶5000高锰酸钾溶液温水坐浴，清洁溃疡面或创面，减少污染，促进溃疡面或创面愈合。每日坐浴2～3次，每次坐浴20～30分钟。

5. 疼痛护理　便后肛门坐浴，局部涂消炎止痛软膏或消炎止痛栓剂，或在溃疡基底封闭注射等，可减轻疼痛。必要时遵医嘱适当应用镇痛药，如肌内注射哌替啶。

6. 陈旧性肛裂的处理　对经久不愈的陈旧性肛裂，常手术行肛裂切除，术后坚持肛门坐浴和换药，每日2次，直至创面愈合。

7. 健康教育

（1）告诉患者肛裂形成的原因，使其养成良好的饮食卫生习惯，保持肛门清洁，保持排便通畅，排便时不可用力过猛。

（2）鼓励患者多运动，多饮水，多进食新鲜蔬菜、水果和粗纤维食物；养成每日定时排便的习惯,防止便秘。

(3)为防止肛门狭窄,可于术后 5~10 日行扩肛治疗。

(4)出院后,若发现异常,应及时到医院就诊。

(5)定期随访。

三、直肠肛管周围脓肿患者的护理

直肠肛管周围脓肿(abscess)是指在直肠肛管周围软组织内或其周围间隙发生的急性化脓性感染,并形成脓肿,多见于青壮年。

【病因及病理】

绝大部分直肠肛管周围脓肿由肛腺感染引起,也可继发于肛周皮肤感染、损伤、肛裂或内痔、药物注射等。肛腺开口于肛窦,而肛窦开口向上,便秘、腹泻时易引发肛窦炎,感染延及肛腺引起括约肌间感染。直肠肛管周围间隙为疏松脂肪结缔组织,感染极易蔓延、扩散,导致直肠肛管周围脓肿形成(图 21-3)。脓肿破溃或切开后易形成肛瘘。脓肿形成是直肠肛管周围炎症的急性期表现,肛瘘则是慢性期表现。

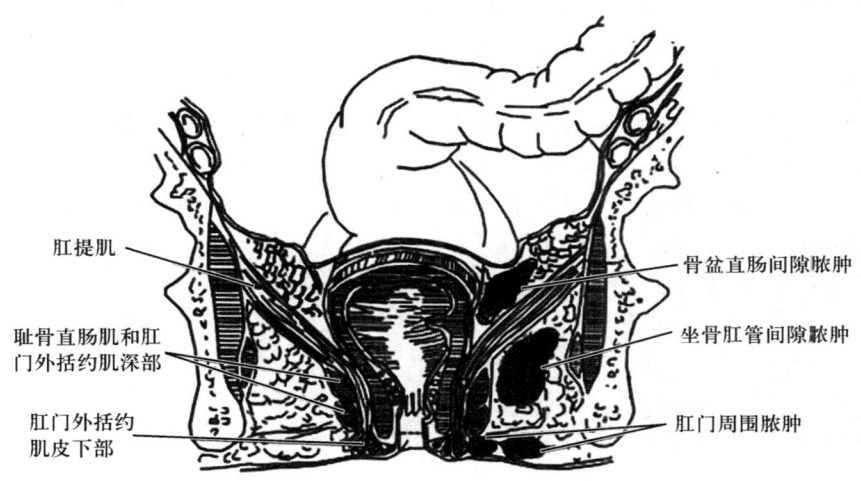

图 21-3 直肠肛管周围脓肿

【护理评估】

1. 健康史 了解患者有无肛周软组织感染、损伤、内痔、肛裂、痔药物注射治疗等病史。

2. 身体状况 不同部位的脓肿,临床表现各具有不同的特点。

(1)肛门周围脓肿:又称肛周脓肿,最多见,多由肛腺感染经肛门外括约肌皮下部向外扩散而形成。肛门周围脓肿常位于肛门后方或侧方皮下部,一般不大,位置浅,主要表现为肛门周围持续性跳动性疼痛,患者行动不便,坐卧不安,全身性感染症状不明显。病变处明显红肿,有硬结和压痛,脓肿形成后有波动感,穿刺可抽出脓液。

(2)坐骨肛管间隙脓肿:又称坐骨直肠窝脓肿,较多见,由肛腺感染经肛门外括约肌向外扩散到坐骨直肠间隙而形成,也可由肛管直肠周围脓肿扩散而成。由于坐骨直肠间隙较大,形成的脓肿较大而深,容量为 60~90 ml。发病时,患侧肛周持续性胀痛,逐渐加重,然后为持续性跳痛,患者坐立不安,排便或行走时疼痛加重,有排尿困难和里急后重;因位置较深,全身症状明显,如头痛、乏力、发热、寒战、恶心、食欲减退。早期局部症状不明显,后期则出现肛门患侧红、肿,双臀不对称;局部触诊或直肠指检时患侧有深压痛,脓肿形成后有波动感。如不及时切开,脓肿多向下进入肛管周围间隙,再由皮肤穿出,形成肛瘘。

（3）骨盆直肠间隙脓肿：又称骨盆直肠窝脓肿，较少见，多由肛门周围脓肿或坐骨直肠间隙脓肿向上穿破肛提肌进入骨盆直肠间隙引起，也可由直肠炎、直肠溃疡、直肠外伤所引起。由于位置较深，间隙较大，引起的全身症状严重，甚至有脓毒症表现，但局部症状不明显。早期即可出现全身中毒症状，如发热、寒战、全身疲倦不适。局部表现为直肠坠胀感，排便不尽感，排便时不适，常伴排尿困难。会阴部检查多无异常，直肠指检可在直肠壁上触及肿块隆起，有压痛或波动感。诊断主要依据穿刺抽脓：经直肠以手指定位，从肛门周围皮肤进针。必要时做肛管超声检查或 CT 检查证实。

3. 心理-社会状况　病情较轻时易被患者忽视，当发展为严重感染或出现排尿、排便障碍时，患者会出现紧张或恐慌感。还有一些患者由于缺乏防治知识，采取一些不科学的处理方法，从而使病情延误或恶化。

4. 辅助检查

（1）局部穿刺抽脓：有确诊价值，且可将抽出的脓液行细菌培养。

（2）实验室检查：有全身性感染症状的患者血常规检查可见白细胞计数和中性粒细胞比例增高，严重者可出现核左移及中毒颗粒。

（3）直肠超声、MRI 检查：直肠超声可协助诊断。MRI 检查对肛周脓肿的诊断具有价值，可明确与括约肌的关系及有无多发脓肿。

5. 治疗原则

（1）非手术治疗：适用于脓肿未形成前的患者。治疗措施包括抗感染治疗、温水坐浴、局部理疗及对症处理等。

（2）手术治疗：脓肿形成后及早行手术切开引流。现有许多学者采取脓肿切开引流并行挂线术，取得良好的临床效果。

【常见护理诊断/问题】

1. 疼痛　与肛周炎症及手术有关。
2. 便秘　与肛门疼痛患者惧怕排便有关。
3. 体温过高　与脓肿继发全身性感染有关。
4. 潜在并发症：肛门狭窄、肛瘘等。

【护理目标】

1. 患者肛门疼痛缓解。
2. 患者便秘减轻或消失。
3. 患者体温恢复正常。
4. 患者未出现并发症，或并发症发生后被及时发现和处理。

【护理措施】

1. 急性炎症期　应卧床休息。
2. 局部护理　发病初期，局部热敷或温水坐浴，每日 2～3 次。
3. 抗感染　应用有效抗生素控制感染。
4. 保持排便通畅　少吃辛辣及刺激性食物，避免饮酒；鼓励患者多饮水，多进食新鲜蔬菜、水果及脂肪类食物；养成每日定时排便的习惯，便后清洗肛门或肛门坐浴。
5. 手术治疗的护理　一旦脓肿形成，应及时切开引流，并做好切口护理，术后每日排便后用 1：5000 高锰酸钾溶液坐浴，再更换敷料，每日 2～3 次。
6. 健康教育　告诉患者直肠肛管周围脓肿形成的原因，使其养成良好的饮食、卫生习惯，保持肛门清洁、卫生，保持排便通畅，防止便秘。及时治疗肛窦炎及直肠肛管周围感染性疾病。出院后，若出现肛门不适、疼痛等异常情况，应及时到医院就诊。

四、肛瘘患者的护理

肛瘘（anal fistula）是肛管或直肠下端与肛周皮肤相通的肉芽肿性管道，是常见的直肠肛管疾病，多见于青壮年男性。

【病因及分类】

肛瘘大部分由直肠肛管周围脓肿引起。内口常位于齿状线上的肛窦处，多为一个。外口在肛周皮肤上，为一个或多个，由脓肿自行破溃或切开引流处形成。外口生长速度较快，脓肿常假性愈合，导致脓肿反复破溃或切开，形成多瘘管和外口。

按瘘管所在的位置分类：瘘管位于肛门外括约肌深部以下者为低位肛瘘；瘘管位于肛门外括约肌深部以上者为高位肛瘘。

按瘘管与瘘口的数目分类：只存在单一瘘管者为单纯性肛瘘；有多个瘘口和瘘管者为复杂性肛瘘（图21-4）。

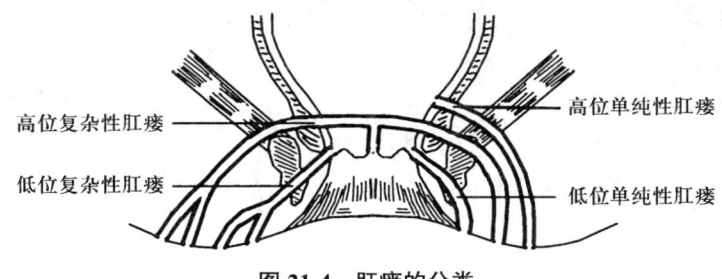

图 21-4　肛瘘的分类

【护理评估】

1. 健康史　了解患者有无直肠肛管周围脓肿病史，有无结核病、溃疡性结肠炎、肛管外伤及感染史等。

2. 身体状况

（1）症状：典型症状是肛周外口不断有少量脓性、血性、黏液性分泌物流出，由于分泌物的刺激，使肛周皮肤潮湿、瘙痒，有时形成湿疹。高位肛瘘可有粪便或气体从外口溢出。当外口阻塞或假性愈合时，瘘管中脓液积存，可伴有明显疼痛或形成脓肿，自行破溃或切开引流后症状缓解。

（2）体征：体格检查可见肛周皮肤有单个或多个外口，呈红色乳头状或肉芽组织突起，压之有少量脓液或脓血性分泌物排出。若瘘管位置较浅，可在皮下触及自外口通向肛管的条索状瘘管。直肠指检时内口处有轻度压痛，可触及硬结样内口及条索状瘘管。

3. 心理-社会状况　由于疾病经久不愈，且自外口不断有脓性分泌物甚至气体或粪便排出，易产生臭味并污染衣物，担心个人形象受到破坏或焦虑等心理变化，同时还会担心影响他人，患者不愿意走进人群。

4. 辅助检查　确定内口的位置对明确肛瘘的诊断非常重要。常用辅助检查如下。

（1）肛门镜检查：有时可发现内口。自外口注入亚甲蓝溶液，肛门镜下可见蓝色液溢入；观察填入肛管至直肠下端白色纱布条蓝染部位，可判断内口的位置。

（2）影像学检查：碘油瘘管造影是临床常规的检查方法，可明确瘘管分布。MRI检查可清晰地显示瘘管位置及与肛门括约肌之间的关系。

（3）实验室检查：当发生直肠肛管周围脓肿时，血常规检查可出现白细胞计数及中性粒细胞比例增高。

5. 治疗原则　肛瘘一旦形成，不能自愈，常反复形成脓肿，因此必须手术切开或切除。手术的关键是尽量减少肛门括约肌损伤，防止肛门失禁，同时避免瘘复发。手术方式有以下几种。

（1）肛瘘切开术：适用于低位单纯性肛瘘。将瘘管全部切开开放，靠肉芽组织生长，使伤口愈合。

（2）肛瘘切除术：适用于低位单纯性肛瘘。切开瘘管，并将瘘管全部切除至健康组织，敞开创面，不予缝合；若创面较大，可部分缝合，部分敞开，填入油纱布，使创面由底向外生长逐渐愈合。

（3）挂线疗法：将一根橡皮筋穿入瘘管并拉紧结扎，使被结扎的组织发生血运障碍，逐渐坏死，缓慢切开瘘管。一般10～14天被结扎组织自行断裂。橡皮筋脱落，暴露创面，逐渐愈合（图21-5）。此法简单，出血少，痛苦少，最大的优点是不会造成肛门失禁。

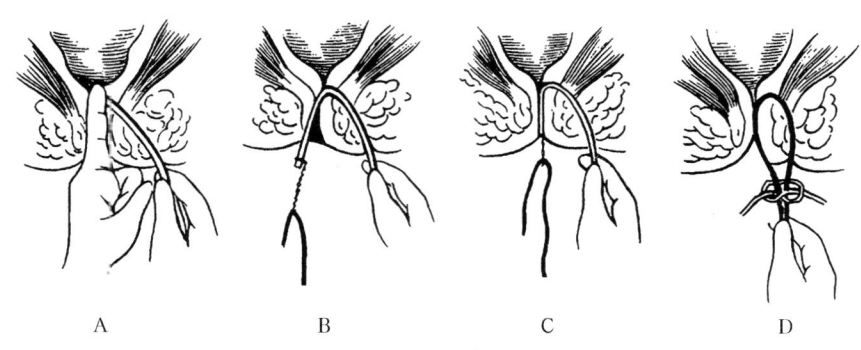

图21-5　肛瘘挂线疗法
A. 穿入银探条；B. 缚橡皮筋；C. 拉出；D. 收紧结扎

【常见护理诊断/问题】
1. 疼痛　与肛周炎症及手术有关。
2. 皮肤完整性受损　与肛周脓肿破溃、皮肤瘙痒、手术治疗等有关。
3. 潜在并发症：肛门狭窄、肛门松弛等。

【护理目标】
1. 患者疼痛减轻或消失。
2. 患者皮肤完整性恢复。
3. 患者未出现并发症或并发症发生后被及时发现和处理。

【护理措施】
1. 术前护理

（1）适当休息：防止肛门受压或摩擦。

（2）保持排便通畅：鼓励患者多饮水，进食新鲜蔬菜、水果，少吃辛辣及刺激性食物，避免吸烟、饮酒；多吃脂肪类食物；养成每日定时排便的习惯，必要时口服轻泻药，软化粪便，便于粪便排出。

（3）保持肛门清洁：可用1∶5000高锰酸钾溶液温水坐浴，每次20分钟，每日2次。每次排便后另加1次。

（4）控制感染：急性感染期可应用有效抗生素控制感染。

（5）其他：加强营养支持，维持体液平衡等。有发热者，应使用物理降温，遵医嘱应用解热镇痛药等。

2. 术后护理

（1）病情观察：术后由于手术创面渗血或结扎线脱落造成出血，应注意观察切口敷料是否被血液渗透，或切口有无出血情况，同时应密切观察患者的生命体征，尤其是体温、脉搏、呼吸、血压等。挂线疗法的患者，术后每2~3天检查1次结扎线松紧度，如有松弛，应将结扎线拉紧，一般10~14日结扎线可自行脱落。同时观察创面肉芽组织生长情况，判断有无感染，如有异常，应及时通知医师。

（2）止痛：术后疼痛剧烈者，可遵医嘱适当应用镇痛药。

（3）饮食和排便：术后2~3天内进半流质少渣饮食，一般不控制排便，但要保持排便通畅；若需控制排便，可口服阿片酊。3日后口服液状石蜡，以软化粪便，防止便秘。

（4）肛门坐浴：术后第2日开始换药，每次排便后及换药前均应用1:5000高锰酸钾溶液温水坐浴，保持肛门及会阴部清洁、卫生，以利于切口早日愈合。对肛门失禁的患者，应保持肛周皮肤清洁、干燥，局部皮肤涂氧化锌软膏保护。

（5）并发症的观察和护理：肛瘘手术如切断肛门直肠环，可造成肛门失禁；肛门失禁后粪便可自行外溢，引起肛周局部皮肤炎症、糜烂。一旦发生，应保持肛周皮肤清洁、干燥，局部皮肤可涂氧化锌软膏保护，勤换内裤。轻度失禁者，术后3日开始作肛门收缩及舒张运动，可恢复；如无效或有严重失禁，可行肛门成形术。

3. 健康教育

（1）告诉患者肛瘘形成的原因，使其养成良好的饮食、卫生习惯，保持肛门及会阴部清洁、干燥，内裤要经常换洗，在阳光下暴晒；保持排便通畅。

（2）如患有肛管直肠周围感染性疾病，应及时、正确治疗。

（3）术后注意观察有无粪便变细、排便失禁等，若有异常，应及时就诊。

第二节　结直肠癌患者的护理

结肠癌和直肠癌是消化道常见的恶性肿瘤，发病年龄在40~60岁，男性多于女性。在我国，以直肠癌发病率最高，其余依次为乙状结肠癌、盲肠癌、升结肠癌、横结肠癌和降结肠癌。近年来，我国（尤其是大城市）结肠癌的发病率明显上升，且有多于直肠癌的趋势。

【病因、病理和分型】

1. 病因　结直肠癌的病因尚不清楚，可能与下列因素有关。

（1）饮食与运动：长期过多摄入动物脂肪和动物蛋白，以及油炸和腌腊食品；食物中缺少新鲜蔬菜和纤维素、微量元素、矿物质；缺乏适度的体力活动和适当的运动等。

（2）遗传易感性：有家族遗传性病史，如家族性腺瘤性息肉病、遗传性非息肉病性结直肠癌的突变基因携带者，其发病率高于一般人群。

（3）癌前病变：结肠腺瘤、溃疡性结肠炎、肠血吸虫病肉芽肿等，与结直肠癌的发病有较密切的关系。

2. 病理和分型

（1）大体形态：有以下3类。①肿块型：肿瘤瘤体较大，向腔内生长，恶性程度低，转移较迟，预后较好，好发于右侧结肠，特别是盲肠。②浸润型：肿瘤沿肠壁环形浸润生长，常导致肠腔狭窄，容易引起梗阻，转移出现较早，预后差，好发于左侧结肠。③溃疡型：瘤体向肠壁深层生长，并向周围浸润，早期即可有溃疡，边缘隆起，中央凹陷，常伴有感染，容易引起出血和肠穿孔，转移较早，恶性程度高，是大肠癌最常见的类型（图21-6）。

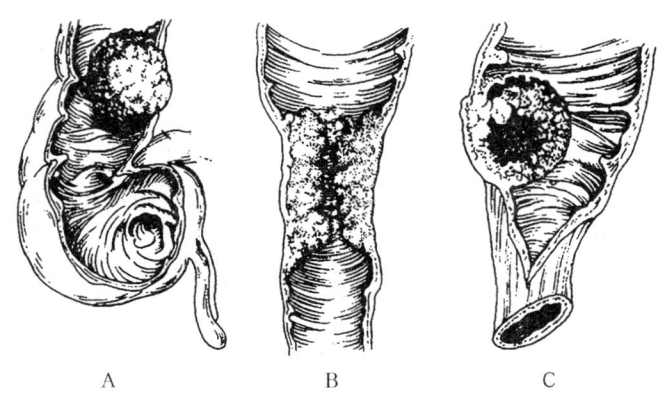

图 21-6 大肠癌的类型
A. 肿块型；B. 浸润型；C. 溃疡型

（2）分期：结直肠癌 Dukes 分期。A 期：癌肿局限于肠壁内，未超过浆膜层，无淋巴转移。B 期：癌肿穿透肠壁或侵及肠壁外组织、器官，尚可整块切除，无淋巴转移。C 期：癌肿侵及肠壁任何一层，且有淋巴转移。D 期：有远处转移或腹腔转移，或癌肿广泛侵及邻近脏器导致无法切除。

（3）扩散和转移方式：①直接浸润：癌细胞可以 3 种方式浸润（环形浸润、肠壁深层浸润及沿纵轴浸润）及扩散。直接浸润可穿透浆膜层侵蚀邻近器官，如膀胱、子宫、肝、肾。下端直肠癌由于缺乏浆膜层的屏障作用，易向四周浸润，侵犯输尿管、前列腺等。②淋巴转移：是大肠癌最常见的转移途径。结肠癌可沿结肠上淋巴结、结肠旁淋巴结、系膜血管周围的中间淋巴结和系膜血管根部的中央淋巴结顺次转移。晚期出现左锁骨上淋巴结转移。直肠癌的淋巴转移分为 3 个方向，即向上沿直肠上动脉、腹主动脉周围的淋巴结转移；向侧方经直肠下动脉旁淋巴结引流到盆腔侧壁的髂内淋巴结；向下沿肛管动脉、阴部内动脉旁淋巴结到达髂内淋巴结。③血行转移：癌肿向深层浸润后，常侵入肠系膜血管。常见为癌肿沿门静脉系统转移至肝，甚至进入体循环向远处转移至肺、脑或骨骼。④种植转移：结肠癌穿透肠壁后，脱落的癌细胞可种植于腹膜或其他器官表面。最常见为大网膜结节和肿瘤周围壁腹膜的散在沙粒状结节，也可融合成团。

【护理评估】

1. 健康史　了解患者的年龄、性别、饮食习惯，有无吸烟、饮酒、饮茶嗜好。如需行肠造口，则要了解患者的职业、沟通能力、视力情况等。了解患者家族成员中有无家族性腺瘤性息肉病、遗传性非息肉病性结肠癌、大肠癌或其他肿瘤患者。患者是否有过腺瘤病、溃疡性结肠炎、克罗恩病、结肠血吸虫病肉芽肿病史或手术史，是否合并高血压、糖尿病等。如需行肠造口，要了解患者是否有皮肤过敏史。

2. 身体状况　结直肠癌早期患者常无自觉症状，病情发展到一定程度，才有明显的临床表现。排便习惯改变和粪便带血是最早出现的症状。结直肠癌的临床表现与病灶大小、所在部位及病理类型有关。一般认为，右侧结肠癌以全身症状、贫血、腹部肿块为主要表现。左侧结肠癌以肠梗阻、便秘、腹泻、便血等症状为著。

（1）结肠癌：早期多无明显特异性表现，易被忽视。

1）排便习惯与粪便性状改变：常为最早出现的症状。多表现为排便次数增多，腹泻，便秘，粪便中带血、脓或黏液。

2）腹痛：也是早期症状之一，常为不确切的持续性隐痛，或仅为腹部不适或腹胀感。当出现肠梗阻时，则腹痛加重或为阵发性绞痛。

3）腹部肿块：肿块多为瘤体本身，有时可能为梗阻近侧肠腔内的积粪。肿块大多坚硬，呈结节状。如为横结肠和乙状结肠，早期尚可推动，如癌肿穿透肠壁并发感染，肿块固定，且有明显压痛。

4）肠梗阻：一般为结肠癌的晚期症状，多表现为慢性低位不完全性肠梗阻，主要表现为腹部胀痛或阵发性绞痛和便秘。当发生完全性梗阻时，症状加剧。左侧结肠癌可以急性完全性结肠梗阻为首发症状。

5）全身症状：由于慢性失血、癌肿溃烂、感染、毒素吸收等，患者可出现贫血、消瘦、乏力、低热等；晚期可出现肝大、黄疸、腹水、直肠前窝肿块、锁骨上淋巴结肿大及恶病质等。

（2）直肠癌：早期多无明显症状，随着病情发展，瘤体增大，癌肿溃烂，继发感染，开始出现症状。

1）直肠刺激症状：便意频繁，排便习惯改变；便前肛门有下坠感、里急后重、排便不尽感；晚期可有下腹痛。

2）肠腔狭窄症状：癌肿侵犯致使肠腔狭窄，粪便变形、便条变细。若肠管发生部分梗阻，可出现阵发性腹痛、腹胀、肠鸣音亢进等不完全性肠梗阻症状。

3）癌肿破溃感染症状：粪便表面带血及黏液，甚至脓血便。血便是直肠癌患者最常见的症状。

4）其他症状：若癌肿侵犯前列腺、膀胱，可出现尿频、尿痛、血尿。若肿瘤侵犯骶前神经，则有持续性骶尾部剧痛；晚期出现肝转移时，可出现腹水、肝大、黄疸、贫血、消瘦、水肿及恶病质等表现。

考点提示

结直肠癌的临床表现。

---

3. 心理-社会状况　评估患者及其家属对所患疾病的认知程度，有无过度焦虑、恐惧等影响康复的心理反应；了解患者及其家属能否接受制定的治疗和护理方案，对治疗及未来的生活是否充满信心，能否积极寻求社会及他人的帮助；对结肠造口知识及手术前配合和术后护理知识的掌握程度；对即将进行的手术及手术可能导致的并发症、应用人工肛门袋所造成的不便和生理功能改变是否表现出恐慌、焦虑，有无足够的心理承受能力；了解患者的家庭对患者手术及进一步治疗的经济承受能力和支持程度。

4. 辅助检查

（1）实验室检查

1）粪便隐血检查：是大规模普查或一定年龄组高危人群结直肠癌的初筛手段。阳性者再进一步检查。无症状阳性者的癌肿发现率在1%以上。

2）血清癌胚抗原（CEA）测定：约半数结直肠癌患者血清CEA升高。CEA还可作为结直肠癌手术后的随访指标，如出现手术后CEA降低，以后又升高，应考虑癌肿复发。

（2）直肠指诊：我国直肠癌近75%为低位直肠癌，直肠指诊时可触及，因此，直肠指诊是诊断直肠癌最重要的优先检查方法。直肠指诊简单易行，无需任何设备，比较准确、可靠，可检查癌肿的部位，其距肛缘的距离及癌肿的大小、范围、固定程度、与周围组织的关系等。女性直肠癌患者，考虑癌肿侵犯阴道，应作阴道检查及双合诊检查，了解癌肿与阴道的关系。

（3）内镜检查：包括直肠镜、乙状结肠镜和纤维结肠镜检查。内镜不仅可以在直视下做出肉眼判断，而且可以取活体组织作病理学检查，以明确诊断，是诊断结直肠癌最有效、最可靠的方法。男性患者有泌尿系统症状时，应作膀胱镜检查。

（4）影像学检查

1）X射线钡剂灌肠：是结肠癌的重要检查方法，可观察到结肠壁僵硬、皱襞消失、存在充盈缺损及小龛影，但对直肠癌的诊断意义不大。

2）B型超声和CT检查：有助了解直肠癌的浸润深度及淋巴转移情况，还可提示有无腹腔种植转移，是否侵犯邻近组织、器官，或肝、肺转移灶等。

3）MRI检查：可评价癌肿浸润肠壁的深度，是否有淋巴转移，对直肠癌的分期及术后盆腔、会阴部复发的诊断较CT更有价值。

4）PET/CT检查：即正电子发射计算机体层显像与X线计算机断层成像相结合。对于病情复杂的患者，可以作为辅助检查手段，主要用于已有淋巴转移的结直肠癌或怀疑复发转移的患者。

 考点提示

结直肠癌的辅助检查方法。

5. 治疗原则

（1）手术治疗：手术切除是治疗大肠癌的主要方法，同时辅以化学治疗、放射治疗等综合治疗手段。常用手术方式如下。

1）结肠癌根治性手术：切除范围包括癌肿所在的肠袢及其所属系膜和区域淋巴结。术式包括右半结肠切除术、横结肠切除术、左半结肠切除术及乙状结肠切除术。

2）直肠癌根治性手术：切除范围包括癌肿及其两端足够的肠段、受累器官的全部或部分及其周围可能被浸润的组织。手术方式的选择根据癌肿所在部位、大小、活动度等因素综合判断，主要包括以下几种。①局部切除术：适用于早期瘤体小、局限于黏膜及黏膜下层、分化程度高的直肠癌。②腹会阴联合直肠癌根治术（Miles手术）：主要适用于腹膜反折以下的直肠癌（目前主要适用于肿瘤下缘距肛缘5 cm以内的直肠癌）。③经腹腔直肠癌切除术（直肠低位前切除术，Dixon手术）：适用于直肠癌下缘距肛缘5 cm以上的直肠癌。④经腹直肠癌切除、近端造口、远端封闭手术（Hartmann手术）：适用于身体情况差，不能耐受Miles手术或因急性肠梗阻不宜行Dixon手术的患者。

3）姑息性手术：适用于局部癌肿尚能切除，但已发生远处转移的癌肿患者。若体内存在孤立性转移灶，可一期切除原发灶及转移灶；若转移灶为多发，仅切除癌肿所在的局部肠段，辅以局部或全身化学治疗及放射治疗。无法切除的晚期结肠癌，可行梗阻近端、远端肠管短路手术，或将梗阻近侧的结肠拉出行造口术，以解除梗阻。晚期直肠癌患者若并发肠梗阻，则行乙状结肠双腔造口。

4）结肠癌并发肠梗阻的手术：左半结肠发生梗阻的概率大约是右半结肠的9倍。右半结肠癌梗阻较适合作一期切除肠吻合术。若患者全身情况差，可先行切除肿瘤、肠道造瘘或短路手术；待病情稳定后，再行二期手术。分期手术常适用于左半结肠癌导致完全肠梗阻的患者。

（2）放射治疗：术前放射治疗可缩小癌肿体积、降低癌细胞活力及减少淋巴转移，使原本无法手术切除的癌肿得以手术治疗，提高手术切除率及生存率。术后放射治疗多用于晚期癌肿、手术无法根治或局部复发者。

（3）化学治疗：用于处理残存癌细胞或隐性病变，以提高术后5年生存率。常用的给药途径有外周静脉给药、区域动脉灌注、门静脉给药、术后腹腔管灌注、肠腔内给药等。化学治疗方案包括以氟尿嘧啶为基础的联合用药，包括细胞毒药物联合用药、细胞毒药物与生物调节剂等。

（4）中医中药治疗：应用补益脾肾、调理脏腑、清肠解毒、扶正中药制剂。

（5）局部介入治疗：对于不能手术切除且发生肠管缩窄的大肠癌患者，可局部放置金属支架扩张肠腔。对直肠癌患者，也可用电灼、液氮冷冻和激光烧灼等方法治疗，以改善症状。

（6）其他治疗：目前尚处于研究探索阶段的治疗方法还有基因治疗、分子靶向治疗、生物免疫治疗、干细胞研究等。

【常见护理诊断/问题】

1. 焦虑、恐惧　与患者对癌症治疗缺乏信心及担心结肠造口影响生活、工作有关。
2. 知识缺乏　患者缺乏有关术前准备知识及结肠造口术后的护理知识。
3. 营养失调：低于机体需要量　与癌肿慢性消耗、手术创伤、放射治疗、化学治疗等有关。
4. 自我形象紊乱　与肠造口后排便方式改变有关。
5. 潜在并发症：切口感染、吻合口瘘、造口缺血坏死或狭窄、泌尿系统损伤及感染。

【护理目标】

1. 患者焦虑缓解或减轻。
2. 患者了解疾病、手术及康复的相关知识。
3. 患者生活能自理或自理能力提高。
4. 患者能适应自我形象的变化。
5. 术后并发症能得到预防或并发症被及时发现和处理。

【护理措施】

1. 术前护理

（1）心理护理：大肠癌患者往往对治疗存在许多顾虑，对疾病的康复缺乏信心。护士应关心、体贴患者，指导患者及其家属通过各种途径了解疾病的发生、发展、治疗及护理方面的新进展，树立与疾病斗争的勇气及信心。需行肠造口者，术前通过图片、模型及电视录像等向患者解释造口的目的、部位、功能、术后可能出现的情况以及相应的处理方法；必要时，可介绍术后恢复良好、心理健康的患者与其交流，使其了解只要护理得当，肠造口并不会对其日常生活、工作造成过大影响，以消除患者的恐慌情绪，增强对疾病治疗的信心，提高适应能力。同时争取患者的家属与亲友的积极配合，从多方面给患者以关怀和心理支持。

（2）营养支持：术前补充高蛋白、高热量、富含维生素、易消化的营养丰富的少渣饮食，如鱼、瘦肉、乳制品。必要时，少量多次输血、白蛋白等，以纠正贫血和低蛋白血症。若患者出现明显脱水及急性肠梗阻，遵医嘱及早纠正机体水、电解质代谢紊乱及酸碱失衡，提高其对手术的耐受性。

（3）肠道准备：充分的肠道准备可减少或避免术中污染、术后感染，预防吻合口瘘，增加手术的成功率，具体包括以下几个方面。

1）饮食准备

传统饮食准备：术前3日进少渣半流质饮食，如稀饭、蒸蛋；术前1～2日起进无渣流质饮食，并给予蓖麻油30 ml，每日上午1次，以减少、软化粪便。但具体应用时应视患者有无长期便秘史及肠道梗阻等进行调整。

肠内营养：一般术前3日口服全营养素，每日4～6次，至术前12小时。此方法既可满足机体的营养需求，又可减少肠腔粪渣形成，同时有利于肠黏膜的增生、修复，保护肠道黏膜屏障，避免术后肠源性感染并发症。

2）肠道清洁：一般于术前1日进行肠道清洁，目前临床多主张采用全肠道灌洗法。若患者年老体弱无法耐受,或存在心脏、肾功能不全或灌洗不充分者,可考虑配合灌肠法,应洗至粪便呈清水样,肉眼无粪渣为止。

导泻法:①高渗性导泻:常用制剂为甘露醇、硫酸镁、磷酸钠盐等,由于其在肠道中几乎不吸收,口服后使肠腔内渗透压升高,吸收肠壁水分,使肠内容物剧增,刺激肠蠕动增加,导致腹泻。使用过程中应注意甘露醇在天气寒冷时会结晶,故使用前应用温水充分溶解,且应注意甘露醇可被肠道中的细菌酵解,若冲洗不干净,术中使用电刀时可能引起爆炸;硫酸镁味苦涩,易诱发呕吐,且需要口服液体量较甘露醇、磷酸钠盐多。此外,高渗性导泻可能导致肠梗阻患者出现急性肠穿孔,应注意观察患者是否出现腹痛、腹胀、恶心、呕吐等,一旦发生,立即停止口服液体,给予禁食、胃肠减压、纠正水、电解质代谢紊乱及酸碱失衡等,必要时做好急诊手术的准备。②等渗性导泻:临床常用复方聚乙二醇电解质溶液。聚乙二醇是一种等渗、非吸收性、非爆炸性液体,通过分子中的氢键与肠腔内水分子结合,增加粪便含水量及灌洗液的渗透浓度,刺激小肠蠕动增加。③中药导泻:常用番泻叶泡茶饮用及口服蓖麻油,前者主要成分为含蒽甙类,有泻热导滞的作用。

灌肠法:可用1%~2%肥皂水、磷酸钠灌肠剂及甘油灌肠剂等。其中肥皂水灌肠由于护理工作量大、效果差、易导致肠黏膜充血等,已逐渐被其他方法取代,直肠癌肠腔狭窄者,灌肠时应在直肠指诊引导下(或直肠镜直视下),选用适宜管径的肛管,轻柔地通过肠腔狭窄部位,切忌动作粗暴。高位直肠癌应避免采用高压灌肠,以防癌细胞扩散。

3)应用肠道抑菌药:多采用肠道不吸收药物,如新霉素、甲硝唑、庆大霉素。同时由于控制饮食及服用肠道杀菌剂,维生素K的合成及吸收减少,需适当补充。

(4)肠造口定位:定位要求如下。①根据手术方式及患者的生活习惯选择造口位置;②患者自己能看清造口位置;③肠造口位于腹直肌内;④造口所在位置应避开瘢痕、皮肤凹陷、皱褶、皮肤慢性病变处、系腰带处及骨凸处。确定方法:医师/造口治疗师选定造口位置后做好标记,用透明薄膜覆盖,嘱患者改变体位时观察预选位置是否满足上述要求,以便及时调整。

(5)阴道冲洗:女性患者为减少或避免术中污染、术后感染,尤其癌肿侵犯阴道后壁时,术前3日每晚需行阴道冲洗。

(6)术晨置胃管及导尿管:有梗阻症状的患者应及早放置胃管,以减轻腹胀。术晨放置气囊导尿管,可维持膀胱排空,预防手术时损伤输尿管或膀胱及因直肠切除后膀胱后倾或骶神经损伤所致的尿潴留。

 考点提示

结直肠癌的术前护理。

2. 术后护理

(1)病情观察:术后每半小时测量血压、脉搏、呼吸,测量4~6次,病情平稳后改为每小时1次;术后24小时病情平稳后延长测量间隔时间。

(2)体位:病情平稳者,可改半卧位,以利于腹腔引流。

(3)饮食

1)传统方法:术后早期禁食、胃肠减压,经静脉补充水、电解质及营养物质。术后48~72小时肛门排气或结肠造口开放后,若无腹胀、恶心、呕吐等不良反应,即可拔除胃管,经口进流质饮食,但早期切忌进易引起胀气的食物;术后1周进少渣半流质饮食,术后2周左右可进普食,注意补充高热量、高蛋白、低脂肪、维生素丰富的食品,如豆制品、蛋、鱼类。

2）肠内营养：目前大量研究表明，术后早期（约6小时）开始应用肠内全营养制剂可促进肠功能的恢复，维持并修复肠黏膜屏障，改善患者的营养状况，减少术后并发症。

（4）活动：术后早期可鼓励患者在床上多翻身、活动四肢；2～3日后患者情况许可时，协助患者下床活动，以促进肠蠕动的恢复，减轻腹胀，避免肠粘连。活动时注意保护切口，避免牵拉。

（5）引流管护理

1）留置导尿：注意保持尿道口清洁，并清洗会阴部。留置期间注意保持导尿管通畅；观察尿液的性质，若出现脓尿、血尿等，及时处理。导尿管放置时间为1～2周，拔管前先试行夹管，可每4～6小时或有尿意时开放，以训练膀胱的舒缩功能，防止排尿功能障碍。拔管后若有排尿困难，可给予热敷、诱导排尿、针灸、按摩等处理。

2）腹腔引流管：保持腹腔引流管通畅，避免受压、扭曲、堵塞，观察并记录引流液的颜色、性状、量。根据需要接负压装置，并根据引流液的性状调整压力大小，防止压力过大损伤局部组织，或压力过小导致渗血、渗液积留。5～7日后，待引流液量少、色转清即可拔除引流管。保持引流管口周围皮肤清洁、干燥，定时更换敷料。

（6）结肠造口护理：是术后护理的重点。

1）一般护理

造口开放前护理：造口开放前，可用凡士林或生理盐水纱布覆盖造口，及时更换外层污染或浸湿的敷料，防止感染。密切观察肠造口有无回缩、出血、坏死等现象。

保护腹壁切口：①肠造口一般于术后2～3日肠蠕动恢复后开放。②造口开放后，患者一般宜取造口侧的侧卧位，并用塑料薄膜将造口与腹部切口隔开，以防排泄物污染腹部切口而引起感染。③及时清除流出的粪便，造口周围皮肤涂氧化锌软膏，以防粪液刺激皮肤造成皮炎及糜烂；用凡士林纱布覆盖外翻的肠黏膜，外盖厚敷料，起到保护作用。观察造口周围皮肤有无红、肿、破溃等现象。

2）结肠造口观察：①活力：正常肠造口颜色呈新鲜牛肉红色，表面光滑、湿润。术后早期肠黏膜轻度水肿属正常现象，1周左右水肿消退。如果肠造口出现暗红色或淡紫色，提示肠造口黏膜缺血；若局部或全部肠管变黑，则提示肠管缺血坏死。②高度：肠造口高度一般突出皮肤表面1～2 cm，利于排泄物排入造口袋内。③形状与大小：肠造口一般呈圆形或椭圆形，结肠造口比回肠造口直径大。

3）正确使用结肠造口袋（肛袋）：常用的造口袋有一件式及两件式之分。一件式造口袋的底盘与便袋合一，只需将底盘上的胶质贴面直接贴于皮肤上即可，用法简单，但其反复撕脱的频率较高，易出现撕脱性皮炎，清洁不方便。两件式造口袋的底盘与便袋分离，先将底盘固定于造口周围皮肤，再将便袋安装在底盘上。便袋可随时取下来清洗。此外，可通过防漏药膏、防臭粉等提高防漏和防臭效果。

造口袋的正确使用与更换方法如下。①一件式造口袋：取下造口袋，动作轻柔，以免损伤皮肤；清洁造口及周围皮肤：使用生理盐水或温水彻底清洗造口及周围皮肤，不用乙醇等消毒剂，以免刺激黏膜，用清洁、柔软的毛巾或纱布轻柔擦拭并抹干，同时观察造口颜色及周围皮肤情况。裁剪造口袋底板：用造口测量板测量造口的大小、形状，在底板上裁剪合适大小的开口，造口底板孔径大于造口直径0.2 cm。粘贴造口袋：撕去底板的粘贴护纸，将造口袋底板平整地粘贴在造口周围皮肤上，用手均匀按压造口底板边缘处，使其与皮肤贴合紧密。扣好造口袋尾部防漏夹。②两件式造口袋：因其底盘和袋子是分开的，因此在粘贴好造口袋底盘后，将袋子沿着浮动环扣于底盘上，并确保连接紧密。两件式造口袋便于清洁。

4）饮食指导：①应进食易消化的熟食，防止因饮食不洁导致细菌性肠炎等而引起腹泻；②调节饮食，避免食用过多的粗纤维食物以及洋葱、大蒜、豆类、山芋等可产生刺激性气味或产气过多的食物；③以高热量、高蛋白、富含维生素且少渣食物为主，促使粪便成形；④多饮水，少吃辛辣及刺激性食物。

5）造口常见并发症的观察及护理

结肠造口出血：多由于造口黏膜、系膜和皮肤的血管未结扎或结扎线脱落所致。出血量少时，可用棉球和纱布稍加压迫；如出血较多，可用1%肾上腺素溶液浸湿的纱布压迫或用云南白药粉外敷；大量出血时，需缝扎止血。

结肠造口缺血坏死：主要为手术中损伤肠边缘动脉、肠造口系膜过紧、肠造口腹壁开口过小或因肠梗阻过久引起肠管水肿导致肠壁血供不足。如果发现肠造口失去光泽、颜色变深或发黑，多提示造瘘口血运障碍。应通知医师，及时处理。

皮肤黏膜分离：常见的原因为造口局部坏死、缝线脱落或缝合处感染。对于较浅分离，可予保护粉后再用防漏膏阻隔后贴上造口袋；对较深的分离，因渗液较多，多选用吸收性敷料（如藻酸盐类敷料）填塞后再贴上造口袋。

结肠造口狭窄：为造瘘口周围皮肤发生瘢痕挛缩所致。手术后1周即开始指导患者定期扩肛（人造肛门），防止瘘口狭窄。方法是每日扩肛一次，示指、中指戴指套涂液状石蜡，沿肠腔方向，动作轻柔，避免暴力，以免损伤造口或肠管。

结肠造口回缩：正常造口应突出体表，如肠管内陷，可能是造口肠段系膜牵拉回缩、造口感染等因素所致，需手术重建造口。

结肠造口脱垂：大多由于乙状结肠保留过长、肠段固定欠牢固、腹壁肌层开口过大、术后腹内压升高等因素引起。轻度脱垂，无须特殊处理；中度脱垂，可手法复位并使用腹带稍加压包扎；重症者需手术处理。

结肠造口皮炎：由粪便泄漏、消化液刺激、肛门袋的黏胶或袋子过敏引起。在使用肛门袋时，应用防漏膏可能减少粪便泄漏的机会。皮肤保护膜可以借身体的温度渐渐产生黏着性，能避免造口附近皮肤受刺激。应指导患者使用合适的造口用品及正确护理造口。

结肠造口旁疝：主要原因为造口位于腹直肌外或腹部肌肉力量薄弱及持续腹内压增高等。护理时应指导患者避免增加腹内压，如避免提举重物、治疗慢性咳嗽、停止结肠灌肠，并佩戴特制的疝气带，结肠造口旁疝严重者需行手术修补。

6）心理护理：多数患者在术后仍表现出悲哀、绝望的消极情绪。鼓励患者说出内心的真实感受，及时发现其消极情绪。正确引导患者，使其树立自信心，与患者及其家属共同讨论进行造口自理时可能出现的问题及解决方法，并适时予以鼓励，促使其逐步获得独立护理造口的能力。引导其达到自我认可，逐渐恢复正常生活，鼓励患者参与社交活动。可通过组织讲座、定期举办病友联谊会等方式，让患者与相同病种的患者或志愿者交流，以排解其孤立、无助感，促使其以积极、乐观的态度面对造口。

考点提示

结肠造口患者的护理。

（7）术后并发症的预防及处理

1）切口感染：肠造口术后2~3日，应取造口侧的侧卧位，将腹壁切口与造口用塑料薄膜隔开，及时更换浸湿的敷料，避免造口的排泄物污染腹壁切口，并密切观察切口有无充血、水肿、疼痛及生命体征的变化；对会阴部切口，可于术后 4～7 日以 1:5000 高锰酸钾溶液温水坐浴，每日 2 次；术后应用抗生素预防感染。合理安排换药顺序，先腹部切口，后会阴部切口。若发生感染，则开放切口，彻底引流，应用抗生素防治感染。

2）吻合口瘘：术中误伤、吻合口缝合过紧影响其血供、术前肠道准备不充分、患者营养状况不良、术后护理不当等都可导致吻合口瘘。为避免刺激手术切口影响愈合，术后 7～10 日内切忌灌肠。术后严密观察患者有无吻合口瘘的表现，如突发腹痛或腹痛加重，部分患者可有明显的腹膜炎体征，甚至能触及腹部包块，若留置有吻合口引流管，可观察到引流出略混浊的液体。一旦发生，应禁食、胃肠减压，行盆腔持续滴注、负压吸引，同时予肠外营养支持。必要时做好急诊手术的准备。

3. 健康教育

（1）社区宣教：①建议定期进行粪便隐血试验、乙状结肠镜检查、纤维结肠镜检查等，做到早诊断、早治疗；②警惕家族性腺瘤性息肉病及遗传性非息肉病性结肠癌；③积极预防和治疗结肠、直肠的各种慢性炎症及癌前病变，如结直肠息肉、腺瘤、溃疡性结肠炎、克罗恩病；④注意饮食及个人卫生，预防和治疗血吸虫病；⑤多进食新鲜蔬菜、水果等，富含纤维素及维生素的饮食，减少食物中动物性脂肪的摄入量。

（2）饮食调整：根据患者的情况调节饮食，保肛手术者应多吃新鲜蔬菜、水果，多饮水，避免进食高脂肪及辛辣、刺激性食物；行肠造口者则需注意控制过多粗纤维食物，以及过稀、可导致胀气的食物。

（3）活动：参加适量的体育锻炼，生活规律，保持心情舒畅。避免自我封闭，应尽可能地融入正常的生活、工作和社交活动中。有条件者，可参加造口患者联谊会，学习和交流彼此的经验和体会，重拾自信。

（4）做好造口护理的健康宣教：①介绍造口护理方法和护理用品。②指导患者出院后扩张造口，每 1～2 周 1 次，持续 2～3 个月。③若出现造口狭窄、排便困难，及时就诊。④指导患者养成习惯性的排便行为。

（5）指导患者正确进行结肠造口灌洗：其目的是洗出肠内积气、粪便。养成定时排便的习惯。连接好灌洗装置，在集水袋内装入 500～1000 ml 约 37～40℃温水，经灌洗管道缓慢灌入造口内，灌洗时间约 10 分钟。灌洗液完全注入后，在体内尽可能保留 10～20 分钟，再开放灌洗袋，排空肠内容物。灌洗期间注意观察，若感到膨胀或腹痛，放慢灌洗速度或暂停灌洗。灌洗间隔时间可每日 1 次或每 2 日 1 次，时间应相对固定。定时结肠灌洗可以训练有规律的肠道蠕动，使两次灌洗之间无粪便排出，从而达到人为控制排便的目的，养成类似于正常人的习惯性排便行为。

（6）复查：每 3～6 个月定期门诊复查。行永久性结肠造口患者，若发现腹痛、腹胀、排便困难等造口狭窄征象，应及时到医院就诊。进行化学治疗、放射治疗的患者，定期检查血常规，当出现白细胞和血小板计数明显减少时，遵医嘱及时暂停化学治疗、放射治疗。

【护理评价】

1. 患者焦虑是否缓解或减轻，情绪是否稳定，食欲、睡眠状况是否改善。
2. 患者是否掌握与疾病有关的知识，能否主动配合治疗和护理工作。
3. 患者生活能否自理，或自理能力是否提高，能否正确护理造口。
4. 患者对造口的态度如何，能否接受造口，有无不良情绪反应。
5. 术后并发症是否得到预防，或并发症发生后是否被及时发现和处理。

思政园地

奋发图强，攻坚克难

在众多恶性肿瘤中，结直肠癌的发病率呈持续上升趋势，被列为我国主要的恶性肿瘤之一。我国直肠癌的特点是"三高一低"：直肠癌在结直肠癌中的比例较高，低位直肠癌的占比高，青年人发病率明显升高，但早期确诊率低。大多数人误认为几乎所有低位直肠癌患者都需要行肛门切除及结肠造口。如何保留肛门功能，已成为我国直肠癌治疗领域最受关注和急需解决的问题。汪建平教授带领的科研团队针对这一临床难题进行了长达13年的深入研究。他们创立了基于肛门功能和性功能保护创新与推广应用，并于2016年荣获国家科技进步奖二等奖。这一研究包括：制定"距齿状线2 cm"的直肠癌保肛手术标准；建立直肠癌的性功能保护手术标准；创立超低位直肠癌保肛新技术（NLT）；率先建立完全经肛门全直肠系膜切除术（taTME）。肛门的保留避免了家庭成员对患者的长期护理，减轻了社会人力资源的消耗，有助于家庭的幸福与和睦。

自 测 题

一、选择题

1. 内痔的早期症状为
   A. 痔核脱出　　　　B. 排便出血　　　　C. 排便疼痛
   D. 里急后重　　　　E. 肛门周围瘙痒

2. 肛裂最突出的临床症状是
   A. 排便时及排便后肛门剧烈疼痛　　　　B. 便秘
   C. 便血　　　　　　　　　　　　　　　D. 肛周瘙痒
   E. 肛周脓肿反复发作

3. 有关肛瘘的叙述，下列选项错误的是
   A. 病因主要为直肠肛管周围脓肿
   B. 是肛管或直肠下端与肛周皮肤之间肉芽肿性管道
   C. 为感染性瘘管
   D. 由内口、瘘管和外口组成
   E. 位于肛门外括约肌深部以下的为高位肛瘘

4. 关于肛门坐浴，以下选项正确的是
   A. 坐浴溶液浓度为1∶2000高锰酸钾溶液
   B. 坐浴溶液量约2000 ml
   C. 坐浴水温30～34℃
   D. 便前坐浴，以解痉、促进排便
   E. 坐浴时间20～30分钟

5. 结肠癌的好发部位为
   A. 盲肠　　　　　　B. 升结肠　　　　　C. 横结肠
   D. 降结肠　　　　　E. 乙状结肠

6. 诊断结肠癌和直肠癌最有效、最可靠的检查方法是
    A. CT 检查　　　　　　B. 粪便隐血试验　　　　C. 结肠镜检查
    D. CEA 测定　　　　　　E. X 线检查
7. 关于结直肠癌手术后结肠造口的护理，错误的是
    A. 造瘘口可在术后 2～3 日开放
    B. 起初粪便稀薄，排便次数较多，故应取右侧卧位
    C. 造瘘口用凡士林纱布覆盖，周围皮肤涂氧化锌软膏加以保护
    D. 粪便逐渐变稠后，只用清水洗净皮肤，保持局部干净即可
    E. 教会患者自己护理造瘘口和人工肛门袋使用方法
8. 患者，男性，46 岁，肛周疼痛 4 天，排便时加重。体格检查：肛周皮肤红肿，有明显触痛、波动感，应首先考虑为
    A. 直肠息肉脱出　　　　B. 肛周脓肿　　　　　　C. 肛瘘
    D. 内痔嵌顿　　　　　　E. 血栓性外痔
9. 患者，男性，30 岁，1 年前因肛周皮下脓肿行切开引流，之后局部皮肤反复红肿、破溃流脓，局部伴有瘙痒。以下处理措施错误的是
    A. 该患者无须手术治疗，使用抗生素即可治愈
    B. 清淡饮食
    C. 每日便后使用高锰酸钾溶液坐浴
    D. 口服液状石蜡润滑粪便
    E. 为预防肛门狭窄，可于术后 5～10 天行扩肛

（10～13 题共用题干）

患者，女性，52 岁，近半年来排便次数增多，伴下腹隐痛及坠胀感，1 个月前出现粪便带血，为鲜红色，覆盖于粪便之上。便血常持续数日，可自行好转。但症状反复发作。发病以来，患者体重下降约 4 kg。

10. 此时最简便的首选检查方法是
    A. 纤维结肠镜检查　　　B. 直肠镜检查　　　　　C. 乙状结肠镜检查
    D. 直肠指检　　　　　　E. CT 检查
11. 引起该患者便血的原因，首先考虑的是
    A. 内痔　　　　　　　　B. 肛裂　　　　　　　　C. 结肠癌
    D. 直肠息肉　　　　　　E. 直肠癌
12. 若患者需行手术治疗，术前的饮食护理错误的是
    A. 高蛋白饮食　　　　　B. 富含维生素饮食　　　C. 高热量饮食
    D. 低脂肪饮食　　　　　E. 低纤维素饮食
13. 检查发现患者的病变部位距齿状线 3 cm，术后护理措施错误的是
    A. 术后 3 天取侧卧位
    B. 术后 7～10 天内忌灌肠
    C. 术后 4～7 天以 1 : 5000 高锰酸钾溶液温水坐浴
    D. 多食豆类、山芋等食物，促进肠蠕动
    E. 以高热量、高蛋白、富含维生素的少渣食物为主

二、名词解释

1. 痔
2. 肛裂
3. 直肠肛管周围脓肿

三、填空题

1. 直肠肛管周围脓肿分为_____、_____、_____。
2. 肛裂三联征为_____、_____、_____。
3. 大肠癌常见的并发症是_____、_____。
4. 大肠癌大体分型有_____、_____、_____。

四、简答题

1. 肛瘘有哪些临床表现？
2. 简述新型肠道准备方法。
3. 结肠造口的并发症有哪些？
4. 结肠癌的临床表现有哪些？

五、案例分析

患者，女性，62岁，黏液血便4个月，每日排便3～5次，伴肛门坠胀，偶感下腹部胀痛，排气或排便后可缓解，体重减轻约4 kg。体格检查：外观消瘦、贫血，腹稍胀，无明显压痛，未扪及包块；肛门指检：肛门口较松弛，距肛缘3 cm处触及高低不平的质硬肿块，活动度差，肠腔狭窄，仅可通过指尖，指套染血迹。

请回答：

（1）引起患者不完全性肠梗阻的原因是什么？有何依据？
（2）需做哪些检查以协助诊断？
（3）术前要施行哪些护理措施？
（4）手术后如何对患者进行出院指导？

（刘　攀　徐　园）

第二十二章 门静脉高压症患者的护理

第二十二章数字资源

学习目标

1. 熟记门静脉高压症患者的护理措施，能进行合理的健康指导。
2. 归纳门静脉高压症患者的护理评估及护理诊断。
3. 分析门静脉高压症患者的病理生理及辅助检查。
4. 能运用护理程序对门静脉高压症患者实施整体护理。
5. 具有关爱门静脉高压症患者的态度和言行。

案例 22-1

王先生，52 岁，黑便 5 小时，呕血伴头晕、心悸、口干 1 小时入院。5 小时前，患者开始解柏油样便 2 次，每次约 200 g，1 小时前，患者进食晚餐后出现恶心，呕吐鲜血约 300 ml，无血凝块。曾有乙肝病史多年，去年 5 月在某医院诊断为"肝硬化失代偿期"，既往无呕血病史。体格检查：T 36.1℃，P 88 次 / 分，R 20 次 / 分，BP 100/70 mmHg，慢性肝病病容，颈部皮肤见数个蜘蛛痣，巩膜无黄染。腹膨软，肝肋下未触及，脾肋下 3 cm，腹部移动性浊音（+）。

问题与思考：
1. 考虑该患者患有何种疾病？
2. 目前对该患者处理的原则有哪些？

门静脉高压症是指门静脉系统中血流受阻、血液淤滞引起门静脉及其分支压力持续增高，当高于 2.35 kPa（24 cmH₂O）时（正常门静脉压力是 1.27～2.35 kPa（13～24 cmH₂O），称为门静脉高压症。其主要临床表现是脾大、脾功能亢进、上消化道出血和腹水等。

【病因、分类及病理生理】

1. **病因与分类** 根据门静脉血流受阻因素所在的部位，门静脉高压症可分为以下 3 类。

（1）肝前型门静脉高压症：由门静脉主干及其主要属支阻塞所致。①肝外门静脉血栓形成；②腹内肿瘤压迫门静脉或脾静脉；③门静脉主干先天畸形，如闭锁、狭窄。

（2）肝内型门静脉高压症：根据血流受阻的部位，可分为窦前型、窦型和窦后型。窦前型主要见于血吸虫肝硬化，我国南方多见；窦型和窦后型最常见，主要见于肝炎后肝硬化，是我国患者门静脉高压症的主要原因。少数为酒精性肝硬化。

（3）肝后型门静脉高压症：各种原因导致肝静脉流出通道受阻，如巴德 - 吉亚利综合征（Budd-Chiari syndrome）、缩窄性心包炎、严重右心衰竭。

2. 病理生理 门静脉高压症形成后，可出现以下病理生理改变。

（1）脾大、脾功能亢进：门静脉血流受阻后，出现脾充血性肿大，脾窦长期淤血，使脾内纤维组织和脾髓细胞增生，导致脾功能亢进，使血液中红细胞、白细胞和血小板均减少。

知识链接

门静脉的解剖特点

门静脉主干由肠系膜上静脉、肠系膜下静脉和脾静脉汇合而成。门静脉系统位于两个毛细血管网之间，一端是胃、肠、脾、胰的毛细血管网，另一端连接肝小叶内的肝窦。门静脉流经肝的血液约占肝血流量的75%，肝动脉供血约占25%。门静脉系统内无控制血流方向的静脉瓣。门静脉与腔静脉之间存在4个交通支：①胃底、食管下段交通支；②直肠下段、肛管交通支；③前腹壁交通支；④腹膜后交通支（图22-1）。

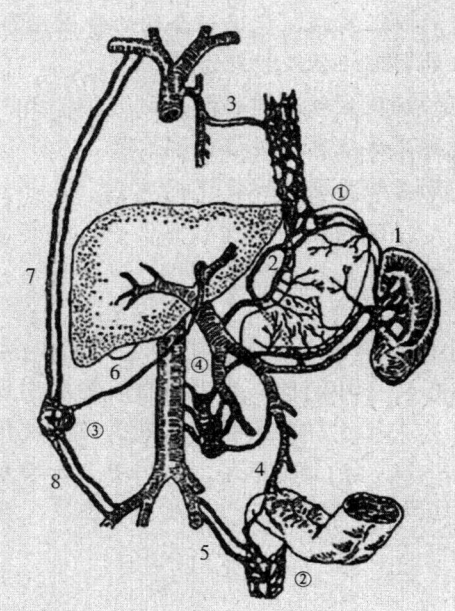

图22-1 门静脉与腔静脉之间的交通支
1.胃短静脉 2.胃冠状静脉 3.奇静脉 4.直肠上静脉 5.直肠下静脉、肛管静脉 6.脐旁静脉 7.腹上深静脉 8.腹下深静脉 ①胃底、食管下段交通支 ②直肠下段、肛管交通支 ③前腹壁交通支 ④腹膜后交通支

（2）交通支扩张：门静脉与腔静脉之间存在4个交通支，其中最主要的是胃底、食管下段交通支，其距离门静脉主干和腔静脉最近，压力差最大，容易发生胃底、食管下段静脉曲张破裂，引起上消化道大出血。直肠下段、肛管交通支扩张可形成痔；前腹壁交通支扩张可引起前腹壁静脉曲张，形成海蛇头征。

（3）腹水：主要由于门静脉压力升高，使门静脉系统毛细血管滤过压增高，肝硬化使肝内淋巴回流受阻并从肝表面渗出、肝合成血清蛋白减少使血浆胶体渗透压降低，同时肝功能不全时，体内的醛固酮和抗利尿激素继发性增多，导致钠和水的潴留等多种因素，促成腹水形成。

考点提示

门静脉高压症最重要的交通支。

【护理评估】

1. 健康史　询问及了解患者有无病毒性肝炎、肝硬化、血吸虫病及长期饮酒等病史；有无呕血、黑便史及有无腹内压升高等因素。

2. 身体状况

（1）脾大、脾功能亢进：门静脉高压症的早期即可有脾充血、肿大，程度不一，在左肋缘下可扪及；早期质软、活动；晚期，脾内纤维组织增生而变硬，活动度受限，常伴有不同程度的脾功能亢进，表现为贫血、出血倾向，血常规显示全血细胞减少。

（2）呕血和黑便：由食管-胃底静脉曲张破裂大出血所致，是门静脉高压症最危险的并发症。出血量大，一次出血量可达 1000～2000 ml，表现为呕血和黑便。严重者可出现休克。由于肝功能损害导致凝血功能障碍，再加上脾功能亢进引起的血小板减少，因此出血常难以自止，极易引起休克，也易诱发肝性脑病。

（3）腹水：是肝功能严重受损的表现，大出血后可形成顽固性腹水。常伴有腹胀、食欲减退和下肢水肿等，体格检查可叩出腹部移动性浊音。

（4）其他：可有营养不良、黄疸、蜘蛛痣、腹壁静脉曲张、痔、肝掌及肝功能异常等。

 考点提示

门静脉高压症的躯体表现。

3. 心理-社会状况　由于门静脉高压症多为肝硬化所致，病程长，经久不愈，患者多有不同程度的焦虑表现；当合并上消化道大出血时，患者更加精神紧张、恐惧不安，对手术治疗失去信心，常表现出悲观、失望、情绪低落，甚至不配合治疗及护理等。

4. 辅助检查

（1）血常规检查：脾功能亢进时，全血细胞计数减少，以白细胞和血小板计数减少最为明显。白细胞计数可降至 3×10^9/L 以下，血小板计数可降至（70～80）$\times10^9$/L 以下。

（2）肝功能检查：可见血清白蛋白降低而球蛋白升高，白蛋白与球蛋白比例倒置，凝血酶原时间延长，血清转氨酶和血清胆红素增高等。必要时应行乙型肝炎病原免疫学和 AFP 检查等。

（3）影像学检查

1）B 型超声检查：可了解肝和脾的形态、大小、有无腹水及门静脉扩张情况等。

2）食管 X 射线钡剂造影和内镜检查：食管钡剂充盈时，可见食管黏膜呈虫蚀状改变；排空时，食管黏膜呈蚯蚓样或串珠状改变。内镜可观察到食管及胃底静脉的曲张情况。

3）腹主动脉造影的静脉相或肝静脉造影：门静脉系统和肝静脉均可显影，可明确门静脉受阻部位及其侧支回流情况，还可为制定手术方案提供参考。

5. 治疗原则　门静脉高压症以内科综合治疗为主。外科治疗主要是预防和控制食管-胃底静脉曲张破裂出血，改善脾大和脾功能亢进，纠正顽固性腹水等。

（1）食管-胃底静脉曲张破裂出血的治疗

1）非手术治疗：适用于一般状况不良、肝功能较差、难以耐受手术的患者，也可用于手术前准备。

抗休克治疗：尽快建立有效的静脉通道，立即输血、输液补充血容量，同时严密监测患者的生命体征。

药物止血：常用药物有垂体后叶素、特利加压素和生长抑素类药物。急性出血控制率可达 80%，若配合三腔二囊管，其疗效可达 95%。

内镜治疗：是目前公认控制急性出血的首选方法。经内镜治疗主要有两种方法。①硬化剂注射疗法（EVS）：将硬化剂直接注入曲张静脉腔内，使曲张静脉内形成血栓而闭塞，以达到止血和预防再出血的目的。常用药物有5%鱼肝油酸钠、5%乙醇油酸盐、无水乙醇等。主要并发症有食管黏膜溃疡、食管狭窄和穿孔等。②经内镜食管曲张静脉套扎术（EVL）：经内镜将要结扎的曲张静脉吸入结扎器中，用橡皮圈套扎在曲张静脉基底部。

三腔二囊管压迫止血：通过充气的气囊压迫胃底和食管下段的曲张静脉，以达到止血的目的。三腔二囊管压迫止血通常用于药物止血或内镜治疗无效的患者。该管有三腔：①一腔通胃气囊，充气后压迫胃底；②一腔通食管气囊，充气后压迫食管下段；③一腔通胃腔，经此腔行吸引、冲洗和注入止血药物。

经颈静脉肝内门体静脉分流术（TIPS）：属于介入治疗技术，其方法是经颈静脉在肝内肝静脉与门静脉主要分支间建立通道，并置入支架，以实现门体分流。TIPS可明显降低门静脉压力，一般可降至原来压力的一半。此方法主要适用于食管-胃底静脉曲张破裂出血经药物和内镜治疗无效、肝功能差的患者，或者是等待肝移植的患者。

2）手术治疗：对于没有黄疸及明显腹水且肝功能较好的患者，如发生急性大出血，应尽快进行急诊手术，也可为防止再出血行择期手术。急诊手术主要适用于出血量大、经内科治疗仍不能控制者，手术不仅可以防止再出血，而且是预防发生肝性脑病的有效措施。常用手术方式有门体分流术和断流术。

门体分流术：将门静脉系和腔静脉系的主要血管进行吻合，使压力较高的门静脉血液分流到压力较低的腔静脉，从而降低门静脉压力，预防出血。常用分流手术包括门-腔静脉分流术、脾-肾静脉分流术、脾-腔静脉分流术、肠系膜上-下腔静脉分流术等。分流术使门静脉向肝的血供减少，加重肝损害；部分或全部门静脉血未经肝处理而直接进入体循环，易导致肝性脑病。

断流术：是在切除脾的同时，以阻断门-奇静脉间的反常血流来达到止血目的。常用的手术方式为贲门周围血管离断术，即切除脾，同时彻底切断、结扎胃冠状静脉和贲门周围的静脉分支，急诊手术常采用。该手术在不影响门静脉向肝供血的情况下，能较好地止血，同时消除脾功能亢进。

（2）严重脾大合并脾功能亢进的治疗：对于晚期血吸虫病且肝功能较好的患者，单纯行脾切除术效果良好。

（3）顽固性腹水的治疗：可采用腹腔-静脉转流术。对于晚期肝硬化门静脉高压症患者，肝移植是最理想的治疗方法。

 考点提示

门静脉高压症手术治疗方法。

【常见护理诊断/问题】
1. 体液不足　与上消化道大量出血、手术创伤有关。
2. 体液过多（腹水）　与肝功能损害导致低蛋白血症、血浆胶体渗透压降低及醛固酮分泌增加有关。
3. 营养失调：低于机体需要量　与肝功能损害、营养摄入不足、消化及吸收障碍有关。
4. 知识缺乏　患者缺乏预防上消化道出血、肝病的有关知识。
5. 潜在并发症：上消化道大出血、术后出血、肝性脑病、静脉血栓形成。

【护理目标】
1. 患者体液得到纠正。

2. 患者营养得到补充。
3. 患者知晓上消化道出血、肝病的相关知识。
4. 无并发症发生或并发症发生后被及时发现和处理。

【护理措施】

1. 非手术治疗的护理及术前护理

（1）心理护理：门静脉高压症患者长期患有肝病，当合并上消化道出血时，来势凶猛、出血量较大，患者常感到紧张、恐惧，对治疗悲观、失望，甚至丧失信心。护士在配合抢救的同时，要沉着冷静，稳定患者的情绪，取得患者及其家属的理解，帮助患者树立战胜疾病的信心。

（2）病情观察：定时测量患者的生命体征，监测中心静脉压和尿量。准确观察和记录出血的特点，如呕血前常有上腹部不适及恶心感。注意观察和记录呕血的量，粪便的颜色、性状和量等。

（3）控制出血，维持体液平衡：①恢复血容量，纠正体液失衡：迅速建立静脉通道，按出血量调节输液种类和速度，尽快备血、输血，输血宜用新鲜血液，有利于止血和预防肝性脑病。注意补钾、控制钠的摄入，纠正水、电解质代谢紊乱并预防过度扩容。②止血药物的应用与护理：冰盐水或冰盐水加去甲肾上腺素胃内灌洗至回抽液清澈；低温灌洗液可使胃黏膜血管收缩，减少血流，降低胃分泌及运动而达到止血目的。按时应用止血药，注意药物的不良反应；及时清理呕吐物、排泄物，特别是意识不清者，呕血时注意防止误吸。

（4）三腔二囊管压迫止血的护理：参照内科护理学相关章节。

（5）预防食管-胃底曲张静脉出血：①择期手术术前可输全血，补充维生素 B、维生素 C、维生素 K 及凝血因子，以预防术中和术后出血；②术前一般不放置胃管，必须放置时，应选择细、软的胃管，插入时涂大量润滑油，动作轻柔；③注意饮食，避免腹内压增高的因素。

（6）控制或减少腹水形成：①卧床休息，以增加肝、肾的血流灌注；②营养支持：给予高热量、富含维生素、低脂肪饮食，一般应限制蛋白质的摄入量，但肝功能尚好者，可给予富含蛋白质的饮食，纠正低蛋白血症；③限制液体和钠的摄入，少食含钠高的食物，每日钠摄入限制在 $500\sim800$ mg（氯化钠 $1.2\sim2.0$ g）；④遵医嘱合理使用利尿药，严格记录 24 小时液体出入量，注意观察有无低钾血症、低钠血症；⑤每日测腹围一次，每周测体重一次。

（7）保护肝功能，预防肝性脑病：①休息与活动：肝功能较差的患者应少活动，以卧床休息为主；②改善营养状况：给予高热量、适量蛋白、富含维生素的饮食，必要时可输入全血及白蛋白，以纠正贫血和低蛋白血症；③常规给氧，保护肝功能；④药物的应用：遵医嘱给予多磷脂酰胆碱、谷胱甘肽等保肝药物，避免使用红霉素、巴比妥类、盐酸氯丙嗪等对肝功能有损害的药物；⑤纠正水、电解质代谢紊乱和酸碱失衡：积极预防和控制上消化道出血；及时处理严重的呕吐和腹泻；避免快速利尿和大量放腹水；⑥防止感染；⑦保持肠道通畅：及时清除肠道内积血；防止便秘，可口服硫酸镁溶液导泻或酸性液（禁忌肥皂水等碱性液）灌肠；分流术前 2 日口服肠道杀菌剂，术前晚清洁灌肠。

（8）积极做好急症手术前的各项常规准备。

2. 术后护理

（1）体位与活动：患者术后 48 小时内取平卧位或 15° 低半坐卧位，2～3 日后改半卧位，避免过多活动，翻身动作应轻柔，保持排便及排尿通畅。一般术后需卧床 1 周，以防分流术后血管吻合口破裂出血。

（2）病情观察：密切观察并记录患者的神志、生命体征、面色、尿量及引流情况。注意观察有无内出血、肝性脑病、静脉血栓形成等术后并发症的发生。

（3）饮食护理：在肠蠕动恢复、肛门排气后，可给予流质饮食，再逐步过渡到半流质饮食至普食；对分流术后的患者，应限制蛋白质的摄入，以防肝性脑病的发生；忌食粗糙、过硬、过热、辛辣及刺激性食物，禁烟、酒。

 考点提示

分流术后患者的饮食和活动。

（4）并发症的预防与护理

1）术后出血：定时观察生命体征的变化，观察并记录切口有无出血及腹腔引流液的颜色、性状和量，如在 1～2 小时引流出 200 ml 以上的血性液体，应及时告知医师，妥善处理。

2）肝性脑病：分流术后患者应定时检测肝功能及血氨浓度，观察患者有无性格异常、定向力减退、嗜睡与躁动等肝性脑病的早期表现。术后护理中禁用或慎用吗啡、苯巴比妥类等药物，以免诱发肝性脑病。

3）术后感染：常发生于腹腔、呼吸系统和泌尿系统等，术后应加强感染病情的观察，加强术后护理。①遵医嘱及时使用有效的抗生素；②做好引流管的护理，保证引流装置无菌、通畅，观察和记录引流液的颜色、性状和量；当引流量每日少于 10 ml 时，可拔管；③加强基础护理：注意皮肤护理及口腔护理；鼓励患者深呼吸、咳嗽、咳痰，痰液黏稠者，可予以超声雾化吸入，防止肺部感染。

4）防止脾切除术后静脉血栓形成：脾切除术后 2 周内每日或隔日复查血常规，监测血小板计数，当血小板计数超过 $600×10^9/L$ 时，应立即通知医师，给予抗凝治疗，以防止静脉血栓形成，同时注意用药前后的凝血时间变化。脾切除术后一般不再使用维生素 K 及其他止血药。

（5）术后继续采取保肝治疗措施：同术前。

3. 健康教育　主要目的是保护肝功能，防止食管-胃底静脉曲张再次破裂出血。

（1）避免劳累和过度活动，保证充分休息。一旦出现头晕、心悸和出汗等不适，立即卧床休息。

（2）禁烟、酒，少饮咖啡、浓茶，避免粗糙、干硬、过热、辛辣食物，以免损伤食管和胃黏膜，诱发出血。腹水患者限制水、钠摄入。

（3）注意自我保护，用软毛牙刷刷牙，避免牙龈出血，防外伤。

（4）保持心情舒畅，避免情绪波动而诱发出血。

（5）避免一切引起腹内压增高的因素。

（6）定期复诊：按医嘱服用保肝药物，定期复查肝功能。

 考点提示

门静脉高压症的健康指导。

【护理评价】

1. 患者恐惧心理是否减轻或缓解，情绪是否稳定。
2. 患者能否正确描述预防上消化道再出血的有关知识。
3. 患者体液是否维持平衡。
4. 患者营养状况是否得到改善。
5. 并发症发生后是否被及时发现和处理。

自 测 题

一、选择题

1. 门静脉血流受阻时，首先出现
   A. 腹水　　　　　　　　B. 脾大　　　　　　　　C. 呕血
   D. 交通支扩张　　　　　E. 便血

2. 门静脉高压症最凶险的并发症是
   A. 腹水　　　　　　　　B. 呕血和黑便　　　　　C. 黄疸
   D. 脾大、脾功能亢进　　E. 腹壁静脉曲张

3. 关于门静脉高压症手术前准备，下列选项错误的是
   A. 保肝治疗　　　　　　B. 无渣高糖饮食　　　　C. 输新鲜血液
   D. 肌内注射维生素　　　E. 手术当日放置胃管

4. 门静脉高压症的术前护理措施，错误的是
   A. 卧床休息，避免劳累
   B. 术前常规放置胃管
   C. 避免腹内压升高
   D. 避免进食干硬、粗糙的食物
   E. 适量补充白蛋白

5. 张某，男性，肝硬化导致门静脉高压，分流术前的护理措施，正确的是
   A. 鼓励进行体育锻炼　　B. 高蛋白、低脂肪饮食　C. 注射维生素 K
   D. 术日晨放置胃管　　　E. 术前清洁灌肠

6. 李某，男性，65 岁，有肝硬化病史 20 年，近来刷牙时常有出血，2 小时前突然出现呕血，给予输液、止血药物无效，并出现烦躁、血压下降，此时应立即采取的措施为
   A. 输血，加快输液　　　　　　　　　　　　　B. 吸氧，保持呼吸道通畅
   C. 应用三腔二囊管压迫止血　　　　　　　　　D. 术前准备，急诊行分流术
   E. 术前准备，急诊行断流术

7. 王某，女性，50 岁，诊断为肝硬化合并门静脉高压，行门 - 腔静脉分流术，术后 1～2 天的体位应为
   A. 高半卧位　　　　　　B. 半卧位　　　　　　　C. 低半卧位
   D. 平卧位　　　　　　　E. 不受限制

（8～9 题共用题干）

患者，男性，42 岁，因门静脉高压症需行脾切除、脾 - 肾静脉吻合术入院。

8. 术前正确的护理措施是
   A. 高糖、高脂肪、高蛋白饮食以增加营养
   B. 失眠时应用巴比妥类催眠药催眠
   C. 禁止活动，可减少出血的机会
   D. 避免呕吐、咳嗽
   E. 术前常规放置胃肠引流管

9. 术后正确的护理措施是
   A. 摄入非限制性蛋白质　　B. 应用维生素 K　　C. 应用止血药
   D. 观察有无意识障碍　　E. 定期复查血常规

二、名词解释

1. 门静脉高压症
2. 门体分流术
3. 断流术

三、填空题

1. 正常门静脉压力是_____。
2. 门静脉高压症最危险的并发症是_____。
3. 门静脉高压症术后并发症有_____、_____、_____和_____。

四、简答题

1. 简述预防食管-胃底静脉曲张破裂出血的护理要点。
2. 简述门体分流术后患者的饮食和活动。

五、案例分析

患者，女性，48岁，自觉上腹部不适、恶心，2小时前突然呕出800 ml鲜血，内有少许食物残渣，心悸、出汗、面色苍白。体格检查：神志清楚，T 37.2℃，P 110次/分，R 22次/分，BP 80/60 mmHg，肝未触及，肝掌（+），血红蛋白 8 g/L，血小板 $7 \times 10^3/\mu l$，胆色素 2 mg%。

请回答：

（1）应考虑的医疗诊断是什么？
（2）目前患者最主要的护理诊断/问题有哪些？
（3）目前对该患者应首先采取的措施是什么？

（申梅芳）

第二十三章 肝病患者的护理

第二十三章数字资源

学习目标

1. 描述原发性肝癌和肝脓肿的概念、病因及发病机制、病理生理、身体状况、辅助检查和治疗原则。
2. 比较细菌性肝脓肿和阿米巴性肝脓肿的鉴别诊断。
3. 阐述原发性肝癌和肝脓肿患者的护理措施。
4. 运用护理程序对原发性肝癌和肝脓肿患者实施整体护理。
5. 具有对患者热情大方、关心和尊重患者,处处为患者着想的工作态度和作风。

案例 23-1

王先生,50 岁,已婚,因右上腹部隐痛不适就诊。患者自述最近 3 个月食欲减退,体重减轻了 8 kg,近 1 个月疲乏无力。体格检查发现右侧腹部膨隆,右上腹有一个大小为 4 cm×5 cm×5 cm 的包块。实验室检查:AFP 升高,B 型超声和 CT 检查提示"右肝占位"。患者既往有乙肝和肝硬化病史。

问题与思考:
1. 该患者可能的疾病诊断是什么?
2. 该患者将接受肝叶切除术,其围手术期常见护理诊断/问题有哪些?
3. 如何针对该患者的常见护理诊断/问题采取相应的护理措施?

第一节 原发性肝癌患者的护理

原发性肝癌(primary liver cancer)是指发生于肝细胞和肝内胆管上皮细胞的癌,是我国常见的恶性肿瘤,高发于东南沿海地区,以 40～49 岁男性多见。男女发病比例为 2∶1,近年来,原发性肝癌发病率有增高趋势,死亡率位居我国恶性肿瘤的第 2 位。

【病因及发病机制】

原发性肝癌的病因尚未明确,目前认为可能与下列因素有关。

1. **病毒性肝炎** 临床上肝癌患者常有急性肝炎→慢性肝炎→肝硬化→肝癌的病史。研究发现,肝癌与乙型肝炎病毒(HBV)、丙型肝炎病毒(HCV)和丁型肝炎病毒(HDV)3 种肝炎有较肯定的关系;乙型肝炎表面抗原(HBsAg)阳性者其肝癌的相对危险性为 HBsAg 阴性者的 10～50 倍。我国 90% 的肝癌患者 HBV 阳性。

2. **黄曲霉毒素污染** 黄曲霉毒素主要来源于霉变的玉米和花生等。调查发现,肝癌相对高发区的粮食被黄曲霉毒素污染的程度较高。

3. **饮水污染** 调查发现,肝癌的发生与不洁饮水有关。污水中已发现如水藻毒素、六氯苯、氯仿、氯乙烯和苯并芘等数百种致癌或促癌物质。

4. 遗传因素　不同种族人群肝癌发病率不同，在同一种族内，常有家族聚集现象。

5. 其他　亚硝胺、烟酒、肥胖等可能与肝癌的发生有关；肝癌的发病与农作物中硒含量过少有一定的关系。

 考点提示

引起我国人群肝癌的常见原因。

【分型及转移途径】

1. 分型

（1）大体病理类型：原发性肝癌的大体病理类型可分为结节型、巨块型和弥漫型3类，其中以结节型最为常见。按肿瘤的大小，新的分类为：微小肝癌（直径≤2 cm），小肝癌（2 cm<直径≤5 cm），大肝癌（5 cm<直径≤10 cm）和巨大肝癌（直径>10 cm）。肝癌分布以肝右叶最多见。

（2）组织学分型：按组织病理学，肝癌可分为肝细胞癌（HCC）、肝内胆管细胞癌（ICC）和二者同时出现的混合型肝癌3类，其中以肝细胞癌最常见，约占91.5%，男性多见。

2. 转移途径　早期转移是导致原发性肝癌患者预后差的重要原因之一。通常先有肝内转移，然后出现肝外转移。

（1）血行转移：是肝癌主要的转移途径。原发性肝癌常直接侵犯门静脉分支，肝癌细胞极易经门静脉系统在肝内播散，甚至阻塞门静脉主干或肝静脉，导致门脉高压。肝外血行转移最多见于肺，其次为骨、脑等。

（2）淋巴转移：肝门淋巴结转移较为常见，其次为胰周、腹膜后、主动脉旁及左锁骨上淋巴结。

（3）直接浸润：肝癌向横膈及附近器官直接蔓延浸润。

（4）种植转移：癌细胞脱落可种转移到腹腔、盆腔等。

【护理评估】

1. 健康史　了解患者的年龄、性别及是否居住于肝癌高发区；有无病毒性肝炎、肝硬化等病史；饮食和生活习惯，有无长期进食霉变食品和亚硝胺类致癌物等；家族中有无肝癌或其他肿瘤患者；有无其他部位肿瘤病史和手术史；有无其他系统伴随疾病；有无用药史、过敏史等。

2. 身体状况　早期缺乏典型的症状和体征，常于普查或体格检查被发现。一旦出现症状或体征，常提示病情进入中、晚期。

（1）症状

1）肝区疼痛：是最常见和主要的症状，约有半数以上患者以此为首发症状。多为持续性钝痛、刺痛或胀痛，夜间或劳累时加重。疼痛部位与癌肿部位有密切的关系，如位于肝右叶顶部的癌肿累及膈肌，有右肩背部牵涉痛；左肝癌常表现为剑突下胃区疼痛。当癌肿破裂出血时，可出现右上腹部剧痛、腹膜刺激征等。

2）消化道及全身症状：表现为食欲减退、腹胀、恶心、呕吐或腹泻等，易被忽视，且早期不明显。可有不明原因的持续性低热或不规则发热，抗生素治疗无效，早期患者消瘦、乏力不明显，随病情发展而逐渐加重，晚期体重进行性下降，可伴有贫血、黄疸、出血、腹水和下肢水肿等恶病质表现。

（2）体征

1）肝大与肿块：为中、晚期肝癌最常见的体征。肝呈进行性肿大、质地较硬、边缘不规则，表面高低不平、有明显结节或肿块。癌肿位于肝右叶顶部者，肝浊音界上移，膈肌抬高或活动受限，甚至出现胸腔积液。巨大的肝肿块可使右上腹部或右季肋部明显隆起。

2）黄疸和腹水：常见于晚期患者。

（3）其他：少数患者可有癌旁综合征表现，如有低血糖、红细胞增多症、高胆固醇血症及高血钙等特殊表现。如发生肺、骨、脑等肝外转移，还可出现相应的临床症状。此外，还可出现肝性脑病、上消化道出血、癌肿破裂出血及继发性感染等并发症。

 考点提示

原发性肝癌的临床表现。

3. 心理-社会状况　肝癌患者多伴有肝硬化和慢性肝炎病史，长期治疗效果不佳，经济负担较重；由于肝癌病痛的折磨和对手术、预后的担忧，患者极易产生焦虑、恐惧、悲观或绝望的心理。

4. 辅助检查

（1）实验室检查

1）血清甲胎蛋白（AFP）测定：AFP是肝癌血清标志物，是目前诊断原发性肝癌最常用、最重要的检测方法。正常值AFP<20 μg/L。若AFP≥400 μg/L且持续4周，或AFP≥200 μg/L且持续8周，并排除妊娠、活动性肝炎、肝硬化、生殖腺胚胎源性肿瘤等，即可考虑为肝癌。继发性肝癌此指标多不升高。

 考点提示

甲胎蛋白（AFP）测定的意义和数值。

2）血清酶学：对原发性肝癌的诊断缺乏灵敏性和特异性，只能作为辅助指标。常用的有血清碱性磷酸酶、谷氨酰转肽酶、乳酸脱氢酶同工酶等，各种酶的联合检测可提高诊断价值。

（2）影像学检查

1）B型超声检查：可显示肿瘤的部位、大小、形态及肝静脉或门静脉有无栓塞等，能发现直径2 cm或更小的病变，其诊断符合率可达90%左右。

2）CT：具有较高的分辨率，诊断符合率可达90%以上，可检查出直径为1 cm左右的微小肝癌。CT能明确显示肿瘤的位置、数量、大小及与周围脏器和重要血管的关系，对判断能否手术切除很有价值。

3）MRI：对良、恶性肿瘤，尤其是血管瘤的鉴别可能优于CT。MRI可做门静脉、下腔静脉、肝静脉及胆道重建成像，有利于发现这些管道内有无癌栓。

4）选择性肝动脉造影：诊断符合率在95%以上。对于血管丰富的癌肿，可发现直径仅为0.5 cm的肿瘤，可以提高小肝癌的诊断率。因属于侵入性检查，必要时才考虑采用。

5）超声引导下肝穿刺针吸细胞学检查：在B型超声引导下行细针穿刺活检，具有确诊意义，但可能会出现假阴性。偶有出血、瘤体破裂和肿瘤沿针道转移的危险。

 考点提示

原发性肝癌的辅助检查方法。

5. 治疗原则　早期诊断、尽早采取以手术治疗为主的综合治疗仍是目前治疗肝癌最有效的方法。小肝癌的手术切除率高达80%以上，术后5年生存率可达60%～70%。

（1）手术治疗：是目前治疗肝癌首选和最有效的治疗方法。常用的术式有肝叶切除、半肝切除、肝三叶切除、局部肝切除、肝移植等。不能手术切除的，可行肝动脉结扎、肝动脉栓塞、射频、冷冻、激光、微波等治疗。

（2）非手术治疗：目前常用的方法有：①放射治疗；②射频消融；③介入疗法（肝动脉插管化疗栓塞术）；④全身治疗（分子靶向药物、系统化学治疗、中医中药治疗、生物免疫治疗和基因治疗）等。

知识拓展

肝动脉插管化疗栓塞术

肝动脉插管化疗栓塞术（TACE）是肝癌介入治疗常用的方法之一。TACE主要用于中期肝癌患者，特别是不能手术切除的患者。我国是肝癌高发国家，介入治疗起步于20世纪70年代，具有控制局部肿瘤、减轻患者症状、预防肿瘤发展、延长患者生存期的作用。除通过导管在肝细胞癌的供血动脉内将细胞毒性抗癌药与碘油混合液选择性地灌注到瘤体内，再用栓塞剂阻塞肿瘤动脉的传统方法外，球囊阻塞TACE、药物洗脱微球TACE和近距离放射治疗栓塞术等方法应用于临床，取得了较好的疗效，而联合治疗能使患者的病情得到控制，提高患者的生存率。

【常见护理诊断/问题】

1. 焦虑、恐惧　与担忧疾病预后和生存期限有关。
2. 疼痛　与肿瘤迅速生长导致肝包膜张力增加、手术损伤及各种治疗的不适有关。
3. 营养失调：低于机体需要量　与厌食、胃肠功能紊乱、放射治疗和化学治疗引起的胃肠道不良反应、肿瘤消耗等有关。
4. 潜在并发症：消化道或腹腔内出血、肝性脑病、膈下积液或脓肿、肺部感染等。

【护理目标】

1. 患者恐惧缓解或减轻，能正确面对疾病、手术和预后，积极配合治疗和护理。
2. 患者疼痛减轻或缓解。
3. 患者的营养状况有所改善和好转。
4. 患者未出现并发症，或并发症发生后被及时发现和处理。

【护理措施】

1. 一般护理

（1）心理护理：肝癌患者往往有自卑感、不公平、悲痛等情绪，特别需要家庭和社会的关爱。护士应尊重患者并表达同情和理解，通过与患者的交流和沟通，鼓励其表达自己的想法和担忧，帮助其面对现实，树立战胜疾病的信心，积极参与和配合治疗，同时鼓励患者家属与患者共同面对疾病，互相扶持。

（2）营养支持：宜采用富含蛋白质、热量、维生素和膳食纤维的食物，按患者的饮食习惯，提供其喜爱的色、香、味俱全的食物，以增进食欲。创造舒适的进餐环境，少量多餐。必要时提供胃肠外营养支持。

2. 术前准备

（1）全身支持疗法和保肝治疗：遵医嘱静脉输入白蛋白、血浆及全血，纠正贫血、低蛋白血症及凝血功能障碍，并应用保肝药物。

（2）改善凝血功能：术前应用维生素K，肌内注射，以改善凝血功能，预防手术出血。

(3)肠道准备：术前3日口服肠道不吸收的抗生素，术前1日清洁灌肠，以减少血氨来源。

3. 术后护理

（1）体位与活动：术后24小时内卧床休息，术后2天血压平稳后可采取半卧位，协助翻身，鼓励深呼吸。不宜过早起床活动，防止肝断面出血。

（2）饮食：术后禁食，胃肠功能恢复后给予流质饮食，以后由半流质饮食逐步过渡到普食。广泛肝切除后可使用要素饮食或静脉营养支持，术后2周内应补充适当的白蛋白和血浆，以提高机体的抵抗力。

（3）疼痛护理：肝叶和肝局部切除术后疼痛剧烈者，应积极有效地止痛。术后48小时，若病情允许，可取半卧位，以降低切口张力。必要时，可使用镇痛泵止痛。

（4）病情观察：肝手术后，特别是广泛性肝叶切除术后易发生诸多并发症，如肝断面出血、胆汁渗漏、肝性脑病和上消化道出血，故术后必须严密观察生命体征、意识状态、腹部症状和体征及各种引流管引流情况，准确记录24小时出入量，如出现并发症，应及时通知医师处理。

（5）引流管护理：妥善固定引流管，避免受压、扭曲和折叠，保持引流通畅；严格遵守无菌操作原则，每日更换引流袋，并准确记录引流液的颜色、性状和量，若血性引流液呈持续性增加，应警惕腹腔内出血，应及时通知医师，必要时完善术前准备行手术探查止血。若引流量逐渐减少，且无出血及胆汁，引流管一般可在术后3～5天内拔除。

（6）维持体液平衡及保护肝功能：①静脉输液，补充水、电解质，维持体液平衡；②遵医嘱应用止血药、维生素K及输入新鲜血液；③积极保肝治疗，接受半肝以上切除者，间歇给氧3～4天；④继续应用抗生素防治感染。

4. 肝动脉插管化疗的护理

（1）治疗前准备：向患者及其家属解释肝动脉插管化疗的目的、方法及注意事项，帮助患者消除紧张、恐惧的心理，争取主动配合。

（2）预防出血：术后嘱患者取平卧位，卧床休息24～48小时，穿刺侧肢体制动6小时，穿刺处沙袋压迫1小时，防止局部出血。严密观察穿刺侧肢端皮肤的颜色、温度及足背动脉搏动情况，注意穿刺点有无出血现象。拔管后压迫穿刺部位15分钟并加压包扎，卧床休息24小时，防止局部形成血肿。

（3）导管护理：妥善固定导管，严格遵守无菌操作原则，每次注药前消毒导管，注药后用无菌纱布包扎，防止发生逆行性感染。为防止导管堵塞，注药后用肝素稀释液2～3 ml（25 U/ml）冲洗导管。

（4）栓塞后综合征的护理：肝动脉插管化疗后多数患者可出现发热、肝区疼痛、恶心、呕吐、心悸、白细胞计数下降等，称为栓塞后综合征。若体温高于38.5℃，可予物理降温、药物降温。肝区疼痛可适当给予镇痛药。当白细胞计数<4×10^9/L时，应暂停化学治疗，并应用升白细胞药物。

（5）并发症的观察及护理：若因胃、胆、胰、脾动脉栓塞而出现上消化道出血及胆囊坏死等并发症，应及时通知医师并协助处理。肝动脉插管化疗可造成肝细胞坏死，加重肝功能损害，应注意观察患者的意识状态、有无黄疸，注意补充高糖、高能量营养素，积极给予保肝治疗，防止肝功能衰竭。

 考点提示

原发性肝癌患者行肝动脉插管化疗的护理措施。

5. 健康教育

（1）指导患者充分休息、适当活动。

（2）疾病指导：注意防治肝炎，不吃霉变食物。有肝炎、肝硬化病史者和肝癌高发地区人群应定期作 AFP 检测或 B 型超声检查，以早期发现肝癌。

（3）饮食指导：多吃高热量、优质蛋白质、富含维生素和纤维素的食物。食物以清淡、易消化为宜。若有腹水、水肿，应控制水和食盐的摄入量。

（4）定期复查：若患者出现水肿、体重减轻、出血倾向、黄疸和乏力等症状，应及时就诊。定期随访，第 1 年每 1~2 个月复查 AFP、胸部 X 线片和 B 型超声检查 1 次，以便早期发现肝癌。

【护理评价】

1. 患者疼痛是否减轻或缓解。
2. 患者情绪是否稳定，能否正确面对疾病、手术和预后。
3. 患者的营养状况是否改善。
4. 并发症是否得以预防，或并发症发生后是否被及时发现和处理。

第二节 肝脓肿患者的护理

肝脓肿是肝受感染后形成的脓肿，属于继发性感染性疾病。根据致病菌的不同，分为细菌性肝脓肿和阿米巴性肝脓肿。

一、细菌性肝脓肿患者的护理

细菌性肝脓肿指化脓性细菌引起的肝内化脓性感染，又称化脓性肝脓肿，以男性多见，中年患者约占 70%。

【病因及病理生理】

1. 病因　肝有门静脉和肝动脉双重血液供应，且通过胆道与肠道相通，因而易受细菌感染。最常见的致病菌为大肠埃希菌和金黄色葡萄球菌，其次为链球菌、类杆菌属等。细菌入侵肝的常见途径如下。

（1）胆道系统：是最主要的感染途径和最常见的病因，且为多发性脓肿，以左外叶最多见。如急慢性胆囊炎、胆道蛔虫病、胆管结石并发急性化脓性胆管炎累及胆总管时，细菌沿胆管逆行，感染肝而形成肝脓肿。

> 考点提示
>
> 细菌性肝脓肿最主要的感染途径。

（2）血液感染：体内任何部位的化脓性感染，如急性上呼吸道感染、肺炎、痈并发菌血症时，致病菌可随肝动脉入侵，在肝内形成多发性脓肿。

（3）门静脉系统：腹腔感染（如坏疽性阑尾炎、化脓性盆腔炎）、肠道感染（如细菌性痢疾、溃疡性结肠炎）及痔核感染，可引起门静脉属支的血栓性静脉炎，其脓毒性的栓子脱落后沿门静脉系统入肝，引起细菌性肝脓肿。随着抗菌药的广泛应用，此途径的感染已少见。

（4）淋巴系统：肝毗邻部位的化脓性感染，如膈下脓肿或胆囊炎，细菌可经淋巴系统侵入肝。

（5）直接入侵：当肝发生开放性损伤时，细菌直接从伤口侵入；有时肝闭合性损伤伴有肝内小胆管破裂或肝内血肿形成，均可导致细菌入侵而引起肝脓肿。

（6）隐匿性感染：由于抗生素的广泛应用和耐药，隐匿性肝脓肿的发病率呈上升趋势。

2. 病理生理　细菌性肝脓肿可以是单发性，也可以是多发性，以单发性多见。一旦脓肿形成后，大量毒素被吸收入血，临床出现严重的毒血症表现；当脓肿转为慢性后，脓肿壁肉芽组织生长及纤维化形成，临床症状逐渐减轻或消失；肝脓肿如未能得到适当的控制，感染可向周围扩散，引起严重并发症。

【护理评估】

1. 健康史　了解患者有无胆道、肠道、腹腔感染和肝毗邻器官穿孔、感染等病史；有无身体其他部位感染，如上呼吸道感染、肺炎、痈或肝的开放性损伤。

2. 身体状况

（1）症状

1）寒战和高热：多为最早和最常见的症状。体温可达 39～40℃，发热多呈弛张热，伴多汗、脉率增快。严重者可出现脓毒症和感染性休克。

2）肝区疼痛：肝区呈持续性胀痛或钝痛，有时可伴有右肩牵涉痛或下胸痛，左肝脓肿也可向左肩放射。若感染向胸膜、肺扩散，可出现胸痛、刺激性咳嗽和呼吸困难等。

3）消化道及全身症状：由于细菌毒素吸收及全身消耗，患者乏力、食欲减退、恶心、呕吐等较为常见，少数患者出现腹泻、腹胀、黄疸及顽固性呃逆等。病程较长者，常有贫血、消瘦、恶病质等表现。

（2）体征：最常见的体征是肝区压痛和肝大，右下胸部和肝区有叩击痛，有时出现右侧反应性胸膜炎或胸腔积液，若脓肿位于右肝前缘比较表浅的部位，可伴有右上腹部肌紧张和局部明显的触痛。巨大的肝脓肿可使右季肋呈饱满状态，甚至局限性隆起，局部皮肤呈凹陷性水肿。晚期患者可出现腹水，严重者可出现黄疸。

3. 心理-社会状况　由于发病急而重，患者忍受痛苦大，加之对疾病不了解，对治疗及预后存在疑问和担忧，患者常感到焦虑、恐惧。当出现并发症时，表现更为强烈。

4. 辅助检查

（1）实验室检查：血白细胞计数明显升高，常大于（15～20）×10^9/L，中性粒细胞比例可达 90% 以上，有核左移现象及中毒颗粒；有时可出现贫血；肝功能检查可见轻度异常，血清转氨酶升高。

（2）影像学检查：①X 线检查示肝影增大；右肝脓肿显示右膈肌抬高、局限性隆起和活动受限；有时提示胸腔积液；食管 X 射线钡剂造影有时可见胃小弯受压和推移。②B 型超声检查：为首选方法，能分辨肝内直径为 1～2 cm 的液性病灶，并明确其部位和大小。③CT、MRI、放射性核素扫描：对肝脓肿的定位与定性诊断有很大的价值。

（3）诊断性肝穿刺：必要时可在 B 型超声定位下或肝区压痛最明显处行诊断性穿刺，如抽出脓液即可确诊，脓液常规送细菌培养及药敏试验。

5. 治疗原则　应早期诊断，及时治疗。

（1）非手术治疗：适用于急性期尚未局限的肝脓肿和多发小脓肿。

1）全身支持治疗：肠内、肠外营养支持；纠正水、电解质代谢紊乱及酸碱失衡；必要时反复多次输血，纠正低蛋白血症和贫血，改善肝功能和增强机体抵抗力。

2）抗感染治疗：应用足量、有效抗生素，或根据细菌培养及药敏试验结果选择有效抗生素。

3）经皮肝穿刺脓肿置管引流术：单个较大的脓肿可在 B 型超声引导下穿刺抽脓，抽出脓液后可向脓腔注入抗菌药，或由穿刺置管作持续引流。

4）中医中药治疗：多与抗生素和手术治疗配合应用，以清热解毒为主。

（2）手术治疗

1）脓肿切开引流术：适用于较大的脓肿估计有穿破可能，或已并发腹膜炎、脓胸以及胆源性胰腺炎者。如脓肿已向胸腔穿破，或由胆道感染引起的肝脓肿，应同时行胸腔引流和胆道引流。

2）肝叶切除术：适用于长期的慢性局限性厚壁肝脓肿。

【常见护理诊断/问题】

1. 体温过高　与肝脓肿及其产生的毒素吸收有关。
2. 疼痛　与肝脓肿致使肝包膜张力增大等有关。
3. 营养失调：低于机体需要量　与食欲减退及因感染、高热引起分解代谢增加有关。
4. 体液不足　与高热导致大量出汗、进食减少有关。
5. 潜在并发症：腹膜炎、膈下脓肿、胸膜腔内感染及感染性休克等。

【护理目标】

1. 患者疼痛有效缓解或减轻。
2. 患者体温维持正常。
3. 患者的营养状况改善，抵抗力提高。
4. 患者体液维持平衡。
5. 有效防控并发症，如腹膜炎、膈下脓肿、胸膜腔内感染及感染性休克，或并发症发生后被及时发现和处理。

【护理措施】

1. 高热的护理　详见基础护理中高热的护理。
2. 控制感染　遵医嘱足量、全程、联合使用有效抗生素，或根据药敏试验结果选择合适的抗生素。注意观察药物的不良反应，对长期应用抗生素者，应警惕伪膜性肠炎及二重感染的发生。
3. 引流管的护理

（1）妥善固定引流管，防止滑脱。

（2）取半卧位，有利于呼吸和引流。

（3）严格执行无菌操作，每日用生理盐水持续冲洗脓腔，每日更换引流瓶。

（4）拔管：当脓液引流量少于10 ml时，可拔管，并用凡士林纱布填塞，直至脓腔闭合。

4. 病情观察　密切关注生命体征和腹部症状及体征变化。及时发现脓肿破溃引起的腹腔感染、脓胸、心脏压塞等。配合医师积极预防和抢救脓毒症或感染性休克。

5. 健康教育

（1）充分休息，适量活动，增强体质。

（2）加强营养，多吃富含蛋白质和维生素的食物和新鲜蔬菜、水果。

（3）控制感染，积极治疗胆道疾病或全身其他疾病。

二、阿米巴性肝脓肿患者的护理

阿米巴性肝脓肿是肠道阿米巴病常见的并发症。患者年龄多在30～50岁，男性多见，约半数在肠道阿米巴病急性期并发。

【病因及病理】

阿米巴原虫从结肠溃疡病处经门静脉血液、淋巴或直接侵入肝门。原虫产生溶组织酶，导致肝细胞坏死，液化的组织和血液组成脓肿。阿米巴性肝脓肿常见于肝右叶顶部，大多为单发性的大脓肿，容积较大，有时达 1000～2000 ml。

【临床表现】

阿米巴性肝脓肿起病较急，也可较缓，病程较长，成年男性如有持续或间歇性高热、食欲不佳、体质虚弱、肝大伴触痛等表现，应怀疑阿米巴性肝脓肿的发生。但有时容易误诊，应注意与细菌性肝脓肿相鉴别（表 23-1）。

表 23-1　细菌性肝脓肿与阿米巴性肝脓肿的鉴别

鉴别要点	细菌性肝脓肿	阿米巴性肝脓肿
病史	继发于胆道感染或其他化脓性疾病	继发于阿米巴痢疾
症状	病情急骤、严重，全身脓毒症症状明显，有寒战、高热	起病较缓慢，病程较长，可有高热或不规则发热、盗汗
体征	肝大常不显著，多无局限性隆起	肝大显著，可有局限性隆起
血液检查	白细胞计数及中性粒细胞比例明显增加	白细胞计数可增加，血清学阿米巴抗体检测阳性
血培养	血液细菌培养可呈阳性	若无继发性感染，血液细菌培养可呈阴性
粪便检查	无特殊表现	部分患者可找到阿米巴滋养体
脓液	多为黄白色脓液、恶臭，涂片和培养可发现细菌	大多数为棕褐色脓液，无臭味，镜检有时可找到阿米巴滋养体；若无混合感染，涂片和培养无细菌
诊断性治疗	抗阿米巴治疗无效	抗阿米巴治疗有效
脓肿	较小，常为多发	较小，常为单发，肝右叶多见

考点提示

细菌性肝脓肿与阿米巴性肝脓肿的鉴别。

【治疗原则】

1. 非手术治疗　主要为抗阿米巴药物（甲硝唑、氯喹、依米丁、环丙沙星）治疗；必要时 B 型超声定位穿刺抽脓及全身营养支持疗法；合并细菌感染者，尽早使用抗生素。

2. 手术治疗

（1）经皮肝穿刺置管闭式引流术：适用于多次穿刺吸脓未见脓腔缩小者。

（2）切开引流：适用于经抗阿米巴药物治疗及穿刺引流后高热不退或脓肿破溃入胸腹腔并发脓胸和腹膜炎者。

（3）肝叶切除术：适用于慢性厚壁阿米巴性肝脓肿和脓肿切开引流后脓肿壁不塌陷、留有无效腔和窦道者。

【常见护理诊断/问题】

1. 体温过高　与阿米巴性肝脓肿有关。
2. 营养失调：低于机体需要量　与分解代谢增加有关。
3. 潜在并发症：出血、继发细菌感染、肝性脑病、膈下积液等。

【护理目标】

1. 患者营养状况改善，抵抗力提高。
2. 患者体温维持正常。
3. 有效预防并发症，如出血、继发细菌感染、肝性脑病、膈下积液，或并发症发生后被及时发现和处理。

【护理措施】
1. 遵医嘱使用抗阿米巴药物，做好脓腔引流的护理。
2. 加强营养支持，鼓励患者多进食营养丰富的食物，多饮水。
3. 密切观察病情变化，及时发现继发细菌感染。
4. 做好脓腔引流的护理，严格执行无菌操作，防止继发细菌感染。
5. 健康教育，嘱患者出院后加强营养，遵医嘱服药，如出现不适，及时就诊。

【护理评价】
1. 患者疼痛是否减轻或缓解。
2. 患者的情绪是否稳定，能否正确面对疾病、手术和预后。
3. 患者的营养状况是否改善。
4. 并发症是否得以预防，或并发症发生后是否被及时发现或处理。

自 测 题

一、选择题

1. 细菌性肝脓肿最常见的致病菌是
   A. 溶血性链球菌　　　　B. 铜绿假单胞菌　　　　C. 大肠埃希菌
   D. 金黄色葡萄球菌　　　E. 脆弱杆菌
2. 引起细菌性肝脓肿最常见的病因是
   A. 坏疽性阑尾炎　　　　B. 溃疡性结肠炎　　　　C. 细菌性心内膜炎
   D. 胃、十二指肠溃疡穿孔　　E. 胆道感染
3. 细菌性肝脓肿患者的临床表现是
   A. 局部皮肤凹陷性水肿
   B. 黄疸
   C. 上腹部肌紧张
   D. 寒战、高热、肝区疼痛、肝大
   E. 恶心、呕吐
4. 与原发性肝癌发病的关系最密切的是
   A. 胆道感染　　　　　　B. 血吸虫性肝硬化　　　C. 肝炎后肝硬化
   D. 酒精中毒性肝硬化　　E. 肝良性肿瘤
5. 患者，男性，48岁，肝癌行肝叶切除术后3天。患者出现嗜睡、烦躁不安、扑翼样震颤，应考虑出现了
   A. 胆瘘　　　　　　　　B. 肝性脑病　　　　　　C. 内出血
   D. 胰瘘　　　　　　　　E. 膈下脓肿
6. 原发性肝癌早期诊断最有意义的是
   A. 肝功能正常　　　　　B. 肝大　　　　　　　　C. AFP阳性
   D. CEA阳性　　　　　　E. 粪便隐血试验阳性
7. 原发性肝癌最常见的转移方式是
   A. 淋巴转移　　　　　　B. 血行转移　　　　　　C. 直接转移
   D. 种植转移　　　　　　E. 经门静脉分支形成肝内播散

8. 患者，女性，48岁，诊断为肝癌，拟行根治性切除术，术前护理措施不妥的是
   A. 贫血者输血　　　　　B. 低蛋白者输白蛋白　　　C. 肌内注射维生素 K
   D. 测量腹围　　　　　　E. 给予高脂肪、高蛋白、富含维生素的饮食
9. 细菌性肝脓肿患者术后拔除脓腔引流管的指征是
   A. 体温正常，白细胞计数正常
   B. 食欲正常，贫血纠正
   C. 肝区无叩击痛，脓液引流量明显减少
   D. 体重增加，健康状况好转
   E. 一般情况好，B 型超声检查脓腔消失
10. 关于阿米巴性肝脓肿的临床特点，错误的是
    A. 发病缓慢，病程较长　　B. 持续发热、消瘦、乏力　　C. 肝区疼痛
    D. 肝大，有压痛及叩击痛　E. 穿刺抽出黄白色脓液
11. 肝癌按组织细胞分型，最常见的类型是
    A. 混合型　　　　　　　B. 胆管细胞型　　　　　　C. 肝细胞型
    D. 结节型　　　　　　　E. 弥漫型
12. 患者，男性，50岁，原发性肝癌行肝叶切除术，术后嘱其避免过早活动的目的是
    A. 减少能量消耗　　　　B. 避免肝断面出血　　　　C. 有利于有效引流
    D. 保存体力　　　　　　E. 有利于肝细胞再生

（13～14题共用题干）

患者，男性，50岁，慢性肝炎 11 年，普查发现 AFP 400 μg/L，肝功能、肾功能正常，经检查诊断为早期肝癌。
13. 肝癌肿块的定位检查常用的是
    A. 肝动脉造影　　　　　B. 肝核素扫描　　　　　　C. 腹部平片
    D. B 型超声　　　　　　E. 腹腔镜
14. 最理想的治疗方法是
    A. 手术切除　　　　　　B. 局部外放射治疗　　　　C. 联合化学治疗
    D. 免疫治疗　　　　　　E. 中医治疗

二、名词解释

1. 原发性肝癌
2. 阿米巴性肝脓肿

三、填空题

1. 肝叶切除术后，观察腹腔引流管有无_____漏出及腹痛、腹胀和_____，以判断有无胆漏。
2. 肝脓肿常见有_____和_____两种；细菌性肝脓肿最常见的致病菌是_____和_____。

四、简答题

1. 简述肝癌围手术期的护理要点。
2. 如何鉴别细菌性肝脓肿和阿米巴性肝脓肿？

五、案例分析

患者，男性，45岁，有乙型肝炎、肝硬化病史10余年。近2个月，患者肝区持续胀痛，伴乏力、消瘦。体格检查：肝大，肋缘下2 cm，边缘钝、欠光滑，质韧，无明显触痛。B型超声检查见肝右叶内5 cm×4 cm×3 cm占位性病变，甲胎蛋白检测600 μg/L。

请回答：

（1）该患者最可能的疾病诊断是什么？

（2）B型超声、AFP检查对诊断的意义是什么？目前是否需要做其他检查？

（3）如果确定手术治疗，请提出手术前主要的护理诊断/问题和护理措施。

（张　萍）

第二十四章 胆道疾病患者的护理

学习目标

1. 描述胆石症、胆道感染和胆道蛔虫病的概念、病因及发病机制、病理生理、身体状况、辅助检查和治疗原则。
2. 比较急性胆囊炎和慢性胆囊炎的临床特点。
3. 阐述胆石症、胆道感染和胆道蛔虫病患者的护理措施。
4. 能运用护理程序对胆石症、胆道感染和胆道蛔虫病患者实施整体护理。
5. 在护理胆道疾病患者的过程中,具有为患者健康服务的意识,对患者有爱心、细心、耐心与责任心。

案例 24-1

患者,女性,50 岁。昨晚晚餐后突发右上腹部阵发性绞痛,向右肩胛部放射,曾呕吐胃内容物 2 次。在当地医院给予输液、抗感染、止痛等处理,腹痛未缓解而转院。今晨体格检查:T 38.6℃,右上腹压痛明显,有肌紧张。血白细胞计数 $15 \times 10^9/L$,中性粒细胞比例 89%,B 型超声检查提示胆囊结石。

问题与思考:
1. 该患者所患的是何种疾病?
2. 请写出当前常见护理诊断/问题。
3. 患者经非手术治疗 6 小时后中转手术,术后留置胆道 T 形管引流。如果你是病房护士,如何做好 T 形管的护理?
4. 术后患者恢复顺利,出院时应如何进行健康教育?

第一节 胆石症患者的护理

胆石症(cholelithiasis)是指发生于胆道系统的结石,是胆道系统的常见病、多发病。胆石症包括胆囊结石和胆管结石,后者又分为肝内胆管结石和肝外胆管结石。近年来,随着生活水平的提高,人们的饮食结构发生变化,胆石症的发病特点也发生了改变。胆固醇结石多于胆色素结石,女性发病率高于男性。

【胆石的成因】

1. 胆管异物 虫卵、成虫的尸体及奥迪括约肌功能紊乱时,食物残渣随肠内容物反流入胆道可成为结石的核心,促发结石形成。
2. 胆道感染 胆道感染时,细菌产生的 β-葡萄糖醛酸酶使可溶性的结合性胆红素水解为非结合胆红素,后者与钙结合,形成胆色素结石。
3. 代谢因素 主要与脂类代谢有关,胆汁中胆盐、胆固醇、卵磷脂的适当比例是维持胆固醇呈溶解状态的必要条件。脂类代谢异常可引起胆汁的成分和理化性质发生变化，使胆汁中的胆固醇呈过饱和状态并析出、沉淀、结晶而形成结石。

【胆石的分类】

按结石组成成分的不同，胆石分为以下 3 类。

1. 胆固醇结石　约占结石总数的 50%，其中 80% 发生于胆囊内，以胆固醇为主，呈白黄色、灰黄色或黄色，质硬，呈多面体、圆形或椭圆形，表面多光滑，剖面呈放射状。X 线检查多不显影。

2. 胆色素结石　约占结石总数的 37%，其中 75% 发生于胆管内，主要成分以胆色素为主，呈棕色或棕褐色，形状可为粒状或长条形，大小不一，质地松软、易碎，剖面呈层状。X 线检查一般不显影。

3. 混合型结石　约占结石总数的 6%，其中 60% 发生于胆囊内，主要由胆红素、胆固醇、钙盐等混合而成，根据所含成分比例的不同，呈现不同的形状和颜色。剖面呈层状或中心放射状，外周呈层状。由于结石含钙较多，X 线检查常显影。

一、胆囊结石患者的护理

胆囊结石为发生在胆囊内的结石，是常见病、多发病，主要为胆固醇结石和以胆固醇为主的混合性结石，常与胆囊炎并存，主要见于成年人，以女性多见，男女发病率之比约为 1∶3。

【病因及病理生理】

1. 病因　胆囊结石的形成主要与脂类代谢异常、胆囊的细菌感染和收缩及排空功能减退有关，这些因素引起胆汁的成分和理化性质发生变化，使胆固醇呈过饱和状态，沉淀析出、结晶而形成结石。其他如成核因子、雌激素及其水平也可能与胆囊结石的形成有关。

2. 病理生理　饱餐、进食油腻食物后胆囊收缩，或睡眠时体位改变致使结石移位嵌顿于胆囊颈部，导致胆汁排出受阻，胆囊强烈收缩而发生胆绞痛。结石长时间持续嵌顿和压迫胆囊颈部，或排入并嵌顿于胆总管，临床可出现胆囊炎、胆管炎或梗阻性黄疸。小的结石可经胆囊管排入胆总管，通过胆总管下端时可损伤奥迪括约肌或嵌顿于壶腹部引起胆源性胰腺炎。此外，结石及炎症反复刺激胆囊黏膜可诱发胆囊癌。急性胆囊炎反复发作可形成慢性胆囊炎，70%～95% 的慢性胆囊炎患者合并胆囊结石。

【护理评估】

1. 健康史　了解患者的年龄、性别、劳动强度、妊娠史等；既往有无反酸、嗳气、餐后饱胀等消化道症状；有无呕吐蛔虫或粪便排出蛔虫史；有无高脂、高胆固醇饮食及胆囊炎、黄疸及糖尿病等病史；有无药物过敏史及其他腹部手术史等。

2. 身体状况　约 30% 的胆囊结石患者无临床症状，而仅于体格检查或手术时发现，称为静止性结石。当结石嵌顿时，则可以出现明显的症状和体征。

（1）腹痛：当体位改变致使结石移位并嵌顿于胆囊颈部时，胆汁排空受阻，胆囊强烈收缩，患者腹痛，表现为突发的右上腹阵发性剧烈绞痛，可向右肩部、肩胛部或背部放射。

（2）墨菲征阳性：检查者将左手平放于患者右肋部，拇指置于右腹直肌外缘与肋弓交界处，嘱患者缓慢深吸气，使肝下移，若患者因拇指触及肿大的胆囊引起疼痛而突然屏气，为墨菲征阳性。

 考点提示

墨菲征阳性的手法定位和临床意义。

(3) 消化道症状：常伴恶心、呕吐、厌食、腹胀等不适，常被误诊为"胃病"。

3. 心理-社会状况　了解患者及其家属对疾病的认知；患者的社会支持系统情况、家庭经济状况等。

4. 辅助检查　B型超声检查可显示胆囊增大、壁厚及其内大部分结石；CT及MRI检查也能显示结石，但其价格昂贵，临床不作为常规检查。

5. 治疗原则

（1）手术治疗：对于有症状和（或）并发症的胆囊结石，首选腹腔镜胆囊切除术（LC），病情复杂或没有腹腔镜条件，可行开腹胆囊切除术。无症状静止性胆囊结石一般不需预防性手术治疗，但下列情况应考虑手术治疗：①结石数量多或结石直径2～3 cm或以上；②胆囊壁钙化或瓷性胆囊；③伴有胆囊息肉直径＞1 cm或胆囊壁增厚＞3 mm。

（2）非手术治疗：病情较轻的急性胆囊炎、胆石症患者，可予以禁食、胃肠减压、补液、控制感染和解痉止痛等。伴严重心血管疾病不能耐受手术者，可在上述治疗的基础上加强全身支持治疗，待病情缓解后考虑溶石疗法，但效果不肯定。

知识链接

腹腔镜胆囊切除术

1985年，德国医师Muhe实施了首例腹腔镜胆囊切除术（laparoscopic cholecystectomy，LC）。LC是在电视腹腔镜的窥视下，通过腹壁的3～4个小戳孔，将腹腔镜手术器械插入腹腔行胆囊切除。相对于开腹胆囊切除术，LC的优点十分令人满意，也符合现代外科学微创术的治疗理念。现在，腹腔镜手术作为一种成熟的治疗方法，已使整个外科界跨入一个革命性的发展阶段，展示出微创外科非同寻常的优势和令人关注的应用前景。

【常见护理诊断/问题】

1. 疼痛　与胆囊结石突然嵌顿、胆汁排空障碍致使胆囊强烈收缩有关。
2. 知识缺乏　患者缺乏胆石症和腹腔镜手术的相关知识。
3. 潜在并发症：出血、胆瘘、感染等。

【护理目标】

1. 患者疼痛有效缓解。
2. 患者获取自我保健知识和自我保健能力提高，能够对异常情况早发现、早治疗。
3. 有效预防并发症，如出血、胆瘘、感染，或并发症发生后被及时发现和处理。

【护理措施】

1. 术前护理

（1）疼痛护理：对诊断明确且剧烈疼痛者，遵医嘱给予消炎利胆、解痉镇痛药物，以缓解疼痛。

（2）合理饮食：进食低脂肪饮食，以防诱发急性胆囊炎而影响手术治疗。

（3）LC术前的特殊准备：①皮肤准备：腹腔镜手术入路多在脐部附近，嘱患者用肥皂水清洗脐部，脐部污垢可用松节油或液状石蜡清洁；②呼吸道准备：LC术中需将CO_2注入腹腔形成气腹，达到术野清晰并保证腹腔镜手术操作所需空间的目的。CO_2弥散入血可导致高碳酸血症及呼吸抑制，故术前患者应进行呼吸功能锻炼，避免感冒，戒烟，以减少呼吸道分泌物，利于术后早日康复。

2. 术后护理

（1）卧位与活动：根据麻醉方式安置适当的体位。待麻醉作用消失、生命体征平稳，患者取半卧位，以利于引流。鼓励患者早期下床活动，以促进肠蠕动的恢复。

（2）LC 术后护理

1）饮食：麻醉清醒后，试饮水，无呛咳、恶心、呕吐即可进食。

2）高碳酸血症的护理：高磷酸血症表现为呼吸浅慢、$PaCO_2$ 升高。为避免其发生，LC 术后常规给予低流量吸氧，鼓励患者深呼吸，有效咳嗽，促进机体内 CO_2 排出。

3）肩背部酸痛的护理：腹腔中 CO_2 可聚集在膈下产生碳酸，刺激膈肌及胆囊床创面，引起术后不同程度的腰背部、肩部不适或疼痛等。一般无须特殊处理，可自行缓解。

（3）并发症的观察与护理：观察生命体征、腹部体征及引流液情况。

1）腹部并发症：应观察引流液的性质及量，如有胆汁流出且量多、色浓，考虑有胆漏；如有大量鲜红色血液流出并有内出血症状，则考虑有腹腔内出血。

2）其他并发症：包括下肢静脉炎、皮下气肿、穿刺切口愈合不良及切口疝等。

3. 健康教育

（1）合理饮食：少量多餐，进食低脂肪、富含维生素及膳食纤维的饮食；少吃含脂肪多的食物，如花生、核桃、芝麻。

（2）疾病指导：告知患者胆囊切除后出现消化不良、脂肪泻等的原因，解除其焦虑情绪；出院后如果出现黄疸、陶土样粪便等情况，应及时就诊。

（3）定期复查：中年以上未行手术治疗的胆囊结石患者应定期复查或尽早手术治疗，以防结石及炎症的长期刺激诱发胆囊癌。

二、胆管结石患者的护理

【病因、分类及病理生理】

1. 病因　胆管结石为发生在肝内、肝外胆管的结石，多由胆汁淤滞、细菌感染和脂类代谢异常而引起。虫卵和蛔虫的尸体也可成为结石的核心；胆囊内结石或肝内胆管结石在某些因素作用下进入肝外胆管引起肝外胆管结石。

2. 分类

（1）根据结石所在的部位分类：胆管结石可分为肝外胆管结石和肝内胆管结石

（2）根据胆管结石发病的原因分类：胆管结石分为原发性胆管结石和继发性胆管结石。在胆管形成的结石，称为原发性胆管结石，以胆色素结石或混合性结石多见。结石来自胆囊结石者，称为继发性胆管结石，以胆固醇结石多见。

3. 病理生理

（1）肝内胆总管结石：可局限于一叶或一段肝内，也可分布于所有肝内胆管，临床以左叶多见。其基本病理生理改变为结石导致的肝内胆总管狭窄或扩张、胆管炎及肝纤维组织增生、肝硬化、萎缩，甚至癌变。

（2）肝外胆管结石：病理生理改变与结石的部位、大小及病史的长短有关。

1）胆道梗阻：胆管结石可引起胆道不同程度的梗阻，梗阻可使近端胆管呈现不同程度的扩张、管壁增厚、胆汁滞留在胆管内；胆管壁充血、水肿进一步加重梗阻，而出现梗阻性黄疸。

2）继发性感染：胆管的完全性梗阻可继发化脓性感染，引起急性梗阻性化脓性胆管炎；脓液在胆管内积聚，使胆管内压力继续升高，细菌和毒素可随胆汁逆流入血，引起脓毒血症；当感染致使胆管壁坏死、溃破，甚至形成胆管与肝动脉或门静脉瘘时，可并发胆道大出血。

3）肝细胞损害：胆管的梗阻和化脓性感染可造成肝细胞损害，甚至肝细胞坏死或形成胆源性肝脓肿。长期梗阻和（或）反复发作可引起胆汁性肝硬化和门脉高压症。

4）胆源性胰腺炎：当结石嵌顿于胆总管壶腹部时，可造成胰液排出受阻，甚至发生逆流而引起胆源性急、慢性胰腺炎。

【护理评估】

1. 健康史　了解患者的年龄、性别、劳动强度、妊娠史等；既往有无反酸、嗳气、餐后饱胀等消化道症状；有无呕吐蛔虫或粪便排出蛔虫史；有无胆囊结石、胆囊炎和黄疸病史；有无药物过敏史及其他腹部手术史。

2. 身体状况　取决于胆道有无梗阻、感染。当结石梗阻胆道并继发感染时，可表现为典型的查科三联症（Charcot triad）：腹痛、寒战与高热、黄疸。

（1）腹痛：发生在剑突下或右上腹部，呈阵发性绞痛，或持续性疼痛阵发性加剧。疼痛可向右肩背部放射，伴有恶心、呕吐。其原因是结石嵌顿于胆总管下端或壶腹部，刺激胆管平滑肌，引起奥迪括约肌痉挛收缩。

（2）寒战与高热：多发生于剧烈腹痛后，体温可高达39～40℃，呈弛张热。胆管梗阻并继发感染后，脓性胆汁和细菌逆流，引起全身性中毒症状。

（3）黄疸：因结石阻塞胆管后，胆红素逆流入血所致。黄疸的轻重取决于梗阻的程度、有无继发感染及结石是否松动。若为不完全梗阻，黄疸程度轻，且呈波动性；若为完全性梗阻，则黄疸进行性加深；患者可有尿色变黄和皮肤瘙痒等症状。

（4）消化道症状：多数患者有恶心、腹胀、嗳气、厌食油腻食物等。

（5）腹部体征：剑突下、右上腹部可有深压痛。合并感染者，可有不同程度的腹膜刺激征及肝区叩击痛。

（6）并发症：肝内胆管结石合并感染时，可有胆源性肝脓肿、胆管支气管瘘、胆汁性肝硬化、门静脉高压症及肝胆管癌等并发症。

考点提示

查科三联症（Charcot triad）的定义。

3. 心理-社会状况　了解患者及其家属对疾病的认知；患者的社会支持系统情况、家庭经济状况等。

4. 辅助检查

（1）实验室检查：当结石梗阻胆管时，血清胆红素、转氨酶和碱性磷酸酶升高；尿液检查示尿胆红素升高，尿胆原降低甚至消失，粪便检查示粪中尿胆原减少。继发胆管炎者，血常规检查可见白细胞计数及中性粒细胞比例明显升高。

（2）影像学检查：B型超声检查可显示胆管内结石影，近端胆管扩张。经皮穿刺肝胆道成像（PTC）、经内镜逆行胆胰管成像（ERCP）等检查可显示梗阻的部位、程度，结石大小和数量等。

5. 治疗原则

（1）手术治疗：以手术治疗为主，原则为取出结石，解除梗阻或狭窄，去除感染灶。常用的手术方法如下。

1）胆总管切开取石+T形管引流术：适用于单纯胆管结石，胆管上、下端通畅，无狭窄或其他病变者。有胆囊结石者同时切除胆囊，可采用开腹或经腹腔镜手术。

2）胆肠吻合术：适用于胆总管扩张≥2.0 cm，胆管下端梗阻且难以应用手术方法解除，上段胆道通畅者；胆管内泥沙样结石，不易手术取尽者。常用的术式有胆总管-空肠Roux-en-Y吻合术等。

3）经内镜奥迪括约肌切开取石术：适用于胆石嵌顿于壶腹部或胆总管下端良性狭窄及奥迪括约肌功能障碍者。

4）奥迪括约肌成形术：适应证同胆肠吻合术，尤其适用于胆总管扩张程度较轻不宜行胆肠内引流术者。

5）高位胆管切开取石术：适用于肝内胆管结石，对病变较重的肝段也可行肝段切除后取石。

（2）非手术治疗

1）经胆道镜取出残余结石：术后发现胆道残留结石时，可经T形管窦道插入纤维胆道镜，直视下取石。

2）中西医结合治疗：可配合针灸及服用消炎利胆类中药，控制炎症，排出结石。

【常见护理诊断/问题】

1. 疼痛　与结石嵌顿胆道导致胆道梗阻、感染及奥迪括约肌痉挛有关。
2. 体温过高　与胆管结石导致急性胆管炎有关。
3. 营养失调：低于机体需要量　与疾病消耗、摄入不足及手术创伤有关。
4. 有皮肤完整性受损的危险　与胆汁酸盐淤积于皮下，刺激感觉神经末梢导致皮肤瘙痒有关。
5. 潜在并发症：出血、胆瘘、感染等。

【护理目标】

1. 患者疼痛有效缓解。
2. 患者体温维持正常。
3. 患者的营养得到有效补充。
4. 患者瘙痒明显减轻和消失。
5. 患者未出现并发症，或并发症发生后被及时发现和处理。

【护理措施】

1. 术前护理

（1）病情观察：若出现寒战、高热、腹痛、黄疸等情况，考虑发生了急性胆管炎，应及时报告医师，积极处理。

（2）缓解疼痛：观察疼痛的部位、性质、发作的时间、诱因及缓解的相关因素，对诊断明确且剧烈疼痛者，可给予消炎利胆、解痉镇痛药。禁用吗啡，以免引起奥迪括约肌痉挛，加重疼痛。

（3）降低体温：根据患者的体温情况，采取物理降温和（或）药物降温；遵医嘱应用足量有效的抗生素，以控制感染，恢复正常温度。

（4）营养支持：给予低脂肪、高蛋白、高糖类、富含维生素的普通饮食或半流质饮食。禁食、不能经口进食或进食不足者，通过肠外营养途径给予补充。

（5）纠正凝血功能障碍：肝功能受损者肌内注射维生素 K_1 10 mg，每日2次，纠正凝血功能，预防术后出血。

（6）保护皮肤完整性：指导患者修剪指甲，不可用手抓挠皮肤，防止破损。保持皮肤清洁，用温水擦浴，穿棉质衣裤。瘙痒剧烈者，遵医嘱使用外用药物和（或）其他药物治疗。

2. 术后护理

（1）病情观察：观察生命体征、腹部体征及引流情况，评估有无出血及胆汁渗漏。对术前有黄疸的，应观察和记录粪便颜色并监测血清胆红素变化。

（2）营养支持：术后禁食、胃肠减压期间通过肠外营养途径补充足够的热量、氨基酸、维生素、水、电解质等,维持患者良好的营养状态。胃管拔除后根据患者胃肠功能恢复情况,由无脂流质饮食逐渐过渡至低脂肪饮食。

(3) T形管引流的护理

1) 妥善固定:将T形管妥善固定于腹壁,不可固定于床单,以防翻身、活动时牵拉造成管道脱出。

2) 加强观察:观察并记录T形管引流出胆汁的颜色、量和性状。正常成年人每日分泌胆汁 800~1200 ml,呈黄绿色、清亮、无沉渣、有一定黏性。术后24小时内引流量 300~500 ml,恢复饮食后可增至每日 600~700 ml,以后逐渐减少至每日 200 ml 左右。如胆汁过多,提示胆道下端有梗阻的可能;如胆汁混浊,应考虑结石残留或胆管炎症未被控制。

3) 保持引流通畅:防止引流管扭曲、折叠、受压。引流液中如有血凝块、絮状物、泥沙样结石,要经常挤捏,防止管道阻塞。必要时用生理盐水低压冲洗或用 50 ml 注射器负压抽吸,用力要适当,以防引起胆管出血。

4) 预防感染:长期带管者,应定期更换引流袋,更换时严格遵守无菌操作原则。引流管周围皮肤以无菌纱布覆盖,保持局部干燥,防止胆汁浸润皮肤引起炎症反应。平卧时,引流管的远端不可高于腋中线;坐位、站立或行走时,引流管的远端不可高于腹部手术切口,以防胆汁逆流引起感染。

5) 拔管:若T形管引流出的胆汁色泽正常,且引流量逐渐减少,可在术后 10~14 日试行夹管 1~2 日;夹管期间注意观察病情,若无发热、腹痛、黄疸等症状,可经T形管作胆道造影,造影后持续引流 24 小时以上,如胆道通畅,无结石或其他病变,再次夹闭T形管 24~48 小时,如患者无不适,可以拔管。拔管后,残留窦道用凡士林纱布填塞,1~2日内可自行闭合。若胆道造影发现有结石残留,则需保留T形管 6 周以上,再作取石或其他处理。

> **考点提示**
>
> T形管引流患者的护理。

(4) 并发症的预防和护理

1) 出血:术后早期出血的原因多为术中结扎血管线脱落、肝断面渗血及凝血功能障碍,应加强预防和观察。①改善和纠正凝血功能:术前遵医嘱予以维生素 K_1 10 mg,肌内注射,每日 2 次,以纠正凝血功能障碍。②卧床休息:肝部分切除后的患者,术后应卧床休息 3~5 天,以防过早活动导致肝断面出血。③加强观察:术后早期若患者腹腔引流管内引流出血性液增多,每小时超过 100 ml,持续 3 小时以上,或患者出现腹胀、腹围增大,伴面色苍白、脉搏细数、血压下降等,提示患者可能有腹腔内出血,应立即报告医师,并配合医师进行相应的急救和处理。

2) 胆瘘:因胆管损伤、胆总管下端梗阻、T形管脱出所致。患者若出现发热、腹胀和腹痛等腹膜炎表现,或腹腔引流液呈黄绿色胆汁样,常提示发生胆瘘。护理措施如下。①引流胆汁:将漏出的胆汁充分引流至体外是治疗胆瘘最重要的原则;②维持水、电解质代谢平衡:长期大量胆瘘者应补液并维持水、电解质代谢平衡;③防止胆汁刺激和损伤皮肤:及时更换引流管周围被胆汁浸湿的敷料,给予氧化锌软膏涂敷局部皮肤。

3. 健康教育

(1) 饮食指导:注意饮食卫生,定期驱除肠道蛔虫。

(2) 定期复查:非手术治疗患者定期复查,当出现腹痛、黄疸、发热、厌油等症状时,及时就诊。

（3）带T形管出院患者的健康指导：穿宽松、柔软的衣服，以防管道受压；淋浴时，可用塑料薄膜覆盖引流管处，以防感染；避免提举重物或过度活动，以免牵拉T形管导致管道脱出。若出现引流异常或管道脱出，及时就诊。

【护理评价】

1. 患者疼痛是否缓解和减轻。
2. 患者生命体征是否维持正常。
3. 患者的营养状况是否得到改善和维持。
4. 患者皮肤瘙痒是否减轻和消失。
5. 是否出现并发症，或并发症发生后是否被及时发现和处理。

第二节 胆道感染患者的护理

一、胆囊炎患者的护理

胆囊炎是指发生在胆囊的细菌性和（或）化学性炎症。根据发病的缓急和病程的长短，分为急性胆囊炎和慢性胆囊炎。约95%的急性胆囊炎患者合并胆囊结石，称为急性结石性胆囊炎；未合并胆囊结石者，称为急性非结石性胆囊炎。

【病因及病理生理】

1. 病因 急性胆囊炎的致病因素如下。①胆囊管梗阻：胆囊结石最常见；②细菌感染：致病菌主要是革兰氏阴性杆菌，以大肠埃希菌最常见；③创伤、化学性刺激：如较大的手术、创伤，胰液反流入胆囊。急性胆囊炎反复发作或治疗不彻底，引起慢性胆囊炎。

2. 病理生理

（1）急性胆囊炎

1）急性单纯性胆囊炎：当结石导致胆囊管梗阻时，胆汁淤积，胆囊内压力升高，胆囊肿大，黏膜充血、水肿，渗出增多。

2）急性化脓性胆囊炎：若梗阻未解除或炎症未控制，病情继续发展，胆囊壁充血、水肿加重，部分黏膜坏死脱落，甚至浆膜也有纤维素和脓性渗出物。

3）急性坏疽性胆囊炎和胆囊穿孔：若胆囊内压力继续升高，血管受压导致血液循环障碍，则引起胆囊壁的缺血、坏死或溃疡，容易造成穿孔，引起胆汁性腹膜炎。

（2）慢性胆囊炎：由于炎症和结石的反复刺激，胆囊壁炎症细胞浸润和纤维组织增生，胆囊壁增厚，甚至出现胆囊萎缩，失去收缩和浓缩胆汁的功能。

【护理评估】

1. 健康史 了解患者的年龄、性别、既往史、腹部手术史、饮食习惯、营养状况等。有无反酸、嗳气、饭后饱胀、厌油腻食物、进食后腹痛发作或不适感，有无类似症状发作史。

2. 身体状况

（1）急性胆囊炎

1）腹痛：表现为胆绞痛，常在饱餐、进食油腻食物后或夜间发作。典型表现为突发性右上腹部剧烈绞痛，阵发性加剧，疼痛常向右肩背部放射。

 考点提示

急性胆囊炎腹痛特点。

2）消化道症状：腹痛时常伴有恶心、呕吐、食欲减退、腹胀等。

3）发热：若出现寒战、高热，表示病情加重或已发生胆囊积脓、坏疽、穿孔等。

4）墨菲征阳性：是急性胆囊炎典型的体征。

5）右上腹部可有不同程度的压痛、反跳痛和肌紧张，黄疸少见。

（2）慢性胆囊炎：症状常不典型，多数患者有典型的胆绞痛病史。表现为上腹部饱胀不适、厌油和嗳气等消化不良症状，以及右上腹部和肩背部隐痛。体格检查：右上腹可有轻压痛，有时可触及肿大的胆囊。

3. 心理-社会状况　　了解患者及其家属对疾病的认知；患者的社会支持系统情况、家庭经济状况等。

4. 辅助检查

（1）实验室检查：血常规检查可见白细胞计数及中性粒细胞比例升高，部分患者可有血清胆红素、转氨酶、碱性磷酸酶及淀粉酶升高。

（2）B型超声检查：可显示胆囊增大，壁增厚，大部分患者可见胆囊内有结石影像。慢性胆囊炎显示胆囊壁增厚，胆囊腔缩小或萎缩，排空功能减退后消失。

5. 治疗原则

（1）急性胆囊炎：主要治疗措施为手术治疗。

1）非手术治疗：包括禁食、胃肠减压、补液、解痉、止痛、应用抗生素控制感染。

2）手术治疗：①胆囊切除术：胆囊炎症较轻者可采用腹腔镜胆囊切除术；急性化脓性、坏疽穿孔性胆囊炎可采用开腹胆囊切除术。②胆囊造口术：患者情况极差，不能耐受胆囊切除术者，可先行胆囊造口术减压引流。③超声或CT引导下经皮经肝胆囊穿刺引流术：适用于病情危重不宜手术的化脓性胆囊炎患者。

（2）慢性胆囊炎：临床症状明显，并伴有胆囊结石者应行胆囊切除术。

【常见护理诊断/问题】

1. 疼痛　　与结石嵌顿胆道导致胆道梗阻、感染及奥迪括约肌痉挛有关。
2. 体液不足　　与呕吐、禁食、感染及胃肠减压等有关。
3. 体温过高　　与胆道梗阻并继发化脓性感染有关。
4. 营养失调：低于机体需要量　　与发热及肝功能受损等有关。
5. 潜在并发症：胆道出血、胆瘘、全身性感染及多器官功能衰竭等。

【护理目标】

1. 患者疼痛有效缓解。
2. 患者的体液和营养得到有效补充。
3. 患者的体温维持正常。
4. 患者未出现并发症，或并发症发生后被及时发现和处理。

二、急性梗阻性化脓性胆管炎患者的护理

急性梗阻性化脓性胆管炎（AOSC）是在胆道梗阻的基础上，并发胆道系统的急性化脓性细菌感染，也称急性重症胆管炎（ACST），与急性胆管炎是同一疾病的不同发展阶段。

【病因及病理生理】

1. 病因

（1）胆道梗阻：常见的原因是胆道结石，其次是胆道蛔虫、胆管狭窄、胆管及壶腹部肿瘤等。当胆道发生梗阻时，胆盐不能进入肠道，易造成细菌移位。

（2）细菌感染：胆道内细菌大多来自胃肠道，以大肠埃希菌、变形杆菌、克雷伯菌等革兰

氏阴性杆菌多见。可以是单一菌种感染，也可以是两种以上的菌种感染。

2. 病理生理　　基本病理改变是胆管完全梗阻和化脓性感染。胆管梗阻及随之而来的胆道感染造成梗阻部位以上胆管扩张、胆管壁黏膜肿胀；胆管内压力升高，胆管壁充血、水肿、炎症细胞浸润及溃疡形成，管腔内逐渐充满脓性胆汁或脓液，胆管内压力继续升高。当胆管内压力升至 1.96 kPa（20 cmH$_2$O）时，胆管内细菌和毒素可渗出至腹腔淋巴管；当胆管内压力超过 3.92 kPa（40 cmH$_2$O）时，肝细胞停止分泌胆汁，胆管内脓性胆汁及细菌逆流，引起肝内胆管及肝细胞化脓性感染；若感染进一步加重，可使肝细胞发生大片坏死；胆小管溃破后与门静脉形成瘘，引起胆道出血；大量细菌和毒素还可经肝静脉进入人体血液循环，引起全身脓毒血症或感染性休克，严重者可导致 MODS。

【护理评估】

1. 健康史　　了解患者的年龄、性别、劳动强度、妊娠史等；既往有无反酸、嗳气、餐后饱胀等消化道症状；有无结石及胆道感染病史、胆道及腹部手术史；有无药物过敏史。

2. 身体状况　　多数患者有胆道疾病及胆道手术史。发病急骤，病情进展迅速，除具有急性胆管炎的查科三联症（腹痛、寒战与高热、黄疸）外，还有休克及中枢神经系统受抑制的表现，即雷诺（Reynolds）五联症。

（1）症状

1）腹痛：表现为突发剑突下或右上腹部持续性疼痛，阵发性加剧，并向右肩背部放射。

2）寒战、高热：体温持续升高，达 39～40℃或更高，呈弛张热型。

3）黄疸：多数患者可出现不同程度的黄疸。

4）神经系统症状：神志淡漠、烦躁、谵妄或嗜睡、神志不清，甚至昏迷。

5）休克：口唇发绀、呼吸急促、出冷汗、脉搏细速、血压下降，可出现全身出血点或皮下瘀斑等休克表现。

6）胃肠道症状：多数患者伴有恶心、呕吐、腹胀等。

> **考点提示**
>
> 什么是 Reynolds 五联症。

（2）体征：剑突下或右上腹部有不同范围和不同程度的压痛或腹膜刺激征；可有肝大及肝区叩击痛，有时可扪及肿大的胆囊。

3. 心理-社会状况　　了解患者对胆道手术过程，手术后可能会出现疼痛、胆瘘等并发症，及其对预后所产生的恐惧、焦虑程度和心理承受能力。患者家属对本病及其治疗方法、预后认知的程度及心理承受能力。患者家庭对患者手术治疗的经济承受能力。

4. 辅助检查

（1）实验室检查：血常规检查示白细胞计数、中性粒细胞比例明显升高，细胞质内可出现中毒颗粒。凝血酶原时间延长。尿常规检查可发现蛋白及颗粒管型。

（2）影像学检查：B 型超声、CT、ERCP 和 PTC 等检查，可显示梗阻的部位、程度，结石的大小和数量等。

5. 治疗原则

（1）非手术治疗：既是治疗手段，又是手术前准备。在非手术治疗期间，若症状不能缓解或病情进一步加重，应紧急手术治疗。主要措施如下。

1）抗休克治疗：补液扩容，恢复有效循环血量。及时应用肾上腺皮质激素，必要时使用血管活性药物，纠正水、电解质代谢紊乱及酸碱平衡失调。

2）置管减压引流：采用非手术方法进行胆管减压引流，如 PTCD 经内镜鼻胆管引流术。

3）抗感染治疗：联合应用足量、有效抗生素控制感染。

4）其他：包括吸氧、降温、支持治疗等，以保护重要脏器功能。

（2）手术治疗：主要目的是紧急手术解除胆道梗阻并引流，尽早而有效地降低胆管内压力，积极控制感染和抢救患者生命。手术力求简单而有效。多采用胆总管切开减压 T 形管引流术。

考点提示

急性梗阻性化脓性胆管炎的治疗原则。

【常见护理诊断/问题】

1. 疼痛　与结石嵌顿胆道导致胆道梗阻、感染及奥迪括约肌痉挛有关。
2. 体液不足　与呕吐、禁食、感染及胃肠减压等有关。
3. 体温过高　与胆道梗阻继发化脓性感染有关。
4. 营养失调：低于机体需要量　与发热及肝功能受损等有关。
5. 有皮肤完整性受损的危险　与胆汁酸盐淤积于皮下，刺激感觉神经末梢导致皮肤瘙痒有关。
6. 潜在并发症：胆道出血、胆瘘、全身性感染及多器官功能衰竭等。

【护理目标】

1. 患者疼痛有效缓解。
2. 患者的体液和营养得到有效补充。
3. 患者体温维持正常。
4. 患者瘙痒明显减轻和消失。
5. 患者未出现并发症，或并发症发生后被及时发现和处理。

【护理措施】

1. 术前护理

（1）病情观察：观察患者的神志、生命体征、腹部体征及皮肤和黏膜情况，监测血常规、电解质、血气分析等结果的变化。若患者出现神志淡漠、黄疸加深、少尿或无尿、肝功能异常、PaO_2 降低、代谢性酸中毒及凝血酶原时间延长等，提示发生 MODS，应及时报告医师，协助处理。

（2）维持体液平衡：①观察指标：严密监测生命体征，特别是体温和血压的变化；准确记录 24 小时液体出入量，必要时监测 CVP 及每小时尿量，为补液提供可靠依据；②补液扩容：迅速建立静脉通道，尽快恢复有效循环血量；必要时使用肾上腺皮质激素和血管活性药物，改善组织和器官的血流灌注及氧供；③纠正水、电解质代谢紊乱及酸碱平衡失调：监测电解质、酸碱平衡情况，确定补液的种类和量，合理安排补液的顺序和速度。

（3）维持正常体温：①降温：根据体温升高的程度，采用温水擦浴、冰敷等物理降温方法，必要时使用药物降温；②控制感染：联合应用足量、有效的抗生素，有效控制感染，使体温恢复正常。

（4）维持有效气体交换

1）呼吸功能监测：密切观察呼吸频率、节律和幅度；动态监测 PaO_2 和血氧饱和度，了解患者的呼吸功能状况。若患者出现呼吸急促、PaO_2 下降、血氧饱和度降低，提示呼吸功能受损。

2)改善缺氧状况:非休克患者采取半卧位,使腹肌放松,膈肌下降,有利于改善呼吸状况;休克患者取仰卧中凹位。根据患者的呼吸型态及血气分析结果选择给氧方式和确定氧气流量或浓度,可经鼻导管、面罩、呼吸机辅助等方法给氧,改善缺氧症状。

(5)营养支持:禁食和胃肠减压期间,通过肠外营养途径补充能量、氨基酸、维生素、水及电解质,维持和改善营养状况。凝血功能障碍者,遵医嘱给予维生素 K_1 肌内注射。

(6)完善术前检查及准备:积极完善术前相关检查,如心电图、B型超声、血常规、凝血时间、肝功能、肾功能。准备术中用药,更换清洁衣服,按上腹部手术要求进行皮肤准备。

2. 术后护理及健康教育 参见本章胆管结石患者的术后护理。

第三节 胆道蛔虫病患者的护理

胆道蛔虫病是常见的外科急腹症,指肠道蛔虫上行钻入胆道,引起一系列临床症状。胆道蛔虫病多见于青少年和儿童。农村发病率明显高于城市。随生活环境、卫生条件改善和防治工作的开展,本病的发生率已明显下降。

【病因及病理生理】

1. 病因 蛔虫成虫寄生在小肠的中、下段。当遇到宿主饥饿、腹泻、发热或驱虫药使用不当等情况,蛔虫的生活环境有所改变,可能促使其向上消化道移动。进入十二指肠的蛔虫常经胆管开口钻入胆道,引起此病。

2. 病理生理 在蛔虫通过奥迪括约肌的过程中,引起奥迪括约肌痉挛,产生剧烈的疼痛。蛔虫退出胆道或完全进入胆道后,对奥迪括约肌的刺激消失,痉挛引起的疼痛得以缓解。蛔虫在胆道内的活动也可引起阵发性疼痛。随虫体进入胆道的细菌常引起感染,继发急性胆管炎、肝脓肿、感染性休克等并发症。死亡虫体尸骸日后可成为结石的核心。

【护理评估】

1. 健康史 胆道蛔虫病多发生在青少年和儿童,农村发病率高,与卫生条件差有关。发病前常有便虫史或驱虫不当史。

2. 身体状况

(1)症状:表现为突发性剑突下或上腹部钻顶样剧烈疼痛,可向右肩背部放射。患者坐卧不宁,大汗淋漓;常伴恶心、呕吐,呕吐物中有时可见蛔虫。疼痛可反复发作,持续时间不等,可突然自行缓解,间歇一段时间后又突然再次发作,间歇期内可无任何症状,如同正常人。由于蛔虫钻入引起的梗阻多为不完全性,因而黄疸较少见或较轻。

 考点提示

胆道蛔虫病发作时的临床特点。

(2)体征:当患者胆绞痛发作时,除剑突下或右上腹部有轻度的深压痛外,并无其他阳性体征,故症状重而体征轻是本病的特点。若继发感染或胆道梗阻,可出现急性胆囊炎、胆管炎、胰腺炎、肝脓肿的相应症状和体征。

3. 心理-社会状况 症状的反复、并发症的出现,常使患者烦恼和焦虑;便蛔虫史或吐蛔虫史,易使患者产生精神紧张、恐惧和不安。了解患者家属对本病及其治疗方法、预后认知的程度及心理承受能力。

4. 辅助检查

(1)实验室检查:血常规检查可见白细胞计数和嗜酸性粒细胞比例升高。

（2）影像学检查：B 型超声检查是诊断本病的首选方法，可见蛔虫体。ERCP 也可用于检查胆总管下段的蛔虫，也可在 ERCP 下取出虫体，作为治疗的手段。

5. 治疗原则　以非手术治疗为主，仅在非手术治疗无效或出现严重并发症时方考虑手术治疗。

（1）非手术治疗

1）解痉止痛：疼痛发作时，可遵医嘱注射阿托品、654-2 等，必要时可用哌替啶。

2）利胆驱虫：①缓解期驱虫可选用枸橼酸哌嗪（驱蛔灵）、驱虫净或左旋咪唑等，驱虫后需继续服用消炎利胆药 2 周，以排出虫体或虫卵，防止结石形成。②中西医结合治疗，如口服中药处方剂乌梅汤、针刺穴位。

3）控制感染：应用足量抗菌药预防和控制感染。

4）ERCP 检查：当发现虫体时，可尝试用取石钳取出虫体。

（2）手术治疗：主要适用于经非手术治疗无效或症状加重、进入胆道的蛔虫较多、胆囊蛔虫病或有严重并发症，如肝脓肿、急性重症胆管炎。手术方式通常采用胆总管切开、探查、取虫及 T 形管引流术。

【常见护理诊断/问题】

1. 疼痛　与蛔虫的机械性刺激有关。
2. 潜在并发症：胆管炎、胰腺炎、胆囊穿孔、胆囊结石等。

【护理目标】

1. 患者疼痛有效缓解。
2. 患者未出现并发症，或并发症发生后被及时发现和处理。

【护理措施】

1. 手术前、后护理　同胆石症患者的护理。
2. 健康教育

（1）指导患者养成良好的饮食及卫生习惯：不喝生水，蔬菜要洗净、煮熟，水果应削皮后食用，饭前便后要洗手。

（2）正确使用驱虫药：驱虫药应选择清晨或晚上临睡前服用，用药后观察粪便中有无蛔虫排出。

【护理评价】

1. 患者疼痛是否缓解。
2. 是否发生胆管炎、胰腺炎、胆囊穿孔、胆囊结石等并发症，或并发症发生后是否被及时发现和处理。

> **思政园地**
>
> **吴孟超：医者仁心，铸就医学丰碑**
>
> 吴孟超是我国著名肝胆外科专家，被誉为"中国肝胆外科之父"。他从医 70 多年，始终坚守在手术台一线，以拯救患者生命为己任。在艰苦的科研条件下，他带领团队不断突破，创建了我国肝脏外科的理论、技术和学术体系。
>
> 他一生秉持着对医学事业的无限热爱和对患者的深切关怀。面对复杂的肝脏手术难题，他从不退缩，凭借精湛的医术和过人的勇气，成功地救治无数患者。例如，他主刀完成了我国第一例肝脏肿瘤切除手术，为无数患者带来生的希望。

吴孟超的事迹体现了敬业奉献、勇于创新的精神。在思政教育中，这一案例可激励学生树立远大理想，培养他们对专业的热爱和专注精神。引导学生在未来的工作中，无论面对何种困难，都能像吴孟超一样，勇于探索、无私奉献，将个人价值与社会价值紧密结合，为国家和人民贡献自己的力量。

自 测 题

一、选择题

1. 对有严重梗阻性黄疸的患者，下列术前准备错误的是
    A. 纠正水、电解质代谢紊乱
    B. 应用抗生素控制感染
    C. 纠正酸碱平衡失调
    D. 有出血倾向的患者应口服维生素 K
    E. 应用葡萄糖、维生素 C 等保肝治疗

2. 患者，男性，42 岁，因胆囊结石行胆囊切除术，出院时指导患者饮食宜
    A. 低盐、低糖、低脂肪饮食
    B. 高蛋白、低脂肪饮食
    C. 低蛋白、低脂肪饮食
    D. 低糖、低盐、低脂肪饮食
    E. 高蛋白、富含维生素、低盐饮食

3. 患者，女性，58 岁，反复出现剑突下疼痛，伴寒战高热、黄疸近 10 年，应考虑的疾病是
    A. 胆囊结石
    B. 胆总管结石
    C. 肝内胆管结石
    D. 慢性胆囊炎
    E. 慢性胰腺炎

4. 患者，男性，51 岁，饮酒后突然出现右上腹部剧烈疼痛，伴呕吐，无畏寒、发热。体格检查：墨菲征阳性。应首先考虑的疾病是
    A. 急性胃肠炎
    B. 急性胰腺炎
    C. 急性胆囊炎
    D. 急性胆管炎
    E. 上消化道急性穿孔

5. 胆总管结石合并胆管炎的患者，在非手术治疗期间，应重点观察的内容是
    A. 黄疸、腹痛
    B. 呼吸、体温
    C. 面色、肢体温度
    D. 血压、意识
    E. 腹膜刺激征

6. 一般认为，胆囊内形成胆固醇结石的最主要因素是
    A. 胆道梗阻
    B. 胆道感染
    C. 饮食与代谢
    D. 胆道蛔虫
    E. 胆囊功能紊乱

7. 患儿，7 岁，突发剑突下阵发性"钻顶样"绞痛 4 小时，发作时患儿辗转哭闹，恶心、呕吐，呕吐物为胃内容物。发作间歇期患儿如正常人，无发热及其他不适。最可能的疾病是
    A. 急性胃肠炎
    B. 胆道蛔虫病
    C. 急性胆囊炎
    D. 肠套叠
    E. 蛔虫性肠梗阻

（8～10题共用题干）

患者，女性，28岁，午餐后突然发作右上腹部疼痛3小时。腹痛呈持续性，阵发性加重，并向右肩背部放射，伴恶心、呕吐，呕吐2次，呕吐物为胃内容物。体格检查：T 39℃，P 110次/分，BP 100/60 mmHg。右上腹部压痛，轻度肌紧张，胆囊区可触及核桃大小肿块并有明显触痛。B型超声检查见胆囊内有多个结石影像。

8. 该患者可能的疾病诊断是
   A. 急性胆囊炎　　　　B. 急性胆管炎　　　　C. 急性重症胆管炎
   D. 急性胰腺炎　　　　E. 急性胃炎
9. 缓解疼痛的护理措施主要是
   A. 禁饮食　　　　　　B. 针灸治疗　　　　　C. 注射哌替啶和阿托品
   D. 半卧位　　　　　　E. 穴位封闭
10. 目前最好采取的治疗方法是
    A. 胆囊切除术　　　　B. 胆囊造瘘术　　　　C. 胆总管切开探查术
    D. 胆肠吻合术　　　　E. 非手术治疗

（11～13题共用题干）

患者，男性，49岁，3天前进食油腻食物后突感右上腹部阵发性绞痛，以后转为持续性疼痛伴阵发性加重。巩膜轻度黄染。既往患"胆囊结石"多年。

11. 为了进一步确诊，应首选的辅助检查是
    A. B型超声　　　　　B. MRCP　　　　　　C. ERCP
    D. CT　　　　　　　 E. PTC
12. 在病情观察期间，患者腹痛加重，T 39℃，巩膜出现黄染。应考虑并发了
    A. 胆道蛔虫病　　　　B. 胆总管结石及胆管炎　C. 急性胰腺炎
    D. 胰腺癌　　　　　　E. 十二指肠溃疡穿孔
13. 在病情观察期间，如患者发生了急性重症胆管炎，其表现是
    A. 腹痛、恶心、呕吐、脉搏增快、血压下降
    B. 腹痛、发热、黄疸、脉搏增快、呼吸浅快
    C. 腹痛、发热、黄疸、意识障碍、血压下降
    D. 恶心、呕吐、黄疸、意识障碍、血压下降
    E. 腹痛、呕吐、黄疸、烦躁不安、脉压小

（14～15题共用题干）

患者，女性，30岁，行胆总管切开取石、T形管引流术。今日为术后第10天，T形管引流液每日200 ml左右。无腹胀、腹痛，手术切口已拆线。体格检查：皮肤及巩膜黄疸逐渐消退，T 36.6℃，P 83次/分，BP 110/70 mmHg。

14. 在拔除T形管之前，应试行夹管的时间为
    A. 8小时　　　　　　B. 12小时　　　　　　C. 24小时
    D. 1～2天　　　　　 E. 7天
15. 拔除T形管后，应重点观察的并发症是
    A. 盆腔脓肿　　　　　B. 腹腔脓肿　　　　　C. 肠瘘
    D. 胆瘘　　　　　　　E. 胰瘘

二、名词解释

1. 查科（Charcot triad）三联症
2. Reynolds 五联症
3. 墨菲征阳性
4. 急性重症胆管炎（ACST）
5. 胆绞痛

三、填空题

1. 胆结石按其化学成分可以分为_____、_____和_____。
2. Reynolds 五联症是指_____、_____、_____、_____和_____。
3. 查科三联症是指_____、_____和_____。

四、简答题

1. 简述 T 形管引流的护理要点。
2. 简述胆道蛔虫病非手术治疗的措施有哪些？
3. 胆道疾病患者应进何种饮食？为什么？
4. 胆道梗阻患者为什么出现皮肤瘙痒？应如何护理？

五、案例分析

患者，女性，43 岁，间断右上腹痛伴呕吐 3 个月，腹痛向右肩背部放射。体格检查：巩膜无黄染，心脏、肺（-），右上腹压痛，无反跳痛和肌紧张，墨菲征（+），叩诊呈鼓音，肠鸣音正常。

请回答：

（1）该患者最可能的疾病诊断是什么？
（2）最常用的手术治疗方法是什么？
（3）如果采用腹腔镜胆囊切除术，手术前、后应如何护理？

（张　萍）

第二十五章 胰腺疾病患者的护理

学习目标

1. 描述急性胰腺炎和胰腺癌的概念、病因及发病机制、病理生理、身体状况、辅助检查和治疗原则。
2. 阐述急性胰腺炎和胰腺癌患者的护理措施。
3. 能运用护理程序对急性胰腺炎和胰腺癌患者实施整体护理。
4. 具有敏锐的观察能力及解决问题的能力。
5. 耐心、细致地做好患者的解释工作,关心、体贴、鼓励患者,注重人文关怀。

案例 25-1

马先生,40岁,因上腹痛10小时,伴恶心、呕吐急诊入院。患者昨日聚餐后突发上腹痛并逐渐加重,呈持续性,并放射到腰背部,伴恶心、呕吐,呕吐物为胃内容物。既往无肝炎史,发现胆囊结石5年,吸烟近20年,饮酒10余年。体格检查:T 38.6℃,P 124次/分,R 28次/分,BP 90/60 mmHg,腹部膨隆,全腹压痛、反跳痛及肌紧张,以中上腹为甚,肠鸣音减弱。辅助检查:红细胞计数 5.3×10^{12}/L,血红蛋白120 g/L,白细胞计数 15.9×10^9/L,血清淀粉酶1630 U/dl,血糖12.5 mmol/L。腹部CT:胰腺肿胀,实质密度不均匀且稍减低,腹腔及腹膜后广泛渗出。

问题与思考:

1. 该患者可能的疾病诊断是什么?
2. 该患者目前主要的护理诊断/问题有哪些?
3. 针对该患者的护理诊断/问题,应采取哪些护理措施?

第一节 急性胰腺炎患者的护理

急性胰腺炎是常见的急腹症。一般认为该病是由胰腺分泌的胰酶在胰腺内被激活,对胰腺组织自身"消化"而引起的急性化学性炎症。按病理分类可分为单纯性(水肿性)胰腺炎和出血坏死性(重症)胰腺炎。前者多见,临床上占急性胰腺炎的90%,病情轻,预后好;后者病情发展快,并发症多,死亡率高。

【病因及病理生理】

1. 病因　急性胰腺炎的病因比较复杂,目前认为与下列因素密切相关。

(1) 胆道疾病:是我国胰腺炎最常见的病因,占急性胰腺炎发病原因的50%以上。由于主胰管与胆总管下端共同开口于十二指肠乳头,当胆总管下端发生结石嵌顿、胆道蛔虫、奥迪括约肌水肿和痉挛、壶腹部狭窄时,可使胆汁逆流入胰管,引起胰腺组织不同程度的损害。由胆道疾病所引起的急性胰腺炎称为胆源性胰腺炎。

(2)过量饮酒：乙醇除能直接损害胰腺细胞外，还可以间接刺激胰腺分泌，引起十二指肠乳头水肿和奥迪括约肌痉挛，阻碍胰液、胆汁引流；暴饮暴食常促使胰液过度分泌，若同时伴有胰管部分梗阻，则更容易导致胰腺炎的发生。

(3)暴饮暴食：可刺激胰液大量分泌。胰管有梗阻时可导致胰腺炎的发生。或因胃肠道功能紊乱，剧烈呕吐导致十二指肠内压骤增，十二指肠液向胰管内反流，其中的肠激酶等物质可激活胰液中的各种酶，从而导致急性胰腺炎。

(4)创伤：上腹部损伤或手术可直接或间接损伤胰腺组织，特别是经 Vater 壶腹的操作，如内镜逆行胰胆管造影、内镜经 Vater 壶腹胆管取石术，可引起急性胰腺炎。

(5)其他：如腮腺炎病毒、肝炎病毒、伤寒杆菌等感染，可能累及胰腺。其他的还有药物（雌激素、噻嗪类药物、硫唑嘌呤、糖皮质激素等）、高脂血症、高钙血症、妊娠有关的代谢、内分泌和遗传因素等。有少数患者最终因找不到明确的发病原因，被称为特发性急性胰腺炎。

考点提示

急性胰腺炎的病因。

2. 病理生理　正常情况下，胰液中的酶原不具有活性，仅在十二指肠内被激活后方有消化功能。当胆汁和胰液排出受阻、反流、胰管内压力增高引起胰腺导管破裂、上皮受损，胰液中的大量胰酶被激活而消化胰腺组织时，胰腺发生充血、水肿及急性炎症反应，称为水肿性胰腺炎。若病变进一步发展，或发病初期即有胰腺细胞大量破坏，胰蛋白酶原及其他多种酶原，如糜蛋白酶、弹力纤维酶、磷脂酶 A 及脂肪酶被激活，导致胰腺及其周围组织的广泛出血和坏死，则形成出血坏死性胰腺炎。此时胰腺除有水肿外，被膜下有出血斑，甚至血肿；腹膜后和腹膜腔形成血性腹水；大网膜、小网膜、肠系膜、腹膜后脂肪组织发生坏死溶解；浆膜下多处出血或血肿形成；甚至胃肠道也有水肿、出血等改变。脂肪组织坏死溶解与钙离子结合形成皂化斑，为本病的特有病变。大量胰酶及有毒物质被吸收进入血液循环后，可引起多种炎症介质的释放，直接造成重要器官损害，甚至导致多器官功能衰竭等。

【护理评估】

1. 健康史　询问及了解患者发病前有无暴饮暴食及高脂饮食，既往有无慢性胰腺炎及胆道系统疾病史；有无腹部损伤史；有无感染性疾病史；有无腹部（尤其是腹正中部）腹痛及腹胀、恶心、呕吐史等。

2. 身体状况

(1)腹痛：是主要症状，常于饱餐和饮酒后突然发作，腹痛剧烈，呈持续性、刀割样。腹痛位于上腹正中或偏左，放射至腰背部。有时疼痛呈束带状。疼痛为胰腺包膜肿胀、胰胆管梗阻和痉挛、腹腔内化学性物质刺激所致。

考点提示

急性胰腺炎腹痛的特点。

(2)恶心、呕吐：往往与腹痛伴发，开始即可出现。呕吐剧烈而频繁、呕吐后腹痛不缓解是其特点。呕吐物为胃及十二指肠内容物。

(3)腹胀：是重型胰腺炎的重要体征之一。早期为反射性肠麻痹，严重者由于腹膜炎、麻痹性肠梗阻所致。肛门停止排便及排气。大量腹水时加重腹胀。

（4）全身表现：由于呕吐和胰周渗出，可导致体液失调，多数患者有轻重不一的脱水和代谢性酸中毒。频繁呕吐者可发生代谢性碱中毒。部分患者可因低血钙而引起手足抽搐。严重者因血容量不足出现休克症状，表现为脉搏细速、血压下降、呼吸加快、面色苍白、神志淡漠或四肢湿冷、尿少等。部分患者以突然休克为主要表现。

（5）皮下出血：见于出血坏死性胰腺炎，在起病后数日内出现，主要由于外溢的胰液沿组织间隙到达皮下，溶解皮下脂肪，使毛细血管破裂出血所致。患者腰部、季肋部和下腹部皮肤出现大片青紫色瘀斑，称为格雷·特纳征（Grey Turner sign）；若瘀斑出现于脐周，称卡伦征（Cullen sign）。

（6）腹膜炎体征：水肿型胰腺炎压痛只局限于上腹部，常无明显肌紧张；出血坏死性胰腺炎压痛明显，并有肌紧张和反跳痛，范围较广泛或弥漫全腹。

考点提示

急性胰腺炎的临床表现。

3. 心理-社会状况　了解患者及其家属对疾病的发展、治疗及护理措施的了解程度；患者的心理承受能力，家庭经济承受能力，患者家属和社会对患者的关心和支持程度。

4. 辅助检查

（1）实验室检查

1）胰酶测定：血清、尿淀粉酶测定是最常用的诊断方法。血清淀粉酶在发病2小时后开始升高，24小时达高峰，4~5天后逐渐恢复正常，其值大于500 U/dl（正常值40~180 U/dl，Somogyi法）有诊断价值。尿淀粉酶发病24小时后升高，48小时达高峰，持续1~2周，其值明显升高（正常值80~300 U/dl，Somogyi法）有诊断意义。血清脂肪酶明显升高（正常值23~300 U/L）也是比较客观的诊断指标。因为严重的出血坏死性胰腺炎胰腺腺泡广泛破坏，胰酶生成减少，血清淀粉酶测定值反而不高。诊断性腹腔穿刺抽取血性渗出液，所含淀粉酶值高也有利于诊断。

2）血生化检查：血钙下降，主要与脂肪坏死后释放的脂肪酸与钙离子结合形成皂化斑有关；血糖升高，与高血糖素代偿性分泌增多或胰岛细胞破坏、胰岛素分泌不足有关。血气分析指标异常等。

（2）影像学检查

1）腹部B型超声：为首选的影像学诊断方法，可发现胰腺肿胀，还可显示是否合并胆道结石和腹水。

2）胸、腹部X线平片：可见横结肠、胃、十二指肠充气扩张，左侧膈肌升高，左侧胸腔积液等。

3）腹部CT：对急性胰腺炎有重要的诊断价值。可见胰腺弥漫性肿大，密度不均匀，边界模糊，胰周脂肪间隙消失。若在此基础上出现质地不均、液化和蜂窝状低密度区，则提示胰腺出血坏死。

4）腹腔穿刺：穿刺液为血性混浊液体，可见脂肪小滴。血性腹水的颜色深浅与胰腺炎的严重程度成正比。腹水淀粉酶值明显高于正常提示病变严重。

5. 治疗原则　急性胰腺炎尚无继发感染者，均首先采用非手术治疗。急性出血坏死性胰腺炎继发感染者需手术治疗。

（1）非手术治疗：目的是减少胰腺分泌，防止感染及MODS的发生。

1）禁食与胃肠减压：持续胃肠减压一方面可以降低促胰液素、缩胆囊素及促胰酶素的分泌，从而减少胰酶和胰液的分泌，使胰腺得到休息。另一方面，可减轻恶心、呕吐和腹胀。

2）补液、防治休克：静脉输液，补充晶体溶液和胶体溶液，纠正酸中毒，改善微循环，预防和治疗休克。

3）营养支持：是治疗重症胰腺炎的基本措施之一。视病情和胃肠道功能给予肠内及肠外营养支持。当血清淀粉酶恢复正常，症状、体征消失后，可恢复饮食。

4）镇痛和解痉：对腹痛较重的患者给予镇痛药，如哌替啶，勿用吗啡，以免引起奥迪括约肌痉挛。

5）抑制胰腺分泌及抗胰酶疗法：可应用抑制胰腺分泌或胰酶活性的药物。抑肽酶有抑制胰蛋白酶合成的作用。奥曲肽、施他宁则能有效地抑制胰腺的外分泌功能。H_2受体阻断药（如西咪替丁）可间接抑制胰腺分泌。生长抑素可用于病情比较严重的患者。

6）抗生素的应用：急性胰腺炎在发病数小时内即可合并感染，故一经诊断，应立即使用抗生素预防和控制感染，早期选用广谱抗生素或针对革兰氏阴性菌的抗生素，如环丙沙星、甲硝唑，以后根据细菌培养和药物过敏试验结果选择应用。

7）中药治疗：对恢复肠道功能有一定的效果。呕吐基本控制后，可经胃管注入中药，常用复方清胰汤加减。注入后夹管2小时。

8）腹腔灌洗：通过在腹腔和盆腔内置管、灌洗和引流，可将含有大量胰酶和多种有害物质的腹腔渗出液稀释并排出体外。

（2）手术治疗

1）适应证：胰腺坏死继发感染；胆源性胰腺炎；重症胰腺炎经过短期（24小时）非手术治疗，多器官功能障碍仍不能得到纠正；病程后期合并肠穿孔、大出血或胰腺假性囊肿；不能排除其他外科急腹症。

2）手术方法：清除胰腺和胰周坏死组织或规则性胰腺切除，腹腔灌注引流。若为胆源性胰腺炎，则应同时解除胆道梗阻，畅通引流。术后胃造瘘可引流胃酸，减少胰腺分泌，空肠造瘘可留待肠道功能恢复时提供肠内营养。

考点提示

急性胰腺炎的治疗原则。

【常见护理诊断/问题】

1. 疼痛　与胰腺及其周围组织炎症、胆道梗阻有关。
2. 有体液不足的危险　与渗出、出血、呕吐、禁食等有关。
3. 营养失调：低于机体需要量　与呕吐、禁食、胃肠减压和大量消耗有关。
4. 潜在并发症：MODS、感染、出血、胰瘘或肠瘘等。
5. 知识缺乏　患者缺乏疾病防治及康复的相关知识。

【护理目标】

1. 患者疼痛缓解或减轻。
2. 患者体液得到及时补充。
3. 患者的营养状况得到改善和维持。
4. 患者未发生 MODS、感染、出血、胰瘘或肠瘘等并发症，或并发症发生后被及时发现和处理。
5. 患者了解预防急性胰腺炎的有关知识。

【护理措施】

1. 非手术治疗的护理及术前护理

（1）一般护理：绝对卧床休息，患者可取屈膝侧卧位，剧痛而辗转不安者防止坠床。禁食、胃肠减压，以减少胰液分泌。待腹痛和呕吐基本缓解后，可由小量低脂肪、低糖流质饮食开始，逐步恢复到普食，但忌油腻食物和饮酒。

（2）补液、防治休克：静脉补液，维持循环稳定，预防和治疗低血压。补充电解质，纠正酸中毒。重症患者应入住重症监护病房，吸氧。

（3）镇痛：协助患者变换体位，使膝盖弯曲，按摩背部，以增加舒适感。遵医嘱给解痉镇痛药，如阿托品、盐酸哌替啶，禁用吗啡。

（4）营养支持：禁食期间主要靠胃肠外营养。待病情稳定，肠道功能恢复，早期给予胃肠内营养。

（5）抑制胰腺分泌及抗感染：遵医嘱使用质子泵抑制药、H_2受体阻断药或生长抑素等。有感染证据时针对性地使用抗生素。

（6）心理护理：由于发病突然、发展迅速、病情凶险，患者常会产生恐惧心理。此外，由于病程长，病情反复及费用等问题，患者易产生悲观、消极情绪。护士应为患者提供安全、舒适的环境，同情、关心患者，耐心解答患者提出的问题，指导患者减轻疼痛的方法，配合患者亲属，帮助患者树立战胜疾病的信心。

2. 术后护理　急性胰腺炎术后一般护理措施同术前护理，还应注意下列情况。

（1）严密观察病情变化：重点是生命体征和腹部体征的观察。及时发现术后出血、休克、感染及器官功能不全。

（2）切口护理：观察有无渗液、裂开，按时换药；当并发胰外瘘时，要注意保持负压引流通畅，并用氧化锌糊剂保护瘘口周围皮肤。

（3）引流管护理：包括胃管、腹腔双套管、胰周引流管、空肠造瘘管、胃造瘘管及导尿管等护理。在引流管上标注管道名称及安置时间，分清引流管安置部位及作用，将引流管远端与相应的引流装置紧密连接并妥善固定，定期更换引流装置。

1) 腹腔双套管灌洗引流护理：目的是冲洗脱落的坏死组织、黏稠的脓液或血块。护理措施：①持续腹腔灌洗，常用生理盐水加抗生素，现配现用，冲洗速度为20~30滴/分。②保持引流通畅：持续低负压吸引，负压不宜过大，以免损伤内脏组织和血管。③观察引流液的颜色、量和性状：引流液开始为含血块、脓液及坏死组织的暗红色混浊液体。2~3日后颜色逐渐变淡、清亮。若引流液呈血性，伴脉搏细速和血压下降，应考虑大血管受腐蚀破裂引起继发出血，应及时通知医师并做急诊手术准备。④维持出入量平衡：准确记录冲洗液量及引流液量，保持平衡。如发现引流管道堵塞，应及时通知医师处理，必要时更换内套管。⑤拔管指征：患者体温维持正常10日左右，白细胞计数正常，腹腔引流液少于5 ml/d，引流液的淀粉酶测定值正常，可考虑拔管。拔管后保持局部敷料清洁、干燥。

2) 空肠造瘘管护理：术后可通过空肠造瘘管行肠内营养支持治疗。护理措施：①妥善固定：将管道固定于腹壁，告知患者翻身、活动、更换衣服时避免牵拉，防止管道脱出。②保持管道通畅：营养液滴注前、后使用生理盐水或温开水冲洗管道，输注时每4小时冲洗管道1次；若出现滴注不畅或管道堵塞，可用生理盐水或温水行压力冲洗或负压抽吸。③营养液输注注意事项：营养液现配现用，使用时间不超过24小时；注意输注速度、浓度和温度；观察有无腹胀、腹泻等并发症。

（4）并发症的观察及护理

1) 出血：术后出血的原因包括手术创面活动性出血、感染坏死组织侵犯引起的消化道大出血、消化液腐蚀引起的腹腔大血管出血或应激性溃疡出血等。护理措施：①密切观察生命体征，特别是血压、脉搏的变化。②观察有无血性液体从胃管、腹腔引流管或手术切口流出，患者有无呕血、黑便或血便。③保持引流通畅，准确记录引流液的颜色、量和性状变化。④监测凝血功能，及时纠正凝血功能紊乱。⑤遵医嘱使用止血药和抑酸药。⑥应激性溃疡出血应采用冰盐水加去甲肾上腺素胃内灌洗；胰腺及周围无效腔出现大出血时，行急诊手术治疗。

2）胰腺或腹腔脓肿：急性胰腺炎患者术后 2 周出现发热、腹部触及肿块，应检查有无胰腺脓肿或腹腔脓肿的发生。

3）胰瘘：当患者出现腹痛、持续腹胀、发热，腹腔引流管或切口流出无色、清亮液体时，警惕发生胰瘘。护理措施：①取半卧位，保持引流通畅。②根据胰瘘程度，采取禁食、胃肠减压、静脉泵入生长抑素等措施。③严密观察引流液的颜色、量和性状，准确记录。④必要时作腹腔灌洗引流，防止胰液积聚侵蚀内脏、继发感染或腐蚀血管。⑤保护腹壁瘘口周围皮肤，用凡士林纱布覆盖或氧化锌软膏涂抹。

4）肠瘘：当出现明显腹膜刺激征，引流出粪便样液体或输入的肠内营养液时，应考虑肠瘘。护理措施：①持续灌洗，低负压吸引，保持引流通畅。②纠正水、电解质代谢紊乱，加强营养支持。③指导患者正确使用造口袋，保护瘘口周围皮肤。

 考点提示

急性胰腺炎患者的护理措施。

3. 健康教育

（1）减少诱因：治疗胆道疾病、戒酒、预防感染、正确服药以预防复发。

（2）休息与活动：劳逸结合，保持良好心情，避免疲劳和情绪激动。

（3）合理饮食：少量多餐，进食低脂肪饮食，忌食刺激性强、辛辣及油腻食物。

（4）控制血糖及血脂：监测血糖及血脂，必要时使用药物控制。

（5）定期复查：当出现胰腺假性囊肿、胰腺脓肿、胰瘘等并发症时，及时就诊。

【护理评价】

1. 患者体液平衡是否得以维持。
2. 患者的营养状况是否改善，是否逐步恢复经口进食。
3. 患者的并发症是否得到有效预防，或并发症发生后是否被及时发现和处理。
4. 患者是否了解疾病预防和保健知识。

第二节　胰腺癌患者的护理

胰腺癌是消化系统较常见的恶性肿瘤，在我国发病率有逐年上升趋势。男女发病比例为 1.5∶1，好发年龄为 40 岁以上。早期诊断困难，中、晚期手术切除率低，预后很差。胰腺癌中，胰头癌是最常见的一种，占胰腺癌的 70%～80%，其次为胰腺体、尾部癌。

【病因及病理生理】

1. 病因　本病确切的病因尚不清楚。近年来的研究证明，其发生与下列因素有关：①吸烟被认为是发生胰腺癌的主要危险因素，烟雾中的亚硝胺有致癌作用。②高蛋白和高脂饮食可增加胰腺对致癌物质的敏感性。③糖尿病、慢性胰腺炎和胃大部切除术后 20 年的患者，发生本病的危险性高于一般人群。

2. 病理生理　胰腺癌的组织类型以导管细胞腺癌多见，其次为黏液性囊腺癌和腺泡细胞癌等。胰头癌可经淋巴转移至胰头前后、幽门上下、肝十二指肠韧带、肝总动脉、肠系膜根部及腹主动脉旁淋巴结。晚期可转移至锁骨上淋巴结。胰头癌也可直接浸润邻近脏器，如胆总管的胰内段、胃、十二指肠、腹腔神经丛。部分经血行转移至肝、肺、骨、脑等处。此外，还可经腹腔种植。

【护理评估】

1. 健康史　了解患者的饮食习惯，是否长期高蛋白、高脂饮食；是否长期接触污染环境和有毒物质；有无吸烟史，吸烟持续的时间及数量；是否长期大量饮酒；患者腹痛的性质、部位、程度、持续时间，有无放射痛，加重或缓解的因素，药物止痛效果如何；有无恶心、呕吐和腹胀；有无其他疾病，如糖尿病、慢性胰腺炎；家族中有无胰腺肿瘤或其他肿瘤患者。

2. 身体状况

（1）上腹部疼痛、不适：是最早出现的症状，表现为隐痛、胀痛或上腹部不适。少数患者可无疼痛，常不被注意而延误诊断。胰头癌疼痛多位于上腹部居中或右上腹部，胰体、尾癌疼痛多在左上腹部或左季肋部。中、晚期肿瘤侵及十二指肠及腹膜后神经丛时腹痛加重，甚至昼夜腹痛不止，一般镇痛药无法缓解。

（2）黄疸：梗阻性黄疸是胰头癌患者的主要症状和体征，由癌肿侵及或压迫胆总管所致。黄疸进行性加重，伴皮肤瘙痒、茶色尿，粪便可呈陶土色。

（3）消化道症状：由于胰液和胆汁排出受阻，患者常有食欲缺乏、上腹部饱胀、消化不良、便秘或腹泻。部分患者可有恶心、呕吐。晚期癌肿侵及十二指肠可出现上消化道出血。

（4）消瘦和乏力：由于饮食减少、消化不良、疼痛影响睡眠及恶性肿瘤消耗能量等，患者初期即出现消瘦和乏力，晚期出现恶病质等。

（5）其他：少数患者可出现持续性或间歇性低热，合并胆道感染时出现高热。部分患者可出现糖尿病、胰腺炎发作、脾功能亢进等疾病症状。

 考点提示

胰头癌最突出的表现。

3. 心理-社会状况　患者因疼痛影响睡眠和饮食，易产生焦虑、悲观等情绪；绝大多数患者就诊时已处于晚期，且预后差，患者常表现出各种消极情绪，配合检查和治疗不够积极，甚至拒绝接受治疗。

4. 辅助检查

（1）实验室检查

1）血生化检查：早期血清淀粉酶、尿淀粉酶可有一过性升高，尿胆红素阳性。胆道梗阻时，血清总胆红素和直接胆红素、碱性磷酸酶升高，转氨酶可轻度升高。少数患者空腹或餐后血糖升高。

2）血清学标志物：血清癌胚抗原（CEA）、胰胚抗原（POA）、糖类抗原19-9（CA19-9）等血清学标志物水平可升高，其中CA19-9是最常用的辅助诊断和随访项目。

（2）影像学检查

1）X线检查：食管X射线钡剂造影可发现十二指肠曲扩大，局部黏膜皱襞异常、充盈缺损、不规则、僵直等。气钡双重造影可提高确诊率。

2）B型超声检查：可以发现直径2 cm以上的胰腺及壶腹部肿块、胆囊增大、胆管扩张。同时可观察有无肝及腹腔淋巴结肿大。近年来，内镜超声的应用提高了诊断率，能发现直径1.0 cm以下的小胰癌。

3）CT：能清楚地显示肿瘤部位及与之毗邻器官的关系。增强CT扫描意义更大，能发现直径2 cm左右的胰腺癌。

4）MRI或磁共振胆胰管成像（MRCP）：单纯MRI诊断并不优于增强CT。MRCP能显示胰、胆管梗阻的部位和扩张程度，具有重要的诊断价值。

5）ERCP：可直接观察十二指肠乳头部的病变，造影可显示胆管或胰管的狭窄或扩张，并能进行活检。检查的同时可在胆管内植入支撑管，达到术前减轻黄疸的目的。

6）选择性动脉造影：腹腔动脉造影可显示胰腺癌所造成的血管改变，对判断根治性手术的可能性有一定的意义。

（3）细胞学检查：收集胰液查找癌细胞，或在B型超声或CT指引下，经皮细针穿刺胰腺病变组织，涂片行细胞学检查。

5. 治疗原则　争取手术切除是最有效的方法。不能切除者行姑息性手术，辅以放射治疗或化学治疗。

（1）根治性手术

1）胰头十二指肠切除术（Whipple手术）：适用于无远处转移的壶腹周围癌。切除胰头、远端胃、十二指肠、下段胆总管及部分空肠，同时清除周围淋巴结，再将胰、胆管和胃与空肠吻合，重建消化道。

2）保留幽门的胰头十二指肠切除术（PPPD）：对无幽门上、下淋巴结转移，十二指肠切缘无癌细胞残留的壶腹周围癌，可行此手术。

3）左半胰切除术：对胰体、尾部癌，原则上作胰体、尾部及脾切除。

（2）姑息性手术：对不能手术切除或不能耐受手术的患者，可行内引流术，如胃空肠或胆囊空肠吻合术，以解除胆道梗阻。伴有十二指肠梗阻者，可作胃空肠吻合术，以保证消化道通畅。腹腔神经丛封闭有助于减轻疼痛。

（3）辅助治疗：可在术前作区域性介入治疗，争取手术的机会。常用化疗药物有5-FU、丝裂霉素等。此外，可选用免疫疗法、介入治疗、放射治疗及基因治疗等。

学科前沿

机器人辅助胰十二指肠切除术

机器人辅助系统手术与传统单纯腹腔镜手术有共同点，即安全、可行、更小的创伤。机器人辅助系统手术的优势在于其三维视觉成像和显微镜放大功能的应用，可使小血管更易于辨认和处理，通常出血量更少。当机器人辅助胰十二指肠切除术在技术上达到一定的熟练程度后，其在手术时间上与传统开腹手术相比有所缩短，其失血量及术后并发症发生率也较传统开腹手术减少。手术医师应具备丰富的胰腺手术经验及腹腔镜手术经验，术中的配合、术野的充分暴露、仔细和精确的操作是安全及彻底根治肿瘤的关键。

【常见护理诊断/问题】

1. 焦虑、恐惧　与患者对癌症的诊断、治疗过程及预后的担忧有关。
2. 疼痛　与胰胆管梗阻、癌肿侵犯腹膜后神经丛及手术创伤有关。
3. 营养失调：低于机体需要量　与食欲下降、呕吐及癌肿消耗有关。
4. 潜在并发症：术后出血、腹腔脓肿、胰瘘、胆瘘、肠瘘及胆道感染等。

【护理目标】

1. 患者恐惧缓解或减轻，能正确面对疾病、手术和预后，积极配合治疗和护理。
2. 患者疼痛缓解或减轻。

3. 患者的营养状况得到改善和维持。

4. 患者未发生术后出血、腹腔脓肿、胰瘘、胆瘘、肠瘘、胆道感染等并发症，或并发症发生后被及时发现和处理。

【护理措施】

1. 非手术治疗的护理及术前护理

（1）疼痛护理：对于疼痛剧烈的胰腺癌患者，及时给予有效的镇痛治疗，并教会患者应用各种非药物止痛的方法。

（2）改善营养状况：提供高蛋白、高糖、富含纤维素和低脂肪饮食；一般情况差或饮食不足者给予肠外营养支持，低蛋白血症时应用白蛋白。有黄疸者，静脉补充维生素 K，以改善凝血功能。

（3）控制血糖：合并高糖血症者，术前控制血糖于合适水平。

（4）防治感染：明显黄疸的患者抗感染能力差，术前应适当给予抗生素。有胆道感染者，遵医嘱给予抗生素治疗。

（5）肠道准备：除常规准备外，术前日晚灌肠，以减少术后腹胀的发生。

（6）心理护理：同情、理解患者。根据患者对疾病知识的掌握程度，有针对性地介绍与疾病和手术相关的知识，使患者能配合治疗与护理，树立战胜疾病的信心，促进疾病的康复。

2. 术后护理

（1）病情观察：严密观察生命体征的变化，准确记录生命体征各项指标，切口渗血、渗液情况及引流量。当出现脉率增快、血压下降、面色苍白等休克症状，引流量较多呈血性时，应及时报告医师进行处理，并做好应急抢救准备。

（2）营养支持：术后一般禁食 3～5 天，给予血浆、白蛋白等有效静脉支持治疗；拔除胃管后给予流质饮食，逐渐过渡至正常饮食。胰腺手术后胰外分泌功能减退，给予消化酶制剂。

（3）并发症的观察和护理

1）出血：严密观察患者的生命体征、切口敷料及引流液的颜色、性状和量；准确记录 24 小时液体出入量；对有出血倾向者，及时通知医师，遵医嘱应用止血药，必要时做好手术准备。

2）感染：观察有无发热、腹痛、腹胀、白细胞计数升高，观察切口敷料有无渗湿，保持引流通畅，合理应用抗生素，防止腹腔内感染。

3）胰瘘：多发生于术后 1 周左右，表现为患者突发剧烈腹痛、持续腹胀、发热、腹腔引流管引出或切口流出清亮的液体，引流液测得淀粉酶，疑为胰瘘。应予持续负压引流，保持引流通畅，静脉营养支持，用生长抑素抑制胰液分泌，用氧化锌软膏保护周围皮肤，胰瘘多可自愈。

4）胆瘘：多发生于术后 5～10 天，表现为发热、右上腹部疼痛、腹肌紧张及反跳痛；T 形管引流量突然减少，腹腔引流管引出或切口敷料渗出胆汁样液体，疑为胆瘘。应密切观察 T 形管、腹腔引流管引出的引流物的颜色、性状、量，并做好记录，保持引流通畅，加强营养支持。必要时手术治疗。

5）血糖异常：动态监测血糖水平，对合并高血糖者，调节饮食，并遵医嘱应用胰岛素控制血糖在适当水平。若有低血糖表现，应适当补充葡萄糖。

（4）心理护理：鼓励患者倾诉自己的想法和感受，教会患者减轻焦虑的方法。加强与患者家属及其社会支持系统的沟通和联系，尽量帮助患者解决后顾之忧。

3. 健康教育

（1）术后患者应高蛋白、低脂肪、富含维生素饮食，少食多餐，避免暴饮暴食，戒烟、酒，均衡饮食。胰腺功能不足、消化能力差的患者，适当使用胰酶替代剂。

（2）嘱患者定期检测血糖及尿糖，如发现异常，早期处理。

（3）劳逸结合，保持良好的心情。

（4）坚持放射治疗、化学治疗，术后每3个月复查1次，6个月后每半年复查1次，若出现消瘦、贫血、乏力、发热等症状，及时到医院复诊。

【护理评价】

1. 患者疼痛是否减轻或缓解。
2. 患者焦虑、恐惧是否减轻，能否正确面对疾病、手术和预后。
3. 患者的营养状况是否改善。
4. 并发症是否得以有效预防，或并发症发生后是否被及时发现或处理。
5. 患者是否了解疾病预防和康复保健的知识和方法。

思政园地

吴尊友：坚毅逐光，诠释医者担当

吴尊友，这位在公共卫生领域熠熠生辉的人物，遭遇了癌中之王——胰腺癌的侵袭。胰腺癌病情隐匿，一旦确诊，常常伴随着迅猛的发展态势，治疗难度极大。吴尊友被确诊后，化疗的折磨如影随形，恶心、呕吐等强烈的副作用让他身体极度虚弱，可他从未有过放弃的念头，一轮轮化疗，他都咬牙坚持，用行动展现出令人惊叹的生命韧性。

在生命的最后阶段，吴尊友的身体状况愈发糟糕，但他心心念念的，依旧是他热爱的公共卫生事业。哪怕只能依靠电话和线上会议，他也要为团队在艾滋病防治等工作中答疑解惑、出谋划策。团队成员们遇到难题时，他那温和却坚定的声音总能适时响起，给出精准的建议。

吴尊友的经历就像一本生动的教科书。他面对绝症的顽强，让我们看到困境中坚持的力量；生命垂危仍心系工作，诠释了热爱与责任的重量。他用一生诠释了生命即便有尽头，也能通过不懈努力与奉献，绽放出无尽的光彩，激励着我们勇敢面对生活，为了心中热爱全力以赴。

自 测 题

一、选择题

1. 出血坏死性胰腺炎发生休克的主要机制是
   A. 低血容量性休克　　B. 疼痛引起神经性休克　　C. 心源性休克
   D. 失血性休克　　　　E. 过敏性休克
2. 对急性胰腺炎患者，实施胃肠减压治疗的根本目的是
   A. 减轻腹胀　　　　　B. 缓解腹痛　　　　　　　C. 减少胰酶和胰液分泌
   D. 避免发生应激性溃疡　E. 减轻呕吐
3. 急性胰腺炎患者，禁用的是
   A. 阿托品　　　　　　B. 654-2　　　　　　　　C. 哌替啶
   D. 吗啡　　　　　　　E. 施他宁

4. 急性胰腺炎患者病情好转后，适宜的饮食是
   A. 高蛋白、高脂肪普食
   B. 高蛋白、高脂肪半流食
   C. 由清淡饮食开始过渡
   D. 流质饮食
   E. 低糖、低脂肪流食

5. 胰腺癌最早的症状是
   A. 上腹部疼痛及饱胀不适
   B. 上腹部包块
   C. 黄疸
   D. 发热、消瘦、乏力
   E. 肝大、胆囊肿大

6. 预防急性胰腺炎，最重要的健康教育是
   A. 积极治疗十二指肠疾病
   B. 防止胆道疾病的发生
   C. 控制主食的摄入量
   D. 控制糖尿病
   E. 注意饮食卫生

7. 关于急性水肿型胰腺炎的治疗和护理，错误的是
   A. 密切观察病情变化，定时测体温、脉搏、血压
   B. 取半卧位
   C. 禁食和胃肠减压
   D. 输液纠正水、电解质代谢紊乱和酸碱失衡
   E. 紧急手术治疗

8. 急性胰腺炎患者术前护理，错误的是
   A. 严密观察病情及生命体征变化
   B. 给予易消化、低脂肪和高糖饮食
   C. 补充血容量，纠正水、电解质代谢紊乱和酸碱失衡
   D. 应用抗生素和皮质激素
   E. 注意呼吸、尿量和意识变化

9. 患者，男性，36岁，既往有胆结石，今日午餐后突然出现中上腹痛，阵发性加剧，频繁呕吐，呕吐物含胆汁，呕吐后腹痛未减轻。实验室检查血清淀粉酶 2500 U/L，初步诊断为
   A. 急性胰腺炎
   B. 急性胃炎
   C. 急性胆囊炎
   D. 消化性溃疡伴幽门梗阻
   E. 急性肠炎

10. 患者，男性，48岁，饱餐后出现左上腹部持续性刀割样剧烈疼痛，并向左肩、腰背部放射，伴有呕吐，16小时后来院急诊。此时最有诊断价值的检查是
    A. B型超声检查
    B. X线透视
    C. 血、尿常规
    D. 血、尿淀粉酶测定
    E. 腹腔穿刺

11. 患者，女性，46岁，有胆石症病史15年，上腹部剧痛4小时，呕吐3次，呕吐物中含有胆汁。急诊入院，查血白细胞计数 20×10^9/L，中性粒细胞 0.8×10^9/L。怀疑为急性胰腺炎。护士应严密观察的项目，不包括的是
    A. 生命体征
    B. 神志变化
    C. 24小时液体出入量
    D. 血、尿淀粉酶测定结果
    E. 粪便隐血试验结果

（12～13题共用题干）

患者，男性，50岁，皮肤发黄2周，同时伴食欲缺乏等消化不良症状，常感右上腹部胀痛。入院体格检查：巩膜及全身皮肤明显黄染，腹水征（-），血糖正常。

12. 为了明确黄疸的性质，应首先进行的检查是
    A. 尿淀粉酶
    B. 肝功能
    C. 肾功能
    D. 粪便隐血试验
    E. 血清淀粉酶

13. 为进一步明确病情，应首选的特殊检查是
    A. CTA B. MRI C. MRCP
    D. ERCP E. B型超声

（14～15题共用题干）

患者，女性，35岁，胆石症病史5年。今晨突感上腹部疼痛，阵发性加剧，伴恶心、呕吐。自服镇痛药无效，急诊入院，疑诊急性胰腺炎。

14. 下列关于淀粉酶测定的说法，不正确的是
    A. 血清淀粉酶一般在起病后6～12小时开始升高
    B. 尿淀粉酶一般在起病后12～14小时开始升高
    C. 淀粉酶值高低与病情轻重成正比
    D. 尿淀粉酶受患者尿量的影响
    E. 出血坏死性胰腺炎患者血清淀粉酶值可正常或低于正常

15. 急性胰腺炎患者，禁用吗啡止痛的主要原因是
    A. 抑制呼吸中枢 B. 易造成患者成瘾，产生依赖
    C. 损害肝功能、肾功能 D. 引起奥迪括约肌痉挛，加重病情
    E. 镇痛作用持久，掩盖病情

二、名词解释

1. 胆源性胰腺炎
2. 卡伦征
3. 格雷·特纳征

三、填空题

1. 急性胰腺炎根据病理变化可分为_____和_____。
2. 急性胰腺炎常见的并发症是_____、_____和_____。

四、简答题

1. 简述急性胰腺炎患者行腹腔灌洗引流的护理措施。
2. 对急性胰腺炎手术后的患者，如何进行并发症的观察和护理？

五、案例分析

患者，男性，45岁，2个月前反复出现上腹部不适、腹胀、食欲缺乏，在单位门诊按"胃肠炎"治疗未见好转。近来出现腹胀、明显消瘦，B型超声检查发现胰腺体、尾部肿块，轮廓不规则。今入院准备行手术治疗。

请回答：

（1）该患者可能的疾病诊断是什么？
（2）目前该患者主要的护理诊断/问题是什么？
（3）针对目前的护理诊断/问题，如何进行护理？

（张 萍）

第二十六章 急腹症患者的护理

学习目标

1. 了解急腹症的定义和病理生理。
2. 熟悉急腹症腹痛的特点。
3. 掌握急腹症的常见病因、处理原则、护理措施及常见急腹症的鉴别要点。
4. 学会急腹症患者的护理知识和技能，能运用护理程序对急腹症患者实施整体护理。
5. 具有对患者高度负责的态度和责任心，关心、爱护患者。

案例 26-1

范先生，32岁，饱食后突感上腹部剧痛，迅速转移到右下腹和下腹部，伴恶心、呕吐，呕吐后腹痛未见减轻，发病6小时来院急诊。体格检查：急性痛苦面容，BP 90/60 mmHg，P 120次/分，全腹压痛、反跳痛、肌紧张，以右下腹部明显，肠鸣音消失，白细胞计数升高。

问题与思考：

1. 该患者可能患有何种疾病？
2. 目前，对该患者如何处理和治疗？

急腹症（acute abdomen）是以急性腹痛为主要表现，必须早期诊断和紧急处理的腹部疾病。特点为发病急、病情重、进展快、变化多，如果不能得到及时、正确的诊疗及护理，将会给患者带来严重后果，甚至死亡。因此，进行及时的护理评估并采取正确的护理措施是非常重要的。

急腹症不仅涉及外科疾病，还包括内科、妇科等多种疾病，而外科急腹症又包括炎症、穿孔、出血、梗阻、缺血等不同病理情况，因此护士必须掌握各科急腹症和不同类型疾病的急性腹痛特点，才能做好门诊或急诊的接诊、分诊工作，才能对住院患者做好及时、准确的护理评估和病情观察。

【病因及病理生理】

1. 病因　部分外科疾病和妇产科疾病常为急腹症的主要病因。但也有少数急腹症是由内科疾病、误服腐蚀性药物或异物等诱发。

（1）感染性疾病：引起急腹症的常见感染性疾病有以下几种。①外科疾病：如急性胆囊炎、胆管炎、胰腺炎、阑尾炎、消化道或胆囊穿孔、肝或腹腔脓肿溃破。②妇产科疾病：如急性盆腔炎；③内科疾病：如急性胃肠炎或大叶性肺炎。

（2）出血性疾病：常见疾病有以下几种。①外科疾病：如腹部外伤导致的肝脾破裂、腹腔内动脉瘤破裂、肝癌破裂。②妇产科疾病：如异位妊娠或巧克力囊肿破裂出血。

（3）空腔脏器梗阻：常见于外科疾病，如肠梗阻、肠套叠、结石或蛔虫症引起的胆道梗阻、尿石症。

（4）空腔脏器破裂穿孔：常见于外科疾病，如胃及十二指肠溃疡穿孔、肠破裂。

（5）缺血性疾病：常见疾病有以下几种。①外科疾病：如肠扭转、肠系膜动脉栓塞、肠系膜静脉血栓形成。②妇产科疾病：如卵巢囊肿蒂扭转。

2. 病理生理　当腹内脏器疾病引起急腹症时，除产生与原发病相关的病理生理变化（参见相关章节）外，还涉及腹痛所致的病理生理变化。由于急腹症的病因、部位和缓急程度不同，腹痛的表现各不相同。

（1）内脏痛

1）疼痛定位不精确：主要原因如下。①内脏的痛觉多数由双侧传入神经同时进入并经多个节段传导；②痛觉传入神经进入脊髓的节段大致相近，其腹痛的感觉部位也相似；③不能借助视觉定位。

2）疼痛感觉特殊：腹腔内脏对来自外界的机械性刺激，如切、割、灼反应迟钝，但对压力和张力性刺激所致的疼痛则极为敏感。如过度牵拉、突然膨胀、痉挛和内脏缺血。

3）常伴有消化道症状：当内脏的张力性冲动经迷走神经传导至迷走神经背核时，可兴奋位于邻近的呕吐中枢，出现反射性的恶心、呕吐。

（2）牵涉痛：又称放射痛，指在急腹症发生内脏痛的同时，体表的某一部位也出现疼痛感觉，是某个内脏病变产生的痛觉信号被定位于远离该内脏的身体其他部位。

（3）躯体痛：特点为感觉敏锐、定位准确，为壁腹膜受到腹腔内炎性或化学性渗出物刺激后产生的体表相应部位的持续性锐痛。

【护理评估】

1. 健康史

（1）既往史：了解患者既往史及手术史有助于急腹症的诊断。如有腹部手术史的腹痛患者，应考虑粘连性肠梗阻；有胃及十二指肠溃疡病史的患者突发剧烈腹痛，首先应考虑溃疡穿孔等。

（2）月经史：有生育能力的妇女，准确的月经史、末次月经开始和终止日期对腹痛的诊断具有重要意义，如输卵管妊娠破裂多有停经史。

（3）腹痛的病因与诱因：有无腹部外伤史，与饮食的关系，有无情绪激动、剧烈活动、劳累过度等。

2. 身体状况　腹痛是急腹症的主要临床症状，常同时伴随恶心、呕吐、腹胀等消化道症状或发热。临床上习惯将急腹症分为外科急腹症、妇产科急腹症和内科急腹症。

（1）症状

1）腹痛：是最突出而重要的症状。

诱因：①饮食：胆石症或急性胆囊炎多与进食油腻食物有关；急性胰腺炎则多与暴饮暴食或过量饮酒有关；胃及十二指肠溃疡穿孔多发生于进餐后。②活动：肠扭转多与饱餐后剧烈活动有关。③外伤：腹内脏器损伤均在外伤后突然出现。④变换体位：胆囊结石患者的腹痛常于夜间睡眠变换体位后发生。⑤胆道蛔虫病多因驱虫不当而诱发。

部位：①腹痛最显著的部位通常是病变部位。如胃或十二指肠、胆道、胰腺的病变，腹痛大多位于中上腹。②腹痛始于一点，迅速波及全腹者多为实质性脏器破裂或空腔脏器穿孔，如胃、十二指肠溃疡穿孔和盆腔炎。③转移性腹痛主要见于急性阑尾炎。④牵涉痛或放射痛，如胆囊炎、胆石症除病变部位外，还伴有右肩或右肩胛下角处疼痛；急性胰腺炎可伴有左肩或腰背部束带状疼痛；肾或输尿管结石可放射至下腹部、腹股沟区或会阴部。

性质：腹痛的性质常可反映病变的类型或性质。①阵发性绞痛：常提示空腔脏器发生梗阻或痉挛，如机械性肠梗阻或尿石症。②持续性钝痛或隐痛：多见于炎性病变或出血性病变，如急性阑尾炎、急性胰腺炎、肝或脾破裂内出血。③持续性锐痛：为壁腹膜受到炎性或化学性刺激所致。④持续性疼痛伴阵发性加剧：常表示炎症和梗阻并存，如绞窄性肠梗阻早期和胆石症合并胆道感染。

程度：①轻度腹痛：一般炎性病变初期引起的腹痛较轻。②重度腹痛：空腔脏器痉挛、梗阻、扭转、嵌顿、绞窄缺血、化学性刺激等所致的腹痛起病急且腹痛剧烈，呈刀割样，如胃、十二指肠溃疡穿孔，患者常拒按腹部，不敢翻身及深吸气；胆道疾患所致胆绞痛及肾、输尿管结石所致肾绞痛常使患者辗转不安。

腹痛发生的缓急：炎性病变引起的腹痛多由轻逐渐加重。腹内脏器扭转或绞窄、空腔脏器穿孔或梗阻、实质性脏器破裂等引起的腹痛多发生突然且迅速加重，如急性肠扭转、绞窄性肠梗阻。

2）伴随症状

恶心、呕吐：常于腹痛后发生，不同疾病，呕吐出现的时间和呕吐物的颜色、性状不同。高位肠梗阻呕吐出现早且频繁，上消化道出血呕吐物为血色或咖啡色，呕吐物含胆汁示梗阻部位在十二指肠以下；低位小肠或结肠梗阻呕吐出现晚或不发生呕吐，呕吐物常呈粪臭样；消化性溃疡穿孔常无呕吐。

排便及排气改变：腹痛后停止排便、排气常为机械性肠梗阻；小儿果酱样便多为肠套叠；腹泻和腥臭味血便常提示急性坏死性肠炎；柏油样便提示上消化道出血；大量水样泻伴痉挛性腹痛提示急性胃肠炎。

3）其他伴随症状：发热多因继发感染所致，严重感染者可出现寒战、高热，如急性重症胆管炎；肝、胆、胰疾病常伴黄疸；腹腔内实质脏器破裂出血患者常伴贫血或休克；尿频、尿急、血尿和排尿困难应考虑泌尿系统疾病。

（2）体征：部分患者（如儿童及老年患者）腹痛不典型，需结合其他体征综合判断，最主要的是引起相应的腹部体征。

1）视诊：观察腹部形态，腹式呼吸是否存在，有无腹股沟肿块。腹式呼吸运动减弱或消失提示急性腹膜炎；肠梗阻体征常出现肠型或异常蠕动波；全腹胀多提示低位肠梗阻；不对称性腹胀多为肠扭转或闭袢性肠梗阻；板状腹常是胃、十二指肠溃疡穿孔的体征。

2）触诊：重点应注意有无包块和腹膜刺激征。如小儿腹部腊肠样肿块常为肠套叠；压痛、反跳痛、肌紧张是腹膜刺激征的表现，也是急腹症的重要体征；轻度肌紧张和反跳痛见于炎症早期或腹腔内少量出血，如坏疽性胆囊炎、阑尾炎，消化道穿孔时因腹膜受到强烈化学性刺激而表现为高度肌紧张，呈板状腹。若触及包块，应注意其部位、范围和程度。

3）叩诊：肝浊音界缩小或消失常提示消化道穿孔；若出现移动性浊音，表示腹腔内有大量积液或积血（大于 1000 ml）。

4）听诊：注意肠鸣音变化。肠鸣音亢进伴气过水声或高调金属音，多为机械性肠梗阻；肠鸣音减弱或消失，提示炎症病变或肠麻痹。

5）直肠指检：阑尾炎时直肠右侧壁可有触痛；指套沾有血迹或黏液应考虑肠绞窄或肠套叠。因此指检时应注意直肠温度、是否触及肿块、有无触痛、指套是否沾有血迹。

（3）急腹症的鉴别诊断

1）外科急腹症的特点：①一般先有腹痛，后出现发热等伴随症状。②常出现腹膜刺激征，甚至休克。③腹痛或压痛部位较固定、程度重。④可发现腹部肿块或其他外科特征性体征及辅助检查表现。

胃、十二指肠溃疡急性穿孔：①有溃疡病史。②突发上腹部刀割样剧烈疼痛，很快扩散到全腹。③腹膜刺激征明显，肝浊音界缩小或消失。④立位 X 线检查膈下可见到游离气体。

急性阑尾炎：典型表现为转移性右下腹痛和右下腹固定压痛点。

急性肠梗阻：①腹痛：突发剧烈的腹部绞痛，呈阵发性发作。若腹痛加剧，呈持续性，有可能是肠绞窄或肠穿孔。②呕吐：腹痛时常伴恶心、呕吐，呕吐后腹痛减轻。③腹胀。④肛门停止排便、排气。⑤肠鸣音：肠鸣音亢进，有高调气过水声或金属音提示机械性肠梗阻；肠鸣音减弱或消失提示麻痹性肠梗阻。⑥ X 线检查见多个气液平面等。

急性胆囊炎：①起病常在进食油腻食物后。②右上腹部剧烈绞痛，向右肩背部放射。③右上腹部有压痛、肌紧张，墨菲征阳性。④ B 型超声检查显示胆囊增大、壁厚，可见结石影。

急性胆管炎：典型症状为腹痛、寒战与高热、黄疸，即查科三联症；急性梗阻性化脓性胆管炎时，除查科三联症外，还有休克和精神症状，即 Reynolds 五联症。B 型超声检查见胆管扩张及结石影。

急性胰腺炎：①多有胆道疾病史，常发生于暴饮暴食后。②腹痛位于上腹部偏左，持续而剧烈，可向左肩部或腰部放射。③呕吐后腹痛不缓解。④腹胀，表现为麻痹性肠梗阻。⑤血、尿淀粉酶升高。

腹腔脏器损伤：①有腹部外伤史。②腹痛开始于受伤部位。③空腔脏器破裂以腹膜炎表现为主，胃肠破裂者腹部立位 X 线检查膈下可见游离气体；实质性脏器破裂以内出血表现为主，腹腔穿刺可抽出不凝血。

2）妇产科急腹症：腹痛常伴有停经史、阴道流血、白带增多等，或与月经紊乱有关。腹痛多位于下腹部或盆腔，常见于异位妊娠、急性盆腔炎、卵巢肿瘤蒂扭转或巧克力囊肿破裂。特点为突发性下腹部撕裂样疼痛，向会阴部放射；伴恶心、呕吐和肛门坠胀感，也可伴有阴道不规则流血等其他症状；出血量大者可出现休克症状。

3）内科急腹症：特点是先有发热或呕吐，后有腹痛，或腹痛与呕吐、腹泻同时发生。腹痛多无固定部位，无肌紧张或反跳痛。常见内科急腹症有急性胃肠炎、心肌梗死、腹型过敏性紫癜等，部分心肌梗死患者表现为上腹部胀痛，伴恶心和呕吐。

> **考点提示**
>
> 急腹症患者的临床表现。

3. 心理 - 社会状况　因急腹症发病突然，腹痛较剧烈，且病情进展快，患者缺乏思想准备，担心不能得到及时治疗或预后不良，表现出急躁和焦虑情绪。

4. 辅助检查

（1）实验室检查：血红蛋白和红细胞计数降低常提示腹腔内出血，白细胞计数及中性粒细胞比例升高提示腹腔内感染。尿液中有红细胞常提示泌尿系损伤或结石，尿胆红素阳性表示存在梗阻性黄疸。粪便隐血试验阳性多为消化道出血。血、尿淀粉酶升高多为急性胰腺炎。

（2）影像学检查

1）X 线检查：立位 X 线或透视膈下游离气体是消化道穿孔或破裂的依据，机械性肠梗阻可见多个气液平面，麻痹性肠梗阻可见肠管扩张，乙状结肠扭转和肠套叠时钡剂或空气低压灌肠 X 线检查可见典型的"鸟嘴征"和"杯口征"。

2）B 型超声检查：是诊断实质性脏器病变的首选方法，也有助于了解腹腔内积液、积血的部位和量。胆囊或尿石症时可见回声。

3）CT、MRI 检查：主要用于实质性脏器病变，腹腔内的占位性病变，如对急性出血坏死性胰腺炎的诊断极有价值。

（3）内镜检查：根据急腹症的特点，可采用不同种类的内镜检查，如胃镜、肠镜、腹腔镜、经内镜逆行胰胆管造影。

（4）诊断性穿刺或灌洗：若抽出不凝固血性液体，多提示腹腔内脏器出血；若为混浊液体或脓液，多为腹腔内感染或消化道穿孔；若为胆汁性液体，常为胆囊穿孔；若疑为急性胰腺炎，可将穿刺液作淀粉酶测定。若穿刺未抽出液体，可注入等渗盐溶液 500 ml，然后对抽吸液做涂片镜检，红细胞计数超过 $0.1×10^9/L$，或白细胞计数超过 $0.5×10^9/L$，有诊断价值。

5. 处理原则 外科急腹症发病急、进展速度快、病情危重，处理应以及时、准确、有效为原则。

（1）非手术治疗：适用于以下情况。①诊断明确、病情较轻者，如单纯性胆囊炎，空腹状态下溃疡针尖样穿孔或不完全性粘连性肠梗阻者。②诊断明确，但病情危重、不能耐受麻醉和手术者。③诊断不明，但病情尚稳定、无明显腹膜炎体征者。

非手术治疗方法包括：①观察生命体征和腹部体征。②禁食、胃肠减压，补液、记液体出入量。③药物治疗：包括解痉和抗感染治疗；出现休克时，应予以抗休克治疗，同时做好手术前准备。④观察辅助检查结果的动态变化，以帮助及时判断病情变化。

（2）手术治疗：适用于以下情况。①诊断明确、需立即处理的一些急腹症患者，如腹部外伤、溃疡穿孔导致弥漫性腹膜炎、化脓性或坏疽性胆囊炎、化脓性梗阻性胆管炎、急性阑尾炎、完全性肠梗阻、异位妊娠破裂。②对诊断不明，但腹痛和腹膜炎体征加剧，全身中毒症状加重者，应在非手术治疗的同时，积极完善术前准备，尽早进行手术治疗。

考点提示

急腹症患者的治疗原则。

【常见护理诊断/问题】

1. 急性疼痛 与腹腔内器官炎症、扭转、破裂、出血、损伤或手术有关。
2. 有体液不足的危险 与腹腔内脏破裂出血、腹膜炎症导致的腹腔内液体渗出、呕吐或禁食、胃肠减压等所致的液体丢失有关。
3. 体温过高 与腹部器官炎症或继发腹腔感染有关。
4. 焦虑、恐惧 与起病突然、疼痛剧烈有关。
5. 潜在并发症：休克、腹腔内残余脓肿、出血和肠瘘等。

【护理目标】

1. 患者疼痛得到缓解或控制。
2. 患者体液量得到及时补充。
3. 患者体温恢复正常。
4. 患者情绪稳定，焦虑减轻。
5. 患者未发生并发症或并发症发生后被及时发现和处理。

【护理措施】

1. 术前护理

（1）减轻或缓解疼痛的护理

1）病情观察：密切观察患者腹痛的部位、性质、程度和伴随症状有无变化，及其与生命体征的关系。

2）体位：非休克患者取半卧位，有助于减少腹壁张力，减轻疼痛。

3）禁食和胃肠减压：禁食并通过胃肠减压抽吸出胃内残存物，减少胃肠内的积气、积液，减少消化液和胃内容物自穿孔部位漏入腹膜腔,从而减轻腹胀和腹痛。

4)解痉和镇痛:①对诊断明确的疼痛剧烈的急腹症患者,可遵医嘱给予止痛处理,如通过 PCA 和药物镇痛;②注意评估镇痛效果和观察不良反应,如哌替啶类镇痛药物可导致奥迪括约肌痉挛、呼吸抑制、头晕、呕吐、出汗、口干、瞳孔散大、呼吸减慢和血压降低等。

5)非药物性措施:按摩、指导患者有节律地深呼吸;分散注意力法,如默念数字或听音乐;暗示疗法、催眠疗法和安慰剂疗法。

(2)"四禁四抗":严格执行"四禁",即禁饮食、禁用镇痛药、禁服轻泻药、禁止灌肠。急腹症患者在没有明确诊断之前禁用镇痛药,以免掩盖病情;禁饮食、禁服轻泻药、禁止灌肠,以免增加消化道负担,导致炎症扩散,加重病情。同时做好抗感染,抗休克,抗水、电解质代谢紊乱和酸碱失衡,抗腹胀的护理。

(3)维持体液平衡:①消除病因:有效地控制体液的进一步丢失。②补充血容量:迅速建立静脉通道,根据医嘱正确、及时和合理安排晶体溶液和胶体溶液的输注种类和顺序。若有大量消化液丢失,先输注平衡盐溶液;有腹腔内出血或休克者,应快速输液并输血,以纠正血容量。③准确记录液体出入量:对神志不清或伴休克者,应留置导尿,并根据尿量调整输液量和输液速度。④采取合适体位:对休克患者取头低足高卧位。

(4)严密观察病情变化:若患者脉搏增快、面色苍白、皮肤湿冷,为休克征象。若患者体温逐渐升高,白细胞计数及中性粒细胞比例增多,为感染征象。若患者呼吸急促,血氧分压 < 60 mmHg,提示有发生 ARDS 的倾向。若血压及血红蛋白进行性下降,提示有腹腔内出血;患者腹痛加剧,表示病情加重。局限性疼痛转变为全腹痛,并出现肌紧张、反跳痛,提示炎症扩散。

(5)心理护理:患者往往缺乏思想准备,担心不能得到及时、有效的诊断和治疗或预后不良,常表现为恐惧、躁动和焦虑。因此,护士要主动、积极地迎诊和关心患者,向患者讲解引起腹痛的可能原因,在患者做各项检查和治疗前耐心解释,使患者了解其意义并积极配合,以稳定患者的情绪。创造良好氛围,减少环境改变所致恐惧感。

2. 术后护理

(1)病情观察:动态观察生命体征、腹部体征、切口敷料、引流情况。

(2)腹腔引流管的护理:包括如下内容。①妥善固定:正确连接引流装置,做好标记并妥善固定,防止患者变换体位时牵拉而脱出。②保持引流通畅:避免引流管受压、扭曲而堵塞,对负压引流者,及时调整负压,维持有效引流。③观察引流液的颜色、性状和量,并详细记录。④严格执行无菌操作,引流管远端接引流袋时,先消毒引流管口后再连接,以免引起逆行感染。⑤适时拔管:当引流量减少、引流液颜色澄清,患者体温及血白细胞计数恢复正常时,可考虑拔管。

(3)营养支持:术后禁食期间通过静脉补充水、电解质和必需的营养物质。胃肠功能恢复、肛门排气、无腹痛及腹胀不适,可进流质饮食,逐步过渡至正常饮食。

(4)并发症的预防和护理

1)加强观察并做好记录:①生命体征:包括患者的呼吸、脉搏、血压和体温变化。若血红蛋白及血压进行性下降,提示有腹腔内出血。②密切观察切口、引流管是否有鲜红色血性液体流出,如引流管引出血性液每小时大于 100 ml,持续 3~4 小时不止,且有脉搏细数、血压下降、出冷汗等休克表现,应及时通知医师,给予止血药。若体温逐渐上升,同时伴白细胞计数及中性粒细胞比例上升,多为感染征象。若引流物为肠内容物或混浊脓性液体,且患者腹痛加剧,出现腹膜刺激征,同时伴有发热、白细胞计数及中性粒细胞比例上升,多为腹腔内感染或瘘,应及时报告医师。

2）控制感染：①遵医嘱合理、正确使用抗菌药物。②保持引流通畅，观察引流液的量、颜色和性状。③腹部或盆腔疾病患者取斜坡卧位，可使腹腔内炎性渗液、血液或漏出物积聚并局限于盆腔，因盆腔腹膜吸收毒素的能力相对较弱，故可减轻全身中毒症状并有利于积液或脓液的引流。

3）加强基础护理：①对伴有高热的患者，可用药物降温或物理降温，以减少患者的不适。②对生活自理能力下降或缺失者，加强基础护理和生活护理。③对神志不清或躁动者，做好保护性约束。④对长期卧床者，预防压疮的产生。

（5）其他：估计7天以上不能恢复正常饮食的患者，尤其年老、体弱、低蛋白血症和手术后可能发生并发症的高危患者，应积极提供肠内、肠外营养支持护理。

> **考点提示**
>
> 急腹症患者的护理措施。

3. 健康教育
（1）养成良好的饮食和卫生习惯。
（2）保持清洁和易消化的均衡膳食。
（3）积极控制诱发急腹症的各类诱因，如有溃疡病，应按医嘱定时服药；胆道疾病和慢性胰腺炎患者需适当控制油腻饮食；反复发生粘连性肠梗阻者应避免暴饮暴食及饱食后剧烈运动；月经不正常者应及时就医。
（4）急腹症行手术治疗者，术后应早期活动，以预防粘连性肠梗阻。

【护理评价】
1. 患者腹痛是否得以缓解，能否复述自我缓解疼痛的方法。
2. 患者体液是否维持平衡，或已发生的代谢紊乱是否纠正。
3. 患者生命体征是否平稳。
4. 患者能否主动表述内心的恐惧和焦虑，能否积极配合各项治疗、检查和护理，情绪是否稳定。
5. 患者是否未发生腹腔残余脓肿、出血或瘘等并发症，或并发症发生后能否被及时发现、有效治疗和护理。

自 测 题

一、选择题

1. 外科急腹症的特点是
   A. 先腹痛，后发热、呕吐
   B. 排便后腹痛可好转
   C. 有停经和阴道流血史
   D. 以腹泻、心悸为主要症状
   E. 腹部压痛不明显
2. 不是炎症性急腹症特点的是
   A. 腹痛由轻转重
   B. 持续性腹痛
   C. 病变部位有固定压痛
   D. 腹膜刺激征局限于病变局部
   E. 腹膜炎范围不随病变加重而扩展

3. 对未明确诊断的急腹症患者，下列处置错误的是
   A. 严密观察　　　　　　　　　　　B. 禁用吗啡、哌替啶等镇痛药
   C. 禁用轻泻药和灌肠　　　　　　　D. 流食
   E. 抗感染治疗
4. 急性腹膜炎患者治疗中出现排便次数增多、里急后重、黏液便，应考虑并发了
   A. 膈下脓肿　　　　B. 肠间脓肿　　　　C. 细菌性痢疾
   D. 盆腔脓肿　　　　E. 中毒性痢疾
5. 胃、十二指肠溃疡穿孔引起的急腹症早期症状中，错误的是
   A. 腹肌紧张　　　　B. 呕吐　　　　　　C. 休克症状
   D. 发热　　　　　　E. 肠鸣音消失
6. 急性胆囊穿孔的治疗方法应是
   A. 紧急手术，腹腔引流
   B. 胆囊造影术
   C. 肝叶切除术
   D. 紧急手术解除梗阻，减压并胆道引流
   E. 胆总管-空肠吻合术

二、名词解释

急腹症

三、填空题

1. 急腹症的特点是_____、_____、_____、_____、有一定的____率。
2. 外科急腹症的特点是先有_____、后有_____。
3. 内科急腹症的特点是先有_____、后有_____。

四、简答题

简述急腹症患者的护理措施。

五、案例分析

李女士，35岁，突发上腹部疼痛2小时来院急诊。体格检查：腹平，全腹均有压痛，腹肌呈板样强直，肠鸣音消失，肝浊音界缩小。患者呈急性病容，心脏、肺检查未发现异常。T 39.2℃，P 98次/分，BP 112/68 mmHg，实验室检查白细胞计数 18×10^9/L，中性粒细胞比例0.80，X线检查见膈下有游离气体。

请回答：

（1）目前患者最主要的护理诊断/问题是什么？
（2）对于该患者，应首先采取什么措施？

（申梅芳）

第二十七章 周围血管疾病患者的护理

学习目标

1. 归纳下肢静脉曲张、血栓闭塞性脉管炎患者的护理评估及护理措施。
2. 阐述下肢静脉曲张、血栓闭塞性脉管炎患者的辅助检查、处理原则和健康教育内容。
3. 简述下肢静脉曲张、血栓闭塞性脉管炎的病因、病理及发病机制。
4. 学会运用护理程序对下肢静脉曲张、血栓闭塞性脉管炎患者实施整体护理。

案例 27-1

章先生，30岁，教师。因"双下肢麻木、酸痛，踝部肿胀，反复发作1个月"入院。体格检查：双下肢浅静脉隆起、曲张、呈蚯蚓样团状，站立时间长时更加明显。诊断为双下肢静脉曲张。

问题与思考：
1. 引起该病发生的原因有哪些？
2. 如何对该患者进行健康指导？

第一节 下肢静脉曲张患者的护理

下肢静脉曲张是指下肢浅静脉因瓣膜关闭不全导致静脉内血液回流障碍，引起的以静脉迂曲、扩张为主要表现的周围血管疾病，晚期常并发小腿慢性溃疡。本病占周围血管疾病的90%以上，多见于从事久站久坐职业及长期体力劳动者。

【病因、分类及病理生理】

1. 病因　下肢静脉曲张的主要原因是先天性静脉壁薄弱、静脉瓣膜缺陷，以及静脉内压力持久升高等。

（1）先天性因素：约有70%的下肢静脉曲张患者具有家族史，先天性静脉壁薄弱、静脉瓣膜缺陷，其发生与遗传因素有关。

（2）后天性因素：长期站立、久坐少动、重体力劳动、妊娠、盆腔肿瘤、慢性咳嗽、习惯性便秘等，使瓣膜承受过多的压力逐渐松弛，不能紧密关闭。循环血量经常超负荷，也可造成压力升高，静脉扩张，造成血流由上而下、由深而浅倒流，而形成静脉瓣膜相对关闭不全，由于离心越远的静脉承受的静脉压越高，因此曲张静脉在小腿部多见。

2. 分类　根据病因及病理，下肢静脉曲张可分为原发性和继发性两类。

（1）原发性下肢静脉曲张：最多见，是指由下肢浅静脉本身的解剖或病变所致，单纯涉及下肢浅静脉和交通支静脉的迂曲、伸长、曲张，有大隐静脉和小隐静脉曲张两种，一般先出现于大隐静脉、小隐静脉的主干，继而波及其分支和交通支静脉。

（2）继发性下肢静脉曲张：少见，常继发于下肢深静脉瓣膜功能不全、深静脉阻塞、深静脉血栓、先天性深静脉瓣膜缺陷及深静脉以外的病变等，如盆腔肿瘤和妊娠子宫等压迫髂外静脉而引起下肢静脉曲张，先天性动静脉瘘也可引起下肢静脉曲张。

3. 病理生理　大隐静脉瓣膜关闭不全时，可影响远侧静脉和交通支静脉瓣膜，甚至可通过交通支静脉影响小隐静脉。静脉瓣膜和静脉壁的位置距离心脏越远，其强度越差，静脉内压力却越高。下肢静脉内的压力增高可导致浅静脉壁扩张、毛细血管通透性增强，使血液中的大分子物质渗透到组织间隙，并沉积在毛细血管周围，阻碍了皮肤和皮下组织细胞对氧气和营养的摄取，使皮肤和皮下组织缺乏氧气和营养物质而出现水肿、纤维化、皮肤萎缩和皮下脂肪坏死，最后形成静脉性溃疡。

【护理评估】

1. 健康史　询问及了解患者是否长期从事站立工作、重体力劳动，有无慢性咳嗽、习惯性便秘等诱发或加重下肢静脉曲张的因素，了解是否晚期妊娠，了解患者有无家族遗传病史。

2. 身体状况　原发性下肢静脉曲张以大隐静脉曲张多见，单独的小隐静脉曲张少见。下肢浅静脉迂曲、隆起、扩张、蜿蜒是原发性下肢静脉曲张的主要表现。早期患者仅在久站或长时间行走后感到下肢沉重、乏力、小腿酸胀、足部水肿，平卧明显减轻。后期可见下肢浅静脉扩张、迂曲、呈蚯蚓状；病程较长者，足靴区皮肤可发生轻度肿胀和皮肤营养障碍，皮肤瘙痒、萎缩、色素沉着、皮疹、湿疹、皮下脂质硬化、湿疹和溃疡形成等，并可伴有血栓性静脉炎、曲张静脉出血等表现。

> **考点提示**
>
> 下肢静脉曲张的临床表现。

3. 心理 - 社会状况　因下肢静脉曲张病程较长、溃疡创面经久不愈，影响正常生活和工作，患者易产生焦虑、悲观等心理。

4. 辅助检查

（1）特殊检查

1）深静脉通畅试验（Perthes 试验）：患者站立，待静脉充盈曲张后，用止血带阻断大腿浅静脉主干，嘱患者作下蹲活动或连续用力踢腿 20 次左右后观察小腿，若曲张静脉充盈消失或充盈程度减轻，说明深静脉通畅，可以行手术治疗。若充盈不消失或充盈更明显，甚至出现下肢胀痛，表明深静脉不通畅或阻塞（图 27-1），不能手术治疗。

2）大隐静脉瓣膜功能试验（Trendelenburg 试验）：患者平卧，使患肢抬高，让曲张静脉内淤血排空之后在大腿上 1/3 处扎上止血带，松紧度以能阻断浅静脉血流为度。然后嘱患者站立，放松止血带，若静脉血液在 10 秒内自上而下迅速充盈，说明大隐静脉瓣膜关闭不全（图 27-2）。

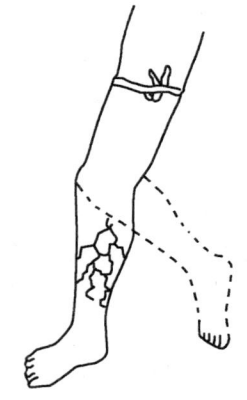

图 27-1　深静脉通畅试验

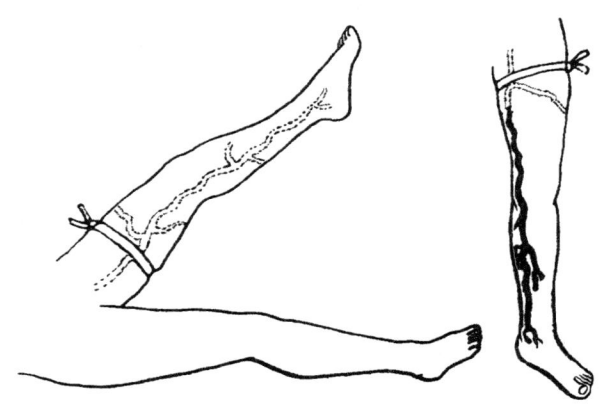

图 27-2　大隐静脉瓣膜功能试验

若未放开止血带前,其下方的静脉在 30 秒内充盈,则说明交通支静脉瓣膜关闭不全。应用同样的方法,在腘窝部扎上止血带,可检测小隐静脉瓣膜的功能。

3)交通支瓣膜功能试验(pratt 试验):患者仰卧,抬高下肢。在大腿根部扎止血带,然后从足趾向上至腘窝缠缚第一根弹性绷带,再自止血带处向下缠缚第二根弹性绷带。让患者站立,一边向下解开第一根弹性绷带,一边向下继续缠缚第二根弹性绷带,如果在两根绷带之间的间隙内出现曲张静脉,即提示该处有功能不全的交通静脉。

(2)影像学检查

1)下肢静脉造影:能观察到下肢深静脉全程是否通畅、静脉的形态改变、瓣膜的功能以及病变程度,是下肢深静脉通畅和静脉瓣膜功能最可靠的检查方法。

2)其他:超声多普勒血流仪检查能确定静脉血液反流的程度和部位,可观察到静脉瓣膜关闭活动及血液是否逆向流动。下肢活动静脉压测定可了解有无深静脉瓣膜关闭不全等。

考点提示

下肢静脉曲张的辅助检查方法。

5. 治疗原则

(1)非手术治疗:年老体弱或有其他疾病不能耐受手术或症状较轻者,妊娠期妇女等,主要采用患肢穿弹力袜或使用弹性绷带,使曲张静脉处于萎瘪状态,并避免久站、久坐。较明显的局限性静脉曲张者,可用硬化剂注射治疗,适用于病变小而局限者,术后局部复发或手术后残留的曲张静脉。方法是将硬化剂 5% 鱼肝油酸钠溶液 1~2 ml 注入曲张的静脉内,用手指同时压住静脉两端约 1 分钟,使硬化剂不被血液稀释和流动到其他地方造成栓塞,同时保证硬化剂和静脉壁有良好的接触,造成化学性无菌性炎症,使静脉纤维化而导致静脉闭塞,注射完毕用绑带加压包扎 3~6 周,避免久站,但应鼓励行走。

(2)手术治疗:是治疗下肢静脉曲张的根本手段,适用于下肢浅静脉瓣膜和交通支静脉瓣膜关闭不全,且深静脉通畅者。症状明显的下肢静脉曲张,通常有浅静脉和交通支瓣膜功能不全同时存在,多采用大隐静脉或小隐静脉高位结扎术,加曲张静脉分段剥脱术治疗。合并小腿溃疡的患者,控制局部感染后仍不愈合者行溃疡切除术并植皮多能愈合。近年开展的经皮环扎术、旋切刨吸术、腔内激光、射频和电凝等术式均取得了良好的疗效。

(3)并发症及处理:①血栓性浅静脉炎:抬高下肢,应用抗生素蛋白酶类药物,采用局部热敷等治疗,有局部硬结并与皮肤粘连者,症状消退后可手术治疗。②湿疹和溃疡形成:有湿疹和瘙痒形成者,经湿敷创面、抬高患肢及局部换药后可愈合。③曲张静脉破裂出血:多数在足靴区及踝部发生,采用抬高患肢和局部加压包扎多能止血,必要时缝扎止血,以后再行手术治疗。④溃疡恶变:应做病理学检查,确诊后按皮肤癌处理。

【常见护理诊断/问题】

1. 不舒适与活动无耐力 与下肢静脉曲张并血液淤滞有关。
2. 皮肤完整性受损 与皮肤营养障碍有关。
3. 知识缺乏 患者缺乏本病的预防知识。
4. 潜在并发症:小腿局部慢性溃疡、切口出血或感染、深静脉血栓形成。

【护理目标】

1. 患者舒适感增加,具有自主活动能力。
2. 患者皮肤营养得到改善,皮肤完整。
3. 患者知晓本病的预防知识。

4. 无并发症发生或并发症发生后被及时发现和处理。

【护理措施】

1. 非手术治疗的护理及术前护理

（1）促进下肢静脉回流，改善活动能力

1）穿弹力袜或使用弹性绷带：指导患者行走时穿弹力袜或使用弹性绷带，促进静脉回流。穿弹力袜时，应平卧并抬高患肢，排空曲张静脉内的血液后再穿，注意弹力袜的长短、压力及薄厚应符合患者的腿部情况。弹性绷带自下而上包扎，包扎不应妨碍关节的活动，并注意保持合适的松紧度，以能扪及足背动脉搏动和保持足部正常皮肤温度为宜。手术后弹性绷带一般需维持2周方可拆除。

2）保持合适体位：采取良好坐姿，双膝勿交叉过久，以免压迫腘窝，影响静脉回流；休息或卧床时抬高患肢30°～40°，以利于静脉回流。

3）避免引起腹内压和静脉压增高的因素：保持排便通畅，避免长时间站立，肥胖者应有计划地减轻体重、不穿紧身内衣裤等。

（2）手术前严格备皮，注意清洗肛门和会阴部。若需植皮，还应做好供皮部位的皮肤准备。

（3）手术前用甲紫或记号笔画出曲张静脉的行径，便于术中准确操作。

（4）注射硬化剂的部位用无菌敷料覆盖，弹性绷带包扎。

（5）术前测定血常规、出凝血时间、凝血酶原时间。

（6）并发症的护理：①小腿慢性溃疡和湿疹：平卧时抬高患肢，保持创面清洁，可用等渗盐水或1∶5000呋喃西林溶液湿敷，全身应用抗生素；②血栓性静脉炎：局部热敷、理疗、抗凝治疗及应用抗生素，禁止局部按摩；③曲张静脉破裂出血：立即抬高患肢，加压包扎，必要时手术止血。

2. 术后护理

（1）卧床休息：术后卧床休息时，抬高患肢20°～30°，同时作踝部屈伸运动，以促进患肢静脉血液回流，防止下肢深静脉血栓形成。

（2）弹性绷带包扎患肢：应用弹性绷带自下而上包扎，包扎时以不妨碍关节活动、包扎后扪及足背动脉搏动、足背部皮肤温度正常，则松紧度适合。包扎的弹性绷带通常需要维持2周方可拆除。

（3）病情观察：观察有无手术切口渗血，有无局部红、肿、压痛等感染征象。术后观察肢体的颜色、皮温、足背动脉搏动情况。

（4）术后24～48小时鼓励患者早期下床活动，避免下肢静脉血栓形成，避免久站、久坐。

（5）及时换药，遵医嘱使用抗生素预防感染。

（6）小腿有慢性溃疡者：作继续换药处理，并使用弹性绷带。

（7）心理护理：向患者及其家属讲解疾病相关知识，减轻或消除患者的恐惧心理，使其积极配合治疗和护理。

（8）预防和处理并发症：当发现患者下肢伤口有出血、感染和血栓性静脉炎时，应及时报告给医师处理。有下肢静脉栓塞者，预防肺栓塞，应遵循下列措施：①发病之日起严格卧床2周。②下肢血栓形成严禁按摩。③禁止对患肢有压迫性的检查。④出现栓塞24小时内，应限制自身运动，保持呼吸节律，通知医院等待医治。

 考点提示

下肢静脉曲张患者的护理措施。

3. 健康教育

（1）消除影响下肢静脉回流的因素，避免长时间站立和久坐，坐时双膝避免交叉，休息时患肢尽量抬高，以促进回流。避免患肢外伤，防止曲张静脉破裂引起急性出血。

（2）嘱患者配合治疗及护理，了解非手术治疗和手术治疗的具体方法和意义。指导患者保持排便及排尿通畅，维持正常体重，加强身体锻炼，增强血管弹性。

（3）教会患者使用弹性绷带或弹力袜的方法，出院后继续使用1～3个月。弹力袜的选择要符合患肢腿部周径，穿时无皱褶。短袜应在膝下3 cm处结束，长袜应在腹股沟下3 cm处结束。注意松紧适度、插入一手指为宜，包扎前排空静脉，从远端开始，包扎后注意远端色泽和温度等，根据不同疾病和手术选择包扎方法、周径适合。

【护理评价】

1. 患者下肢静脉淤血、皮肤营养状况是否得到改善，并发症发生时是否得到及时处理。
2. 患者慢性溃疡创面感染是否得到有效控制。
3. 患者是否掌握正确的活动与休息方法。

第二节　血栓闭塞性脉管炎患者的护理

血栓闭塞性脉管炎（thromboangitis obliterans，TAO）又称Buerger病，是一种以周围血管非化脓性炎症、节段性和周期性发作的慢性闭塞性疾病。病变主要累及四肢远端中、小动静脉，多发生于下肢血管，好发于男性青壮年。我国北方地区本病发病率较高。

【病因及病理生理】

1. 病因　本病病因尚未明确，可能与下列2个方面的因素有关。

（1）外在因素：外伤、吸烟（包括主动吸烟和被动吸烟）、感染及居住在寒冷与潮湿的环境中。吸烟是引起本病发生和发展的重要环节。多数患者有吸烟史，戒烟可使病情缓解，再度吸烟常使病情反复。

（2）内在因素：自身免疫功能紊乱，性激素和前列腺素失调以及遗传因素。患者动脉壁中发现免疫球蛋白及C3复合物，提示免疫功能紊乱，可能是本病发病的重要因素。

2. 病理生理　病变常起始于下肢的中、小动脉，伴行静脉常受累，由远心端向近心端发展，病变呈节段性。早期，血管壁的全层产生非化脓性炎症，且内皮细胞、成纤维细胞增生及淋巴细胞浸润，导致血管腔狭窄和血栓形成。晚期，炎症逐渐消退、血栓机化，有新生毛细血管形成，动脉周围有广泛纤维组织形成，纤维组织常包埋与其伴行的神经组织及静脉。这一时期，由于血管管腔逐渐闭塞，侧支循环逐渐形成，对组织供血有一定的代偿作用。闭塞血管远端的组织由于缺血而逐渐坏疽或形成溃疡，若静脉受累，病理改变与病变动脉相类似。

【护理评估】

1. 健康史　询问及了解患者的年龄、性别；患者家族中有无类似病史；有无长期大量吸烟史；有无感染、性激素影响及外伤史；有无长期在湿冷环境下工作史等。

2. 身体状况　本病起病隐匿，病情进展缓慢，常呈周期性发作，经过较长时间的进展后症状逐渐明显和加重。根据病程的进展以及病情发展程度可分为以下3期。

（1）局部缺血期：以动脉血管痉挛收缩为主，引起下肢供血不足。表现为患肢苍白、发凉、怕冷、小腿部酸痛、足趾有麻木感及针刺样感觉。尤其是在行走一定的距离后，肌肉耗氧量增多，代谢增强，但下肢供血不能相应增加，代谢产物聚积，引起刺激性疼痛和肌肉抽搐，被迫停下来休息几分钟后，局部代谢产物被清除，疼痛等症状可缓解，但再行走后又可发作，这种现象称为间歇性跛行，是此期的典型表现。此期少部分患者可伴有游走性静脉炎，表现为下肢浅小静脉发红、发热、呈条索状、有压痛，约2周逐渐消失，而后又在另一处发生。此期患肢皮肤温度低于正常，足背动脉、胫后动脉搏动明显减弱。

（2）营养障碍期：除血管痉挛继续加重外，有明显的血管壁增厚及血栓形成，即使是休息期间，也难以满足患肢供血。间歇性跛行逐渐加重，有持续性静息痛，夜间尤甚，又称休息痛（静息痛），即在夜间休息状态下疼痛剧烈，迫使患者屈膝抱足而坐，或将患肢垂于床缘，以增加血供，缓解疼痛。患肢的皮肤温度明显降低，皮肤明显苍白或出现紫斑，小腿肌肉萎缩，皮肤无汗、干冷、趾甲增厚及变形，足背动脉和（或）胫后动脉搏动消失。

（3）组织坏死期：患肢动脉完全闭塞，局部组织缺血、坏死，肢体远端发生干性坏疽，如趾端发黑、干瘪、坏疽、溃疡，坏死常始于足趾尖端，逐渐累及全趾，甚至整个足部。此后，坏死组织可自行脱落，残端趾骨暴露，形成经久不愈的溃疡。当继发感染时，可转为湿性坏疽，严重者可出现全身性感染中毒症状。

 考点提示

血栓闭塞性脉管炎的临床表现。

3. 心理-社会状况　患肢反复出现极度疼痛、肢端坏死与感染等，患者产生焦虑、悲观、失望情绪；患者对本病相关知识缺乏，丧失对生活与治疗的信心。

4. 辅助检查

（1）一般检查

1）测定患者跛行距离和跛行时间。

2）皮肤温度测定：若双侧肢体对应部位皮肤温度相差2℃以上，提示患肢动脉的供血量减少。

3）肢体抬高试验（Buerger试验）：嘱患者平卧，将患肢抬高45°，若在3分钟后出现麻木、疼痛、足部（特别是足趾、足掌的皮肤）苍白或呈蜡黄色，为阳性。再让患者坐起，下肢垂于床缘以下，若患肢足部皮肤出现潮红或斑片状发绀，提示患肢供血严重不足。

4）解张试验：通过硬膜外腔或蛛网膜下腔阻滞，比较麻醉前、后患肢的温度变化，若麻醉后患处皮温明显升高，提示为动脉痉挛；若无明显改变，提示病变动脉已经严重狭窄或完全闭塞。

（2）特殊检查

1）肢体血流图：电阻抗和光电血流仪检测时，显示峰值降低，提示血流量减少。显示降支下降速度减慢，说明流出道阻力增加。其改变与病变严重程度成正比。

2）彩色多普勒超声检查：彩色多普勒超声显像仪能够显示动脉的形态、直径和血液流速等，可了解病变部位和缺血的严重程度。

3）动脉造影：可清楚地显示动脉病变的部位、程度和范围以及侧支循环情况。但动脉造影可导致血管痉挛、加重肢体缺血及损伤血管等不良后果，不宜常规应用，一般在作血管重建性手术前才考虑。

5. 治疗原则　采用多种综合治疗方法，力求防止病变进展，改善或促进患肢的血液循环。

（1）一般治疗

1）改善居住环境，以防止受冷、受潮和外伤，但不作热疗，以免组织需氧量增加而加重症状。

2）嗜烟者严禁吸烟。消除烟碱对血管的刺激而导致的血管收缩。

3）锻炼患肢，促进侧支循环建立。

4）止痛：疼痛是本病的主要症状，尤其是在患肢有溃疡、坏疽和继发感染时，疼痛更为剧烈，一般镇痛药难于制止，可适当应用吗啡类药物，但应注意成瘾，也可采用普鲁卡因股动脉内注射和腰交感神经封闭术等，如腰交感神经封闭有效，则行腰交感神经节切除术。

（2）药物治疗：以血管扩张药、抗凝血药、激素等为主。

1）中医中药：常用祛湿、活血化淤、消炎止痛等方剂。

2）血管扩张药和抑制血小板聚集的药物：选用妥拉唑林、前列腺素 E_1（PGE_1）、硫酸镁溶液、低分子右旋糖酐等。右旋糖酐具有抗血小板聚集、减少血液黏稠的作用，因而能改善微循环。

3）抗感染治疗：有溃疡并发感染者，选用广谱抗生素，也可根据药敏试验结果选用有效抗生素。

（3）高压氧疗法：可促进患肢血氧的弥散，提高血氧含量，改善组织的缺氧程度，并对溃疡的愈合有一定的作用。

（4）创面处理：干性坏疽的创面，消毒后进行包扎，预防继发性感染。感染创面则用湿敷办法处理。

（5）营养疗法：对于病情重、体质差的患者，应加强支持治疗，给予营养丰富和多种维生素，必要时输血、补液。

（6）针刺疗法：可调节肢体神经、血管功能，缓解肢体血管痉挛，促进侧支循环，改善缺氧情况。

（7）手术治疗：可酌情选用下列手术方式治疗。

1）腰交感神经节切除术：可缓解血管痉挛，促进侧支循环形成，适用于局部缺血期和营养障碍期患者。

2）血管重建术：先采用动脉造影证实属于节段性闭塞，有良好的流出通道。可选用动脉扩张术、游离血管带蒂大网膜移植术、血栓内膜剥脱术、原位静脉动脉化转流术等术式。

3）截肢术：肢体远端坏死且界限分明者，可作截肢（趾、指）手术。

【常见护理诊断/问题】

1. 疼痛　与患肢缺血、组织坏死有关。
2. 焦虑　与患肢疼痛、久治不愈、缺乏信心、担心致残有关。
3. 活动无耐力　与患肢肢端供血不足有关。
4. 有皮肤完整性受损的危险　与趾（指）端或更高平面缺血坏疽有关。
5. 潜在并发症：感染与肢端溃疡。

【护理目标】

1. 患者疼痛缓解或消失。
2. 患者焦虑减轻，舒适感增加，能积极配合治疗及护理。
3. 患者活动自如。
4. 患者皮肤完整，无破损。
5. 无并发症发生或并发症发生后被及时发现和处理。

【护理措施】

1. 术前护理

（1）心理护理：护士应以极大的同情心去关心和体贴患者，耐心、细致地做好患者的思想工作。通过护患交流，帮助患者消除悲观情绪，树立信心，积极配合治疗和护理。

（2）控制或缓解疼痛

1）绝对戒烟：对嗜烟患者，让患者绝对戒烟，解释烟碱对血管起收缩作用，可加重患肢的缺血，同时讲解吸烟对生命的危害性。

2）患肢保暖：患肢注意保暖，避免受寒冷刺激，但应避免使用热水袋或热水给患肢直接加温，以免增加组织代谢和耗氧量而加重病情。

3）体位：睡觉或休息时取头高足低位，改善患肢供血。避免长时间保持同一姿势（站或坐）不变，坐时不能将一腿搁在另一腿的膝盖上，以避免腘动脉、腘静脉受压而影响血液循环。

4）保持足部清洁、干燥：每日用温水洗脚，不用肥皂水或有刺激性的药液洗脚，洗前用手先试水温，避免用足试水温，以免烫伤。

5）保护皮肤：皮肤瘙痒时，不能用手搔抓，采用涂擦止痒剂的方法止痒，避免穿紧身衣服和鞋袜。避免皮肤开放性损伤及继发感染，如有溃疡，应换药处置，遵医嘱给予抗生素，选用敏感抗生素湿敷。

6）缓解疼痛护理：早期遵医嘱应用血管扩张药、中医中药等治疗。对疼痛剧烈的中、晚期患者，常需使用麻醉性镇痛药。若疼痛难以缓解，可采用连续硬膜外麻醉止痛。

（3）促进侧支循环，提高患者活动耐力

1）加强锻炼：以步行较好，鼓励患者坚持每日多走路，活动量以患肢出现轻微疼痛为度。

2）指导患者进行Buerger运动，促进侧支循环的建立：方法是让患者平卧，抬高患肢45°，保持2~3分钟。然后将双足下垂于床缘，保持2~3分钟，同时足跟着地，作踝及趾的屈伸或左右摆动运动。再让患者平卧，放平患肢，休息2分钟。如此重复4~5次，每日进行3~4次。应该注意的是，如有腿部溃疡及坏死、动脉或静脉血栓脱落的情况不宜做此项活动。

（4）患处皮肤溃疡或坏死的护理：卧床休息，减少损伤部位组织的耗氧量。加强对已感染创面的换药，并遵医嘱应用抗感染药物。已形成溃疡的创面，应保持创面清洁、干燥，并加强保护及换药。

（5）术前准备：按术前常规准备，需植皮者，做好植皮区及供皮区的皮肤准备。

2. 术后护理

（1）体位：血管造影术后患者应取平卧位，穿刺点加压包扎24小时，患肢制动6~8小时，患侧髋关节伸直、避免弯曲，以免影响加压包扎的效果。静脉血管重建术后抬高患肢30°，并卧床制动1周；动脉血管重建术后患肢平放，卧床制动2周。患者卧床制动期间应做足部运动，促进患肢局部血液循环。

（2）病情观察：密切观察血压、脉搏、呼吸、患肢温度及切口渗血情况；对血管重建术及动脉血栓内膜剥除术后患者，观察患肢远端皮肤的色泽、感觉、温度和足背动脉搏动强度，判断患肢供血情况。若动脉重建术后出现皮肤颜色发紫、皮温降低、肢体肿胀等表现，说明重建血管发生痉挛或继发性血栓形成，立即向医师报告，并协助处理。

（3）防治感染：加强观察与保护，防止感染和出血，若切口有红、肿现象，须及时处理，遵医嘱使用抗生素。

> **考点提示**
>
> 血栓闭塞性脉管炎患者的护理措施。

3. 健康教育

（1）耐心向患者解释吸烟对生命的危害，尤其是血栓闭塞性脉管炎的危害。

（2）嘱患者坚持戒烟，有利于治疗。

（3）指导患者进行锻炼，教会Buerger运动方法，同时教会患者生活自理方法及缓解疼痛的方法。

（4）嘱患者避免受寒及外伤，保持肢体清洁、干燥。

（5）对截肢术后患者，指导其在适当的时间配置假肢及学会使用。

自 测 题

一、选择题

1. 导致原发性下肢静脉曲张的主要原因是
   A. 原发性深静脉瓣膜关闭不全　　　　　　B. 深静脉血栓形成
   C. 动静脉瘘　　　　　　　　　　　　　　D. 下肢运动减少
   E. 静脉壁软弱、静脉瓣膜缺陷以及浅静脉内压力持续升高

2. 防止大隐静脉曲张手术后深静脉血栓形成的主要措施是
   A. 弹性绷带包扎患肢　　B. 严格无菌操作　　C. 抬高患肢
   D. 防止切口渗血　　　　E. 手术后早期活动患肢

3. 引起血栓闭塞性脉管炎的病因，不包括的是
   A. 长期大量吸烟　　　　B. 气候寒冷、潮湿　　C. 神经内分泌紊乱
   D. 下肢活动减少　　　　E. 免疫功能异常

4. 血栓闭塞性脉管炎营养障碍期的特征性表现为
   A. 游走性静脉炎　　　　B. 间歇性跛行　　　　C. 全身中毒症状明显
   D. 足背动脉搏动减弱　　E. 静息痛

5. 指导血栓闭塞性脉管炎患者进行Buerger运动的目的是
   A. 促进切口愈合　　　　B. 防止血栓形成　　　C. 加快血液循环
   D. 促进侧支循环　　　　E. 防止血管痉挛

6. 对下肢静脉曲张伴小腿溃疡患者，正确的处理方法是
   A. 先手术，后治疗溃疡　　　　　　　　　　B. 必须待溃疡治愈后再手术
   C. 溃疡面植皮　　　　　　　　　　　　　　D. 先换药，待炎症消退后再手术
   E. 结扎大隐静脉，同时植皮

7. 患者，男性，46岁。检查时嘱其站立，待下肢静脉曲张充盈后，在大腿中上1/3扎止血带，伸屈膝关节活动20次，若曲张的静脉充盈明显减轻，则表示
   A. 交通支瓣膜功能不全　　　　　　　　　　B. 交通支瓣膜功能正常
   C. 大隐静脉瓣膜功能不全　　　　　　　　　D. 下肢深静脉通畅
   E. 下肢深静脉瓣膜功能不全

8. 患者，女性，48岁，下肢静脉曲张病史12年。关于术后护理措施，错误的是
   A. 抬高患肢　　　　　　　　　　　　　　　B. 使用弹性绷带
   C. 术后鼓励患者早期下床活动　　　　　　　D. 不能做足背屈伸运动
   E. 注意观察有无局部出血、感染

9. 患者，男性，38岁，主诉左侧小腿部酸痛，行走后小腿肌肉抽搐，休息后缓解，但行走后再次发作2年，加重1周。门诊以"血栓闭塞性脉管炎"收入院，下列说法正确的是
   A. 该患者患肢足背及胫后动脉搏动消失
   B. 该患者出现间歇性跛行
   C. 该患者足趾有持续性疼痛，夜间尤甚

D. 该患者足趾有麻木感

E. 该患者临床分期应为组织坏死期

10. 陈先生，60岁，患左下肢静脉曲张20年，行大隐静脉高位结扎加小腿静脉分段结扎术。术后3小时患者下床行走时，小腿处切口突然出血不止。紧急处理措施应为

A. 就地包扎　　　　B. 指压止血　　　　C. 用止血带止血

D. 钳夹止血　　　　E. 平卧，抬高患肢，加压包扎

二、名词解释

1. 间歇性跛行
2. 静息痛
3. 深静脉通畅试验

三、填空题

1. 血栓闭塞性脉管炎根据病情分为＿＿＿＿＿、＿＿＿＿＿、＿＿＿＿＿三期。
2. 血栓闭塞性脉管炎多见于下肢＿＿＿＿＿、＿＿＿＿＿动脉，伴行＿＿＿＿＿也常受累，病变呈＿＿＿＿＿分布。

四、简答题

简述血栓闭塞性脉管炎患者的健康指导。

五、案例分析

李先生，58岁，较长距离步行后感下肢疼痛，肌肉抽搐，休息后症状消失，再走一段路后症状又出现。平时有右足发凉、怕冷及麻木感。体格检查：右侧足背动脉搏动较左侧减弱。

请回答：

（1）目前该患者最主要的护理诊断/问题是什么？

（2）对该患者，应首先采取什么措施？

（吴少林）

第二十八章　泌尿及男性生殖系统疾病患者的护理

学习目标

1. 描述泌尿及男性生殖系统疾病患者的主要症状及护理措施。
2. 熟记泌尿及男性生殖系统疾病患者的常用检查方法及标本采集方法。
3. 复述泌尿及男性生殖系统疾病患者的临床特点、治疗原则及辅助检查。
4. 简述泌尿及男性生殖系统疾病的病因、病理生理。
5. 能够运用护理程序对泌尿及男性生殖系统疾病患者实施整体护理。
6. 热爱泌尿外科护理工作，不怕脏、不怕臭、不怕累。
7. 耐心、细致地为患者做好解释工作，关心、体贴、鼓励患者，注重人文关怀。

第一节　泌尿及男性生殖系统疾病的主要症状

一、排尿异常

1. 尿频　排尿次数明显增多为尿频。正常人膀胱容量男性约为 400 ml，女性约为 500 ml。每日排尿次数因年龄、饮水量、气候和个人习惯而不同，一般白天 3～5 次，夜间 0～1 次，每次排尿量 300～400 ml。引起尿频的常见原因可分为两种情况：一种为每次尿量正常，排尿次数增多，一日尿液总量增多。有生理性的，如饮水增多、食用利尿食品；也有病理性的，如糖尿病、尿崩症或肾浓缩功能障碍；精神因素有时也可引起尿频。另一种为每次排尿量减少，排尿次数增多，一日尿液总量不变。如泌尿及生殖道炎症、膀胱结石、肿瘤、前列腺增生和各种原因引起的膀胱容量减少。

2. 尿急　有尿意时迫不及待地排尿，但尿量却很少，为尿急，常与尿频同时存在。尿急多见于下尿路急性炎症或膀胱容量显著减少、顺应性降低，也可见于无尿路病变的焦虑患者。

3. 尿痛　排尿时感到尿道疼痛为尿痛。尿痛可以发生在尿初、排尿过程中、尿末或排尿后，疼痛可表现为烧灼样或针刺样。尿痛常见于膀胱或尿道感染、结石或结核等。尿频、尿急、尿痛三者并存合称为膀胱刺激征。

4. 排尿困难　尿液不能通畅地排出为排尿困难。表现为排尿延迟、费力、射程缩短、尿线变细、尿流不畅，尿末滴沥等。排尿困难多由膀胱以下的尿路梗阻所致，如良性前列腺增生、尿道结石、严重包茎，也可见于神经源性膀胱功能障碍。

5. 尿流中断　排尿突然中断伴疼痛为尿流中断。疼痛可放射至远端尿道，多见于膀胱结石。

6. 尿潴留　膀胱内充满尿液，不能自行排出为尿潴留。尿潴留分为急性尿潴留和慢性尿潴留，为排尿困难的最终状态。急性尿潴留见于膀胱出口以下尿路严重梗阻、腹部或会阴手术后不敢用力排尿者，表现为不能排尿，尿液滞留于膀胱内。慢性尿潴留见于膀胱颈部以下尿路不完全性梗阻或神经源性膀胱，表现为耻骨上小腹明显膨隆、胀痛、排尿困难，叩诊呈浊音，严重者可出现充溢性尿失禁。

7. 尿失禁　膀胱内尿液不受控制而自行从尿道流出为尿失禁。临床上可见4种类型。①真性尿失禁：又称完全性尿失禁，膀胱失去控尿能力，一直处于空虚状态，常见于膀胱颈部和尿道括约肌受损者。②充溢性尿失禁：又称假性尿失禁，主要见于各种慢性尿潴留的患者，膀胱过度充盈，膀胱内尿液压力超过尿道内口阻力时，尿液不受控制地流出。正常人膀胱过度充盈时也会发生尿失禁，尤其是女性。③压力性尿失禁：常因咳嗽、打喷嚏、大笑等腹内压力突然急剧增高，尿液不自主地从尿道流出。压力性尿失禁主要见于女性，特别是多次分娩或产伤者。④急迫性尿失禁：严重尿频、尿急时，膀胱不受意识控制而排空，见于膀胱严重感染。

 考点提示

膀胱刺激征、尿失禁的定义及临床意义。

二、尿液异常

1. 血尿　为尿液中含有血液。根据血液含量的多少，可分为镜下血尿和肉眼血尿。

（1）镜下血尿：尿色正常，镜下每高倍镜视野下红细胞大于3个，血量较少。

（2）肉眼血尿：病变已较明显，每1000 ml尿液中含血量达1 ml以上，肉眼观察尿液有血色。根据血尿出现的不同时段，可将肉眼血尿作如下分类。①初血尿：血尿见于排尿开始，提示病变在尿道。②终末血尿：血尿见于排尿终末，提示病变在膀胱颈部或尿道前列腺部。③全程血尿：血尿见于排尿全程，最常见，提示病变在膀胱和上尿路，肿瘤的可能大。

2. 脓尿　显微镜下每高倍镜视野可见5个以上脓细胞者称为脓尿，提示有感染发生。脓尿常为乳白色、混浊，严重时可有脓块，多见于尿路感染。

3. 乳糜尿　是指尿液中混有乳糜液而使尿液呈乳白色或米汤样。乳糜尿含有大量脂肪、蛋白质、红细胞，常见于丝虫病。

4. 晶体尿　是指尿中含有机物质或无机物质沉淀、结晶，见于尿中盐类呈过饱和状态时。

5. 少尿或无尿　正常人24小时尿量为1000～2000 ml。尿量减少可有肾前性、肾性和肾后性因素。尿量少于400 ml/24 h为少尿，尿量少于100 ml/24 h为无尿。

三、尿道分泌物

尿道分泌物是指在无排尿时经尿道口自然流出的黏液性、血性或脓性分泌物。大量黄色、黏稠的脓性分泌物是淋菌性尿道炎的典型症状；血性分泌物提示尿道癌；少量无色或白色稀薄分泌物多为非淋菌性尿道炎；慢性前列腺炎患者常在晨起排尿前或排便后尿道口出现少量白色黏稠分泌物。

四、疼痛

疼痛为常见的重要症状，泌尿及男性生殖系统的实质性器官病变引起的疼痛常位于该器官所在部位，而空腔脏器病变常引起放射痛。

1. 肾和输尿管痛　当肾包膜扩张、炎症或者收集系统扩张时，会产生肾和输尿管痛。疼痛性质多为钝痛，呈持续性，疼痛位置主要在肋脊角；也可为锐痛，通常在肋腹部，可向同侧睾丸或阴囊放射。尿石症或血块堵塞上尿路多引起输尿管痛，一般为急性发作。肾盂与输尿管连接处或输尿管急性梗阻、扩张引起的疼痛为肾绞痛，特点是绞痛，呈阵发性，剧痛难忍，辗转不安，大汗，伴恶心、呕吐。上段输尿管和肾的神经支配相类似，所以疼痛部位类似。中段输尿管发生的疼痛，右侧放射到右下腹区，类似阑尾炎，左侧放射到左下腹区，类似憩室炎。而下段输尿管发生的疼痛通常表现为膀胱刺激征及耻骨上区不适。疼痛有时向阴囊或阴茎头部放射。

2. 膀胱痛　尿潴留导致膀胱过度扩张，疼痛发生于耻骨上区域。膀胱感染时，膀胱充盈疼痛加重，而排尿后疼痛缓解，疼痛常呈锐痛、烧灼痛，伴有膀胱刺激征。

3. 前列腺痛　由于前列腺炎导致组织水肿和被膜牵张，引起会阴、直肠、腰骶部疼痛，可牵涉耻骨上区、腹股沟区、睾丸，并伴有尿频或尿痛。

4. 阴囊痛　一般由睾丸或附睾病变引起，由外伤、精索扭转、睾丸或附睾附属物扭转以及感染所致。

5. 阴茎痛　阴茎非勃起状态时疼痛发生于膀胱或尿道炎症，尿道口可有放射痛。阴茎勃起状态时疼痛发生于阴茎异常勃起等情况。

五、肿块

肿块是泌尿外科疾病重要的体征之一。腹部肿块可见于肾肿瘤、肾结核、肾积水及肾囊肿等。阴囊内肿块多见于斜疝、鞘膜积液、精索静脉曲张及睾丸肿瘤等。

六、男性性功能障碍症状

男性性功能障碍症状主要有性欲低下、勃起功能障碍、射精障碍（早泄、不射精和逆行射精）等，其中勃起功能障碍和早泄最常见。

第二节　泌尿及男性生殖系统疾病患者的常用检查护理

一、实验室检查患者的护理

1. 尿液检查

（1）尿液收集：应收集新鲜中段晨尿。男性包皮过长者，必须翻起包皮，清洗龟头。女性月经期间不应收集尿液送验。尿培养以清洁中段尿为佳，女性可以采用导尿的尿标本。由耻骨上膀胱穿刺而取得的尿标本是无污染的膀胱尿标本。新生儿及婴幼儿尿液收集使用无菌塑料袋。

（2）尿常规检查：是诊断泌尿系统疾病最基本的检查项目。正常尿液呈淡黄色、透明、弱酸性、中性或碱性。进食大量蔬菜或感染时尿液 pH 升高，而进食大量蛋白质时尿液 pH 降低。正常尿液尿糖阴性，含极微量蛋白。

（3）尿三杯试验：以排尿最初的 5～10 ml 尿为第一杯，排尿终末 5～10 ml 为第三杯，中间部分为第二杯。收集时，尿流应连续不断。其检验结果可初步判断镜下血尿或脓尿的来源及病变部位。若第一杯尿液异常，提示病变在尿道；第三杯尿液异常，提示病变在后尿道、膀胱颈部；若三杯尿液均异常，提示病变在膀胱或上尿路。

（4）尿细胞学检查：此法用于初步筛选膀胱肿瘤或术后随访。宜取新鲜尿液检查。检查阳性提示可能为尿路上皮肿瘤。冲洗后收集尿液检查可提高阳性率。

（5）尿细菌学检查：通过尿沉渣革兰氏染色涂片检查可初步筛选细菌种类，供用药参考。

尿沉渣抗酸染色涂片检查或结核分枝杆菌培养有助于确立肾结核的诊断。清洁中段尿培养结果，若菌落数＞ 10^5/ml，提示尿路感染。对于有尿路感染症状者，致病菌菌落数＞ 10^2/ml 有意义。

（6）膀胱肿瘤抗原：检查方法简单，诊断膀胱癌的正确率在 70% 左右。但应避免血尿严重时使用。

2. 肾功能检查

（1）尿比重：反映肾浓缩功能和排泄废物的功能。当肾功能受损时，肾浓缩功能进行性下降。尿比重固定或接近于 1.010，提示肾浓缩功能严重受损。尿液中多种物质（如葡萄糖、蛋白质及其他大分子物质）均使尿比重增高，尿渗透压较尿比重测定能更好地反映肾功能。

（2）血尿素氮和血肌酐：两者均为蛋白质代谢产物，主要经肾小球滤过排出，可用于判断肾功能。血肌酐测定较血尿素氮精确。血尿素氮受分解代谢、饮食和消化道出血等多种因素影响。

（3）内生肌酐清除率：是反映肾小球滤过率的简便、有效的方法。测定公式：内生肌酐清除率＝尿肌酐浓度 / 血肌酐浓度 × 每分钟尿量，正常值为 90～110 ml/min。

（4）酚磺酞排泄试验：94% 的酚磺酞由肾小管排泄，所以在特定的时间内，尿中酚红的排出量能反映肾小管的排泄功能。

（5）血清前列腺特异性抗原（PSA）：PSA 由前列腺腺泡和导管上皮细胞分泌，具有前列腺组织特异性。血清 PSA 正常值为 0～4 ng/ml。如血清 PSA ＞ 10 ng/ml，应高度怀疑前列腺癌。血清 PSA 是目前前列腺癌的生物学指标，其升高只能提示前列腺癌的可能性，可用于前列腺癌的筛选、早期诊断、分期、疗效评价和随访观察。

3. 前列腺液检查　正常前列腺液呈淡乳白色，较稀薄。涂片镜检可见多量卵磷脂小体，白细胞＜ 10 个 /HP。如有大量成簇的白细胞出现，则提示前列腺炎。

4. 精液分析　常规的精液分析包括颜色、量、pH、黏稠度、精子状况及精浆生化测定。精液分析是评价男性生育力的重要依据。精液标本收集前应禁欲至少 3 天，但不超过 7 天，两次采样间隔时间应大于 7 天，并且在采集后 1 小时内送检。

二、器械检查患者的护理

1. 导尿管　目前最常用的是气囊或福莱（Foley）导尿管。导尿管的大小是以其外周径表示的，以法制（F）为计量单位，21F 表示其周径为 21 mm，直径为 7 mm。

（1）适应证：测定残余尿、注入造影剂确定有无膀胱损伤，或引流尿液、解除尿潴留等。

（2）禁忌证：急性尿道炎。

2. 尿道探条　通常由金属材料制成。一般选用 18～20 F 探条扩张狭窄的尿道。进入尿道必须很小心，不能用暴力推进，以防后尿道破裂，应使其平滑地通过尿道进入膀胱。

（1）适应证：探查尿道狭窄程度；治疗和预防尿道狭窄；探查有无尿道结石。

（2）禁忌证：急性尿道炎。

3. 膀胱尿道镜　标准的膀胱尿道镜由外鞘、固定器和镜管组成。

（1）适应证：①可全面地检查尿道、膀胱。②用活检钳取活体组织作病理学检查。③通过插管镜经双侧输尿管口插入输尿管插管，作逆行肾盂造影或收集肾盂尿送检，也可进行输尿管套石术或安置输尿管支架作内引流。④特殊的膀胱尿道镜包括电切镜等，还可施行尿道、膀胱、前列腺、输尿管和肾的比较复杂的操作。

（2）禁忌证：尿道狭窄、膀胱炎症或膀胱容量过小者不能作此检查。

4. 输尿管镜和肾镜　有硬性、软性两种类型。输尿管镜一般经尿道、膀胱置入输尿管及肾盂。

（1）适应证：①可以直接窥查输尿管、肾盂内有无病变；②可直视下取石、碎石，切除或电灼肿瘤；③取活体组织检查。

（2）禁忌证：全身出血性疾病、前列腺增生、病变以下输尿管梗阻及其他膀胱镜检查禁忌者等。

5. 前列腺细针穿刺活检　是诊断前列腺癌最可靠的检查，有经直肠或会阴部两种途径。

6. 尿流动力学　借助流体力学及电生理学方法研究和测定尿路输送、储存、排出尿液的功能，为分析排尿障碍的原因、选择治疗方式及评定疗效提供客观依据。目前尿流动力学检查临床上主要用于诊断下尿路梗阻性疾病（如前列腺增生）、神经源性排尿功能异常、尿失禁以及遗尿症等。

7. 器械检查患者的护理

（1）心理护理：器械检查属于有创性检查，术前应做好解释工作，有助于消除患者的恐惧心理，使检查顺利完成。

（2）严格无菌操作：侵入性检查可能将细菌带入体内而引起感染，因此，检查前应清洗患者的会阴部，操作过程中严格遵守无菌操作原则，必要时根据医嘱预防性应用抗菌药物。

（3）排空膀胱：除导尿和单纯尿流率检查外，其他各项检查患者应在检查前排空膀胱。操作时动作应轻柔，忌用暴力，以减轻患者的痛苦和避免损伤。

（4）鼓励患者多饮水：单纯尿流率检查时，应嘱患者在检查前多饮水，充盈膀胱。内镜检查和尿道探查后，患者大多有肉眼血尿，2～3天后可自愈；应鼓励患者多饮水，以增加尿量，起到冲刷作用。

（5）并发症处理：发生严重损伤、出血或尿道热者，应留院观察、输液及应用抗菌药物，必要时留置导尿或膀胱造瘘。

考点提示

泌尿外科疾病器械检查患者的护理。

三、影像学检查患者的护理

1. 超声检查　作为泌尿外科疾病的筛选、诊断和随访而广泛应用，也用于介入治疗。临床上可用于确定肾肿块的性质、结石和肾积水；测定残余尿，测量前列腺体积等，也用于检查阴囊肿块以判断囊肿或实质性肿块。彩色多普勒超声仪可显示血管内血流情况，确定动脉和静脉的走向，用于选择肾实质切开部位、诊断睾丸扭转和肾移植排异反应。在超声引导下，可行穿刺、引流及活检等。由于超声不需要使用造影剂，不影响肾功能，可用于肾衰竭患者，也用于禁忌作排泄性尿路造影或不宜接受 X 线照射的患者。

2. X 线检查

（1）尿路平片（KUB）：最常用于尿石症的检查，可显示肾轮廓、大小、位置、钙化及尿石等。妊娠期妇女忌拍摄尿路平片。护理措施：摄片前 1 天进食少渣饮食，术前晚服轻泻药，清除肠道内的气体和粪块，保证 X 线片的清晰度。

（2）排泄性尿路造影：又称静脉肾盂造影（IVU），静脉注射有机碘造影剂，肾功能良好者 5 分钟即显影，10 分钟后显示双侧肾、输尿管和部分充盈的膀胱。排泄性尿路造影能显示尿路形态是否规则，有无扩张、推移、压迫和充盈缺损等；同时可了解分侧肾功能。造影前应作碘过敏试验。妊娠及肾功能严重损害为禁忌证。护理措施：术前需作常规肠道准备。摄片前 1 天进食少渣饮食，术前晚服轻泻药排空肠道，禁食、禁饮6～12小时，使尿液浓缩，增加尿路造影剂的浓度。应用造影剂者行碘过敏试验。检查中注意观察患者的反应，如恶心、呕吐、胸闷、眩晕或心悸，疑为早期碘过敏反应，应立即停止注药并皮下注射0.1%肾上腺素1 mg，吸氧及观察尿量。

（3）逆行肾盂造影（RP）：通过膀胱尿道镜作输尿管插管，于两侧输尿管、肾盂及肾盏注入造影剂，显示其形态。特点是造影清晰，且造影剂不通过血液循环，全身反应较少。急性尿路感染及尿道狭窄为禁忌证。护理措施：应用造影剂者行碘过敏试验，造影前应清空肠道，严格执行无菌操作，动作轻柔，避免损伤。

（4）膀胱造影：采用导尿管置入膀胱后注入造影剂，可显示膀胱的形态及其病变，如损伤、畸形、瘘管、神经源性膀胱及膀胱肿瘤。排泄性膀胱尿道造影可显示膀胱输尿管回流及尿道病变。

（5）血管造影：方法有直接穿刺、经皮动脉穿刺插管、选择性肾动脉及肾静脉造影以及数字减影血管造影（DSA）。血管造影适用于肾血管疾病、肾损伤、肾实质肿瘤等。DSA能清晰地显示血管（包括直径1 mm的血管），可以发现肾实质内小动脉瘤及动静脉畸形之类的血管异常。有出血倾向和造影剂过敏者为禁忌证。护理措施：造影前行碘过敏试验，造影后穿刺，局部加压包扎，卧床24小时；造影后注意观察足背动脉搏动、皮肤温度、皮肤颜色、感觉和运动情况；造影后鼓励患者多饮水，必要时静脉输液，以促进造影剂的排泄。

3. CT检查　适用于鉴别肾囊肿和肾实质性病变，确定肾损伤的范围和程度，肾、膀胱、前列腺癌及肾上腺肿瘤的诊断和分期，能显示腹部、盆腔转移的淋巴结。

4. 磁共振成像（MRI）　能显示被检查器官和组织的功能和结构，并可显示脏器血流灌注信息。对分辨肾肿瘤的良、恶性，判定膀胱肿瘤浸润膀胱壁的深度、前列腺癌分期，MRI可以提供较CT更为可靠的依据。

5. 放射性核素显像　其特点是核素用量小，几乎无放射损害，但能在不影响机体正常生理过程的情况下显示体内器官的形态和功能。

（1）肾图：可测定肾小管分泌功能和显示上尿路有无梗阻，反映尿路通畅及尿排出速率情况。

（2）肾显像：分为静态显像和动态显像。静态显像仅显示核素在肾内的分布图像；动态显像显示肾吸收、浓集和排出的全过程。当肾功能不全时，肾显像比尿路造影要敏感。对肾移植患者术后观察并发症（如梗阻、外溢、动脉吻合口狭窄）很有帮助。

（3）肾上腺皮质和髓质核素显像：对肾上腺疾病有诊断价值，如嗜铬细胞瘤的定位诊断。

（4）阴囊显像：常用于怀疑睾丸扭转或精索内静脉曲张等。

（5）骨显像：可显示全身骨骼系统有无肿瘤转移，尤其是确定肾癌、前列腺癌骨转移的情况。

第三节　泌尿系统损伤患者的护理

案例28-1

患者，男性，50岁，因被汽车撞击下腹部1小时急诊入院。体格检查：呼吸急促，T 36.2℃，P 110次/分，R 23次/分，BP 70/50 mmHg，面色苍白，下腹膨隆，腹肌紧张，有压痛及反跳痛，会阴部青紫，导尿管能顺利插入膀胱，引出300 ml血性液体后再无尿液引出，

X线摄片示骨盆骨折，B型超声示盆腔有较多量积液。

问题与思考：

1. 目前该患者的护理评估重点有哪些？
2. 目前该患者的常见护理诊断/问题有哪些？
3. 针对目前该患者的护理诊断/问题，应采取哪些护理措施？

泌尿系统损伤以男性尿道损伤最多见，肾、膀胱损伤次之，输尿管损伤最少见。由于肾、输尿管、膀胱和后尿道受到周围组织和器官的保护，通常不易受伤。泌尿系统损伤多是胸、腹、腰部或骨盆损伤的合并伤。故当上述部位严重损伤时，应注意有无泌尿系统损伤；当确诊泌尿系统损伤时，也应注意有无其他脏器合并损伤。泌尿系统损伤主要表现为出血及尿外渗。大量出血可引起休克。尿外渗可继发感染，严重时可导致脓毒症、肾周围脓肿或尿瘘。

一、肾损伤患者的护理

肾属于腹膜外位器官，解剖位置比较深，且受到腰肌、脊柱等保护，加之本身又具有一定的活动度，故一般不易损伤。但肾实质脆弱，包膜薄，当肾区受暴力直接或间接打击、刺伤或贯穿伤时，会造成肾损伤。肾损伤多见于成年男性。

【病因及病理分类】

1. 病因

（1）开放性损伤：因刀刃、枪弹、弹片等锐器所致，伤情复杂且严重，常伴有胸腹脏器损伤。

（2）闭合性损伤：在肾损伤中最多见，多为直接暴力（撞击、跌打、挤压、肋骨骨折等）或间接暴力（如对冲伤、高处跌落突然减速）所致。一般创口不与外界相通。

（3）医源性损伤：介入性检查或治疗泌尿系统疾病，如经皮肾穿刺活检、肾造瘘导致肾损伤。

2. 病理分类 在肾损伤中，最常见的是闭合性损伤。根据肾损伤程度，可分为以下4种病理类型（图28-1）。

（1）肾挫伤：最常见，是肾实质的轻微伤。形成肾瘀斑和（或）包膜下血肿，肾被膜及肾盂、肾盏黏膜完整，常有镜下血尿或轻微、短暂的肉眼血尿，一般症状轻微，多可自愈。

（2）肾部分裂伤：肾实质部分裂伤伴肾被膜破裂或肾盂、肾盏黏膜破裂。前者形成肾周围血肿和尿外渗；后者常有明显的肉眼血尿，多可经积极非手术治疗而愈合。如病情恶化，仍需手术治疗。

（3）肾实质全层裂伤：肾被膜、肾实质、肾盂及肾盏黏膜均破裂，常引起广泛的肾周血肿、严重的血尿和尿外渗，常伴有失血性休克。这类肾损伤后果严重，常需紧急手术治疗。

（4）肾蒂损伤：肾蒂血管损伤比较少见。肾蒂血管全部或部分撕裂，血尿不明显，但有时可引起大出血、休克，患者常来不及诊治即死亡。此类损伤多发生于右肾，易被忽略，应迅速确诊并施行手术。

💡 **考点提示**

肾闭合性损伤的病因及病理类型。

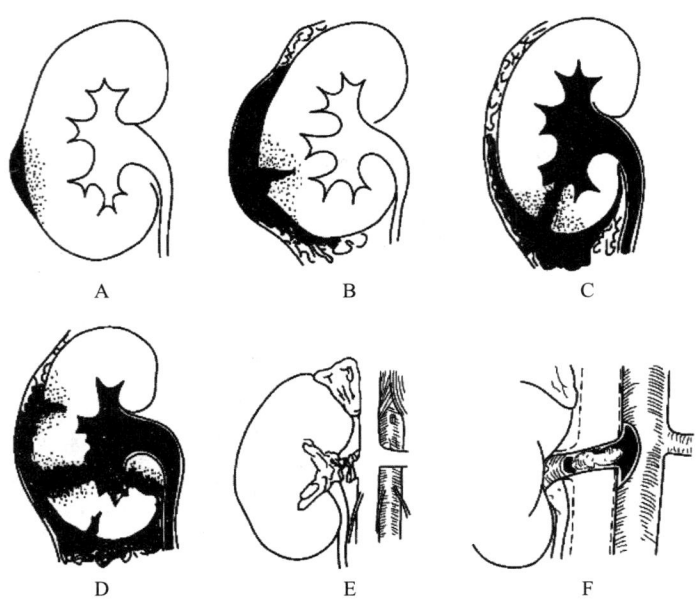

图 28-1 肾损伤病理类型

A. 肾挫伤：肾瘀斑及包膜下血肿；B. 肾部分裂伤：表浅肾皮质裂伤及肾周围血肿；C. 肾实质全层裂伤：肾周血肿、血尿和尿外渗；D. 肾实质全层裂伤：肾横断、肾碎裂；E. 肾蒂血管外伤：肾蒂血管断裂；F. 肾蒂血管外伤：肾动脉内膜断裂及血栓形成

【护理评估】

1. 健康史　询问及了解患者受伤的原因、时间、部位、受伤时的姿势、暴力作用的部位以及受伤的经过；详细了解伤后采取的诊疗措施及反应。同时，还应了解患者既往健康状况等。

2. 身体状况

（1）休克：严重肾裂伤、肾蒂裂伤或合并其他脏器损伤时，因损伤和严重失血，患者常发生休克，可危及生命。

（2）血尿：一般肾损伤的程度与血尿的程度一致，如肾挫伤常为镜下血尿或轻微、短暂的肉眼血尿，重度损伤则为肉眼血尿。但有时血尿与损伤的程度可不成正比，如血块堵塞输尿管或输尿管、肾盂断裂或肾蒂血管损伤时，血尿往往不明显，甚至无血尿。

（3）疼痛：当肾包膜下血肿、肾周围软组织损伤、出血或尿外渗时，可引起伤侧腰腹部钝痛或胀痛；当血块阻塞输尿管时，则出现肾绞痛；尿液、血液渗入腹腔或合并腹部器官损伤时，可出现全腹痛和腹膜刺激症状。

（4）发热：血肿、尿外渗易继发感染，甚至导致肾周脓肿或化脓性腹膜炎，引起全身性感染中毒症状，出现高热、寒战等，严重者可发生感染性休克。

（5）腰腹部肿块：血液、尿液渗入肾周围组织，可使局部肿胀，形成肿块，有明显触痛和肌肉强直。

 考点提示

肾损伤的主要临床表现。

3. 心理 - 社会状况　损伤后因疼痛、血尿等不适，患者及其家属易出现焦虑或恐惧的心理状态。经济条件较差的家庭，对治疗的支持可能出现困难，会影响患者的治疗信心。

4. 辅助检查

（1）实验室检查：尿中含多量红细胞。血红蛋白、血细胞比容持续降低提示活动性出血，血白细胞计数增多提示感染。

（2）影像学检查：B型超声检查能提示肾损伤的部位和程度；CT检查可进一步了解肾实质裂伤程度、尿外渗、肾周血肿及对侧肾的功能情况。静脉尿路造影、肾动脉造影也可用于肾损伤的诊断。

5. 治疗原则　肾损伤多数采用非手术治疗，包括绝对卧床休息、镇静、止痛、应用抗生素及止血药等。对于非手术治疗无效或开放性肾损伤患者，宜采用手术治疗。

（1）急救处理：对有休克、大出血者，需迅速给予抢救，观察生命体征，抗休克治疗，做好急诊手术探查准备。

（2）非手术治疗：绝大部分肾损伤，如肾挫伤或部分肾裂伤，可经非手术治疗治愈。

1）卧床休息：绝对卧床休息2～4周，待病情稳定、血尿消失后1～2周方可离床活动。通常损伤后4～6周肾挫裂伤才趋于愈合，过早、过多离床活动，有可能再度出血。

2）病情观察：损伤后必须密切观察血压、脉搏、血尿、血红蛋白等指标有无变化；记录尿量、尿液颜色；注意腰腹部肿块的范围、硬度；复查血常规。

3）其他：早期合理应用广谱抗生素预防感染；补充血容量；合理应用镇痛药、镇静药和止血药等。

（3）手术治疗：严重肾裂伤、肾破裂、肾盂破裂、肾蒂损伤及开放性肾损伤，应尽早施行手术。非手术治疗期间发生以下情况，需施行手术治疗：①经积极抗休克治疗后生命体征未见改善，提示有内出血；②血尿逐渐加重，血红蛋白和红细胞比容继续降低；③腰腹部肿块明显增大；④有腹腔脏器损伤的可能。手术方式包括：肾修补、肾部分切除或肾切除术；出血或尿外渗引起肾周脓肿时，则行肾周引流术。对侧肾缺如或肾功能不全者禁忌做肾切除。

> 💡 **考点提示**
>
> 肾损伤的治疗原则。

【常见护理诊断/问题】

1. 焦虑、恐惧　与出现血尿、害怕手术和担心肾损伤后肾切除有关。
2. 组织灌注量改变　与创伤、肾裂伤引起的大出血有关。
3. 疼痛　与肾损伤后被膜下血肿及肾周血肿有关。
4. 体温过高　与血肿、组织坏死、尿外渗和引流不畅继发感染有关。
5. 潜在并发症：感染、休克、尿外渗、大失血等。

【护理目标】

1. 患者焦虑、恐惧减轻或消失，情绪稳定。
2. 组织灌注量恢复正常。
3. 患者疼痛减轻或消失。
4. 患者体温恢复正常。
5. 未发生并发症或并发症发生后被及时发现和处理。

【护理措施】

1. 非手术治疗的护理及术前护理

（1）心理护理：关心、体贴患者，做好解释工作，消除患者的紧张情绪，使其树立战胜疾病的信心。

（2）休息：绝对卧床休息2～4周，待病情稳定、血尿消失后1～2周方可离床活动，过早或过多起床活动有可能造成继发出血。

（3）病情观察：密切观察患者的生命体征，每隔10～15分钟观察、记录一次，直至患者生命体征平稳；注意尿量、尿液颜色等的变化；定时观察疼痛部位及程度，腰腹部肿块和腹膜刺激征的变化；定时查血常规，动态监测红细胞计数、血红蛋白含量和血细胞比容变化。若病情加重，应及时通知医师，并配合医师进行处理。

（4）维持体液平衡、保证组织有效灌注量：休克患者要迅速建立静脉通道，根据血压、脉搏及中心静脉压监测结果进行补液。必要时输血，合理应用血管活性药物。纠正水、电解质代谢紊乱。

（5）防治感染：遵医嘱应用抗生素，护理操作中严格遵守无菌原则。尿外渗部位软组织应切开引流。

（6）术前准备：有手术指征者，在抗休克治疗的同时，遵医嘱完善各项术前常规准备，及时完成急诊手术前的准备工作。

2. 术后护理

（1）病情观察：特别注意术后24～48小时内的生命体征变化，警惕术后内出血的发生；注意切口渗血、渗尿情况及有无感染；行肾周引流术者，注意引流液的量和性状；注意尿量及性状的变化；监测血常规、尿常规及肾功能。

（2）卧床休息：肾切除术后需卧床休息2～3天，肾修补或肾部分切除术后需卧床休息2周，以防止手术后出血。

（3）饮食：肠蠕动未恢复前禁食，通过静脉补液，以维持代谢平衡，但肾切除后的患者输液速度不可过快。肠蠕动恢复后可进流质饮食，逐步过渡到普食。嘱患者多饮水，保证每日饮水量2500～3000 ml。肾手术后易出现腹胀，减少进食易产气的食物。

（4）引流管护理：肾手术常留置肾周引流管，以引流血液和渗液。应妥善固定，无菌操作，保持引流通畅，观察并记录引流液的颜色、量与性状，一般术后2～3天后引流量减少可拔出引流管。

（5）预防感染：严格执行无菌操作，保持切口及引流部位敷料清洁和干燥，遵医嘱使用抗生素。

 考点提示

肾损伤患者的护理措施。

3. 健康教育

（1）休息与活动：告诉患者术后早期绝对卧床休息的必要性和重要性，过早活动易发生再次出血；肾损伤患者恢复后2～3个月内不宜参加体力劳动。

（2）饮食与营养：加强营养，提高机体的抵抗力；多饮水，保持足够尿量。

（3）用药指导：肾切除者忌用对肾有毒性的药物，以免损伤健侧肾。

（4）心理指导：指导患者自我控制情绪，保持精神愉快、情绪稳定。

（5）定期复查：及早发现和处理并发症。

二、膀胱损伤患者的护理

膀胱空虚时位于骨盆深处，受到周围骨盆、筋膜、肌肉等保护，故一般不易受损。当膀胱充盈时，膀胱可超过耻骨联合，因膀胱壁紧张而薄，容易发生损伤。

【病因及病理生理】

1. 病因

（1）开放性损伤：由弹片、锐器或子弹贯通所致，通常合并其他脏器损伤，形成腹壁尿瘘、膀胱直肠瘘或膀胱阴道瘘。

（2）闭合性损伤：临床上较多见。当膀胱充盈时，下腹部遭撞击、挤压时极易发生膀胱损伤。有时骨盆骨折骨片也可刺破膀胱壁。

（3）医源性损伤：见于膀胱镜检查或治疗时伤及膀胱。

2. 病理生理

（1）膀胱挫伤：膀胱壁保持完整，仅黏膜或部分肌层损伤，膀胱腔内有少量出血，可出现血尿，无尿外渗，不引起严重后果。

（2）膀胱破裂：严重损伤可发生膀胱破裂，根据解剖特点的不同，可分为腹膜内型和腹膜外型两种（图28-2）。

1）腹膜内型：当膀胱充盈超出耻骨联合至下腹部时，下腹部受撞击、踢踏、挤压，出现膀胱破裂，通常伴有腹膜破裂，尿液可流入腹膜腔，此为腹膜内型膀胱破裂。

2）腹膜外型：骨盆骨折，骨折端向内移位，可刺破膀胱壁，通常不伴有腹膜破裂，尿液不流入腹膜腔，此为腹膜外型膀胱破裂。

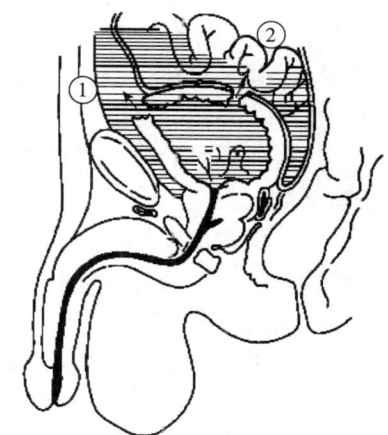

图28-2 膀胱破裂
①腹膜外型；②腹膜内型

【护理评估】

1. 健康史 询问及了解患者受伤的时间、原因、部位、暴力性质、受伤经过、受伤时膀胱是否充盈，伤后已采取的诊疗措施及其结果。此外，还应了解有无膀胱疾病或手术史等。

2. 身体状况

（1）疼痛：由于膀胱顶部和后上部有腹膜覆盖，所以疼痛表现不一。腹膜反折以上膀胱破裂（即腹膜内型膀胱破裂）时，尿液流入腹膜腔而引起急性腹膜炎症状，疼痛由下腹部扩散至全腹；腹膜反折以下膀胱破裂（即腹膜外型膀胱破裂）尿外渗到膀胱周围组织及耻骨后间隙，引起急性蜂窝织炎，疼痛局限于下腹部。

（2）血尿和排尿困难：膀胱壁轻度挫伤者或仅有少量血尿，而膀胱壁全层破裂时由于尿外渗到膀胱周围或腹腔内，患者可有尿意，但不能排尿或仅排出少量血尿。

（3）休克：骨盆骨折所致剧痛、大出血，膀胱破裂引起尿外渗及腹膜炎，伤势严重，患者常发生休克。

（4）尿瘘：膀胱与附近器官相通时，尿液可从直肠、阴道流出，形成膀胱直肠瘘、膀胱阴道瘘等。

3. 心理-社会状况 由于膀胱损伤后出现疼痛、血尿、排尿困难等不适，及对预后的担心，患者及其家属易出现焦虑或恐惧等心理状态。

4. 辅助检查

（1）实验室检查：尿中含多量红细胞。血红蛋白、血细胞比容持续降低，提示活动性出血，血白细胞计数增多提示感染。

（2）导尿试验（测漏试验）：导尿管可顺利插入膀胱，仅有少量血尿流出，甚至无尿液流出，即应注意膀胱破裂的可能。然后经导尿管注入无菌生理盐水200～300ml，片刻后吸出，如吸出量明显少于或多于注入的液体量，则提示膀胱破裂。

（3）影像学检查：腹部X线片可显示有无骨盆骨折，可作为膀胱破裂的参考。膀胱造影是诊断膀胱破裂最可靠的检查方法。

 考点提示

膀胱损伤的主要临床表现及辅助检查方法。

5. 治疗原则　原则上应尽早闭合膀胱，保持尿液引流通畅或者完全尿流改道，充分引流外渗的尿液。

（1）紧急处理：对严重损伤、出血导致休克者，应积极抗休克治疗，如输液、输血、镇静、止痛，并做好急诊手术探查准备。膀胱破裂者，应尽早使用抗生素预防感染。

（2）非手术治疗：膀胱挫伤或早期较小的膀胱破裂，可留置导尿，持续引流尿液7～10日，破口可自愈。

（3）手术治疗：严重的膀胱破裂者，应尽早手术清除外渗尿液，修补膀胱裂口，并作耻骨上膀胱造瘘，耻骨后间隙置管充分引流膀胱周围尿液。

【常见护理诊断/问题】

1. 焦虑与恐惧　与创伤、对疾病缺乏认识等有关。
2. 组织灌注量改变　与骨盆骨折所致盆腔内大出血、尿液渗入腹腔引起腹膜炎有关。
3. 排尿异常　与膀胱损伤有关。
4. 潜在并发症：低血容量性休克、感染等。

【护理目标】

1. 患者焦虑与恐惧减轻或消失，情绪稳定。
2. 组织灌注量恢复正常。
3. 患者排尿恢复正常。
4. 未发生并发症或并发症发生后被及时发现和处理。

【护理措施】

1. 非手术治疗的护理及术前护理

（1）心理护理：关心、体贴患者，做好解释工作，消除患者的紧张情绪，使其树立战胜疾病的信心。

（2）密切观察病情：泌尿系统损伤常伴有其他脏器损伤的可能，应严密观察患者症状与体征的变化，做好抢救准备。

（3）防治感染：遵医嘱应用抗生素，做好切口护理和导尿管护理。

（4）防治休克：遵医嘱输血、输液，保持输液管路通畅，观察有无输血反应。

（5）术前准备：遵医嘱做好各项术前常规准备，及时完成急诊手术前的准备工作。

2. 术后护理　手术后严格按照腹部手术后的一般护理，同时应重点做好耻骨上膀胱造瘘管的护理。具体的护理措施如下：

（1）妥善固定引流管，避免脱出。

（2）保持引流通畅，必要时可用无菌生理盐水冲洗。

（3）鼓励患者多饮水，定期换药及更换引流袋，避免感染。

（4）注意观察每日引流液的量、颜色、性状及气味。

（5）保持造瘘口周围清洁、干燥。

（6）拔管。膀胱造瘘管一般留置10天左右后拔除，拔管前需先行夹管，待患者排尿通畅后，方可拔管。拔管后，用凡士林纱布堵塞造瘘口，使用无菌敷料覆盖包扎，即可自愈。

考点提示

膀胱损伤患者的护理措施。

3. 健康教育

（1）用药指导：遵医嘱服药，详细告知患者药物的不良反应及注意事项。

（2）膀胱造瘘管的自我护理：告知患者引流管和引流袋的位置切勿高于膀胱区，间断、轻柔地挤压引流管，促进沉淀物排出，如发现堵塞，及时就诊，不可自行冲洗。

三、尿道损伤患者的护理

尿道损伤是泌尿系统损伤中最常见的损伤。在解剖上，男性尿道以尿生殖膈为界，分为前、后两段。前尿道包括球部和阴茎部，后尿道包括前列腺部和膜部。前尿道损伤多发生在球部，而后尿道损伤多发生在膜部。

【病因及病理生理】

1. 病因

（1）开放性损伤：由弹片、锐器所致，常伴有阴茎、阴囊、会阴贯通伤。

（2）闭合性损伤：因外来暴力所致，多为挫伤或撕裂伤。会阴部骑跨伤时，将尿道挤向耻骨联合下方，引起尿道球部损伤。骨盆骨折可引起尿生殖膈移位，引起尿道膜部损伤。

（3）医源性损伤：患者在接受尿道内金属器械检查、治疗时，可因操作不当而引起医源性损伤。

考点提示

尿道损伤的好发部位。

2. 病理生理

（1）尿道挫伤：仅有尿道黏膜或部分尿道海绵体损伤，但阴茎筋膜完整，仅有水肿和出血，可以自愈，很少发生尿道狭窄。

（2）尿道裂伤：尿道壁部分断裂，可引起周围血肿及尿外渗，愈合后可引起瘢痕性尿道狭窄。

（3）尿道断裂：尿道完全离断，断端分离，造成部分缺损，可引起明显血肿、尿外渗，发生尿潴留。

【护理评估】

1. 健康史　询问及了解患者受伤的时间、地点、部位、致伤原因、伤情、致伤物的性质，暴力的方向及强度，受伤后的病情变化，就诊前采取的急救措施。

2. 身体状况

（1）疼痛与肿胀：尿道球部损伤时，会阴部肿胀、疼痛，排尿时加重。后尿道损伤表现为下腹部疼痛，局部压痛、肌紧张。伴骨盆骨折者，移动时疼痛加剧。

（2）休克：骨盆骨折所致后尿道损伤或合并其他内脏损伤者，常发生创伤性或失血性休克。

（3）尿道出血或血尿：前尿道损伤最常见的症状是尿道外口滴出鲜血；后尿道破裂时，可无尿道口流血或排尿终末滴血。

（4）排尿困难与尿潴留：尿道挫裂伤后，因局部水肿或疼痛性尿道括约肌痉挛，发生排尿困难。尿道断裂时，则可发生尿潴留。

（5）尿外渗：因损伤部位及程度不同，可以引起不同范围的尿外渗。尿道球部损伤时，血液及尿液可渗入会阴浅筋膜和腹壁浅筋膜，使会阴、阴茎、阴囊和下腹壁肿胀、淤血；尿道膜部损伤后，血液及尿液沿前列腺尖处外渗至耻骨后间隙和膀胱周围（图28-3）。如处理不当或不及时，可发生广泛的组织坏死、感染和脓毒症。

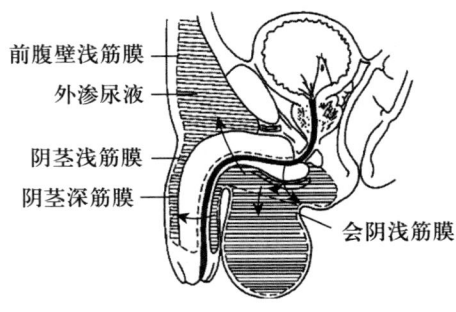

图28-3 尿外渗范围

3. 心理-社会状况 由于尿道损伤后引起患者尿道疼痛、出血、排尿困难、尿潴留等不适，以及患者对能否恢复正常排尿，性功能是否受影响的担忧，患者易出现焦虑、恐惧的心理反应。

4. 辅助检查

（1）导尿：严格无菌下轻缓插入导尿管，若导尿管顺利进入膀胱，考虑尿道挫伤或尿道部分裂伤，并保留导尿。若导尿管无法插入膀胱，考虑尿道全层断裂，应避免用力插或反复试插，以免加重损伤和引发感染。

（2）直肠指诊：有助于明确有无直肠损伤。后尿道断裂触及前列腺可有飘浮感，直肠前壁肿胀、触痛等。

（3）影像学检查：骨盆平片显示骨盆骨折。尿道造影是确定尿道损伤程度的主要方法，尿道裂伤及尿道断裂可见造影剂外漏至尿道周围。

 考点提示

尿道损伤主要的临床表现及辅助检查方法。

5. 治疗原则 尿道损伤的治疗以恢复尿道的连续性、解除尿潴留、引流外渗的尿液、防止感染和尿道狭窄为原则。

（1）紧急处理：损伤严重伴出血、休克者，需采取输血、输液等抗休克措施。骨盆骨折患者须平卧，勿随意搬动，以免加重损伤。尿潴留不宜导尿或未能立即手术者，可行耻骨上膀胱穿刺。

（2）非手术治疗：尿道轻度挫伤及轻度裂伤，可止血、镇痛，应用抗生素预防感染，嘱患者多饮水，保证尿量。排尿困难导尿成功者，可留置导尿1~2周，导尿失败、尿潴留者，可行耻骨上膀胱穿刺术或造瘘术。

（3）手术治疗：试插导尿管不成功者考虑手术治疗。前尿道断裂行会阴尿道修补术或断端吻合术，留置导尿2~3周。后尿道断裂可行尿道会师术，恢复尿道的连续性。有尿外渗者，可在尿外渗区作多个皮肤切口，深达浅筋膜下，彻底引流外渗尿液，并作耻骨上膀胱造瘘。

（4）并发症处理：预防尿道狭窄，待拔除导尿管后先扩张尿道，每周1次，持续1个月以后，仍需定期施行尿道扩张术。对晚期发生的尿道狭窄，可用腔内技术经尿道切开或切除狭窄部的瘢痕组织，或经会阴部切口行尿道瘢痕狭窄切除及尿道吻合术。后尿道合并直肠损伤时，应立即修补，并作暂时性结肠造瘘。若并发尿道直肠瘘，应等待3~6个月后再施行修补手术。

> **知识链接**
>
> **尿道扩张术**
>
> 尿道扩张术是将金属探条由细到粗依次插入尿道内，逐渐扩张尿道，使其狭窄段变粗，达到排尿通畅的目的。有急性尿道感染者禁行此术。

【常见护理诊断/问题】

1. 焦虑与恐惧　与创伤、对疾病缺乏认识等有关。
2. 组织灌注量改变　与骨盆骨折导致盆腔内大出血有关。
3. 排尿异常：血尿、排尿困难或尿潴留　与损伤有关。
4. 潜在并发症：感染、尿道狭窄等。

【护理目标】

1. 患者焦虑与恐惧减轻或消失，情绪稳定。
2. 组织灌注恢复正常。
3. 患者能正常排尿。
4. 患者未发生并发症或并发症发生后被及时发现和处理。

【护理措施】

1. 非手术治疗的护理及术前护理

（1）心理护理：尿道损伤以青壮年男性为主，常合并骨盆骨折、大出血，甚至休克，伤情较重，故患者及其家属的精神压力大，极易产生恐惧、焦虑心理，护士应主动关心、安慰患者及其家属，稳定情绪，减轻焦虑与恐惧。

（2）维持体液平衡、保证组织有效灌注量：①迅速建立2条静脉通道：遵医嘱合理输液、输血，并确保输液通道通畅。②急救止血：迅速止血是抢救的关键，骨盆骨折后易出血，患者短时间内可出现失血性休克。因此必须有效止血，及时进行骨折复位固定，减少骨折断端的活动，防止进一步损伤血管。

（3）感染的预防与护理：①嘱患者勿用力排尿，避免引起尿外渗而导致周围组织继发感染；②保持切口清洁、干燥，敷料渗湿时应及时更换；③遵医嘱应用抗生素；鼓励患者多饮水，以起到稀释尿液、冲洗尿路的作用；④早期发现感染征象，尿道断裂后血、尿外渗，容易导致感染；若患者体温升高、切口处肿胀、疼痛并伴有血白细胞计数和中性粒细胞比例升高、尿常规提示有白细胞时，多提示感染，应及时通知医师并协助处理。

（4）密切观察病情：监测患者的神志、脉搏、呼吸、血压、体温、尿量、腹肌紧张度、腹痛、腹胀等的变化情况，并详细记录。

（5）骨盆骨折者需卧硬板床，勿随意搬动，以免加重损伤。

（6）术前准备：有手术指征者，在抗休克的同时，紧急做好各项术前准备。除常规检查外，应注意患者的凝血功能是否正常。备皮、配血，条件允许时，术前行肠道清洁。

2. 术后护理

（1）引流管护理

1）导尿管的护理：尿道吻合术与尿道会师术后均须留置导尿管，引流尿液。①妥善固定：导尿管一旦滑脱，均无法直接插入，须再行手术放置，将直接影响损伤尿道的愈合。妥善固定导尿管，减少翻身动作，防止导尿管脱落。②有效牵引：尿道会师术后行导尿管牵引，有利于促进分离的尿道断面愈合。为避免阴茎、阴囊交界处尿道发生压迫性坏死，需掌握牵引的角度和力度。牵引角度以导尿管与体轴呈45°为宜，导尿管固定于大腿内侧；牵引力度以0.5 kg为宜。维持2周。③保持引流通畅：血块堵塞是导致导尿管堵塞的常见原因，需及时清除。可在无菌操作下，用注射器吸取无菌生理盐水冲洗、抽吸血块。④预防感染：严格执行无菌操作，定期更换引流袋。留置导尿期间，每日清洁尿道口。⑤拔管：尿道会师术后留置导尿时间一般为4～6周，创伤严重者可酌情延长留置时间。

2）膀胱造瘘管的护理：按引流管护理常规做好相应的护理。膀胱造瘘管留置10日左右拔除。

（2）尿外渗区切开引流的护理：保持引流通畅；定时更换切口浸湿的敷料；抬高阴囊，以利外渗尿液吸收，促进肿胀消退。

3. 健康教育

（1）定期行尿道扩张术：经手术修复后，尿道损伤患者尿道狭窄的发生率较高，需要定期进行尿道扩张，以避免尿道狭窄。尿道扩张术较为痛苦，应向患者说明治疗的意义，鼓励患者定期返院行尿道扩张术。

（2）自我观察：若发现有排尿不畅、尿线变细、滴沥、尿液混浊等现象，可能为尿道狭窄，应及时来医院诊治。

 考点提示

尿道损伤患者的健康教育内容。

（林建兴）

第四节　尿石症患者的护理

案例28-2

患者，女性，46岁，左腰部突发剧痛4小时入院。4小时前，患者突发腰部剧痛，呈刀割样阵发性绞痛，伴尿痛，尿色微红，有恶心，无呕吐。既往身体健康。平素喜肉食，饮水量少。体格检查：左肾下区有叩击痛。辅助检查：尿常规示白细胞计数3～5个/HP，红细胞计数30～40个/HP；B型超声检查示左肾结石伴积水，左输尿管结石伴扩张。

问题与思考：

1. 对该患者的评估内容应重点关注哪些？
2. 该患者拟接受体外冲击波碎石术，其围手术期主要的护理诊断/问题有哪些？
3. 如何针对该患者存在的常见护理诊断/问题采取相应的护理措施？

尿石症又称泌尿系统结石、尿路结石，是泌尿外科常见疾病。按尿路结石所在的部位分为上尿路结石和下尿路结石，包括肾结石、输尿管结石、膀胱结石和尿道结石。上尿路结石为肾结石和输尿管结石，下尿路结石为膀胱结石和尿道结石。临床以上尿路结石多见。上尿路结石以草酸钙结石多见，下尿路结石以磷酸镁铵结石多见。我国尿路结石的发病率为1%～5%，南方地区高达5%～10%。上尿路结石男女发病比例相近，下尿路结石男性明显多于女性。

【病因及病理生理】

1. 病因　尿石症的病因极为复杂，其形成机制尚未明确，有许多因素影响尿石症的形成：

尿中形成结石晶体的盐类呈超饱和状态、尿中抑制晶体形成物质不足和核基质的存在。

（1）尿液因素：①形成尿结石的物质排出增加：尿液中钙、草酸、尿酸或胱氨酸排出量增加。长期卧床、甲状旁腺功能亢进症患者尿钙增加；痛风及使用抗结核药和抗肿瘤药化学治疗者，其排出尿酸增多，家族性胱氨酸尿症患者排出胱氨酸量增加。②尿 pH 改变：在碱性尿中，易形成磷酸镁铵及磷酸盐沉淀；在酸性尿中，易形成尿酸和胱氨酸结晶。③尿中抑制晶体形成和聚集的物质减少：如枸橼酸、焦磷酸盐、酸性黏多糖、镁。④尿量减少：使尿中盐类和有机物质的浓度增高。

（2）局部因素：①尿液淤滞：由于机械性因素导致尿路梗阻、尿动力学改变、肾下垂，均可引起尿液淤滞，促使结石形成。②尿路感染：尿路感染时，细菌、坏死组织、脓块等均可成为结石的核心，尤其与磷酸镁铵和磷酸钙结石的形成有关。③尿路异物：长期留置导尿、小线头等可形成结石的核心而逐渐形成结石。

（3）药物因素：药物引起的尿结石占 1%～2%。与此相关的药物可以分为两类：①尿液的浓度高而溶解度较低的药物，如茚地那韦、氨苯蝶啶、硅酸镁和磺胺类药，这些药物本身就是结石的成分。②诱发结石形成的药物，包括乙酰唑胺、维生素 C、维生素 D、皮质激素等，这些药物在代谢的过程中导致了其他成分结石的形成。

（4）其他因素：根据流行病学研究结果，性别、年龄、职业、高温环境、遗传、饮食习惯、营养状况等也与结石的形成有关。

2. 病理生理　结石在肾和膀胱内形成，绝大多数输尿管结石和尿道结石是结石排出过程中停留在该处所致。输尿管有 3 个生理狭窄处，即肾盂输尿管连接处、输尿管跨过髂血管处及输尿管膀胱壁段（图 28-4），结石常停留或嵌顿于这三个生理狭窄处，并以输尿管下 1/3 处最多见。尿路结石所致的病理生理改变与结石部位、大小、数目、是否有继发性炎症和梗阻的程度等因素有关。

（1）梗阻：泌尿系统各个部位的结石都能造成梗阻，导致梗阻部位以上出现积水。因结石引起的梗阻绝大部分属于不全梗阻，双侧完全梗阻时可造成无尿，甚至引起尿毒症。

（2）损伤：较大的结石或表面粗糙的结石可损伤尿路黏膜，导致局部出血、水肿、溃疡等。

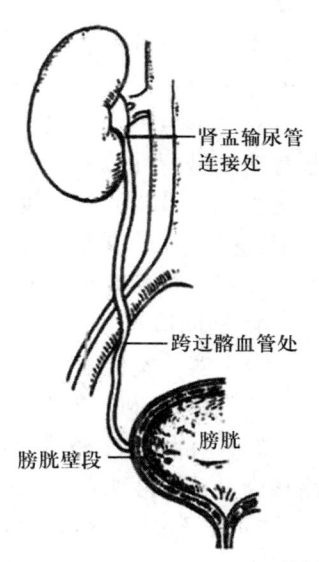

图 28-4　输尿管生理狭窄处

（3）感染：黏膜损伤后，易合并感染。如肾盂输尿管连接处和输尿管结石发生梗阻时，肾的感染易发展为肾积脓；尿道结石合并感染常有排尿困难、脓尿、尿道口出血或脓性分泌物，甚至导致尿道周围脓肿，脓肿破溃后可形成尿瘘。

结石引起损伤、梗阻、感染，梗阻与感染也可使结石增大，三者互为因果，加重泌尿系统损害。此外，结石的长期慢性刺激可能导致恶变。尿石症以草酸钙结石最常见，磷酸盐、尿酸盐、碳酸盐次之，胱氨酸结石罕见，上尿路常以草酸钙结石多见。

一、上尿路结石患者的护理

【护理评估】

1. 健康史　询问及了解患者的年龄、性别、职业、饮食习惯、饮水习惯、生活环境和工作环境；了解患者既往有无结石病史，有无代谢和遗传性疾病，有无尿路感染、梗阻性疾病，有无甲状旁腺功能亢进症、痛风、长期卧床病史等。了解患者的服药情况等。

2. 身体状况　上尿路结石（肾结石和输尿管结石）单侧多见，双侧占 10%，主要表现为与活动有关的肾区疼痛与血尿。其程度与结石的部位、大小、活动与否，以及有无损伤、感染、梗阻等有关。

（1）疼痛：为最突出的症状。肾盏结石以及肾盂内大结石可无明显临床症状，或活动后出现上腹部或腰部钝痛。结石较小，移动度大，当患者活动后造成输尿管梗阻时，可出现肾绞痛。典型的肾绞痛表现为突发性刀割样绞痛，疼痛位于腰部或上腹部，阵发性发作，沿输尿管放射至同侧下腹部、外生殖器及大腿内侧。发作时，患者精神紧张、坐卧不安、面色苍白、出冷汗，甚至休克，可伴有恶心、呕吐，伴明显肾区叩击痛。结石位于输尿管膀胱壁段和输尿管口处或结石伴感染时，可有尿频、尿急、尿痛症状，有尿道和阴茎头部放射痛。

（2）血尿：绞痛发作后或活动后，可出现肉眼血尿或镜下血尿，以后者常见。疼痛与血尿相继出现是本病的特点。有些患者以活动后镜下血尿为其唯一的临床表现。

（3）感染和梗阻：当结石梗阻合并感染时，腰痛加剧，同时出现寒战、高热、脓尿、膀胱刺激征等表现。当结石梗阻伴有严重肾积水时，可触及腰腹部肿块。双侧上尿路完全性梗阻时可导致无尿，甚至引起尿毒症。

 考点提示

上尿路结石主要的临床表现。

3. 心理 - 社会状况　尿石症是一种常见病，复发率较高，一侧肾、输尿管结石梗阻，可引起肾功能进行性减退，特别是双肾结石，最终可发展成为尿毒症。此类患者对疾病的预后心理问题很多，希望能有不用手术便排出结石的办法。尽管体外冲击波碎石术的应用拓宽了治疗的范围，但治疗的周期较长，有时疗效不明显，患者可能产生急躁心理。治疗后复发率较高，因此应注意了解患者及其家属对预防结石相关知识的掌握程度。

4. 辅助检查

（1）实验室检查

1）血液分析：检测血钙、尿酸、肌酐等的水平。

2）尿液分析：留取禁食后清晨的新鲜尿液，检测尿液 pH、钙、磷、尿酸、草酸等；伴尿路感染者行尿液培养；如通过其他手段不能排除胱氨酸尿症，则行尿胱氨酸检查。

3）结石成分分析：可确定结石的性质，也作为制定结石预防措施和选用溶石疗法的重要依据。

（2）影像学检查

1）B 型超声检查：能发现 X 线平片不能显示的小结石和透 X 线结石，还能显示肾结构改变和肾积水等。B 型超声检查属于无创检查，应作为首选影像学检查方法。

2）X 线检查：90% 以上的结石能在尿路平片上显影。静脉尿路造影可进一步显示 X 线平片上不显影的结石，并可了解肾功能情况。必要时行逆行尿路造影检查以明确诊断。

3）CT 检查：能检出以上检查容易遗漏的小结石，敏感性高，适用于急性肾绞痛患者。

4）磁共振尿路造影（MRU）：可以了解肾结石、输尿管结石、肿瘤所致的泌尿系统梗阻部位和大小。缺点是费用较高，适用于对造影剂过敏的患者。

（3）内镜检查：包括输尿管镜、膀胱镜和肾镜检查，通常用于泌尿系统平片未显示的结石，排泄性尿路造影有充盈缺损而不能确诊时，借助内镜检查可明确诊断和进行治疗。

5. 治疗原则　由于尿石症复杂多变，结石的性质、形态、大小、部位不同，患者个体差异等因素，因此对尿石症的治疗必须实施患者个体化治疗。

（1）病因治疗：如切除甲状旁腺瘤，原有的尿路结石会自行溶解、消失。解除尿路梗阻，可以避免结石复发。

（2）肾绞痛处理：以解痉、止痛为主，如注射阿托品、哌替啶，也可用钙通道阻滞药、吲哚美辛、黄体酮等药物。

（3）排石治疗：结石直径＜0.6 cm、表面光滑、无尿路梗阻、肾功能基本正常，可行排石治疗，包括大量饮水、适当运动、控制感染、调节尿pH、调整饮食、排石药物治疗等。

（4）体外冲击波碎石术（ESWL）：是目前治疗肾结石、输尿管结石的首选方法。在X线或B型超声引导下，利用高能冲击波聚焦作用于结石，使之碎裂、粉碎，然后随尿液排出。此法主要适用于结石直径≤2 cm，结石以下输尿管通畅、肾功能良好、未发生感染的肾及输尿管上段结石。必要时可重复碎石治疗，但间隔时间不得少于10～14日，次数不超过3～5次。结石远端尿路梗阻、妊娠、出血性疾病、严重心脑血管病、急性尿路感染等不宜使用此法碎石。

（5）手术治疗

1）经皮肾镜取石术（PCNL）：适用于直径≥2 cm的肾结石、L4水平以上较大的输尿管上段结石、体外冲击波难以粉碎及治疗失败的结石。

2）经输尿管镜碎石术（URL）：适用于中下段输尿管结石、ESWL失败的输尿管上段结石、停留时间长的嵌顿性结石。

3）腹腔镜输尿管切开取石术（LUL）：适用于直径＞2 cm的输尿管结石；原考虑采用开放手术或经ESWL、输尿管镜手术失败者。

4）开放手术：因内镜技术及ESWL的普遍开展，上尿路结石大多数已不再采用开放性手术，仅适用于结石远端梗阻、部分尿路狭窄畸形、结石嵌顿紧密、其他治疗无效者；肾积水感染严重或病肾功能丧失的尿石症。手术方式主要包括肾盂切开取石术、肾实质切开取石术、肾部分切除术、肾切除术及输尿管切开取石术。

知识链接

上尿路结石的手术原则

在上尿路结石中，双侧性结石占5%～10%。治疗时，应严格遵循处理原则和顺序：①一侧输尿管结石合并对侧肾结石，先处理输尿管结石。②双侧输尿管结石，先处理梗阻严重的一侧，如果条件允许，可同时处理双侧。③双侧输尿管结石客观情况相似：先处理主观症状重或容易处理的一侧。

【常见护理诊断/问题】

1. 疼痛　与结石刺激引起的炎症、损伤及平滑肌痉挛有关。
2. 知识缺乏　患者缺乏预防尿石症的知识。
3. 潜在并发症：感染、出血等。

【护理目标】

1. 患者自述疼痛减轻，舒适感增强。
2. 患者知晓尿石症的预防知识。
3. 患者未发生并发症，或并发症发生后被及时发现和处理。

【护理措施】

1. 非手术治疗的护理

（1）解痉止痛：当患者出现肾绞痛时，遵医嘱给予阿托品和哌替啶解痉止痛，也可用钙通道阻滞药、吲哚美辛、黄体酮等解痉止痛。同时嘱患者卧床休息，局部热敷，指导患者做深呼吸、放松，以减轻疼痛。

（2）饮水与活动：鼓励患者大量饮水以稀释尿液，预防结石复发及尿路感染，促进排石。每日应饮水 2500～3000 ml，保持每日尿量在 2000 ml 以上。在病情允许的情况下进行一些跳跃或其他体育运动，改变体位，以促进结石的排出。

（3）饮食调节：主要是根据结石的成分进行饮食调节。

（4）调节尿液 pH：尿酸盐和胱氨酸结石患者应口服碳酸氢钠碱化尿液。为防止感染性结石的生长，可口服氯化铵酸化尿液。

（5）药物治疗：遵医嘱使用抗生素防治感染。服用排石药物，如尿石通、排石颗粒，可促进结石的排出。

（6）病情观察：观察患者体温及尿液的量、颜色、性状；监测尿常规、尿液 pH，便于指导不同结石类型患者的尿液 pH 调节；注意观察有无泌尿系统出血、感染等。观察排石情况，可将尿液排至玻璃瓶或金属盆内，注意观察或听有无结石排出，并将排出的结石作成分分析，以指导结石治疗与预防。

2. 体外冲击波碎石的护理

（1）碎石前患者的护理

1）心理护理：向患者介绍碎石过程，说明该方法简单、安全、有效、可重复治疗等优点，但在碎石过程中会有一定的噪声，不必紧张和恐慌，可通过听音乐等缓解心理压力。另外，告诉患者碎石后可能会出现局部疼痛不适、血尿等，不必担忧，以消除患者的顾虑，取得配合。

2）定位：说明定位的重要性，争取得到患者的主动配合，避免碎石过程中患者随意改变体位。

3）辅助检查：碎石前应检查患者的心脏、肝、肾等重要脏器功能和测定出凝血时间等。

4）胃肠道准备：碎石前 3 日内禁食肉、蛋、奶、豆制品等易产气的食物；碎石前 1 日服轻泻药或灌肠，以排出肠内粪便及积气；碎石日晨禁食、禁饮。

（2）碎石过程中的观察：包括患者的精神状态、脉搏、血压等情况。

（3）碎石后患者的护理

1）一般护理

饮食：如果患者无异常反应，可正常饮食，鼓励患者多饮水，保证每日饮水 3000 ml 以上，以增加尿量，促进结石排出，必要时遵医嘱应用排石药物。

活动与卧床：碎石后应采取患侧在下的侧卧位。如果患者无异常情况，可适当增加活动量，经常变换体位，以增强输尿管蠕动，促进结石排出，少数有合并症的患者需卧床休息。肾下盏结石可采取头低足高位，并叩击背部，以促进结石排出。

2）病情观察

观察并记录排尿情况：了解有无尿路梗阻、破碎后的结石排出情况，一般碎石颗粒需 4～6 周才能排完，应坚持连续观察。

碎石后并发症的观察：碎石后并发症常见的有肾绞痛、血尿及尿路梗阻等，轻者一般无须特殊处理，必要时遵医嘱应用解痉镇痛药、止血药、抗菌药物等处理；如果情况很严重，应及时向医师汇报，并协助处理。

定期进行 X 线或 B 型超声检查：以了解结石排出情况。巨大肾结石经碎石后，因短时间内大量碎石聚集于输尿管而发生堵塞，可形成所谓的"石街"。患者表现为腰部不适或疼痛，有时可继发感染。当"石街"形成时，应及时处理，否则会进一步发展并影响肾功能。

3. 手术治疗的护理

（1）非开放性手术治疗的护理：经皮肾镜、输尿管镜、尿道膀胱镜取石或碎石术后，患者均可出现血尿，应嘱其多饮水，同时密切观察患者的病情变化，注意出血、感染、穿孔等并发症的出现；注意多休息；给予抗生素防治感染；如有留置导尿或放置其他引流管道，按引流管常规护理。

（2）开放性手术治疗的护理

1）心理护理：向患者适当解释手术方式和目的，解除患者的思想顾虑，消除恐惧心理。

2）饮食护理：开放性手术后，待肠蠕动恢复后方可进食；鼓励患者多饮水，保证摄入足够水分，必要时使用利尿药，以保证充足的尿量，达到冲洗尿路、避免血块阻塞尿路和改善肾功能的目的。

3）体位：上尿路结石术后取侧卧位或半卧位，以利于引流。肾实质切开患者应卧床休息2周，以减少出血机会。经内镜钳夹碎石后，患者应适当变换体位，促进排石。

4）切口及引流管护理：术后常见的引流管有切口引流管、尿管、肾盂造瘘管、输尿管支架管等。输尿管支架管一般无须特殊处理，后期使用膀胱镜取出。肾盂造瘘管的护理措施包括：①妥善固定造瘘管，防止脱落，尤其是患者翻身及变换体位时。②鼓励患者多饮水，保持引流管通畅，原则上肾盂造瘘管不冲洗，但当造瘘管有阻塞时，可低压、少量、多次用无菌生理盐水冲洗，每次冲洗量小于 5～8 ml。③观察并记录引流液的量、颜色及性状。④定期更换引流袋，注意执行无菌操作，保持造瘘口周围皮肤清洁、干燥。⑤拔管时间通常为造瘘管放置后 2 周左右，拔管前，应先行夹管 1～2 天，观察有无腰腹部疼痛、漏尿、肿胀、发热等不良反应。拔管后，患者取健侧卧位，防止尿液从造瘘口流出影响愈合。通常造瘘口 1～2 天可自愈。

5）病情观察：严密观察和记录尿液的颜色、量以及患侧肾功能情况，及时发现出血、漏尿等问题。输尿管肾镜取石及经膀胱镜取石术后，应注意有无出血、局部水肿等尿道损伤的情况。

4. 健康教育

（1）尿石症的预防

1）大量饮水：鼓励患者多饮水，保持每日饮水量在 3000 ml 以上，每日尿量不少于 2000 ml，尤其是睡前饮水，效果更好。

2）调节饮食：根据结石成分调节饮食。草酸钙结石患者宜食用富含纤维素的食物，限制含钙、草酸成分多的食物，如浓茶、菠菜、番茄、土豆、芦笋、核桃、甜菜、豆腐、油菜、雪菜、榨菜、海带、牛奶、奶制品、豆类及豆制品、巧克力、坚果、芝麻酱、虾米，宜多吃水果和蔬菜，以碱化尿液。磷酸钙和磷酸镁铵结石患者宜选用低钙、低磷及酸化尿液饮食，不宜多吃蛋类、动物内脏、鱼卵、沙丁鱼、豆类、花生等。尿酸结石患者不宜食用含嘌呤高的食物，如动物内脏、海鲜、干香菇，宜多吃鸡蛋、牛奶、蔬菜和水果等。

3）药物预防：根据结石成分，血液及尿中钙、磷、尿酸、胱氨酸和尿 pH，采用药物减少有害成分、碱化或酸化尿液，预防结石复发。维生素 B_6 有助于减少尿中草酸含量，氧化镁可增加尿中草酸溶解度。枸橼酸钾、碳酸氢钠等可使尿 pH 保持在 6.5～7 或以上，对尿酸和胱氨酸结石有预防意义。口服别嘌呤醇可减少尿酸形成，对含钙结石也有抑制作用。口服氯化铵可使尿液酸化，有利于防止磷酸钙及磷酸镁铵结石的生长。

（2）相关疾病的治疗：伴甲状旁腺功能亢进症者，必须手术摘除腺瘤或增生组织；鼓励长期卧床患者进行功能锻炼，防止骨脱钙，减少尿钙排出；尽早解除尿路梗阻、感染、异物等因素。

二、下尿路结石患者的护理

下尿路结石包括膀胱结石和尿道结石。膀胱结石分为原发性膀胱结石和继发性膀胱结石。

前者多发生于男孩,与营养不良和低蛋白饮食有关;后者常见于良性前列腺增生、膀胱憩室、神经源性膀胱、异物,或肾结石、输尿管结石排入膀胱。尿道结石绝大多数来自肾和膀胱,多见于男性,多位于前尿道。

【护理评估】

1. 健康史　询问及了解患儿是否有营养不良、蛋白质缺乏等;老年患者注意有无排尿障碍、尿潴留等情况;还要了解患者有无上尿路结石病史。

2. 身体状况

(1) 膀胱结石:典型症状为排尿时尿流突然中断,疼痛放射至远端尿道和阴茎头部,伴排尿困难和膀胱刺激征。排尿中断时,活动或改变体位或牵拉阴茎后,能使疼痛缓解,又可继续排尿。

(2) 尿道结石:主要表现为排尿困难、点滴状排尿及尿痛。严重者可出现急性尿潴留和阴茎部疼痛。触诊可以摸到前尿道结石。

> **考点提示**
>
> 下尿路结石主要的临床表现。

3. 心理-社会状况　因排尿困难、疼痛、尿频、尿急等,易使患者烦躁不安、出现焦虑不安等心理反应。

4. 辅助检查

(1) 实验室检查:尿常规检查可见血尿和尿液中结晶,继发感染时有白细胞;血常规检查,继发感染时血白细胞计数升高。

(2) 超声检查:能发现膀胱及后尿道强光团及声影。膀胱镜检查用于上述方法不能确诊时,可直接观察结石,并可发现膀胱病变。

(3) X线检查:尿路平片可显示绝大多数结石,当怀疑有尿石症的可能时,还需做尿路平片及排泄性尿路造影。

(4) 膀胱尿道镜检查:能直接观察结石,同时处理结石,并可观察有无膀胱及尿道病变。

5. 治疗原则

(1) 膀胱结石:采用手术治疗,同时治疗病因。结石直径 < 2～3 cm 者,可采用经尿道膀胱镜取石或碎石术。较大的结石需采用超声、激光或气压弹道碎石。结石过大、过硬或合并膀胱憩室者,行耻骨上膀胱切开取石术。

(2) 尿道结石:前尿道结石,麻醉后压迫结石近端尿道,经尿道外口注入无菌液状石蜡,然后轻轻向尿道远端推挤或用取石钳取出。后尿道结石,则将结石推入膀胱,按照膀胱结石处理。也可首选腔内治疗,经尿道激光碎石、弹道碎石等。

【常见护理诊断/问题】

1. 急性疼痛　与结石梗阻、平滑肌痉挛、合并感染等有关。
2. 焦虑与恐惧　与疼痛、排尿异常以及担心手术或预后等有关。
3. 排尿障碍　与结石梗阻有关。
4. 潜在并发症:尿路感染、尿潴留、尿道损伤及出血等。

【护理目标】

1. 患者疼痛缓解或消失。
2. 患者焦虑与恐惧减轻或消失。
3. 患者能正常排尿。

4. 未发生并发症或并发症发生后被及时发现和处理。

【护理措施】
1. 向患者及其家属解释结石发生的原因及治疗方法，消除心理压力。
2. 经膀胱镜碎石患者，观察碎石效果并做好膀胱镜治疗后护理。
3. 行耻骨上膀胱切开取石术的患者，做好膀胱造瘘的护理。
4. 尿道结石治疗后应注意有无出血、局部水肿等尿道损伤情况。嘱患者多饮水，保证足够的尿量，以避免血块阻塞尿道。

（曹文婷）

第五节　良性前列腺增生患者的护理

案例 28-3

患者，男性，62岁，进行性排尿困难3年，伴尿痛、尿频，夜间排尿3～4次，近日发生尿潴留2次。今晨急诊来院求医。

问题与思考：
1. 该患者最可能的疾病诊断是什么？其诊断依据有哪些？
2. 该患者出现尿潴留时，应急处理措施有哪些？
3. 若患者拟接受手术治疗，最常用的手术方式是什么？术后易出现的电解质代谢紊乱有哪些？

良性前列腺增生（benign prostatic hyperplasia，BPH）简称前列腺增生，俗称前列腺肥大，是引起老年男性排尿障碍最为常见的一种良性疾病。

【病因及病理生理】
1. 病因　良性前列腺增生的病因尚未明确。目前认为老龄和有功能的睾丸是发病的两个重要因素，两者缺一不可。组织学上，前列腺增生的发病率随年龄的增长而增加。一般男性自35岁以后前列腺均有不同程度的增生，50岁以后出现轻重不等的临床表现。随年龄增长而出现的睾酮、双氢睾酮及雌激素水平改变和平衡失调是前列腺增生的重要病因。
2. 病理生理　前列腺增生主要发生于前列腺尿道周围移行带，常以纤维细胞增生开始，继而其他组织也开始增生。增生的前列腺体将外围的腺体压缩成前列腺外科包膜，与增生的腺体有明显界限，易于分离。增大的腺体压迫尿道，使之狭窄、弯曲、伸长，尿道阻力增加，引起排尿困难。此外，前列腺内围绕膀胱颈增生的、含丰富肾上腺素能受体的平滑肌收缩也可引起排尿困难。为克服膀胱出口梗阻所致的排尿阻力，逼尿肌收缩力增强，逐渐代偿性肥大，加之长期膀胱内高压，膀胱壁黏膜面出现小梁、小室或假性憩室。逼尿肌代偿性肥大，可发生逼尿肌不稳定收缩，出现尿频、尿急和尿失禁等症状。如逼尿肌失代偿，导致膀胱不能排空而出现残余尿，严重时膀胱收缩无力，则出现充溢性尿失禁。长期排尿困难使膀胱高度扩张或膀胱内高压，可发生尿液反流，引起肾积水和肾功能损害。由于梗阻引起膀胱尿潴留，易继发感染和结石。

【护理评估】
1. 健康史　了解患者的年龄、生活和饮食习惯，有无烟、酒嗜好；饮水习惯，有无定时排尿的习惯；既往有无排尿困难、尿潴留、尿失禁、腹股沟疝、内痔或脱肛等情况；有无其他慢性病，如高血压、糖尿病、脑血管疾病；有无受寒、饮酒、劳累等诱发尿潴留；既往治疗情况。

2. 身体状况　前列腺增生的症状取决于梗阻的程度、病变发展速度及是否合并感染和结石等，而与前列腺的体积大小无关。

（1）症状

1）尿频：是最常见的早期症状，尤以夜间最为明显。早期尿频与前列腺充血刺激膀胱有关，随梗阻加重，残余尿量增多，膀胱有效容量减少，尿频更明显。前列腺增生若合并感染或结石，可有尿频、尿急、尿痛等膀胱刺激征。

2）排尿困难：进行性排尿困难是前列腺增生最主要的症状，但发展速度缓慢。典型表现是排尿费力、迟缓、断续、尿细而无力、射程短、终末滴沥、排尿时间延长。如梗阻严重，残余尿量较多，常需要用力并增加腹内压以帮助排尿。

> **考点提示**
>
> 前列腺增生最早出现的症状及典型表现。

3）尿潴留、尿失禁：随着梗阻加重，膀胱残余尿量增多，长期可导致膀胱无力，发生尿潴留和充溢性尿失禁。在饮酒、进食辛辣食物、劳累、久坐、气候变化等诱因作用下，前列腺明显充血、水肿，尿道阻力急剧增大，可导致急性尿潴留，常需紧急导尿处理。

4）其他症状：增生的腺体局部黏膜血管充血、扩张破裂，可发生无痛性血尿。长期膀胱充盈，尿液反流可引起输尿管、肾盂积水和肾功能不全等而出现相应的症状。长期排尿困难者可并发腹股沟疝、膀胱结石、内痔或脱肛。

（2）体征：直肠指诊应在排空膀胱后进行，可触及增大的前列腺，表面光滑、质韧、有弹性、边缘清楚、中间沟变浅或消失，是初步诊断前列腺增生症的简便而重要的检查方法。

3. 心理-社会状况　尿频尤其是夜尿频繁不仅导致患者生活不便，而且严重影响患者的休息与睡眠；长期排尿困难与反复尿潴留也给患者带来极大的身心痛苦；年龄大，担心手术可能出现危险而产生焦虑。应评估患者对疾病的认知情况；患者是否有焦虑及生活不便；患者及其家属是否了解治疗及护理方法。

4. 辅助检查

（1）实验室检查：应常规检查血常规、尿常规和肾功能。当继发感染时，尿中可见白细胞，血白细胞计数明显增高。当肾盂积水，肾功能受损时，血肌酐、尿素氮增高。

（2）影像学检查

1）B型超声检查：为临床首选检查方法，可显示前列腺增生的情况，测定膀胱残余尿量，了解有无膀胱结石和上尿路积水等。

2）CT、MRI检查：对PSA高者，应行CT或MRI检查，排除或诊断前列腺癌。

3）尿流率检查：可确定前列腺增生患者排尿的梗阻程度。检查时，要求排尿量在150～200 ml，若最大尿流率 < 15 ml/s，提示排尿不畅；若最大尿流率 < 10 ml/s，则提示梗阻严重，常为手术指征之一。如果排尿困难主要由于逼尿肌功能失常引起，应行尿流动力学检查，以确定有无下尿路梗阻及评估逼尿肌功能。

（3）血清前列腺特异性抗原（PSA）测定：当前列腺有结节或质地较硬时，PSA测定有助于排除前列腺癌。

（4）病理学检查：PSA升高的患者，难以排除前列腺癌时，应行前列腺穿刺活检。

5. 治疗原则

（1）非手术治疗

1）观察随访：无明显症状或症状较轻者，一般无须治疗，但需密切随访。

2）药物治疗：适用于代偿早期的前列腺增生患者。

α-受体阻断药：代表药物有特拉唑嗪、坦索罗辛等。

5α-还原酶抑制药：激素类药物，代表药物有非那雄胺，在前列腺内阻止睾酮转变为双氢睾酮，使前列腺体积缩小，改善排尿症状。一般服药3个月后见效，停药后易复发，需长期服用。对于体积较大的前列腺，与α-受体阻断药同时服用疗效更佳。

植物类药物、中成药：如前列康片、前列康舒胶囊，可用于辅助治疗。

（2）手术治疗：前列腺增生梗阻严重、残余尿量较多、症状明显而药物治疗效果不佳，曾经出现过急性尿潴留而身体状况能耐受手术者，应考虑手术治疗。手术只切除外科包膜以内的增生部分。手术方式主要有经尿道前列腺切除术（TURP）和经尿道前列腺汽化术（TUVP）、耻骨上经膀胱前列腺切除术和耻骨后前列腺切除术。

知识链接

经尿道前列腺切除术

经尿道前列腺切除术（TURP）是一种较安全、有效和患者痛苦较小、恢复较快的手术方法。它的适用范围较开放手术更广。手术时，应用器械经尿道将前列腺小块切除，由于没有腹部切口，手术后恢复快，目前在大型医院中已广泛应用，被称为前列腺手术治疗的金标准。但TURP对技术和设备要求较高，费用也较高。

（3）其他疗法：用于尿道梗阻较重而又不能耐受手术者，主要包括激光治疗、经尿道气囊高压扩张术、前列腺-尿道记忆金属支架置入术、经尿道热疗、体外高强度聚焦超声等。

【常见护理诊断/问题】

1. 排尿障碍　与膀胱出口梗阻有关。
2. 急性疼痛　与逼尿肌功能不稳定、导尿管刺激、膀胱痉挛有关。
3. 潜在并发症：经尿道电切综合征、出血、尿失禁等。

【护理目标】

1. 患者恢复正常排尿。
2. 患者主诉疼痛减轻或消失。
3. 未发生并发症，若并发症发生后能被及时发现和处理。

【护理措施】

1. 非手术治疗的护理及术前护理

（1）急性尿潴留的预防与护理

1）预防：避免因受凉、过度劳累、饮酒、便秘引起急性尿潴留。鼓励患者多饮水、勤排尿、不憋尿；冬天注意保暖，防止受凉；多摄入粗纤维食物，忌进食辛辣食物，预防便秘。

2）护理：急性尿潴留者应及时留置导尿以引流尿液，恢复膀胱功能，预防肾功能损害。插导尿管时，若普通导尿管不易插入，可选择尖端细而稍弯的前列腺导尿管。如无法插入导尿管，可行耻骨上膀胱穿刺或造瘘以引流尿液，同时做好留置导尿或膀胱造瘘管的护理。

考点提示

前列腺增生引起急性尿潴留患者的护理。

（2）一般护理：嘱患者进食易消化、营养丰富、富含粗纤维的食物，以保持排便通畅，忌饮酒，忌进食辛辣及刺激性食物。

（3）药物治疗的护理：观察用药后排尿困难的改善情况及药物的副作用。α-受体阻断药的副作用主要有头晕、直立性低血压等，应在睡前服用，用药后卧床休息，以防跌倒。服药期间定时测量血压，并观察药物的不良反应。服药后如出现头晕、头痛、恶心等症状，须及时告知医师。5α-还原酶抑制药起效缓慢，需在服药4～6个月后才有明显效果，告知患者应坚持长期服药。

（4）病情观察：主要观察患者的排尿情况，同时应注意观察患者有无慢性老年性疾病存在，了解心脏、肝、肾、肺等重要脏器的功能情况。药物治疗者，应注意药物的疗效和不良反应，加强血压监测等。手术治疗者，应加强监护，密切观察生命体征和各重要脏器功能，及时发现并发症并报告医师。

（5）其他：夜尿频者，嘱患者白天多饮水，睡前少饮水，睡前在床边准备便盆。如需起床如厕，应有家属或护士陪护，以防跌倒。

（6）术前准备：①前列腺增生患者大多数为老年人，常合并慢性病，术前应协助进行心脏、脑、肝、肺、肾等重要器官功能的检查，评估患者对手术的耐受力；②慢性尿潴留者应先留置导尿，改善肾功能；③尿路感染者，应用抗生素控制炎症；④术前指导患者有效咳嗽、排痰的方法；⑤术前晚灌肠，防止术后便秘；⑥术前常规准备：做好心理护理，解除患者对手术的顾虑；指导患者训练正确咳嗽、排痰，术前晚灌肠，排空粪便；术前查血型、备血等。

2. 术后护理

（1）观察病情：持续心电监护，严密观察并监测患者的意识、生命体征，固定各种引流管，保持引流通畅，并观察引流液的颜色和量，若有异常，及时通知医师并协助处理。

（2）饮食护理：术后6小时无恶心、呕吐者，即可进流食，1～2日后可恢复正常饮食。鼓励患者进食易消化、富含营养与纤维素的食物，以防便秘。鼓励患者留置导尿期间多饮水、多排尿。

（3）体位及活动：术后平卧6小时，保持生命体征平稳，无特殊不适和活动性出血者可改为半卧位。卧床期间指导患者在床上适当活动和按摩，预防压疮和下肢静脉血栓形成。下床活动时，应加强陪护，防止跌倒等意外损伤。

（4）膀胱冲洗的护理：为防止创面出血形成血凝块堵塞导尿管和预防尿路感染，术后需持续膀胱冲洗3～7日。通常采取密闭式持续膀胱冲洗，早起使用冷生理盐水冲洗，引流液血色较深时，冲洗速度快；反之，冲洗速度慢。护理措施：①冲洗液温度控制在25～30℃，可有效地预防膀胱痉挛的发生。②冲洗速度：根据尿色而定，色深则快，色浅则慢。③确保膀胱冲洗及引流通畅：若血凝块堵塞管道导致引流不畅，可采取挤捏导尿管、加快冲洗速度、施行高压冲洗、调整导管位置等方法。如无效，可用注射器吸取无菌生理盐水进行反复抽吸、冲洗，直至引流通畅。④观察和记录引流液的颜色与量：术后均有肉眼血尿，随冲洗时间的延长，血尿颜色逐渐变浅。若尿液颜色加深，应警惕活动性出血，及时通知医师处理。⑤准确记录尿量、冲洗量和排出量，尿量=排出量-冲洗量。

（5）膀胱痉挛的护理：前列腺切除术后患者可能因逼尿肌不稳定、导管刺激、血块堵塞冲洗管等诱发膀胱痉挛。主要表现为尿道及膀胱区疼痛、强烈尿意、肛门坠胀、下腹部痉挛，膀胱冲洗速度减慢,甚至逆流,冲洗液血色加深等。护理措施:①及时安慰患者,缓解其紧张、焦虑的情绪。②术后留置硬脊膜外麻醉导管者,按需定时注射小剂量吗啡。③遵医嘱给予硝苯地平、丙胺太林、地西泮口服或生理盐水内加维拉帕米冲洗膀胱,以缓解膀胱平滑肌痉挛。

(6)并发症的观察与护理

1)经尿道电切综合征:行 TURP 的患者因术中需持续冲洗,大量冲洗液被吸收,使血容量急剧增加,出现稀释性低钠血症。患者可在几小时内出现烦躁、恶心、呕吐、抽搐、昏迷,严重者出现肺水肿、脑水肿、心力衰竭等,称为经尿道电切综合征。术后加强病情观察,注意监测电解质变化,一旦出现,立即给予氧气吸入,减慢输液速度,遵医嘱给予利尿药、脱水药,静脉滴注 3% 氯化钠纠正低血钠等对症处理。

2)尿失禁:指拔除导尿管后尿液不随意流出。术后尿失禁主要与尿道括约肌功能受损、膀胱逼尿肌不稳定和膀胱出口梗阻等因素有关。尿失禁多为暂时性,一般无需药物治疗,为减轻症状,术后 2~3 天指导患者作提肛训练与膀胱训练,也可辅以膀胱区及会阴部热敷、针灸等,大多数尿失禁症状 1~2 周可逐渐缓解。

3)出血:观察和预防术后出血是术后护理的重点,应密切观察血压、脉搏、尿量及尿色的变化。术后出血主要与导尿管水囊未能有效地压迫前列腺窝有关。指导患者术后 1 周逐渐离床活动,预防水囊移位;保持排便通畅,预防粪便干结及用力排便时腹内压增高引起的出血,必要时可口服轻泻药;术后 1 周禁止灌肠或肛管排气,以免造成前列腺窝出血。

(7)引流管护理

1)导尿管的护理:术后利用三腔气囊导尿管的水囊压迫前列腺窝与膀胱颈,预防出血和促进尿道修复。护理措施:①妥善固定导尿管:取一条粗细合适的无菌小纱布条缠绕导尿管,打一个活结,置于尿道外口,将纱布结往尿道口轻推,直至压迫尿道外口 8~10 小时,注意松紧度合适。将导尿管固定于大腿内侧,稍加牵引,防止因坐起或肢体活动而导致水囊移位。②保持导尿管引流通畅:防止导尿管受压、扭曲、折叠。③保持会阴部清洁:使用聚维酮碘擦洗尿道外口,每日 2 次。

2)各导管的拔管时间:① TURP 术后 5~7 日,尿液色清,即可拔管。②耻骨后引流管待术后 3~4 日引流量很少时拔除。③耻骨上前列腺切除术后 7~10 日拔除导尿管。④膀胱造瘘管通常留置 10~14 日后拔除。

3. 心理护理 护士应理解患者,帮助其更好地适应前列腺增生给生活带来的不便,向患者解释前列腺增生的主要治疗方法,使患者增加对疾病的了解,鼓励患者树立战胜疾病的信心。详细介绍该疾病的相关知识,消除患者及其家属的疑虑。护士应针对患者的不同心理反应,必要时与医师配合,对患者实施个性化的心理疏导,减轻其心理负担。

 考点提示

前列腺增生患者术后护理措施。

4. 健康教育

(1)生活指导:避免诱发急性尿潴留的因素。前列腺切除术后 1~2 个月避免久坐、提重物,避免剧烈活动,如跑步、骑自行车、性生活,防止继发性出血。

(2)康复指导:若有尿失禁,指导患者继续作提肛训练,以尽快恢复尿道括约肌功能。

(3)自我观察:TURP 患者术后可能发生尿道狭窄。术后若尿线逐渐变细,甚至出现排尿困难,应及时到医院检查和处理。附睾炎常在术后 1~4 周发生,故出院后若出现阴囊肿大、疼痛、发热等症状,应及时去医院就诊。

（4）性生活指导：前列腺经尿道切除术后 1 个月、经膀胱切除术 2 个月后，原则上可恢复性生活。前列腺切除术后常会出现逆行射精，但不影响性生活。少数患者可出现阳痿，可先采取心理治疗，同时查明原因，进行针对性治疗。

（5）定期复查：定期作尿流动力学、前列腺 B 型超声检查，复查尿流率及残余尿量。

【护理评价】

1. 患者是否恢复正常排尿，排尿是否通畅。
2. 患者疼痛是否减轻。
3. 有无发生并发症，若并发症发生后是否被及时发现和处理。

第六节　泌尿系统肿瘤患者的护理

案例 28-4

李先生，65 岁，退休前为染料厂工人。反复发作无痛、间歇、全程、肉眼血尿 8 个月，尿中有时出现血凝块，无发热、尿痛、腰痛等伴随症状。现到医院就诊，患者感觉非常紧张。

问题与思考：

1. 该患者出现血尿的原因有哪些？
2. 该患者最可能的疾病诊断是什么？
3. 目前，该患者存在的护理诊断/问题是什么？应该怎样进行护理？

泌尿系统肿瘤多为恶性肿瘤，最常见的是膀胱癌，其次是肾肿瘤，前列腺癌在欧美国家最常见，近年我国有明显上升的趋势。肾母细胞瘤是婴幼儿最常见的泌尿系统肿瘤。

一、肾癌患者的护理

肾癌是起源于肾实质泌尿小管上皮的恶性肿瘤，也称为肾细胞癌，是最常见的肾实质恶性肿瘤，占原发性肾恶性肿瘤的 85% 左右。肾癌的发病率在泌尿系统肿瘤中仅次于膀胱癌，城市高于农村，高发年龄为 50～70 岁，男女发病之比约为 2:1。肾盂癌发生于肾盂黏膜，多为移行细胞乳头状癌，高发年龄为 40～70 岁，常有早期淋巴转移，血尿出现较早。儿童多为肾母细胞瘤，又称 Wilms 瘤，发生于胚胎性肾组织，是婴幼儿常见的恶性肿瘤。

【病因及病理生理】

1. 病因　肾癌的病因尚未明确。吸烟可能是肾癌的危险因素，目前认为，肾癌还与肥胖、环境污染、职业暴露（如石棉、皮革制品）、染色体畸形、抑癌基因缺失等密切相关。

2. 病理生理　肾癌常发生于一侧肾，多单发，双侧发病者仅占 2% 左右。瘤体多数为类圆形的实质性肿瘤，外有假包膜。少数为囊性结构。

（1）组织学类型：肾癌多来源于肾小管上皮细胞，分为透明细胞、颗粒细胞和梭形细胞 3 种基本细胞类型，单个癌内可有多种细胞。临床以透明细胞癌最多见，占 60%～85%；梭形细胞较多的肾癌恶性程度高、预后差，但较少见。其他病理类型有嗜色细胞癌、嫌色细胞癌、肾集合管癌和未分类肾细胞癌。

（2）转移途径：肾癌穿透假包膜后直接侵犯肾筋膜和邻近器官、组织，向内侵及肾盂、肾盏，也可以通过静脉形成癌栓，经血液和淋巴途径转移。远处转移最常见的部位是肺，其他为肝、骨骼、脑、肾上腺等。淋巴转移最先转移到肾蒂淋巴结。

【护理评估】

1. 健康史　询问及了解患者的年龄、性别、是否吸烟,是否有食用咖啡、腌制品等饮食习惯,职业环境是否长期接触致癌物质;既往有无肾病史和高血压、糖尿病等疾病;有无泌尿系统肿瘤的家族史。

2. 身体状况

(1) 肾癌三联症:血尿、腰痛、腰部肿块统称为肾癌三联症。间歇性无痛性肉眼血尿为肾癌常见的症状,表明肿瘤已侵及肾盂、肾盏。疼痛常为腰部持续钝痛或隐痛,血块通过输尿管时可发生肾绞痛。肿瘤较大或并发肾积水时,可在腹部或腰部触及。腹部肿块是婴幼儿肾母细胞瘤最早的表现。多数患者仅出现上述症状的1个或2个,3个都出现者仅占20%左右。

(2) 副瘤综合征:10%～40%的肾癌患者可出现副瘤综合征(以往称为肾外症候群),常见表现有发热、高血压、红细胞沉降率加快、高钙血症、高血糖、红细胞增多、肝功能异常、消瘦、贫血、体重减轻及恶病质等。同侧阴囊内可发现精索静脉曲张。

(3) 转移症状:临床上有25%～30%的患者因转移症状就诊,如病理性骨折、咳嗽、咯血、神经麻痹。

3. 心理 - 社会状况　肾癌缺乏早期临床表现,多在体格检查或检查其他疾病时被发现,患者一般难以接受,表现为恐惧、悲伤等心理反应,应评估患者的心理承受能力,患者及其家属对病情、采取的手术方式、手术并发症的认知情况,以及患者家庭经济情况,能否接受手术和综合治疗。

4. 辅助检查

(1) 实验室检查:全血细胞计数、全套代谢指标检查、凝血功能、尿液检查等。

(2) X线检查:泌尿系统平片(KUB)可见肾外形增大、不规则和钙化灶。静脉尿路造影(IVU)可见肾盏、肾盂因肿瘤挤压或侵犯,出现不规则变形、狭窄、拉长、移位或充盈缺损;还可了解双侧肾的排泄功能,是确定能否手术的重要指标。肿瘤较大、破坏严重时,患肾不显影,作逆行肾盂造影可显示患肾情况。

(3) B型超声:是目前普查肾肿瘤常用和简便的方法,无创、简单易行,能够准确区分实质性和囊性,能查出直径1 cm以上的肿瘤。

(4) CT、MRI检查:CT检查是目前诊断肾癌最可靠的影像学检查方法,对囊性和实质性肿块的鉴别效果优于B型超声,可明确肾肿瘤的大小、部位、邻近器官有无受累等,有助于肿瘤的分期和手术方式的确定。MRI检查对肾癌诊断的准确性与CT相仿,但在显示邻近器官有无受侵犯,静脉内有无癌栓的效果明显优于CT。

考点提示

肾肿瘤的主要临床表现及辅助检查。

---

5. 治疗原则

(1) 手术治疗:根治性肾切除术是肾癌最主要的治疗方法。术前行肾动脉栓塞治疗,可减少术中出血。手术切除范围包括患肾、肾周围脂肪及筋膜、近端1/2输尿管、区域淋巴结。当肾肿瘤已累及肾上腺时,需切除同侧肾上腺、肾门旁淋巴结。近年开展的腹腔镜肾癌根治术具有创伤小、术后恢复快等优点。当肿瘤直径小于4 cm、孤立肾癌或对侧肾功能障碍时,可采用肾部分切除术。

(2) 其他:肾癌具有多药物耐药基因,对放射治疗及化学治疗不敏感。免疫治疗如干扰素

α（INF-α）、白细胞介素-2（IL-2）对治疗中、晚期肾癌有一定的疗效。

【常见护理诊断/问题】

1. 营养失调：低于机体需要量　与长期血尿、癌肿消耗、手术创伤有关。
2. 恐惧与焦虑　与担心疾病、手术和预后有关。
3. 潜在并发症：出血、感染、深静脉血栓形成等。

【护理目标】

1. 患者营养状况得到改善。
2. 患者恐惧与焦虑减轻或消失，情绪稳定。
3. 未发生并发症或并发症发生后被及时发现和处理。

【护理措施】

1. 术前护理

（1）心理护理：主动与患者沟通，倾听患者的诉说，了解其心理变化。鼓励患者倾诉自我的感受并及时给予疏导。告知手术治疗的必要性和可行性，争取患者的积极配合。鼓励患者之间加强沟通、缓解心理压力，树立共同战胜疾病的信心。

（2）营养支持：指导患者进食高热量、高蛋白、富含维生素、低脂肪、易消化的食物。改善就餐环境，提供色、香、味较佳的饮食，以促进患者的食欲。对不能进食或胃肠功能障碍者，可遵医嘱补充营养，贫血者可给予少量多次输血。

（3）病情观察：主要观察血尿、腰腹部疼痛、肿块、膀胱刺激征和排尿困难等症状。

2. 术后护理

（1）体位与休息：术后生命体征平稳者取健侧卧位，避免过早下床。行肾全切除术的患者术后一般需卧床3～5日，行肾部分切除术者常需卧床1～2周，以防出血。卧床期间协助患者翻身，做好生活护理。

（2）饮食护理：术后胃肠功能恢复后，开始进食流质、半流质饮食，逐渐过渡到普食，保证每日的热量供应。

（3）并发症的观察和护理

1）出血：术后定时测量血压、脉搏、呼吸及体温的变化，观察意识。若患者术后引流液量较多、色鲜红且很快凝固；切口敷料渗血、腰腹部饱满，同时伴血压下降、脉搏增快，常提示有出血，应立即通知医师处理。护理措施：①遵医嘱应用止血药；②对出血量大、血容量不足的患者，给予输液和输血；③对经处理出血未能停止者，做好手术止血准备。

2）感染：观察体温、白细胞计数和切口情况。保持切口敷料清洁、干燥，敷料渗湿时予以及时更换；遵医嘱应用抗生素，并鼓励患者多饮水；若患者体温升高、切口处疼痛，并伴有血白细胞计数和中性粒细胞比例升高、尿常规示有白细胞时，多提示有感染，应及时通知医师并协助处理。

（4）肾动脉栓塞患者的护理：肾动脉栓塞术后为防止出血或形成血肿，穿刺点需要加压包扎和制动24小时，同时注意观察足背动脉搏动情况、皮肤的色泽和温度；注意补液，观察尿量，应用利尿药防治肾衰竭。

 考点提示

肾肿瘤的主要治疗方法及护理措施。

3. 健康教育

（1）保证充分的休息和睡眠，适度进行身体锻炼，避免重体力活动。戒烟，加强营养，增强体质。

（2）定期复查 B 型超声、CT、血常规、尿常规，及时发现肾癌复发或转移。

（3）加强对肾的保护，防止意外损伤，避免使用对肾有损害的药物。

二、膀胱癌患者的护理

膀胱癌在我国泌尿系统肿瘤中发病率和死亡率均为第 1 位，高发年龄为 50～70 岁，男女发病之比为 4∶1。国外膀胱癌的发病率在泌尿系统肿瘤中仅次于前列腺癌，居第 2 位。近年有报告显示我国膀胱癌的发病率有增高的趋势。

【病因及病理生理】

1. 病因　引起膀胱癌的病因复杂，尚未明确，目前公认的危险因素如下。

（1）吸烟：是最常见、最为肯定的致癌因素，约 1/3 膀胱癌与吸烟有关。吸烟致癌可能与香烟中含有多种芳香胺的衍生致癌物有关。吸烟量和时间与危险性成正比。

（2）长期接触某些致癌物质：长期接触工业化学产品，如染料、纺织品、皮革、橡胶、塑料、油漆、印刷色料、照相显影剂，发生膀胱癌的危险性显著增加。人与致癌物质接触后潜伏期为 5～50 年，多数为 20 年左右。

（3）膀胱慢性感染与异物长期刺激：膀胱壁长期慢性的局部刺激，如膀胱结石及异物、膀胱白斑、埃及血吸虫病、膀胱炎、人乳头状瘤病毒（HPV）感染，会增加发生膀胱癌的危险。

（4）其他：长期大量服用含非那西丁的镇痛药、环磷酰胺、内源性色氨酸的代谢异常、盆腔放射治疗、长期憋尿、糖精，均可增加膀胱癌的危险。近年来大量研究资料表明，多数膀胱癌是由于癌基因的激活和抑癌基因的缺失等诱导形成，使移行上皮的基因组发生多处病变，导致细胞无限增殖，最后形成癌。

2. 病理生理　膀胱癌好发部位在膀胱侧壁和后壁，特别是膀胱三角区和输尿管开口处。

（1）组织类型：95% 以上为上皮性肿瘤，其中绝大多数为移行细胞乳头状癌，鳞癌和腺癌各占 2%～3%。近 1/3 的膀胱癌为多发性肿瘤。非上皮性肿瘤极少见，多为肉瘤，好发于婴幼儿。

（2）分化类型：WHO 将膀胱等尿路上皮肿瘤分为乳头状瘤、乳头状低度恶性倾向的尿路上皮肿瘤、低级别乳头状尿路上皮癌和高级别乳头状尿路上皮癌。

（3）生长方式：分为原位癌、乳头状癌和浸润性瘤。①原位癌局限在黏膜内，无乳头，也无浸润基底膜现象；②移行细胞癌多为乳头状，低分化者常有浸润；③鳞癌和腺癌为浸润性癌。不同生长方式可单独或同时存在。

（4）浸润深度：是肿瘤临床（T）和病理（P）分期的依据（图 28-5）。根据癌浸润膀胱壁的深度（除乳头状瘤外），多采用 TNM 分期标准。

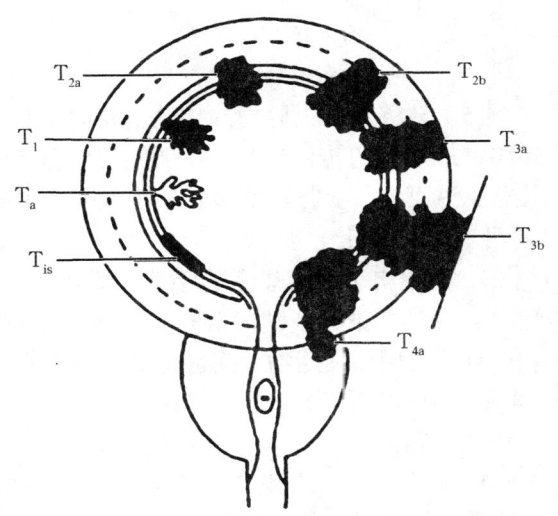

图 28-5　膀胱肿瘤分期

> **知识链接**
>
> **膀胱癌2002年TNM分期**
>
> T（原发肿瘤）
> T_X　原发肿瘤无法评估
> T_0　无原发肿瘤证据
> T_a　非浸润性乳头状癌
> T_{is}　原位癌（扁平癌）
> T_1　肿瘤侵入上皮下结缔组织
> T_2　肿瘤侵犯肌层
> T_{2a}　肿瘤侵犯浅肌层（内侧半）
> T_{2b}　肿瘤侵犯深肌层（外侧半）
> T_3　肿瘤侵犯膀胱周围组织
> T_{3a}　显微镜下发现肿瘤侵犯膀胱周围组织
> T_{3b}　肉眼可见肿瘤侵犯膀胱周围组织（膀胱外肿块）
> T_4　肿瘤侵犯以下任一器官或组织，如前列腺、子宫、阴道、盆壁和腹壁
> T_{4a}　肿瘤侵犯前列腺、子宫或阴道
> T_{4b}　肿瘤侵犯盆壁或腹壁
> N（淋巴结）
> N_X　区域淋巴结无法评估
> N　无区域淋巴结转移
> N_1　单个淋巴结转移，最大径≤2 cm
> N_2　单个淋巴结转移，最大径＞2 cm，但＜5 cm，或多个淋巴结转移，最大径＜5 cm
> N_3　淋巴结转移，最大径≥5 cm
> M（远处转移）
> M_X　远处转移无法评估
> M_0　无远处转移
> M_1　远处转移

（5）转移途径：肿瘤的扩散主要向膀胱壁内浸润，直至累及膀胱外组织及邻近器官。淋巴转移是最主要的转移途径，主要转移到盆腔淋巴结，如闭孔淋巴结、髂内淋巴结、髂外淋巴结及髂总淋巴结。血行转移多发生于晚期，主要转移至肺、肝、骨和皮肤等处。

【护理评估】

1. 健康史　了解患者的年龄、职业、生活及居住环境，有无吸烟史；是否在橡胶、印刷、塑料、皮具、染料、油漆等行业工作；既往是否有过血尿、膀胱炎、血吸虫病、宫颈癌等疾病；有无使用相关药物、病毒感染、憋尿等高危因素；有无泌尿系统肿瘤家族史。

2. 身体状况

（1）症状

1）血尿：是膀胱癌最常见和最早出现的症状。常表现为无痛性间歇性肉眼全程血尿，终末加重。严重时可伴有血块或排出洗肉水样尿液和腐肉组织。血尿可自行减轻或停止，易给患者造成"好转"或"治愈"的错觉而延误治疗。出血量、肿瘤大小及数目、恶性程度等并不一致。

2）膀胱刺激征：尿频、尿急、尿痛，多为膀胱癌的晚期表现，但肿瘤发生在膀胱三角区

时则可较早出现。膀胱刺激征常因肿瘤坏死、溃疡或并发感染所致。

3）其他：肿瘤较大或膀胱三角区及膀胱颈部肿瘤可梗阻膀胱出口，造成排尿困难，甚至尿潴留；晚期膀胱癌可引起输尿管梗阻、肾积水、感染、肾衰竭，表现为腹痛、腰痛、发热、尿毒症、严重贫血、消瘦。骨转移患者有骨痛，腹膜后转移或肾积水患者可出现腰痛。

（2）体征：多数患者无明显体征。当肿瘤增大到一定程度时，可触到下腹部肿块，当发生肝转移或淋巴转移时，可扪及肿大的肝或锁骨上淋巴结。

3. 心理-社会状况　患者对癌症恐惧，多次复发、反复手术的患者可表现为对治疗丧失信心；需要膀胱全切尿流改道术的患者往往难以接受术后排尿形态的改变，产生恐惧、焦虑等心理反应。应评估患者对疾病是否知情；能否接受患病的事实；家属对患者的支持情况；患者及其家属对膀胱癌的认知与接受情况，以及家庭经济承受能力。

4. 辅助检查

（1）实验室检查：尿常规及尿脱落细胞学检查，连续3天在患者新鲜尿液中发现脱落的肿瘤细胞。此法简便易行，可作为血尿患者的初步筛选，也可用于肿瘤治疗效果的评价。膀胱肿瘤抗原（BTA）核基质蛋白（NMP-22）可用于膀胱癌的早期诊断。

（2）影像学检查

1）B型超声检查：膀胱充盈的情况下可以看到肿瘤的位置、数目、大小、形态等，是血尿患者首选的影像学检查方法。

2）CT、MRI检查：除能观察肿瘤的大小、位置外，还能观察肿瘤与膀胱壁的关系，可以发现肿瘤浸润膀胱壁的深度以及局部转移肿大的淋巴结。

3）IVU：可了解肾盂、输尿管有无肿瘤以及膀胱肿瘤对上尿路的影响，同时可了解肾的排泄功能。

（3）膀胱镜检查：是诊断膀胱癌最直接、最重要的方法，可以显示肿瘤的数目、大小、形态、部位。膀胱镜观察到肿瘤后，应获取组织做病理学检查。

5. 治疗原则　以手术治疗为主，配合化学治疗、放射治疗和免疫治疗等。

（1）手术治疗

1）经尿道膀胱肿瘤电切术（TURB）：是膀胱肿瘤治疗的首选方法，尤其适用于表浅膀胱肿瘤（T_a、T_1）的治疗，切除范围为距离肿瘤周边2 cm的黏膜。

2）膀胱部分切除术：适用于肿瘤比较局限（T_2），分化良好者，也适用于位于膀胱憩室内的肿瘤。切除范围包括距离肿瘤边缘2 cm以内的全层膀胱壁。

3）根治性膀胱全切除术：是膀胱浸润性癌的基本治疗方法，适用于多次复发、多发或侵犯膀胱颈、三角区的膀胱肿瘤。切除包括膀胱、男性应包括前列腺和精囊，女性应包括子宫、附件。清扫盆腔淋巴结、邻近器官（直肠除外）。膀胱切除术后须行尿流改道和膀胱替代。最常用的是回肠或结肠代膀胱术，分为非可控性（回肠或结肠代膀胱术）和可控性（肠代膀胱术），后者又分为异位可控和正位可控性肠代膀胱术（如原位新膀胱术）。

知识链接

原位新膀胱术

原位新膀胱术是在全膀胱切除术后，利用消化道的某一部分制成储尿囊，与尿道吻合，期望重建下尿路功能。原位新膀胱术于1888年由Tizzoni和Fogg提出并在雌性犬身上实施。1951年Couvelaire重拾该理念。1988年Hautmann的临床研究报道将该术式真正推向了临床实际应用。20余年来，该手术逐渐成为一些大型医疗中心常用的尿流改道方式之一。原位新膀胱术最大的优点是患者术后能够自行控尿和排尿，不需要带尿袋或自我导尿，能较好地保持自身形象，基本上能维持正常生活和工作，因此很受患者欢迎。但是在手术不成功或有严重并发症的情况下，如尿瘘或完全不能控尿，则处理非常难。且手术步骤复杂、操作烦琐、手术时间长、术中出血多，对手术医师来说是极大的挑战。术后并发症多，有些并发症的处理困难，影响了临床效果，再加上对下尿路排尿和控尿生理功能认识上的一些错误，影响了原位新膀胱术在临床的广泛应用。

（2）化学治疗：有全身化学治疗及膀胱灌注化学治疗等方式。全身化学治疗多用于已有转移的晚期患者，药物可选用甲氨蝶呤、长春新碱、阿霉素、顺铂及氟尿嘧啶等，多联合应用。根据膀胱癌易复发的特点，对保留膀胱手术的患者术后应经尿道向膀胱内灌注化疗药物或免疫抑制药，常用药物有卡介苗（BCG）、丝裂霉素、吡柔比星、表柔比星、阿霉素及羟喜树碱等。每周灌注1次，共8次。以后每个月灌注1次，共1～2年。

（3）其他：放射治疗作为辅助治疗手段，但其治疗效果未定。全身应用干扰素、白细胞介素等。免疫治疗可提高疗效。

考点提示

膀胱癌的主要临床表现、重要辅助检查及治疗原则。

【常见护理诊断/问题】
1. 恐惧与焦虑　与癌症、手术、担心疾病预后有关。
2. 自我形象紊乱　与膀胱全切除术、尿流改道术后排尿方式改变有关。
3. 潜在并发症：出血、感染、尿瘘等。

【护理目标】
1. 患者恐惧与焦虑减轻或消失。
2. 患者能适应排尿方式的改变。
3. 未发生出血、感染与尿瘘等术后并发症。

【护理措施】
1. 术前护理

（1）心理护理：了解患者的心理变化，加强心理疏导，主动关心和劝慰患者，做好疾病宣教工作，同时鼓励家属多关心、支持患者，增强患者应对疾病的信心。

（2）观察病情：观察血尿情况，每日观察尿的颜色、性状，必要时记录24小时尿量。观察有无尿频、尿急、尿痛等膀胱刺激征，有无排尿困难。观察有无腰部疼痛，如果肿瘤位于输尿管口附近，可引起肾盂扩张或积水。做好尿标本的采集以及膀胱镜检查、排泄性尿路检查的准备工作等，嘱患者膀胱镜检查后一定要多饮水。

（3）饮食护理：给予高热量、高蛋白、富含维生素及易于消化的饮食，多饮水可稀释尿液，必要时通过静脉补充，以纠正营养失调的状态。

（4）术前准备：肠道代膀胱术者，须作肠道准备。术前3日进少渣半流质饮食，术前1～2日进食无渣流质饮食，术前3天口服肠道不吸收的抗生素及维生素K，术前1日及术晨清洁灌肠，术前留置胃管。行膀胱部分切除术或膀胱造瘘的患者，手术日晨嘱患者不排尿，以使膀胱充盈，利于术中识别膀胱，防止误伤。术前2周戒烟，积极处理呼吸道感染。对拟行造口的患者，协助医师与患者共同选择适合的造口位置，并做好标记。

2. 术后护理

（1）病情观察：密切观察生命体征、意识与尿量的变化。生命体征平稳后，患者取半坐卧位，以利于切口引流及尿液引流。

（2）加强各种引流管的护理：膀胱全切除术、尿流改道术后留置的引流管较多。输尿管支架管目的是支撑输尿管，引流尿液；代膀胱造瘘管目的是引流尿液及代新膀胱冲洗；导尿管目的包括引流尿液、代膀胱冲洗及训练新膀胱的容量；盆腔引流管目的是引流盆腔的积血、积液。护理措施：①应贴标签，分别记录引流情况，妥善固定，定时挤捏引流管，保持引流通畅，观察引流液的颜色、量、性状，如发现异常，立即通知医师处理。②拔管：输尿管支架管和回肠膀胱引流管一般于术后10~14日拔除，改为佩戴皮肤造口袋；原位新膀胱术导尿管待新膀胱容量达150 ml以上可拔除；盆腔引流管术后3~5日拔除。

（3）代膀胱冲洗护理：为预防代膀胱的肠黏液过多引起管道堵塞，一般术后第3日开始行代膀胱冲洗，每日1~2次，肠黏液多者可适当增加次数。护理方法：患者取平卧位，使用生理盐水或5%碳酸氢钠溶液，温度控制在36℃左右，每次30~50 ml，低压缓慢冲洗，并开放导尿管引出冲洗液。如此反复多次，至冲洗液澄清。停止冲洗后，应指导患者多饮水，起到自然冲洗的作用。

（4）造口护理：①密切观察腹壁造口的大小、形状、颜色，注意造口的血运，有无狭窄或回缩，如造口皮肤及黏膜出现发绀、灰暗，可能为血供障碍，应立即通知医师。②保护造口周围皮肤，可涂抹氧化锌软膏，及时清空集尿袋内的尿液。造口周围皮肤的白色粉末状结晶物是细菌分解尿酸的产物，可先用白醋清洗，再用清水清洗。③鼓励患者养成定时排尿的习惯，最终达到不佩戴集尿袋。

（5）并发症的观察与护理

1）出血：膀胱全切除术创伤大，术后易发生出血。应密切观察病情，若患者出现血压下降、脉搏加快，引流管内引出鲜血，每小时超过100 ml且易凝固，或24小时超过500 ml，切口敷料持续有新鲜血液渗出，提示有活动性出血，应及时报告医师并协助处理。

2）感染：保持切口敷料清洁、干燥，留置导尿者，每日擦洗尿道外口2次，膀胱全切术留置胃管者，做好口腔护理，预防肺部感染，每2小时协助翻身、叩背排痰1次，必要时雾化吸入。各种引流管固定良好，引流通畅，更换引流袋时严格执行无菌操作。遵医嘱应用抗生素。定时监测体温、血白细胞变化。

3）尿瘘：膀胱替代术后若分泌黏液过多，易堵塞导尿管，导致贮尿囊压力增大，发生尿瘘。此外，尿瘘的发生还与手术操作及腹内压增高等因素有关。主要表现为盆腔引流管引流出尿液、切口部位渗出尿液、导尿管引流量少，患者出现体温升高、腹痛、白细胞计数升高等感染征象。护理措施：嘱患者取半坐卧位，保持各引流管通畅，盆腔引流管可作低负压吸引，同时遵医嘱使用抗生素。一般采取上述措施后尿瘘通常可愈合，仍不能控制者，协助医师手术处理。

（6）膀胱灌注化学治疗的护理：保留膀胱的患者术后应定期行膀胱灌注化学治疗，每周1次。嘱患者灌注前4小时禁饮水，并排空膀胱。常规消毒外阴及尿道口，将化疗药物或BCG溶于生理盐水30~50 ml，经导尿管注入膀胱，再用10 ml空气冲注管内残留的药液，并保留1~2小时，协助患者每15~30分钟变换1次体位，分别取俯卧位、仰卧位、左侧卧位、右侧卧位。灌注后嘱患者多饮水，每日饮水量2500~3000 ml，起到生理性膀胱冲洗的作用，减少化疗药物对尿道黏膜的刺激。

3. 健康教育

（1）康复指导：保证充足的休息和睡眠，合理膳食，加强营养，保证每日摄入充足的水分。改变不良嗜好，戒烟、酒，禁食辛辣及刺激性食物，避免接触苯胺类致癌物质。适当进行身体锻炼，增强体质，避免增加腹内压的动作，不提举重物。

（2）自我护理：指导尿路改道术后腹部佩戴集尿袋者正确使用造口用品，更换尿袋动作要快，避免尿液外流，并准备足够的纸巾擦去尿液。睡觉时，可调整尿袋方向与身体纵轴垂直，并接引流袋，将尿液引流至床旁的容器中（如尿盆），避免尿液压迫腹部影响睡眠。可控膀胱术后开始时每2～3小时导尿1次，逐渐延长时间间隔，到每3～4小时1次；导尿时注意清洁双手及导尿管，定期使用生理盐水或开水冲洗贮尿囊。

（3）原位新膀胱训练：指导患者进行新膀胱训练，包括术后1～2周，每30分钟开放导尿管1次，逐渐延长至1～2小时；开放导尿管时，患者做排尿动作，用手轻压下腹部，同时做收缩肛门括约肌及仰卧抬臀动作，每次维持10秒；选择特定的时间排尿，如餐前30分钟、晨起或睡前；定时排尿，一般白天每2～3小时排尿1次，夜间一共排尿2次，减少尿失禁。

（4）膀胱灌注化学治疗的护理：保留膀胱的患者，术后膀胱灌注每周1次，共6次，以后每个月1次，坚持2年。

（5）定期复诊：保留膀胱的患者应严密随访，定期复查膀胱镜，术后第1年应每3个月进行1次膀胱镜检查，2年无复发者酌情延长复查时间。

 考点提示

膀胱癌的护理措施和健康教育。

【护理评价】
1. 患者恐惧与焦虑是否减轻，治愈信心是否增强。
2. 患者能否适应排尿方式的改变并自我护理。
3. 患者是否发生出血、感染与尿瘘等术后并发症，或并发症发生后是否被及时发现和处理。
4. 患者排尿是否通畅，有无血尿和膀胱刺激征。

三、前列腺癌患者的护理

前列腺癌多发生于50岁以上的男性，发病率随年龄增长而增加。前列腺癌发病率有明显的地理和种族差异，美国黑种人发病率最高，亚洲国家发病率远远低于欧美国家，但近年我国前列腺癌的发病率有明显上升趋势。

【病因及病理生理】

1. 病因　前列腺癌病因尚未明确，遗传和高动物脂肪饮食是被公认的最重要因素，其他包括种族、环境、性激素、缺乏运动、生活习惯改变、酗酒、过多摄入腌肉制品等。也有研究认为前列腺癌是基因调控失衡的结果。

2. 病理生理　前列腺癌98%为腺癌，起源于腺细胞，其他少见类型有移行细胞癌、鳞癌、未分化癌等。75%起源于外周带，20%起源于移行带，5%起源于中央带。有血行转移、淋巴扩散或直接浸润3种转移方式，其中血行转移至脊柱、骨盆最为常见。

（1）分级：目前应用最广的是前列腺癌格利森（Gleason）评分系统，按照前列腺癌细胞的分化程度，由高到低分为1～5级，1级分化最好，5级分化最差。

（2）分期：最常采用TNM分期系统。根据肿瘤侵犯范围不同，分为4期：即T_0期，没有原发瘤的证据；T_1期，不能被扪及但影像发现的临床隐匿肿瘤；T_2期，肿瘤局限于前列腺内；T_3期，肿瘤穿透前列腺被膜；T_4期，肿瘤固定或侵犯精囊以外的组织。N、M代表有无淋巴转移或远处转移。

【护理评估】

1. 健康史 了解患者的年龄、生活和饮食习惯，有无烟、酒嗜好；有无运动习惯；有无泌尿系统肿瘤的家族史等。

2. 身体状况 前列腺癌早期无明显症状，往往在体格检查行直肠指诊时偶然被发现。进展期肿瘤压迫尿道侵犯膀胱时，患者可出现下尿路梗阻或膀胱刺激征，如尿频、尿急、尿流缓慢、排尿中断、排尿不尽、排尿困难、尿潴留及尿失禁。晚期可出现腰骶部、腿部疼痛。直肠受累者可表现为排便困难或肠梗阻。其他表现有下肢水肿、淋巴结肿大、贫血、骨痛及病理性骨折等。

 考点提示

前列腺癌主要的临床表现。

3. 辅助检查

（1）直肠指检：可触及前列腺结节，质地坚硬。

（2）实验室检查：血清前列腺特异性抗原（PSA）正常值为 0～4 ng/ml、PSA 升高，提示可能存在前列腺癌，是前列腺癌的标志物，可作为前列腺癌的筛选检查方法。

（3）影像学检查

1）B 型超声检查：前列腺外周区可以发现低回声病变，少数为高回声、等回声或混合回声病灶。

2）CT、MRI 检查：CT 检查可以发现前列腺内占位性病变，主要用于检查前列腺肿瘤是否侵及包膜外及精囊，淋巴结有无转移，有助于分期。MRI 检查可获得清晰的软组织影，分期优于超声。

3）X 线检查：静脉造影可发现晚期前列腺癌侵及膀胱，引起肾、输尿管积水的情况。X 线平片可显示骨转移。

（4）放射性核素骨扫描：可较 X 线平片更早发现前列腺癌的骨转移。

（5）前列腺活检：B 型超声引导下经直肠穿刺活检是诊断前列腺癌最可靠的检查方法。必要时可重复穿刺。

4. 治疗原则

（1）随访观察：前列腺癌一般进展缓慢，对于偶然发现的小病灶且细胞分化好的 T_1 期癌，可随访观察。

（2）根治性前列腺切除术：是治愈局限性前列腺癌有效的方法之一，适用于局限在前列腺包膜内 T_2 期癌。

（3）内分泌治疗：包括手术去势及抗雄激素治疗，适用于 T_3、T_4 期癌。手术去势包括双侧睾丸切除术和包膜下睾丸切除术。抗雄激素治疗药物主要有雄激素受体阻断药如甾体类环丙孕酮，非甾体类尼鲁米特和黄体生成素释放激素类似物（LHRH-a）如醋酸戈舍瑞林、醋酸亮丙瑞林。

（4）放射治疗：有内放射和外放射两种。内放射主要适用于 T_2 期以内的前列腺癌；外放射用于内分泌治疗无效者。

（5）化学治疗：用于内分泌治疗失败者，常用药物有顺铂、环磷酰胺、阿霉素等。

【常见护理诊断/问题】

1. 焦虑、恐惧 与患者对癌症、手术恐惧以及术后可能出现排尿障碍和性功能障碍有关。

2. 营养失调：低于机体需要量 与恶性肿瘤及手术创伤有关。

3. 潜在并发症：尿失禁、出血、感染等。

4. 知识缺乏　患者缺乏有关疾病的康复知识。

【护理目标】

1. 患者焦虑、恐惧减轻或消失，情绪稳定。

2. 患者营养状况得到改善。

3. 未发生并发症或并发症发生后被及时发现和处理。

4. 患者知晓疾病相关的康复知识。

【护理措施】

1. 术前护理

（1）心理护理：加强心理护理，前列腺癌经有效治疗后疗效尚可，5年生存率较高；向患者解释术后排尿功能可以通过盆底肌训练逐渐恢复；帮助患者稳定情绪，使其积极配合手术。

（2）营养支持：根据情况给予高蛋白、富含维生素、适当热量、低脂肪、易消化的少渣饮食。必要时给予肠内及肠外营养支持。

（3）肠道准备：术前3日进少渣半流质饮食，术前1～2日起进无渣流质饮食，口服肠道不吸收的抗生素，术前晚及术晨进行肠道清洁。

2. 术后护理

（1）休息与活动：全身麻醉清醒后手术当日可取低半卧位或侧卧位，术后1～2日可取半卧位，增加床上活动量，术后第3日起可床边活动。年老或体弱患者应减慢活动进度。

（2）饮食护理：术后禁食，待肛门排气后开始进食流质饮食，逐渐过渡为半流质饮食、软食与普食。

（3）并发症的观察与护理

1）尿失禁：为术后常见的并发症，大部分患者在1年内可改善。指导患者保持会阴清洁，坚持盆底肌的康复锻炼，使用电刺激、生物反馈治疗等。

2）出血：密切观察生命体征及引流液情况，若创腔引流管持续有新鲜血液流出，患者血压下降、脉搏增快，2小时内引出鲜红色血液100 ml以上或24小时超过500 ml，提示手术创面出血，应立即报告医师。

3）感染：密切观察体温变化及实验室检查结果，保持切口敷料清洁、干燥，保证引流通畅，并遵医嘱使用抗生素，如出现异常征象，及时报告医师。

3. 健康教育

（1）饮食指导：避免高脂饮食，尤其是动物脂肪及红色肉类。可增加豆类、谷物、蔬菜、水果等富含纤维素食物的摄入。多饮绿茶，增加日光照射，并适当补充钙、维生素D、维生素E、维生素A和类胡萝卜素。

（2）运动指导：指导患者根据体力适当锻炼，增强体质。保持情绪稳定，心情愉快。做提肛运动，每个动作持续10秒，每次10分钟，每日10次。

（3）随诊及定期复查：定期行直肠指诊、PSA测定及前列腺B型超声等检查，以判断预后及复发情况。

 考点提示

前列腺癌患者的护理措施及健康教育。

【护理评价】

1. 患者恐惧与焦虑是否减轻或消除。

2. 患者营养状况是否得到改善。
3. 并发症是否得到预防或被及时发现和处理。
4. 患者是否了解有关疾病的康复知识。

第七节　泌尿及男性生殖系统结核患者的护理

案例 28-5

患者，女性，72 岁，间歇性尿频、尿急、尿痛 1 年余，症状加重伴终末血尿及米汤样尿 1 个月就诊，曾到多家医院就医，均给予抗感染治疗，疗效不佳。5 年前曾患"肺结核"，但已治愈。

问题与思考：
1. 该患者可能的疾病诊断是什么？
2. 护士如何对该患者进行用药指导？
3. 请为该患者拟定一份完整的护理计划。

泌尿及男性生殖系统结核是结核分枝杆菌侵犯泌尿生殖器官引起的慢性特异性感染，是全身结核病的一部分，原发病灶几乎都在肺部，其中肾结核最常见。结核分枝杆菌自原发感染灶经血行播散引起肾结核，如未及时治疗，结核分枝杆菌随尿流下行，可播散到输尿管、膀胱、尿道，再逆行进入男性生殖系统。肾结核多见于 20～40 岁青壮年，男女发病之比为 2：1，近年来，老年患者比例上升。肺结核血行播散引起肾结核需 3～10 年时间，因此 10 岁以下的儿童很少发生。

【病理生理】

结核分枝杆菌经血液循环播散至肾，在肾皮质形成多发性微小病灶。当细菌数量少及机体免疫力强时，绝大多数病灶能够愈合，未出现临床症状，也无影像学改变，称为病理性肾结核。当细菌数量多、毒力强或机体抵抗力差时，结核分枝杆菌进入肾髓质，形成干酪样坏死，并可继续向肾盏、肾盂发展，引起临床症状及影像学改变，称为临床肾结核，多为单侧。一般肾结核指临床肾结核。结核病变扩散至肾髓质后不能自愈，结核结节扩大并相互融合，中心发生干酪样坏死液化、空洞，肾盏颈和肾盂出口发生纤维化狭窄时，可导致局限的闭合脓肿或结核性脓肾。全肾广泛钙化时，肾功能完全丧失，输尿管常完全闭合，含菌的尿液不能进入膀胱，膀胱病变反而好转，膀胱刺激征逐渐缓解，尿液检查趋于正常，称为"肾自截"，病变蔓延至膀胱，常从患侧输尿管开口周围开始扩散。起初该处黏膜充血、水肿，继而形成黄色结核结节，随后发生溃疡、肉芽肿或纤维化，并向肌层扩散，致使逼尿肌纤维化而失去收缩功能。输尿管口肌肉纤维化，导致患侧输尿管开口狭窄和（或）关闭不全。病变严重时，膀胱广泛纤维化，导致膀胱瘢痕性收缩，容量显著减少，不足 50 ml 者称为挛缩膀胱。此时常累及健侧输尿管口狭窄或闭合不全，引起上尿路积水或尿液反流，导致该侧肾积水。病变向深层发展，可穿透膀胱壁，形成膀胱阴道瘘或膀胱直肠瘘。尿道结核因前列腺精囊结核形成空洞破坏后尿道所致，少数为膀胱结核蔓延而致。男性生殖系统结核首先见于前列腺、精囊，以后蔓延至附睾和睾丸。

【护理评估】
1. 健康史　了解患者的年龄、性别、职业，有无吸烟、饮酒史；既往有无结核病史，如肺结核，患结核病后是否接受全程的抗结核治疗，有无与结核病患者的密切接触史；既往其他疾病史，有无营养不良、免疫力低下等。

2. 身体状况　肾结核的临床表现取决于肾病变范围及输尿管、膀胱继发结核的严重程度。肾结核主要病变在肾，但病肾本身的症状并不多见，症状在膀胱。早期多无临床表现，随病情进展，可出现以下症状和体征。

（1）症状

1）尿频、尿急、尿痛：是肾结核的典型症状。尿频是最突出、出现最早、持续时间最长的症状。最初是因含有结核分枝杆菌的脓尿刺激膀胱黏膜引起；当结核病变累及膀胱壁，发生结核性膀胱炎及溃疡时，尿频加剧，并有尿急、尿痛。晚期发生膀胱挛缩时，尿频更为严重，每日排尿可达数十次，甚至出现急迫性尿失禁。

2）血尿：是重要症状，常为终末血尿，主要是因为结核性膀胱炎及结核性溃疡在膀胱排尿终末时收缩出血。少数肾结核因侵及血管，也可出现全程肉眼血尿。

3）脓尿：是常见的症状，患者均有不同程度的脓尿，多为镜下脓细胞，严重者尿如洗米水样，内含有干酪样碎屑或絮状物；混有血液时呈脓血尿。尿中有脓细胞，也可含结核分枝杆菌，但普通细菌培养结果一般为阴性，称为无菌性脓尿。

4）腰痛：一般无明显腰痛，仅少数肾结核严重和梗阻，发生结核性脓肾或继发肾周感染，或输尿管被血块、干酪样物质堵塞时，可引起腰部钝痛、绞痛。

5）全身症状：常不明显。晚期或合并其他器官活动性结核时，可有发热、盗汗、消瘦、贫血、虚弱、食欲减退和红细胞沉降率加快等典型结核症状。严重双肾结核或肾结核对侧肾积水时，可出现贫血、水肿、恶心、呕吐、少尿等慢性肾功能不全的症状，甚至突然发生无尿。

（2）体征：较大肾积脓或对侧巨大肾积水时，腰部可触及肿块；50%～70%的肾结核患者合并生殖系统结核、附睾结核，可触及不规则无痛性硬块。输精管结核病变时，输精管变粗、变硬，有串珠样小结节。

3. 心理-社会状况　患者因尿频、尿痛、血尿而感到焦虑；患者及其家属对泌尿系统结核长期应用药物治疗或需手术治疗而产生焦虑、恐惧心理；因抗结核化疗药物的副作用及结核的传染性而产生自卑等心理反应。

4. 辅助检查

（1）尿液检查：尿液多呈酸性，尿常规检查可见蛋白、白细胞和红细胞。尿沉渣涂片作抗酸染色，50%～70%的病例可找到结核分枝杆菌，以清晨第1次尿液检查阳性率最高，至少连续检查3次。尿结核分枝杆菌培养对肾结核的诊断有决定性意义，阳性率可高达90%。

（2）影像学检查

1）B型超声检查：对于中、晚期病例，可初步确定病变部位，常显示肾结构紊乱，有钙化者则显示强回声，也容易发现对侧肾积水及膀胱挛缩。

2）X线检查：泌尿系统平片（KUB）可见到病肾局灶或斑点状钙化影或全肾广泛钙化。静脉尿路造影（IVU）是诊断泌尿系统结核的标准方法，可以了解患侧肾功能、病变程度与范围。早期表现为肾盏破坏，边缘不整，呈虫蚀样改变，逐渐表现为肾盏颈部狭窄而导致肾盏扩张甚至消失。还可以了解有无对侧肾积水、输尿管狭窄、膀胱挛缩等。

3）CT和MRI检查：IVU显影不良时，有助于诊断。在病变后期，CT能直接显示扩大的肾盏、肾盂、皮质空洞及钙化灶，MRI对了解上尿路积水情况有特殊意义。

（3）膀胱镜检查：可见膀胱黏膜炎性充血、水肿、浅黄色结节、结核结节、肉芽肿及瘢痕等病变，以膀胱三角区和患侧输尿管口周围较为明显。膀胱挛缩或急性膀胱炎时，不宜做膀胱镜检查。

> **知识拓展**
>
> **肾结核延误诊断的原因**
>
> 肾结核延误诊断临床上常见有以下两种情况：其一是满足于膀胱炎的诊治，长时间使用一般抗感染药物而疗效不佳时，却未进一步追查膀胱炎的原因。其二是发现男性生殖系统结核，尤其是附睾结核，而不了解男性生殖系统结核常与肾结核同时存在，未作相关辅助检查，如尿常规、尿结核分歧杆菌及静脉尿路造影检查。

5. 治疗原则　抗结核化疗是泌尿系统结核的基本治疗手段，手术治疗必须在化学治疗的基础上进行。

（1）抗结核化疗：适用于早期肾结核。抗结核化疗的周期一般较长，目前多采用6个月的短程疗法。最常用的一线抗结核药有异烟肼、利福平、吡嗪酰胺、乙胺丁醇。最好采用3种药物联合使用的方法。

（2）手术治疗：抗结核化疗6～9个月无效，肾结核破坏严重者，应在药物治疗配合下行手术治疗。肾切除术前抗结核治疗时间不应少于2周，保留肾的手术前则应用药6周以上。

1）肾切除术：肾结核破坏严重、对侧肾功能正常时，应切除患肾。对侧肾积水代偿功能不良，应先引流肾积水，待肾功能好转后再切除无功能的患肾。双侧肾病变严重呈"无功能"状，抗结核化疗后择期切除严重的一侧患肾。

2）保留肾组织的肾结核手术：适用于病灶局限于肾的一极、局限性结核性脓肿。输尿管结核病变致使管腔狭窄，引起肾积水，如肾结核病变较轻、功能良好，且狭窄较局限、位于中上段，可切除狭窄段，行输尿管对合术；狭窄靠近膀胱者，则行狭窄段切除，输尿管膀胱吻合术，并放置双J形支架引流管；挛缩膀胱可行肠膀胱扩大术；有后尿道狭窄者，行输尿管皮肤造口、回肠膀胱或肾造口术。

【常见护理诊断/问题】

1. 恐惧/焦虑　与病程长、病肾切除、担心预后有关。
2. 排尿障碍　与结核性膀胱炎、膀胱挛缩等有关。
3. 潜在并发症：出血、感染、尿瘘、肾衰竭、肝功能受损等。

【护理目标】

1. 患者恐惧与焦虑减轻。
2. 患者能维持正常的排尿状态。
3. 未发生并发症，或并发症发生后被及时发现和处理。

【护理措施】

1. 抗结核化疗的护理及术前护理

（1）心理护理：患者多因尿频、尿痛、血尿等症状，以及患有结核病、抗结核化疗而感到焦虑和恐惧，应告知患者该病的临床特点及规范抗结核化疗的意义，并解释各项检查及手术的方法和治疗效果，解除其恐惧、焦虑等不良情绪，增强患者战胜疾病的信心，使其更好地配合治疗。

（2）一般护理：以卧床休息为主，避免劳累。指导患者进食高热量、高蛋白、富含维生素及易消化饮食，必要时通过静脉途径补充营养，改善营养状态。

（3）用药护理：指导患者按时、足量、足疗程服药。药物多有肝损害等副作用，遵医嘱使用药物保护肝，并定期检查肝功能。链霉素对第Ⅷ对脑神经有损害，影响听力，一旦发现，应立即通知医师停药、换药。勿用和慎用对肾有毒性的药物，如氨基糖苷类、磺胺类药。

（4）术前准备：常规进行术前准备。对于肾积水的患者，需经皮留置引流管处理肾积水，待肾功能好转后再行手术治疗，因此须做好引流管及皮肤护理。

2. 术后护理

（1）休息与活动：生命体征平稳后，可协助患者翻身，取健侧卧位。避免过早下床，肾切除术后一般需卧床3～5日，行部分肾切除手术的患者则需卧床1～2周。

（2）预防感染：密切观察体温、白细胞计数、手术切口及敷料情况，遵医嘱使用抗生素，保持切口敷料清洁、干燥。

（3）管道护理：妥善固定引流管和导尿管，保持引流通畅，密切观察并记录引流液的颜色、量和性状。

（4）肾衰竭的观察与护理：术后准确记录24小时尿量，若手术后6小时仍无尿或24小时尿量较少，可能发生肾衰竭，应及时向医师报告并协助处理。

（5）尿漏的观察与护理：保持肾窝引流管、双J管及导尿管等引流通畅，指导患者避免憋尿及减少腹部用力。若出现肾窝引流管和导尿管的引流量减少、切口疼痛、渗尿、触及皮下有波动感等情况，提示可能发生尿漏，应及时向医师报告并协助处理。

3. 健康教育

（1）康复指导：加强营养，注意休息，适当活动，避免劳累，以增强机体抵抗力，促进康复。

（2）用药指导：术后继续抗结核化疗6个月以上，以防结核复发。严格遵医嘱服药，不可随意间断或减量服药、停药，避免产生耐药性而影响治疗效果。若出现恶心、呕吐、耳鸣、听力下降等症状，应及时就诊。勿用对有肾损害的药物，如氨基糖苷类、磺胺类药。

（3）定期复查：单纯抗结核化疗及术后患者必须重视尿液检查和泌尿系统造影结果的变化。定时检查尿常规和尿结核分枝杆菌，必要时行静脉尿路造影。复查肝功能、肾功能，测听力、视力。

（4）宣传结核病预防知识，鼓励和指导患者养成良好的卫生习惯。

【护理评价】

1. 患者焦虑是否减轻，情绪是否稳定。
2. 患者排尿是否正常。
3. 是否发生并发症，或并发症发生后是否被及时发现和处理。

自 测 题

一、选择题

1. 进行膀胱镜检查时，护士应安排患者的体位是
   A. 平卧位　　　　　B. 半卧位　　　　　C. 截石位
   D. 侧卧位　　　　　E. 俯卧位

2. 泌尿系统最常见的损伤是
   A. 肾损伤　　　　　B. 输尿管损伤　　　C. 膀胱损伤
   D. 男性尿道损伤　　E. 女性尿道损伤

3. 尿道损伤后，预防尿道狭窄的主要措施是
   A. 预防感染　　　　　　　　　　　　　B. 留置导尿7～10天
   C. 大量饮水　　　　　　　　　　　　　D. 后期应定期做尿道扩张术

E. 局部理疗

4. 肾结石、输尿管结石的主要症状是
   A. 排尿困难　　　　　B. 尿频、尿急、尿痛　　　　C. 与活动有关的疼痛
   D. 尿失禁　　　　　　E. 无痛性血尿

5. 不是尿石症患者临床表现的是
   A. 疼痛　　　　　　　B. 焦虑　　　　　　　　　　C. 头晕
   D. 尿潴留　　　　　　E. 体温过高

6. 男性，20岁，从3m高处跌下，骑跨于木杆上。经检查，阴茎、会阴和下腹壁青紫、肿胀，排尿困难，尿道口滴血，应考虑为
   A. 会阴部挫伤　　　　B. 下腹部挫伤　　　　　　　C. 前尿道损伤
   D. 后尿道损伤　　　　E. 膀胱损伤

7. 患者，女性，41岁，肾结石治愈出院。既往有痛风和高血压病史，其医嘱中有口服别嘌呤醇。护士对患者解释服用该药物的作用，正确的说法是
   A. 预防结石形成　　　B. 缓解术后疼痛　　　　　　C. 帮助降低血压
   D. 预防骨脱钙　　　　E. 预防肾绞痛

8. 患者，男性，38岁，右下腹部突发性绞痛，右肾区酸胀，恶心、呕吐，伴肉眼血尿，诊断为右肾结石。以下保守排石治疗的叙述，不正确的是
   A. 保证每日饮水量 1000 ml 左右　　　　　　B. 使用抗生素防治感染
   C. 可用镇痛药止痛　　　　　　　　　　　　D. 加强运动
   E. 适当减少蛋白质的摄入

9. 患者，男性，38岁，因右下腹部突发性绞痛、血尿，诊断为右输尿管结石。经输尿管镜取出尿酸结石。其饮食中应限制摄入的是
   A. 牛奶、豆制品　　　B. 动物内脏　　　　　　　　C. 土豆、芦笋
   D. 浓茶、菠菜　　　　E. 粗粮及纤维素

10. 患者，男性，35岁，因右输尿管结石入院。当肾绞痛发作时，最重要的处理措施是
    A. 大量饮水　　　　　B. 应用抗生素防治感染　　　C. 解痉止痛
    D. 准备手术治疗　　　E. 嘱患者进行跳跃运动

11. 患儿，男性，5岁，排尿时尿流突然中断，伴下腹部疼痛，患儿哭闹打滚后，又能排尿，可能的疾病为
    A. 肾结石　　　　　　B. 膀胱结石　　　　　　　　C. 输尿管结石
    D. 尿道结石　　　　　E. 包皮过长

12. 患者，男性，30岁，跑步时突发右腰部阵发性剧痛，疼痛向下腹部放射。右肾区叩击痛，实验室检查尿红细胞（+），诊断首先考虑的是
    A. 急性阑尾炎　　　　B. 急性胆囊炎　　　　　　　C. 肾结石
    D. 腰扭伤　　　　　　E. 腰部骨折

13. 前列腺增生症的早期症状是
    A. 尿频　　　　　　　B. 进行性排尿困难　　　　　C. 尿潴留
    D. 尿流中断　　　　　E. 膀胱刺激征

14. 病变在肾，症状主要在膀胱的疾病是
    A. 肾结石　　　　　　B. 肾肿瘤　　　　　　　　　C. 肾结核
    D. 急性肾炎　　　　　E. 急性肾盂肾炎

15. 患者，男性，56岁，前列腺增生5年，本次体格检查血清PSA测定呈阳性，提示可能是

A. 前列腺癌 B. 前列腺结核 C. 膀胱结核
D. 肾肿瘤 E. 膀胱肿瘤

16. 患者，男性，70岁，前列腺摘除术后防止出血的措施，错误的是
    A. 将气囊导尿管固定在股部内侧
    B. 不得随意活动肢体或坐起
    C. 牵引气囊导尿管2～3天
    D. 全身应用止血药
    E. 术后1周内禁止灌肠或肛管排气

17. 护理泌尿外科患者，护士叮嘱患者多饮水的理由是
    A. 增加尿量以冲洗尿路，防止感染
    B. 摄入足够液体，防止水、电解质代谢紊乱
    C. 保持尿量正常，防止急性肾衰竭
    D. 稀释尿液，以减轻疼痛症状
    E. 保证体液量，避免发生休克

18. 男性，50岁，膀胱癌，行经尿道膀胱肿瘤电切术后3日，不正确的护理措施是
    A. 心理护理 B. 导尿管护理 C. 饮食指导
    D. 鼓励患者用力排尿 E. 加强尿漏患者的护理

19. 患者，男性，56岁，无痛性全程肉眼血尿半个月，B型超声检查发现肾有一个 5 cm×6 cm 大小实质性占位。该患者最可能的诊断为
    A. 肾癌 B. 肾结石 C. 肾囊肿
    D. 肾结核 E. 肾炎

20. 经尿道前列腺切除术后，尿道放置三腔气囊导尿管的目的是
    A. 引流尿液 B. 压迫出血部位 C. 观察病情
    D. 预防感染 E. 扩张尿道

21. 患者，男性，56岁，因前列腺增生入院。采用经尿道前列腺电切除术，术后发现患者血钠较低，其主要原因是
    A. 输液量较多
    B. 输液速度过快
    C. 引流不畅造成膀胱充盈、痉挛
    D. 术中大量冲洗液被吸收，形成稀释性低钠血症
    E. 膀胱痉挛引发阵发性剧痛，诱发出血

（22～25题共用题干）

患者，男性，65岁，左上腹部疼痛3个月余，左肾区叩击痛，镜检血尿。B型超声检查示左肾有一枚结石，大小约 0.8 cm×0.9 cm。静脉肾盂造影示肾功能正常，双侧输尿管通畅。

22. 目前的治疗方法是
    A. 服用中药排石 B. 体外冲击波碎石术（ESWL）
    C. 多饮水 D. 经皮肾镜取石术
    E. 左肾切口取石

23. 治疗后，患者应取的体位是
    A. 平卧位 B. 健侧卧位 C. 患侧卧位
    D. 半坐卧位 E. 头低足高位

24. 治疗后当日患者出现血尿，且有碎石排出，次日出现肾绞痛、发热、尿闭。考虑患者出现了
    A. 血块梗阻　　　　　　B. 肾挫伤　　　　　　　C. 急性肾盂肾炎
    D. 输尿管碎石梗阻　　　E. 急性肾小管坏死
25. 目前的处理方法是
    A. 使用利尿药利尿　　　B. 服用中药排石　　　　C. 补液，保证尿量
    D. 解痉止痛　　　　　　E. 手术

（26～29题共用题干）

患者，男性，24岁，从楼梯上跌下，骑跨在横杠上，会阴部疼痛，4小时后发现内裤染血、排尿困难、阴囊有血肿形成，生命体征平稳。初步诊断为尿道损伤。

26. 尿道损伤最多见的部位是
    A. 尿道前列腺部　　　　B. 尿道球部　　　　　　C. 尿道膜部
    D. 尿道海绵体部　　　　E. 尿道外口
27. 可以明确尿道损伤的部位和程度的实验室检查是
    A. X线骨盆平片　　　　 B. CT　　　　　　　　　C. MRI
    D. 尿道造影　　　　　　E. B型超声
28. 该患者行尿道吻合术，关于术后护理措施，错误的是
    A. 密切观察病情，防治休克
    B. 术后立即服用轻泻药，以保持排便通畅
    C. 合并骨盆骨折者，应执行骨盆骨折护理常规
    D. 对患者进行心理疏导，消除焦虑
    E. 注意引流液的量、颜色、性状、气味
29. 半个月后患者病愈出院，此后半年未来复诊，你认为最可能出现的并发症是
    A. 尿道出血　　　　　　B. 尿道感染　　　　　　C. 尿道疼痛
    D. 性功能障碍　　　　　E. 尿道狭窄

（30～33题共用题干）

患者，男性，53岁。间歇性无痛性肉眼血尿2个月余，近期常伴有尿频、尿急、尿痛。患者做油漆工20余年。

30. 该患者最可能患有的疾病是
    A. 肾癌　　　　　　　　B. 肾盂癌　　　　　　　C. 肾母细胞瘤
    D. 膀胱癌　　　　　　　E. 前列腺癌
31. 为了确诊，最可靠的检查方法是
    A. 实验室检查　　　　　B. 尿路造影检查　　　　C. 膀胱镜检查
    D. B型超声检查　　　　 E. CT检查
32. 目前的健康指导中，最重要的是
    A. 嘱休息　　　　　　　B. 嘱戒烟　　　　　　　C. 嘱劳动保护
    D. 嘱应用抗癌药　　　　E. 嘱住院检查
33. 该患者健康史中与疾病相关的因素是
    A. 接触油漆　　　　　　B. 不爱运动　　　　　　C. 尿路感染
    D. 吸烟　　　　　　　　E. 饮酒

（34～37题共用题干）

患者，男性，68岁，排尿费力多年，昨日饮酒后一夜未排尿，感下腹部胀痛。体格检查：膀胱充盈至脐下1指，触痛。

34. 该患者最可能的疾病诊断是
  A. 膀胱肿瘤　　　　　　B. 膀胱结石　　　　　　C. 尿石症
  D. 前列腺增生　　　　　E. 前列腺癌

35. 目前宜采取的处理措施是
  A. 留置导尿　　　　　　B. 给予镇痛药　　　　　C. 尽快检查以明确诊断
  D. 使用抗生素预防感染　E. 腹部热敷

36. 下列处理措施，不正确的是
  A. 立即给予导尿
  B. 导尿过程中注意执行无菌操作
  C. 必要时留置导尿
  D. 导尿管插入后尽快排空膀胱
  E. 若导尿管插入困难，可行耻骨上膀胱穿刺

37. 该患者目前最好的治疗方法是
  A. 药物治疗　　　　　　　　　　　　B. 经尿道前列腺切除术
  C. 耻骨上经膀胱前列腺切除术　　　　D. 膀胱造瘘
  E. 激光治疗

二、名词解释

1. 少尿
2. 肾绞痛
3. 膀胱刺激征
4. 测漏试验
5. 尿三杯试验
6. 肾自截
7. 经尿道电切综合征

三、填空题

1. 对肾挫伤患者，非手术治疗应卧床休息____周，待尿内红细胞消失1周后方能起床活动，过早起床活动可造成_____。
2. 男性前尿道损伤多发生在_____部，常由_____伤所致；男性后尿道损伤多发生在_____部，常由_____所致。
3. 当结石进入输尿管时，常停留或嵌顿于生理狭窄处，即_____、_____及_____。
4. 肾及输尿管结石主要表现为_____和_____。
5. 尿道损伤最主要的临床表现是_____、_____、_____。
6. 前列腺增生最早出现的症状是_____，最主要的症状是_____。行前列腺切除术后护理的重点是_____。
7. 膀胱癌的好发部位最多见于膀胱_____，其次为_____。
8. 泌尿系统恶性肿瘤患者的血尿特征是_____。
9. 肾癌的典型症状是_____、_____和_____。

四、简答题

1. 什么是尿三杯试验？有何临床意义？
2. 简述肾损伤的治疗原则。
3. 如何对尿石症患者进行健康教育从而预防结石的复发？
4. 简述前列腺电切除术后膀胱冲洗的注意事项。
5. 简述前列腺增生手术适应证。
6. 简述膀胱灌注化学治疗患者的化学治疗要点。

五、案例分析

1. 王先生，42岁。10余年前患者无明显诱因出现双侧腰部胀痛不适，阵发性发作，右侧较重，无畏寒、发热、恶心、呕吐、尿频、尿急、尿痛、明显肉眼血尿、脓尿等。于当地医院诊断为双肾结石，行体外碎石术（双侧）、排石对症处理（具体不详）无效，遂入院治疗。KUB＋IVU提示：双肾多发结石并积水。今晨在硬膜外麻醉下行经皮肾镜右肾结石气压弹道碎石术。

请回答：

（1）患者术后可能会出现哪些并发症？应该如何护理？

（2）患者出院时，该如何进行生活饮食的健康指导？

2. 患者，男性，63岁。进行性尿频、排尿困难6年，饮酒后出现小便不能自解8小时急诊入院。主诉下腹部胀痛，检查见下腹部膨隆，叩诊呈浊音。直肠指诊检查前列腺增大、表面光滑、质地中等、中央沟变浅、无压痛。其他检查无异常。

请回答：

（1）此患者目前应考虑患有何种疾病？

（2）急诊入院后，首先应该如何护理？

（3）请详述此患者手术后的护理措施。

（李国正）

第二十九章数字资源

第二十九章　骨折患者的护理

学习目标

1. 解释骨折的定义、病因、分类、急救和治疗原则。
2. 描述骨折愈合的标准、骨折的临床特点及护理措施。
3. 说出影响骨折愈合的因素、骨折的早期及晚期并发症，骨折检查的方法。
4. 说出四肢骨折的常见病因、临床特点及治疗原则。
5. 描述脊柱骨折的临床表现、处理原则及护理措施。
6. 能对骨折患者进行伤情评估，并对骨折患者实施整体护理。
7. 同情、关心和爱护骨折患者，使患者与医护人员充分配合，并能进行治疗和护理。
8. 具有高度的责任心，关爱骨折患者，在护理操作中具有良好的工作态度及娴熟的操作技能。

第一节　骨折患者的一般护理

案例29-1

患者，女性，32岁，因右小腿被汽车撞伤3小时就诊。车祸当时患者右小腿疼痛，不敢活动。体格检查：T 36.2℃，P 96次/分，BP 90/60 mmHg，一般情况尚可，右小腿肿胀，缩短、成角畸形，有异常活动，足背动脉可触及搏动。X线片示：胫骨中段粉碎性骨折，骨折断端重叠移位。

问题与思考：
1. 该患者目前的疾病诊断是什么？
2. 该患者目前的治疗及护理措施有哪些？

骨的完整性和连续性中断即为骨折（fracture）。健康骨骼受外力作用造成的骨折，如车祸、爆炸、跌伤，称为外伤性骨折；当患者有全身性疾病或骨本身病变（如骨肿瘤、骨髓炎、骨结核、骨质疏松症）时，轻微外力即可导致骨折，称为病理性骨折。以外伤性骨折多见，好发于四肢。

【病因】

1. **直接暴力**　暴力直接作用于受伤部位，使之发生骨折。其特点是骨折形态多为粉碎性，骨折局部软组织损伤较重。如小腿受到撞击，于撞击处发生胫骨、腓骨骨干骨折。

2. **间接暴力**　暴力通过传导、杠杆或旋转作用，使远离暴力作用点的骨组织发生骨折。特点是骨折形态多为斜行或螺旋形，骨折周围软组织损伤较轻。如跌倒时以手掌撑地，依其上肢与地面的角度不同，暴力向上传导，可导致桡骨远端骨折或肱骨髁上骨折。

3. **肌肉拉力**　肌肉突然猛烈地收缩，可使肌肉附着处骨质撕裂。如骤然跪倒时，股四头肌猛烈收缩，可导致髌骨骨折。

4. 疲劳性骨折　某些特定部位骨骼长期、反复、持续受到轻微的直接或间接外力作用，积累到一定的程度，造成骨折。如远距离行军可导致第2、3跖骨及腓骨下1/3骨干骨折。此类骨折常称为疲劳性骨折，也可称为应力性骨折。

5. 骨骼疾病　由于骨骼疾病，如骨质疏松、骨髓炎、骨结核或骨肿瘤，导致骨质破坏，在轻微的外力作用下易发生骨折，称为病理性骨折。

知识链接

行军足

1885年普鲁士军队最早发现了这种隐蔽的骨折，当时还没有X线检查技术，直到患者病情恶化才得到重视。这是远距离急行军所导致的第2、3跖骨骨折。开始时疼痛相当轻微，肿胀也不严重，但皮肤有些发红。较小的暴力长期、反复作用于某处骨骼，骨质磨损。这类骨折无移位，但难以愈合。

考点提示

骨折的病因。

【分类】

1. 根据骨折处皮肤软组织的完整性分类
（1）闭合性骨折：骨折处皮肤或黏膜未破裂，骨折断端不与外界相通。
（2）开放性骨折：骨折处皮肤或黏膜破裂，骨折断端与外界相通。

2. 根据骨折的程度和形态分类
（1）不完全骨折：骨的完整性和连续性部分中断，按其形态又可分为裂缝骨折和青枝骨折。
1）裂缝骨折：骨质发生裂隙，无移位，多见于颅骨、肩胛骨等。
2）青枝骨折：多见于儿童，骨质和骨膜部分断裂，可有成角畸形。有时成角畸形不明显，仅表现为骨质劈裂，因与青嫩树枝被折断时相似而得名。
（2）完全骨折：骨的完整性和连续性全部中断，按骨折线的方向及其形态可分为以下几种类型（图29-1）。

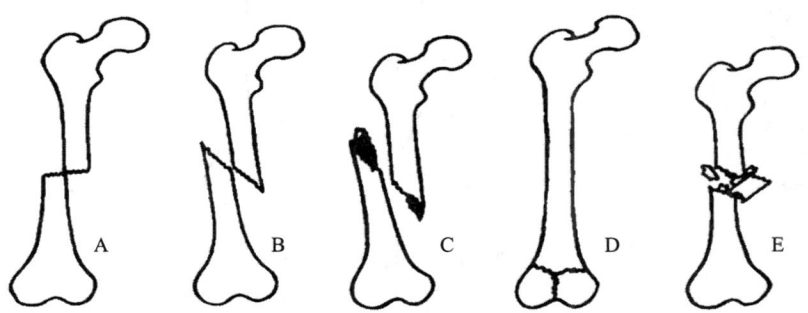

图29-1　完全骨折
A. 横形骨折；B. 斜行骨折；C. 螺旋形骨折；D. T形骨折；E. 粉碎性骨折

1）横形骨折：骨折线与骨干纵轴接近垂直。
2）斜行骨折：骨折线与骨干纵轴呈一定角度。

3）螺旋形骨折：骨折线呈螺旋状。

4）粉碎性骨折：骨质碎裂成3块以上。骨折线呈T形或Y形者又称为T形或Y形骨折。

5）嵌插骨折：骨折片相互嵌插，多见于干骺端骨折，即骨干的皮质骨嵌插入骺端的松质骨内（图29-2）。

6）压缩性骨折：骨质因压缩而变形，多见于松质骨，如脊椎骨和跟骨（图29-3）。

7）凹陷性骨折：骨折片局部下陷，多见于颅骨。

8）骨骺分离：经过骨骺的骨折，骨骺的断面可带有数量不等的骨组织。

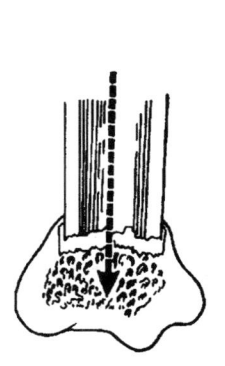
图 29-2　嵌插骨折

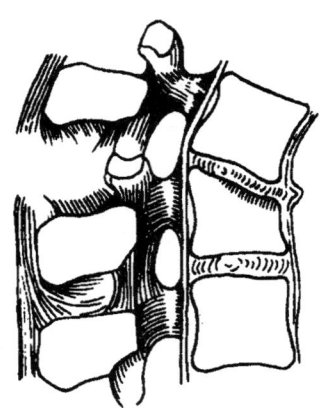
图 29-3　压缩性骨折

3. 根据骨折端的稳定程度分类

（1）稳定性骨折：骨折部无移位或有移位经复位并适当固定后不易发生再移位，如裂缝骨折、青枝骨折、嵌插骨折及横形骨折。

（2）不稳定骨折：复位后易发生再移位，如斜行骨折、螺旋形骨折、粉碎性骨折。

4. 根据骨折端移位的类型分类　骨断端的移位与骨折发生的部位、暴力作用（形式、大小、方向）、肢体的重力作用、肌肉的牵拉及搬运等因素有关。常见的移位有以下5种（图29-4）。

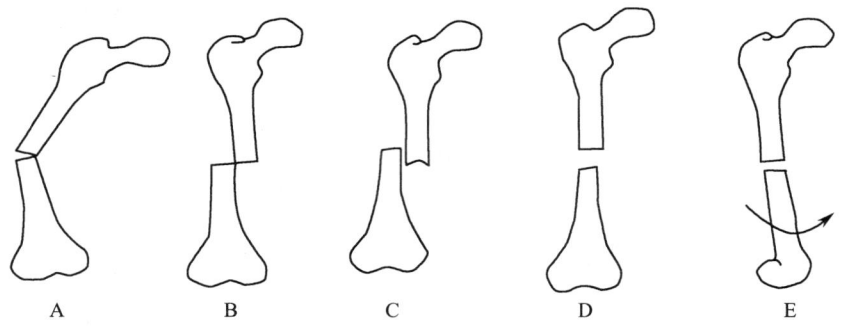
图 29-4　骨折的移位
A. 成角移位；B. 侧方移位；C. 缩短移位；D. 分离移位；E. 旋转移位

（1）成角移位：骨折两断端的轴线交叉成角，临床常以角顶所对的方向为骨折移位方向，称为向前、向后、向内或向外成角移位。

（2）侧方移位：骨折两断端相对移向侧方。临床上以四肢骨折的近段、脊柱骨折的下位椎体为基础，确定骨折前、后、内侧、外侧移位方向。

(3)缩短移位：两骨折端互相重叠或嵌插，骨的长度因而缩短。
(4)分离移位：两骨折端相互分离形成间隙，骨的长度增加。
(5)旋转移位：骨折远段围绕骨干纵轴作旋转移位。

5. 根据骨折后就诊的时间分类

(1)新鲜骨折：骨折后2周内，在此期血肿机化尚未完成，应抓紧时间及早处理，骨折断端愈合效果较好。

(2)陈旧骨折：骨折超过2周，骨折断端已有纤维组织连接，难以进行良好的复位，愈合较慢，常造成畸形愈合或延迟愈合。

【骨折的愈合】

1. 骨折愈合过程　骨折的愈合可分为3个阶段，其过程持续而相互交织，逐渐演进（图29-5）。

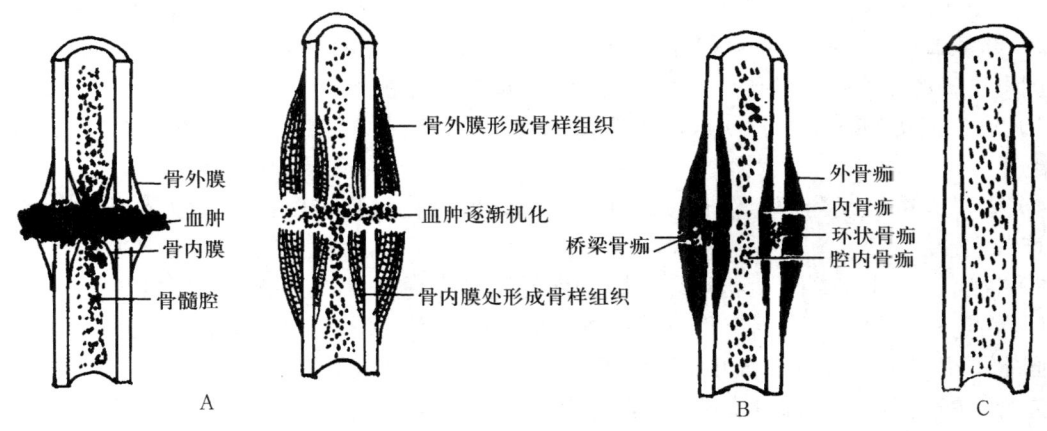

图 29-5　骨折的愈合过程
A. 血肿炎症机化期；B. 原始骨痂形成期；C. 骨痂改造塑形期

(1)血肿炎症机化期：骨折后，局部形成血肿，断端及邻近组织发生坏死，在骨折区形成急性炎症反应，急性炎症细胞、多形核白细胞和巨噬细胞向骨折处迁移。之后，血肿机化，肉芽组织演变成纤维结缔组织，2~3周后，骨折断端初步连接，称为纤维性连结。

(2)原始骨痂形成期：骨折后24小时内，骨折断端的外、内骨膜生化层的成骨细胞增生（膜内成骨），产生骨化组织，形成新骨（分别为内骨痂、外骨痂）。纤维骨痂则逐渐转化为软骨，再经过增生、变性、钙化而成骨，即软骨内成骨。当内骨痂、外骨痂和中间骨痂会合后，又经不断钙化，其强度足以抵抗肌肉的收缩、成角和旋转力时，则骨折已达临床愈合，一般需4~8周。

(3)骨痂改造塑形期：原始骨痂在生理应力、压力、肌肉收缩力等因素的作用下，成骨细胞增加，新生骨小梁逐渐排列规则、致密，原始骨痂被骨板骨所代替，骨折部位经8~12周形成骨性连接（骨性愈合）。而骨痂改造持续到原始骨痂逐渐被改造成永久板层骨，骨髓腔重新沟通，恢复骨原来的形状。

2. 骨折愈合的标准

(1)临床愈合标准：①局部无压痛及纵向叩击痛；②局部无异常活动；③X线片显示有连续性骨痂，骨折线模糊；④在去除外固定的情况下，上肢能平举重量1kg达1分钟；下肢能连续徒步行走3分钟，且不少于30步；连续观察2周骨折处不变形。临床愈合时间为最后一次复位固定之日至观察到临床愈合之日所需的时间。上述②、④两项的测定必须慎重，以不发生变形或再骨折为原则。

（2）骨性愈合标准：①具备临床愈合标准；②X线片显示骨小梁通过骨折线，骨折线消失。

3. 影响骨折愈合的因素

（1）全身因素

1）年龄：小儿组织再生和塑形能力强，骨折愈合速度较快。老年人骨质疏松、功能减退，骨折愈合速度缓慢。

2）健康状况：健康状况好，愈合快；健康状况差，愈合慢。特别是有慢性消耗性疾病者，如糖尿病、结核病、营养不良，愈合时间明显延长。

（2）局部因素

1）断端的接触面：螺旋形骨折和斜行骨折，骨折断端接触面大，愈合速度较快；横形骨折，骨折断端接触面小，愈合速度较慢。对位良好者愈合速度快，对位不良者愈合速度慢。

2）断端血供：是影响骨折愈合的重要因素。骨折后，两断端血供良好的骨折愈合速度快，而血供不良的部位骨折愈合速度缓慢，甚至延迟愈合、不愈合。

3）组织损伤的程度：骨质或软组织损伤越严重，骨折愈合的速度越慢。骨膜损伤越重，愈合越难。

4）感染：可引起局部组织长期充血、脱钙，使骨化过程难以进行，故感染未能控制时，骨折难以愈合。

5）骨病：由骨病或骨肿瘤所致的病理性骨折，骨折愈合困难。恶性肿瘤患者预后不良。

6）固定和运动因素：固定可以维持骨折整复后的良好位置，保证组织修复作用的顺利进行。固定不牢或不适当的活动可导致骨断端摩擦、扭动，均可影响骨折的愈合。但固定过紧或使肢体绝对静止不动，则影响局部血运，不利于骨折愈合。

【护理评估】

1. 健康史　询问及了解患者的年龄、职业特点、运动爱好、日常饮食结构、有无酗酒等。了解患者受伤的原因、部位和时间，受伤时的体位和环境，外力作用的方式、方向与性质，受伤后患者功能障碍及伤情发展情况，急救及处理经过等。既往有无骨质疏松、骨肿瘤史，或骨折史和手术史。询问患者近期有无服用激素类药物及药物过敏史等。

2. 身体状况

（1）骨折的一般表现

1）疼痛和压痛：骨折局部疼痛，常因移动骨折部位而疼痛加剧。骨折局部压痛，四肢长骨可有纵向叩击痛。

2）肿胀与瘀斑：骨折断端局部软组织肿胀，严重时可影响肢体血液循环。血肿扩散至皮下，可产生瘀斑。

3）功能障碍：骨折使肢体失去骨骼的支架作用，并因局部肿胀、疼痛、肌肉痉挛收缩等原因而影响肢体功能，尤其是当合并血管、肌腱或神经损伤时，更易造成功能障碍。

4）伤口与出血：开放性骨折有皮肤破损，甚至有骨外露，损伤的组织可出血不止，有的伤口可被严重污染。

（2）骨折的特有体征

1）畸形：完全性骨折患者，因移位而造成局部肢体形态发生改变，尤以四肢长骨骨折明显，常发生成角畸形、肢体周径变粗、长度变短等。

2）反常活动（假关节活动）：指在肢体没有关节的部位发生了类似关节样的活动。

3）骨擦音或骨擦感：指在活动骨折端时可以感觉到粗糙物体之间的摩擦感觉或听到粗糙

物体之间摩擦的声音。

以上三种体征为骨折所特有，只要发现其中之一，即可确诊。但未见此三种体征时，也可能有骨折，如青枝骨折、嵌插骨折、裂缝骨折。两骨折断端之间有软组织嵌入时，也可以没有骨擦音或骨擦感。反常活动及骨擦音或骨擦感两项体征只能在检查时加以注意，切忌反复检查，以免增加患者的痛苦或造成神经、血管损伤。

 考点提示

骨折的特有体征。

（3）全身表现

1）休克：多见于多发性骨折、骨盆骨折、股骨骨折、脊柱骨折等，患者常因大量失血、广泛软组织损伤、剧痛或合并重要内脏器官损伤引起休克。

2）体温升高：一般骨折后体温正常，出血量较大的骨折，如股骨骨折、骨盆骨折，血肿吸收时可出现低热，但一般不超过38℃。如果开放性骨折或手术切开复位后体温高于39℃，应考虑有感染。

（4）合并损伤：骨折常伴有合并伤，有时其危害性比骨折本身还大，如肋骨骨折合并气胸、脊柱骨折合并脊髓损伤，这些合并伤可同时或延后出现，所以在治疗及护理过程中要高度重视。

3. 心理-社会状况　骨折往往突然发生，常表现为剧烈疼痛、行动障碍等，患者及其家属无心理准备，常担心有无生命危险和将来是否留下残疾，患者表现出焦虑、失眠、烦躁、情绪异常等。多发性损伤患者多需住院和手术治疗等，由此形成的压力可影响患者与家属的心理状态和相互关系。故应了解患者及其家属的心理状态、家庭经济状况和社会支持系统情况等。

4. 辅助检查

（1）实验室检查：血常规检查可了解骨折是否合并感染。尿常规检查可了解有无泌尿系统损伤。

（2）X线检查：对骨折的诊断和治疗具有重要价值。X线检查不仅可以证实是否有骨折，而且能显示骨折的类型、程度及移位情况，并指导治疗，判断治疗的效果及骨折愈合情况等。须拍摄X线正位片及侧位片，并包括邻近关节，必要时可加摄特定位置或摄健侧相应部位，进行对比。有些骨折早期X线片不易看到，待2~3周断端部分吸收后才能显露，所以对一些临床检查高度怀疑骨折，而X线片未显示者，一定要再过2~3周后重新拍片复查。

（3）CT和MRI检查：可发现结构复杂的骨折和其他组织损伤，如椎体骨折、颅脑骨折。

（4）骨扫描：有助于确定骨折的性质和并发症，如有无病理性骨折。

5. 骨折的并发症　骨折在受暴力作用下发生时，常可能有全身或局部的各种并发症出现。严重者可危及生命，轻者影响骨折的治疗效果，应特别注意加以预防，并及时诊断和正确处理。

（1）早期并发症

1）休克：严重创伤大出血、持续性剧痛或重要脏器损伤均可引起休克。

2）内脏损伤：外力导致骨折的同时可造成内脏损伤。如肋骨骨折导致肝、脾破裂或伤及肺组织和肋间血管，引起气胸和血胸；骨盆骨折可造成膀胱、尿道或直肠损伤。

3）重要血管损伤：骨折断端移位可刺伤或压迫周围血管，如肱骨髁上骨折损伤肱动脉，膝部骨折可损伤腘动脉或胫前动脉、胫后动脉。

4）神经损伤：可因骨折时神经受牵拉、压迫、挫伤或后期外固定压迫、骨痂包裹、肢体畸形牵拉所致。如肱骨中下1/3交界处骨折易损伤紧贴肱骨走行的桡神经。

5）脊髓损伤（图29-6）：较严重的脊柱骨折脱位可并发脊髓挫伤或断裂，从而导致损伤平面以下瘫痪。脊髓损伤多发生在颈段和胸腰段。

6）脂肪栓塞综合征：是临床严重的并发症。成年人骨干骨折，髓腔内血肿张力过大，骨髓脂肪滴经破裂的骨髓血管窦状隙或静脉进入血液循环，引起肺、脑的脂肪栓塞。临床出现呼吸功能障碍、发绀，胸部X线片有广泛性肺实变。低血氧可导致烦躁不安、嗜睡，甚至昏迷和死亡。

7）骨筋膜室综合征：是由骨、骨间膜、肌间隔和深筋膜形成的骨筋膜室内肌肉和神经因急性缺血而产生的一系列早期症候群，多见于前臂掌侧和小腿。骨筋膜室综合征常由于创伤骨折的血肿和组织水肿，使其室内容物体积增加或外包扎过紧，局部压迫使骨筋膜室内压力增高。形成缺血-水肿-缺血的恶性循环，根据不同程度可导致：①濒临缺血性肌挛缩；②缺血性肌挛缩；③坏疽。严重病例甚至危及生命，故一旦明确诊断，应立即切开减压。

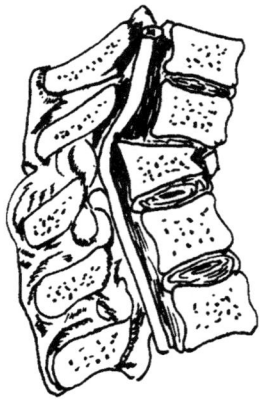

图29-6 脊柱骨折、脱位损伤脊髓

> **知识链接**
>
> **骨筋膜室综合征的诊治**
>
> 根据以下4个体征可以确定诊断：①患肢感觉异常；②被动牵拉受累肌肉出现疼痛；③肌肉在主动屈曲时出现疼痛；④筋膜室即肌腹处有压痛。骨筋膜室综合征常并发肌红蛋白尿，治疗时应予以足量补液以促进排尿，如果筋膜室压力＞30 mmHg，应及时行筋膜室切开减压术。减压范围：应使肌腹部筋膜充分切开，切开的皮肤不宜缝合，可用凡士林纱布填塞，延期缝合或植皮。对于组织坏死广泛、全身中毒症状严重而危及生命者，应尽早行截肢术。

（2）晚期并发症

1）感染：开放性骨折如不及时清创或清创不彻底，可引起化脓性感染，严重者可导致骨髓炎、败血症等。此外，患者长期卧床以及年老和伴有慢性病的患者易出现坠积性肺炎，应鼓励患者在卧床期间多作深呼吸和主动咳痰，早期下床活动，积极进行功能锻炼。

2）压疮：严重骨折及截瘫长期卧床，身体某些骨凸部位（如骶尾、足跟）长期受压，导致局部循环障碍，组织坏死、溃疡，形成压疮，应加强预防和护理，防止压疮的发生。

3）损伤性骨化（又称骨化性肌炎）：由于骨折或反复复位，造成周围软组织严重损伤，致使局部积血渗入受损的肌纤维间，血肿机化后逐渐转变为钙化骨，导致关节功能严重障碍。损伤性骨化常见于关节内或关节附近骨折（脱位）。X线下可见骨化阴影。临床上以肘部损伤多见。

4）创伤性关节炎：关节内骨折整复不良的错位愈合，导致关节面不平整，长期磨损，使关节软骨面损伤、退行性变，而发生创伤性关节炎。

5）关节僵硬：长期广泛的外固定可引起关节周围软组织粘连和肌腱挛缩，导致关节活动障碍，出现关节僵硬。

6）缺血性骨坏死：骨折段因血供障碍可发生缺血性骨坏死，以股骨颈骨折并发股骨头坏死、手舟骨骨折并发近侧骨折段坏死多见。

7）缺血性肌挛缩：是骨筋膜室综合征处理不当产生的严重后果。上肢多见于肱骨髁上骨折或前臂双骨折；下肢多见于股骨髁上骨折或胫骨上端骨折。常因重要血管损伤后，血流供应不足或因包扎过紧并超过一定时限，局部因缺血而神经麻痹，肌肉坏死，经过机化后形成瘢痕组织，逐渐挛缩形成特有的畸形，如爪形手（图29-7），可导致严重残疾。

图 29-7 前臂缺血性肌挛缩后的典型畸形——爪形手

知识链接

爪形手

尺神经自臂丛内侧束发出，在上臂内侧下行，经肱骨内上髁后方的尺神经沟，再穿过尺侧腕屈肌两头之间进入前臂，于腕部经尺管进入手部，即分为深支、浅支。深支穿小鱼际肌进入手掌深部，支配小鱼际肌、全部骨间肌和第3、4蚓状肌及拇收肌和拇短屈肌内侧头；浅支支配手掌尺侧及尺侧一个半手指的皮肤感觉。损伤后的典型表现为爪形手畸形。尺神经易在腕部和肘部损伤，腕部损伤表现为环指、小指爪形手畸形，手指外展、内收障碍，夹纸试验阳性，手掌尺侧半及尺侧一个半手指感觉障碍，特别是小指感觉障碍。肘上损伤除上述表现外，另有环指、小指末节屈曲障碍。

8）急性骨萎缩：即损伤所致关节附近的疼痛性骨质疏松，也称反射性交感神经性骨营养不良。急性骨萎缩好发于手、足骨折后，典型症状是疼痛和血管舒缩功能紊乱。

9）坠积性肺炎：主要发生于因骨折长期卧床不起的患者，特别是老年、体弱和伴有慢性疾病的患者，有时可危及患者的生命。应鼓励患者积极进行功能锻炼，及早下床活动。

10）下肢深静脉血栓形成：多见于骨盆骨折或下肢骨折，下肢长时间制动，静脉血液回流缓慢，加之创伤所致血液高凝状态，易导致血栓形成。应加强活动锻炼，皮下注射低分子量肝素，或口服华法林，预防其发生。

11）畸形愈合：为骨折复位不佳、固定不当所致的骨折错位愈合，往往造成肢体畸形。

12）骨延迟愈合或不愈合：骨折后超过通常愈合所需要的时间，骨折断端仍有疼痛、X线检查显示骨痂很少，为延迟愈合；骨折断端有异常活动而无疼痛，X线检查显示无连续骨痂生长、骨端硬化、髓腔封闭，则为骨折不愈合。

 考点提示

骨折的并发症。

【治疗原则】

复位、固定、功能锻炼是治疗骨折的三大原则。强调复位不增加软组织损伤，固定不影响肢体活动，使骨折愈合与康复治疗并举。

 考点提示

骨折的治疗原则。

（一）复位

复位是将移位的骨折段恢复正常或接近正常的解剖关系，重建骨骼的支架作用，是骨折固定和康复治疗的基础。骨折复位的标准主要根据对位（两骨折端的接触面）和对线（两骨折端在纵轴上的关系）是否良好来衡量。复位标准包括解剖复位和功能复位。解剖复位指骨折段通过复位恢复了正常的解剖关系，对位和对线完全良好。功能复位指经复位后，骨折段虽未恢复正常的解剖关系，但在骨折愈合后对肢体功能无明显影响。不同位置的骨折，对复位要求不同。关节内骨折必须达到解剖复位，而多数骨折仅达到功能复位即可。绝不能为追求解剖复位而反复复位，造成患者不必要的痛苦与损伤。

复位时间原则上越早越好，若伤肢肿胀严重，可暂不整复，先做临时固定或持续牵引，待肿胀消退后尽早进行复位。若伤员有休克、昏迷、内脏和中枢神经损伤，应先抢救生命，待病情稳定后再进行复位。复位的方法如下。

1. 手法复位　应用手法使骨折复位，称为手法复位。大多数骨折均可采用手法复位的方法矫正移位。力争达到解剖复位或接近解剖复位，但不必盲目追求解剖复位而反复多次复位，部分病例达到功能恢复即可。

手法复位的步骤：①麻醉；②肌肉松弛位；③远段对近段方向；④拔伸牵引，根据骨折类型和移位情况，分别采用反折回旋、端提、捻正和分骨、扳正等手法复位。

2. 牵引复位　是用持续牵引的方法来进行骨折的治疗，持续牵引的目的是复位和固定。持续牵引有两种形式：皮肤牵引是将宽胶布贴在伤肢皮肤上或用皮肤牵引带通过对皮肤的牵拉进行牵引，牵引重量不超过 5 kg，适用于儿童；骨牵引是用不锈钢针穿过骨体，通过对骨的牵拉进行牵引，可用较大重量，时间可维持数月，常用的有胫骨结节牵引、跟骨牵引、尺骨鹰嘴牵引等。

3. 切开复位　即手术切开骨折部位的软组织，暴露骨折段，在直视下将骨折复位。切开复位的指征：①骨折端之间有软组织嵌入，手法复位失败者；②关节内骨折，手法复位后对位不良，将影响关节功能者；③手法复位未能达到功能复位的标准，将严重影响患肢功能者；④骨折并发主要血管、神经损伤者；⑤多处骨折，为便于护理和治疗，防止并发症，可选择适当部位行切开复位术。切开复位的优点是可达到解剖复位、固定牢靠、护理方便等。其缺点是分离软组织和骨外膜，影响骨的血供；增加软组织损伤，易于感染；还需再次手术拔除内固定器材。

（二）固定

固定是将骨折维持在复位后位置直至骨折愈合，是骨折愈合的关键。常用方法有外固定和内固定两种。

1. 外固定　用于身体外部的固定。常用的方法有小夹板固定、石膏固定、牵引和外固定器固定等。

（1）小夹板固定：是采用合适的材料（如柳木、塑料板、竹片），根据肢体形态加以塑形，制成适用于各部位的夹板，并配合使用固定垫，用布带扎缚固定骨折肢体。适应证：①四肢闭合性骨折，但股骨骨折因肌肉收缩力大常需配合持续牵引治疗；②四肢开放性伤口，创面较小或伤口经处理而已愈合者；③陈旧性四肢骨折适合手法复位者。

小夹板固定的优点是固定范围一般不包括骨折的上、下关节，便于及早进行功能锻炼，防止关节僵硬。缺点是易导致骨折再移位，若使用不当，可导致压力性损伤和骨筋膜室综合征等严重后果。

（2）石膏固定：是利用熟石膏遇水可重新结晶而硬化的特性，将其做成石膏绷带包绕在肢体上，通过固定骨折的上、下关节，达到稳定骨折的作用。常见的石膏类型有石膏托、石膏夹板、石膏管型、躯干石膏。近年来采用树脂绷带固定者逐渐增多。适应证：①开放性骨折清创术后，创口愈合前；②某些部位的骨折，小夹板难以固定；③某些骨折切开内固定后，常作为辅助性外固定；④畸形矫形后位置的固定和骨关节手术后的固定；⑤化脓性关节炎和骨髓炎患肢的固定。

石膏固定的优点是可根据肢体形状塑形，固定可靠，维持时间较长。缺点是石膏绷带固定较沉重，不能调节松紧度，固定范围一般须超过骨折部的上、下关节，易引起关节僵硬，透气性差及X射线透光性差。目前临床上多使用树脂石膏，与传统石膏相比具有固化速度快、硬度较强、无污染、易于调整、透气性和舒适性较好，且利于骨折四肢的护理和观察等优点。

（3）牵引：是矫形外科常用的一种治疗技术，是利用牵引力和反牵引力的作用，使移位的骨折段、脱位的关节整复并维持于整复后位置的一种方法。

1）牵引目的：①整复移位的骨折和关节脱位并固定；②预防和矫正肢体、关节的挛缩畸形；③炎症肢体的制动、固定、抬高。

2）牵引用物：①牵引床：骨科牵引床一般为特制的硬板两节或多节牵引床。可附带床架、拉手、滑轮等，以便活动、升降及满足患者进行功能锻炼所需。②牵引架：有很多类型，常根据骨折的部位选用布朗架、托马斯架、双下肢悬吊牵引架等。③牵引器具：牵引弓、牵引针、斯氏针、牵引绳和滑车、扩张板等。④其他牵引用物：牵引锤、牵引带、床脚垫等，可根据需要酌情选用。

3）常用牵引方法：①皮肤牵引：是将胶布粘贴在伤肢皮肤上或用海绵塑料布包压在伤肢上对肢体施加牵引力的方法。牵引力量一般不超过5 kg，时间一般为2~4周。皮肤牵引常用于小儿股骨骨折、肱骨不稳定骨折或肱骨骨折在外展架上的牵引，成年人下肢骨牵引或术后的辅助牵引。皮肤有损伤、炎症或对胶布过敏者禁用。②兜带牵引：是利用兜带兜住身体的突出部位施加牵引的方式。常用的有枕颌带牵引、骨盆带牵引、骨盆悬带牵引等，分别适用于颈椎骨折及脱位、颈椎病、腰椎间盘突出症、骨盆骨折等患者。③骨牵引：是利用穿入骨骼的骨圆针和牵引弓直接牵拉骨骼的方法。骨牵引牵引力大，可比皮肤牵引力大5~6倍以上；持续牵引时间较长；能有效调节。颈椎骨折或脱位选用颅骨骨板牵引；肱骨骨折可选用尺骨鹰嘴牵引；股骨骨折、骨盆骨折、髋关节脱位等可选用股骨髁上牵引或胫骨结节牵引；胫腓骨骨折、跟骨骨折，膝关节及髋关节轻度挛缩畸形矫正可选跟骨结节牵引。

（4）外固定器固定（图29-8）：应用骨圆针或螺纹针经皮穿入或穿过骨折远、近两端骨干，外用一定类型的外固定器连接两端钢针，通过钢针的牵引或旋转，使骨折复位并固定的方法，称为外固定器固定。此法固定可靠，方便处理伤口，不影响关节活动和早期功能锻炼。

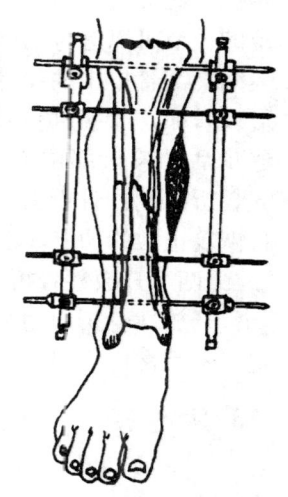

图29-8 外固定器固定

外固定器固定的适应证：①开放性骨折；②伴广泛软组织挤压伤的闭合性骨折；③长管状骨畸形愈合、延迟愈合或不愈合术后；④关节融合术、畸形矫正术后；⑤下肢短缩需要延长者。

2. 内固定　内固定是手术切开复位后，使用对人体无害的金属固定器材，如接骨钢板、螺丝钉、髓内钉和加压钢板，将骨折段固定在解剖复位的位置（图29-9）。临床有两种植入方法：一种是手术切开后置入内固定物；另一种是在X线下手法复位或牵引复位后，将钢针插入作内固定，均属于手术治疗的范畴。内固定后患者可早期活动，预防长期卧床引起的并发症，尤其适用于老年患者。

（三）功能锻炼

功能锻炼是骨折治疗的重要组成部分，是促进肢体功能恢复、预防并发症的重要保证。在不影响固定的情况下，尽快地恢复患肢肌、肌腱、韧带、关节囊等软组织的舒缩活动。

1. 目的　①通过肌肉收缩和关节活动，加速全身和局部血液循环，增加骨折断面垂直压应力，促进骨折愈合。②防止肌肉萎缩、骨质疏松、肌腱及韧带挛缩、关节僵硬等并发症的发生。③尽快地恢复肌肉、关节、肢体功能等。

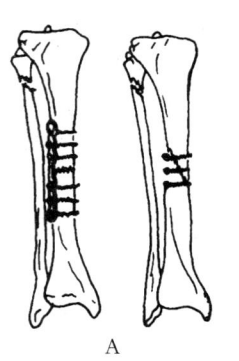
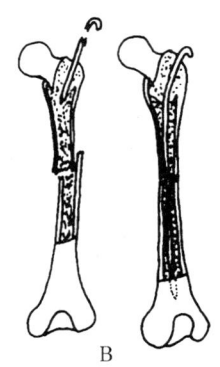

图 29-9　内固定
A. 切开后置入接骨钢板、螺丝钉内固定；B. 闭合髓内钉插入内固定

2. 要求和原则　①根据骨折的情况选择适当的康复方法。②康复活动在骨折固定后即开始，并随骨折愈合的进程而循序渐进，逐步加大活动量。③以主动活动为主、被动活动为辅，禁忌任何粗暴的被动活动。④康复治疗以不影响固定为度，防止骨折移位。⑤医患合作。

3. 时间和方法　①骨折早期：伤后 1～2 周内，肢体局部肿胀、疼痛，且骨折容易发生再移位。此期康复治疗主要是患肢肌肉伸缩活动。原则上骨折部位上、下关节暂不活动，其他部位的关节可以进行功能锻炼。此期康复治疗的目的是促进血液循环，有利于水肿消退，防止肌萎缩。②骨折中期：骨折 2 周后患肢肿胀逐渐消退，局部疼痛消失，骨折端已纤维连接，逐渐形成骨痂，骨折部位日趋稳定。此期间除做肌肉的伸缩活动外，还应在健肢或他人的帮助下，逐步活动骨折部位上、下关节。活动范围、幅度和强度逐渐增加，以防肌萎缩和关节僵硬。③骨折后期：骨折临床愈合后，康复治疗主要是加强患肢关节的主动活动，促进关节和肌肉早日恢复正常的功能。以加强各伤肢的关节活动为重点，以不引起患肢过度疲劳为度。

（四）开放性骨折的处理原则

开放性骨折应力争在伤后 6～8 小时内彻底清创，复位后酌情选用外固定或内固定器材固定，术后常规使用抗生素及 TAT。

知识链接

骨折内固定术

骨折内固定术是用金属螺钉、钢板、髓内针、钢丝或骨板等物体直接在断骨内或外将断骨连接固定起来的手术。这种手术多适用于骨折断裂严重需要切开复位，以保持骨折端的复位。骨折内固定术的适应证如下。

1. 骨折复位后，使用外固定或牵引难以保持骨折端复位者，应行内固定：①骨折一端有肌肉强烈收缩者（如尺骨鹰嘴骨折、胫骨结节骨折、髌骨横断骨折）；②关节内骨折，特别是下肢的负重关节，需要解剖复位者；③一骨多处骨折或全身多发性骨折，单用外固定难以维持复位或不利于护理和并发症的预防者；④脊柱骨折合并截瘫，术后为保持脊柱的稳定性者。

2. 内固定可以促进骨折愈合者，如股骨颈骨折多发生于老年人，外固定效果差，并发症多，内固定治疗可以提高愈合率，减少死亡率。

3. 骨折治疗不当或其他原因所致的不愈合；先天性胫骨假关节症；骨切除术或严重损伤等原因所致的骨缺损等。在治疗过程中，需要同时作骨移植，必须有牢靠的内固定，才能保证植骨的愈合。

4. 按计划切骨矫正畸形后，需行内固定，以保持矫正后的良好位置（如膝、肘部内外翻的切骨矫形术，股骨转子间、转子下切骨术，脊柱切骨术等）。

5. 8～12小时以内污染轻的开放性骨折，经彻底清创和复位后，可行内固定术。但以应用简单的内固定物（如螺钉、钢针、钢丝、小型钢板）为宜。

【常见护理诊断/问题】

1. 焦虑、恐惧　与疼痛、长期卧床及担忧预后有关。
2. 有外周神经、血管功能障碍的危险　与骨和软组织损伤、外固定不当有关。
3. 疼痛　与骨折部位神经损伤、软组织损伤、肌肉痉挛和水肿有关。
4. 潜在并发症：休克、脂肪栓塞综合征、骨筋膜室综合征、关节僵硬、骨化性肌炎、缺血性骨坏死及缺血性肌挛缩等。
5. 知识缺乏　患者缺乏骨折治疗、护理、预防并发症及康复训练等相关知识。

【护理目标】

1. 患者恐惧缓解或减轻，能正确面对疾病、手术和预后，积极配合治疗和护理。
2. 患者疼痛减轻或缓解。
3. 患者的营养状况有所改善和好转。
4. 未出现并发症，或并发症发生后被及时发现和处理。

【护理措施】

1. 急救护理

（1）抢救生命：骨折患者出现呼吸及心搏停止、休克、大出血、窒息、张力性气胸或开放性气胸时，应优先处理，积极配合医师或独立进行现场急救，如人工呼吸、胸外心脏按压、压迫止血、吸氧、输液等。注意观察呼吸、脉搏、血压、神志情况，并详细记录。

（2）包扎止血：开放性骨折患者应尽量用无菌或清洁的敷料（布料）包扎伤口，以减少污染。绝大多数伤口出血可用加压包扎止血；大血管出血时可用止血带止血，最好使用充气止血带，并记录所用压力和时间。止血带应每隔1小时放松1～2分钟，以防肢端缺血坏死。若有骨折端外露并已污染，又未压迫重要血管或神经，则不应现场复位，以免将污物带到伤口深处，导致深层组织污染。若在包扎时骨折端自行滑入伤口内，应做好记录，以便入院后清创时进一步处理。

（3）妥善固定：固定是骨折急救的重要措施。凡疑有骨折者，均应按骨折处理。用简单的方法将骨折做原位固定，可减轻患者的痛苦，防止骨折断端刺伤周围血管和神经，加重损伤，同时有利于转送。骨折有明显畸形，并有穿破组织或损伤附近重要血管、神经的危险时，可适当牵引患肢，使之变直后再进行固定。固定材料可用特制夹板，或就地取用木板、木棍或树枝等，若无任何可利用的材料，可将骨折的上肢固定于胸部，骨折的下肢与对侧健肢捆绑固定。

（4）迅速转运：经现场处理后，应迅速将患者送往有条件的医院进行治疗。转运患者应选用合适的转运工具，如救护车。骨盆骨折的患者，在搬动时，应先行骨盆兜固定、平拉下肢翻动或将患者平行托起，防止骨盆分离和上移。对疑有脊柱骨折者，应尽量避免移动，可采用3人平托法或滚动法，将患者移至硬担架、木板或门板上，严禁1人抬头1人抬脚或用搂抱的方法搬运，以免造成或加重脊髓损伤。颈椎损伤者需有专人托扶头部并沿纵轴向上略加牵引，搬运后用沙袋或折叠好的衣服放在颈部两侧固定头颈部。转运患者时，应防止加重损伤，转运过程中应及早给患者输液以防治休克。

考点提示

骨折患者的急救护理。

2. 一般护理

（1）卧床护理：骨折患者大都需要较长时间的卧床休息，应选择硬板床，最好选用骨科特制的硬板牵引床。卧床期间做好生活护理，指导患者在患肢固定及制动期间进行力所能及的活动，为其提供必要的帮助，如协助进食、进水、排便和翻身。对长期卧床的患者，应定时翻身叩背，鼓励咳嗽、咳痰，练习深呼吸，以防发生压疮和坠积性肺炎等并发症。骨折后应遵医嘱抬高患肢或安置合适体位、保证有效固定、积极进行功能锻炼等，以预防下肢深静脉血栓形成、急性骨萎缩和关节僵硬等并发症的发生。

（2）饮食护理：指导患者进食高蛋白、富含维生素、高热量、高钙和高铁的饮食，促进骨折愈合；多吃水果和蔬菜，保持排便通畅，防止便秘；长期卧床骨质脱钙者，应增加饮水量，预防尿路感染和结石。

（3）疼痛的护理：骨折患者的疼痛可由多种原因造成，如复位达不到要求、局部感染、包扎过紧、外固定对肢体的压迫、肌紧张、搬动肢体时未保护。①在护理过程中要注意患者疼痛的变化情况，及时查明原因并予以排除。②根据疼痛的原因采取相应的措施。若为复位、感染引起，应及时报告医师进行处理，如包扎过紧，可适当放松包扎，搬动肢体时要轻柔并予以保护，指导患者放松患肢，可采用热疗的方法降低肌张力，以减轻疼痛。若发生骨筋膜室综合征，则应及时解除压迫，必要时手术切开减压。③疼痛轻者，可教会患者缓解疼痛的方法，如转移患者的注意力、放松疗法。④对诊断明确，疼痛严重者，可遵医嘱给予镇痛药，减轻患者的痛苦。⑤护理操作时动作应轻柔、准确，严禁粗暴搬动骨折部位。

（4）肢体缺血的护理：骨折局部内出血、包扎过紧、不正确使用止血带或患肢严重肿胀等原因均可导致患肢血液循环障碍。应严密观察肢端有无剧痛、麻木、皮温降低、皮肤苍白或青紫、脉搏减弱或消失等血液灌注不足表现。一旦出现，应对症处理，如调整外固定松紧度、定时放松止血带。若出现骨筋膜室综合征，应及时切开减压，严禁局部按摩、热敷、理疗或使患肢高于心脏水平，以免加重组织缺血和损伤。

（5）观察病情：观察患者的意识、体温、脉搏、血压、呼吸、尿量和末梢循环情况，如毛细血管再充盈时间、患肢骨折远端脉搏情况、皮温和色泽、有无肿胀及感觉和运动障碍，如有异常，应及时报告医师并协助处理。观察伤口有无渗血及红、肿、热、痛、流脓等感染征象。

3. 并发症的观察及护理

（1）脂肪栓塞综合征：一经确诊，应及时将患者转入急救室或ICU；取半坐位，以利于改善呼吸，给予高浓度氧气吸入，尽早使用呼吸机辅助呼吸，减轻和抑制肺水肿发生；监测生命体征和血气分析，控制液体输入量和速度，防止酸碱平衡失调；遵医嘱应用肾上腺皮质激素，减轻肺水肿，消除脂肪栓塞。

（2）骨筋膜室综合征：好发于前臂掌侧和小腿。应密切观察石膏固定肢体的末梢血液循环。注意评估"5P"征：疼痛（pain）、苍白（pallor）、感觉异常（paresthesia）、麻痹（paralysis）及脉搏消失（pulseless）。若患者出现肢体血液循环受阻或神经受压的征象，应立即放平肢体，并通知医师全层剪开固定的石膏，严重者需拆除，甚至行肢体切开减压术。

（3）废用综合征：由于肢体长期固定，缺乏功能锻炼，导致肌萎缩；同时大量钙盐逸出骨骼，可导致骨质疏松；关节内纤维粘连导致关节僵硬。因此，石膏固定期间应加强肢体的功能锻炼。

（4）骨化性肌炎：损伤后应及时复位、固定，减轻骨膜损伤和出血，早期进行功能锻炼，以患者自主肌肉活动为主，勿活动受伤关节，以防加重出血。

（5）出血：手术切口或创面出血时，血液或渗出液可能渗出石膏外，用记号笔标记出范围、日期，并详细记录。如血迹边界不断扩大，需及时报告医师，必要时协助医师开窗以彻底检查。

（6）急性骨萎缩：骨折早期抬高患肢、主动功能锻炼可预防急性骨萎缩。急性骨萎缩发生后治疗困难，以功能锻炼、物理治疗为主，必要时进行交感神经封闭。

（7）缺血性肌挛缩：注意严密观察骨折远端肢体血液循环情况，及时调整外固定的松紧度。

4. 小夹板固定患者的护理　小夹板固定是利用小夹板在适当部位加固定垫，绑在骨折部位肢体的外面，外扎横带，以固定骨折。护理时应注意：①若有伤口和出血，应先止血、包扎，然后再固定骨折部位。若有休克，应先行抗休克处理。②在处理开放性骨折时，刺出的骨折断端在未经清创时不可直接还纳伤口内，以免造成感染。③夹板固定时，其宽度要与骨折的肢体相适应，长度必须超过骨折上、下两个关节。④夹板不可与皮肤直接接触，其间应用棉垫或其他软织物衬垫，尤其在夹板两端、骨隆凸处及悬空部位，应加厚衬垫，防止局部组织受压或固定不稳。⑤固定应松紧适度，一般以扎带提起能上下移动1 cm为宜，过紧会影响血液循环。肢体骨折固定时，一定要将指（趾）端露出，便于随时观察末梢血液循环情况。⑥四肢骨折和脊柱骨折应就地固定，固定时应避免不必要的搬动，以免增加伤者的疼痛和血管、神经损伤。⑦四肢骨折固定时，应先捆扎骨折的近端，然后捆扎其远端。

5. 石膏固定患者的护理　石膏绷带固定是骨折复位后常用的外固定方法。护理时应注意：①石膏凝固的时间，40～42℃温水，需10～20分钟。②石膏固定完成后，要维持其体位直至完全干固，以防折裂。为加速石膏的干固，可用电吹风或红外线灯泡烘干。③抬高患肢，以利于消肿，待肢体肿胀消退后，如石膏固定过松，失去作用，应及时更换石膏。④患者应卧木板床，并用软枕垫好石膏，注意保持石膏清洁，勿使污染，变动体位时，应保护石膏，避免石膏折裂或骨折错位。⑤防止局部皮肤尤其是骨凸部位受压，并注意患肢血液循环有无障碍，如有肢体受压现象，应及时将石膏纵行全层剖开松解，并作相应处理。⑥石膏固定期间应指导患者及时进行未固定关节的康复治疗及石膏内肌肉收缩活动。⑦石膏绷带包扎完毕，应在石膏上注明骨折情况和日期。

6. 牵引固定患者的护理　持续牵引在骨折的治疗中是一种常用的措施，有复位、固定、预防畸形的作用。持续牵引的时间有时可达数月，患者要长期卧床，躯体移动受限，所以在护理过程中既要保持牵引的有效性，又要重点防止因长时间牵引而带来的各种护理问题。保持有效牵引的注意事项：①皮肤牵引注意胶布或绷带有无松脱、扩展板的位置，并整理。皮肤牵引力量过大可引起皮肤损害，时间过长可引起关节僵硬。颅骨牵引时，注意定期拧紧牵引弓的螺母，防止脱落。②牵引重锤应保持悬空，牵引重量不可随意增加或减少。定时测量患肢长度，并与健侧对比。③牵引绳不能随意放松，也不应受其他外力影响，如被服、用物不可压在牵引绳上。④保持反牵引：抬高床尾或床头，形成反牵引力，如下肢牵引抬高床尾。颅骨牵引抬高床头。皮肤牵引抬高10～15 cm，骨牵引抬高20～25 cm。如身体移位抵住了床头或床尾，应及时调整。⑤牵引应始终保持正确位置，牵引方向与患肢长轴成一条直线，牵引绳不可脱离滑轮。⑥牵引力过大易造成骨折端分离，影响愈合；牵引力过小，骨关节整复和固定不良，引起愈合延迟、不愈合或畸形愈合。⑦骨牵引：操作过程中可引起骨折及血管、神经损伤。治疗过程中可发生皮肤伤口和骨骼感染。

7. 手术患者的护理

（1）术前护理：重点是皮肤准备，术前2～3日每日用肥皂水彻底清洗手术区皮肤，75%乙醇消毒后使用无菌布单包扎手术区，手术晨重新消毒后更换无菌巾包扎，送手术室。对开放性骨折，给予紧急处理后，进行清创术，遵医嘱注射TAT以及抗生素。

（2）术后护理：抬高患肢并制动，以促进血液循环，减轻水肿；遵医嘱使用有效的抗生素预防感染等。

8. 心理护理　骨折患者的性格、年龄、职业、文化修养、社会环境不同，心理差异很大，特别是伤势较重、可能致残的患者，情绪往往很低落，不愿配合治疗和护理，不利于骨折康复，所以加强心理护理十分重要。

（1）有针对性地进行健康教育，经常与患者及其家属进行交流，了解患者的心理状态。

（2）对有残疾的患者，要保护他们的自尊心，使之能面对现实，鼓起勇气，战胜伤残。

（3）及早进行功能锻炼，鼓励患者从事力所能及的活动，最大限度地生活自理，使其不断增强对自己和生活的信心。

（4）让患者及时了解自己康复的进展，并让患者参与康复计划的制订，掌握有关康复知识。

（5）鼓励患者多参加有益的娱乐活动，让住院生活变得丰富多彩，保持心情愉快。

9. 健康教育

（1）向患者及其家属讲解有关骨折的知识，介绍骨折固定和进行功能锻炼的方法和意义，指导家属协助患者坚持按计划进行功能锻炼的方法，预防骨折后期并发症。

（2）教育患者要保持良好的心态。鼓励患者出院后最大限度地生活自理。

（3）告知患者若骨折远端肢体肿胀或疼痛明显加重，肢体感觉麻木、肢端发凉，夹板、石膏或外固定器松动等，应立即到医院复查并评估功能恢复情况或给予相应处理。

（4）指导患者及其家属评估家庭环境的安全性，妥善放置可能影响患者活动的障碍物。指导患者安全使用步行辅助器械或轮椅。步行训练需有人陪伴，以防摔倒。

【护理评价】

1. 患者疼痛是否减轻或缓解。
2. 患者情绪是否稳定，能否正确面对疾病、手术和预后。
3. 患者的营养状况是否改善。
4. 并发症是否得以预防，或并发症发生后是否被及时发现或处理。

第二节　常见四肢骨折患者的护理

一、锁骨骨折患者的护理

锁骨骨折好发于锁骨中1/3处，成年人多为短斜骨折，儿童多为青枝骨折。

【病因及分类】

锁骨表浅，呈"∽"形，内侧2/3前凸，且有胸锁乳突肌和胸大肌附着；外侧1/3后凸，有三角肌和斜方肌附着。常在跌倒时肩部外侧或手掌先着地，外力传至锁骨中外1/3交界处发生斜行或横断骨折。幼儿可为青枝骨折。骨折后，锁骨内侧端受胸锁乳头肌的牵拉向后上方移位；锁骨外侧端在胸大肌的牵拉和上肢重力的作用下向前下方移位（图29-10）。因直接暴力致使锁骨发生横断或粉碎性骨折者，临床较少见。锁骨骨折严重移位时，可伤及锁骨下动脉、静脉或臂丛神经，甚至刺破胸膜或肺尖，导致气胸或血胸，但临床较少见。

【临床特点】

1. 症状　受伤后，患者常处于一手托着患侧肘部，头向患侧倾斜，下颌偏向健侧的姿势。锁骨局部肿胀、疼痛，骨折有移位时可见畸形。患处压痛明显，可扪及骨断端或听到骨擦音。幼儿青枝骨折时局部症状不明显，但在活动患肢（如穿衣或上提其手时）或压迫锁骨时啼哭不止，常可提示诊断。

2. 体征　合并锁骨下血管损伤者，桡动脉搏动减弱或消失。合并臂丛神经损伤者，患肢麻木，感觉及反射均减弱并出现相应神经损伤症状。

3. X线检查　X线正位片可显示骨折类型和移位情况。

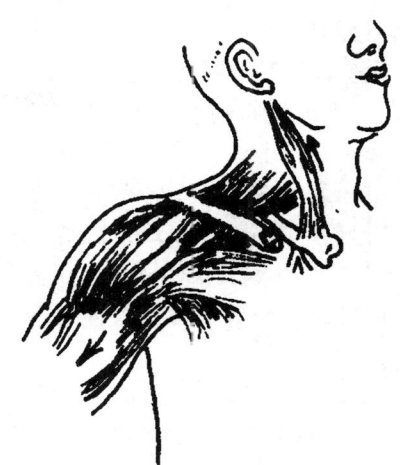

图 29-10　锁骨骨折的典型移位

【治疗原则】

1. 幼儿青枝骨折或无移位骨折可用三角巾悬吊患侧上肢。
2. 有移位的骨折，采用手法复位，横"∞"字绷带固定。
3. 锁骨开放性骨折移位手法复位、固定不理想，合并神经、血管损伤，陈旧性骨折不愈合及锁骨外端骨折合并喙锁韧带断裂者，可选择切开复位内固定治疗。

> **知识链接**
>
> **锁骨骨折的横"∞"字绷带固定术**
>
> 复位后，患者保持挺胸、提肩姿势，在两腋窝处放置棉垫，然后用宽绷带经肩-背-肩做横"∞"字交叉固定，再用宽胶带沿上述途径拉紧粘贴，加强固定。固定后，应密切观察有无血管、神经受压症状，若出现上肢麻木、桡动脉搏动消失，应及时调整。固定时间一般为4周左右。

二、肱骨干骨折患者的护理

自肱骨外科颈以下1~2 cm至肱骨髁上2 cm之间的骨干发生骨折，称为肱骨干骨折，多见于成年人，好发于肱骨干中1/3和中下1/3交界处。

【病因及分类】

肱骨干是上1/3粗，中1/3渐细，下1/3渐呈扁平状，稍向前倾的管状骨。其中下1/3交界处的后外侧有一桡神经沟，桡神经紧贴骨干斜向外前方进入前臂。故此处骨折易损伤桡神经。①三角肌止点以上骨折时，骨折近端因胸大肌、背阔肌和大圆肌的牵拉而向前、向内移位；骨折远端因三角肌、喙肱肌、肱二头肌和肱三头肌的牵拉而向上、向外移位。②三角肌止点以下骨折时，骨折近端因三角肌和喙肱肌牵拉而向外、向前移位；骨折远端因肱二头肌和肱三头肌的牵拉而向上移位（图29-11）。③下1/3骨折多由间接暴力所致，常呈斜行、螺旋形骨折，移位可因暴力方向、前臂和肘关节位置而异，多为成角、内旋移位。

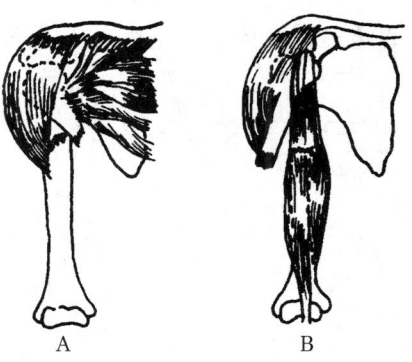

图 29-11　肱骨干骨折的移位
A. 三角肌止点以上骨折；B. 三角肌止点以下骨折

【临床特点】

伤后局部有明显疼痛、肿胀和功能障碍。上臂常有短缩和成角畸形，并有异常活动和骨擦音。检查时，应注意腕和手指的功能，以便确定桡神经有无损伤。X 线检查可确定骨折的部位、类型和移位情况。

【治疗原则】

1. 手法复位外固定　无移位肱骨干骨折用夹板固定 3～4 周；有移位肱骨干骨折应手法复位固定。在肱骨干骨折的治疗中，常因过度牵引患者、体质虚弱及上肢悬吊重力作用，发生骨折端分离移位，导致骨折延迟愈合，不愈合，应予以重视。

2. 手术复位内固定　反复手法复位失败、同一肢体有多发性骨折、陈旧性骨折不愈合、畸形愈合、开放性骨折及伴有神经、血管损伤等，可采用切开复位内固定。切开复位时，应注意保护桡神经。

3. 功能锻炼　实施康复治疗。①早期可做握拳、屈伸腕关节、舒缩上肢肌肉等练习。②若出现断端分离，术者可一手按肩，另一手按肘，沿纵轴轻轻挤压，使两端受纵向挤压而逐渐接触，纠正分离。适当延长悬吊固定时间，至骨折愈合为止。③中、后期：逐渐进行肩、肘关节活动，促使其功能早日恢复。

> **知识链接**
>
> **肱骨干骨折的治疗**
>
> 大多数的肱骨干骨折可用手法复位和小夹板固定治疗。桡神经贴附于肱骨干中、下 1/3 处，因此该处骨折手法复位时禁用反折手法，以免损伤桡神经。有分离移位者不宜牵引。骨折复位后，用 4 块夹板固定。若有残余成角，可根据移位情况选两点或三点加垫固定法。固定后用三角巾悬吊于胸前，注意康复治疗。固定时间成年人为 6～8 周，少年儿童为 4～6 周。

三、肱骨髁上骨折患者的护理

肱骨髁上骨折是指肱骨干与肱骨髁的交界处发生的骨折，多见于 10 岁以下儿童，多为间接暴力所致。

【病因及分类】

根据损伤时的暴力和受伤机制不同，可分为伸直型骨折、屈曲型骨折和粉碎性骨折 3 种，以伸直型骨折最多见（图 29-12），约占髁上骨折的 90%。①伸直型骨折：患者在伸肘位跌倒，手掌着地，外力向上传达，而人体重力则由上而下，致使在肱骨髁上发生骨折。骨折远端向后移位，骨折近端向前移位。②屈曲型骨折：患者屈肘位跌倒，肘后侧着地，外力由肘后向前上方传达，人体重力则由前上方向后下方作用，致使在肱骨髁上发生骨折。骨折远端向前上移

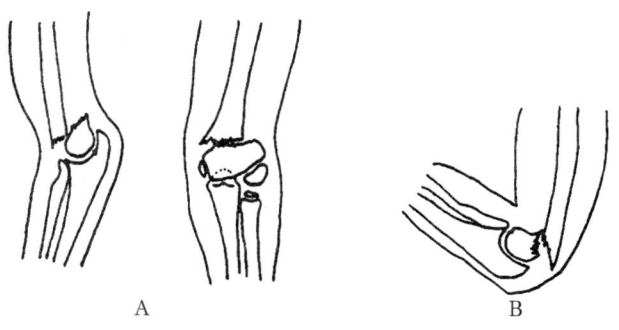

图 29-12　肱骨髁上骨折类型
A. 伸直型骨折；B. 屈曲型骨折

位，骨折近端向后移位。伸直型骨折及屈曲型骨折除造成前后移位外，常同时有侧方移位，称为桡偏型和尺偏型。若骨折远端向桡侧移位，为桡偏型；骨折远端向尺侧移位，为尺偏型。③粉碎性骨折：此种骨折多见于成年人，常因肱骨下端受到较大压缩性暴力所致。尺骨鹰嘴半月切迹将肱骨下端劈裂而分为内髁、外髁两骨片，骨折线呈"T"形、"Y"形或其他不规则的粉碎性骨折，临床又称为肱骨髁间骨折。

【临床特点】

外伤后，无移位骨折肘部肿胀、疼痛，肱骨髁上有压痛，功能障碍。有移位骨折者，伴有畸形、骨擦音、异常活动。肘后三角关系正常。肘关节正、侧位X线检查可诊断骨折，确定骨折类型。

【治疗原则】

1. 固定　无移位骨折可置患肢于屈肘90°位，用颈腕带悬吊2～3周。

2. 手法复位外固定　有移位骨折手法复位、固定治疗。对肿胀较轻，无神经、血管损伤者，可尝试手法复位。用对抗牵引矫正短缩及成角移位。在矫正侧方移位时，应特别注意使骨折远段稍偏向桡侧，以防发生肘内翻畸形。复位后用石膏托固定。伸直型骨折将肘关节固定于90°～120°屈曲位，屈肘角度以触及桡动脉搏动为准。屈曲型骨折将肘关节固定于屈曲40°左右，4～6周后开始功能锻炼。注意同时纠正侧方移位，防止肘内翻畸形出现。固定后用颈腕带悬吊患肢于胸前，术后注意观察患肢血液循环情况。

3. 手术复位内固定　手法复位失败，伴有神经、血管损伤或小的开放伤口、污染不严重者，可选择手术切开复位内固定。

4. 功能锻炼　实施康复治疗。密切观察肢体血运及手的感觉、运动功能，抬高患肢。早期可作握拳、屈伸腕关节活动。解除固定后，积极、主动地锻炼肘关节的屈伸活动。在康复治疗中，避免用暴力作被动活动。

知识链接

肘后三角关系

正常肘关节伸直时，肱骨内、外上髁和尺骨鹰嘴突三个骨性标志应在一条直线上，肘关节屈曲时呈一个等腰三角形，称为肘后三角。肘关节后脱位时，肘后三角关系改变。

四、桡骨下端骨折患者的护理

发生在桡骨下端3 cm以内的骨折，称为桡骨下端骨折，常见于骨质疏松的中老年人，多由间接暴力引起。桡骨远端关节面呈由背侧向掌侧、由桡侧向尺侧的凹面，分别形成掌倾角（10°～15°）和尺倾角（20°～25°）。桡骨茎突位于尺骨茎突平面以远1～1.5 cm。根据受伤机制和骨折移位特点，分为伸直型骨折[柯莱斯（Colles）骨折]和屈曲型骨折[史密斯（Smith）骨折]，伸直型骨折常见。少年儿童可发生桡骨远端骨骺分离。

【病因及分类】

桡骨下端骨折多由间接暴力所致，根据受伤姿势和骨折移位的不同，分为伸直型骨折（临床多见）和屈曲型骨折两种。

1. 伸直型骨折（Colles骨折）　跌倒时，前臂旋前、腕关节背伸位，手掌着地，躯干的重力与地面的反作用力作用于桡骨下端而发生骨折。

2. 屈曲型骨折（Smith骨折）　跌倒时，腕关节掌屈位，手背着地，间接暴力作用于桡骨下端而导致骨折，骨折远端向桡侧和掌侧移动，桡骨下端关节面向掌侧倾斜角加大。

【临床特点】

局部肿胀、疼痛、压痛，腕关节功能障碍。伸直型骨折：远端向背侧桡侧移位明显，侧面可见餐叉样畸形；正面者呈枪刺刀畸形（图29-13）；屈曲型骨折：远端向掌侧移位并有重叠时，呈"锅铲状"畸形。

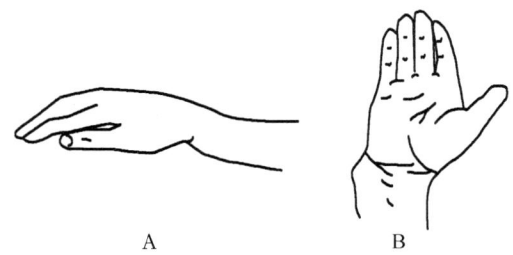

图 29-13　桡骨下端骨折畸形
A. 餐叉样畸形；B. 枪刺刀畸形

【治疗原则】

1. 手法复位外固定　以手法复位外固定治疗为主，少数患者需要手术治疗。在牵引下矫正重叠移位，用力将远折段向掌侧及远侧挤压，同时屈腕尺偏位。复位时应注意恢复腕关节的正常倾斜角度。复位后可用小夹板或石膏固定2周，再改为腕关节功能位，继续固定2～4周后进行功能锻炼。有移位骨折必须复位治疗，争取达到良好的解剖复位，否则会引起桡骨下端诸骨沟的不平整，影响从该处经过的肌腱的滑动，造成手指（特别是拇指）的活动功能障碍。

2. 手术复位内固定　当手法复位失败或严重粉碎性骨折移位明显，桡骨下端关节面破坏时，可选用切开复位，并采用松质骨螺钉、T形钢板或钢针固定。

3. 功能锻炼　骨折固定后，即积极鼓励患者作指间关节、掌指关节屈伸锻炼及肩肘部活动。解除固定后，作腕关节屈伸和前臂旋转活动。

 考点提示

桡骨下端骨折患者典型的临床表现及治疗原则。

五、股骨颈骨折患者的护理

下肢的功能主要是负重和行走，需要良好的稳定性，两下肢要等长。因此，在治疗下肢骨折的过程中，必须恢复下肢的长度、弧度和负重功能。股骨颈骨折是指股骨头下方至股骨颈基底部的骨折，是下肢常见骨折，多见于中老年人，与骨质疏松导致的骨质量下降有关。发生在青少年者较少，常需较大暴力引起，故不稳定型多见。

【病因】

股骨干上端的股骨头指向内、前、上方，与髋臼构成关节，股骨头外下略变细的部位称为股骨颈。股骨颈轴线与股骨干轴线的夹角称为颈干角（图29-14），正常为110°～140°，颈干角增大，称为髋外翻；颈干角减少，称为髋内翻。股骨颈轴线与股骨下端的内髁、外髁连线的夹角为前倾角，正常为12°～15°（图29-15）。髋关节囊起于髋臼的边缘，前壁止于股骨上端的转子间线，后壁止于股骨颈的中、下1/3交界处。

股骨头颈的血供主要来源有：①关节囊小动脉，来源于旋股内、外侧动脉的分支，经关节囊进入股骨头颈，形成骺外动脉和上、下干骺动脉，供应股骨颈和大部分股骨头，是股骨头最

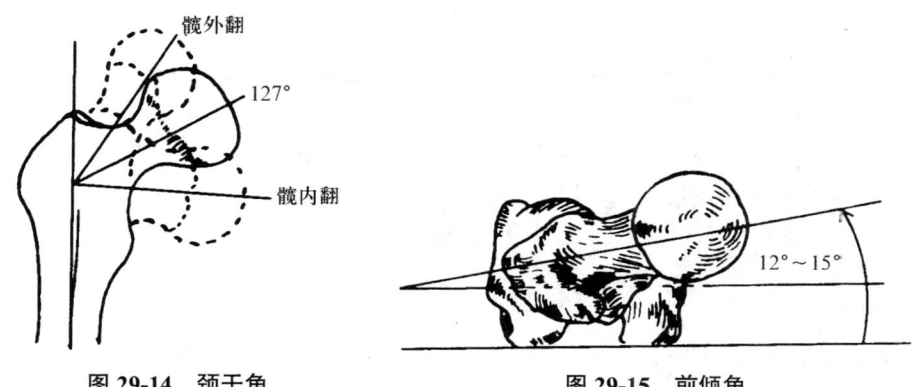

图 29-14 颈干角　　　　　图 29-15 前倾角

主要的血供来源；②股骨干滋养动脉分支，沿股骨颈进入股骨头；③股骨头圆韧带内的小凹动脉，较细。可见股骨头的血供主要来自关节囊和圆韧带的血管。若其中一组血管遭到破坏，可通过另一组血管的吻合代偿来维持股骨头的血运。若血管吻合不良或两组血管同时遭到破坏，可使股骨头发生缺血性坏死。

【分类】

股骨颈骨折临床上常按骨折发病部位、移位程度及X线表现分类。

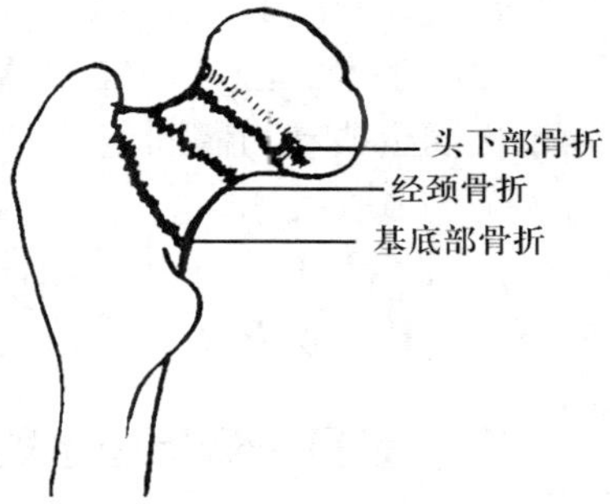

1. 股骨颈骨折按骨折的发病部位分为3类　①头下部骨折；②经颈骨折；③基底部骨折（图29-16）。前两种又称为囊内骨折，因其骨折线高，股骨头血运较差，易造成骨折不愈合；后一种又称为囊外骨折，其骨折线低，对股骨头颈的血供影响小，骨折容易愈合。

图 29-16　股骨颈骨折的不同部位

2. 股骨颈骨折按X线表现分为2类　即外展型骨折和内收型骨折。①外展型骨折：多在头下部，移位少，或呈嵌插骨折，骨折线与股骨干纵轴线的垂直线所成的夹角（Pauwells角）小于30°，骨折局部剪力小，较稳定，血运破坏较少，愈合率较高。②内收型骨折骨折线与股骨干纵轴线的垂直线所成的夹角（Pauwells角）大于50°，此类骨折很少嵌插，移位较多，骨折远端多内收上移，对血运破坏较大，骨折愈合率低，股骨头缺血性坏死发生率较高（图29-17）。在临床上，外展嵌插骨折固定不当，也可转变为内收型骨折。

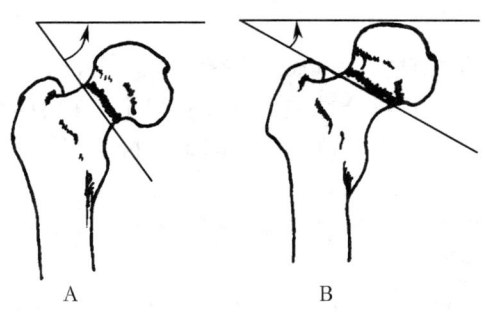

图 29-17　Pauwells 角
A. 内收型骨折；B. 外展型骨折

3. 按移位程度分类（常采用Garden分型）　①不完全骨折；②完全骨折，但不移位；③完全骨折，部分移位；④完全移位的骨折。

【临床特点】

1. 有明确的外伤史　受伤后患髋疼痛，不敢活动。但有的线状骨折或嵌插（外展型）骨折患者尚可站立或跛行。

2. 体征　腹股沟中点稍下方压痛明显，并有纵轴叩击痛。有移位骨折患肢外旋、短缩畸形，髋关节、膝关节轻度屈曲。外旋角度一般为45°～60°。

3. 辅助检查　髋关节X线正、侧位片可明确骨折的部位、类型和移位情况，是选择治疗方法的重要依据。

【治疗原则】

1. 非手术治疗　新鲜无移位或嵌插骨折，一般仅需卧床休息，局部制动。可采用穿防旋鞋，下肢皮肤牵引，一般在8周后可逐渐在床上坐起，但不能盘腿。3个月后骨折愈合，逐渐扶双拐下床，患肢不负重行走。但老年人常因长期卧床引发一些严重的并发症，临床应予重视。

2. 手术治疗

（1）手术指征：①内收型骨折及有移位的骨折；②65岁以上老年人的头下型骨折；③青少年股骨颈骨折；④股骨颈陈旧性骨折不愈合、畸形愈合、股骨头缺血坏死或合并创伤性关节炎。

（2）手术方法：①X线透视下，闭合复位，经皮穿针固定；②切开复位，加压螺钉固定、角钢板固定或动力髋固定等；③人工关节置换，老年人长期卧床易引起严重并发症，可视情况行人工关节置换术。

3. 术后处理　术后卧床休息2～3周，然后逐渐在床上坐起，活动膝关节、踝关节。6周后下床，扶双拐不负重行走。骨愈合后方可弃拐。人工髋关节置换术后1周开始下床活动。

六、股骨干骨折患者的护理

股骨干骨折是指股骨小转子至股骨髁上之间的骨干骨折。股骨干血运丰富，一旦骨折，营养血管及周围肌肉血管破裂出血，常因失血量大而出现休克前期甚至休克的临床表现。

【病因及分类】

股骨干骨折因发生部位、暴力、肌肉收缩、下肢自身重量及搬运等因素影响，可发生不同程度的移位。临床可分为：①上1/3骨折：骨折近端因受髂腰肌、臀中肌、臀小肌及外旋肌的牵拉使近端向前及外旋移位；骨折远端由于内收肌牵拉向后、向内移位；②中1/3骨折：由于内收肌群的牵拉，使骨折向外成角；③下1/3骨折：因腓肠肌的牵拉，骨折远端向后移位，骨折近端向前上移位（图29-18）。

【临床特点】

有明确的外伤史，受伤后大腿严重肿胀、疼痛、功能丧失，并成角、短缩、旋转畸形，局部有异常活动及骨擦音。部分患者可合并失血性休克。下1/3骨折应注意腘动脉、腘静脉、胫神经及腓总神经损伤。股骨干X线正、侧位片可明确骨折的部位、类型、移位等情况。

【治疗原则】

股骨干骨折的急救处理很重要，严禁现场脱鞋、脱裤子或做不必要的检查，应以简单、有效的方法固定，急送医院处理。

1. 非手术治疗　骨折较稳定，软组织条件差者，可采用非手术治疗。选用胫骨结节或股骨髁上牵引，加夹板固定。近年来有采用手法复位、外固定器固定方法治疗。3岁以内儿童股骨干骨折，患儿可用垂直悬吊皮肤牵引（图29-19）。儿童的股骨干骨折多采用手法复位，小夹板固定，皮肤牵引治疗。较小的成角畸形及2 cm以内的重叠是可以的。因为儿童骨的塑形能力强，随着生长发育，逐渐代偿至成年人后可不留痕迹。

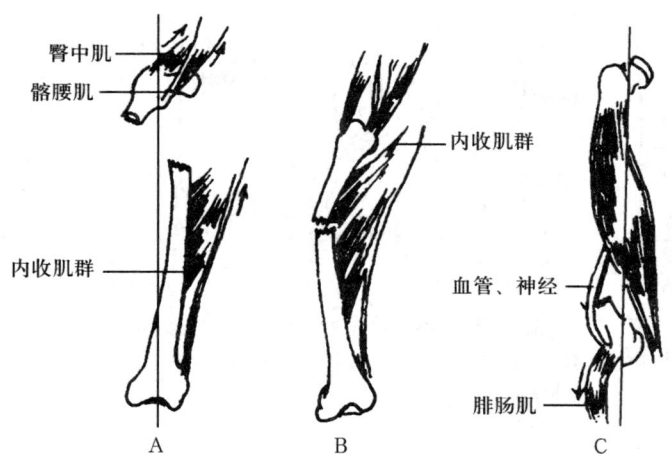

图 29-18 股骨干骨折移位
A. 上 1/3 骨折；B. 中 1/3 骨折；C. 下 1/3 骨折

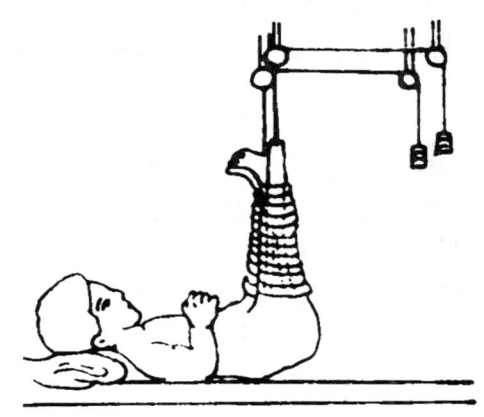

图 29-19 垂直悬吊皮肤牵引法

2. 手术治疗　适用于：①非手术治疗失败；②开放性骨折；③合并血管、神经损伤；④伴有多发性损伤；⑤老年人不宜长期卧床或有病理性骨折者。

手术内固定方法：①髓内钉固定：适用于中、上 1/3 的骨折；带锁髓内钉具有防旋转功能，是近年来出现的一种新的固定方法；②锁定加压钢板螺钉固定适用于中、下段骨折。

七、胫、腓骨干骨折患者的护理

胫、腓骨干骨折常见。胫骨中、下 1/3 交界处比较细弱，为骨折的好发部位。胫前动脉、胫后动脉紧贴胫骨上 1/3 下行，胫骨上端骨折有可能损伤血管。胫骨的营养血管由胫骨干上 1/3 的后方进入，胫骨下 1/3 又缺乏肌肉附着，故胫骨中、下段发生骨折后，往往因局部血液供应不良，而发生延迟愈合或不愈合。

【病因及分类】

胫、腓骨干骨折可由直接暴力与间接暴力造成，以直接暴力多见。直接暴力多由外侧或前外侧而来，而骨折多为横断、短斜面，也可造成粉碎性骨折，胫骨、腓骨两骨折线都在同一水平，软组织损伤严重；间接暴力由传导力或扭转力所致，骨折线多为斜行或螺旋形，若为双骨折，腓骨的骨折线较胫骨骨折线高，软组织损伤较轻（图 29-20）。腓骨颈有移位的骨折可导致腓总神经损伤。胫骨骨折可造成小腿筋膜间隔区肿胀，压迫血管，引起缺血性挛缩。

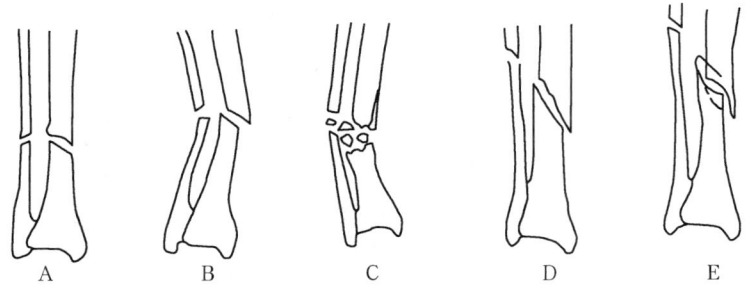

图 29-20 不同暴力所致胫、腓骨干骨折
A. 横断骨折；B. 短斜骨折；C. 粉碎性骨折；D. 长斜骨折；E. 螺旋形骨折

【临床特点】
有明确的外伤史，受伤后小腿严重肿胀、疼痛、功能障碍。小腿呈成角、短缩、旋转畸形，有异常活动及骨擦音。开放性骨折可有骨端外露。并发骨筋膜室综合征时，肌肉张力增大，明显压痛，活动足趾产生剧痛。可有足背动脉搏动消失、皮肤苍白等表现。有腓总神经损伤时，可出现足下垂等表现。胫、腓骨干 X 线正位片及侧位片可明确骨折的部位、类型、程度、移位情况等。

【治疗原则】
1. 手法复位外固定　对于无移位稳定性骨折，无须整复，采取石膏或夹板固定，直至骨折愈合；有移位的稳定性骨折，可用手法整复，石膏或夹板固定；不稳定骨折，如粉碎性骨折及多段骨折，可用手法整复、夹板固定并结合跟骨牵引治疗。
2. 切开复位内固定　经手法复位失败者，严重粉碎性骨折及开放性骨折，可采用切开复位，钢板螺钉或髓内针固定。软组织损伤严重的开放性骨折可选用外固定器固定，既方便换药，又可稳定骨折。

【护理评估】
1. 健康史　询问及了解患者受伤时的体位和环境，受伤后立即发生的功能障碍及其变化情况。了解急救处理的经过和治疗经过。如无暴力致伤史，应了解有无全身或局部疾病史。
2. 身体状况　参见临床特点。
3. 辅助检查　参见本章第一节骨折患者的一般护理。
4. 治疗原则　参见治疗原则。

【常见护理诊断/问题】
1. 有外周神经、血管功能障碍的危险　与骨折、软组织创伤、石膏固定不当有关。
2. 疼痛　与骨折局部软组织创伤、肿胀、血肿压迫、肌痉挛、骨折断端移动刺激、固定不当及感染等因素有关。
3. 躯体移动障碍　与肢体骨折、制动，或石膏固定、牵引有关。
4. 有感染的危险　与组织损伤、开放性骨折、牵引或应用外固定架有关。
5. 潜在并发症：脂肪栓塞、骨筋膜室综合征、下肢深静脉血栓形成、关节僵硬、骨化性肌炎、创伤性关节炎、肌萎缩、缺血性骨坏死及缺血性肌挛缩。
6. 焦虑、恐惧　与疼痛、肢体活动受限、长期卧床生活不能自理、担忧预后及残疾有关。
7. 知识缺乏　患者缺乏骨折相关的诊疗、护理、预后及术后功能锻炼等知识。

【护理目标】
1. 患者恐惧缓解或减轻，能正确面对疾病、手术和预后，积极配合治疗和护理。
2. 患者疼痛减轻或缓解。

3. 患者的营养状况有所改善和好转。

4. 未出现并发症，或并发症发生后被及时发现和处理。

【护理措施】

1. 一般护理　参见本章第一节骨折患者的一般护理。

2. 常见四肢骨折患者的护理

（1）肱骨干骨折

1）减轻疼痛的护理：及时评估患者疼痛的程度，遵医嘱给予镇痛药。

2）伤肢的护理：用吊带或三角巾将伤肢托起，以促进静脉回流，减轻肢体肿胀、疼痛。

3）功能锻炼：复位固定后，尽早开始手指屈伸活动，并进行上臂肌肉的主动舒缩运动，但禁止做上臂旋转运动。2～3周后，开始进行腕、肘关节主动屈伸活动和肩关节的外展、内收活动，逐渐增加活动量和活动频率。6～8周后加大活动量，并作肩关节旋转活动，以防肩关节僵硬或萎缩。

（2）肱骨髁上骨折

1）病情观察：观察石膏绷带或夹板的松紧度，必要时及时调整，以免神经、血管受压，影响有效组织灌注。观察前臂肿胀程度及手的感觉及运动功能，如果出现高张力肿胀、手指发凉、感觉异常、手指主动活动障碍、被动伸指剧痛、桡动脉搏动减弱或消失，即应确定骨筋膜室高压的存在，须立即通知医师，并做好手术准备。如果已出现"5P"征，则即使手术，也难以避免缺血性肌挛缩，从而遗留爪形手畸形。

2）伤肢的护理：用吊带或三角巾将伤肢托起，以减轻肢体肿胀、疼痛。

3）功能锻炼：复位固定后尽早开始进行手指及腕关节屈伸活动，并进行上臂肌肉的主动舒缩运动，有利于减轻水肿。4～6周后外固定解除，开始进行肘关节屈伸活动。手术切开复位且内固定稳定的患者，术后2周即可以开始肘关节的活动。若患者为小儿，应耐心向患儿及其家属解释功能锻炼的重要性，指导锻炼的方法，使家属能协助进行功能锻炼。

（3）桡骨下端骨折

1）病情观察：参见肱骨髁上骨折。

2）局部制动：支持并保护患肢在复位后的体位，防止腕关节旋前或旋后。

3）功能锻炼：复位固定后尽早开始手指伸屈和用力握拳活动，并进行前臂肌肉的舒缩运动。4～6周后可去除外固定，逐渐开始腕关节活动。

（4）股骨颈骨折

1）搬运和移动：尽量避免搬运或移动患者，必须搬运和移动时，应将髋关节与患肢整个托起，防止关节脱位或骨折断端移位造成新的损伤。在病情允许的情况下，指导患者借助吊架和床栏更换体位、坐起、转移到轮椅上，以及使用助行器、拐杖行走的方法。

2）并发症的预防与观察：参见本章第一节骨折患者的一般护理。

3）健康教育：①非手术治疗：卧床期间保持患肢外展中立位，即平卧时两腿分开30°，腿间放枕头，足尖向上或穿"丁"字鞋。不可使患肢内收或外旋，坐起时不能交叉盘腿，以免发生骨折移位。指导患者进行股四头肌等长收缩、踝关节和足趾屈伸旋转运动，在非睡眠状态下每小时练习1次，每次5～20分钟，以防止下肢深静脉血栓形成、肌萎缩和关节僵硬。在锻炼患肢的同时，指导患者进行双上肢及健侧下肢全范围关节活动和功能锻炼。一般8周后复查X线片，若无异常，可去除牵引后在床上坐起；3个月后可扶拐患肢不负重活动，逐渐换单拐部分负重活动；6个月后X线显示骨折愈合牢固后，可完全负重行走。②内固定治疗：卧床期间不可使患肢内收，坐起时不能交叉盘腿。若骨折复位良好，术后早期即可扶双拐下床活动，逐渐增加负重量，X线证实骨折愈合后可弃拐负重行走。③人工关节置换术：卧床期间两腿间垫枕，保持患肢外展中立位，同时进行患肢股四头肌等长收缩、踝关节和足趾屈伸旋转运动。手术后3个月内应尽量避免屈髋大于90°和下肢内收超过身体中线，如下蹲、坐矮凳、坐沙发、跪姿、盘腿、过度内收或外旋、交叉腿站立、跷二郎腿或过度弯腰拾物等动作。上楼时健肢先上，下楼时患肢先下。嘱患者不做有损人工关节的活动，如爬山、爬楼梯和跑步。

（5）股骨干骨折

1）病情观察：由于股骨干骨折失血量较大，应观察患者有无脉搏增快、皮肤湿冷、血压下降等低血容量性休克表现。因骨折可损伤下肢重要神经或血管，应观察患肢血液供应，如足背动脉搏动和毛细血管充盈情况，并与健肢比较，同时观察患肢是否出现感觉障碍和运动障碍等。一旦出现异常，及时报告医师并协助处理。

2）牵引护理：参见本章第一节骨折患者的一般护理。

3）功能锻炼：伤肢复位固定后，可在维持牵引条件下作股四头肌等长舒缩运动，并活动足部、踝关节和小腿。在X线片证实有牢固的骨折愈合后，取消牵引，进行较大范围的运动。有条件时，可在牵引8~10周后改用外固定架保护，早期不负重活动，以后逐渐增加负重量。

（6）胫、腓骨干骨折

1）病情观察：参见本章第一节骨折患者的一般护理。

2）指导功能锻炼：复位固定后，尽早开始趾间和足部关节的屈伸活动，做股四头肌等长舒缩运动及髌骨的被动运动。有夹板固定者可进行踝关节和膝关节活动，但禁止在膝关节伸直的情况下旋转大腿，以防发生骨不连。去除牵引或外固定后，遵医嘱进行踝关节和膝关节的屈伸练习和髋关节各种运动，逐渐下床行走。

3. 健康教育

（1）加强营养：注意安全，加强锻炼，进食含钙丰富的食品或适当补充钙剂，预防骨质疏松，改善身体的协调性，减少骨折发生的可能。

（2）保持良好情绪：骨折治疗周期长，患者情绪难免有波动，教育患者保持良好的心态，有利于骨折的愈合。

（3）坚持锻炼：为使患肢关节功能最大限度地恢复，出院时告知患者按照计划坚持进行肢体锻炼，预防骨折后期并发症，如关节僵硬，并指导患者最大限度地生活自理。

（4）预防并发症：戴石膏出院的患者，应向患者及其家属详细讲解与石膏绷带固定有关的护理知识及可能发生的问题。如出现肢体肿胀，石膏内肢体疼痛，骨折远端肢体发凉、麻木，石膏松动、裂开、石膏下有异味，应立即到医院复查。

（5）向患者交代出院后内固定去除时间及来院复诊的指征及有关事项。

【护理评价】

1. 患者疼痛是否减轻或缓解。
2. 患者情绪是否稳定，能否正确面对疾病、手术和预后。
3. 患者的营养状况是否改善。
4. 并发症是否得以预防，或并发症发生后是否被及时发现或处理。

第三节　脊柱骨折及脊髓损伤患者的护理

一、脊柱骨折患者的护理

脊柱骨折临床常见，胸腰椎（T10~L2）处于两个生理弧度的交汇处，是应力集中之处，因此该段骨折最多见。每块脊椎骨由椎体与附件两部分组成。可以将整个脊柱分成前、中、后三柱。中柱、后柱包裹脊髓和马尾神经，该区损伤可累及神经系统。

> **知识链接**
>
> **脊柱骨折发生机制**
>
> 脊柱骨折最常见的好发部位是活动度大的胸腰段脊柱及颈5、6节段。脊柱骨折常并发脊髓或马尾神经损伤，可导致瘫痪和残疾。每块脊椎骨分为椎体与附件两部分，临床上将脊柱分成：前柱含椎体的前1/2，纤维环的前半部分和前纵韧带；中柱包括椎体的后1/2，纤维环的后半部和后纵韧带；后柱包含后关节囊、黄韧带、脊椎的附件、关节突、棘间韧带及棘上韧带。中柱和后柱包裹了脊髓和马尾神经，尤其是中柱的损伤，骨折片或髓核组织可突入椎管导致脊髓损伤。因此，对脊柱骨折患者，必须了解有无中柱损伤。

【病因及分类】

1. 病因 暴力是引起脊柱骨折的主要原因，多数脊柱骨折因间接暴力引起，少数为直接暴力所致。间接暴力多见于从高处坠落时头、肩、臀或足部着地，由于地面对身体的阻挡，使暴力传导致使脊柱骨折。直接暴力所致的脊柱骨折多见于战伤、爆炸伤、直接撞伤等。

2. 分类 根据暴力的方向与作用力，胸腰椎骨折和颈椎骨折分别可以有6种类型损伤。

（1）颈椎骨折的分类

1）屈曲型损伤：是前柱压缩、后柱牵张损伤的结果，临床常见有：①前方半脱位。②双侧椎间关节脱位。③单纯压缩性骨折。

2）垂直压缩损伤：①第1颈椎双侧性前、后弓骨折，又名Jefferson骨折。②爆破型骨折。

3）过伸损伤：①过伸性脱位。②损伤性枢椎椎弓骨折，又名缢死者骨折。

4）某些机制不甚清楚的骨折，如齿状突骨折。

（2）胸腰椎骨折的分类

1）单纯性楔形压缩性骨折，为脊柱前柱损伤。

2）稳定性爆破型骨折，为脊柱前柱和中柱损伤。

3）不稳定性爆破型骨折，为前柱、中柱、后柱同时损伤。

4）Chance骨折，为椎体水平状撕裂损伤。

5）屈曲-牵拉型损伤，为前柱、中柱、后柱损伤。

6）脊柱骨折-脱位，又称移动性损伤，通常前柱、中柱、后柱均毁于剪力，当关节突完全脱位时，下关节突移至下一节脊椎骨的上关节突的前方，互相阻挡，称为关节突交锁。

此外，还一些单纯性附件骨折，如椎板骨折与横突骨折，不会产生脊椎的不稳定，称为稳定型骨折。

【护理评估】

1. 健康史 询问及了解患者受伤方式、姿势、搬运方式及急救处理经过，有无昏迷史和合并伤；既往有无脊柱骨折手术、服用激素史。

2. 身体状况

（1）症状

1）局部疼痛：颈椎骨折患者可有头颈部疼痛、活动受限，患者常用双手扶住头部；胸腰椎骨折因腰背肌痉挛、局部疼痛，患者不能站立或站立时腰背无力，疼痛加剧，翻身困难。

2）腹痛、腹胀：腹膜后血肿刺激腹腔神经节，使肠蠕动减慢，常出现腹痛、腹胀、肠蠕动减慢等症状。

（2）体征

1）局部压痛和肿胀：后柱损伤时中线部位有明显压痛，局部肿胀。

2）活动受限和脊柱畸形：颈、胸、腰段骨折患者常有活动受限，胸、腰段脊柱骨折时常可摸到后凸畸形。严重者常合并脊髓损伤，造成截瘫。

> **考点提示**
>
> 脊柱骨折主要的临床表现。

3. 心理-社会状况　患者的心理状态取决于损伤的程度、范围和预后。尤其是伴有脊髓损伤的患者，必须面对自身形象、自尊、独立性和角色关系等的改变，且常由于生活方式的改变而承受高度的压力，该压力可影响患者的心理状态及与家庭成员等的关系。患者及其家属因担心治疗效果出现焦虑、恐惧等不良情绪反应，尤其是长期卧床、生活不能自理的患者，心理负担重，焦躁不安，性格改变，甚至产生轻生念头。

4. 辅助检查

（1）X线检查：是首选的检查方法，有助于明确骨折的部位、类型和移位情况。

（2）CT检查：凡有中柱损伤或有神经症状者，均需作CT检查，可以显示椎体的骨折情况、椎管内有无出血和碎骨片。

（3）MRI检查：用于观察和确定脊髓损伤的程度和范围。

5. 治疗原则　脊柱骨折伤情较复杂。治疗时首先应注意有无脊髓损伤，不要在搬运或治疗时造成或加重脊髓损伤。对于单纯屈曲型骨折，一般选用卧硬板床、腰部使用垫枕法治疗；对于轻度移位而无脊髓损伤者，可在牵引下整复，对位后石膏背心固定；对于骨折不稳定、移位明显或合并脊髓损伤者，应采用手术治疗，解除压迫，并牢固地固定骨折。

（1）现场急救：除抢救生命外，应特别强调对患者的搬动方法。对疑有脊柱骨折者，搬动时必须保持脊柱伸直中立位，常采用平托或轴向滚动患者至木板上。严禁搂抱或一人抬上肢一人抱下肢的方法搬动，以免加重脊髓损伤。对颈椎损伤者，应有专人托扶头部，略加牵引，并使头部与躯干伸直，同步行动，慢慢移动，严禁强行搬头部。平卧于硬板上，头颈两侧用沙袋垫好，限制头颈部活动。

（2）持续牵引：颈椎骨折伴轻度移位、无关节交锁者，一般采用颌枕吊带牵引复位，头颈略后伸，牵引重量2～3 kg，持续牵引4～6周；颈椎骨折伴关节交锁者，宜用颅骨牵引，一般牵引重量为5～10 kg，复位应略前屈，矫正交锁复位后，改为后伸，重量逐渐减到1～2 kg，持续牵引4～6周后换颈托或头颈胸石膏固定约3个月。另外，腰椎单纯压缩性骨折无其他损伤可采用骨盆牵引。

（3）固定：腰椎骨折脱位整复后应绝对卧床休息3～4周，不稳定骨折用石膏背心或金属支架（钢背心）固定（图29-21），4～8周后可下床活动，4个月内避免做弯腰动作。

（4）切开复位内固定：凡不稳定性脊柱骨折、合并脊髓损伤、合并关节脱位或关节突交锁等，均应手术切开复位行内固定术。根据骨折类型以及手术的入路，选用椎弓根Dick钉、Harrington棒、Luque棒等行内固定术。

（5）腰背肌锻炼：胸腰椎单纯压缩骨折椎体压缩＜1/5者，伤后1～2天开始利用背伸肌的肌力及背伸姿势，使脊柱过伸复位。严重的胸腰椎骨折和骨折脱位者也应通过腰背肌功能锻炼，使骨折获得一定

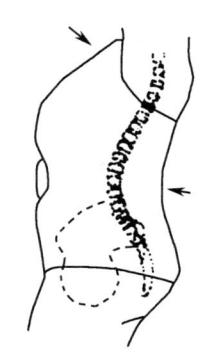

图29-21　石膏背心固定

程度的复位。

 考点提示

脊柱骨折患者的急救护理。

【常见护理诊断/问题】

1. 有皮肤完整性受损的危险　与活动障碍和长期卧床有关。
2. 有失用综合征的危险　与脊柱骨折长期卧床有关。
3. 潜在并发症：脊髓损伤、失用性肌萎缩、关节僵硬。

【护理目标】

1. 患者恐惧缓解或减轻，能正确面对疾病、手术和预后，积极配合治疗和护理。
2. 患者疼痛减轻或缓解。
3. 患者的营养状况有所改善和好转。
4. 未出现并发症，或并发症发生后被及时发现和处理。

【护理措施】

1. 非手术治疗的护理

（1）保持皮肤完整，预防压疮：间歇轴式翻身，保持床单清洁、干燥、平整，避免营养不良。

（2）维持躯体正常的功能状态：妥善复位与固定，观察患者的活动能力，鼓励患者生活逐步自理。

（3）并发症的预防和护理

1）脊髓损伤的护理：观察肤色、温度和有无体温调节障碍；搬运患者时避免脊髓损伤；做好相应护理。

2）失用性肌萎缩和关节僵硬的护理：保持适当体位，预防畸形；全范围关节活动；腰背肌功能锻炼；生活能力训练。

2. 手术治疗的护理

（1）术前护理：除术前一般常规准备外，重点是皮肤准备。

（2）术后护理：术后密切观察生命体征，直至平稳。观察伤口有无渗血、末梢血运、感觉与运动情况。观察伤口有无感染，及时换药，必要时遵医嘱使用有效抗生素。颈椎手术后搬动患者时，要有专人扶持头部，防止旋转及屈伸活动。颈部保持中立位，平卧2小时，以压迫止血。腰椎手术后需平卧8小时以压迫止血，翻身时应保持肩、髋在同一平面上，严防扭曲。卧床期间加强基础护理，预防压疮。拆线后，用石膏围领固定并给予相应的护理，注意观察石膏的松紧度，过紧会影响患者的呼吸。拆线后让患者适当进行腰背肌功能锻炼，6～8周后练习坐起、站立等。

3. 健康教育　向患者及其家属讲解脊柱骨折相关治疗、护理及康复的方法和意义，取得患者的配合。脊柱骨折治疗周期长，患者情绪不稳定，应鼓励患者的家属及亲友多关心患者，指导患者保持健康良好的心态。教会患者及其家属皮肤护理及预防压疮的方法。鼓励患者继续进行功能锻炼。根据患者的病情，定期返院检查，提供相关的康复指导。

【护理评价】

1. 患者疼痛是否减轻或缓解。
2. 患者情绪是否稳定，能否正确面对疾病、手术和预后。
3. 患者的营养状况是否改善。

4. 并发症是否得以预防，或并发症发生后是否被及时发现和处理。

二、脊髓损伤患者的护理

脊髓损伤是脊柱骨折的严重并发症。由于椎体移位或碎骨片突出于椎管内，使脊髓或马尾神经产生不同程度的损伤，多发生于颈椎下部和胸腰段。受伤平面以下感觉、运动、反射等功能部分或完全丧失。胸腰椎损伤导致下肢感觉与运动障碍，称为截瘫。颈髓损伤后双上肢也有神经功能障碍者，为四肢瘫痪，简称"四瘫"。

【病因、分类及病理生理】

1. 病因及分类　脊髓损伤分为原发性损伤与继发性损伤两种。原发性脊髓损伤是由外力直接或间接损伤脊髓造成的。继发性脊髓损伤是由各种原因引起的椎管内小血管出血形成血肿、压缩性骨折等导致脊髓压迫引起。

2. 病理生理　根据脊髓损伤的部位和程度，可出现不同的病理变化。

（1）脊髓震荡：最轻微，伤后立即发生弛缓性瘫痪（损伤平面以下感觉、运动、括约肌功能完全丧失），组织学无病理变化，数分钟或数小时内可完全恢复。

（2）脊髓挫伤与出血：脊髓实质性破坏，外观完整，但脊髓内部出血、水肿、挫伤、软化、瘢痕，预后差别大。

（3）脊髓断裂：脊髓连续性完全或不完全中断。

（4）脊髓受压：移位的骨块、碎骨片与破裂的椎间盘挤入椎管，直接压迫。血肿和皱褶的黄韧带压迫。如去除压迫，脊髓功能可部分或完全恢复；如压迫过久，脊髓血液循环出现障碍而发生软化、萎缩或瘢痕形成，瘫痪难以恢复。

（5）马尾神经损伤：腰2以下骨折脱位。受伤平面以下弛缓性瘫痪。

（6）脊髓休克：各种脊髓损伤后立即发生损伤平面以下弛缓性瘫痪，是失去高级中枢控制的一种病理生理现象，称为脊髓休克，2～4周后根据脊髓实质性损伤程度的不同而发生损伤平面以下不同程度的痉挛性瘫痪。脊髓休克与脊髓震荡是两个完全不同的概念。球海绵体反射或深腱反射的出现是脊髓休克终止的标志。

【护理评估】

1. 健康史　了解患者受伤的时间，暴力的性质、方向、大小、作用部位，受伤的体位、搬运方法、治疗过程及疗效。

2. 身体状况　按脊髓损伤的部位和程度分类。

（1）脊髓震荡：脊髓受到强烈的震荡，暂时性传导障碍，出现弛缓性瘫痪，损伤平面以下感觉、运动、反射和括约肌完全性或不完全性丧失，常于数小时或数日后大部分恢复，至全部功能恢复。

（2）脊髓损伤：①脊髓受压：血肿、骨折片或碎裂的椎间盘碎片突入椎管、骨折移位等压迫脊髓，若压迫及时解除，脊髓功能可部分甚至全部恢复；若压迫过久，脊髓会出现功能丧失。②脊髓挫伤：脊髓实质破坏，脊神经细胞破坏、神经纤维撕裂、出血。③脊髓断裂：脊髓的连续性完全或不完全断裂，完全性断裂预后极差。

（3）脊神经损伤：胸10至腰1之间的脊柱骨折脱位，脊髓损伤可合并部分或全部脊神经根损伤，若神经根损伤不严重，可能通过神经的再生而得到修复。

（4）马尾神经损伤：腰2以下骨折脱位可造成马尾神经损伤，多为部分断裂，完全断裂者少见，表现为损伤平面以下感觉、运动、反射消失。若马尾未完全断裂或断裂经手术缝合修复，可能部分甚至完全恢复功能。

> **知识链接**
>
> **截瘫指数**
>
> 估计瘫痪程度常以截瘫指数来衡量。截瘫指数由运动、感觉和内脏括约肌功能（大小便）障碍程度来决定，一般分为0级、1级、2级。0级表示功能正常，1级表示部分功能丧失，2级表示功能完全丧失。将此三项的级别相加所得到的数值，则为截瘫指数。从截瘫指数可以大致推断脊髓损伤的程度、发展情况等，还可以比较治疗效果。

考点提示

脊髓损伤患者主要的临床表现。

---

3. 心理-社会状况 脊髓损伤患者必须面对自身形象、自尊、独立性和角色关系等的改变，且常由于生活方式的改变而承受高度的压力。该压力可影响患者的心理状态及与家庭成员等的关系。故应评估患者、亲属及朋友等的心理状态和承受能力，家庭经济情况，家属及社会支持系统对患者的态度和照顾及支持程度。

4. 辅助检查

（1）影像学检查：X线和CT检查为最常规的检查手段，可发现损伤部位的脊柱骨折或脱位。椎间盘和韧带结构的损伤若病变不明显，可能无法被这两项检查发现，称为无放射线检查异常的脊髓损伤（spinal cord injury without radiographic abnormality，SCIWORA），多见于颈椎外伤。MRI检查可以了解脊髓损害变化，包括脊髓受压程度、脊髓信号强度、信号改变范围和脊髓萎缩情况等。

（2）电生理检查：躯体感觉诱发电位（somatosensory evoked potential，SEP）和运动诱发电位（motor evoked potential，MEP）可了解脊髓功能状况。前者检查脊髓感觉通道功能，后者检查锥体束运动通道功能，两者均不能引出者为完全性截瘫。

5. 治疗原则

（1）急救处理：保持呼吸道通畅和有效通气；输液、输血；减轻脊髓水肿和继发损伤；留置导尿；胃肠减压等。

（2）固定和局部制动：用颌枕吊带牵引或颅骨牵引、石膏背心、围腰或支具固定等防止脊髓再损伤。

（3）减轻脊髓水肿的治疗：①使用地塞米松、20%甘露醇等药物。②甲泼尼龙冲击疗法，只适用于受伤后8小时以内者。③高压氧治疗等。

（4）手术治疗：手术的目的是解除对脊髓的压迫和恢复脊柱的稳定性，目前还未解决损伤脊髓的再生和修复问题。手术的途径和方法根据骨折类型及部位而定。

【常见护理诊断/问题】

1. 低效性呼吸型态 与脊髓损伤、呼吸肌无力、呼吸道分泌物存留有关。
2. 体温过高或体温过低 与脊髓损伤、自主神经功能紊乱有关。
3. 尿潴留 与脊髓损伤、逼尿肌无力有关。
4. 便秘 与脊髓损伤、液体摄入不足、饮食和活动受限有关。
5. 自我形象紊乱 与受伤后躯体运动障碍或肢体萎缩、变形有关。
6. 有皮肤完整性受损的危险 与肢体感觉及活动障碍有关。
7. 躯体移动障碍 与脊髓损伤、瘫痪、牵引制动等有关。

【护理目标】
1. 患者恐惧缓解或减轻，能正确面对疾病、手术和预后，积极配合治疗和护理。
2. 患者疼痛减轻或缓解。
3. 患者的营养状况有所改善和好转。
4. 未出现并发症，或并发症发生后被及时发现和处理。

【护理措施】
1. 非手术治疗的护理
（1）保证有效气体交换，防止呼吸骤停

1）病情观察：观察患者的呼吸功能，如呼吸频率、节律、深浅，有无异常呼吸音，有无呼吸困难表现等。若患者呼吸＞22次/分、鼻翼扇动、摇头挣扎、口唇发绀等，则应立即吸氧，寻找和解除呼吸困难的原因，必要时协助医师行气管插管、气管切开或呼吸机辅助呼吸等。

2）给氧：给予氧气吸入，根据血气分析结果调整给氧浓度、流量和持续时间，改善机体的缺氧状态。

3）减轻脊髓水肿：遵医嘱给予地塞米松、甘露醇、甲泼尼龙等治疗，以避免因进一步脊髓损伤而抑制呼吸功能。

4）保持呼吸道通畅：指导患者深呼吸和咳嗽、咳痰，每2小时协助翻身、叩背1次，遵医嘱给予雾化吸入，经常做深呼吸和上肢外展运动，以促进肺膨胀和有效排痰。对不能自行咳嗽、咳痰或有肺不张者，及时吸痰。对气管插管或气管切开者，做好相应的护理。

5）控制感染：已经发生肺部感染者应遵医嘱选用合适的抗生素，注意保暖。

（2）维持正常体温：患者体温升高时，应以物理降温为主，如冰敷、酒精擦浴或温水擦浴、冰盐水灌肠，必要时给予输液和冬眠药物。夏季将患者安置在阴凉的房间，对低温患者，应以物理复温为主，如使用电热毯、热水袋或电烤架逐渐复温，但要防止烫伤。

（3）尿潴留的护理

1）留置导尿或间歇导尿：在脊髓休克期应留置导尿，持续引流尿液并记录尿量，以防膀胱过度膨胀。2~3周后改为每4~6小时定时开放1次导尿管，或白天每4小时导尿1次，夜间每6小时导尿1次，以预防尿路感染和膀胱萎缩。

2）排尿训练：3周后部分患者排尿功能可逐渐恢复，但脊髓完全性损伤患者则需要进行排尿功能训练。方法：当膀胱胀满时，鼓励患者增加腹内压，用右手由外向内、由轻至重均匀按摩下腹部，待膀胱收缩为球状，紧按膀胱底向前下方挤压，在膀胱排尿后用左手按在右手背上加压，待尿液不再流出时，可松手再加压一次，将尿排尽，训练自主性膀胱排尿，争取早日拔除导尿管，这种方法对马尾神经损伤患者特别有效。同时，根据患者的病情训练膀胱的反射排尿功能。

3）预防尿路感染：鼓励患者每日饮水量最好达3000ml以上，以稀释尿液；尽量排尽尿液，减少残余尿；每日清洁会阴部；根据需要更换尿袋及导尿管；必要时做膀胱冲洗，以冲出膀胱中积存的沉渣；定期检查残余尿量、尿常规和中段尿培养，及时发现尿路感染征象。一旦发生感染，应抬高床头，增加饮水量或输液量，持续开放导尿管，遵医嘱应用广谱抗生素。

（4）预防便秘：脊髓损伤后，肠道的神经功能受到破坏，发生肠道功能失调。结肠蠕动减慢、活动减少和饮水减少是导致便秘的原因。脊髓损伤72小时内患者易发生麻痹性肠梗阻或腹胀。护士应指导患者多进食富含膳食纤维的食物、新鲜水果和蔬菜，多饮水。在餐后30分钟作腹部按摩，从右到左，沿大肠走行的方向，以刺激肠蠕动。对顽固性便秘者，可遵医嘱给予灌肠或轻泻药。部分患者通过持续的训练，可逐渐建立起反射性排便。方法：用手指按压肛门周围或者扩张肛门，刺激括约肌，反射性地引起肠蠕动。当反射建立后，用手指按压肛门时即可有粪便排出。

（5）压疮护理：截瘫患者长期卧床，皮肤知觉丧失，骨隆凸部位的皮肤长时间受压于床褥和骨隆凸之间而发生神经营养性改变，皮肤出现坏死，称为压疮。压疮最常发生的部位为骶尾部、股骨大转子、髂嵴和足跟等处。应加强皮肤护理，预防压疮。

（6）增强生活自理能力：评估患者完成日常生活活动的情况及肌力情况。协助患者每 2 小时翻身 1 次，按摩肢体，活动关节；保持肢体功能位；配合医师、理疗师，帮助患者进行康复锻炼。教会患者如何自行完成从床上移至轮椅、穿衣、进食、沐浴等日常活动，提高患者的生活自理能力。脊髓损伤完全丧失行走能力的患者必须使用拐杖、轮椅，应掌握拐杖、轮椅的使用技巧。

（7）指导正确进行功能锻炼：对瘫痪肢体，指导患者及其家属做关节的全范围被动活动和肌肉按摩，每日 2~3 次，每次 30~60 分钟。对未瘫痪的部位，可以通过举哑铃和拉拉力器等方法增强上肢力量，通过挺胸和俯卧撑等增强背部力量，为今后的自理活动做准备。增强患者的自信心。

（8）心理护理：帮助患者掌握正确的应对技巧，提高其自我护理能力，发挥其最大潜力。家庭成员和医务人员应相信并认真倾听患者的诉说。可让患者及其家属参与制订护理计划，帮助患者建立有效的社会支持系统，包括家庭成员、亲属、朋友、医务人员和同事等。

2. 手术治疗的护理　参考脊柱骨折手术治疗的护理。

3. 健康教育

（1）指导患者出院后继续康复锻炼，并预防合并症的发生。

（2）指导患者练习床上坐起，使用轮椅、拐杖或助行器等移动工具，练习上床、下床和行走的方法，提高自我护理能力。

（3）指导患者及其家属应用无菌导尿技术进行间歇导尿，预防长期留置导尿而引起的尿路感染。

（4）告知患者定期返院检查，进行理疗，有助于刺激肌肉收缩和功能恢复。

【护理评价】

1. 患者疼痛是否减轻或缓解。
2. 患者情绪是否稳定，能否正确面对疾病、手术和预后。
3. 患者的营养状况是否改善。
4. 并发症是否得以预防，或并发症发生后是否被及时发现或处理。

自　测　题

一、选择题

1. 既可复位，又有固定作用的是
   A. 小夹板　　　　　　B. 石膏　　　　　　C. 持续牵引
   D. 支架　　　　　　　E. 钢板螺丝钉

2. "8"字绷带固定适用于
   A. 锁骨骨折　　　　　B. 脊椎骨折　　　　C. 柯莱斯（Colles）骨折
   D. 股骨颈骨折　　　　E. 股骨干骨折

3. 属于不稳定骨折的是
   A. 嵌插骨折　　　　　　　B. 压缩骨折　　　　　　　C. 裂缝骨折
   D. 斜行骨折　　　　　　　E. 青枝骨折
4. 肱骨中、下1/3骨折，最易发生的并发症是
   A. 肱动脉损伤　　　　　　B. 正中神经损伤
   C. 尺神经损伤　　　　　　D. 桡神经损伤
   E. 肱二头肌断裂伤
5. 骨折患者的急救措施，错误的是
   A. 包扎伤口　　　　　　　B. 临时固定
   C. 外露骨端予以还纳　　　D. 可疑骨折予以固定
   E. 脊柱骨折用硬板运送
6. 患者，男性，25岁，自约5 m高处坠落，臀部着地，腰痛，双下肢活动障碍。搬运患者时，不正确的是
   A. 避免脊柱弯曲　　　　　B. 三人平抬
   C. 放于硬板上　　　　　　D. 背负搬运
   E. 翻身时上身、下身要同时转动
7. 患者，女性，26岁，车祸后2小时，一般情况尚可，右小腿有一长约16 cm的伤口，胫骨断端外露，出血量不多，并伴有广泛的软组织挫伤。在做X线检查之前，应该进行的处理是
   A. 进行简单的外固定　　　B. 进行气压止血带止血
   C. 急送手术室处理　　　　D. 长腿石膏托固定
   E. 紧急输血、输液
8. 患者，男性，40岁，胫骨骨折石膏管型固定后8小时，诉伤肢疼痛难忍。检查：伤肢肢端苍白，温度降低，足趾不能活动，应考虑为
   A. 骨折端移位　　B. 衬垫放置不妥　　C. 继发感染
   D. 血管受压　　　E. 体位不当
9. 患者，男性，24岁，因车祸导致左下肢骨折，必须休息3个月，患者不能正常进行工作和生活，请问此时患者最常见的护理诊断是
   A. 焦虑　　　　　B. 疼痛　　　　　　C. 营养失调
   D. 骨化性肌炎　　E. 愈合障碍

（10～13题共用题干）

患者，女性，67岁，走路滑倒后，左手掌着地，感手腕肿痛，X线片显示Colles骨折。
10. 该患者典型的畸形表现是
    A. "爪形手"　　　B. "方肩"畸形　　　C. 枪刺刀畸形
    D. 手外旋畸形　　E. 肘后三角关系失常
11. 如果对该患者进行皮肤牵引，不正确的护理措施是
    A. 保持患肢外展中立位，避免外旋
    B. 注意胶布及绷带有无脱落、滑移、松动
    C. 保持有效牵引，被褥不可压在牵引绳上
    D. 定期检查皮肤有无皮炎及溃疡
    E. 皮肤牵引重量可随病情变化增加或减少
12. 关于Colles骨折，错误的是

A. 多由直接暴力所致
B. 骨折发生在桡骨远端距桡骨下关节面 3 cm 以内
C. 骨折远端可向背侧和桡侧移位
D. 临床表现为枪刺刀畸形和餐叉样畸形
E. 治疗以手法复位为主

13. 关于 Colles 骨折的治疗，错误的是
A. 复位重要的是要恢复正常的掌倾角和尺倾角
B. 多数需要手术治疗
C. 复位时需要充分的牵引
D. 应早期进行手指的屈伸活动
E. 4～6 周后可去除外固定开始腕关节活动

（14～17 题共用题干）
患者，男性，40 岁，因在工地摔伤导致左小腿骨折被送入急诊室。

14. 护士对患者的护理，最重要的是
A. 止血
B. 清创、使用石膏托固定
C. 使用镇痛药
D. 提供一张床铺
E. 做好心理安慰

15. 下列不是导致该患者骨折延迟愈合或不愈合的因素的是
A. 反复手法复位
B. 不适当的切开复位
C. 过早功能锻炼
D. 局部感染
E. 没有达到解剖复位

16. 该患者外固定拆除后，其关节活动度较差，原因是
A. 肌肉无力
B. 关节强直
C. 关节僵硬
D. 骨折复位不理想
E. 骨折尚未完全愈合

17. 若该患者并发了骨筋膜室综合征，其主要原因是
A. 主要神经损伤
B. 肌肉挛缩
C. 筋膜室内高压
D. 局部感染
E. 静脉栓塞

二、案例分析

1. 患者，女性，67 岁，行走时不慎跌倒，右手掌撑地，感右腕部剧烈疼痛，不敢活动，遂来院就诊。体格检查：右腕部明显肿胀，出现典型餐叉样畸形和枪刺刀畸形。X 线检查示桡骨远端移位，诊断为桡骨远端伸直型骨折，给予骨折复位及石膏绷带固定。
请回答：
（1）该患者右腕部的两种畸形分别是由骨折远端向何种方向的移位导致的？
（2）如何指导该患者进行功能锻炼？

2. 患者，男性，45 岁，因骑电动车不慎跌倒，感左小腿剧烈疼痛，移动伤肢时疼痛加重，遂急诊入院。体格检查：左小腿肿胀，皮肤发亮，压痛明显，活动受限。X 线检查示左侧胫骨中、下段裂缝骨折。患肢石膏固定 1 小时后，患者感左小腿肿胀和疼痛加重，足趾活动障碍，足背动脉搏动减弱，足部皮肤苍白、发凉、感觉麻木。

请回答：
（1）该患者目前最主要的护理诊断/问题是什么？
（2）该患者出现该护理诊断/问题的原因可能是什么？
（3）护士应如何处理该问题？

（彭海波）

第三十章 关节脱位患者的护理

第三十章数字资源

学习目标

1. 描述常见关节脱位的概念、病因、临床特点及治疗原则。
2. 阐述关节脱位患者的护理措施。
3. 能运用护理程序对关节脱位患者实施整体护理。
4. 具有同情心、与患者换位思考的意识和能力。

案例 30-1

患者,男性,47岁,因跌倒后右肩部疼痛2小时就诊。体格检查:T 36.5℃,P 72次/分,R 16次/分,BP 112/80 mmHg,右肩部呈方肩畸形,关节盂空虚,杜加斯征(Dugas sign)阳性,右上肢感觉、肌力、运动均正常。余(-)。X线检查示右肩关节前脱位。

问题与思考:
1. 护士评估该患者时,应重点关注哪些内容?
2. 医师将给患者实施手法复位,复位成功的标志有哪些?
3. 复位成功后使用三角巾悬吊期间,如何指导患者进行功能锻炼?

第一节 概 述

关节脱位是指组成关节各骨的关节面失去正常的对合关系,俗称脱臼。关节脱位多见于青壮年和儿童。肩关节脱位最常见,其次是肘关节和髋关节脱位,膝关节、腕关节脱位少见。

【病因、分类及病理生理】

1. 病因分类

(1)按脱位发生的原因分类

1)创伤性脱位:主要由暴力间接作用于正常关节引起,如跌倒时手掌撑地所引起的肘关节脱位,多发于青壮年,是导致脱位最常见的原因。

2)先天性脱位:因胚胎发育异常而导致关节先天性发育不良,出生后即发生脱位,且逐渐加重,如先天性髋关节脱位。

3)病理性脱位:关节结构发生病变,遭到破坏,不能维持关节面的正常对合关系,称为病理性脱位,如关节结核或类风湿性关节炎所致的脱位。

4)习惯性脱位:创伤性脱位后,关节囊及韧带松弛,或关节附近较大的撕脱骨折,使关节结构不稳定。若第一次复位后治疗不当,轻微外力即可导致再脱位,多次复发,形成习惯性脱位。习惯性脱位最多见于肩关节。

(2)按脱位后的时间分类

1)新鲜脱位:一般指脱位时间在3周以内。

2）陈旧性脱位：指脱位时间超过3周者。

（3）按脱位后关节腔是否与外界相通分类

1）闭合性脱位：关节局部皮肤完好，脱位处与外界不相通。

2）开放性脱位：脱位后关节腔与外界相通。

2. 病理生理　创伤性关节脱位后，主要表现为构成关节的骨端移位、关节囊破裂、关节腔周围积血。血肿机化后形成肉芽组织，继而发展成为纤维组织，与关节周围组织粘连。脱位可伴关节附近韧带、肌和肌腱损伤，也可伴撕脱性骨折及周围血管、神经损伤。

【护理评估】

1. 健康史　询问及了解患者的年龄、出生时的情况、对运动的喜好等；受伤的经过，暴力的大小、性质，受伤部位、受伤的时间及治疗情况；了解有无其他疾病史。

2. 身体状况

（1）一般症状：关节疼痛、肿胀、局部压痛及功能障碍，开放性损伤有伤口和出血。

（2）关节脱位的特有体征

1）畸形：关节脱位处明显畸形，患肢可出现变长或缩短等畸形。

2）弹性固定：关节脱位后，由于关节囊周围韧带及肌肉的牵拉，使患肢固定于异常位置，被动活动时感到弹性阻力。

3）关节盂空虚：脱位后，可触到或观察到空虚的关节盂，有时可摸到移位的骨端，若肿胀严重，则难以触知。

 考点提示

关节脱位的专有体征。

3. 心理-社会状况　关节脱位后因肢体疼痛、功能障碍，以及对治疗、预后等的焦虑，患者常产生焦虑不安和烦躁情绪等。

4. 辅助检查　常采用X线检查。关节正侧位X线片可确定有无脱位，脱位的方向、程度，有无合并骨折等。

5. 治疗原则　关节脱位治疗的原则是复位、固定、功能锻炼。

（1）复位：以手法复位为主，最好在伤后3周内进行。早期复位容易成功，功能恢复好。若脱位时间较长，关节周围组织粘连，空虚的关节腔被纤维组织充填，手法复位常难以成功。对于合并关节内骨折经手法复位失败、有软组织嵌入、手法难以复位以及陈旧性脱位经手法复位失败者，可行手术切开复位。

（2）固定：复位后，将关节固定于适当的位置，使损伤的关节囊、韧带、肌肉等软组织得以修复。一般固定2～3周。陈旧性脱位经手法复位后，固定时间应适当延长。

（3）功能锻炼：固定期间要经常进行关节周围肌肉和患肢其他关节的主动活动，防止肌萎缩及关节僵硬。固定解除后，逐步扩大创伤关节的活动范围，并辅以理疗、中药熏洗等手段，逐渐恢复关节功能。切忌粗暴的被动活动，以免加重损伤。

【常见护理诊断/问题】

1. 疼痛　与关节脱位引起局部组织损伤及神经受压有关。

2. 躯体活动障碍　与关节脱位、疼痛、制动有关。

3. 有血管、神经受损的危险　与关节移位压迫血管、神经有关。

4. 有皮肤完整性受损的危险　与外固定有关。

5. 知识缺乏　患者缺乏有关复位后继续治疗及正确功能锻炼的知识。

【护理目标】

1. 患者焦虑减轻，舒适感增加，能积极配合治疗及护理。
2. 患者疼痛缓解或消失。
3. 患者知晓关节脱位的成因，能复述促进复位后功能锻炼的相关知识。
4. 无并发症发生或并发症发生后被及时发现和处理。

【护理措施】

1. 急症护理　对开放性关节脱位，积极做好清创前的准备，及时配合医师实施清创术。对闭合性关节脱位，及时配合医师进行复位、固定。固定期间做好常规的护理工作。

2. 体位与活动　卧床休息，抬高患肢、制动，并保持患肢于关节功能位，以利于静脉回流，减轻肿胀和疼痛。在病情允许的情况下适当下床活动。

3. 缓解疼痛的护理

（1）及时安慰患者，减轻其紧张心理，转移患者的注意力或使用松弛疗法等缓解疼痛。

（2）移动患者时，应帮助患者托扶、固定患肢，动作轻柔，避免因活动患肢疼痛加重。

（3）早期正确复位及固定，可使疼痛缓解或消失。

（4）局部冷敷及热敷：受伤24小时内局部冷敷，达到消肿、止痛目的；受伤24小时后局部热敷，以减轻肌肉痉挛引起的疼痛。

（5）遵医嘱应用镇痛药或镇静药，以促进患者的舒适与睡眠。

4. 妥善复位与固定

（1）复位：明确诊断后，协助医师复位。向患者说明复位目的与方法，做好其复位前的身体和心理准备，以取得合作。复位前，给予适当的麻醉，以减轻疼痛，同时使肌肉松弛，利于复位。

（2）固定：向患者及其家属说明脱位后固定的目的、方法、重要意义及注意事项，使之充分了解相关知识。若固定时间过长，易发生关节僵硬；若固定时间过短，损伤得不到充分修复，易发生再脱位，一般固定3周左右，若脱位合并骨折、陈旧性脱位或习惯性脱位，应适当延长固定的时间。固定期间应保持固定有效，经常观察患者肢体位置是否正确；注意观察患肢的血液循环，发现有循环不良的表现时应及时报告医师。对使用牵引或石膏固定的患者，应按牵引或石膏固定患者的护理常规进行护理。

5. 病情观察　移位的骨端可压迫邻近的血管和神经，引起患肢缺血和感觉、运动障碍。护理时应注意。

（1）定时检查患肢末端的血液循环情况，若发现患肢苍白、发冷、大动脉搏动消失，提示有大动脉损伤的可能，应及时通知医师并配合处理。

（2）动态观察患肢的感觉和运动，以了解神经损伤的程度和恢复情况。

（3）对皮肤感觉功能障碍的肢体，要防止烫伤。

6. 维护皮肤完整性　对使用牵引或石膏固定的患者，应注意观察皮肤的色泽和温度，避免因固定物压迫而损伤皮肤。对髋关节脱位后较长时间卧床的患者，应注意压疮的产生。

7. 健康教育　向患者及其家属讲解关节脱位治疗和康复的知识，讲述功能锻炼的重要性和必要性，指导并使患者能自觉地按计划进行正确的功能锻炼，减少盲目性。当进行功能锻炼时，应注意以患者主动锻炼为主，切忌用被动手法强力拉伸关节，以防加重关节损伤。对于习惯性脱位，应避免发生再脱位的原因，强调保持有效固定和严格遵医嘱坚持功能锻炼，以避免复发。

【护理评价】

1. 患者焦虑是否减轻，情绪是否稳定。
2. 患者疼痛是否减轻或消失。

3. 患者能否说出关节脱位的成因及复位后功能锻炼的相关知识。
4. 并发症是否得到有效预防和处理。

第二节　常见关节脱位患者的护理

一、肩关节脱位患者的护理

肩关节由肱骨头和肩胛盂构成，肩胛盂面积小而浅，肱骨头相对大而圆，关节囊和周围韧带松弛，活动范围大，灵活，但关节结构不稳定，故易于发生脱位。

【病因及分类】

1. 病因　肩关节脱位的主要原因是创伤，多由间接暴力引起。当身体侧位跌倒时，手掌撑地，上肢呈外展外旋位，肱骨头在外力作用下突破关节囊前壁，滑出肩胛盂而导致脱位，也可由于上臂过度外展、外旋后伸时，肱骨颈或肱骨大结节抵触于肩峰时构成杠杆的支点，使肱骨头向盂下滑出发生脱位。直接暴力可导致肩关节后方直接受到撞击，使肱骨头向前脱位。

2. 分类　根据肱骨头移位情况，肩关节脱位可分为前脱位、后脱位、下脱位和上脱位。由于肩关节前下方组织薄弱，因此以前脱位多见。前脱位又分为喙突下脱位、盂下脱位和锁骨下脱位（图30-1）。脱位后常合并肱骨大结节骨折，严重者可合并肱骨外科颈骨折及臂丛神经损伤。

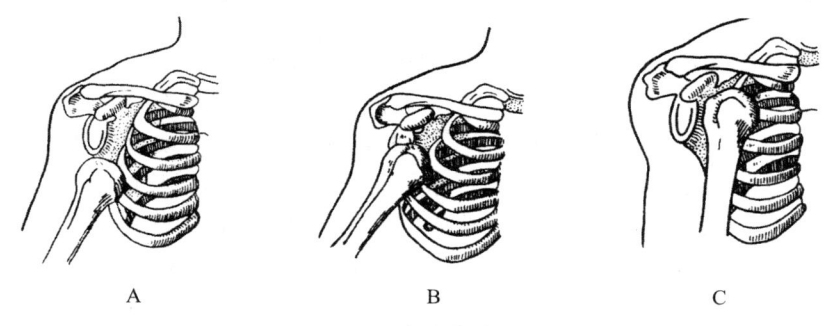

图 30-1　肩关节前脱位
A. 盂下脱位；B. 喙突下脱位；C. 锁骨下脱位

【临床特点】

肩关节脱位后，肩部疼痛、肿胀、肩关节活动障碍，关节盂空虚，肩峰突出，失去正常的膨隆外形，呈方肩畸形，患肢较对侧长。患肢呈轻度外展，不敢活动，患者以健侧手托患侧前臂，头和身体向患侧倾斜（图30-2）。杜加斯征阳性：即将患侧手掌搭到健侧肩部时，肘部不能贴近胸壁；患侧肘部紧贴胸部时，手掌不能搭到健侧肩。在肩关节盂外可触及肱骨头。X线检查可明确脱位的类型，有无合并肱骨大结节撕脱性骨折和肱骨外科颈骨折等。

【治疗原则】

1. 复位　一般采用局部浸润麻醉后手法复位，常用的手法复位有手牵足蹬法（Hippocrates法）（图30-3）和悬垂法（Stimson法），前一种方法较为常用。

知识链接

手牵足蹬法（Hippocrates法）

人类对于肩关节脱位的认识和记述已有2000余年，更早可以追溯至4000余年前人类最古老的书籍中。2000余年前，Hippocrates（希波克拉底，约公元前460—公元前

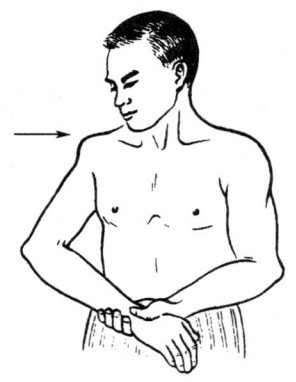
图 30-2　患者姿势与方肩畸形

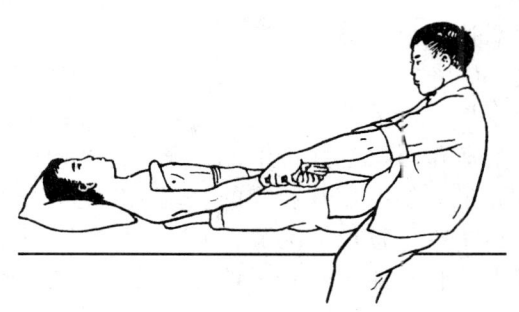
图 30-3　肩关节脱位手牵足蹬法（Hippocrates 法）复位

370 年，古希腊医师）对肩关节脱位的创伤解剖、类型和有关复发性脱位的一些问题做过详细的记述，并介绍了世界上最早的复位方法——Hippocrates 法。患者取仰卧位，术者站于患侧床旁，腋窝处垫棉垫，以同侧足跟置于患者腋下靠胸壁处，双手握住患肢腕部，逐渐增加牵引力量，同时可轻微内旋和外旋上肢，解脱肱骨头与关节盂的交锁并逐渐内收上臂，肱骨头便会经前方关节囊的破口滑入关节盂内，可感到弹响，提示复位成功。

2. 固定　单纯肩关节脱位，复位后用三角巾悬吊上肢，肘关节屈曲 90°，腋窝处垫棉垫。关节囊破损明显或仍有肩关节半脱位者，应将患侧手置于对侧肩上，肘部贴靠胸壁，腋下垫棉垫，用绷带将患肢固定于胸壁前，以防外旋和外展。一般固定 3 周，避免过早去除外固定，否则损伤的关节囊修复不良，容易导致习惯性脱位。

3. 功能锻炼　固定期间活动腕部和手指。疼痛及肿胀缓解后，可指导患者用健侧手缓缓推动患肢做外展与内收活动，活动范围以不引起患侧肩部疼痛为限。3 周后，指导患者进行弯腰、垂臂、甩肩锻炼。具体方法：患者弯腰 90°，患肢自然下垂，以肩为顶点做圆锥形旋转，范围由小到大。4 周后指导患者作手指爬墙外展、爬墙上举、滑车带臂上举、举手摸顶锻炼，使肩关节功能完全恢复。

 考点提示

肩关节脱位患者的临床表现及治疗原则。

二、肘关节脱位患者的护理

肘关节由肱骨下端、尺骨鹰嘴窝、桡骨头、关节囊、韧带构成。肘关节脱位的发病率仅次于肩关节脱位。

【病因及分类】

肘关节脱位多由间接暴力引起，常见于跌倒时肘关节呈伸直位，手掌着地，暴力经前臂传至尺骨、桡骨上端，在尺骨鹰嘴处产生杠杆作用，使尺骨、桡骨近端同时脱向肱骨远端的后方，发生肘关节后脱位（图 30-4），此类最为常见。当肘关节处于屈曲位时，若肘关节从后方受到直接暴力作用，可产生尺骨鹰嘴骨折和肘关节前脱位，此类相对少见。

【临床特点】

脱位后，肘部疼痛、肿胀、活动障碍，肘部变粗，尺骨鹰嘴后突显著，肘后三角关系失常。前臂处于半伸直位，并有弹性固定，患者以健侧手支托患肢前臂。肘关节后脱位，肘窝前方可触及肱骨下端。后脱位时可合并正中神经或尺神经损伤，偶尔可损伤肱动脉并出现相应的表现。X线检查可明确脱位的类型、移位情况及有无合并骨折。对于陈旧性关节脱位，能明确有无骨化性肌炎或缺血性骨坏死。

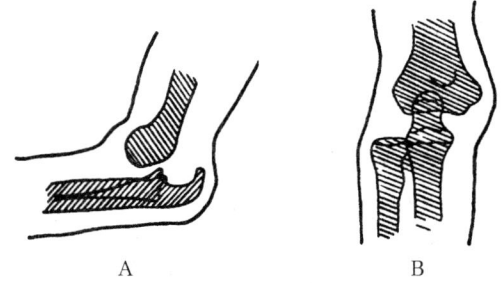

图 30-4 肘关节后脱位合并桡侧脱位
A. 侧位观；B. 正位观

【治疗原则】

1. 复位　一般采用关节内麻醉或臂丛麻醉，置肘关节于半屈曲位，环抱术者的腰部。术者以一手握患臂腕部，沿前臂纵轴方向牵引，另一手拇指压在尺骨鹰嘴突上，沿前臂纵轴方向做持续推挤，即可复位（图30-5）。复位成功的标志为肘关节恢复正常活动，肘后三角关系恢复正常。

2. 固定　复位后，用超关节夹板或长臂石膏托固定于屈肘90°位，再用三角巾悬吊于胸前，一般固定2～3周。

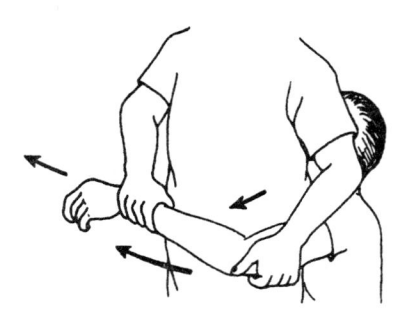

图 30-5 肘关节后脱位复位方法

3. 功能锻炼　固定期间，可做伸掌、握拳、手指屈伸等活动，同时在外固定保护下做肩关节、腕关节、手指活动。去除固定后，练习肘关节的屈伸、前臂旋转活动，锻炼肘关节周围肌力。

考点提示

肘关节脱位患者的临床表现及治疗原则。

三、髋关节脱位患者的护理

髋关节由股骨头和髋臼构成，是杵臼关节。髋臼为半球形，深而大，周围有坚强的韧带与肌群，结构相当稳定，一般不容易发生脱位。

【病因及分类】

1. 病因　髋关节脱位多在发生交通事故时，由强大暴力引起。患者坐位，膝、髋关节处于屈曲时，膝部受到强大的外力作用，以致股骨颈前缘抵于髋臼前缘而形成一个支点，股骨头因受杠杆作用而离开髋臼，冲破后关节囊而向后方脱出。当髋关节在外展、外旋位时，受到强大的外展暴力，股骨头可从髋关节前内下脱出，造成前脱位。

2. 分类　根据脱位后股骨头的位置，可分为前脱位、后脱位和中心脱位，以后脱位最为常见，占全部髋关节脱位的85%～90%。脱位时，常造成关节囊撕裂、髋臼后缘或股骨头骨折。有时合并坐骨神经挫伤或牵拉伤。

【临床特点】

髋关节脱位时，患者有明显的疼痛，髋关节不能主动活动，关节呈屈曲、内收、内旋畸形，伤肢缩短（图30-6）。臀部可触及脱出的股骨头，股骨大粗隆上移。可合并坐骨神经损伤，大多为挫伤，主要原因为股骨头压迫。表现为大腿后侧、小腿后侧及外侧、足部全部感觉消失，膝关节的屈肌、小腿和足部全部肌瘫痪，足部出现神经营养性改变。X线检查可了解脱位的类型及有无合并髋臼或股骨头骨折。

【治疗原则】

1. 复位　髋关节脱位复位必须在一定的麻醉条件下进行，宜尽早复位，最好在24小时内，超过24小时后再复位十分困难。常用的复位方法为提拉法（Allis法）（图30-7）。

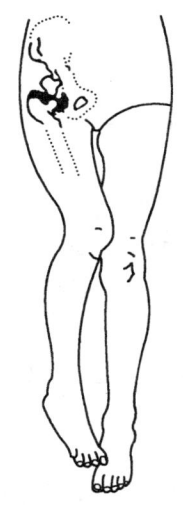

图30-6　髋关节后脱位典型畸形

图30-7　Allis法

2. 固定　复位后，用持续皮肤牵引或穿丁字鞋固定患肢，保持患肢于伸直外展位，防止髋关节屈曲、内收、内旋，禁止患者坐起。一般固定2~3周。

3. 功能锻炼　固定期间患者可进行股四头肌收缩锻炼、患肢踝关节的活动及其余未固定关节的活动。3周后开始活动关节。4周后，去除皮肤牵引，指导患者扶双拐下床活动。3个月内患肢不负重，以免发生股骨头缺血性坏死或因受压而变形。3个月后，经X线检查证实股骨头血液供应良好者，可尝试去拐步行。

自 测 题

一、选择题

1. 肘后三角关系失常应考虑为
   A. 肱骨髁上骨折　　B. 肘关节脱位　　C. 肩关节脱位
   D. 桡骨小头半脱位　E. 尺、桡骨双骨折

2. 临床最常见的关节脱位部位是
   A. 肘关节　　B. 肩关节　　C. 髋关节
   D. 腕关节　　E. 下颌关节

3. 关节脱位特有的体征是
   A. 肿胀、压痛、瘀斑　　　　　B. 畸形、肿胀、骨擦音
   C. 畸形、肿胀、活动障碍　　　D. 肿胀、畸形、反常活动
   E. 畸形、弹性固定、关节盂空虚

4. 骨折和脱位共有的特殊体征是
   A. 异常活动   B. 弹性固定   C. 骨擦音
   D. 畸形   E. 关节盂空虚
5. 关节脱位是指
   A. 关节囊破裂   B. 外伤后关节失去功能
   C. 关节面失去正常的对合关系   D. 关节的结构破坏
   E. 关节分离
6. 关节脱位应争取手法复位的是
   A. 伴有关节内骨折   B. 软组织嵌入
   C. 陈旧性脱位   D. 手法复位失败的病例
   E. 新鲜脱位
7. 患者，男性，40岁，右髋部外伤后疼痛，不能活动4小时。4小时前患者乘坐公共汽车，左下肢搭于右下肢上，突然急刹车，右膝顶撞于前座椅背上，即感右髋部剧痛，不能活动。遂来院诊治。患者平素身体健康，无特殊疾病，无特殊嗜好。确诊为髋关节脱位，最可靠的依据是
   A. 屈曲、内收、缩短、内旋畸形   B. 屈曲、内收、缩短、外旋畸形
   C. 活动障碍   D. 弹性固定
   E. 髋臼部位空虚
8. 患者，男性，25岁，外伤后出现肘部关节肿胀，可鉴别肱骨髁上骨折和肘关节脱位的是
   A. 手臂功能障碍   B. 肘部剧烈疼痛
   C. 是否可摸到尺骨鹰嘴   D. 肘后三角关系是否失常
   E. 跌倒后手掌撑地而受伤

（9～10题共用题干）
患者，男性，30岁，在工地不慎跌倒，肩部着地后碰到硬物，当即感到疼痛难忍。体格检查：患肩肿胀、畸形、活动受限。X线检查示肩关节脱位、肱骨干骨折。
9. 可诊断为关节脱位的体征是
   A. 患处疼痛   B. 局部肿胀   C. 关节部位有空虚感
   D. 伤肢活动受限   E. 局部瘀斑
10. 肩关节脱位特有的体征是
    A. 肢体活动受限   B. 方肩畸形   C. 患肢缩短
    D. 肿胀   E. 枪刺刀畸形

（11～12题共用题干）
患儿，男性，3岁，1年来在一般性日常活动中发生右肩关节前脱位4次。
11. 发生右肩关节前脱位的主要原因是
    A. 缺少自我保护意识   B. 年龄较小   C. 初次脱位未行固定
    D. 先天发育不良   E. 伴有骨折
12. 为排除骨折，该患儿不可缺少的检查是
    A. 血常规检查   B. X线检查   C. CT检查
    D. B型超声检查   E. 局部刺痛

二、填空题

1. 肩关节脱位以_____脱位最常见。
2. 髋关节脱位以_____脱位最常见。
3. 髋关节后脱位时，可出现患肢_____，髋关节呈_____、_____、_____畸形。

三、简答题

1. 肩关节脱位的典型体征是什么？
2. 关节脱位患者的功能锻炼需要注意哪些问题？

四、案例分析

患者，男性，30岁。跌伤后右肘疼痛、肿胀、不能活动，肘关节固定于半伸直位，尺骨鹰嘴突出于肘后，肘后三角关系改变。

请回答：

（1）患者可能的诊断是什么？
（2）对该患者的处理原则是什么？
（3）常见的护理诊断/问题有哪些（请列举出3个以上）？

（乔 花）

第三十一章数字资源

第三十一章　骨与关节感染患者的护理

学习目标

1. 描述急性血源性骨髓炎、化脓性关节炎、骨与关节结核的临床表现及治疗原则。
2. 比较急性血源性骨髓炎、化脓性关节炎、骨与关节结核的病因和病理。
3. 阐述急性血源性骨髓炎、化脓性关节炎、骨与关节结核患者的护理措施。
4. 能运用护理程序对急性血源性骨髓炎、化脓性关节炎、骨与关节结核患者实施整体护理。
5. 关爱生命，尊重护理对象，具有良好的人际沟通和团队合作能力。

第一节　急性血源性骨髓炎患者的护理

案例 31-1

患者，男性，31岁。近1周出现左小腿破溃、流脓，可见小的死骨片排出，来医院就诊。当班护士小王询问病情后得知，患者2年前曾因交通事故导致左小腿骨折，并行手术治疗。体格检查：小腿周围皮肤有色素沉着和湿疹样皮炎。

问题与思考：
1. 该患者最主要的护理诊断是什么？
2. 针对该患者，应采取哪些护理措施？

急性血源性骨髓炎是指身体其他部位化脓性病灶中的细菌经血流传播引起骨膜、骨皮质和骨髓的急性化脓性炎症，多见于12岁以下儿童，男性多于女性。好发部位为长骨的干骺端，如胫骨近端、股骨远端、肱骨近端，还可见于脊椎骨及髂骨。

【病因及病理生理】

1. 病因

（1）细菌的侵入：最常见的致病菌是金黄色葡萄球菌，约占80%，其次为乙型溶血性链球菌，约占16%，其他包括大肠埃希菌、肺炎双球菌等。发病前多有身体其他部位的原发性化脓性病灶，如疖、痈、扁桃体炎、咽喉炎及中耳炎。由于儿童骨骼生长速度较快，干骺端毛细血管网丰富，弯曲成为血管襻，使该处血流缓慢，细菌易于沉积。

（2）机体抵抗力下降：常见于外伤失血、营养不良、全身疾病等。在原发病灶处理不当或机体抵抗力下降的情况下，化脓性致病菌侵入血液循环，菌栓进入骨营养动脉，在长骨干骺端的毛细血管内繁殖而引发本病。

2. 病理生理　早期以骨质破坏和坏死为主，晚期以新生骨形成为主。大量菌栓进入长管状骨的干骺端，阻塞小血管，迅速发生骨坏死，并形成局限性骨脓肿。脓液沿哈弗斯管进入骨膜下间隙，将骨膜掀起成为骨膜下脓肿，导致骨密质外层缺血、坏死。脓液穿过骨膜流向软组织筋膜间隙而形成脓肿。脓肿也可穿破皮肤排出体外，形成窦道；穿入附近关节继发化脓性关节炎（图 31-1）。脓液进入骨髓腔，破坏骨髓组织、骨松质及内层骨密质的血液供应，形成大片死骨。在死骨形成的同时，病灶周围的骨膜因炎性充血和脓液刺激而产生新骨，包围于骨干之外，成为"骨性包壳"，包壳将死骨、脓液和炎性肉芽组织包裹，形成感染的骨性死腔，此时进入慢性骨髓炎期。

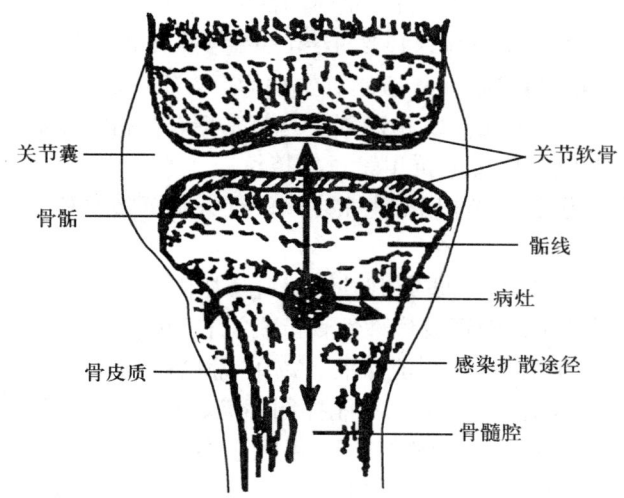

图 31-1　急性骨髓炎的病理变化

【护理评估】

1. **健康史**　询问及了解患者发病前有无其他部位感染（如疖、痈、扁桃体炎、中耳炎、化脓性感染病史）和受伤史，有无身体其他部位感染病灶存在；发病前有无局部损伤及感冒等全身抵抗力下降的病史；患者的生活条件及卫生状况；采取过哪些治疗措施，治疗效果如何；疾病有无反复，既往有无药物过敏史和手术史等。

2. **身体状况**

（1）全身中毒症状：起病急，全身中毒症状明显，有高热（体温 39℃以上）、寒战、脉搏加快、头痛、食欲下降等症状；儿童可表现为烦躁不安、呕吐、惊厥，严重时出现感染性休克。

（2）局部表现：早期局部剧痛，进行性加重，活动时加剧，患肢呈半屈曲状，皮温升高，干骺端有深压痛，肿胀不明显。3～4 天后骨膜下脓肿形成，局部肿胀、压痛明显，或有波动感。脓肿破溃进入周围组织时疼痛反而减轻。后期，脓肿可穿破皮肤形成窦道，或蔓延至附近关节引起化脓性关节炎。由于骨骼被炎症破坏，1～2 周后可出现病理性骨折。

3. **心理-社会状况**　此病好发于儿童，活动时疼痛加剧，活动受限，高热引起惊厥等，因担心学习中断而影响患儿的身心健康和成长及留下后遗症等，患儿及其家属易产生焦虑、恐惧等不良心理。

4. **辅助检查**

（1）实验室检查：早期血白细胞计数和中性粒细胞比例增高；红细胞沉降率加快；血细菌培养可为阳性。

（2）局部分层穿刺：可抽得脓液，作涂片检查、细菌培养及药物敏感试验有助于明确诊断。

（3）影像学检查

1）X 线片：早期无特殊表现。发病 2 周后，X 线表现为层状骨膜反应和干骺端稀疏，继之出现骨髓端散在虫蚀样骨破坏、骨膜反应和新骨形成。病变进一步发展，密质骨变薄，可见死骨形成，围绕骨干形成骨性包壳。少数患者伴病理性骨折。

2）CT、MRI检查：CT可较早地发现骨膜下脓肿。MRI有助于早期发现骨组织炎性反应。

3）核素骨显像：发病48小时后，可发现感染灶核素浓聚，对早期诊断有一定的价值。

5. 治疗原则

（1）非手术治疗

1）全身支持疗法：加强全身支持，提高机体的抵抗力。高热时降温、补液、补充维生素，纠正水、电解质代谢紊乱和酸碱平衡失调；必要时给予少量多次输新鲜血液，以增强患者的抵抗力。

2）抗感染治疗：早期、联合、足量应用抗生素治疗。发病3～5日内使用抗生素治疗多可控制感染。一般选择半合成青霉素或头孢菌素类与氨基糖苷类抗生素联合应用，然后根据细菌培养和药敏试验结果，调整为敏感的抗生素，并持续应用至少3周，直至体温正常，局部红、肿、热、痛等症状消失。另外，在停用抗生素之前，红细胞沉降率和C反应蛋白水平必须正常或明显下降。

3）局部制动：患肢做持续性皮肤牵引或使用石膏托固定于功能位，以利于炎症消散和减轻疼痛，同时也可防止关节挛缩畸形及病理性骨折或关节脱位。

（2）手术治疗：手术的目的在于引流脓液、减压或减轻毒血症症状，防止急性骨髓炎转变为慢性骨髓炎。若经非手术治疗2～3日不能控制感染，局部分层穿刺抽得脓液或炎性液体，即应作局部钻孔引流或开窗减压术（图31-2），可阻止疾病向慢性骨髓炎发展。在干骺端钻孔或开窗减压后，应于骨腔内放置2根引流管作持续冲洗引流。近端放置较细的引流管，连接用于冲洗的输液瓶，24小时连续滴入含有抗生素的溶液1500～2000 ml；远端放置较粗的引流管作吸引，连接负压引流瓶。连续冲洗持续到引出液清亮，体温正常，连续3次细菌培养结果阴性，即可拔管。

若急性骨髓炎早期没有进行及时的诊断和恰当治疗，往往演变成慢性骨髓炎，故早期有效处理是治疗的关键。

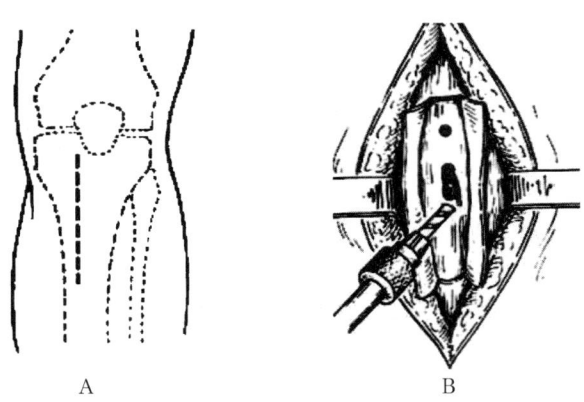

图31-2 左侧胫骨急性骨髓炎切开引流术
A. 切口；B. 钻孔"开窗"扩大引流

【常见护理诊断/问题】

1. 体温过高 与化脓性感染有关。
2. 疼痛 与化脓性感染和手术有关。
3. 组织完整性受损 与化脓性感染和骨质破坏有关。
4. 潜在并发症：化脓性关节炎、感染性休克、肢体畸形等。

【护理目标】

1. 患者焦虑减轻，舒适感增加，能积极配合治疗及护理。

2. 患者疼痛缓解或消失。
3. 患者知晓急性血源性骨髓炎的病因，能复述预防疾病复发和术后功能锻炼的相关知识。
4. 无并发症发生或并发症发生后被及时发现和处理。

【护理措施】

1. 术前护理及非手术治疗的护理

（1）心理护理：关心、同情、安慰患者及其家属，尤其是儿童，介绍相应的疾病护理知识，稳定情绪，减轻恐惧和焦虑。

（2）密切观察病情：注意生命体征及神志、患肢疼痛与肿胀变化情况，如有感染性休克及脓肿形成，应及时与医师联系，并协助处理。

（3）用药护理：遵医嘱正确使用抗生素，注意用药效果、毒性反应及副作用。一般体温恢复正常后继续用药2～3周，并根据药敏试验或细菌培养结果及时调整用药。有窦道者，应加强皮肤护理，及时更换敷料。

（4）局部制动：患者应卧床休息，抬高患肢制动，以减轻肿胀和疼痛，防止炎症扩散。防止畸形和病理性骨折。一般用石膏托或皮肤牵引使患肢固定于功能位。搬动患肢时动作要轻，防止继发损伤。

（5）加强营养：鼓励患者多饮水，给予高蛋白、高糖、富含维生素、易消化饮食，加强营养。必要时遵医嘱输入新鲜血液、白蛋白、氨基酸等营养物质，以增强机体的抵抗力。遵医嘱补液，防止代谢性酸中毒的发生。

（6）维持正常体温：如体温升至39℃以上，应给予物理降温或药物降温，并做好高热护理。

（7）术前准备：做好常规术前准备，保持窦道口周围皮肤清洁，严格备皮。

2. 术后护理

（1）一般护理：患者取适当卧位，合理膳食，协助并指导患者适当活动，防止肌肉萎缩。

（2）病情观察：严密观察生命体征、伤口及引流情况，及时更换敷料，如有异常，及时联系医师。

（3）引流管的护理：遵医嘱做好导管持续冲洗与负压吸引（图31-3），保持引流通畅，及时更换敷料并记录引流液的量及性质。每日向骨窗内滴入1500～2000 ml对细菌敏感的抗生素，剂量为全身用药的2～3倍，输液瓶应高于床60～70 cm，引流瓶应低于患侧肢体50 cm，术后12～24小时应快速滴入，以后减慢至50～60滴/分，逐渐减量直至体温正常，连续3次细菌培养阴性即可拔管。先拔冲洗管，引流管继续引流1～2天后再拔出。

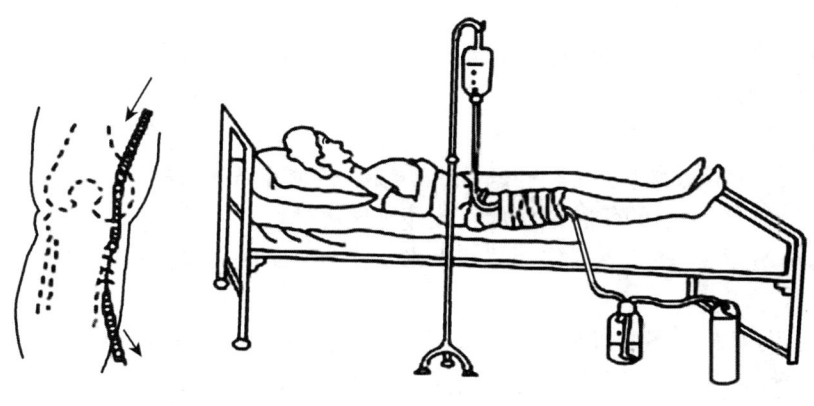

图31-3　导管持续冲洗与负压引流
A. 局部；B. 装置全貌

（4）功能锻炼：急性炎症控制后，指导患者进行适当的功能锻炼，防止肌肉萎缩及关节僵直。X线检查局部骨性包壳坚固方可负重。注意防止跌倒，预防病理性骨折。

3. 健康教育　指导患者及其家属出院后继续高营养饮食，以增强机体的免疫力；有计划地进行康复治疗，日常活动时注意预防意外伤害，以防发生病理性骨折；继续服用抗生素，没有医嘱不可随意停药，以防骨髓炎转变成慢性，遵医嘱拍摄X线片，以观察治疗效果。

【护理评价】

1. 患者焦虑是否减轻，情绪是否稳定。
2. 患者疼痛是否减轻或消失。
3. 患者能否说出急性血源性骨髓炎的病因及预防疾病复发和术后功能锻炼的相关知识。
4. 并发症是否得到有效的预防和处理。

知识链接

慢性骨髓炎

慢性骨髓炎多是因急性骨髓炎未能得到及时、恰当的处理演变而成，易反复发作。病理特点是急性炎症消退后局部留有大小不等的死骨，周围有新生骨性包壳及死腔，慢性窦道经久不愈，窦道口周围皮肤长期受炎性分泌液的刺激，可发生鳞状上皮癌。死骨、死腔、窦道是慢性骨髓炎的标志。

患者静止期局部可无症状；全身衰弱、消瘦、贫血，有反复发作的低热。急性发作时局部红、肿、热、痛明显，因窦道长久流脓，其周围皮肤出现色素沉着或湿疹样皮炎；患肢局部可增粗、变形；幼年发病因骨骺破坏，患肢呈现短缩或内翻、外翻畸形；病灶附近关节可僵直或挛缩。X线检查可见骨质增厚、硬化、包壳形成，内有死骨或死腔。

一般应加强营养及全身支持治疗；避免意外伤害，防止骨折；手术前、后应用大量抗生素控制感染，术后应固定患肢，做好切口护理。

第二节　化脓性关节炎患者的护理

化脓性关节炎是指发生在关节腔内的化脓性感染，好发于儿童，营养不良者居多。好发部位为髋关节和膝关节。

【病因】

1. 致病菌　最常见的是金黄色葡萄球菌，其次β溶血性链球菌、白色葡萄球菌、淋病双球菌、肺炎球菌、大肠埃希菌等。

2. 感染途径

（1）血源性：身体其他部位化脓性病灶内的细菌经血液循环播散至关节腔。

（2）外来性：邻近关节的化脓性病灶直接蔓延至关节腔。

（3）直接感染：开放性关节损伤、关节手术、关节穿刺时，细菌可直接进入关节腔。

【护理评估】

1. 健康史　询问及了解患者有无急性骨髓炎、其他部位感染和受伤史，病程长短，采取过哪些治疗措施，治疗效果如何。疾病有无反复，既往有无药物过敏史和手术史等。

2. 身体状况

（1）全身表现：起病急骤，全身不适，食欲缺乏，畏寒、发热，体温可达39℃以上，甚至出现谵妄、昏迷、小儿惊厥或感染性休克。

（2）局部表现：感染关节迅速出现剧烈疼痛和功能障碍。儿童髋关节炎常诉膝痛。患者常因剧痛而拒绝做相关检查。浅表关节病变者，可见红、肿、热及关节积液表观，局部压痛明显，皮温升高。关节常处于半屈曲位，使关节腔内容量达到最大，关节囊较为松弛而缓解疼痛。关节腔内积液以膝关节最明显，髌上囊明显隆起而坚实，浮髌试验可呈阳性。深部关节病变者，如髋关节因肌肉厚实，局部红、肿、热、压痛均不明显，但髋关节内旋受限，常处于屈曲、外旋、外展位。

3. 心理-社会状况　此病好发于儿童。慢性骨髓炎因病程长、反复发作、行动不便以及对预后的担心，常会使患者及家属产生绝望的情绪反应。

4. 辅助检查

（1）实验室检查：血白细胞计数升高，中性粒细胞比例升高。红细胞沉降率增快，C反应蛋白阳性。常有核左移或中毒颗粒。全身中毒症状严重时，70%以上患者血细菌培养阳性。

（2）关节穿刺：穿刺液随病程而异。早期为浆液性液体，其内白细胞计数超过$50 \times 10^9/L$，中性粒细胞比例超过75%。中期，关节液混浊。后期，关节液为黄白色黏稠的脓液，镜检有大量脓细胞。关节穿刺液应同时进行细胞培养及药敏试验。

（3）X线检查：早期显示关节肿胀、积液、关节间隙增宽，同时可排除骨折、恶性骨肿瘤。中期，可见邻近骨质疏松。后期，可见关节软骨破坏，关节间隙变窄。当感染侵及软骨下骨时，则引起骨质疏松、增生和硬化，关节间隙消失，甚至有骨小梁通过，成为骨性强直。

5. 治疗原则　早期诊断和早期治疗是治愈感染、保全关节功能和生命的关键。治疗原则包括全身支持、应用广谱抗生素、消除局部感染病灶。

（1）全身治疗：包括支持疗法、早期足量全身性使用抗菌药物等。

（2）局部治疗

1）关节穿刺减压：对浆液性渗出期患者，可做关节穿刺，每日1次，抽净积液后再注入抗生素，直至关节液清亮，体温正常，镜检正常。

2）经关节镜灌洗：在关节镜下清除脓苔，彻底冲洗关节腔，并置管灌洗引流。

3）关节腔持续灌洗：在浅表大关节的两侧穿刺，在关节腔内留置2根塑料管或硅胶管，或在关节镜灌洗后在关节腔内留置两根管，一根作为灌洗管，另一根作为引流管（图31-4）。每日可经灌洗管滴入抗生素2000～3000ml。待引流液转清，经培养无细菌生长后可停止灌洗，但引流管需等到无引流液吸出，局部症状、体征均已消退方可拔除。

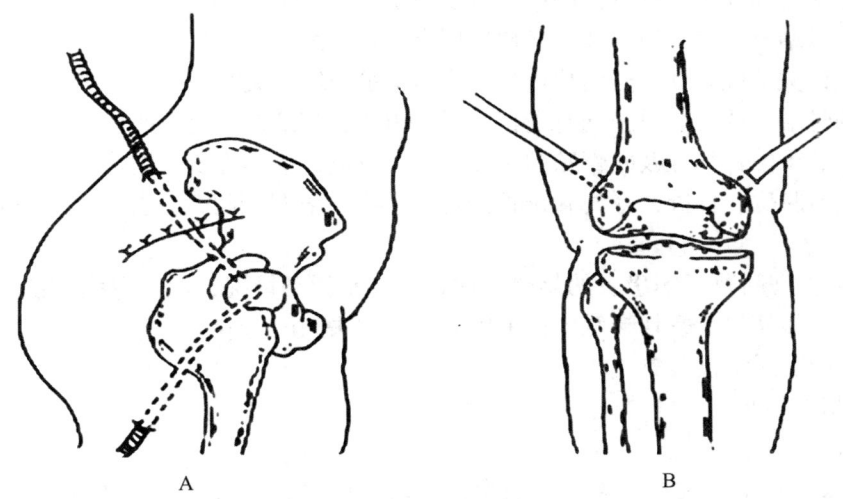

图31-4　髋关节（A）及膝关节（B）切开引流后闭合式连续冲洗吸引示意图

4）关节切开引流：对于较深的大关节，宜在直视下清除病灶，安置灌洗引流装置，适用于浆液纤维素性或脓性渗出期患者。

5）患肢制动：用皮肤牵引或石膏托固定关节于功能位，以减轻疼痛，预防畸形。

（3）后期治疗：如关节强直于非功能位或有病理性脱位，需行矫形术，以关节融合术或截骨术最为常用。

【护理措施】

1. 休息与制动 急性期患者应适当休息，抬高患肢，促进局部血液回流和减轻肿胀；肢体制动于功能位，以减轻疼痛、防止关节畸形及病理性脱位。注意皮肤牵引或石膏固定患者的护理。

2. 营养支持 给予高蛋白、高糖、富含维生素、易消化的流质或半流质饮食。

3. 维持体液平衡，维持体温正常 高热时，采取有效的物理或药物降温措施降低体温。

4. 控制感染 遵医嘱应用抗菌药物控制关节腔的感染。

5. 做好灌洗、引流管的护理 重点观察引流物的量、性状，及时更换切口敷料和拔除引流物。

6. 功能锻炼 急性期患肢可做等长收缩和舒张运动，待炎症消退后，关节未明显破坏者，可进行关节的屈伸运动。

第三节 骨与关节结核患者的护理

骨与关节结核为骨与关节的特异性感染，好发儿童与青少年，30岁以下占80%。骨与关节结核是一种继发性结核病。原发病灶为肺结核或消化道结核。在我国，原发于肺结核的占大多数。发生部位以脊柱最多见（腰椎最多、胸椎其次、颈椎少见），约占骨与关节结核发病率的50%，其次是膝关节、髋关节、肘关节、肩关节。

【病因及病理生理】

1. 病因 由于结核分枝杆菌经血液循环大部分被清除，只有少部分侵入骨质或滑膜，不一定立刻发病。结核分枝杆菌在骨关节内可以潜伏若干年，当机体抵抗力下降时可引起骨结核或滑膜结核。另外，慢性劳损和外伤可降低骨、关节的局部抵抗力，成为诱因，少数也可因骨及关节旁的淋巴、胸膜等结核侵入所致。

2. 病理生理 根据病变部位和发展情况不同，骨关节结核可分为3种类型：单纯性骨结核、单纯性滑膜结核和全关节结核。最初病理变化是单纯性骨结核或滑膜结核，病灶只局限于长骨的干骺端或关节腔，此时若治疗得当，病情可被控制，关节功能不受影响。如病变进一步发展，关节的骨端、软骨和滑膜同时受累，则称为全关节结核。受累的骨与关节出现结核性浸润、肉芽增生、干酪样坏死及寒性脓肿（冷脓肿）形成，滑膜骨质、软骨逐渐被破坏。晚期可导致病理性关节脱位、骨折、骨关节畸形、强直，甚至脊髓、神经根受压而发生截瘫。

【护理评估】

1. 健康史 询问及了解患者的年龄、饮食和日常活动情况，此次发病的诱因；既往有无结核病史或与结核病患者密切接触史；采用的治疗方法和用药情况；有无药物过敏史和手术史等；家族成员中有无结核病史。

2. 身体状况

（1）症状

1）全身表现：本病发病缓慢，一般全身表现不明显，可有低热、脉搏加快、食欲减退、盗汗、消瘦、乏力、贫血等慢性结核中毒症状，在病变活动期表现较明显。

2）局部表现

局部疼痛：早期病变部位有轻度疼痛，随病情发展，疼痛逐渐加重，活动时明显。脊柱结核多为钝痛，咳嗽、打喷嚏、持重物时疼痛加重；髋关节结核早期即有髋部疼痛，患儿常主诉同侧膝部疼痛；膝关节发生单纯性滑膜结核时疼痛较轻，发展为全关节结核时可有剧烈疼痛；小儿的髋关节和膝关节结核常有夜啼现象；肩关节结核早期有酸痛感，以肩关节前侧为主，有时可放射到肘部及前臂。

肿胀和压痛：浅表关节结核可有肿胀和积液，并有压痛，后期肌肉萎缩，关节呈梭形肿胀。

寒性脓肿和窦道：结核脓肿无红、热等急性炎症反应，故又称"冷脓肿"。破溃后形成经久不愈的窦道，易并发混合性感染。脊柱结核合并寒性脓肿可压迫脊髓造成截瘫，也可流至腰背部及腹股沟区；髋关节结核脓肿多在股三角区或臀部；膝关节和肩关节结核脓肿形成后一般局限在病灶附近。

（2）局部体征

1）脊柱结核：脊柱生理弯曲改变，以胸段后突畸形明显，呈"驼背"状。由于干酪样物质、死骨和坏死的椎间盘压迫脊髓，出现肢体感觉、运动和括约肌功能障碍，甚至完全性截瘫。局部有压痛和叩击痛。由于病变部位疼痛及周围肌肉的保护性痉挛，常有活动受限或者姿势异常，如腰椎结核患者腰椎活动度受到限制，当捡拾地上的物品时，常需要挺腰屈膝屈髋下蹲，称为拾物试验阳性。

2）髋关节结核：早期患肢外旋、外展、屈曲、相对变长。后期由于关节面软骨破坏，患肢出现内旋、内收、屈曲畸形，相对变短。髋关节前方、后方有压痛，股骨粗隆部可有叩击痛，关节运动障碍。嘱患者平卧两下肢伸直时，见腰部生理性前屈加大；让患者双手抱紧健侧屈曲的膝部时，腰部平置，则患侧髋关节、膝关节自动呈屈曲状态，此为托马斯征（Thomas sign）阳性，说明患侧髋关节有屈曲畸形存在，髋关节过伸试验、"4"字试验均阳性。

3）膝关节结核：早期局部呈梭形肿胀（因膝关节上、下肌肉发生失用性萎缩），形成"鹤膝"；晚期为全关节结核，膝关节呈屈曲位。当十字韧带破坏，发生膝关节脱位时，小腿向后方移位，可并发膝外翻畸形。

知识链接

拾物试验

拾物试验是特殊的脊柱检查方法之一。检查时，将一个物品放在地上，嘱患者拾起。腰椎正常者可两膝伸直，腰部自然弯曲，俯身将物品拾起。若患者先以一手抚膝蹲下，腰部挺直地用手拾起物品，即为拾物试验阳性，多见于腰椎病变和腰椎间盘突出症、腰肌外伤等。

4）肩关节结核：肩关节外展、外旋受限，三角肌萎缩。

3. 心理-社会状况　评估患者及其家属对长期治疗的心理承受能力和康复期望，患者家属对患者的态度，患者家庭经济状况和对患者的支持程度等。

4. 辅助检查

（1）实验室检查：贫血、红细胞沉降率加快、混合型感染时白细胞计数增多，脓液结核分枝杆菌培养一般阳性率为70%。

（2）X线检查：早期X线检查无明显改变，6~8周后可有骨质疏松和钙化的破坏性病灶，周围有软组织肿胀影。若病变进一步发展，可见边界清楚的囊性变并伴有明显硬化反应和骨膜炎。

（3）CT检查：一般只用于比较隐蔽或难以明确诊断和定位的脊柱结核和髋关节结核。CT能发现X线不能发现的病灶，确定软组织病变程度，清晰地显示病骨、死骨和寒性脓肿。

5. 治疗原则

（1）非手术治疗

1）全身支持疗法：加强营养，注意休息，必要时遵医嘱卧床休息，以提高机体的抵抗力。对贫血严重患者，可给予少量多次输血。混合感染者，应根据细菌培养和药敏试验结果选用抗生素。

2）局部制动：根据病变部位和病情轻重分别采用夹板、石膏绷带和牵引等方法使病变关节制动，以保持关节处于功能位，防止病理性骨折，预防与矫正患肢畸形。一般小关节固定4周，大关节延长至12周左右。

3）合理应用抗结核药

全身用药：目前以异烟肼、利福平和乙胺丁醇为一线药物，异烟肼和利福平为首选。应遵循早期、联合、适量、规律和全程应用的原则，以增强药效，降低细菌的耐药性。一般维持用药2年。

局部注射：最适用于早期单纯性滑膜结核，局部注射抗结核药，可使局部药物浓度增高，增强杀菌效果，减少全身反应。常用药物为异烟肼或链霉素，或两药合用。一般不主张冷脓肿反复穿刺抽脓与注入抗结核药，因可诱发混合感染和窦道的产生。

（2）手术治疗：当非手术治疗不能控制病变发展，死骨明显形成，脓肿较大，经久不愈的窦道，或合并截瘫等时，应在积极的术前准备下行脓肿切开排脓、病灶清除术、关节融合术及关节成形术或人工关节置换术。

治愈标准：①全身情况良好，体温正常，食欲好，红细胞沉降率正常。②局部无明显症状，无脓肿或窦道。③X线片显示脓肿消失或钙化，无死骨或死骨已被吸收、替代，骨质疏松好转，病灶边缘骨轮廓清晰或关节已融合。符合上述三项者，表示病变已停止。④起床活动1年或工作半年后仍能保持上述三项指标者，表示已基本治愈。

【常见护理诊断/问题】

1. 疼痛　与局部炎症反应、手术等有关。
2. 活动障碍　与患肢疼痛、制动、手术、截瘫有关。
3. 营养失调：低于机体需要量　与疾病慢性消耗有关。
4. 皮肤完整性受损　与脓肿破溃形成窦道有关。
5. 焦虑　与疾病的慢性过程、长期用药、担心预后有关。
6. 潜在并发症：失用综合征、病理性骨折、关节脱位、截瘫。
7. 知识缺乏　患者缺乏与本病相关的治疗、护理及康复知识。

【护理目标】

1. 患者焦虑减轻，舒适感增加，能积极配合治疗及护理。
2. 患者疼痛缓解或消失。
3. 患者知晓遵医嘱坚持用药、加强营养及局部制动的重要性并积极配合。
4. 无并发症发生或并发症发生后被及时发现和处理。

【护理措施】

1. 非手术治疗的护理

（1）一般护理

1）卧床休息并制动：一般用夹板、皮肤牵引、石膏绷带或支架固定制动患肢，以缓解疼痛，防止病理性骨折、关节畸形或截瘫的发生及发展。

2）加强营养，提高机体抵抗力：给予高蛋白、高热量、富含维生素、易消化的饮食，每日热量及蛋白质供应应高于正常。有贫血或严重低蛋白血症的患者，根据医嘱给予少量多次输新鲜血液或人白蛋白，将血红蛋白提升至 100 g/L 以上。

（2）合理应用抗结核药：应观察药物的疗效及毒性作用、不良反应。如体温下降、食欲增加、体重增加、局部疼痛减轻、红细胞沉降率接近或恢复正常，说明药物有效；如出现眩晕、口周麻木、耳鸣、听力异常等副作用或肝、肾功能受损，应及时调整药物。

（3）皮肤护理：对长期卧床的患者，应注意皮肤及生活护理。换药时，应严格执行无菌操作，注意消毒及隔离措施，避免混合感染的发生。

（4）心理护理：注意了解患者的心理状态，解除患者的顾虑。尤其是脊柱结核手术患者，因担心手术失败或预后不良等影响日后生活和工作，心理压力较大，护士应耐心向患者及其家属解释手术的意义，以使患者提高对手术的信心，积极配合手术治疗。

2. 手术治疗的护理

（1）术前护理：除一般的常规准备外，应纠正患者的营养状况，提高患者对手术的耐受力，调节患者的心理，解除患者的顾虑。术前应用抗结核药至少 2 周，有窦道合并感染者应用广谱抗生素至少 1 周。

（2）术后护理

1）严密观察病情：按时监测生命体征，注意观察肢端皮肤的颜色、温度、感觉及毛细血管充盈情况等，如发现异常，应及时报告医师，并协助处理。

2）局部制动：脊柱结核病灶清除术或植骨融合术后，必须局部确切制动，保持脊柱伸直位，避免继发损伤及植骨块脱落等。髋关节结核术后，置患肢外展 15°、伸直中立位；膝关节结核术后，下肢抬高，膝关节屈曲 10°～15°。

3）应用抗生素：术后需持续抗结核治疗 3～6 个月。无化脓性感染者应用广谱抗生素 1 周，以预防感染。如继发化脓性感染，需继续应用 2～3 周，直至切口愈合。

4）功能锻炼：鼓励患者适当主动活动病变以外的关节，防止关节僵直。活动量应根据患者的病情而定，原则是循序渐进、持之以恒，以最大限度地恢复肢体的功能。

5）并发症护理：①截瘫：按截瘫护理常规，向患者及其家属说明卧床的必要性，预防截瘫的并发症，如压疮、尿路感染、呼吸道感染、肢体畸形。②气胸：密切观察胸椎结核患者术后的呼吸情况，如发生气胸，应及时吸氧，并行胸腔闭式引流，注意保持引流通畅，做好引流管护理。

3. 健康教育　积极治疗结核原发病，是预防骨与关节结核的最主要措施。向患者及其家属介绍骨与关节结核的治疗原则及方法，以使患者配合治疗。告诉患者遵医嘱坚持用药的重要性，注意药物的毒性反应及副作用，如出现耳鸣、听力异常，应立即停药，同时注意肝、肾功能受损及多发性神经炎的发生。若病情变化，及时复诊。

自 测 题

一、选择题

1. 急性骨髓炎最常见的致病菌为
   A. 混合感染　　　　　　B. 链球菌　　　　　　C. 大肠埃希菌
   D. 铜绿假单胞菌　　　　E. 金黄色葡萄球菌

2. 急性化脓性骨髓炎最可靠的诊断依据是
   A. 血中白细胞计数升高
   B. X线片局部骨膜反应和骨质破坏
   C. 皮肤红、肿、热、痛、功能障碍
   D. 骨膜下穿刺有脓液
   E. 红细胞沉降率加快

3. 急性骨髓炎早期手术的目的是
   A. 切除病灶
   B. 消灭死腔
   C. 清除死骨和窦道
   D. 预防病理性骨折
   E. 防止急性骨髓炎转变为慢性骨髓炎

4. 急性骨髓炎行开窗引流冲洗术后3天内，最主要的护理是
   A. 鼓励患者早期活动
   B. 保持引流通畅、快速冲洗
   C. 观察体温变化
   D. 加强饮食护理
   E. 患肢制动

5. 化脓性关节炎最常见的致病菌是
   A. 金黄色葡萄球菌
   B. 溶血性链球菌
   C. 大肠埃希菌
   D. 绿脓杆菌
   E. 白色葡萄球菌

6. 化脓性关节炎好发部位是
   A. 膝关节和踝关节
   B. 肩关节和肘关节
   C. 髋关节和膝关节
   D. 踝关节和腕关节
   E. 任何大关节

7. 全身骨结核发病居首位的部位是
   A. 脊柱
   B. 髋关节
   C. 膝关节
   D. 肩关节
   E. 肘关节

8. 急性血源性骨髓炎患者患肢石膏托固定的最主要目的是
   A. 缓解疼痛
   B. 减轻肿胀
   C. 防止病理性骨折
   D. 减少脓汁形成
   E. 防止炎症扩散

9. 急性骨髓炎应用抗生素治疗时，不妥的是
   A. 早期用药
   B. 联合用药
   C. 根据药敏试验结果用药
   D. 体温平稳3天后停止用抗生素
   E. 当大量抗生素治疗不能控制时，应采用局部钻孔引流

10. 关于骨和关节结核的描述，不正确的是
    A. 此病大多继发于肺结核
    B. 老年人较青壮年人抵抗力低，故骨与关节结核好发于老年人
    C. 患者有低热、倦怠、食欲减退、体重减轻
    D. 实验室检查红细胞沉降率多增快
    E. 应用抗结核药治疗

11. 患儿，男性，7岁。近期常夜啼，诉膝关节疼痛、活动受限。关节因上、下方肌肉萎

缩而呈梭形肿胀，形如"鹤膝"，应考虑的是

  A. 膝关节外伤　　　　B. 膝关节脓肿　　　　C. 膝关节肿瘤

  D. 膝关节结核　　　　E. 膝关节化脓性骨髓炎

 12. 患者，女性，23岁，患脊柱结核。弯腰动作受限，若要拾起地面的物品，需挺腰、屈膝、屈髋、下蹲才能完成，称为

  A. 杜加斯征阳性　　　　　　　　B. 拾物试验阳性

  C. 托马斯征阳性　　　　　　　　D. 浮髌试验阳性

  E. 直腿抬高试验阳性

（13~16题共用题干）

 患儿，男性，10岁，曾有下肢外伤史。突发寒战、高热、全身乏力10h入院。体格检查：神志淡漠，精神差，膝关节疼痛剧烈，局部红、肿，膝关节伸直时疼痛加剧而处于半屈曲位。浮髌试验（＋），T 39.4℃，P 120次/分，中性粒细胞93%，红细胞沉降率加快。

 13. 该患儿最可能的诊断是

  A. 急性血源性骨髓炎　　　　　　B. 风湿性膝关节炎

  C. 化脓性膝关节炎　　　　　　　D. 半月板损伤

  E. 膝关节肿瘤

 14. 化脓性关节炎的主要致病菌为

  A. 金黄色葡萄球菌　　　B. 链球菌　　　C. 白色葡萄球菌

  D. 产气荚膜杆菌　　　　E. 肺炎球菌

 15. 该患儿早期最佳的治疗方法是

  A. 足量有效抗生素＋支持疗法

  B. 足量有效抗生素＋石膏固定

  C. 足量有效抗生素＋早期关节切开引流

  D. 足量有效抗生素＋下床进行肢体功能锻炼

  E. 足量有效抗生素＋关节穿刺抽液并注入抗生素或关节腔灌洗

 16. 为该患儿关节穿刺或灌洗的护理措施中，错误的做法是

  A. 严格执行无菌操作

  B. 关节腔灌洗每日经滴注管滴入2000~3000 ml抗生素

  C. 直至引流液清澈，细菌培养阴性

  D. 观察并记录引流液的量和性状

  E. 在停止滴注抗生素后拔管停止引流

二、填空题

 1. 急性骨髓炎使用皮肤牵引或石膏托将患肢固定于功能位，可减轻____，并可防止____畸形和____骨折。

 2. 急性骨髓炎好发于儿童的长骨____端。

 3. 骨与关节结核好发部位最多的是____，其次是____、髋关节和肘关节。

三、简答题

 1. 简述急性骨髓炎的治疗要点。

 2. 简述骨与关节结核患者的护理措施。

四、案例分析

患者，男性，18岁，于2个月前出现左膝关节肿胀、疼痛，伴乏力、倦怠、低热，经临床血液及X线检查诊断为"左膝关节结核"。

请回答：

（1）该患者主要的护理诊断是什么（请列举出5个护理诊断）？

（2）针对该患者，如何进行健康指导？

（乔 花）

第三十二章　颈肩痛与腰腿痛患者的护理

学习目标

1. 描述颈椎病和腰椎间盘突出症的临床表现及治疗要点。
2. 阐述颈椎病和腰椎间盘突出症患者的护理措施。
3. 能运用护理程序对颈椎病和腰椎间盘突出症患者实施整体护理。
4. 具有较强的观察能力及分析、解决护理中遇到护理问题的能力。

第一节　颈椎病患者的护理

案例 32-1

患者，男性，38岁，计算机程序员。近2年逐渐出现颈肩部不适，偶尔感到上肢发麻，曾被诊断为颈椎病，症状明显时自行敲打颈肩部或拔罐以缓解酸痛症状。1周前患者被雨淋，当晚感到颈肩部疼痛加重，并伴左上肢麻木，遂来院就诊。

问题与思考：
1. 为明确诊断，应该进行何种检查？
2. 该患者最主要的护理诊断是什么？
3. 护士应采取哪些护理措施？

颈椎病是指因颈椎间盘退行性变及其继发的椎间关节退行性改变，刺激或压迫相邻脊髓、神经、椎动脉、食管等组织，并引起相应的症状和体征。颈椎病为50岁以上人群的常见病，男性多见，好发部位为颈5～6、颈6～7。

【病因】

1. 颈椎间盘退行性变　是颈椎病发生和发展的最根本原因。由于椎间盘退行性变，使椎间盘处于松弛状态，向四周膨隆或向后突出，直接刺激相邻的脊髓、神经或血管。同时，椎间盘退行性变使椎间隙狭窄，造成颈椎力学的功能紊乱，使椎体、椎间关节、钩椎关节、黄韧带、后纵韧带等发生变性、增生和钙化，从而引起对脊髓、神经、血管的压迫或刺激。

2. 损伤　急性损伤可使原已退行性变的椎体、椎间盘和椎间关节损害加重而诱发颈椎病；慢性损伤可加速其退行性变的过程而使症状提前出现。

3. 颈椎先天性椎管狭窄　先天性或发育过程中椎弓根过短，使椎管矢状内径小于14～16 mm时，即使退行性变比较轻，也可产生临床症状和体征。

【分类及发病机制】

颈椎病是颈椎间盘变性、颈椎骨质增生以及由此而引起的一系列临床症状的总和。根据受压部位和临床表现的不同，可分为以下4型，有的患者以1型为主，同时伴有其他类型的表现，称为复合型颈椎病。

1. 神经根型颈椎病　此型最常见，占50%～60%，主要是由于颈椎退行性病变，髓核破裂并向侧后方突出，钩椎关节或关节突关节增生、肥大，压迫或刺激颈神经根所致。

2. 脊髓型颈椎病　此型占10%～15%，主要是由于中央后突髓核、椎体后缘骨赘、增生肥厚的黄韧带、钙化的后纵韧带等刺激或压迫脊髓所致。

3. 交感神经型颈椎病　由于颈椎退行性变刺激或压迫颈椎旁的交感神经后纤维所致。

4. 椎动脉型颈椎病　由于颈椎横突孔增生狭窄，上关节突增生肥大可直接刺激或压迫椎动脉；颈椎退行性变后稳定性下降，活动时椎间关节过度移动而牵拉椎动脉；颈交感神经兴奋，反射性引起椎动脉痉挛，从而引起椎-基底动脉供血不足。

> **考点提示**
>
> 颈椎病的分型。

【护理评估】

1. 健康史　询问及了解患者的年龄、职业等情况，了解其职业是否与头颈部的频繁活动或长期伏案工作有关。有无颈部急性和慢性损伤史、伤后治疗及康复情况。家族中有无类似病史。

2. 身体状况　不同类型的颈椎病，其临床表现各异。

（1）神经根型颈椎病

1）症状：表现为颈、肩部疼痛，可向上肢放射，颈部僵硬，上肢麻木。上肢肌力减退、手指动作不灵活。当用力咳嗽、打喷嚏及颈部活动时，疼痛加重。

2）体征：颈肌痉挛，头偏向患侧，肩部上耸，颈、肩部有压痛，颈部、肩关节有不同程度的活动受限，上肢腱反射减弱或消失。上肢牵拉（臂丛牵拉，Eaton）试验阳性，即检查者一手扶住患侧头部，另一手握住腕部，使患者上肢外展，两手向相反方向牵拉，出现患侧上肢放射性疼痛及麻木感（图32-1）。压头试验（Spurling）阳性，即患者端坐，使头部后仰并偏向患侧。检查者站立于患者背后，用单手掌或双手掌在患者头顶部向下加压，患者出现颈部疼痛并向患侧上肢和手部放射。

图32-1　上肢牵拉试验

（2）脊髓型颈椎病：由于脊髓型颈椎病的颈椎退行性变结构压迫脊髓，所以为颈椎病诸型中症状最严重的类型。

1）症状：上肢表现有手部麻木，活动不灵活，尤其是精细活动失调，手握力减退；下肢无力、步态不稳，有踩棉花样感觉，足尖拖地；躯干部有束胸感；后期出现排便及排尿功能障碍，表现为尿频或排尿、排便困难等。

2）体征：肌力减弱，四肢腱反射活跃或亢进，腹部放射、提睾反射和肛门反射减弱或消失。霍夫曼征、髌阵挛及巴宾斯基征等阳性。

（3）交感神经型颈椎病：表现为一系列交感神经兴奋或抑制的症状。①交感神经兴奋症状：头晕、头痛，转动时加重，伴恶心、呕吐、视力下降、眼部胀痛、血压升高、心搏加速、心律失常、心前区痛、头颈及上肢易出汗或无汗、耳鸣及听力下降。②交感神经抑制症状：头晕、视物模糊、流泪、鼻塞、心动过缓、血压下降及胃肠胀气等。

（4）椎动脉型颈椎病

1）症状：①眩晕：最常见，多伴有复视、耳鸣、耳聋、恶心、呕吐等症状，头颈部活动和姿势改变可诱发或加重眩晕；②头痛：表现为发作性胀痛，以枕部、顶部为主，发作时可有恶心、呕吐、出汗、流涎、心悸、憋气以及血压改变等自主神经功能紊乱症状；③猝倒：为本型特有的症状，表现为四肢麻木、软弱无力而跌倒，多在头部突然活动或姿势改变时发生，倒地后再站起来可继续正常活动。

2) 体征：颈部压痛，活动受限。

> **考点提示**
>
> 颈椎病的临床表现。

3. 心理-社会状况 评估患者及其家属对疾病的认知、心理状态，有无焦虑、恐惧等不良情绪；患者家庭及社会支持系统对患者的支持程度。

4. 辅助检查

（1）实验室检查：脊髓型颈椎病行脑脊液动力学试验显示椎管有梗阻现象。

（2）影像学检查：颈椎 X 线检查可见颈椎曲度改变，生理前凸减小、消失或反常，椎间隙变窄，椎体后缘骨赘形成，椎间孔狭窄。CT、MRI 检查可见椎间盘突出，颈椎管矢状径变小，脊髓受压。

（3）椎动脉造影：显示椎动脉局部受压、梗阻、血流不畅。

5. 治疗原则

（1）非手术治疗：主要适用于神经根型、椎动脉型、交感神经型颈椎病，原则是去除压迫因素，消炎止痛，恢复颈椎稳定性。非手术治疗措施包括颌枕带颈椎牵引（图 32-2）、围领或颈托制动、理疗、推拿与按摩（脊髓型颈椎病禁忌）、药物对症治疗及改变不良工作体位与睡眠姿势等。

图 32-2 坐位颌枕带颈椎牵引

（2）手术治疗：适用于经非手术治疗无效及脊髓型颈椎病，反复发作或症状进行性加重者。常采用经前路及前外侧入路摘除椎间盘，以解除对脊髓、神经根及椎动脉的压迫，同时行椎间植骨融合及内固定，以稳定脊柱。经后路椎管扩大成形术尤其适用于先天性椎管狭窄者。

【常见护理诊断/问题】

1. 低效性呼吸型态 与颈髓水肿、植骨块脱落或术后颈部水肿有关。
2. 潜在并发症：术后出血、脊髓损伤等。
3. 躯体活动障碍 与颈肩痛及活动受限有关。
4. 有受伤的危险 与肢体无力及眩晕有关。
5. 知识缺乏 患者缺乏疾病防治知识和手术后康复知识。

【护理目标】

1. 患者焦虑减轻，舒适感增加，能积极配合治疗及护理。
2. 患者疼痛缓解、症状减轻。
3. 患者知晓颈椎病的病因，能复述疾病防治知识和术后康复知识。
4. 无并发症发生或并发症发生后被及时发现和处理。

【护理措施】

1. 非手术治疗的护理

（1）心理护理：关心、尊重患者；做好解释与安慰工作，消除患者的焦虑情绪；使患者以积极的心态配合治疗与护理。

（2）注意休息：避免劳累，眩晕症状明显者应卧床休息，颈部制动，以减轻症状。

（3）颌枕带牵引的护理：适用于脊髓型颈椎病以外的各型颈椎病。患者取坐位或卧位进行牵引，每日2次，每次0.5～1小时，牵引重量为2～6 kg；若无不适，可采取持续牵引，每日持续牵引6～8小时，2周为1个疗程。对于不便来医院治疗的患者，可教会患者及其家属在家牵引的方法及注意事项。

（4）颈托或围领的应用：颈托或围领主要用于限制颈椎过度活动，患者的行动不受影响。注意协助患者选择规格合适的颈托或围领，并教会患者使用方法，告诉患者使用的注意事项。

（5）局部推拿与按摩：可以减轻肌肉痉挛，改善局部血液循环。手法要由轻到重，推拿过程中要注意患者的反应等。一般每日2次，每次20～30分钟。推拿与按摩应由专业人员操作，以防发生颈椎骨折、脱位和脊髓损伤。脊髓型颈椎病禁忌推拿与按摩。

（6）药物治疗：目前尚无治疗颈椎病的特效药物，所用药物均属对症治疗，一般应用非甾体抗炎药，肌肉松弛药、镇静药及镇痛药。

（7）局部封闭疗法：采用局部痛点注射肾上腺皮质类固醇，如醋酸泼尼松龙。操作时应注意：①诊断明确；②严格遵守无菌操作原则；③注射部位准确；④如果注射3次仍无效，则应停止注射。此操作应由专业人员（麻醉师）执行。常规方法是定点→消毒→注射→包扎。

（8）自我保健：定时改变头颈体位，纠正及改变工作中的不良姿势及睡眠姿势，做颈部的轻柔活动。睡觉时选用合适的枕头，要求平卧时颈椎不前屈，侧卧时枕头高度约为肩的高度，以保持颈肌松弛状态。

2. 手术治疗的护理

（1）术前护理：除术前一般护理外，主要是术前适应性准备等。

1）心理护理：向患者解释病情，告知本病治疗周期较长，术后恢复可能需要数月甚至更长时间，让患者做好充分的思想准备。对患者焦虑的心情表示理解，向患者介绍治疗方案及手术的必要性、手术目的及优点，介绍目前的医疗护理情况和技术水平，使其产生安全感，愉快、充满信心地接受手术。

2）术前训练

呼吸功能训练：目的是增加肺活量，促进痰液排出，减少术后并发症。术前要求患者戒烟1周，以减少术后并发症的发生。训练方法：①深呼吸训练：吸气时双肩放松，气体由鼻吸入，然后屏住2秒左右，用口慢慢呼出。②有效咳嗽训练：先深吸气，然后连续小声咳嗽，将痰液咳至支气管口后用力咳嗽，将痰排出。③吹气球训练：鼓励患者一次性将气球吹得尽可能大，放松5～10秒后重复以上动作，每次10～15分钟，每日3次。

气管、食管推移训练：适用于颈椎前路手术患者，以适应术中反复牵拉气管、食管的操作，避免术后出现呼吸困难、咳嗽、反复吞咽困难等并发症。指导患者用2～4指在颈部皮外插入预备做切口侧的内脏鞘与血管神经鞘间隙处，持续将气管、食管向非手术侧推移，使气管推移超过中线，动作应轻柔，幅度由小到大。训练中如出现局部疼痛、恶心、呕吐、头晕等不适，可休息10～15分钟后再继续，直至患者能适应。训练从术前3～5天开始，每次10～20分钟，每日3次；以后逐渐增至每次30～60分钟，每日4次，直至患者能够耐受才能手术。

体位训练：颈椎手术由于对术中、术后有着特殊的要求，为适应这些要求，术前应加强锻炼，有利于术中的管理。①仰卧位训练：颈前路手术者，术前应训练仰卧位。方法：患者取平卧位，肩后垫一薄枕，使颈部后伸，充分暴露颈部，每日锻炼2次，从30分钟开始直至2小时。②俯卧位训练：颈后路手术者术前应训练俯卧位。方法：患者取俯卧位，两手平放于身体两侧，胸部用被子或枕头垫起，额部垫一薄枕，注意不要将口鼻捂住，以免影响呼吸。开始时每次30～40分钟，每日2～3次，以后逐渐增加至每次3～4小时，每日1次。

配置合适的颈托：为了达到充分减压的目的，术中需切除较多的椎体骨质及椎间盘组织，并填塞植骨，其稳定性受到影响，因而配置适当的外固定对限制颈部活动、帮助切口愈合、促进植骨融合很有必要。可以选择适宜型号的前后两片式颈托，松紧可自由调节，并让患者试戴一段时间，直至达到既能控制颈部活动，又感到比较合适为度，以利于术后获得良好的外固定，为早期下床活动打下良好的基础。

（2）术后护理

1）呼吸道护理：密切监测生命体征，注意呼吸频率、深度，脉搏节律、速率的改变，保持呼吸道通畅，低流量给氧。呼吸困难是颈前路手术最危急的并发症，多发生于术后1～3日内。常见的原因有：①术中牵拉气管、食管引起喉头水肿。②切口内出血压迫气管。③咽痛、颈部制动影响呼吸道分泌物排出。④手术刺激脊髓，可使脊髓水肿或脊神经根水肿造成呼吸肌麻痹。⑤移植骨块松动、脱落压迫气管。术后要严密观察患者的呼吸频率、节律及面色的变化，如发现异常，及时报告医师，并做好气管切开及再手术的准备。因此，颈椎手术患者床旁应常规备气管切开包，以便急需时使用。

2）切口护理：密切观察切口敷料的渗血情况及颈部有无肿胀。如敷料被血液浸透，应及时更换，防止血液凝固对颈部造成束缚引起呼吸困难。一般术后24小时内不宜戴围颈，以便观察切口及颈部情况。

3）体位护理：颈椎活动时，在椎体与植骨块之间产生界面间的剪切力，易使植骨块移位脱出。若植入骨移位，可压迫或刺破食管、气管和血管，导致食管瘘、呼吸道梗阻、颈部血肿等严重并发症。因此，术后要严格限制颈部活动，患者平卧于硬板床上，头部制动，头颈部两侧用沙袋垫实，使患者头颈部置于自然中立位，脊柱保持水平，24小时内尽可能减少颈部的活动次数及幅度，切忌扭转、过屈或过伸。翻身时保持头、颈、肩、躯干成一直线。

4）颈脊髓神经功能的观察和护理：颈前路减压术的最终目的是尽可能恢复已受损的颈部脊髓功能。因此，术后应密切观察四肢及躯体感觉和活动情况，术后6～8小时每隔30分钟让患者按指令活动手指和足趾，以判断脊髓神经传导功能恢复情况，术后48小时注意检查上肢和下肢活动功能、肛门张力、膀胱功能，如上肢、下肢麻木感减轻，说明神经功能在逐步恢复。若发现有双下肢感觉、运动进一步减退，提示有脊髓受压，应立即报告医师处理。

5）术后并发症的观察及护理：喉上神经和喉返神经损伤是前路手术最常见的并发症。如患者术后声音低沉、进食呛咳，为喉上神经损伤，禁用流食，给予固体食物，并补液，及时清理呼吸道分泌物；下颈椎手术易损伤喉返神经，可引起声带麻痹，表现为声音嘶哑、憋气，应鼓励患者进行发音训练，也可应用有利于神经恢复的药物。颈前路手术还易发生肺感染、失用性肌萎缩、血栓性静脉炎、下肢深静脉血栓等并发症，应采取针对性的预防措施。

6）预防压疮的护理：颈椎术后应严格制动，加强皮肤护理，既要求勤翻身，又要注意翻身的方法。具体措施：患者回病房后平卧2小时，然后酌情每2～4小时轴线翻身1次；翻身时脊柱要保持平直，勿屈曲、扭转，避免拖、拉、推，应将患者抬起，翻身后使患者保持舒适卧位，注意保持床单位整洁，无渣屑、皱褶。

7）饮食护理：术后禁食6小时，清醒后可先给予温开水饮用，如无呛咳、恶心等异常现象，嘱患者进流食，术后1～2天进半流食，术后1周进普通饮食。饮食宜清淡、易消化、富含营养，以增强机体的抵抗力。

 考点提示

颈椎病患者的护理措施。

（3）康复训练

1）手功能锻炼：脊髓型颈椎病脊髓受压后，可造成手指间肌麻痹，导致手指并拢及握拳障碍，因此术后早期应主要锻炼手的提、握功能，如拇指对指练习、手握拳然后用力伸指、分指练习。

2）四肢及关节锻炼：对于术前不全瘫痪或完全瘫痪的患者，术后第1天生命体征平稳后即可开始康复锻炼，被动或主动活动四肢及关节，循序渐进，运动幅度由小到大，以不引起疼痛为度。

3）离床活动：术后第3天可戴围颈离床活动，活动量因人而异，以不感到疲劳为度；鼓励患者生活自理，注意避免暴力牵拉双臂引起脊髓再损伤。

3. 健康教育　健康教育应贯穿护理的全过程，使患者了解每项治疗、护理措施的目的和作用，以取得患者的积极配合，提高护理质量。出院患者的出院指导内容如下。

（1）术后3个月内戴围颈保护颈部，避免颈部屈伸和旋转活动。

（2）若颈部出现剧烈疼痛或吞咽困难、有哽噎感，可能为植骨块移位或脱落，应及时回院复查。

（3）术后3个月，经拍摄X线片示植骨椎间隙已完全融合后，可进行颈部功能锻炼，开始时做颈部屈、伸、旋左、旋右活动，然后做颈部旋转活动。功能锻炼要循序渐进，若出现颈部不适，应暂时停止。

（4）选择合适的枕头，以中间低、两端高、透气性好、长度超过肩宽10～16 cm、高度以头颈部压下后一拳高为宜。

（5）长期伏案工作者宜定期远眺，以缓解颈部肌肉的慢性劳损。

【护理评价】

1. 患者焦虑是否减轻，情绪是否稳定。
2. 患者疼痛是否缓解，症状是否减轻。
3. 患者能否说出颈椎病的病因及疾病防治知识和术后康复知识。
4. 并发症是否得到有效预防和处理。

第二节　腰椎间盘突出症患者的护理

腰椎间盘突出症是指腰椎间盘变性、纤维环破裂、髓核组织突出刺激和压迫马尾神经或神经根所引起的一种综合征，是腰腿痛常见的原因之一。腰椎间盘突出症可发生于任何年龄，最多见于中年人，20～50岁为高发年龄，男性发病率多于女性。

【病因及病理生理】

1. 病因　导致腰椎间盘突出症的原因有内因和外因，内因主要是腰椎退行性变，外因有外伤、劳损、受寒、受湿等。

（1）主要病因

1）椎间盘退行性变：是腰椎间盘突出症的基本病因。随着年龄增长、纤维环和髓核水分减少、弹性降低，椎间盘变薄，易于脱出。

2）外伤：是腰椎间盘突出症的重要因素，特别是儿童与青少年的发病，与外伤密切相关。

3）职业：与腰椎间盘突出症的关系十分密切，如汽车驾驶员长期处于坐位和颠簸状态，在驾驶汽车时椎间盘内压力较高，可达 0.5 kPa/cm^2，在踩离合器时压力可增加至 1 kPa/cm^2，容易造成腰椎间盘突出。从事重体力劳动和举重运动者因过度负荷更易造成椎间盘退行性变，因在弯腰状态下，如果提 20 kg 的重物，椎间盘内的压力可增加到 30 kPa/cm^2 以上。

4）遗传因素：本病有家族性发病的报告，有色人种发病率较低。

5）腰骶椎先天异常：腰骶椎畸形可使腰椎间盘突出症发病率增高，包括腰椎骶化、骶椎腰化、半椎体畸形、小关节畸形和关节突不对称等，可使下腰椎承受的应力发生改变，从而使椎间盘内压力升高和易发生退行性变、损伤。

（2）诱发因素：本病除椎间盘的退行性变所致外，各种诱发因素也具有重要作用，大致有以下几种。

1）增加腹内压：临床上约有 1/3 的病例于发病前有明确的增加腹内压的因素，如剧烈咳嗽、打喷嚏、屏气、用力排便。

2）姿势不良：无论是睡眠时，还是在日常生活、工作中，当腰部处于屈曲位时，椎间隙的压力较高，如突然旋转，则易诱发髓核突出。

3）突然负重：腰部负荷突然增加，不仅有可能引起腰部扭伤，而且易引起髓核突出。

4）妊娠：妊娠期间体重增长，腹内压增高，肌肉、韧带相对松弛，易引起椎间盘膨出。

5）受寒与受湿：寒冷或潮湿可引起小血管收缩、肌肉痉挛，使椎间盘压力增加，造成退行性变的椎间盘破裂。

2. 病理生理及分类

（1）病理生理：由于椎间盘组织承受人体躯干及上肢的重量，在日常生活及劳动中，劳损较其他组织更为严重。因其仅有少量血液供应，营养极为有限，从而极易退行性变。一般认为，人在 20 岁以后椎间盘即开始退行性变，髓核的含水量逐渐减少，椎间盘的弹性和抗负荷能力也随之减退。在外力及其他因素的影响下，椎间盘继发病理性改变，导致纤维环破裂，髓核突出，压迫周围神经组织，引起腰腿痛和神经功能障碍。腰椎间盘突出症多发生在脊柱活动度大、承重较大或活动较多的部位，以腰 4～5 及腰 5 骶 1 多见，发生率约为 90%。

（2）分类：腰椎间盘后外侧突出（侧突型）多见，即压迫一侧神经根；少数由后侧中央突出（中央型），引起双侧神经根症状及肛门会阴区麻痹。根据病理变化和 CT、MRI 检查结果，腰椎间盘突出症可分为以下 4 型。

1）膨隆型：纤维环有部分破裂，隆起，但表层完整，多经保守治疗缓解。

2）突出型：纤维环完全破裂，髓核突向椎管，突出的髓核有薄层纤维环膜覆盖，常需手术治疗。

3）脱垂游离型：纤维环、后纵韧带完全破裂，破裂突出的椎间盘组织游离于椎管内；多需微创或传统手术治疗。

4）施莫尔结节及经骨突出型：施莫尔结节指髓核经上、下软骨板裂隙突入椎体松质骨内。经骨突出型指髓核沿椎体之间的血管通道向前纵韧带方向突出，形成椎体前缘的游离骨块。临床仅出现腰痛，无神经根症状，无须手术治疗。

【护理评估】

1. 健康史　询问及了解患者的性别、年龄、职业、营养状况、生活自理能力。既往有无腰部急性或慢性损伤史，受伤经过及诊疗情况，排除结核病史；有无其他部位的肿瘤，治疗经过及疗效；家族中有无类似病史。

2. 身体状况

（1）主要症状

1）腰痛及坐骨神经痛：因髓核膨出或突出，压迫了纤维环外层、后纵韧带及神经根所致。早期患者仅有腰痛表现，可呈急性剧痛或慢性隐痛，以后逐渐发生坐骨神经痛，腰痛最早出现，坐骨神经痛最常见，部分患者腰痛与坐骨神经痛表现同时出现。坐骨神经痛是沿坐骨神经走行方向的放射痛，从下腰部放射到臀部、大腿后方，甚至到小腿外侧、足背或足外侧，同时伴有麻木感。咳嗽、排便或打喷嚏时因腹内压增高而使疼痛加剧。

2）马尾神经受压综合征：是因中央型突出或巨大型突出的髓核组织压迫马尾神经所致。表现为会阴区感觉麻木、排便和排尿功能障碍以及性功能障碍。

（2）体征

1）因疼痛，导致腰部活动受限，以前屈受限最明显。由于疼痛引起腰背肌保护性痉挛，可出现腰部强直，生理前凸消失，腰椎侧弯。

2）在相应的病变椎间隙、棘突旁有深压痛和叩击痛，并伴有下肢放射痛。

3）直腿抬高试验及加强试验阳性，即让患者仰卧，膝伸直，被动抬高患侧下肢至60°以内发生坐骨神经痛，为直腿抬高试验阳性。此时稍降低患肢高度至疼痛缓解，再将踝关节被动背屈，如又出现坐骨神经痛，为加强试验阳性（图32-3）。

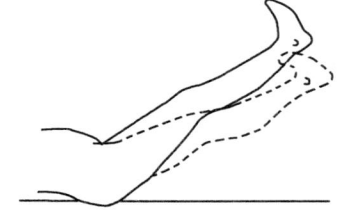

图32-3　直腿抬高试验和加强试验

4）感觉、腱反射异常，肌力下降。常见第5腰神经受损，小腿前外侧及足背内侧痛觉、触觉减退，踝、趾背伸力减弱。第1骶神经根受损时，外踝附近及足外侧痛觉、触觉减退，趾及足跖屈力减弱，部分患者出现膝反射或跟腱反射减弱或消失。马尾神经受压时，可出现肛门反射减弱或消失。

 考点提示

腰椎间盘突出症的临床表现。

3. 心理-社会状况　本病病程较长，呈慢性过程，症状时轻时重，迁延不愈，给患者生活和工作带来不便，患者常有焦虑或抑郁情绪。

4. 辅助检查　影像学检查是诊断腰椎间盘突出症的重要检查手段。

（1）X线：能直接反映腰部有无侧突、椎间隙有无狭窄等。

（2）CT：可显示黄韧带是否增厚及椎间盘突出的大小、方向等。

（3）MRI：能显示椎管的形态，全面反映各椎体、椎间盘有无病变及神经根和脊髓受压情况，对疾病的诊断有较大价值。

5. 治疗原则

（1）非手术治疗：适用于年轻、初次发作或病程短且卧床休息后症状明显缓解者，影像学检查无椎管狭窄和严重突出者。80%～90%的患者可经非手术治疗治愈。

1）绝对卧床休息：包括卧床排便及排尿。卧床休息可以减少椎间盘承受的压力，缓解脊柱旁肌肉痉挛引起的疼痛。一般卧床3周或至症状缓解后，可戴围腰下床活动，3个月不弯腰持重。

2）骨盆牵引：牵引可增大椎间隙，减轻对椎间盘的压力和对神经的压迫，改善局部血液循环和水肿。多采用骨盆持续牵引，抬高床脚作反牵引。牵引重量一般为7～15 kg，持续2周。也可采用间断牵引法，每日2次，每次1～2小时。

3）皮质激素硬膜外注射：皮质激素可减轻神经根周围的炎症与粘连，常选用长效皮质类固醇制剂加 2% 利多卡因经硬膜外注射，每周 1 次，3 次为 1 个疗程。

4）物理疗法：正确的理疗、推拿和按摩可以缓解肌痉挛及疼痛，减轻椎间盘压力和对神经根的压迫。

5）髓核化学溶解法：将胶原酶注入椎间盘或硬脊膜与突出的髓核之间，达到选择性溶解髓核和纤维环、缓解症状的目的。

（2）手术治疗：有 10%～20% 的患者需要手术治疗。

1）手术指征：①急性发作，具有明显马尾神经症状；②诊断明确，经系统的保守治疗无效，或保守治疗有效但经常反复发作且疼痛较重，影响工作和生活；③病史虽不典型，但影像学检查证实椎间盘对神经或硬膜囊有严重压迫；④合并腰椎管狭窄症。

2）手术类型：根据椎间盘位置和脊柱的稳定性选择手术类型。①椎板切除术和髓核摘除术：摘除或切除 1 个或多个椎板、骨赘及突出的髓核，减轻神经压迫，是最常用的手术方式。②椎间盘切除术：将椎间盘部分切除。③脊柱融合术：在椎体间插入一个楔形骨块或骨条，以稳定脊柱。④经皮穿刺髓核摘除术：在 X 线监控下插入椎间盘镜或特殊器械，切除或吸出椎间盘，以达到减轻椎间盘内压力和缓解症状的效果。

【常见护理诊断/问题】

1. 慢性疼痛　与椎间盘突出压迫神经、肌肉痉挛及术后切开疼痛有关。
2. 便秘　与马尾神经受压、长期卧床有关。
3. 躯体移动障碍　与疼痛、肌肉痉挛、牵引或手术有关。
4. 潜在并发症：肌肉萎缩、神经根粘连、脑脊液漏、尿潴留。
5. 知识缺乏　患者缺乏腰椎间盘突出症防治方面的知识。

【护理目标】

1. 患者焦虑减轻，舒适感增加，能积极配合治疗及护理。
2. 患者疼痛缓解、症状减轻。
3. 患者知晓腰椎间盘突出症的病因，能复述疾病防治知识和术后康复知识。
4. 无并发症发生或并发症发生后被及时发现和处理。

【护理措施】

1. 术前护理

（1）心理护理：了解患者的心理活动，给予解释和安慰，解除焦虑或顾虑。鼓励患者多与家属交流，使家属能够帮助他们克服困难；介绍患者与病友交流，以增强疾病康复的自信心。

（2）卧硬板床：卧床时椎间盘承受的压力比站立时降低 50%，故卧床休息可减轻负重和体重对椎间盘的压力，缓解疼痛。卧床时抬高床头 20°，侧卧时屈髋屈膝，双腿分开，腿下垫枕，避免脊柱弯曲的"蜷缩"姿势，放松背部肌肉，以降低椎间盘压力，减小椎间盘后突倾向，减轻疼痛，增加舒适性。仰卧位时可在膝、腿下垫枕，避免头前倾、胸部凹陷等不良姿势；俯卧位时可在腹部及踝部垫枕，以放松脊柱肌肉。

（3）佩戴围腰：围腰能增强腰椎的稳定性，对腰椎起到保护和制动作用。卧床休息 3 周后，戴围腰下床活动。

（4）保持有效牵引：牵引前，在牵引带压迫的髂缘部位加减压保护贴，预防压疮。牵引期间观察患者的体位、牵引线及牵引重量是否正确。经常检查牵引带压迫的髂缘部位的皮肤有无发红、破损、压疮等，加强皮肤护理。

（5）有效镇痛：因疼痛影响入睡时，遵医嘱给予镇痛药缓解疼痛，保证充足的睡眠。

（6）术前适应性准备：术前教会患者正确翻身、床上使用便盆及术后功能锻炼的方法，以提高术后护理的质量。

（7）完善术前准备：术前常规戒烟、训练床上排便，根据患者对手术的了解程度，向患者解释手术方式及术后可能出现的问题，如疼痛、麻木，告知医护人员将采取的措施，增加患者对手术及术后护理的认知度。

2. 术后护理

（1）观察病情：包括生命体征以及下肢皮肤的颜色、温度、感觉和运动恢复情况；观察手术切口敷料有无渗液及渗出液的颜色、性状、量等，渗湿后及时更换敷料，以防感染；观察患者术后有无疼痛，对疼痛严重者，给予镇痛药或使用镇痛泵。

（2）体位护理：术后平卧硬板床，2小时后轴线翻身，即翻身时指导患者双手交叉放于胸前，双腿自然屈曲，一名护士扶托患者的肩背部，另一名护士托患者的臀部及下肢，同时将患者翻向一侧，头下、肩背部、臀部及胸前垫软枕支撑。

（3）引流管护理：防止引流管脱出、折叠，观察并记录引流液的颜色、性状和量，有无脑脊液漏出，是否有活动性出血，如有异常，及时向医师报告。

（4）功能锻炼：为预防长期卧床所致的肌萎缩、关节僵硬等并发症，患者宜早期行床上肢体功能锻炼。若患者不能进行主动锻炼，在病情许可的情况下，由医护人员或家属协助活动各个关节、按摩肌肉，以促进血液循环，预防并发症。

1）四肢肌肉、关节功能锻炼：卧床期间坚持定时活动四肢关节，以防关节僵硬。

2）直腿抬高锻炼：术后第1日开始进行股四头肌舒缩和直腿抬高锻炼，每分钟2次，抬放时间相等，每次15～30分钟，每日2～3次，以能耐受为限。逐渐增加抬腿高度，以防神经根损伤。

3）腰背肌锻炼：指导患者进行腰背肌锻炼，以增加腰背肌肌力、预防肌萎缩和增强脊柱稳定性（图32-4）。一般术后7日开始，用五点支撑法，1～2周后采取三点支撑法。每日3～4次，每次50下，循序渐进，逐渐增加次数。腰椎有破坏性改变、感染性疾病、内固定物植入、年老体弱及心肺功能障碍的患者不宜进行腰背肌锻炼。

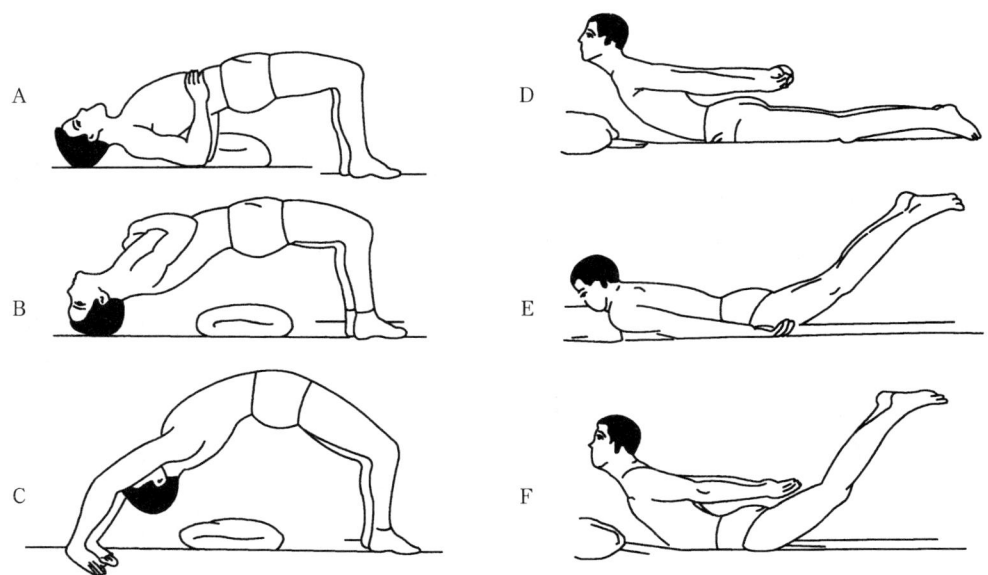

图32-4　仰卧法（A、B、C）和俯卧法（D、E、F）腰背肌锻炼

4）行走训练：一般卧床2周后借助围腰或支架下床活动，根据手术情况适当缩短或延长

下床时间。正确指导患者起床。方法：协助患者系好围腰或支架，抬高床头，先半卧位 30 秒；然后移向床的一侧，将腿放于床边，胳膊将身体支撑起来，移到床边休息 30 秒；若无头晕、视物模糊等不适，再在护士或家属的扶助下利用腿部肌肉收缩使身体由坐位改为站立位。躺下时按相反顺序进行。

（5）并发症的观察与护理：常见并发症有肌肉萎缩、神经根粘连和脑脊液漏，需积极预防。如卧床练习四肢及关节，以预防肌肉萎缩；术后第 1 天进行直腿抬高锻炼，防止神经根粘连和脑脊液漏。

1）监测生命体征：及时测量体温、脉搏、血压和呼吸，观察下肢感觉、运动情况，并与健侧和术前对比，评估患者术后疼痛情况有无缓解。

2）加强引流液的观察：若引流袋内引流出淡黄色液体，同时患者出现头痛、呕吐等症状，应考虑发生脑脊液漏，须立即报告医师予以处理。同时适当抬高床尾，去枕平卧位 7～10 日。脑脊液漏期间，须监测和补充电解质，预防颅内感染发生。

考点提示

腰椎间盘突出症的护理措施。

3. 健康教育

（1）指导患者采取正确的卧、坐、立、行和劳动姿势（图 32-5），减少急性和慢性损伤发生的机会。

1）保持正确的坐、立、行姿势：坐位时，选择高度合适、有扶手的靠背椅，保持身体与桌子距离适当，膝与髋同一水平，身体靠向椅背，并在腰部垫一软枕。站立时，尽量使腰部平坦伸直、收腰、提臀。行走时，抬头、挺胸、收腹，利用腹肌收缩支持腰部。

2）变换体位：避免长时间保持同一姿势，适当地进行原地活动或腰背部活动，以解除腰背肌疲劳。长时间伏案工作者，应积极参加课间操活动，以避免肌肉劳损。勿长时间穿高跟鞋站立或行走。

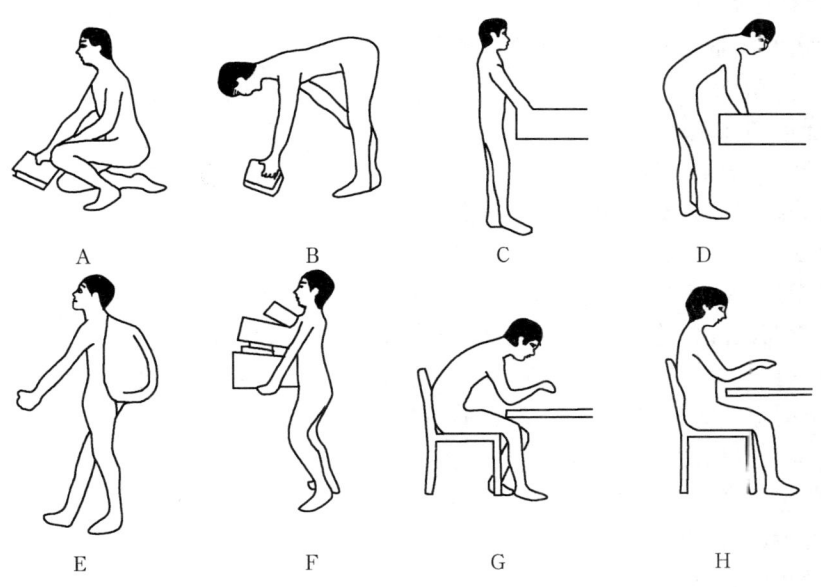

图 32-5 生活中坐、站、行和劳动姿势

正确的姿势（A）、（C）、（E）、（H）；不正确的姿势（B）、（D）、（F）、（G）

3）合理应用人体力学原理：如站位举起重物时，高于肘部，避免膝关节、髋关节过伸；蹲位举重物时，背部伸直、勿弯；搬运重物时，宁推勿拉；搬抬重物时，弯曲下蹲髋膝，伸直腰背，用力抬起重物后再行走。

4）采取保护措施：腰部劳动强度过大的工人、长时间开车的司机，应佩戴围腰保护腰部。

（2）加强营养：可缓解机体组织及器官退行性变。

（3）佩戴围腰：脊髓受压的患者，可佩戴围腰，直至神经压迫症状解除。

（4）积极参加体育锻炼：适当的体育锻炼可以锻炼腰背肌，增加脊柱的稳定性。参加剧烈运动时，运动前应有预备活动，运动后有恢复活动，切忌活动突起突止，应循序渐进。

【护理评价】

1. 患者焦虑是否减轻，情绪是否稳定。
2. 患者疼痛是否缓解，症状是否减轻。
3. 患者能否说出腰椎间盘突出症的病因及疾病防治知识和术后康复知识。
4. 并发症是否得到有效预防和处理。

自 测 题

一、选择题

1. 腰椎间盘突出症出现鞍区麻木，二便功能障碍，是突出的椎间盘压迫了
   A. 脊髓　　　　　　　　B. 脊髓圆锥　　　　　　　C. 马尾神经
   D. 骶 1 神经根　　　　　E. 骶 2 神经根

2. 腰椎间盘突出症的主要症状是
   A. 腰痛　　　　　　　　　　　　　　　B. 腰和臀部痛
   C. 腰和大腿前方痛　　　　　　　　　　D. 坐骨神经痛
   E. 腰痛伴坐骨神经痛

3. 腰椎间盘突出症最重要的体征是
   A. 椎间隙压痛　　　　　　　　　　　　B. 椎旁压痛
   C. 直腿抬高试验（+）　　　　　　　　 D. 直腿抬高试验（+），加强试验（+）
   E. 腰椎侧突畸形

4. 对腰椎间盘突出症具有较大诊断价值的检查是
   A. 腰椎体层摄片检查　　B. 腰椎平片　　　　　　　C. 腰椎管造影检查
   D. 腰椎穿刺检查　　　　E. CT 或 MRI 检查

5. 腰椎间盘突出症发生和发展的最基本原因是
   A. 腰椎骨折　　　　　　B. 腰椎脱位　　　　　　　C. 腰椎间盘退行性变
   D. 腰椎间盘突出　　　　E. 腰肌劳损

6. 最易发生颈椎病的职业为
   A. 长久站立者　　　　　B. 久坐者　　　　　　　　C. 长久伏案工作者
   D. 体力劳动者　　　　　E. 脑力劳动者

7. 椎动脉型颈椎病的主要临床表现是
   A. 旋转性眩晕　　　　　B. 头偏向患侧　　　　　　C. 四肢无力
   D. 血压升高　　　　　　E. 出汗异常

8. 腰椎间盘突出症术后患者进行直腿抬高锻炼的主要目的是
   A. 防止肌萎缩　　　　　B. 防止关节僵硬　　　　　C. 提高肌力
   D. 防止神经根粘连　　　E. 早日下床活动
9. 发病率最高的颈椎病类型是
   A. 神经根型颈椎病　　　　　　　B. 脊髓型颈椎病
   C. 椎动脉型颈椎病　　　　　　　D. 交感神经型颈椎病
   E. 复合型颈椎病
10. 患者，男性，32岁，腰痛伴左下肢放射痛5个月，脊柱侧凸，左小腿肌肉萎缩，足背感觉缺如。Lasepue征（+），腰椎后伸痛（-）。X线平片示腰5～骶1椎间隙稍狭窄，最可能的诊断是
    A. 腰椎管狭窄　　　　　　　　　B. 腰椎间盘突出症
    C. 慢性腰肌劳损　　　　　　　　D. 马尾肿瘤
    E. 腰椎肿瘤
11. 患者，男性，64岁，诊断为脊髓型颈椎病。入院第2天行颈椎前路手术，手术后出现呼吸困难的原因，不包括的是
    A. 切口出血　　　　　　B. 喉头水肿　　　　　　C. 术中损伤脊髓
    D. 引流液过多　　　　　E. 植骨块脱落

二、填空题

1. 腰椎间盘突出症可分为_____型、_____型、_____型、_____型。
2. 腰椎间盘突出症患者术后第1天即可进行_____，手术后1周开始_____。
3. 颈椎病发生和发展的最基本原因是_____。

三、名词解释

1. 颈椎病
2. 腰椎间盘突出症

四、简答题

1. 颈椎病患者的健康教育内容有哪些？
2. 腰椎间盘突出症患者的临床表现有哪些？

五、案例分析

患者，男性，27岁，出现放射性腰痛3个月。疼痛从下腰部向臀部、大腿后方、小腿外侧、足背或足外侧放射，并伴麻木感。咳嗽、排便或打喷嚏时疼痛加剧。体格检查：小腿肌力减弱，直腿抬高试验及加强试验阳性。

请回答：
（1）该患者最可能的疾病诊断是什么？
（2）应采取哪些处理措施？
（3）若该患者接受手术治疗，应如何护理？

（乔　花）

第三十三章数字资源

第三十三章　常见骨肿瘤患者的护理

学习目标

1. 解释骨肿瘤的概念、病理分类。
2. 比较骨软骨瘤、骨巨细胞瘤和骨肉瘤的临床特点、X线特点。
3. 阐述常见骨肿瘤患者的护理措施。
4. 能运用护理程序对常见骨肿瘤患者实施整体护理。
5. 提升自身职业素养，树立关爱患者、以人为本的现代护理理念。

案例33-1

张女士，23岁，半年前右膝关节外侧偶发疼痛伴明显肿胀，近期症状发作并加重入院。体格检查：右膝关节外侧肿胀、压痛明显，屈曲活动受限，压之有乒乓球样感。X线检查显示右胫骨上端外侧有一溶骨性破坏，中间呈"肥皂泡"样改变，无明显骨膜反应。

问题与思考：
1. 张女士目前初步的疾病诊断是什么？诊断依据有哪些？
2. 若需手术治疗，如何做好手术前、后的护理？

第一节　概　述

凡是发生在骨内或起源于各种骨组织成分的肿瘤统称为骨肿瘤。骨肿瘤可发生于骨组织（骨膜、骨和软骨）及骨附属组织（骨的血管、神经、脂肪和纤维组织等）。骨肿瘤的发生具有年龄和部位的特点，如骨肉瘤多见于10~20岁青少年，骨巨细胞瘤多见20~40岁成年人，骨髓瘤多见于老年人。解剖部位对肿瘤的发生也有意义，多发于长骨的干骺端，如股骨远端、胫骨近端和肱骨近端，而骨骺则很少发生。骨肿瘤发病率为所有肿瘤的2%~3%，男性稍多于女性。

【病因、病理及分类】

1. 病因　骨肿瘤的病因尚未不完全明确，与患者的年龄、性别、职业、工作环境和生活习惯有关。与肿瘤发生的相关因素有：长期接触致癌物、放射线，外伤史、骨折史、既往肿瘤史及家族史等。

2. 病理及分类

（1）根据骨肿瘤的细胞分化分类：根据骨肿瘤的细胞分化程度及产生的细胞间类型分为良性、中间性和恶性三类。良性肿瘤中骨软骨瘤发病率最高，恶性肿瘤中骨肉瘤发病率最高。

（2）根据骨肿瘤的原发部位分类：原发性骨肿瘤组织来自骨组织及其附属组织，良性多于恶性；继发性骨肿瘤是由其他部位的恶性肿瘤通过血液或淋巴转移而来。

【护理评估】

1. 健康史　询问及了解患者的年龄、性别、发育及营养状况；患者生活与工作环境以及与放射性物质接触情况；有无癌前病变和其他器官肿瘤；患者家族中有无类似疾病发生等。

2. 身体状况　有些肿瘤不易被发现，常因发生病理性骨折或有功能障碍时才被发现。

（1）疼痛与压痛：恶性肿瘤生长迅速，疼痛为其主要症状，开始时为间歇性、轻度疼痛，后期疼痛呈持续性进行性加重，表现为剧痛，夜间明显，并有局部压痛。良性肿瘤生长速度缓慢，起初多无疼痛或仅有轻度疼痛，后期因组织受压引起疼痛；少数良性肿瘤因生长迅速而产生剧痛；良性肿瘤恶变或合并病理性骨折，疼痛可突然加重。

（2）局部肿块和肿胀：良性骨肿瘤以局部肿块为首发症状，质地较硬，生长速度缓慢，无压痛。恶性骨肿瘤局部肿胀和肿块常发展迅速，局部皮温增高，浅静脉怒张。

（3）功能障碍和压迫症状：长骨干骺端骨肿瘤多邻近关节，患者因疼痛、肿胀和畸形，可使关节功能障碍，关节活动度降低。其他部位的巨大肿块可压迫周围组织，引起相应的症状。如脊柱肿瘤可压迫脊髓，出现截瘫；盆腔肿瘤可引起机械性梗阻，诱发便秘、排尿困难。

（4）病理性骨折：因肿瘤生长导致骨质破坏，在轻微外力的作用下，可引起病变部位病理性骨折，常为某些骨肿瘤的首发症状，也是恶性骨肿瘤和骨转移癌的常见并发症。

（5）其他：晚期恶性骨肿瘤患者可出现贫血、消瘦、食欲缺乏、体重下降、低热等全身症状。恶性骨肿瘤可经血液和淋巴向远处转移，如肺转移。

3. 心理-社会状况　骨肿瘤治疗所需时间长、手术造成身体残缺，患者常因担心预后，存在焦虑、惊恐、悲伤、自卑等心理。对于恶性骨肿瘤的好发人群青少年来说，常对确诊结果持否认态度，加之对疾病的认知和治疗方案的知识缺乏，难以配合积极治疗，尤其是需要截肢术者。因此，要全面从患者的角度出发，明确恶性肿瘤患者心理应激反应5个分期变化，即否认期、愤怒期、磋商期、抑郁期、接受期，分期评估患者及其家属对疾病及治疗方案的认知接受程度、心理及经济承受能力。

4. 辅助检查

（1）影像学检查：X线检查最常用，对骨肿瘤的诊断有重要价值，可见骨破坏或吸收、骨膜反应、骨折及病损等。良性肿瘤呈膨胀性骨病损，边界清楚。恶性肿瘤为不规则病灶显影，密度不均，边界不清，可见软组织阴影和骨膜反应。CT、MRI或核素骨显像检查可提供诊断依据。

（2）实验室检查：恶性骨肿瘤时，血钙、血清碱性磷酸酶升高。尿中出现本周蛋白应考虑浆细胞性骨髓瘤。

（3）病理学检查：是确诊骨肿瘤唯一可靠的方法，对肿瘤确诊、指导治疗极为重要。病理学检查可分为穿刺活检和手术切取或切除活检两种。

5. 治疗原则　良性骨肿瘤以手术切除为主，常用刮除植骨术、外生性骨肿瘤切除术。恶性骨肿瘤以手术治疗为主，辅以化学治疗、放射治疗、免疫疗法、中医药疗法等多种手段，必要时实施截肢术。

知识链接

新辅助化疗联合骨肿瘤手术治疗

新辅助化疗结合了术前化学治疗、手术、术后化学治疗，还包括化学治疗后疼痛减轻，肿瘤缩小，影像学检查表现为病灶边界清晰，肿块硬化，血管减少，有利于手术的实施。术前化学治疗后，肿瘤细胞坏死率大于90%的患者，5年存活率达80%~90%；而肿瘤细胞坏死率低于90%的患者，5年存活率低于60%。对后一种情况，需要调整术后化学治疗方案，实施大剂量化学治疗。大剂量化学治疗虽可提高疗效，但毒性反应也增大。因此，化学治疗方案的执行、并发症的处理需要结合个体有针对性地实施。

【常见护理诊断/问题】

1. 恐惧/焦虑　与肢体功能障碍和对预后担心有关。
2. 疼痛　与肿瘤压迫或浸润神经、病理性骨折、手术创伤、术后幻肢痛有关。
3. 躯体活动障碍　与肢体疼痛、关节功能障碍、制动有关。
4. 知识缺乏　患者缺乏疾病的诊断、治疗、预后及术前配合和术后康复等方面的知识。
5. 潜在并发症：病理性骨折。

【护理目标】

1. 患者能够接受身体改变，克服恐惧。
2. 患者疼痛缓解。
3. 患者可以达到最大程度的肢体功能恢复。
4. 患者了解骨肿瘤的治疗、护理措施及预后相关知识。
5. 避免病理性骨折的发生。

【护理措施】

1. 术前护理

（1）心理护理：通过心理-经济状况评估，观察并了解患者的心理变化。与患者及其家属沟通，向其介绍骨肿瘤的最新治疗方案和研究进展，介绍个体化手术治疗方法、放射治疗或化学治疗方案，以取得患者的积极配合。讲解治疗成功案例，促进患者树立战胜疾病的信心。针对拟行截肢术的患者，给予安慰和支持，使其乐观地接受治疗的现实，做好充分的心理准备。

（2）休息与活动：对骨破坏严重的患者，应告知其下床活动时患侧肢体不要负重，必要时用小夹板或石膏托固定患肢，更换体位或搬运患者时动作轻柔，避免使用暴力。

（3）营养支持：为提高患者手术的耐受性，鼓励患者进食营养丰富的食物，以高蛋白、高热量、富含维生素饮食为主；摄入多种微量元素，进食水果、蔬菜；保证放射治疗、化学治疗患者的营养支持，必要时给予胃肠外营养。

（4）缓解疼痛的护理：根据患者疼痛的程度分级采取相应的止痛护理措施。

1）非药物止痛：协助患者取舒适体位，并经常更换体位，如肿瘤局部固定制动，以减轻疼痛；减轻疼痛的护理措施，如各项操作时避免触碰疼痛、肿胀明显的部位；指导患者使用转移注意力的方法减轻疼痛，如听音乐、看电视、聊天。

2）药物止痛：经上述非药物止痛方法无效者，遵医嘱使用镇痛药，遵循WHO推荐的三阶梯止痛法：第一阶梯止痛为非阿片类药物，如阿司匹林；第二阶梯止痛为弱阿片类药物，如可待因；第三阶梯止痛为强阿片类药物，如吗啡、哌替啶。

2. 术后护理

（1）休息与活动：①术后抬高患肢并制动，促进肢体静脉血液回流，减轻肿胀，维持肢体于功能位，防止关节畸形；②术后早期制动期间可适当进行床上活动，如肌肉等长运动，逐步过渡到床旁活动；③教会患者正确使用拐杖、轮椅协助活动。

（2）病情观察：①密切观察残肢端创口情况，注意有无出血、水肿、皮肤坏死及感染，及时更换敷料；②使用石膏外固定者，定期观察肢端血运情况。

（3）截肢术后护理

1）体位：术后24～48小时抬高患肢，预防肿胀。下肢截肢者，每3～4小时俯卧20～30分钟，并将残肢以枕头支托。仰卧位时，不可抬高患肢，以免造成膝关节的屈曲、挛缩。术后残肢应用牵引或夹板固定于功能位，以防发生关节挛缩。

2）残肢功能锻炼：术后2周，切口愈合后开始进行功能锻炼。方法：俯卧位练习大腿内收、后伸；肩关节进行外展、内收及旋转运动；用弹性绷带每日反复包扎，均匀压迫残端，促进软组织收缩；当残端瘢痕不敏感，切口愈合牢固后，可进行残端按摩、拍打及蹬踩，增加残端的负重能力。制作义肢，鼓励患者拆线后尽早使用，以消除水肿，促进残端成熟，为安装义肢做准备。

考点提示

截肢术后的护理。

3）并发症的观察与护理

术后出血：是术后早期的并发症，常因术后活动不当引起，多见于营养不良或伴有凝血功能障碍的患者。应密切观察截肢后肢体残端情况，通过敷料渗血及创口引流液的性状及时发现出血并紧急处理。少量渗血者，可用棉垫及弹性绷带加压包扎；如出血量大，患者血压下降明显、脉搏细弱，提示残端血管破裂或血管结扎线松脱，需立即用止血带结扎或用沙袋压迫止血，并告知医师紧急处理。

切口感染：多发生于术后3～6天，常见原因有切口更换敷料不及时、无菌操作不严格、术前备皮不充分、放射治疗及化学治疗后诱发免疫抑制等。表现为局部红、肿、热、痛的炎症表现，化脓后局部触及波动感，体温升高、脉搏增快、白细胞计数、中性粒细胞比例增高。应随时观察切口情况，加强局部换药，有脓肿形成者切开引流。根据细菌培养试验结果调整抗生素的种类及剂量。

4）心理护理：截肢术对患者来说是一种应激源，患者常出现明显的情绪或精神改变，即创伤性应激障碍，应实施专业的心理干预，避免意外发生。同时，部分患者截肢后出现幻肢痛，应向其解释原因，积极处理，如使用放松疗法，给予安慰剂治疗或交替给予催眠药与一般镇痛药止痛。

3. 健康教育

（1）心理指导：指导患者保持乐观心态，树立战胜疾病的信心。

（2）康复指导：协助患者制定康复训练方案，指导其按计划训练。指导患者如何正确使用义肢及各种助行器，以最大限度地恢复日常生活及活动能力。

（3）自我监测：教会患者自我检查和监测方法，定期复诊。按时接受化学治疗或放射治疗。如出现肢体肿胀、疼痛，及时就医。

第二节　骨软骨瘤患者的护理

骨软骨瘤是一种常见的软骨源性良性肿瘤，多生长于长骨的干骺端，如股骨下端、胫骨上端和肱骨上端，是位于骨表面的骨性突起物。骨软骨瘤多发于青少年，随着生长发育而增大，当骨骺线闭合后，瘤体生长停止。骨软骨瘤有单发性和多发性两种，前者多见，又名外生骨疣；后者少见，常合并骨发育异常，具有遗传性，又称遗传性多发性骨软骨瘤病。多发比单发恶变率高。

考点提示

骨软骨瘤的好发部位。

【临床表现】

因肿瘤为良性，且生长速度缓慢，可长期无明显自觉症状，患者多在无意中发现骨性肿块而就诊。若瘤体较大，压迫周围组织（如肌腱、血管、神经），引起相应的症状，表现为隐痛或肢体功能障碍。

【辅助检查】

X线检查可见病灶处长骨干骺端从皮质向软组织有骨性突起，呈蒂状、杵状或鹿角状，骨皮质和骨松质与正常骨相连，髓腔相通、皮质连续。软骨帽常不显影，或呈不规则钙化（图33-1）。

【治疗原则】

无症状者，一般无须治疗。但本病有恶变的可能，应密切观察，如肿瘤生长速度过快，出现压迫症状，应及早手术切除。

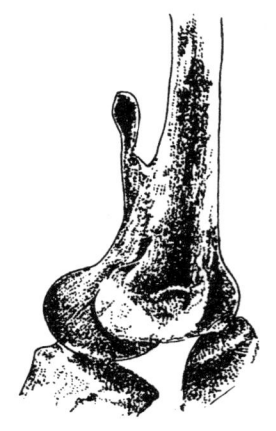

图33-1 骨软骨瘤示意图

第三节 骨巨细胞瘤患者的护理

骨巨细胞瘤是发生于骨松质的溶骨性肿瘤，属于潜在恶性，或介于良性、恶性之间的交界瘤。骨巨细胞瘤起源于骨髓结缔组织间充质细胞，由基质细胞和多核巨细胞构成，好发于股骨干下端和胫骨上端，其次为肱骨近端和桡骨远端。发病年龄为20~40岁，女性多于男性。

【临床表现】

患者主要表现为疼痛和肿胀，压之有乒乓球样感觉及压痛。当瘤内出血或病理性骨折时，疼痛加重。病变区皮温增高，可触及局部肿物，病变部位邻近关节活动受限。

【辅助检查】

1. X线检查　长骨骨骺处偏心性溶骨性破坏，骨皮质变薄，界限较清楚，无骨膜反应。典型溶骨性破坏可呈"肥皂泡"样改变（图33-2）。合并病理性骨折时可见骨折线。

2. 血管造影　可显示肿瘤血管丰富，伴有动静脉瘘形成。

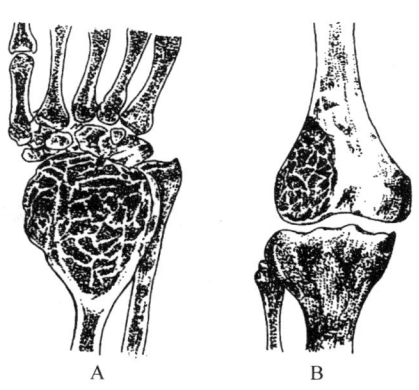

图33-2 骨巨细胞瘤示意图
A. 桡骨远端骨巨细胞瘤；B. 股骨下端骨巨细胞瘤

【治疗原则】

骨巨细胞瘤以手术治疗为主。可用刮除植骨术，适用于瘤体较小者，再用自体骨或骨水泥填充，但术后易复发；对于复发、瘤体较大或伴病理性骨折的患者，行肿瘤节段截除、假体植入；对于恶性无转移者，可行广泛、根治性切除或截肢术。

第四节 骨肉瘤患者的护理

骨肉瘤是最常见的原发性恶性骨肿瘤。肿瘤细胞直接形成类骨样组织或未成熟骨，病变可累及骨膜、骨髓腔、骨皮质。瘤体一般呈梭形，恶性程度高，预后差。骨肉瘤好发于长管状骨干骺端，股骨远端、胫骨和肱骨近端多见。发病年龄以 10～20 岁青少年多见，40 岁以上发病多为继发性。男性多于女性。近年来，由于早期诊断和化学治疗的发展，骨肉瘤患者的 5 年生存率明显提高。

【临床表现】

患者主要表现为疼痛和局部肿胀。早期症状为局部隐痛，发生在肿瘤出现之前，可为间断性疼痛，逐渐发展为持续性剧烈疼痛，夜间加重。骨端近关节处可伴有肿块，触之硬度不一，伴有压痛。局部皮温增高，伴静脉怒张。当肿瘤累及邻近关节时，出现关节活动度下降，可伴有病理性骨折。晚期患者出现恶病质，肺转移发生率高。

【辅助检查】

X 线检查可表现为成骨性、溶骨性或混合性骨质破坏。病变多起于长骨干骺端。骨膜反应明显，可见三角状新骨，称为 Codman 三角，或垂直呈放射样排列，称为日光射线现象（图 33-3）。

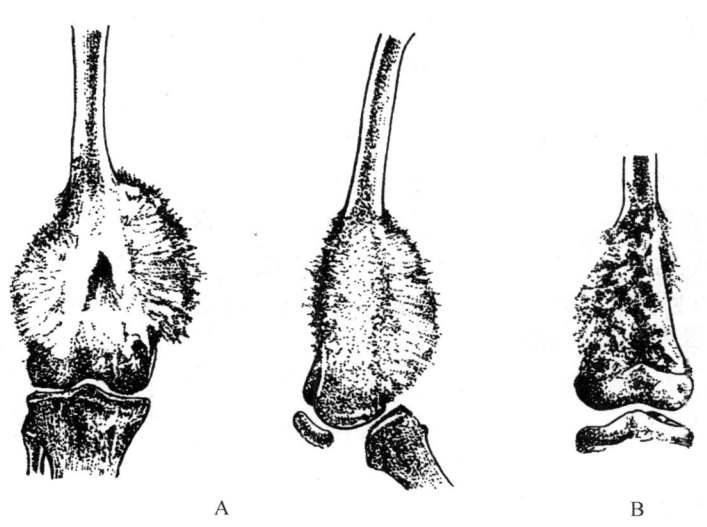

图 33-3 骨肉瘤示意图
A. 日光射线现象；B. 骨破坏、骨膜增生

【治疗原则】

骨肉瘤采用以手术为主的综合治疗。术前大剂量化疗，消灭微小转移灶，然后做根治性瘤段切除、灭活再植或植入假体的保肢手术。无保肢手术条件者行截肢术，截肢平面应超过患骨的近侧关节。术后继续大剂量化疗。

> **思政园地**
>
> **"希望马拉松"**
>
> "希望马拉松"是 1980 年由加拿大人发起的纪念义跑活动。特里·福克斯是一名加拿大骨肉瘤患者，截肢后依然热爱运动，每日跑一个全程马拉松路程，为骨肿瘤患者募

捐。自此以后，"希望马拉松"逐渐成为全世界最大的为癌症研究募捐的活动。每年9月的第2个周末，全世界55余个国家有无数人以各种形式参加"希望马拉松"。

自 测 题

一、选择题

1. 骨软骨瘤多发部位是
   A. 四肢长骨　　　　B. 手骨　　　　　C. 脊柱
   D. 肋骨　　　　　　E. 颅骨

2. 最常见的良性骨肿瘤是
   A. 骨巨细胞瘤　　　B. 骨瘤　　　　　C. 内生软骨瘤
   D. 骨肉瘤　　　　　E. 骨软骨瘤

3. 对骨肿瘤的诊断、鉴别诊断最有价值的检查是
   A. X 线片　　　　　B. 核素骨扫描　　C. MRI 检查
   D. 碱性磷酸酶测定　E. 组织病理学检查

4. 刘某，男性，22岁，左小腿肿痛3个月，疼痛先是间歇性，后加剧为连续性，夜间为甚。体格检查：患部肿胀、发热、静脉怒张。所患疾病可能是
   A. 急性骨髓炎　　　B. 骨结核　　　　C. 蜂窝织炎
   D. 骨软骨炎　　　　E. 恶性骨肿瘤

5. 患者，男性，28岁，左膝外上方逐渐隆起伴酸痛半年，膝关节屈曲功能良好；X 线示左股骨下端外侧有破坏区，中央有肥皂泡样改变，向内超过中线，远端距关节面约1 cm，无明显的骨膜反应。可能的疾病诊断是
   A. 骨髓炎　　　　　B. 骨结核　　　　C. 骨肉瘤
   D. 骨巨细胞瘤　　　E. 骨囊肿

（6～10题共用题干）

患者，男性，20岁。右股骨下端肿痛1个月，皮温高，静脉怒张。X 线检查显示右股骨下端有边界不清的骨质破坏区，有三角形骨膜反应。

6. 可能的疾病诊断为
   A. 骨髓炎　　　　　B. 骨结核　　　　C. 骨囊肿
   D. 骨肉瘤　　　　　E. 骨巨细胞瘤

7. 关于骨肉瘤，下列陈述正确的是
   A. 为良性肿瘤　　　B. 为继发性肿瘤　C. 通常侵犯长骨
   D. 患者为老年人　　E. 对化学治疗无效

8. 化学治疗后，患者出现下列哪种反应需停止化学治疗
   A. 恶心、呕吐
   B. 面部色素沉着
   C. 脱发
   D. 白细胞计数升至 18×10^9/L

E. 白细胞计数 $3\times10^9/L$、血小板计数 $50\times10^9/L$

9. 若患者行截肢术，下列护理措施不妥的是

    A. 及时更换敷料

    B. 术后 24~48 小时去枕平卧

    C. 观察肢体残端渗血情况

    D. 渗血较多者，用棉垫及弹性绷带加压包扎

    E. 床旁备止血带

10. 截肢术后，患者产生幻肢痛，主要采用的缓解方法是

    A. 抬高患肢　　　　　　　　　　B. 使用镇痛药
    C. 观察　　　　　　　　　　　　D. 松开近端包扎
    E. 精神治疗加心理护理

二、名词解释

1. 骨肿瘤
2. 骨巨细胞瘤

三、填空题

1. 常见的骨肿瘤包括_____、_____、_____。
2. 截肢术后_____小时抬高患肢，预防肿胀；下肢截肢者，每____小时俯卧，并将残肢以枕头支托。
3. 骨肿瘤分为良性、中间性和恶性三类，良性肿瘤中_____发病率最高，恶性肿瘤中_____发病率最高。

四、简答题

简述三种常见骨肿瘤患者的临床表现。

五、案例分析

患者，男性，18岁。4个月前患者出现左膝下方肿胀、疼痛。体格检查：皮温升高，可见静脉曲张，肿物质硬、活动度差，压痛明显。X线检查显示左胫骨上端骨破坏，病灶内不规则成骨，呈日光放射现象。

请回答：

（1）该患者的疾病诊断是什么？

（2）截肢术后，如何对患者进行护理？

（栾雅淞）

第三十四章数字资源

第三十四章 断肢（指）再植患者的护理

学习目标

1. 描述断肢（指）再植的概念、再植条件。
2. 熟悉断肢（指）再植患者常见的护理诊断/问题。
3. 阐述断肢（指）再植患者的处理原则及急救护理。
4. 能掌握断肢（指）再植患者再植体的观察和护理，为患者实施整体护理。
5. 注重人文关怀，具有与患者良好的沟通能力。

案例 34-1

患者，男性，40岁，工厂车间工人，工作时不小心被电锯割断左手示指、中指各2个指节，急诊送入医院。残指用方巾包裹，有渗血，离断手指装塑料袋携带就诊。

问题与思考：
1. 应如何对患者实施急救？
2. 如手术成功后，应采取哪些护理措施？

断肢（指）再植是对完全离断或不完全离断的肢（指），采用一定的外科手术，将肢（指）重新缝合到机体原位，恢复血液循环，使其完全存活并最大限度地恢复其功能。随着显微外科技术的发展，我国的断肢（指）再植取得一系列突破性进展，技术水平一直处于国际领先水平。目前，我国已较普遍地开展断肢（指）再植手术，再植成活率在90%以上，并有多例双手10指同时断离再植成活的报道。在注重再植成活率提高的同时，更加注重再植肢（指）的功能恢复。

知识链接

完全性断肢（指）和不完全性断肢（指）

外伤导致肢（指）断离后，如没有任何组织相连或虽有残存的损伤组织相连，但在清创时必须切除者，称为完全性断肢（指）。

肢（指）骨折或脱位，断面相连组织少于断面总量的1/4，主要血管断裂，如果不修复血管，远端肢（指）将发生坏死的，称为不完全性断肢（指）。

【病因、分类及病理生理】
1. 病因及分类　根据离断肢（指）损伤的原因和性质，分为以下3类。
（1）切割性断肢（指）：多见于锐器伤，切割断面整齐，污染较轻，血管、神经、肌腱等重要组织挫伤轻，再植成功率高。

(2) 碾压性断肢（指）：多见于交通工具、机器运行或重物造成的创伤，受伤部位组织损伤严重，常伴有严重污染，需清创切除碾压部分，将其变为切割性断肢（指），在肢体一定范围缩短后再植成功率仍可较高。

(3) 撕脱性断肢（指）：多由转动机械引起，局部组织损伤广泛，且血管、神经、肌腱损伤不在同一平面，常需复杂的血管移植或移位方能再植，术后成功率和功能恢复程度较差。

2. 病理生理　肢（指）离断后，组织先后经过有氧代谢和无氧代谢两个过程，严重缺氧后产生乳酸、组胺等毒性物质，破坏细胞结构，造成蛋白质和离子通透性障碍，导致组织和细胞死亡。这种变化对肌肉丰富的高位断肢（指）危害较大，常温下 6～7 小时，肌组织变性释放出的钾离子、肌红蛋白和肽类有毒物质积聚在断肢（指）的组织液和血液中，再植后，有毒物质进入全身，可引起严重的全身毒性反应；而断掌、断指和断足由于肌组织较少，这种变化较轻。

【护理评估】

1. 健康史　询问及了解患者的年龄、性别、职业等；患者的受伤史，包括受伤原因、时间、环境、现场急救情况及离断肢（指）保存情况；患者的既往史，包括有无血管性疾病、高血压、糖尿病等。

2. 身体状况

(1) 局部情况：断面出血，伴有疼痛、肿胀。可见肌肉组织、大血管断端，断面有骨折或关节脱位。

(2) 全身情况：局部创伤可无全身症状。严重创伤者可有失血性休克或创伤性休克表现。

3. 心理-社会状况　评估患者创伤后有无恐惧、焦虑、悲哀等情绪反应；患者及其家属的经济承受能力，以及对手术后功能锻炼知识的了解程度。

4. 辅助检查　血常规检查了解失血情况；肝功能、肾功能检查；出凝血时间检查；X 线检查等。

5. 治疗原则

(1) 现场急救：断肢（指）的现场急救包括止血、包扎、保存断肢（指）和迅速转送。

(2) 再植手术：断肢（指）再植的步骤为：彻底清创、重建骨的连续性、缝合肌腱、重建血液循环、缝合神经、闭合创口及包扎。

【常见护理诊断/问题】

1. 焦虑、恐惧　与肢体离断、担心肢（指）伤残或手术成功与否有关。
2. 疼痛　与创伤、手术及心理状态有关。
3. 组织灌注量改变　与血管离断、血管栓塞有关。
4. 躯体移动障碍　与再植肢（指）功能不全有关。
5. 潜在并发症：休克、感染、急性肾衰竭。

【护理目标】

1. 患者焦虑/恐惧减轻或消失，情绪稳定。
2. 患者疼痛减轻或消失。
3. 患者组织灌注量得到改善。
4. 患者躯体移动障碍逐渐恢复。
5. 患者未发生并发症或并发症发生后被及时发现和处理。

【护理措施】

1. 现场急救护理

(1) 急救：①病情观察：判断伤员受伤情况，包括断肢（指）、生命体征、是否合并其他损伤；②休克患者采取仰卧中凹位，昏迷患者头偏向一侧，保持呼吸道通畅。

（2）对断肢（指）的急救：由于血管离断后发生回缩痉挛及血凝块，常使血管闭塞，一般采用敷料局部加压包扎止血即可；大动脉出血时可用止血带止血，每隔40～60分钟放松15分钟，防止肢体坏死，放松止血带时按压肢体主干血管，以减轻失血；离断部位较高者，如在肩下或髋下，无法使用止血带，而加压包扎又不能控制出血时，可用止血钳止血。

（3）断肢（指）保护：①完全离断的肢（指）立即进行干燥冷藏法保存，用无菌敷料或清洁布类包裹，放入干净塑料袋内，禁忌冲洗、涂药或浸泡，再将其放入加盖的容器中，然后将容器放入有冰块的封闭容器内保存（图34-1）。此方法可避免断肢（指）与冰块直接接触而冻伤，也可避免融化的冰水浸泡断肢（指），造成组织和细胞肿胀。②对不完全离断的断肢（指），包扎止血后，使用夹板固定，以减轻疼痛及深部组织的进一步损伤。③如断肢（指）仍在机器中，应立即停机，拆开取出断肢（指），切不可强行拉出或将机器倒转，以免加重损伤。

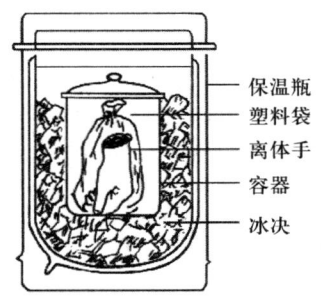

图 34-1　断肢（指）保存方法

（4）迅速转运：①迅速将患者和断肢（指）送往医院，转送途中注意观察患者的生命体征，了解有无其他并发症，积极防治休克。②到达医院后，用肝素生理盐水从动脉端灌注冲洗血管，然后用无菌湿敷料包好，外层再用干敷料包好，放在无菌容器内，置入4℃冰箱内冷藏。若为多个手指离断，应分别包好后标记清楚。

2. 术前护理

（1）病情观察：了解患者的受伤史、现场急救情况以及离断肢（指）的局部情况。监测生命体征，严密观察有无其他器官损伤。

（2）全身支持：根据患者的情况及时给予输血、输液，维持循环和呼吸功能，提高患者对手术的耐受力。预防性使用抗生素。

（3）环境准备：病房应安静、舒适、通风，空气新鲜，限制人员探视，室温保持在20～25℃。

（4）心理护理：患者出现意外伤残，常感到恐惧、焦虑，担心手术是否成功、术后是否残疾、术后功能恢复如何等。护士应给予患者正确的引导和心理支持，向患者介绍手术方法，以减轻患者及其家属的顾虑。

3. 术后护理

（1）病情观察

1）监测生命体征：定时测量体温、脉搏、呼吸、血压，记录24小时液体出入量。

2）监测肾功能：急性肾衰竭是断肢（指）再植术后极严重的并发症，可导致患者死亡，可因低血压、肢体挤压伤、断离肢体过度缺血、清创不彻底、肢体并发感染等引起。应严密观察患者的尿量、血肌酐、尿素氮等指标，预防肾衰竭的发生。

3）再植肢（指）的观察与护理：①体位：抬高患肢，使其略高于心脏水平，以利于静脉回流，减轻肢体肿胀。术后平卧10～14天，勿侧卧、勿坐起，避免患侧血管受压影响患肢血供。②观察再植肢（指）的血液循环：正常的再植肢（指）的指（趾）腹饱满、颜色红润，略红于健侧，皮温比健侧稍高，毛细血管回流正常。如皮肤颜色由红润变为苍白，皮温降低，毛细血管充盈时间延长（超过2秒），动脉搏动减弱或消失，指（趾）腹干瘪，提示动脉栓塞或动脉痉挛；如皮肤变成暗紫色，指（趾）腹张力高，毛细血管回流速度加快，皮温逐渐下降，动脉搏动存在，提示静脉回流障碍。③预防和护理：术后48小时内易发生血管危象，应每

1~2小时测皮温 1 次，与健侧对比，做好记录。一旦发现异常，立即通知医师，首先解除血管外的压迫因素，完全松解包扎，如血液循环无好转，再拆除部分缝线，清除积血，降低局部张力；应用解痉药、抗凝血药；加强保暖；有条件者行高压氧治疗。

（2）控制感染：术前严格备皮。术中应严格执行无菌操作，彻底清创。术后及时更换敷料，保持创口清洁、干燥；保持引流通畅；应用抗生素预防感染。密切观察病情，如再植肢（指）局部疼痛、红肿，伴有高热，提示局部感染。当感染严重危及患者生命时，应将再植肢（指）截除。

（3）功能锻炼：术后 3 周是软组织愈合的阶段，护理重点为预防和控制感染，可适当地按摩、理疗、轻微屈伸未制动的关节，促进静脉和淋巴回流，减轻肿胀，促进切口一期愈合，防止因长期制动引起的关节活动障碍。术后 4~6 周以主动运动为主，护理重点为预防关节僵直、肌肉挛缩，患者尝试患肢（指）伸屈、握拳、踝关节旋转等动作，被动活动时动作轻柔。术后 6~8 周骨折已愈合，此阶段的功能锻炼以促进神经功能恢复、瘢痕软化为主，患侧手做提、挂、抓的练习，并配合理疗、中药熏洗等，促进肢体运动和感觉功能的恢复。

4. 健康教育

（1）注意安全，加强劳动保护。

（2）向患者讲解术后早期活动、恢复锻炼的注意事项。

（3）出院后坚持戒烟，寒冷季节注意保暖。

（4）遵医嘱定期复查，如发现异常，及时就诊。

思政园地

中国断肢再植中心

1963 年，在上海市第六人民医院，由陈中伟、钱允庆等组成的医疗团队完成了世界医学史上具有里程碑意义的首例断肢再植手术，并获得成功，中国因此成为世界上第一个成功断肢再植的国家。目前，上海市第六人民医院每年要实施 1000 余例断肢再植手术，手术成功率达 95% 以上，并创建了一系列新技术，上海市第六人民医院以其患者之众、类别之多、技术之高、规模之大而被称为"世界上最大的再植中心"。

自 测 题

一、选择题

1. 对离断肢（指）的处理，正确的是
   A. 清水冲洗　　　　　　B. 现场消毒　　　　　　C. 纱布包好再转送
   D. 干燥、冷藏保存　　　E. 泡在冰水里

2. 术前断肢（指）应置于冰箱内冷藏，冰箱内温度为
   A. 0℃　　　　　　　　B. -4~0℃　　　　　　　C. 2~4℃
   D. -4~-2℃　　　　　　E. -2~0℃

3. 急救时，对伤员残肢的处理，不恰当的是
   A. 使用止血带要记录时间
   B. 必要时可使用止血钳止血
   C. 保护残肢，防治继发性损伤和污染

D. 为避免出血，止血带不可放松

E. 一般情况局部加压包扎即可，尽量少用止血带

4. 患者，男性，36岁，断肢（指）再植术后，出现再植指皮温降低、指腹塌陷、皱纹加深，动脉搏动消失，请判断该患者出现了

   A. 动脉危象   B. 静脉危象   C. 静脉曲张

   D. 肌肉萎缩   E. 再植体坏死

5. 患者，男性，42岁，左脚足趾被机器绞割，出血量较大，第1、2、3足趾完全断离，患者难以控制情绪，惊恐面容，表情痛苦。该患者目前主要的护理诊断/问题是

   A. 体液不足   B. 组织灌注不足   C. 焦虑、恐惧

   D. 有感染的危险   E. 躯体移动障碍

（6～10题共用题干）

患者，男性，35岁。车祸造成左下肢自大腿下方发生离断。急诊入院后，患者意识清楚，BP 110/70 mmHg，P 85次/分，做好术前准备。

6. 术前使用止血带进行残肢止血，应每隔多长时间放松一次

   A. 20～40分钟   B. 40～60分钟   C. 60～80分钟

   D. 10～30分钟   E. 30～50分钟

7. 术前断肢干燥冷藏法的温度是

   A. 0℃   B. 2℃   C. 4℃

   D. -2℃   E. -4℃

8. 术前准备，不恰当的是

   A. 术前完善备皮

   B. 预防性使用抗生素

   C. 断肢放入冰箱内冷藏待用

   D. 及时补充水、电解质

   E. 无需查血型及交叉配血

9. 患者行断肢再植术后，以下护理措施，不正确的是

   A. 卧床2～3周   B. 手术部位适当制动，防止受压

   C. 按时测量皮肤温度   D. 为防止切口破裂，应绝对制动

   E. 做好心理护理

10. 该患者术后功能锻炼可转为主动活动的时间为

   A. 术后1～2周   B. 术后2～4周

   C. 术后4～6周   D. 术后6～8周

   E. 术后立即进行

二、名词解释

1. 断肢（指）再植
2. 动脉危象
3. 静脉危象

三、填空题

1. 根据断肢（指）损伤的原因和性质，分为_____、_____、_____。

2. 断肢（指）再植术后____小时内易发生血管危象，应每____小时测皮温1次，与健侧对比，做好记录。

3. 断肢（指）再植术后3周是_____的阶段，护理重点为_____。

四、简答题

简述断肢（指）的处理方法。

五、案例分析

患者，男性，45岁。因右上臂被机器碾压造成完全性离断，急诊入院。体格检查：面色苍白，BP 90/60 mmHg，脉搏增快，远端前臂和手尚完整。

请回答：

（1）应对该患者采取哪些急救措施？

（2）断肢（指）再植术后应如何制定术后功能锻炼方案？

（栾雅淞）

外科护理学实训指导

实训一 水、电解质代谢紊乱及酸碱平衡失调患者的护理

病例摘要：

患者，女性，35岁，体重60 kg，因急性肠梗阻入院，诉口渴、软弱无力、尿少，昨日呕吐8次，呕吐物总量约为2000 ml。体格检查：P 95次/分，BP 90/60 mmHg，皮肤弹性差，眼窝凹陷。尿液检查呈酸性，测血钾3.5 mmol/L、CO_2CP 13.3 mmol/L（正常23～31 mmol/L）。

讨论：

1. 该患者存在哪些水、电解质代谢紊乱和酸碱失衡？
2. 应该如何对患者进行护理评估？
3. 请针对该患者目前的情况提出常见护理诊断/问题。
4. 对于该患者，主要的治疗措施有哪些？
5. 针对已列出的护理诊断制定相应的护理措施。

【实训目的】

1. 能根据患者的临床表现及检查结果判断患者水、电解质代谢紊乱及酸碱失衡的类型。
2. 熟悉水、电解质代谢紊乱和酸碱失衡的治疗及护理措施。
3. 能对患者实施有针对性的健康教育。

【实训准备】

典型临床病例。

【实训学时】

1学时。

【实训方法与结果】

1. 实训方法

（1）课堂案例分析，在老师的指导下对患者做出护理评估，提出常见护理诊断/问题，制订护理计划，并完成护理病例讨论报告。

（2）采用情景教学、角色互换方法，由学生分别扮演患者、家属及护士，指导学生对患者进行健康宣教。

2. 实训结果　完成护理见习报告或病案讨论报告。

（翁琛婷）

实训二　休克患者的护理

病例摘要：

患者，男性，成年人，因骑自行车跌倒，右肋部撞击在突出的路面上，自感腹痛，主诉头晕，急诊入院。入院后护理估计资料：患者精神紧张，面色苍白，P 120次/分，脉搏细弱，BP 90/70 mmHg，口渴，尿少，腹腔穿刺有不凝固血液。临床诊断：肝破裂。

讨论：

1. 如何对该患者进行护理评估？
2. 目前，对于该患者，应如何处理？
3. 若患者经手术治疗后痊愈出院，如何对患者进行出院时的健康宣教？

【实训目的】

1. 熟悉休克患者的临床特点。
2. 掌握休克患者的护理评估、常见护理诊断/问题、护理措施和健康指导方法。
3. 能对休克患者进行护理评估资料的收集，并对评估资料进行分析和总结，提出护理诊断，并制定相应的护理措施和对患者进行健康指导。
4. 在护理实践过程中应尊重、关心、爱护和体贴患者。

【实训准备】

典型临床病例、休克患者视频或微课、休克患者案例资料。

【实训学时】

1学时。

【实训方法与结果】

1. 实训方法

（1）医院见习，在带教老师的指导下对休克患者做出护理评估，提出常见护理诊断/问题，制订护理计划，并完成护理见习报告。

（2）采用情景教学、角色互换方法，由学生分别扮演患者、家属及护士，指导学生对休克患者进行健康宣教。

（3）观看休克患者视频或微课。

2. 实训结果　完成护理见习报告或病案讨论报告。

（吴文君）

实训三　外科手术器械及用品的识别

【实训目的】

1. 了解各种外科手术器械的结构特点、主要功能，正确选择和使用手术器械。
2. 学会各种手术器械的正确传递方法。

【实训准备】

1. 用物准备　手术刀、手术剪、手术镊、血管钳及其他钳类、持针器、牵开器、吸引器头等。
2. 环境准备　清洁、整齐、光线明亮、温度适宜。

【实训学时】

2学时。

【实训方法及步骤】
1. 教师讲解、指导学生辨认各类手术器械
（1）手术刀：类型、特点、用途、握持和传递方法。
（2）手术剪：类型、特点、用途、握持和传递方法。
（3）手术镊：类型、特点、用途、握持和传递方法。
（4）血管钳及其他钳类：类型、特点、用途、握持和传递方法。
（5）持针器：类型、特点、用途、握持和传递方法。
（6）牵开器：类型、特点、用途、握持和传递方法。
（7）吸引器头：类型、特点、用途、握持和传递方法。
2. 学生分组　识别各类手术器械。
3. 练习　练习各类手术器械的正确传递。

【注意事项】
1. 安装刀片，持针器前端与刀片呈45°夹持刀片背侧前端1/3处，左手持刀柄，刀片与刀柄斜面平行，将刀片豁口对准刀柄的槽缝向后拉；拆卸刀片，夹持刀片背侧尾端并稍稍抬起（约5°），高于刀柄槽，向前推出。
2. 手术剪专剪专用，以免损伤手术剪的刃口，影响锋利度。
3. 手术钳若为弯钳，使用时弯度向上、钳尖向下，手在血管钳的上方。
4. 根据手术部位的深浅正确选择使用手术器械。

实训四　外科手消毒

【实训目的】
彻底清洁、消毒手臂，尽可能减少皮肤表面的微生物，预防切口感染。

【实训准备】
1. 护士准备　更换洗手衣、裤，摘下首饰、手表，修剪指甲，戴口罩、帽子。面对穿衣镜再次检查、整理着装，符合手术要求，卷袖过肘15 cm以上。
2. 用物准备　无菌软毛刷、无菌小毛巾、刷手液（爱护佳、消毒肥皂水等）、消毒液（0.5%聚维酮碘、灭菌王、爱护佳等）、红外线感应式一体化刷手池。
3. 环境准备　刷手间环境整洁，用物摆放整齐、符合要求，温度适宜。

【实训学时】
2学时。

【实训方法及步骤】
1. 教师讲解，先示教外科手消毒
（1）刷手准备：进入刷手间，检查并打开贮放软毛刷、小毛巾的无菌容器盖。
（2）外科洗手
1）洗手：按七步洗手法洗手至肘上10 cm，使用流动水冲净。
2）刷手：用无菌软毛刷接取刷手液，依次刷洗双手各部、腕部、前臂、肘部及肘上10 cm，两手交替。
3）冲洗：使用流动水仔细冲净指尖、手、前臂至肘上。更换无菌软毛刷，用同样的方法刷第2、3遍，使用流动水冲净，共刷手3遍，约10分钟。
4）擦干：用无菌小毛巾先擦干双手，再从腕部螺旋形向上擦干。翻转小毛巾，同法擦干对侧。

5）消毒：正确消毒双手2遍。

（3）进入手术室：呈拱手姿势进入手术室，待手臂自然晾干。

2. 学生分组练习　教师给予指导。

【注意事项】

1. 洗手衣袖挽至上臂中部以上、衣摆扎在裤腰中，自身衣服不得外露；口罩系带跨过耳朵上、下扎于枕后。

2. 刷手范围是从指尖至肘上10 cm；方向是从指尖至肘，不可来回刷；两手臂交替，不可刷完一侧再刷另一侧；冲洗时，保证污水从肘部流下。

3. 擦干手臂，擦至肘部的小毛巾不可返回至手。手臂消毒后呈拱手姿势，不可触及任何未经消毒的物品，自然晾干。

实训五　穿全遮盖式无菌手术衣、无接触式戴手套

【实训目的】

避免手术过程中皮肤深部的常驻菌随汗液带到手的表面，污染切口。

【实训准备】

1. 护士准备　已完成外科洗手。
2. 用物准备　无菌手术衣包、无菌手套、大器械台。
3. 环境准备　手术室环境整洁，用物摆放整齐、符合要求，温度适宜。

【实训学时】

2学时。

【实训方法及步骤】

1. 教师讲解与示教　先示教穿全遮盖式无菌手术衣、无接触式戴手套。

（1）进入手术室：外科洗手后保持拱手姿势，膝碰门感应开关，进入手术室，待手臂自然晾干。

（2）穿无菌手术衣

1）取手术衣：从无菌台上抓取手术衣。

2）展开衣服：选择宽敞处，手提衣领使衣的下端自然下垂展开。两手提住衣领两角轻轻抖动，打开手术衣，露出袖口根部。

3）穿手术衣：将手术衣向上轻轻抛起，两臂向前平伸、双手顺势插入袖中。

4）协助系带：巡回护士在其背后抓住手术衣后内面向后拉平手术衣、衣口裹住指尖，拉平衣领，协助系好手术衣领口和后襟上部系带。

（3）戴无菌手套

1）巡回护士打开手套外包装，用无菌持物钳夹取手套内袋，放于无菌台面上。

2）器械护士无接触式戴手套：器械护士穿无菌手术衣时双手不伸出袖口，隔袖筒将无菌手套内层包装打开，平放于无菌台面上。左手隔衣取右手手套，对准拇指、手套指端朝向手臂放在右手袖口上；两手隔衣袖分别抓住手套上、下两侧的反折部，将手套反转向右手背，左手同时牵拉手套反折部和手术衣袖口，右手顺势伸出袖口、五指张开插入手套。同法戴左手手套。十指交叉，使手套指端充实，便于操作。

（4）系带整理：器械护士戴好手套后，解开并撑起后襟斜角一侧腰带，巡回护士用无菌持物钳夹带子末端绕过后方，再递给手术人员自己系好。

(5）术毕脱衣

1）脱手术衣：手术结束，器械护士解开腰带，在前面打结，巡回护士协助解开后方小衣带，器械护士双手胸前交叉抓住手术衣肩部向前牵拉，翻转脱下。

2）脱去手套：抓手套外侧面翻转脱去，不可触及手臂，以免造成污染。

2. 学生分组练习　教师给予指导。

【注意事项】

1. 穿手术衣必须在手术室面向无菌区进行，四周有足够的空间，手术衣不可触及地面或周围的人和物，若不慎接触污染物，须立即更换。

2. 无接触式戴手套时手不伸出袖口，整理衣袖，抓取并戴好手套；戴好手套后方可接触衣带。

3. 穿戴手术衣、手套后，双手互握置于胸前，或放在胸前口袋内，不能接触手术衣的有菌区或其他有菌物品。

实训六　常用手术体位的安置

病例摘要：

王先生，60岁，右侧腹股沟区出现可复性肿块5年，6小时前因剧烈咳嗽后出现疝块增大、腹痛、呕吐、全身不适。体格检查：右侧腹股沟区及阴囊可触及肿块，压痛，腹膜刺激征（－），急诊行疝修补术。请根据王先生的病情为其安置一个合适的体位。

【实训目的】

合理安置手术体位的目的是充分显露手术视野，保证手术顺利进行，预防并发症。

【实训准备】

1. 护士准备　着装严格遵循手术时的要求。

2. 患者准备　了解所要安置体位的目的、方法、配合要点。

3. 用物准备　根据手术需要准备相应的体位垫、护架、约束带等。

4. 环境准备　环境整洁、宽敞，温度适宜，光线充足。

【实训学时】

2学时。

【实训方法及步骤】

1. 麻醉完毕，置电极片于肌肉丰满的部位，如小腿后部、大腿外侧面、臀部。

2. 巡回护士和手术医师、助手共同将患者安置于手术所需体位。

3. 放置体位垫、护架。

4. 用宽的约束带固定，维持手术体位。

5. 注意保暖。

6. 根据手术部位放置器械托盘。

【注意事项】

1. 护架不能直接接触患者，用小的体位垫保护。

2. 安置肢体于功能位，避免神经受压。

3. 约束带不可过紧（腿带应置于膝上3～4 cm）。

4. 解开患者衣服，充分显露手术野。

5. 器械托盘与患者间距为6～8 cm，注意旋紧、固定，以防下滑砸伤患者。

实训七　患者手术区皮肤准备（备皮）

病例摘要：

王先生，60岁，右侧腹股沟区出现可复性肿块5年，6小时前因剧烈咳嗽后出现疝块增大，腹痛、呕吐、全身不适。体格检查：右侧腹股沟区及阴囊可触及肿块，压痛，腹膜刺激征（–），急诊行疝修补术。请根据王先生手术的部位进行手术区皮肤准备。

【实训目的】

1. 去除手术区毛发，避免手术切口周围毛发影响手术操作。
2. 彻底清洁皮肤，预防术后切口感染。

【实训准备】

1. 护士准备　修剪指甲、衣帽整洁、洗手、戴口罩。
2. 用物准备　橡胶布、杂用布（一次性纸垫）、弯盘、备皮刀、纱布、肥皂水、软毛刷、一次性治疗巾、一次性手套、手电筒，必要时准备脸盆、毛巾及温水，屏风或隔帘。
3. 环境准备　室内安静、整洁、宽敞、明亮、温度及湿度适宜。

【实训学时】

1学时。

【实训方法及步骤】

1. 核对床号、姓名、床尾卡及腕带信息。
2. 向患者解释备皮的目的和意义。
3. 关闭门窗，使用屏风或隔帘遮挡患者。
4. 评估备皮范围内有无皮肤损伤、感染、皮肤疾病等。
5. 特殊部位备皮，如头部、阴囊、阴茎手术是否提前进行了皮肤准备。
6. 消毒双手。
7. 垫橡胶布和杂用布（一次性纸垫），保护床单位。
8. 显露备皮区，注意保暖。
9. 检查手术部位有无破溃、湿疹。
10. 护士站于患者一侧，将弯盘放至一次性治疗巾上，戴一次性手套，检查并打开备皮刀。
11. 用软毛刷将肥皂水涂至待备皮区域。
12. 一手用纱布绷紧皮肤，另一手持备皮刀呈45°顺着毛发生长方向（以免损伤毛囊）剃净毛发。如备皮区范围较大，可分区进行剃毛，剃下的毛发用纱布拭净并放入弯盘内。剃毕，用手电筒照射或借助日光，检查是否剃净，同时检查局部皮肤有无损伤，如有伤口，应及时告知医师处理。用毛巾浸温水洗去局部毛发和肥皂液。
13. 整理用物，撤掉弯盘及一次性治疗巾，脱手套，协助患者取舒适卧位。嘱患者备皮后沐浴，如卧床者，应给予床上擦浴，撤掉屏风，开窗通风。
14. 再次查对。
15. 洗手、记录、签字。

【注意事项】

1. 操作应轻柔，切勿剃破皮肤，注意保暖。
2. 按不同手术要求备皮。
3. 幼儿一般不备皮。
4. 腹部手术准备时，应清洁脐孔内污垢（可以用汽油或松节油清洁，然后用75%乙醇消毒）。

5. 直肠癌患者需备皮肛周皮肤。

6. 四肢手术患者入院后，指导患者泡手、泡脚，如手掌、手足指（趾）间，每日用温水泡20分钟，并用肥皂水刷洗，剪去指（趾）甲，已浸软的胼胝应设法剪去，但应避免损伤皮肤。

7. 备皮范围原则为超出手术切口四周各20 cm以上。

（安雪莹）

实训八　患者手术区域消毒铺巾

病例摘要：

王先生，60岁，右侧腹股沟区出现可复性肿块5年，6小时前因剧烈咳嗽后出现疝块增大，腹痛、呕吐、全身不适。体格检查：右侧腹股沟区及阴囊可触及肿块，压痛，腹膜刺激征（-），急诊行疝修补术。请根据王先生手术的部位进行皮肤消毒的准备。

【实训目的】

保持手术切口及手术用物的无菌状态，防止手术切口感染。

【实训准备】

1. 护士准备　器械护士穿无菌手术衣，戴无菌手套。

2. 用物准备　消毒钳及消毒液（聚维酮碘或安尔碘等消毒液）、纱布。以腹部手术为例，腹部布类包内备剖腹单2条（或剖腹单1条、中单3条），治疗巾8～10块，中单1条，布巾钳4把，手术切口膜，其他手术用物。

3. 环境准备　环境整洁、宽敞，温度适宜，光线充足。

【实训学时】

2学时。

【实训方法及步骤】

1. 器械护士穿无菌手术衣及戴无菌手套后，分类整理手术用物，准备好消毒钳和浸有消毒液的纱布。

2. 手术第一助手洗手完毕，器械护士正确传递皮肤消毒用物，进行手术野的皮肤消毒。

3. 铺切口巾（4块治疗巾）。

4. 器械护士和手术第一助手配合粘贴透明手术切口膜。或递给手术第一助手4把布巾钳，夹治疗巾的交角处，固定治疗巾。

5. 器械护士先将1块治疗巾由近身侧向前铺于升降器械托盘上。

6. 两人配合铺好中单。

7. 两人配合铺好剖腹单。

8. 升降器械托盘加铺一层治疗巾，无菌器械台靠近已铺无菌巾的手术床尾端。

【注意事项】

1. 小型手术仅盖一块洞巾即可，较大型手术术野周围铺巾需4～6层，两侧和足端应垂下，超过手术台边30 cm。

2. 铺巾时，手术切口中的内侧缘距切口3 cm以内，铺好后即不应再移动，如位置不准确，只允许自内向外移动。

3. 铺巾时，严格遵循外科无菌操作原则，铺巾无污染。

（安雪莹　张　德）

实训九　手术器械台的管理

病例摘要：

王先生，60岁，右侧腹股沟区出现可复性肿块5年，6小时前因剧烈咳嗽后出现疝块增大、腹痛、呕吐、全身不适。体格检查：右侧腹股沟区及阴囊可触及肿块，压痛，腹膜刺激征（-），急诊行疝修补术。请根据王先生的手术进行器械台的管理。

【实训目的】

保持手术用物的无菌；保持手术野、器械台及器械托盘的整洁、干燥；保证手术安全、顺利进行。

【实训准备】

1. 护士准备　外科洗手，穿无菌手术衣，戴无菌手套。
2. 用物准备　无菌手术衣、无菌手套、扇形器械台、升降托盘、各类无菌手术包。
3. 环境准备　环境整洁、宽敞，温度适宜，光线充足。

【实训学时】

2学时。

【实训方法及步骤】

1. 巡回护士清洁扇形器械台面，将无菌敷料包放于台面中间，查对名称、消毒日期，解开系带。
2. 巡回护士打开无菌手术包（外层包布可徒手打开、第二层包布只能用无菌持物钳打开）。
3. 器械护士行无菌准备后，拉平整器械台上的包布。
4. 器械护士将无菌手术包内的敷料包、大盆、小盆整理放在器械台的一侧，使器械台留出较大空间。
5. 按使用先后次序及类别整齐排列手术器械（使用次数多的放在最下排、使用次数少的放在最上排）。
6. 手术开始前，巡回护士和洗手护士共同清点各类器械、敷料数量，并详细记录。
7. 用无菌治疗巾遮盖待用。
8. 手术进行过程中，器械护士及时取回切口周围多余的器械及敷料，对递出的物件要心中有数。
9. 及时清理器械上的血迹。
10. 关闭体腔前，两人再次共同清点器械、敷料，关闭体腔前、后数量应一致。
11. 手术结束时，器械护士及时取回手术台上所有器械。

【注意事项】

1. 打开无菌包时，徒手只能接触包布的外面，由近向远展开；内层包布必须用无菌持物钳打开，先远侧、后近侧，保持手臂不跨越无菌区。
2. 铺器械台，无菌敷料垂于器械台缘下30 cm，无菌器具未伸出台缘，器械放置整齐有序。
3. 手术开始和关闭体腔前，两次清点器械、敷料数量相符方可关闭体腔。
4. 本台手术所用器械、敷料必须经清洁、高压灭菌处理，下台手术方可再用。

（安雪莹　张　德）

实训十　更换敷料（换药）

病例摘要：

张先生，35岁，左前臂被玻璃割伤后到医院进行清创。术后第三天，检查：患者生命体征正常。请遵医嘱为张先生进行换药。

【实训目的】

1. 学会一般换药的基本操作。
2. 熟悉换药的原则。
3. 熟悉常用换药物品的名称、用途。

【实训准备】

1. 护士准备　穿工作服、戴帽子和口罩，操作前应清洗双手。
2. 用物准备　换药模拟人，无菌换药碗或弯盘2个，镊子2把，适量敷料、消毒棉球、引流条、绷带、胶布等。
3. 环境准备　环境清洁，光线明亮，温度适宜。

【实训学时】

2学时。

【实训方法及步骤】

1. 评估患者，了解切口愈合情况，有无红、肿、液体渗出、脓液形成等。
2. 告知换药的目的。
3. 着装整洁，用物准备、环境符合要求。
4. 携用物至患者身旁，再次核对。
5. 摆好体位，显露切口，注意遮挡，告知换药的注意事项及配合事宜。
6. 揭去原有敷料。外层敷料用手揭去，内层敷料用镊子揭去。
7. 消毒皮肤，处理切口。
8. 使用无菌敷料覆盖并妥善固定。
9. 整理用物。

【注意事项】

1. 严格执行无菌操作　注意两把镊子的使用：一把夹取无菌物品，另一把接触切口，传递物品时两把镊子不能互相碰触。
2. 注意换药顺序，先清洁伤口，再污染伤口，最后感染伤口。
3. 揭内层敷料时，方向与伤口纵轴一致，若内层敷料与伤口粘连，应先用生理盐水浸湿再揭去。
4. 脓肿切开引流后的伤口，换药时一定要将脓液清除干净，置引流条时，要送达脓腔底部，但不可过紧，不可堵塞外口。
5. 更换敷料的厚度至少8～12层，更换次数根据伤口情况决定。

（张　德）

实训十一　清创缝合

病例摘要：

清创术案例：张先生，35岁，左前臂被玻璃割伤后到医院急诊科就诊。检查：患者生命体征正常，前臂桡侧可见8 cm长、有活动性出血的伤口，请考虑该如何对张先生进行处理？

【实训目的】

1. 学会一般伤口的清创操作及缝合方法、步骤。
2. 熟悉清创时机的把握。
3. 熟悉清创前准备及清创缝合的注意事项。

【实训准备】

1. 护士准备　穿工作服、戴帽子和口罩，操作前应清洗双手。
2. 用物准备　清创包、无菌手套、消毒棉球、局部麻醉药、注射器、无菌敷料及胶布等。
3. 环境准备　环境清洁，光线明亮，温度适宜。

【实训学时】

2学时。

【实训方法及步骤】

1. 评估患者。了解伤口情况，注意伤口的形状、大小、深度、边缘是否整齐、污染情况、有无异物存留，有无组织、器官外露及出血等。
2. 告知清创的目的。
3. 着装整洁，用物准备、环境符合要求。
4. 携用物至患者身旁，再次核对。
5. 摆好体位，显露伤口，注意遮挡，告知清创的注意事项及配合事宜。
6. 清洁伤口及周围皮肤。
7. 常规消毒、铺单。
8. 修整创缘。
9. 由浅至深处理伤口，切除失活的组织，清除血块及异物，彻底止血。
10. 修复深部组织，对合并肌腱、重要神经及血管损伤者，应予以修复。
11. 伤口缝合。

（1）进针：缝合时，左手持有齿镊，提起皮肤边缘；右手持持针器，用手腕及手臂的力量，由外旋进，顺针的弧度刺入皮肤，经皮下组织从对侧切口皮缘穿出。

（2）拔针：注意顺针前端的弧度向外拔。针拔出后，用左手捏紧针孔及线，以免脱落。

（3）打结：可用持针器或手正确打结（外科结、方结、三重结）。

（4）使用上述方法逐一缝合，注意针距大致相等，进针与出针距创缘的距离大致相等。

（5）用镊子对合皮缘，再次消毒皮肤。

12. 用无菌敷料包扎固定。
13. 整理用物。

【注意事项】

1. 严格执行无菌操作。
2. 麻醉，在患者无痛的情况下进行清创。
3. 清创宜在伤后6～8小时内进行。
4. 伤口内异物要清除干净，坏死组织要切除，止血要彻底。

5. 对伤口污染较重或处理时间已超过 8~12 小时者，不宜做一期缝合。
6. 缝合针、线要适宜，注意缝合处张力。
7. 保证缝合创面或切口对合良好。

（张　德）

实训十二　胸腔闭式引流瓶的更换（单瓶）

病例摘要：
刘先生，75 岁。因右肺上段肺癌行肺叶切除，术后留置胸腔闭式引流管。护士在巡视时发现引流瓶接近满瓶。

讨论：
请考虑该给予患者何种操作？如何操作？

【实训目的】
1. 掌握胸腔闭式引流瓶更换的操作方法及注意事项。
2. 能对患者正确进行胸腔闭式引流瓶的更换。
3. 在操作过程中注意无菌操作，关爱患者，做好对患者的健康指导。

【实训准备】
1. 护士准备　护理人员着装整洁；戴口罩、帽子；按七步洗手法洗手。
2. 患者准备　核对患者信息，评估患者意识、生命体征、手术类型。向患者说明操作目的，操作过程中的配合以及注意事项；安慰患者，缓解紧张情绪。
3. 用物准备　治疗车（含垃圾桶）、医嘱单、治疗盘、胸腔闭式引流瓶（一次性单瓶）、无菌生理盐水 500 ml、血管钳 2 把、无菌纱布、一次性治疗巾、弯盘、聚维酮碘、棉签、一次性手套、胶布、手消毒剂、管道标识。
4. 环境准备　病房内无人员走动，光线明亮，急救物品准备齐全。必要时使用屏风遮挡。

【实训学时】
2 学时。

【实训方法及步骤】
1. 教师讲解、集中示教；学生分组实训，自评互评；教师指导，反馈示教、归纳总结。
2. 实训操作
（1）核对患者信息，评估患者意识、生命体征、手术类型。解释操作目的，希望患者能配合。
（2）评估胸腔闭式引流情况：查看伤口及敷料，查看管道外露刻度，确认有无脱出移位；嘱患者深呼吸或咳嗽，观察水柱波动情况及引流液的色、量、性状，确认引流管通畅。
（3）准备更换瓶：按无菌原则打开无菌引流瓶，倒入约 500 ml 无菌生理盐水，使长管没入引流瓶水下 3~4 cm，连接管接至引流瓶长管并用无菌纱布包裹待连接端，记录。
（4）沟通及安置体位：携用物至患者床旁，再次核对并解释说明操作目的及配合注意事项；戴手套；协助患者取半卧位，充分暴露引流部位及引流侧胸壁伤口；铺治疗巾，放置弯盘。
（5）撤旧引流瓶：用两把止血钳垫无菌纱布双重夹闭引流管连接处近端，消毒连接处，打开连接处，近端连接处下放置 1~2 块纱布，撤去远端连接管及水封瓶，更换手套。
（6）更换引流瓶：更换瓶放至床下，消毒引流管连接口，并与患者端连接管连接；松开止血钳，嘱患者咳嗽或挤压引流管，观察患者的反应及水柱波动情况，正常水柱上下波动 4～6 cm，确认胸腔引流管通畅、密闭、固定良好；撤去止血钳、弯盘及旧引流瓶。

（7）妥善固定：确认胸腔闭式引流瓶处于安全处（打开底座支架或挂于床旁），保持引流瓶低于胸腔 60～100 cm；更换管道标识（记录有更换时间）。

（8）用物整理及记录：再次核对患者；整理床单位；脱手套，用手套包裹撤去引流瓶连接处防止污染；洗手；记录撤去引流液的性状、量及患者的反应。分类处理用物。

（9）健康指导：

1）嘱患者平时练习有效咳嗽、咳痰，促进肺复张；

2）嘱患者尽量采用半坐卧位，有助于引流；

3）嘱患者在休息、活动时，引流瓶保持低于引流管出口平面 60～100 cm；

4）如引流管有异常，应告知医护人员。

【注意事项】

1. 在操作过程中注意无菌操作，防止引流管接头污染。

2. 应经常检查胸腔闭式引流管的引流情况，避免折叠、扭曲、受压。

3. 注意观察引流液的颜色、性状、量，以及长玻璃管水柱的波动范围，保证引流通畅。

4. 掌握拔管指征：患者生命体征平稳；无气体溢出且颜色变浅 24 h 后；引流量 < 50 ml/24 h；脓液 < 10 ml/24 h；听诊肺呼吸音清晰；胸部 X 线片示伤侧肺复张良好；无呼吸困难或气促等症状。

（曾学燕）

实训十三　胃肠减压患者的护理

病例摘要：

马先生，30 岁，因胃溃疡穿孔行"毕 I 式胃大部切除术"，术后 4 日患者出现腹部胀痛、恶心，肛门停止排气、排便。查体：全腹膨隆，未见肠型，全腹压痛，以中上腹最为显著，轻度肌紧张，肠鸣音消失。T 37.5℃，P 92 次/分，BP 110/75 mmHg，血常规白细胞计数 12×10^9/L，中性粒细胞比例 0.86。

讨论：

1. 马先生发生了什么情况？

2. 请根据马先生的病情做出首要的处理措施。

【实训目的】

1. 掌握胃肠减压的操作方法及注意事项。

2. 能对患者进行胃肠减压护理操作。

3. 在操作过程中表现出认真、仔细、一丝不苟的工作态度。

【实训准备】

1. 护士准备　着装整洁，修剪指甲、洗手、戴口罩。

2. 患者准备　评估患者自身疾病及手术情况；向患者说明胃肠减压的目的、操作过程中的配合要点及注意事项；安慰患者，缓解紧张情绪。

3. 用物准备　①微课、视频、教学图片、胃肠减压的外科疾病患者或模拟人。②碘酊、乙醇、棉签、胶布、无菌硅胶引流管、纱布、止血钳、一次性无菌引流袋等。③一次性胃肠减压器、液状石蜡、棉签、胶布等。

4. 环境准备　安静、清洁、光线充足、温度及湿度适宜，必要时使用屏风遮挡。

【实训学时】

2学时。

【实训方法及步骤】

1. 教师讲解、集中示教；学生分组实训，自评互评；教师指导，反馈示教、归纳总结。

2. 实训操作

（1）护士穿工作服，戴帽子、口罩、手套，备好清洁、消毒、替换用品。

（2）核对及解释：核对患者的姓名、科室、床号、年龄、住院号、疾病诊断等信息，并向患者解释胃肠减压的目的、重要性和配合方法。

（3）协助患者取坐位或斜坡位，使其感觉舒适，患者颌下铺垫巾，必要时使用屏风遮挡。

（4）更换一次性胃肠减压器：用止血钳先夹闭胃管，打开一次性胃肠减压器排气口，使胃肠减压器内负压消失，分离胃管与胃肠减压器上吸引管并消毒，然后接一次性胃肠减压器，打开其排气口，排出空气并产生负压，关闭胃肠减压器排气口，最后松开止血钳，可见有胃液进入胃肠减压器。

（5）拔管：先将胃管与吸引装置分离，捏紧胃管尾端，去除固定胃管的胶布，用纱布包裹近鼻孔处的胃管，嘱患者在吸气末屏气，先缓慢向外拔出胃管，当胃管头端至咽喉部时，快速拔出胃管，以防止患者误吸。用棉签将患者鼻孔及面部擦净，整理用物，妥善处理胃肠减压装置。

3. 操作后处理

（1）安置患者，协助患者取舒适体位。

（2）分类处理用物及记录。

【注意事项】

1. 应经常检查胃肠减压器的工作情况，避免引流管扭曲、受压、堵塞、漏气。

2. 应用电动胃肠减压器时，负压不要超过6.67 kPa，否则可引起消化道黏膜损伤或胃管头孔的堵塞等。

3. 为防止管腔被内容物堵塞，每4小时可用生理盐水冲洗胃管1次。

4. 患者持续进行胃肠减压时，注意口腔卫生护理，每日给予雾化吸入，以减少对咽喉的刺激。

5. 应及时倾倒抽出液，每次倾倒前注意观察抽出液的性质、颜色和量并详细记录。

6. 在胃肠减压过程中，观察患者水、电解质情况及胃肠功能恢复情况，如给予口服药物，应停止吸引1小时。

7. 拔管时间由医师决定，但一般胃肠手术后2～3天，胃蠕动功能恢复正常，并出现肛门排气，无明显腹胀时，即可拔管。

（张　德）

实训十四　腹股沟疝患者的护理

病例摘要：

患者，男性，50岁，患右侧腹股沟斜疝7年。6小时前患者背负重物时疝块突然增大，不能回纳，疝块紧张、发硬，伴疼痛和压痛。体格检查：患者全腹有压痛、反跳痛、肌紧张。

讨论：

1. 如何对该患者进行护理评估？

2. 目前，对该患者如何处理？

3. 若患者经手术治疗后痊愈出院，如何对患者进行出院时的健康宣教？

【实训目的】

1. 熟悉腹股沟疝患者的临床特点。

2. 掌握腹股沟疝患者的护理评估、常见护理诊断/问题、护理措施和健康指导的方法。

3. 能对腹股沟疝患者进行护理评估资料的收集，并对评估资料进行分析、总结，提出护理诊断，并拟定相应的护理措施，对患者进行健康指导。

4. 在实践过程中应尊重、关心、爱护和体贴患者。

【实训准备】

典型临床病例、腹股沟疝患者视频或微课、腹股沟疝患者案例资料。

【实训学时】

2学时。

【实训方法与结果】

1. 实训方法

（1）医院见习，在带教老师的指导下对腹股沟疝患者做出护理评估，提出主要的护理诊断/问题，制订护理计划，并完成护理见习报告。

（2）采用情景教学、角色互换方法，由学生分别扮演患者、家属及护士，指导学生对腹股沟疝患者进行健康宣教。

（3）观看腹股沟疝患者视频或微课。

2. 实训结果　完成护理见习报告或病案讨论报告。

（张　德）

实训十五　肠梗阻患者的护理

与实训十三共用同一案例。

【实训目的】

1. 熟悉肠梗阻患者的临床特点。

2. 掌握肠梗阻患者的护理评估、常见护理诊断/问题、护理措施和健康教育的方法。

3. 能对肠梗阻患者进行护理评估资料的收集，并对评估资料进行分析、总结，提出护理诊断，并拟定相应的护理措施，对患者进行健康指导。

4. 在护理实践过程中应尊重、关心、爱护和体贴患者，具有吃苦耐劳的精神。

【实训准备】

典型临床病例、肠梗阻患者视频或微课、肠梗阻患者案例资料。

【实训学时】

1学时。

【实训方法与结果】

1. 实训方法

（1）医院见习，在带教老师的指导下对肠梗阻患者做出护理评估，提出常见护理诊断/问题，制订护理计划，并完成护理见习报告。

（2）采用情景教学、角色互换方法，由学生分别扮演患者、家属及护士，指导学生对肠梗阻患者进行健康宣教。

（3）观看肠梗阻患者视频或微课。
2. 实训结果　完成护理见习报告或病案讨论报告。

（刘　攀）

实训十六　结肠造口患者的护理

病例摘要：
李先生，70岁，直肠癌行造口术后1周，袋里的内容物已经超过1/3。请为李先生进行造口袋的更换。

【实训目的】
1. 掌握结肠造口的护理操作方法及步骤。
2. 能正确地更换造口袋。
3. 保持造口周围皮肤清洁。
4. 护理结肠造口时，不怕脏、不怕臭，护理操作认真、仔细，能全心全意地为结肠造口患者服务。

【实训准备】
1. 护士准备　着装整洁，修剪指甲、洗手、戴口罩。
2. 患者准备　评估患者疾病情况及结肠造口情况；向患者说明结肠造口护理的目的、操作过程中配合要点及注意事项；安慰患者，缓解患者紧张的情绪。
3. 用物准备　护理治疗车、手套、人工肛门袋1套（一件式或二件式）、一次性中单、凡士林或生理盐水纱布、生理盐水、氧化锌软膏、肥皂液或氯己定溶液、剪刀、造口测量尺、弯盘、纱布、皮肤保护膜、棉签、卫生纸、胶袋及结肠造口模型等。
4. 环境准备　安静、清洁、光线充足、温度及湿度适宜，必要时使用屏风遮挡。

【实训学时】
2学时。

【实训方法及步骤】
1. 教师讲解、集中示教；学生分组实训，自评、互评；教师指导，反馈示教、归纳总结。
2. 实训操作步骤
（1）护士穿工作衣，戴帽子、口罩、手套，备好清洁消毒替换用品。
（2）协助患者取舒适卧位，必要时使用屏风遮挡。
（3）核对、解释，向患者解释保护造瘘口的重要性。
（4）将一次性中单垫于腰臀下，并用弯盘接造瘘口。
（5）去除污染的人工肛门袋。
（6）查看造瘘口有无并发症并处理。
（7）根据造口大小和形状选择合适的人工肛门袋贴放于造口处。
3. 操作后处理
（1）安置患者，协助患者取舒适体位。
（2）分类处理用物、洗手及记录。

【注意事项】
1. 注意执行无菌操作及遵守操作规程。
2. 正确指导患者饮食：①注意饮食卫生，避免食物中毒引起腹泻。②避免产气或刺激性食物及引起便秘的食物，以免引起腹胀。

3. 护理时注意观察结肠造口有无回缩、出血、坏死等。
4. 护理时，应注意保护患者的隐私和自尊。

（刘　攀　张　德）

实训十七　肝病患者的护理

病例摘要：

患者，男性，35岁。近日来寒战、发热、右上腹痛，伴恶心、呕吐、乏力。体格检查：肝肋下可及，质中等，右下胸第9～10肋间隙饱满、压痛。血常规检查：白细胞计数12×10^9/L，中性粒细胞比例0.86。X线胸透示右侧膈肌升高，活动受限。

讨论：

1. 该患者的诊断是什么？
2. 如何对该患者实施术前准备？
3. 若患者经手术治疗痊愈出院，如何对患者进行出院时的健康教育？

【实训目的】

1. 熟悉肝病患者的临床特点。
2. 掌握肝病患者的护理评估、常见护理诊断/问题、护理措施和健康教育。
3. 能对肝病患者进行护理评估资料的收集，并对评估资料进行分析、总结，提出护理诊断，并拟定相应的护理措施，对患者进行健康指导。
4. 在护理实践中应尊重、关心、爱护和体贴患者。

【实训准备】

典型临床病例；肝病患者的视频或微课；肝病患者案例资料。

【实训学时】

2学时。

【实训方法与结果】

1. 实训方法

（1）医院见习，在带教老师的指导下对肝病患者做出护理评估，提出护理诊断/问题，制订护理计划，并完成护理见习报告。

（2）采用情景教学、角色互换方法，由学生分别扮演患者、家属及护士，指导学生对肝病患者进行健康宣教。

（3）观看肝病患者视频或微课。

2. 实训结果　完成护理见习报告或病案讨论报告。

（张　萍）

实训十八　胆道疾病患者的护理

病例摘要：

患者，女性，40岁。昨日午夜突发上腹部阵发性绞痛，向右肩背部放射，伴恶心、呕吐，3小时前腹痛呈持续性阵发性加重，伴寒战。急诊转入院。体格检查：T 39.4℃，P 118次/分，

BP 80/60 mmHg，面色苍白，神志淡漠，巩膜轻度黄染。上腹部有压痛和轻度反跳痛、肌紧张，肠鸣音减弱。白细胞计数 22×10^9/L。

讨论：
1. 该患者的初步诊断是什么？
2. 该患者目前常见的护理诊断／问题是什么？
3. 患者将接受胆总管切开减压＋T形管引流术，术后应采取哪些护理措施？

【实训目的】
1. 熟悉胆道疾病患者的临床特点。
2. 掌握胆道疾病患者的护理评估、常见护理诊断／问题、护理措施和健康教育。
3. 能对胆道疾病患者进行护理评估资料的收集，并对评估资料进行分析、总结，提出护理诊断／问题，并拟定相应的护理措施，对患者进行健康指导。
4. 在护理实践中应尊重、关心、爱护和体贴患者。

【实训准备】
典型临床病例；胆道疾病患者的视频或微课；胆道疾病患者的案例资料。

【实训学时】
2学时。

【实训方法与结果】
1. 实训方法
（1）医院见习，在带教老师的指导下对胆道疾病患者做出护理评估，提出常见护理诊断／问题，制订护理计划，并完成护理见习报告。
（2）采用情景教学、角色互换方法，由学生分别扮演患者、家属及护士，指导学生对胆道疾病患者进行健康宣教。
（3）观看胆道疾病患者视频或微课。
2. 实训结果　完成护理见习报告或病案讨论报告。

（张　萍）

实训十九　周围血管疾病患者的护理

病例摘要：
患者，男性，45岁。因血栓闭塞性脉管炎入院治疗。患者肢端发凉、畏寒，行走时患肢疼痛，家属正在为其热敷肢体。

讨论：
1. 如何对该患者进行护理评估？
2. 目前，对该患者如何处理？
3. 如何对患者进行出院时的健康宣教？

【实训目的】
1. 熟悉周围血管疾病患者的临床特点。
2. 掌握周围血管疾病患者的护理评估、常见护理诊断／问题、护理措施和健康指导的方法。
3. 能对周围血管疾病患者进行护理评估资料的收集，并对评估资料进行分析、总结，提出护理诊断／问题，并拟定相应的护理措施，对患者进行健康指导。

4. 在护理实践过程中应尊重、关心、爱护和体贴患者。

【实训准备】

典型临床病例；周围血管疾病患者视频；周围血管疾病患者的案例资料。

【实训学时】

1学时。

【实训方法与结果】

1. 实训方法

（1）医院见习，在带教老师的指导下对周围血管疾病患者做出护理评估，提出常见护理诊断/问题，制订护理计划，并完成护理见习报告。

（2）采用情景教学、角色互换方法，由学生分别扮演患者、家属及护士，指导学生对腹股沟疝患者进行健康宣教。

（3）观看周围血管疾病患者视频。

2. 实训结果　完成护理见习报告或病案讨论报告。

（吴少林）

实训二十　泌尿及男性生殖系统疾病患者的护理

病例摘要：

黄先生，55岁，因左腰部隐痛1个月就诊。体格检查：左肾区有叩击痛，两侧输尿管走行区无压痛。尿常规检查：红细胞8个/HP。B型超声示：左肾盂内一枚结石，大小约 1.2 cm × 1.0 cm。静脉肾盂造影（IVP）示：肾功能正常，双侧输尿管通畅。

讨论：

1. 如何对该患者进行护理评估？
2. 目前，对该患者如何处理？
3. 若患者经手术治疗后痊愈出院，如何对患者进行出院时的健康宣教？

【实训目的】

1. 熟悉泌尿及男性生殖系统疾病患者的临床特点。
2. 掌握泌尿及男性生殖系统疾病患者的护理评估、常见护理诊断/问题、护理措施和健康指导的方法。
3. 能对泌尿及男性生殖系统疾病患者进行评估资料的收集，并对评估资料进行分析、总结，提出护理诊断，并拟定相应的护理措施，对患者进行健康指导。
4. 在护理实践过程中，应尊重、关心、爱护和体贴患者。

【实训准备】

典型临床病例；泌尿及男性生殖系统疾病患者视频；泌尿及男性生殖系统疾病患者案例资料。

【实训学时】

1学时。

【实训方法与结果】

1. 实训方法

（1）医院见习，在带教老师的指导下对泌尿及男性生殖系统疾病患者做出护理评估，提出常见护理诊断/问题，制订护理计划，并完成护理见习报告。

（2）采用情景教学、角色互换方法，由学生分别扮演患者、家属及护士，指导学生对泌尿及男性生殖系统疾病患者进行健康宣教。

（3）观看泌尿及男性生殖系统疾病患者视频或微课。

2. 实训结果　完成护理见习报告或病案讨论报告。

（林建兴）

实训二十一　小夹板固定患者的护理

病例摘要：

钟同学，12岁，上体育课从单杠上摔下来，导致右前臂损伤。医生检查发现右前臂尺骨、桡骨有畸形，X线检查尺骨、桡骨双骨干骨折，请为钟同学进行夹板固定。

【实训目的】

1. 掌握小夹板固定患者的护理方法。学会独立观察和协助医师处理小夹板固定的并发症。
2. 熟悉小夹板固定的操作步骤，并能协助医师进行操作。
3. 了解小夹板固定的目的，固定四肢骨折的方法。

【实训准备】

1. 护士准备

（1）心理准备：熟悉实训内容及操作步骤。

（2）仪表及仪容：洗手，着装整洁。

2. 用物准备　小夹板、捆扎带、衬垫。

3. 环境准备　环境整洁，光线明亮，温度适宜。

【实训学时】

1学时。

【实训方法及步骤】

1. 评估患者。
2. 选择合适的小夹板。
3. 向患者做好解释工作。
4. 协助医师复位，患肢放置衬垫，协助安置小夹板。
5. 检查捆扎带的松紧度。
6. 患肢制动抬高，评估末梢血运、感觉及运动情况。

【注意事项】

1. 密切观察患肢（指、趾）的感觉、运动及血运情况，如出现下列情况之一，应及时报告医师进行处理：患肢疼痛加剧；手足麻木，针刺反应迟钝；伤肢的手指或足趾活动受限；手足苍白或发青；伤肢冰凉等表示肢体血液循环不良。

2. 捆扎带松紧应适度，以捆扎带的带结能向远端、近端方向各移动1 cm为宜。若捆扎过松，则起不到固定的作用；若捆扎过紧，则可造成肢体软组织或血管、神经等受压致伤。

3. 抬高患肢，减轻疼痛与水肿。

4. 指导患者进行功能锻炼。

5. 告知患者定期门诊复查，根据患者的具体情况确定复查日期，每周至少一次。

（彭海波　张　德）

实训二十二　石膏固定患者的护理

病例摘要：

钟女士，67岁，走路滑倒后左手掌着地，感手腕肿痛，X线片显示Colles骨折。请为钟女士进行石膏固定。

【实训目的】

1. 熟练掌握石膏固定患者的护理。
2. 学会独立观察和协助医师处理石膏固定的并发症。
3. 熟悉石膏固定的操作步骤，并能协助医师进行操作。
4. 了解石膏固定的目的，维持石膏固定，保持患肢的特殊体位；保护患部，减轻或消除患部的负重；矫正肢体畸形。

【实训准备】

1. 护士准备

（1）心理准备：熟悉实训内容及操作步骤。

（2）仪表及仪容：洗手，着装整洁。

2. 用物准备　尺、塑料布或一次性无纺布、卷轴石膏、卷轴绷带、石膏棉纸或脱脂棉、一盆温水、平整的木板。

3. 环境准备　环境整洁，光线明亮，温度适宜。

【实训学时】

1学时。

【实训方法及步骤】

1. 评估患者。
2. 向患者做好解释工作，清洗患肢，伤口换药、包扎。
3. 测量肢体长度，整理石膏绷带，使用温水浸泡石膏绷带，挤出多余水分，放到铺在木板上的塑料布或一次性无纺布上抹平，放置石膏棉纸或脱脂棉于患肢上，缠绕石膏绷带，外面抹平整并光滑，修剪石膏边缘，自然干燥。
4. 评估肢体血液循环、感觉及运动情况。

【注意事项】

1. 浸泡石膏挤水时，应从两侧向中央挤出。
2. 托扶石膏时，用手掌，不能用手指。
3. 石膏自然晾干，未干前减少活动，以免折断。
4. 打完石膏后，抬高患肢至高于心脏水平，以利于静脉血液回流，并在48～72小时内尽量维持此位置。
5. 如果手指和足趾出现肿胀、青紫、疼痛或僵硬，应将患肢抬高，有利于血液回流。若半小时后上述情况仍未见好转，应告知医师或立即返回医院进行处理。
6. 活动其他所有未被固定的关节，尤其是手指、足趾关节。进行适当的功能锻炼，防止关节僵硬、肌肉萎缩等。
7. 石膏固定期间，保护石膏，避免被水浸湿、折断等。
8. 若石膏出现松动或裂开，应告知医师或立即返回医院进行处理。

（彭海波　张　德）

主要参考文献

[1] 李乐之,路潜.外科护理学[M].7版.北京:人民卫生出版社,2021.
[2] 熊云新,叶国英.外科护理学[M].4版.北京:人民卫生出版社,2018.
[3] 陈孝平,汪建平,赵继宗.外科学[M].9版.北京:人民卫生出版社,2018.
[4] 范保兴,张德.外科护理学[M].3版.北京:科学出版社,2016.
[5] 张翠华,袁志勇.外科护理学[M].北京:北京大学医学出版社,2014.
[6] 邬贤斌,吕冬,姚珺.外科护理学[M].2版.北京:北京大学医学出版社,2017.
[7] 鲁昌盛,刘长慧.外科护理[M].北京:北京出版社,2014.
[8] 芦桂芝.外科护理学[M].3版.北京:人民卫生出版社,2013.
[9] 叶志霞,皮红英,周兰姝.外科护理[M].上海:复旦大学出版社,2016.
[10] 黄惟清,唐东华.外科护理[M].北京:北京出版社,2016.
[11] 周理好,张萍.外科护理学[M].南京:南京大学出版社,2015.
[12] 陈玉喜,张德.外科护理学[M].北京:中国医药科技出版社,2015.
[13] 郭书芹,王叙德.外科护理[M].北京:人民卫生出版社,2016.
[14] 易淑明,刘毅.外科护理学[M].北京:中国医药科技出版社,2018.
[15] 曹伟新,李乐之.外科护理学.[M].4版.北京:人民卫生出版社,2007.
[16] 吴在德,吴肇汉.外科学[M].7版.北京:人民卫生出版社,2012.
[17] 党世民.外科护理学[M].北京:人民卫生出版社,2008.
[18] 吴阶平,裘法祖.黄家驷外科学:上册[M].6版.北京:人民卫生出版社,2000.
[19] 杨宗城.烧伤治疗学[M].3版.北京:人民卫生出版社,2006.
[20] 范继承,许凤琴.外科门诊技术手册[M].北京:人民军医出版社,2006.
[21] 李勇,张德.外科护理[M].北京:人民卫生出版社,2015.
[22] 张德,张萍,祝水英.外科护理学[M].北京:北京大学医学出版社,2019.

中英文专业词汇索引

B

巴德-吉亚利综合征（Budd-Chiari syndrome） 343
表面麻醉（topical anesthesia） 61

C

肠内营养（enteral nutrition，EN） 35
肠外营养（parenteral nutrition，PN） 32
创伤（trauma） 143

D

等渗性脱水（isotonic dehydration） 10
低渗性脱水（hypotonic dehydration） 10
多器官功能障碍综合征（multiple organ dysfunction syndrome，MODS） 44
多学科团队（multiple disciplinary team，MDT） 171

F

肺癌（lung cancer） 246
腹腔镜胆囊切除术（laparoscopic cholecystectomy，LC） 365

G

感染（infection） 121
肛裂（anal fissure） 325
高渗性脱水（hypertonic dehydration） 10
格拉斯哥昏迷评分（Glasgow Coma Score，GCS） 184
骨折（fracture） 456

H

滑囊炎（bursitis） 131
化脓性腱鞘炎（suppurative tenosynovitis） 131

J

基础代谢率（basal metabolic rate，BMR） 205
基础能量消耗（basal energy expenditure，BEE） 34
急腹症（acute abdomen） 391
急性蜂窝织炎（acute cellulitis） 128
急性淋巴管炎（acute lymphangitis） 130
急性乳腺炎（acute mastitis） 215
甲沟炎（paronychia） 131
疖（furuncle） 127
静脉麻醉（intravenous anesthesia） 67
静息能量消耗（resting energy expenditure，REE） 34
局部浸润麻醉（local infiltration anesthesia） 61
菌血症（bacteremia） 132

K

抗利尿激素（antidiuretic hormone，ADH） 9，146

L

良性前列腺增生（benign prostatic hyperplasia，BPH） 431

M

麻醉（anesthesia） 57
美国麻醉医师协会（American Society of Anesthesiologists，ASA） 57

N

脓毒症（sepsis） 132
脓性指头炎（felon） 131
脓胸（empyema） 242
脓肿（abscess） 130

P

破伤风（tetanus） 134

Q

倾倒综合征（dumping syndrome） 298
全身性感染（systemic infection） 132
全身炎症反应综合征（systemic inflammatory response syndrome，SIRS） 52
全胃肠外营养（total parenteral nutrition，TPN） 37
全营养混合液（total nutrient admixture，TNA） 38

R

乳腺囊性增生病（breast cystic hyperplasia） 218

S

烧伤（burn） 152
蛇咬伤（snake bite） 161
神经传导阻滞（nerve block） 61
生长激素（growth hormone，GH） 146
实际能量消耗（actual energy expenditure，AEE） 34
食管癌（esophageal carcinoma） 252
损伤（injury） 143

W

外科感染（surgical infection） 121
外周中心静脉导管（peripherally inserted central venous catheter，PICC） 38
围术期（perioperative period） 74
围术期护理（perioperative nursing care） 74

X

吸入麻醉（inhalation anesthesia） 67
血栓闭塞性脉管炎（thromboangitis obliterans，TAO） 403

Y

炎性乳腺癌（inflammatory carcinoma of the breast） 223
营养评估（nutrition assessment） 33
营养支持（nutritional support，NS） 32
痈（carbuncle） 128
原发性肝癌（primary liver cancer） 351

Z

痔（hemorrhoid） 321
肿瘤（tumor） 167
椎管内麻醉（intrathecal anesthesia） 63